Für Dörte

Hans Keilson

14/3 08

An Stelle eines Kaddisch

Vorwort

Die vorliegende Arbeit wurde im Sommer 1967 begonnen, zugleich mit meinem Eintritt in die kinderpsychiatrische Universitätsklinik zu Amsterdam. Ihre schriftliche Fixierung war im März 1978 abgeschlossen, so daß sie sich – mit einer einjährigen Unterbrechung – über ungefähr 10 Jahre erstreckte. Die Länge dieser Zeitspanne erklärt sich aus verschiedenen Ursachen: das spröde Material, ursprünglich nicht für wissenschaftliche Zwecke gesammelt; die Thematik der Untersuchung, deren zeitgeschichtliche Bezogenheit dem Anspruch auf distanzierte, sachgemäße Darstellung nicht gerade entgegenkam; und schließlich die Zielsetzung, mit einer follow-up-Untersuchung ein bisher etwas vernachlässigtes Gebiet der Psychiatrie zu erschließen. Darüber hinaus galt es, eine dem Untersuchungsgegenstand angemessene Methode zu finden bzw. zu entwickeln, die die objektiven Eigenschaften des Forschungsgebietes hinreichend kritisch wiedergibt. Endlich nahm die Durchführung zweier voneinander unabhängiger Untersuchungsverfahren – des deskriptiv-klinischen und des quantifizierend-statistischen – viel Zeit in Anspruch, zumal das Material die Gelegenheit bot, mit der Frage der alterspezifischen Traumatisierung von Kindern auch einen Teil der psychoanalytischen Theorie zu überprüfen.

Der Umfang der Arbeit ergab sich aus der Zielsetzung des Verfassers, die besondere lebensgeschichtliche Fülle des zu behandelnden Stoffes mit seinen weitreichenden sozialen und historischen Verzweigungen in einem nachprüfbaren, methodisch zweigleisigen Verfahren deutlich und glaubwürdig aufzuzeigen und kritischen Impulsen zugänglich zu machen.

Aufgrund meiner doppelten Ausbildung als Arzt und Lehrer in Deutschland und meines Arbeitskreises dort bis zum Jahre 1936, sowie durch meine langjährige Tätigkeit als Berater der jüdischen Kriegswaisenorganisation in den Niederlanden nach dem Ende des Zweiten Weltkrieges hat das Konzept einer follow-up-Untersuchung von Kindern trotz der rein klinischen Anlage eine persönliche Bedeutung erhalten, die die thematische Einheit von medizinisch-psychiatrischen, sozial-psychologischen und pädagogischen Problemen übersteigt.

An dieser Stelle möchte ich zunächst denen danken, die mir Gelegenheit zu dieser Arbeit gaben und sie mit Rat und Tat förderten und unterstützten. Hier steht an erster Stelle Frau Prof. Dr. E. C. M. Frijling-Schreuder, seinerzeit Ordinarius der kinderpsychiatrischen Universitätsklinik Amsterdam. Ihre reiche kinderpsychiatrische und psychoanalytische Erfahrung auf dem Gebiet des in seiner Entwicklung gestörten Kindes sind mir bereits bei meiner Ausbildung an der unter ihrer Leitung stehenden *child guidance clinic* zu Amsterdam und später bei der Abfassung des klinischen Teiles von unschätzbarer Hilfe gewesen. Ihre Einsichten in die Bedeutung der Prävention bei der Entwicklung des Kleinkindes haben mein Denken und Handeln als Arzt entscheidend beeinflußt. Ebenso verdanke ich ihrem Nachfolger als Ordinarius der kinderpsychiatrischen Universitätsklinik, Herrn Prof. Dr. D. J. de Levita, viele Anregungen und Hinweise bei der Vollendung dieser Arbeit.

Von Anfang an genoß ich die Mitarbeit des Research-Psychologen der kinderpsychiatrischen Universitätsklinik Amsterdam, Herrn Drs. Herman R. Sarphatie. Im Laufe der Jahre hat er sich in steigendem Maße mit dem ursprünglichen Konzept der Arbeit identifiziert. Ohne seine klinischen, psychoanalytischen und methodologischen Einsichten hätte diese Untersuchung in formaler wie auch in inhaltlicher Hinsicht schwerlich die Gestalt erhalten, in der sie hier vorliegt. Seinem unermüdlichen, stimulierenden Einsatz und seinem Einfallsreichtum als Mitarbeiter verdanke ich viel.

Dem wissenschaftlichen Mitarbeiter der Abteilung Konfliktuologie der Vrije Universiteit Amsterdam, Herrn Drs. A. Goedhart, danke ich für seine inventive Hilfe bei der quantifizierend-statistischen Bearbeitung des Materials, seinen unermüdlichen Einsatz von Zeit und Energie, die zahllosen geopferten freien Stunden, und für seine erhellende Einführung in das mir bis dato unbekannte Gebiet der Operationalisierung und Quantifizierung.
Zu danken habe ich ferner Frau Ada Kerkstra, klinische Psychologin, für die elektronische Datenverarbeitung, Herrn W. Lina und Frau M. C. H. Kloevekorn für die Erstellung der Dossierauszüge, die einen wesentlichen und grundlegenden Beitrag bei der Sammlung der Daten für die tabellarische Darstellung und die demographischen und soziologischen Aspekte der vorliegenden Untersuchung bedeuten.
Mit Wehmut gedenke ich des zu früh verstorbenen Prof. Dr. J. Weijel, Amsterdam, und seiner Anteilnahme an der Untersuchung, in der die von ihm entworfene Tabelle der psycho-sozialen Defizienz praktisch angewandt und in ihrer Verwendbarkeit überprüft wird.
Ferner gilt mein Dank Herrn Prof. Dr. J. Cassee, Vrije Universiteit Amsterdam, Herrn Prof. Dr. J. Bastiaans, Leiden, und Herrn Prof. Dr. med. W. von Baeyer, Heidelberg, für ihre wissenschaftlichen Anregungen. Herrn Prof. Dr. med. W. von Baeyer bin ich besonders erkenntlich für seine praktische Hilfe bei der Verwirklichung der Publikation dieser Arbeit, die zu einem großen Teil auf sein Gedankengut und das seiner Mitarbeiter, Prof. Dr. med. H. Häfner und Prof. Dr. med. K.P. Kisker, aufbaut. Zugleich danke ich allen denen, die mit Rat und Tat den Fortgang dieser Arbeit unterstützt haben.
Mein Dank gilt im folgenden den niederländischen Organisationen und Institutionen, die mir bei der Durchführung der Untersuchung behilflich waren: der jüdischen Waisenorganisation Le Esrath Hajeled, der Fusie Joodse Kinderbeschermingsinstellingen, der Stichting Joods Maatschappelijk Werk, der Nederlandse Vereniging voor Psychotherapie, dem Psychoanalytischen Institut, Amsterdam, und dem Rijksinstituut voor de Oorlogsdokumentatie (Prof. Dr. L. de Jong).
Da es anfangs völlig ungewiß war, ob die Zielsetzung dieser wissenschaftlichen Unternehmung angesichts ihres nicht-experimentellen Charakters je verwirklicht werden könnte, war ich darauf angewiesen, von Stufe zu Stufe verschiedene Organisationen und Instanzen für meine Arbeit zu gewinnen, um ihre materielle Unterstützung zu erhalten. Ihnen allen habe ich an dieser Stelle zu danken: der Stadt Amsterdam für die zeitweise Bereitstellung eines Mitarbeiters; der Memorial Foundation for Jewish Culture, New York, für einen einmaligen Beitrag als Zeichen ihrer Sympathie; der Nederlandse Vereniging voor Psychiatrie en Neurologie (Ariens Kappers Fonds) für einen Beitrag zur Ausarbeitung der auf Bändern aufgezeichneten Nachuntersuchung. Von 1973 an hat das Niederländische Justizministerium, Abteilung „Kinderbescherming", in großzügiger Weise die Bearbeitung von ungefähr 2000 Dossiers zur Extraktion relevanter Items, die Datenverarbeitung und schließlich die integrale Publikation des umfangreichen Manuskriptes ermöglicht. Das Niederländische Kultus- und Sozialministerium (CRM), Abteilung „Verzetdeelnemers en Vervolgden", hat einen Beitrag zur Erstellung des Manuskriptes und zur Drucklegung geleistet. Der Photokopierabteilung des „Wilhelmina Gasthuis" zu Amsterdam danke ich für vielfache und unbürokratische Hilfeleistung.
Meiner Frau, Marita Keilson-Lauritz, verdanke ich es, daß die unterbrochene Arbeit wiederaufgenommen und zum Abschluß gebracht wurde; sie hat unter Zurücksetzung eigener Pläne das Manuskript betreut und in sprachlicher wie mechanischer Hinsicht für die Erstellung eines lesbaren Textes gesorgt; sie hat die mühevolle Korrekturarbeit in

den verschiedenen Phasen der Produktion verrichtet und bei der Anfertigung des Registers entscheidend geholfen.
Fräulein Dora von der Dunk danke ich für das Lesen der Druckproben.
Den Herausgebern der Reihe „Forum der Psychiatrie", dem Ferdinand Enke Verlag und dem Hans Richarz Publikations Service fühle ich mich zu Dank verpflichtet für alle Bemühungen und die Sorgfalt bei der Herstellung des vorliegenden Bandes.
Schließlich gilt mein Dank all denen in Israel und in den Niederlanden, von deren Schicksal dieses Buch mit seinen unvollkommenen Mitteln Zeugnis geben will. Ihre Mitarbeit und ihre vorbehaltlose Zustimmung zur Publikation haben die Darstellung in der vorliegenden Form ermöglicht. Ihre Einsicht, daß es nicht nur eine wissenschaftliche Zielsetzung betrifft, wenn ihre Erfahrungen einmal systematisch in einer follow-up-Untersuchung bearbeitet würden, hat mich tief verpflichtet.

Bussum, den 15. November 1978 Hans Keilson

INHALT

A. EINLEITUNG

A.I. SINN UND ZIEL DER ARBEIT

A.I.1. Kinder als Kriegsopfer

Leid, das Erwachsene einander im Bereich mitmenschlicher Beziehungen und gesellschaftlicher Verhältnisse auf zuweilen grausame Weise zufügen, ruft bei dem Untersucher, der sich mit menschlichen Verhaltensweisen beschäftigt, das Verlangen hervor, leiderzeugende Umstände zu verändern und ihre Ursachen wegzunehmen. Neben den Regungen des Entsetzens und der Trauer über die Unvollkommenheit der menschlichen Natur, die auch sein Teil ist, und gesellschaftlicher Ordnungen, an denen er Anteil hat, wird ihn hierbei nie das Bewußtsein verlassen, daß es zugleich auch gilt, bis zu einem gewissen Grad Unvollkommenheit zu ertragen.

Leid jedoch, Kindern angetan, ist schlechthin unerträglich. Dies trifft in hohem Maße für diejenigen zu, die sich mit Kindern als Kriegsopfer beschäftigen.

In den Publikationen, die unmittelbar nach dem Zweiten Weltkrieg über dieses Thema erschienen (*Minkowski*, 1946; *Heuyer*, 1946; *Hicklin*, 1946; *De Leeuw-Aalbers*, 1947; *Freud* und *Dann*, 1951; u. a.) klingt bereits das Gefühl an, daß mit Kindern – und im besonderen mit der Gruppe der jüdischen Kinder – in verschiedenen europäischen Ländern Unerträgliches geschehen sei. Es verstärkt sich in den folgenden Jahren vor allem in den Niederlanden bei allen Personen und Instanzen – Sozialarbeitern, Pädagogen, Kinderpsychiatern, Vormundschaftsgerichten –, die in ihrer täglichen Arbeit direkt auf das gegenwärtige Los und das zukünftige Schicksal dieser Kinder bezogen waren. Es war ihre Aufgabe, Vorschläge zur sozialen Rehabilitation und Wiedereingliederung der Kinder auszuarbeiten, praktische Hilfe zu leisten oder Gerichtsentscheidungen zu fällen; Maßnahmen, deren Tragweite ihnen durch die Beispiellosigkeit der zu behandelnden Fälle zunächst verschlossen blieb.

Sehr bald erwies es sich, daß viele der bisher in der Arbeit mit Kindern und Jugendlichen gewonnenen Einsichten und viele der bisher gültigen Maßstäbe nicht mehr ausreichten, um das breite Spektrum der sich hier manifestierenden Verhaltens- und Entwicklungsstörungen in seinem kumulativ-traumatischen Zusammenhang zu erfassen. In der kinderpsychiatrischen Praxis hatte man diese Bilder in diesem Ausmaß und in dieser Intensität bisher noch nicht erlebt.

Neben den verstörten, unterernährten, organisch geschädigten Kindern, die mit aktiven tuberkulösen Prozessen oder zerebralen Restschäden nach überstandenen Infektionskrankheiten (Fleckfieber, Typhus, morbus Weil), zum Teil invalide, aus den Vernichtungslagern zurückgekommen waren, stand die größere Anzahl der aus den Verstecken wieder aufgetauchten. Sie hatten eine andere, aber darum nicht minder virulente Reihe aufeinanderfolgender Gefahrensituationen überstanden. Der Eindruck verstärkt sich, daß im allgemeinen der seelische Entwicklungsrückstand mit allen damit verbundenen pathogenetischen Konsequenzen den körperlichen an Bedeutsamkeit übertraf.

Charakter- und angstneurotische Entwicklungen, asoziales und dissoziales Verhalten bei psychopathiformen Mustern, psychotische Desintegrationen nach Entwurzelungen, Lernstörungen, Pseudodebilitas, aggressive Triebentladungen und depressiv-paranoide Einstellungen, phobische Reaktionsweisen und autistische Bilder erforderten mehr als eine diagnostische Einordnung in ein nosologisches Schema. Die diagnostizierten Zustandsbilder waren der Ausgangspunkt einer neu zu formulierenden pädagogischen und psycho-therapeutischen Strategie, die sich über viele Jahre erstreckte. Daß hier von Zeit zu Zeit Korrekturen notwendig wurden, versteht sich von selbst.

A.I.2. Die jüdischen Kriegswaisen in den Niederlanden

Diese Arbeit handelt von den jüdischen Kriegswaisen in den Niederlanden. In ihr wird der Versuch unternommen, in psychologisch-psychiatrischen und psycho-sozialen Begriffen die Schäden und das Leid der Kinder zu beschreiben, die im Zuge der deutschen Okkupation der Niederlande in den Jahren 1940–1945 dem antijüdischen Terror ausgesetzt waren und diesen als Vollwaisen überlebten, sei es in den Verstecken, sei es in den Konzentrationslagern.

Die allgemeine geschichtliche Situation und in ihr die besondere der jüdischen Bevölkerungsgruppe in den während des Zweiten Weltkriegs von deutschen Truppen besetzten Ländern, die dafür verantwortlich zu machen ist, daß jüdische Kinder Waisen wurden, darf in ihren Grundzügen wohl als bekannt vorausgesetzt werden. *Presser* (1965), *De Jong* (1974/75), *Sijes* (1974) u. a. haben den historischen Ablauf für die Niederlande detailliert und erschöpfend beschrieben. Die jüdischen Kinder und Jugendlichen verschiedenster religiöser und sozialer Schattierungen, denen unsere Untersuchung gewidmet ist, waren von ihren Eltern unter den dramatischen Umständen der beginnenden Judenverfolgung nicht-jüdischen Freunden, Bekannten oder völlig unbekannten Rettern anvertraut, zuweilen auch in Wohnungen zurückgelassen, als Findelkinder ausgesetzt worden; eine nicht geringe Anzahl wurde von holländischen Widerstandsgruppen aus der Kinderkrippe (crèche) gegenüber der berüchtigten Deportationssammelstelle „Hollandsche Schouwburg“ in Amsterdam oder aus Krankenhäusern gerettet und versteckt. Einige Adoleszenten waren auf eigene Faust untergetaucht. Eine verschwindend kleine Anzahl kehrte aus den Konzentrationslagern zurück.

Da es sich bei unserer Arbeit um eine follow-up-Untersuchung handelt, wird ferner der Versuch unternommen, die Entwicklung dieser Kinder in den Jahren nach dem Kriege bis zu ihrer gesetzlichen Volljährigkeit zu verfolgen und ihr späteres Los als Erwachsene unter dem Aspekt des Erlittenen aufs neue zu betrachten.

Was die zeitlichen Dimensionen betrifft, scheint sich unsere Arbeit nicht von anderen Untersuchungen zu unterscheiden, die das Phänomen der Waisenschaft in seinen affektiven und sozialen Folgen zum Gegenstand haben.

Mit dem Trauma der Waisenschaft beginnt für jedes Kind eine neue Entwicklungsphase. Ihre psychologische und eventuell pathogenetische Bedeutung hängt von einer Anzahl Faktoren ab, wie z. B. Alter und Entwicklungsstufe beim Eintritt des Traumas, soziale Reife, Qualität der prätraumatischen Situation in all ihren psycho-hygienischen Facetten und schließlich die Qualität der dem Kind „danach“ gebotenen Hilfe.

Das Neuartige am Phänomen der jüdischen Waisenkinder in den Niederlanden, das sie von anderen Fällen unterscheidet, liegt beschlossen in der engen Verknüpfung der Modalität ihrer Waisenschaft mit der Modalität der sozial-psychologischen Landschaft, in der sich das traumatische Geschehen vollzog. Diese Feststellung bezieht sich auf die traumatische Gesamtsituation und umfaßt sowohl das „davor“ als auch das „danach“. Sie erscheint uns aus vielerlei Gründen wichtig für das tiefere Verständnis der Probleme, die uns beschäftigen. Es wird daher eine unserer Aufgaben sein, die sozial-psychologischen Aspekte unserer Fragestellung deutlich herauszuarbeiten. Die Fülle der Identitätsproblematik, die in der Kasuistik der verschiedenen Altersgruppen

dargestellt wird, spricht eine deutliche Sprache. Hiermit soll der Umstand angedeutet werden, daß die Waisenschaft dieser Kinder nicht nur von dem Verlust ihrer Eltern her definiert werden muß. Alle Kinder waren die Überlebenden eines Verfolgungsgeschehens, das auch ihre eigene planmäßige Ausrottung zum Ziel hatte. Ihr Überleben war die nicht vorhergesehene Ausnahme. Der Verlust beider Elternteile war selektiv gezielt, er war der Endeffekt von Terrormaßnahmen, die zur Trennung von Eltern und Kind oder zu ihrem gemeinsamen Abtransport in die KZ-Lager führten.
Diese Modalität grenzt die uns beschäftigende Fragestellung von anderen Situationen ab, in denen Kinder durch Krankheit, Naturkatastrophen, Verkehrsunfälle ihre Eltern verloren. Sie schließt an bei der Geschichte des jüdischen Volkes im europäisch-christlichen Abendland, einer Geschichte, in der – wie bekannt – das Thema „Verfolger und Verfolgte" einen großen Platz einnimmt, wenngleich die Niederlande vordem nimmer in ähnlichem Ausmaß Schauplatz dieser Verfolgung gewesen sind.
Die Gruppe der jüdischen Kinder hat im Gegensatz zu anderen künstlich gebildeten Gruppen eine gemeinsame Biographie. Dies ist ein wichtiger Umstand bei der Konzeption der vorliegenden Arbeit. Es gilt, die individuelle Biographie des jüdischen Kindes zu sehen auf dem Hintergrund der Biographie der Gruppe.
Aus dem Gesagten ergeben sich einige wichtige Konsequenzen für die richtige Einschätzung individuell- und gruppen-psychologischer Anteile an der gesamten Traumatisierungsproblematik des vorliegenden Materials. Der Überfall des deutschen Heeres und die darauf folgende Besetzung siedeln das totale Verfolgungsgeschehen jedoch in einem umfassenderen historischen Raum an. Es kam hierdurch eine sozial-psychologische Dynamik zur Entwicklung, von der weite Kreise der nicht-jüdischen niederländischen Bevölkerung ergriffen wurden und die in der niederländischen Widerstandsbewegung, einer Bündelung der Kräfte aller christlichen Bekenntnisse und verschiedenster politischer Parteien, ihren geballten Ausdruck gefunden hat. Die Rettung der untergetauchten Kinder ist zum allergrößten Teil dieser Bewegung zu verdanken. In dem sogenannten „Streit um das jüdische Kriegswaisenkind" nach dem Kriege (bezüglich der Zuweisung der Vormundschaft) und in der Anteilnahme der breiten Öffentlichkeit daran treten die gruppendynamischen Aspekte im neuen Gewand hervor (vgl. *Creveld*, 1946; *Friedman-van der Heide*, 1946; *Kalma*, 1946; *de Leeuw-Aalbers*, 1947; *Lekkerkerker*, 1947; *Keilson*, 1949). Sie müssen als Nachwirkung der durch die Besetzung und Verfolgung ausgelösten Dynamik erfaßt und der extremen Belastungssituation zugeordnet werden, deren Ausläufer man noch in der Lebensgeschichte der erwachsenen ehemals Verfolgten anweisen kann.
Es ist daher Aufgabe der vorliegenden Untersuchung, das Verfolgungsgeschehen in seinen Sequenzen und Konsequenzen, in den individuell- und sozial-psychologischen Faktoren zu erfassen, zu gliedern und die Effekte der kumulativ-massiven Traumatisierung und der Bemühungen um eine soziale Rehabilitation zu beschreiben.

A.I.3. Das lückenhafte Material

Obwohl angesichts des in vielerlei Hinsicht lückenhaften Materials, das uns über die Vorgeschichte der Kinder zur Verfügung steht, äußerste Zurückhaltung und Vorsicht geboten ist, hoffen wir – sei es auch in beschränktem Rahmen – unsere Einsicht in die Bedingungen der Entwicklung von Kindern in und nach Katastrophen vertiefen zu können. Da das Schicksal, dem die jüdische Gemeinschaft auch in den Niederlanden anheimfiel, eine Katastrophe genannt werden muß, wird auch diese Arbeit alle

Stigmata dieser Katastrophe aufweisen. Auch die ersten Unterlagen zu dieser Arbeit stammen unmittelbar aus der Zeit „danach“.
Bereits am Beispiel der anamnestischen Erhebungen bezüglich der frühkindlichen Entwicklung wird ein Teil der generellen Problematik deutlich: Die meisten Kinder hatten nicht nur ihre Eltern und Geschwister verloren: das Kind war oft einziger Überrest einer großen Familie. Dazu kommen die Umstände, unter denen nach dem Kriege die Dossiers der Kinder angelegt wurden: die persönlichen und sachlichen Verstrickungen aller Mitarbeiter, die fehlende Distanz zu einem Geschehen, dessen Einzigartigkeit und Neuartigkeit sie auch arbeitsmäßig vor viele neue und einzigartige Probleme stellte.
So bedauerlich das alles auch sein mag und so wenig ermutigend für den wissenschaftlichen Impetus, der nach Vollständigkeit strebt und sich nicht gerne nachsagen läßt, er habe wissentlich und darum fahrlässig ein baufälliges Gerüst auf schwankendem Grund errichtet: dem forschenden Geist bleibt ein gelinder Trost. Alle erwähnten Gebrechen und Fehler sind schließlich nicht nur subjektive, persönliche Faktoren des Materials und seines Bearbeiters; sie sind inhärent dem Wesen der Katastrophe und deren Nachwehen, und man darf sich durch sie nicht abschrecken lassen. Solche Haltung entspricht der 1945 an uns herantretenden Forderung des Tages: zu beginnen.

A.I.4. Motivation

Daß trotz dieser und anderer Bedenken diese Arbeit unternommen wurde, erklärt sich ferner aus zwei Motiven.
Das erste praktische Bedürfnis entstand aus der Konfrontation mit Kindern von ehemals verfolgten Kindern und Jugendlichen (der sog. „zweiten Generation“) in der psychiatrischen Praxis. Zu Recht wurde die Vermutung geäußert, daß die Probleme dieser Kinder unter dem Aspekt der Erlebnisse und Persönlichkeitsveränderungen ihrer Eltern betrachtet werden müssen. Es erwies sich als notwendig, den Entwicklungsgang der Eltern unter dem Streß der Verfolgung erneut einer kritischen Betrachtung zu unterziehen.
Verfasser hatte von 1945 bis 1970 als Konsulent der jüdischen Kriegswaisen-Organisation in den Niederlanden, Le Esrath Hajeled, eine große Anzahl Kriegswaisen untersucht, behandelt, die Fürsorgerinnen und Erzieher der verschiedenen jüdischen Heime, in denen die Kinder lebten, begleitet und Pflegeeltern beraten, die sich um Hilfe an die Organisation gewandt hatten. Dadurch waren viele der inzwischen erwachsenen Kriegswaisen, die zum Behufe der vorliegenden Arbeit nachuntersucht wurden, dem Verfasser bereits als Kinder bekannt. Er konnte auf die von ihm seinerzeit angefertigten Rapporte, die den Dossiers beilagen, zurückgreifen. (Auf die in diesem Zusammenhang sich ergebende methodologische Fragestellung soll später näher eingegangen werden.)
Außerdem hatte er in den Jahren 1951–1955 als Mitarbeiter an der Amsterdamer Child Guidance Clinic, Keizersgracht, Gelegenheit, eine Anzahl dieser Kinder zu untersuchen, zu behandeln und hierüber mit der Leiterin der Klinik, Frau Dr. *E. C. M. Frijling-Schreuder*, intensiven Gedankenaustausch zu pflegen.
Das zweite Motiv entspringt dem persönlichen Bedürfnis des Verfassers, sich Rechenschaft zu geben über 25 Jahre seiner ärztlichen Tätigkeit für die jüdischen Kinder in den Niederlanden, anknüpfend an die Erfahrungen der Jahre 1934–1936, in denen er in Deutschland als Arzt und Erzieher an den Schulen und Waisenhäusern der jüdischen Gemeinde Berlin, der Theodor-Herzl-Schule und dem Landschulheim Caputh, tätig gewesen war.

Die Jahre dieser Tätigkeit überblickend, drängen sich drei Fragen prä-wissenschaftlicher Natur auf, der Neugierde und der Anteilnahme entsprungen:
1) Was waren es für Kinder, die nach dem Kriege ohne Eltern wieder auftauchten?
2) Was hat die holländische und speziell die jüdische Gemeinschaft für sie getan?
3) Was ist aus ihnen geworden?

A.I.5. *Allgemeine Problemstellung*

Aus den drei Fragen am Ende des vorigen Abschnittes entwickelten sich unsere Problemstellungen. Eine exaktere Formulierung bleibt den *Theoretischen Grundlagen* vorbehalten.
Unsere Arbeit ist eine Untersuchung nach dem Einfluß traumatischer Erfahrungen – und das heißt in unserem Falle Lebensgefahr und eine Abfolge schwerster Belastungen – auf die Entwicklung von Kindern aller Altersstufen. Es wird untersucht, welche Einflüsse es waren und zu welchen Folgen sie geführt haben. Und: was getan wurde, um das Leid und die erlittenen Schäden zu mildern.
Zweier unterschiedlicher Verfahrensweisen haben wir uns bedient.
In der Darstellung der Lebensläufe und der Schicksale von Kindern und Jugendlichen in grausamen Zeitläufen wird gewissermaßen ein Beitrag zur Geschichtsschreibung geliefert: Darstellung und Deutung dessen was war, und zwar aus der Sicht des Arztes und in den begrifflichen Prägungen, die dem Arsenal des Psychiaters – nicht des Historikers – entstammen.
Andererseits wird versucht, durch Klassifizieren und Gruppieren von Erscheinungen, Tatsachen und Eindrücken zu einer systematischen Gliederung zu gelangen; mit dem Ziel, Ordnung in der Vielfalt und Verschiedenheit der Informationen zu schaffen und auf diesem Wege zu einer Klärung der Begriffe zu gelangen, mit deren Hilfe das Material befragt wird, und – wo möglich – Fragen exemplarisch-klinischer Art zu beantworten.

A.II. MATERIALLAGE

A.II.1. *Die zur Verfügung stehenden Dossiers*

Die vorliegende Untersuchung stützt sich in erster Linie auf zwei Arten vorhandener Dossiers, deren Entstehen und Anlage hier dargelegt werden muß:
1) die Dossiers des Büros O. P. K.;
2) die Dossiers der jüdischen Organisation *Le Esrath Hajeled.*

Zu 1): Nach Beendigung des Zweiten Weltkriegs befanden sich in den Niederlanden zwei größere Gruppen Waisen (siehe *Lekkerkerker*, 1947; *Fishman*, 1973/74):
a) 2 041 jüdische Kriegswaisen, die Krieg und Verfolgung in Europa überlebt hatten, und
b) 401 sogenannte „indische“ Waisen: Kinder, die aus den japanischen Konzentrationslagern des ehemaligen Niederländisch-Indien ins Mutterland zurückgekehrt waren.

Für alle diese Kinder mußten – nach damals geltendem Gesetz – sofern sie das 21. Lebensjahr nicht vollendet hatten, Entscheidungen hinsichtlich der Vormundschaft und des zukünftigen Erziehungsmilieus getroffen werden.

Zur Klärung aller rechtlichen und pädagogischen Fragestellungen hatte die damalige niederländische Regierung, angeregt durch die niederländische Widerstandsbewegung, kurz nach der Befreiung ein besonderes Gesetz erlassen und eine Kommission zur Bearbeitung des Problemkreises eingesetzt. Diese Kommission befaßte sich zunächst mit der Ermittlung, Erfassung und Identifikation – es bestand eine gesetzliche Anmeldungspflicht – aller „Minderjährigen, über welche im Zusammenhang mit den Kriegsumständen die elterliche Macht oder Vormundschaft während eines Zeitraumes von mindestens drei Monaten de facto nicht ausgeübt wurde; sowie derjenigen Minderjährigen, deren Identität nicht gesichert ist" (Beschluß vom 13. August 1945, betr. Einsetzung einer ‚Commissie voor Ooorlogspleegkinderen').*)
Es gehörte zu den Aufgaben der Kommission O. P. K., den hierfür zuständigen Gerichten Vorschläge bezüglich der Vormundschaft und des zukünftigen Erziehungsmilieus eines jeden Kindes zu unterbreiten. Zu diesem Zweck richtete sie ein ‚Büro O. P. K.' ein, dessen Aufgabe es u. a. war, die benötigten Unterlagen zu sammeln und die Lebensgeschichte eines jeden Kindes festzuhalten.
Die von den Sozialarbeitern des Büros O. P. K. angefertigten Dossiers befinden sich heute im Archiv des ‚Raad van de Kinderbescherming' (d. i. in etwa Kinderschutzrat resp. -amt) zu Amsterdam, Leeuwendalerweg 21. Sie unterstehen der Abteilung Kinderbescherming (Kinderschutz) des Niederländischen Justizministeriums in Den Haag. Diese Dossiers geben Auskunft über die Vorgeschichte des Kindes bis zum Zeitpunkt des Gerichtsbeschlusses über die Vormundschaft und sind einer der Ecksteine der vorliegenden Untersuchung. Bei der Exploration der Gesamtpopulation in den Jahren 1973 und 1974 zwecks Extraktion spezialer soziologischer Items (siehe unten A.IV.2) wurden 1 854 Dossiers angetroffen, die befragt werden konnten. Wenn man die ursprüngliche Zahl von 2 041 jüdischen Kriegswaisen als Ausgangspunkt nimmt, so ergeben die noch vorhandenen 1 854 Dossiers den erstaunlich hohen Prozentsatz von 90,8 %; dies reicht aus, um die Ergebnisse der Exploration der Gesamtpopulation sicherzustellen.
Zu 2): Die überlebenden Reste der niederländisch-jüdischen Gemeinschaft, die bezüglich ihrer Kinderschutzorganisationen auf eine reiche Tradition zurückblickt, gründeten kurz nach dem Kriege im Juni 1945 zur Versorgung ihrer Kriegswaisen die Organisation *Le Esrath Hajeled* (hebr., dt.: Kinderhilfe). Vertreter dieser Organisation saßen in der Kommission O. P. K.; zugleich fungierte sie – ebenso wie das Büro O. P. K. – als Rechtsperson, der Vormundschaften übertragen wurden. *Le Esrath Hajeled* ließ – ebenfalls durch Sozialarbeiter – Dossiers für fast alle jüdischen Kriegspflegekinder anlegen, auch wenn sie nicht der Vormundschaft von *Le Esrath Hajeled* unterstellt waren; man unterhielt Kontakte auch mit jüdischen Kriegswaisen, die in den nicht-jüdischen Pflegefamilien blieben und fungierte in zunehmendem Maße als Beratungsstelle für alle, die mit den vielen Aspekten des Kriegswaisenproblems in Berührung kamen.
Die durch *Le Esrath Hajeled* angelegten Dossiers befanden sich zur Zeit unserer Auswertung im Archiv dieser Organisation, Johannes Vermeeerstr. 24, zu Amsterdam.

Die Dossiers beider Büros – zu deren Lückenhaftigkeit und teilweise subjektiver Färbung man das oben (A.I.3) Gesagte vergleiche – unterscheiden sich inhaltlich wenig

* Die Kommission für Kriegspflegekinder, im folgenden zitiert als Kommission O. P. K. war auch die Instanz, die etwa 1 500 untergetauchte jüdische Kinder ermittelte und sie mit ihren Eltern oder dem überlebenden Elternteil wieder vereinigte.

voneinander; hier und da findet man zuweilen eine andere Akzentuierung gewisser Modalitäten, wo es die sozialdynamische Problematik betrifft.
Der Zweck ihrer Anlage war in erster Linie ein praktischer: vermittels der gesammelten Unterlagen dem Vormundschaftsgericht eine dokumentierte Empfehlung zukommen zu lassen. Die Unterlagen beziehen sich auf die individuelle Problematik eines jeden Kindes. Außerdem enthalten die Dossiers Materialien zur Diskussion über den Stellenwert der jüdischen Gruppe für diese individuelle Problematik. Wir werden auf dieses Thema bei der Beschreibung der Arbeit der Kommission und des Büros O. P. K. zurückkommen.
Bei der tabellarischen Darstellung der selekten Gruppen von 204 Fällen wurden für den Zeitraum bis zur Vormundschaftszuerkennung im wesentlichen die Dossiers des Büros O. P. K. zugrunde gelegt. Wo bei der Überprüfung der Fakten bezüglich des gesamten Verfolgungsgeschehens Unsicherheiten oder Undeutlichkeiten auftraten, wurden die Dossiers beider Büros zu Rate gezogen und miteinander verglichen.
Durch den unterschiedlichen Aufgabenkreis sind die Fakten der Nachkriegsperiode vom Zeitpunkt der Vormundschaftsübertragung an bis zur gesetzlichen Volljährigkeit in den Dossiers der jüdischen Organisation detaillierter angegeben; für diesen Zeitraum bildeten bei der tabellarischen Darstellung daher die Dossiers des Büros ‚Le Esrath Hajeled‘ die Grundlage.
In denjenigen Fällen, in denen dem Büro O. P. K. als Rechtsperson die Vormundschaft übertragen wurde, fanden sich in den diesbezüglichen Dossiers wenige oder keine Aufzeichnungen über die Nachkriegsentwicklung des Kindes.
In den Fällen, in denen Kriegspflegeeltern die Vormundschaft erhielten, mußten die fehlenden Informationen zumeist bei der Nachuntersuchung durch den Untersucher ermittelt werden.

Bei der Nachuntersuchung konnte der Untersucher sich in ungefähr 30 Fällen auf die Dossiers des jüdischen Sozialamtes, Joods Maatschappelijk Werk, Johannes Vermeerstr. 18 in Amsterdam, stützen; in vier Fällen auf die Dossiers des Psychoanalytischen Institutes, Olympiaplein 4 in Amsterdam; in drei Fällen auf Dossiers zweier psychiatrischer Kliniken und in einem weiteren auf dasjenige der Observationsklinik des Niederländischen Justizministeriums. In sieben Fällen konnte er auf schriftliche und mündliche Rapportage holländischer Kollegen zurückgreifen.

A.II.2. Beschreibung der Dossiers

Die Dossiers der Kommission O. P. K. beginnen zum größten Teil mit einem vorgedruckten Formular, auf dem der Name des Kindes,*) sein Geburtsjahr, eventuell Namen und einstige Adresse seiner Eltern angegeben sind. Außerdem enthält es den Namen der Personen, bei denen das Kind sich zur Zeit seiner Anmeldung aufhält, das Datum seiner Ankunft in der betreffenden Pflegefamilie und den Vermerk, von wem der Unterzeichnete das Kind in Obhut erhalten hat. Diese Registration gewährt auf den ersten Blick ausreichende Information über die Person des Pflegekindes und genügt dem Anspruch der O. P. K.-Instanz, zu allererst zu einer Bestandsaufnahme aller untergetauchten Kinder zu gelangen.

---

* Zur Problematik der Identifikation der z. T. unter Decknamen untergetauchten Kinder siehe unten.

Die Pflegeeltern, die sich nach dem Inkrafttreten des Gesetzes vom 13. August 1945 (siehe oben A.II.1) bei den zuständigen Behörden der verschiedenen Provinzen gemeldet hatten, erhielten einen Vordruck ausgehändigt, der – ausgefüllt – dem Büro O. P. K. zugeleitet wurde. In diesem Vordruck konnten die Pflegeeltern ihre Absicht bekunden

a) das Kind bei sich zu behalten und die Vormundschaft zu beantragen;
b) die Vormundschaft nicht zu beantragen, aber das Kind so lange bei sich zu behalten, bis eine günstige Lösung durch Aufnahme in ein anderes – meist ein jüdisches – Milieu gefunden werde (zuweilen gaben die Pflegeeltern Anregungen, wie sie sich diese Aufnahme vorstellten);
c) das Kind nicht länger zu behalten und auf einer kurzfristigen Veränderung zu bestehen.

Dies letztere (c) wurde entweder aus der Situation der Pflegeeltern oder dem Verhalten des Kindes motiviert, oder aber aus der Überzeugung der Pflegeeltern, daß die weitere Erziehung des Kindes in einem jüdischen Milieu zu erfolgen habe.

Häufig findet sich die Mitteilung, daß das Kind bereits durch plötzlich auftauchende Angehörige abgeholt wurde, oder daß es – dies vornehmlich bei älteren Kindern – selbst mit Verwandten oder Bekannten und Freunden der Eltern Kontakt aufgenommen habe und sich da und da befinde. Gelegentlich finden sich Berichte von Sozialarbeitern aus verschiedenen Provinzen, die die Dringlichkeit eines Falles bekunden und seine rasche Lösung befürworten.

Zuweilen jedoch beginnen die Dossiers auch mit einem persönlichen Schreiben von den Pflegeeltern; oder von überlebenden jüdischen Verwandten oder Bekannten der Eltern, die dem Büro O. P. K. mitteilen, daß sich das Kind auf der oder jener Adresse in Holland befinde; zugleich wird die Bitte ausgesprochen, Kontakt mit dem Kind aufnehmen zu dürfen. Gelegentlich findet sich die kurze Mitteilung, daß man das Kind eines Verwandten oder Bekannten zu sich genommen habe.

Bereits hier lassen sich die Verwicklungen ahnen, die mit dem Auftauchen der Kinder einhergehen. Es ist daher verständlich, daß das Büro O. P. K. zunächst darauf bedacht war, die erste Phase – des Auftauchens und der Registrierung – nicht schon durch private Initiativen bezüglich der folgenden Phase – der Vormundschaftszuweisung – gefährden zu lassen.

Die Dossiers enthalten allerlei Schriftstücke, in denen überlebende Familienmitglieder eines Kindes dem Büro ihre oft divergierenden Auffassungen über das künftige Erziehungsmilieu des Waisenkindes darlegen, darin manchmal unterstützt, manchmal widersprochen durch die Kriegspflegeeltern, die oft schon in ihrem ersten Schreiben an das Büro O. P. K. bekunden, inwiefern sie geneigt sind, das Kind auch weiterhin zu erziehen und als ihrer Familie zugehörig zu betrachten. Oft finden sich hier Dokumente von unschätzbarem menschlichem Wert.

Aus der großen Zahl sollen hier zwei in deutscher Übertragung vorgelegt werden.

Meine Herren,

Heute empfingen wir von Herrn H. die Bitte, Informationen zu senden über M. v. M. (= Name des Kindes), P... (= Deckame des Kindes während des Krieges), und wir beeilen uns, Ihrer Bitte zu entsprechen.

M. kam etwa Mitte Oktober 1943 aus D., wo er einige Tage bei K. v. W. war, zu uns nach H. und ist noch immer bei uns, obgleich er beinahe ein Jahr lang mit uns zusammen untertauchen mußte. Von seiner Lebensgeschichte wissen wir nichts und haben auch niemals irgend etwas aus ihm herausbekommen können. Wir haben ihm eingeredet, daß er aus Rotterdam kam, da wir ihn offiziell als Bombardement-Waisenkind aus Rotterdam bei dem Standesamt unserer Gemeinde (L.) eintragen ließen.

Da er nicht sehr jüdisch aussieht, spielte er normalerweise wie gewohnt mit anderen Kindern auf der Straße; kurze Zeit hat er sogar die Schule besucht. Er hat nie über seine Eltern gesprochen oder über seine Familie, und wenn er es doch tat, so erwies es sich später als reine Phantasie. Wir hatten inzwischen gehört, daß er aus Z. stammte, aber mehr haben wir auch nie erfahren können.
Er ist ein richtiger, netter Junge, gut erzogen, mit einer großen Dosis Humor und einem guten Verstand; dadurch hielt man ihn auch für älter als er wirklich war. Er hat eine frische gesunde Hautfarbe, ein stämmiger Bursche, obwohl nicht groß, mit dunkelblondem Haar. Falls seine Eltern noch leben, würden wir uns sehr freuen, ihnen das Kind wieder zurückgeben zu können. Andernfalls sind wir nicht abgeneigt, ihn bei uns zu behalten.
In der Hoffnung baldigst nähere Auskünfte von Ihnen zu empfangen, verbleibe ich mit der größten Hochachtung

(Unterschrift)

Anschließend hieran findet man in diesem Dossier Briefe einer Tante des Jungen an das Büro O. P. K. mit der Bitte um eine Besuchserlaubnis; die Zustimmung des Büros mit dem Hinweis, daß die Besuchserlaubnis nicht dazu mißbraucht werden dürfe, das Kind ohne Zustimmung des Büros mitzunehmen. Weiterhin ein Brief an die Pflegeeltern, in denen der Besuch der Familie angekündigt und die gesetzliche Zuständigkeit der Kommission O. P. K. noch einmal betont wird. Kurz darauf findet sich ein Brief einer nicht-jüdischen Sozialarbeiterin aus der betreffenden Provinz, im Dienst des Amsterdamer Büros und als ehemalige illegale Helferin besonders gut informiert über das Los der jüdischen Kinder in verschiedenen Provinzen und zugleich mit ausgezeichneten Beziehungen zu allen Kreisen der Illegalität. Sie berichtet, daß die oben erwähnte Kriegspflegefamilie nicht als Nachkriegspflegefamilie in Betracht käme, da ihr die Pflegemutter in einem intimen Gespräch den desolaten Zustand der häuslichen Verhältnisse des selbst kinderlosen Ehepaares geschildert habe.
Das erste Dokument des Dossiers über das Kind R. H. zeigt, welch detektivische Arbeit das Büro O. P. K. – und auch das Büro der jüdischen Kriegswaisenfürsorge – zuweilen zu leisten hatten. Es ist eine eng beschriebene Postkarte vom 27. 8. 45, gerichtet an den Oberschulrat für die Grundschule im 3. Inspektionsbezirk, geschrieben von einem Schulinspizienten:

In K., Gemeinde A., sind 2 Kinder, die ihre Eltern noch nicht wiedergefunden haben. 1. Flippie (oder auch Jan) ungefährt 6 Jahre alt. Name unbekannt (auch der Vorname), ebenso das Geburtsdatum. Jüdischer Typ. Hier 1 1/2 Jahre, davor 1/2 Jahr in S. Er besitzt noch ein Hemdchen mit den Buchstaben Z. K. Aber es ist ungewiß, ob es sein eigenes ist, oder ob er es später bekommen hat. Einquartiert bei (folgt Name und Adresse). Ihm zufolge ist der Junge seinerzeit aus der „crèche" in Amsterdam geholt. – 2. R. H. Jude. Frühere Adresse (folgt genaue Anschrift). Vater füsiliert. Mutter 1 1/2 Jahre später geschnappt. Junge einquartiert bei (folgt Anschrift).

(Unterschrift)

(Nachschrift:) Ein Onkel hat sich gemeldet. Dort befindet sich R. im Augenblick.

In dem hierauf folgenden Dokument desselben Dossiers berichtet eine Pflegemutter am 15. 9. 45 an das Büro O. P. K.:

Hiermit berichte ich Ihnen, daß wir seit 7. 1. 43 ein jüdisches Kind in unserer Obhut haben. Sein Name ist D. H. Bereits früher habe ich seinen Aufenthaltsort nach Eindhoven und Amsterdam gemeldet. Der Vater wurde im Januar '43 füsiliert, die Mutter durch die Deutschen gefangengenommen und wahrscheinlich nach Polen deportiert. Wir wissen das jedoch nicht sicher, denn nach der Ankunft des Kindes bei uns haben wir keinen Briefwechsel mehr mit seiner Mutter geführt. Er hat einen älteren Bruder R. von 15 Jahren, von dem wir wissen, daß er lebt und eine Schwester M.; von ihr wissen wir jedoch nichts. Ein Onkel der Kinder, Bruder der Mutter, hat sich gemeldet; R. ist im Moment bei ihm; seine Adresse ist........; er heißt.......... Auch eine Tante wird sich melden, eine Schwester der Mutter, ihre Adresse ist unbekannt. Von beiden weiß ich nicht, ob sie

in Zukunft für die Kinder sorgen können. Bisher haben wir für D. gesorgt; aber da mein Mann das Kind nicht adoptieren will und nur den Gedanken hatte – und ihn auch verwirklichte – dem Kind in den Kriegsjahren zu helfen und es aufzunehmen, würde ich sehr ein gutes Zuhause für ihn wünschen. Gerne vernehme ich von Ihnen, was der Staat für die Kinder tut.
P. S. Wir empfingen für das Kind keine Vergütung. Dies bitte nur als Mitteilung zu betrachten.
(Unterschrift)

Vereinzelte Fälle sind bekannt, in denen Pflegeeltern ihr Pflegekind nicht anmeldeten und die Kommission auf Umwegen oder durch Nachforschungen der jüdischen Waisenorganisation in den Besitz der Adresse des Kindes kam. In einem Fall kam erst Jahre nach dem Kriege durch die Angabe des einen Partners bei einer Ehescheidung ans Licht, daß der andere noch ein Pflegekind betreue. In einem anderen Fall verzogen Pflegeeltern mit ihrem Pflegekind ins Ausland, um sich dem Zugriff der Behörden zu entziehen. In zwei oder drei Fällen ließen Pflegeeltern aus ebendenselben Motiven ihr Pflegekind nach dem Kriege wieder untertauchen.
Ferner enthalten die Dossiers alle diejenigen Dokumente, die sich direkt auf die der Kommission O. P. K. zugewiesene Aufgabe der Vormundschaftszuerkennung beziehen. Das Kernstück bildet eine ausführliche mehrseitige Rapportage mit – soweit ausfindig zu machen – allen anamnestisch wichtigen Daten der Lebensgeschichte des Kindes und seines ursprünglichen Milieus: sozialer und religiöser Status der Eltern, die Schicksale der Familie zu Beginn der Verfolgung, die Art der Trennung, das Schicksal des Kindes während seiner Versteckperiode, Aufenthalt im Konzentrationslager; eventuell überlebende Geschwister; ferner ein eingehender Bericht über die gegenwärtige leib-seelische Verfassung des Kindes, seine eigenen Wünsche und Erwartungen hinsichtlich seiner Zukunft; schließlich eine Beschreibung der Qualität der sich anbietenden Nachkriegsmilieus bzw. -pflegefamilien, das Für und Wider, Referenzen über ihren Leumund. Die Rapportage endet mit einer festumrissenen, motivierten Empfehlung an das Gericht. Im folgenden enthalten die Dossiers die Gerichtsentscheidungen, eventuell die verschiedenen Verhandlungen der Berufungsinstanzen in den sogenannten „Streitfällen", ausführliche psychologisch-psychiatrische Gutachten, meist von *child guidance clinics* und der sozialpsychiatrischen Abteilung der jüdischen Waisenorganisation.
Dann enthalten die Dossiers alles, was mit der ökonomisch-finanziellen Lage des Kindes zusammenhängt: Mitteilungen des Institutes, das die sogenannten „arisierten" Betriebe unter seine Obhut genommen hatte; Auszüge aus Mitteilungen von Arbeitgebern der Eltern, Erklärungen von Lebens- und Krankenversicherungen, Vermögensaufstellungen.
Im übrigen finden sich in den Dossiers Interimbeschlüsse des Büros O. P. K. mit der dazugehörigen Motivation, kurzum alles, was dazu dienen konnte, die Lage der Kinder in jeder Hinsicht zu verdeutlichen und zu ordnen; Briefe von Angehörigen, die für oder gegen eine bestimmte Vormundschaftsentscheidung eintraten, sachliche und rein emotionell gefärbte Schreiben, alte Familienfehden, die auch der Tod nicht hatte löschen können; Bitten von Großeltern für ihre Enkel, Briefe aus Übersee und zuweilen auch Briefe der Kinder selbst.
Diese letztgenannten Dokumente, in denen sich Kinder für ein empfangenes Päckchen bedanken oder um Schuhe, Kleidung, Lebensmittel bitten, füllen vor allem die Dossiers der jüdischen Waisenorganisation *Le Esrath Hajeled*, die ihrer Anlage nach von Beginn an danach strebte, auch die weitere Versorgung der Waisenkinder zu sichern. Ihre Bemühungen erstreckten sich deshalb auch auf die Zeit nach der Regelung der Vormundschaft.

Auch die jüdische Waisenorganisation *Le Esrath Hajeled* leistete kurz nach dem Kriege Hilfe beim Aufspüren und der Registrierung von untergetauchten Kindern. Die Dossiers beginnen in der Regel mit einer Eintragung über den Empfang eines Schriftstückes, mit Datum und Name und Adresse des Absenders; dabei handelt es sich meist um den Bericht, daß sich da und da ein elternloses jüdisches Kind befinde; oder um die Bitte um Unterstützung, Kleidung usw. für ein solches Kind; zuweilen schreibt ein Kind auch selbst und bittet um Kontakt. All diese Adressen wurden dem Büro O. P. K. zugeleitet. *Le Esrath Hajeled* nahm ersten Kontakt mit dem Betreffenden auf; das weitere wurde im Einvernehmen mit dem Büro O. P. K. geregelt.

Den Dossiers der jüdischen Waisenorganisation vorgebunden ist ein vierseitiges vorgedrucktes Faltblatt. Die erste Seite trägt rechts oben die Dossiernummer und den Vermerk Knabe/Mädchen. Sie ist ferner in drei Rubriken eingeteilt: Kind – Eltern – überlebende Angehörige. Die erste Rubrik gibt die wichtigsten Informationen über den persönlichen Status des Kindes, seinen Aufenthaltsort während der Besetzungszeit, gegenwärtige Anschrift, Adressenänderungen mit Angabe der Jahreszahl. Die Spalte „Eltern“ gibt in Stichworten Auskunft über deren persönlichen und sozialen Status. Die Reichhaltigkeit der hier dokumentierten Informationen kontrastiert auf eindringliche Weise mit der stereotypern handschriftlichen Mitteilung hinter dem vorgedruckten Item „deportiert“: „und nicht zurückgekommen“. In der dritten Spalte findet man Name, Anschrift, Geburtsdatum und Verwandtschaftsgrad der überlebenden Angehörigen. Die zweite Seite des Faltblattes ist für alle Angaben über die Vormundschaftszuweisung reserviert (Name des Vormundes; die gerichtliche Instanz, die den Beschluß nahm; Datum; eventuelle Veränderungen und weitere Prozesse). Auf der dritten Seite des Blattes werden die Pflegefamilien inventarisiert, bei denen sich das Kind nach dem Krieg aufhielt. Dieses Faltblatt, in dem alle Fakten, Besonderheiten und Veränderungen der Zeit nach dem Kriege aufgezeichnet wurden, erleichterte uns den Überblick und die Einarbeitung in den jeweiligen Fall.

Das eigentliche *Le Esrath Hajeled*-Dossier besteht darüber hinaus inhaltlich aus zwei Teilen:

- erstens: der systematisch numerierten Sammlung aller eingegangenen und versandten schriftlichen Mitteilungen, die sich nebst den verschiedenen psychologischen Untersuchungsbefunden und den Gerichtsbeschlüssen bezüglich der Vormundschaft in einem dem Dossier eingehefteten Umschlag befindet;
- zweitens: einem Abriß der Lebensgeschichte des Kindes; in chronologischer Folge die von dem betreffenden Sozialarbeiter signierten Eintragungen, aus denen man sich bezüglich der Rehabilitationsbestrebungen und ihrer Resultate ein genaues Bild von der körperlichen und sozial-psychischen Entwicklung des Kindes machen kann; ferner detaillierte Protokolle der gemeinsamen Besprechungen von Sozialarbeitern, Psychiater und Gruppenleitung oder Pflegeeltern, in denen komplizierter liegende Fälle regelmäßig evaluiert wurden. (Diese Eintragungen liegen der *tabellarischen Darstellung* der Nachkriegsperiode zu Grunde.)

Die Dossiers beider Organisationen enthalten die Korrespondenz zwischen dem Büro der Kommission O. P. K. und dem der jüdischen Waisenorganisation, die – vor allem in den dringlichen Fällen – von Anfang an aufeinander angewiesen waren. Diesen Schreiben ist anzumerken, daß die Zusammenarbeit zu Beginn nicht so glatt verlief. Einige Schriftstücke muten heute monströs an: sie sind Ausdruck des Spannungsfeldes, in dem das totale Problem damals angesiedelt war. Späterhin verlief die Zusammenarbeit befriedigender.

A.III. BESCHREIBUNG DES UNTERSUCHUNGSGANGES*)

A.III.1. Problemstellung

Das uns zur Verfügung stehende Dossier-Material bildet ein abgeschlossenes Universum.
Die Dossiers des Büros O. P. K. sowie die der jüdischen Waisenorganisation sind in erster Instanz nicht angefertigt, um eine wissenschaftliche Untersuchung zu verrichten. Sie stellen keine systematische, einheitliche Sammlung des Materials dar, wenngleich bei ihrer Anlage bereits danach gestrebt wurde, umfassende Information zu erhalten. Sie enthalten Fakten qualitativer und quantitativer Natur und direkte Beobachtungen.

Es soll versucht werden, vermittels der Hypothese der altersspezifischen Traumatisierung die im follow-up ermittelten Erscheinungen in Beziehung zueinander zu setzen.

Unser Material betrifft Kinder einer bestimmten Subpopulation (jüdisch). Diese Subpopulation war massiven kumulativen Traumata ausgeliefert; d. h. die betreffende Gruppe war während längerer Zeit wiederholt einer Abfolge von schweren wechselnden Belastungssituationen ausgesetzt. Die Untersuchung richtet sich auf die Effekte der kumulativen Tramatisierung von Kindern dieser Subpopulation und auf die Effekte ihrer sozial-psychiatrischen und pädagogischen Rehabilitation. Die Interpretation dieser Effekte bezieht sich ausschließlich auf die hier vorhandene Gruppe. Es wird angenommen, daß die innerhalb des vorliegenden Gesamtmaterials interpretierten Erscheinungen das Resultat einer allgemein gültigen Gesetzmäßigkeit sind, die auch außerhalb des abgeschlossenen Universums wirksam ist.

Der zu untersuchenden Gruppe ist gemeinsam, daß die Verfolgung in der Jugend stattfand. Sie alle waren Kinder im Sinne der damals geltenden Rechtsnormen des holländischen Bürgerlichen Rechtes. Darüber hinaus ist das Material sehr differenziert. Ein Beispiel hierfür bietet die große Streuung der Altersgruppen, die die Geburtsjahrgänge 1925 bis 1944 umfassen (siehe unten Tab. 1).
Weiterhin sind Unterschiede des Milieus anzuweisen (sozial-ökonomisch, religiös und kulturell), und zwar sowohl hinsichtlich der Herkunft des Kindes als auch bezüglich des Wechsels in ein anderes Milieu (Kriegspflegefamilie).
Die exogenen Einflüsse, die zu der kumulativen Traumatisierung geführt haben, sind ebenfalls sehr unterschiedlich, sowohl während des Krieges, als auch danach.

* Nach der Darstellung der Materiallage wollen wir im folgenden die Untersuchungsmethoden bzw. den Untersuchungsgang erörtern, obwohl es denkbar wäre, erst die theoretischen Grundlagen mit der explizit formulierten Problemstellung zu behandeln. Bei der prädikativen Konzeption der Gesamtuntersuchung waren die theoretischen Grundlagen und die Klärung der von uns hantierten Traumabegriffe in hohem Maße mit dem Gang der Untersuchung verbunden. Denn erst dieser entschied, inwiefern es überhaupt möglich war, das uns zur Verfügung stehende Gesamtmaterial in die Untersuchung einzubeziehen. Andererseits beeinflußte natürlich auch die theoretische Konzeption von vornherein unseren Untersuchungsgang.

A.III.2. Auswahl einer repräsentativen Verfolgtengruppe

Für die Auswahl einer repräsentativen Untersuchungsgruppe standen uns zwei gesondert angelegte Namenslisten der beiden oben erwähnten Büros (O. P. K. und *Le Esrath Hajeled*) zur Verfügung. Beide Listen waren unvollständig. Sie wurden miteinander verglichen, ergänzt und korrigiert aufgrund der Informationen, die das Archiv des „Raad voor de Kinderbescherming" in Amsterdam unter Leitung von *H. Bink* inzwischen aus dem ihm einverleibten Dossierbestand gewonnen und in seine Gesamtkartei (1 931 Kinder) aufgenommen hatte. Alle diese Kriegswaisen waren auf der Dossierkarte als „O. P. K." vermerkt. Nach Abzug einiger „indischer" Waisen, Zigeunerwaisen, sogenannter „Bombardementswaisen" und einiger jüdischer Waisen, deren Dossiers nicht auffindbar waren, ergab sich die Zahl von 1 854 noch vorhandenen Dossiers.

Ein Versuch, jeden 10. Namen für eine optimale Untersuchungsgruppe auszuwählen, schlug fehl. Abgesehen von den bereits erwähnten fehlenden Dossierangaben, erwies sich dieses Auswahlprinzip auch bezüglich der Nachuntersuchung als unrealisierbar: in einer zu großen Zahl von Fällen war es nicht möglich, die heutigen Adressen zu ermitteln, da es kein zentrales Bevölkerungsregister der Niederlande gibt. (Nur die Emigranten werden zentral registriert.)

Außerdem wurde deutlich, daß eine follow-up-Untersuchung der Auswahl noch andere Beschränkungen auferlegte. Als ungeeignet für unsere Untersuchung schied z. B. die ganze Gruppe derjenigen Kinder aus, über die es nach dem Kriege fast keine Dossiereintragung gab. Diese Gruppe zerfiel, nach der Ursache der fehlenden Notizen aufgeschlüsselt, in zahlenmäßig zu stark voneinander abweichende Untergruppen.

In Anbetracht der gegebenen erschwerenden Umstände wurden deshalb folgende Kriteria für die Auswahl festgelegt:

1) Es wurde beschlossen, 10 % von jeder Altersgruppe in die Untersuchung einzubeziehen.
2) Es erwies sich als zweckdienlich, vor allem Kriegswaisen auszuwählen, die dem Untersucher von seiner langjährigen Tätigkeit als Konsulent bekannt waren, und zwar
   a) persönlich,
   b) vom Dossier her.
3) Es wurden nur ehemalige Kriegswaisen erfaßt, deren gegenwärtige Adresse zu ermitteln war, und zwar
   a) in den Niederlanden,
   b) in Israel (siehe Übersicht).

Die Nachuntersuchten verteilten sich wie folgt:

	männl.	weibl.	insges.
untersucht in den Niederlanden	76	75	151
untersucht in Israel	25	28	53*
repräsentative Gruppe insges.	101	103	204

* Die Nachuntersuchung eines Israeli fand während seines Aufenthaltes in den Niederlanden statt.

Von den 204 Fällen waren dem Untersucher aus seiner Beratertätigkeit 134 (68,1 %) bekannt; hiervon hat er über 114 Kinder (55,9 %) seinerzeit mündlich oder schriftlich rapportiert.

Zu der Kategorie 2b gehören hauptsächlich die in ihrer Kriegspflegefamilie verbliebenen und getauften Kinder. Ihre Anzahl wurde durch eine gezielte Auswahl erhöht. Von den 10 Angeschriebenen verweigerten drei ihre Mitarbeit. Die Argumente – bei der ersten telefonischen Kontaktaufnahme – waren:

- „Mein Leben ist so andersartig verlaufen; Sie haben nichts davon.“ (Stimme des Ehemannes im Hintergrund, undeutlich.) „Nein, es hat für Sie keinen Zweck.“
- „Ich habe nichts mehr damit zu tun.“
- „Kein Interesse.“

Zunächst war durch die jüdische Waisenorganisation an alle In-Fragekommenden ein Rundschreiben geschickt worden, mit einer Darlegung von Sinn und Ziel der Untersuchung. Ausdrücklich wurde betont, daß weder allgemeinärztliche noch fachärztliche Gesichtspunkte hinsichtlich eventueller Ansprüche auf Verfolgungsentschädigung der Untersuchung zugrunde lägen.

Von den über 200 Angeschriebenen stimmten alle 50 in Israel lebenden zu. Von den in den Niederlanden verbliebenen verweigerten nur drei jeglichen Kontakt; die Motive waren:

- „Woher haben Sie meine Adresse? Das ist das Fatale, wenn man einmal auf irgendeiner Liste geführt wird.“
- „Sie kommen zu spät. Wenn Sie 15 Jahre eher gekommen wären, wo ich jemanden nötig gehabt hätte! Ich fühle mich im Stich gelassen.“
- „O nein, das regt mich viel zu sehr auf.“

Bei der auffallenden Bereitschaft zur Mitarbeit waren deutlich folgende Hauptmotive zu unterscheiden:

a) Das Bedürfnis zur Erneuerung des früheren Kontaktes, die in vielen Fällen mit heftigen aggressiven Entladungen, Vorwürfen gegen den Untersucher, die Waisenorganisation und die O. P. K. begann, um dann in ruhigere Wasser überzuleiten. Dies waren die günstigsten Fälle.
b) Ein ausgesprochenes Interesse an der Untersuchung als solcher.
c) Das Gefühl einer vergessenen Gruppe anzugehören, hauptsächlich bei den untergetaucht gewesenen Kriegswaisen.
d) Der verhüllte Wunsch nach psychotherapeutischen Maßnahmen im Zusammenhang mit aktuellen Schwierigkeiten mit dem Partner oder den eigenen Kindern.

Im weiteren Verlauf der Untersuchung wurde eine Modifikation angebracht: der Jahrgang 1925 wurde nicht mehr berücksichtigt. Über die meisten dieser Waisen war keine Vormundschaft mehr ausgesprochen worden, eine Tendenz, die auch bereits bei den Jahrgängen '26 und '27 zu beobachten ist.

Tabelle 1: **Übersicht über den Altersaufbau der Gesamtpopulation und der repräsentativen Verfolgtengruppe (Die Gesamtpopulation ist vertreten durch die 1854 vorhandenen Dossiers.)**

Jg.	Gesamtpopulation			repräsent. Gruppe		
	m	w	ges.	m	w	ges.
'44	2	1	3	–	–	–
'43	36	29	65	3	2	5
'42	67	80	147	7	10	17
'41	54	52	106	7	4	11

Jg.	Gesamtpopulation			repräsent. Gruppe		
	m	w	ges.	m	w	ges.
'40	56	58	114	5	9	14
'39	52	68	120	7	6	13
'38	62	57	119	10	5	15
'37	38	33	71	9	6	15
'36	41	38	79	7	3	10
'35	36	38	74	7	8	15
'34	38	37	75	7	2	9
'33	20	42	62	4	6	10
'32	33	43	76	2	6	8
'31	39	45	84	3	3	6
'30	45	39	84	5	6	11
'29	40	51	91	4	7	11
'28	48	56	104	4	3	7
'27	48	63	111	4	8	12
'26	61	94	156*	6	8	14
'25	43	70	113	–	1	1
ges.	859	994	1854*	101	103	204

A.III.3. Exploration des Dossier-Materials

Um zu einer umfassenden Inventarisation aller in den Dossiers vorhandenen Informationen über den Lebenslauf des Kindes und darüber hinaus zu einer Rekonstruktion seines Entwicklungsganges unter dem Druck der Nachwehen der Verfolgung zu gelangen, wurden zu Beginn eine Anzahl blind ausgewählter Dossiers extrahiert. Die auf diese Weise gefundenen Daten wurden katalogisiert, bis kein neues Moment mehr zutage gefördert wurde. Die Anzahl von 20 Dossiers erwies sich hierfür als ausreichend. Die Vielzahl der Items entsprach den Anforderungen, die man an eine kinderpsychiatrische Anamnese stellen muß. Zugleich erhoben sich Zweifel, ob nicht die Fülle und die Lücken des vorhandenen Materials dem Untersuchungsgang schwierige, wenn nicht unlösbare methodologische Aufgaben stellte. Dennoch wurde dieser mühevolle Weg bevorzugt, da er einen differenzierteren Überblick über die Faktoren gewährleistete, die bei dem Verfolgungsverlauf und dem Entwicklungsgang des Kindes eine Rolle spielen.

Eine erste geordnete Zusammenfassung aller für die weitere Untersuchung wichtigen Daten in einem Fragebogen ergab ca. 40 Problembereiche mit ca. 150 Kategorien. Von ihnen sollen im folgenden nur diejenigen dargestellt werden, die sich auf die Zeitspanne bis zur Beendigung des Krieges und Registrierung der Kinder beziehen. Sie stellten bei der Auswahl der repräsentativen Gruppe und der Datenerhebung aus begreiflichen Gründen die größten Anforderungen an den Spürsinn der Sachbearbeiter.

Es ergab sich folgende Liste:

A.a) Familiensituation vor der Verfolgung:

1. vollständig, Geschwister ...
2. unvollständig, primär
3. unvollständig, sekundär, Vater fehlt
4. unvollständig, sekundär, Mutter fehlt
5. Sozialstatus Eltern
6. Verhältnis zur jüdischen Gruppe

* 1 nicht identifiziert

7. Nationalität der Eltern
8. Bemerkungen
9. keine Angaben

A.b) Schicksal der Eltern am Anfang der Verfolgung; welche ersten Maßnahmen ergriffen die Eltern:

1. Versteck nach Vorbereitung
2. Versteck plötzlich bei Gefahr
3. Deportation, freiwillig gemeldet
4. Deportation (Razzia) abgewartet
5. Sonstiges
6. keine Angaben

A.c) Schicksal des Kindes am Anfang der Verfolgung

1. Deportation ohne Eltern
2. Deportation mit Eltern
3. Versteck getrennt von den Eltern
4. Versteck mit Geschwistern
5. Versteck mit Geschwistern, dann getrennt
6. aus dem Elternhaus an Freunde oder Bekannte mitgegeben
7. aus dem Elternhaus an Widerstandsbewegung mitgegeben
8. Findelkind
9. aus Heim, Krippe, Krankenhaus gerettet
10. selbst Versteck gesucht
11. aus KZ, Deportationszug geflüchtet
12. Sonstiges
13. keine Angaben

B.a) Versteckadressen des Kindes (Anzahl, chronologisch geordnet)

1. Platz und Art der Adresse (Stadt, Land)
2. Aufenthaltsdauer
3. Qualität der Adresse, Verhältnis zum Kind
4. Gründe der Veränderung (provisorisch, Gefahr, Verhalten des Kindes)
5. Zuverlässigkeit der Angaben (unbestimmt, nicht exakt, geschätzt, zuverlässig)
6. Bemerkungen

C.a) Wichtigste Pflegefamilie, bzw. Pflegefamilie, die das Kind 1945 anmeldete

1. betreffende Familie vermerkt unter B.a)
2. Alter der Pflegeeltern
3. sozialer Status
4. Religion bzw. Weltanschauung
5. Zusammensetzung der Familie (eigene Kinder, Pflegekinder, andere jüdische Untertauch-Kinder, erwachsene Untertauch-Hausgenossen

C.b) Psychosoziale Entwicklung des Kindes in der Pflegefamilie

1. isoliert
2. Spiel
3. Schule
4. aufgenommen in eine Arbeitsgemeinschaft
5. religiöse Erziehung, Taufe
6. Krankheiten, Krankenhausaufnahme, Operation, allgemeines Befinden
7. Verhalten des Kindes mit Bezug auf seine Lebenssituation
8. Eindruck seines Entwicklungsniveaus
9. Zuverlässigkeit der Angaben
10. Bemerkungen

Es scheint uns ein Vorzug zu sein, daß die Kategorien dieser Periode – mit Ausnahme von B.a)3. (Qualität der Adresse) und C.b)8. (Eindruck des Entwicklungsniveaus) – alle auf der gleichen Abstraktionsebene gebildet wurden. Sie geben einen weitgehend objektiven und eindeutigen Bericht von den Wechselfällen dieser Zeit. Bei B.a)4. (Gründe der Veränderung; Verhalten des Kindes) und C.b)7. (Verhalten des Kindes mit Bezug auf seine Lebenssituation) sind Zweifel berechtigt, inwiefern hier nicht bereits ein subjektives Moment – der intrapsychischen Verarbeitung – in die Information eingedrungen ist.

Grundsätzlich billigen wir der im Dossier gefundenen Notiz über eventuelles reaktives Verhalten des Kindes auf das, was ihm zugestoßen ist, den gleichen objektiven Wert zu wie derjenigen über eine Krankenhausaufnahme. Doch ist hier bereits eine andere Abstraktionsebene angeschnitten.

Die in den Dossiers befindlichen psychologisch-psychiatrischen Gutachten enthalten eine Fülle von Aufzeichnungen, in denen die psychische Wirklichkeit des Erlebten seine kategoriale Repräsentanz findet. Eine dritte Kategorie – auch sie findet man in den Dossiers – wird aus der Interpretation der zur Zeit der Untersuchung gegebenen differenzierten Angaben über das seelische Befinden gewonnen.

In der Nachuntersuchung spielt die Kategorie der Interpretation eine bedeutende Rolle (z. B. bei den Angaben über Identitäts- und Loyalitätskonflikte, Trauerverarbeitung). Bei der tabellarischen Darstellung und der quantitativen Bearbeitung des Materials wurden die kategorialen Unterschiede so weit wie möglich berücksichtigt.

Im folgenden soll in großen Umrissen die bei der Extraktion der Dossiers erfaßten Problembereiche nach Beendigung des Krieges wiedergegeben werden.

D.a) Aufenthalt des Kindes bei Kriegsende
1. KZ-Lager
2. Versteckadresse
3. unstet
4. Sonstiges

E. Überlebende Familie

E.a)1. Grad der Verwandtschaft
2. Alter

E.b) Haltung gegenüber der jüdischen Gruppe
1. positiv
2. abweisend
3. indifferent
4. ambivalent

E.c) Zurück aus
1. KZ-Lager
2. Versteck
3. Ausland

E.d) Mischehe

F.a) Vormundschaftsregelung
1. Gutachten O. P. K.
2. Entscheidung O. P. K.
3. Kriegspflegefamilie
4. jüdische Pflegefamilie
5. nicht-jüdische Organisation
6. jüdische Organisation
7. Familienmitglied Nr.
8. sonstige

9. Vormundschaftswechsel, Datum
10. Streitfall
11. Bemerkungen

G.a) Haltung des Kindes gegenüber dem ursprünglichen kongenialen Milieu
1. positiv usw.

H. Entwicklung des Kindes nach dem Kriege

H.a)1. Schwere Erkrankungen
2. Verstorben, Datum
3. Todesursache
4. Emigration

H.b) Psychosomatosen

H.c) Psychische Störungen (Diagnose und medische Instanz)

H.d) Untersuchungen
1. Psychiater – Psychologe
2. child guidance clinic
3. Schultests
4. Berufstests
5. Initiator der Untersuchung
6. Ergebnis der Untersuchung

H.e) Therapie, Sozialfürsorge

H.f) Orthopädagogische Begleitung

H.g) Schulausbildung

H.h) Berufsausbildung

H.i) Militärische Ausbildung

H.j) Eintritt in kirchliche Gemeinschaften

H.k) Verlobt usw.

H.l) Angaben über soziale Anpassung
1. Konfliktreich in Pflegefamilie oder Heim
2. Verhaltensstörungen in der Schule
3. Schulschwänzen
4. Stehlen, ohne juridische Folgen
5. Stehlen, mit juridischen Folgen
6. Sozial gefährdete Mädchen
7. Nach Volksschule keine weitere Ausbildung
8. Nach Volksschule kein Beruf erlernt
9. Häufiger Berufswechsel
10. Schlechte Anpassung im Arbeitsverhältnis
11. Unregelmäßige Arbeit
12. Mitglied einer Vereinigung
13. Isoliert
14. Psycho-sexuelle Entwicklung

J.a) Wunsch des Kindes nach Fortsetzung des Kontaktes nach der Volljährigkeit

A.III.4. Erarbeitung des endgültigen Fragebogens

Die erwartete Fülle von Variablen erwies sich als ein unüberwindliches Hindernis auf dem Wege zu einer sinnvollen Bearbeitung. Abgesehen von den auftretenden praktischen Schwierigkeiten, die vorhandenen Dossiers in dem dargelegten Sinne zu

befragen, war es auch faktisch unmöglich, auf alle gestellten Fragen eine darauf bezügliche Antwort zu geben oder auch nur zu erwarten.
Am Beispiel der anamnestischen Erhebungen über die Vorgeschichte eines jungen Kindes wird dies evident. Die einzigen, die imstande wären, die diesbezüglichen Fragen (z. B. über die Geburt, die ersten wichtigen Entwicklungsdaten des Kindes) wahrheitsgemäß zu beantworten, sind nicht mehr zu befragen. Der Wert von Informationen aus anderen Quellen (Nachbarn, Bekannte, Verwandte) ist bezüglich ihres objektiven Gehaltes schwer zu ermitteln.
Besonders bei den sogenannten Streitfällen um junge Kinder, die zuweilen auch die Berufungsinstanzen der Vormundschaftsgerichte beschäftigen, finden sich in den Dossiers kontraversielle Informationen z. B. über den Grad der Orthodoxie eines proletarisch-jüdischen Elternhauses, wobei alle Facetten der jüdischen Orthodoxie Revue passieren, zugleich durch Informanten (frühere Nachbarn der Eltern oder Arbeitskollegen des Vaters) kritisch kommentiert zugunsten der Kriegspflegeeltern, die sich von dem Kind nur schwer trennen können (dasselbe gilt vom Kind gegenüber den Pflegeeltern!), während von jüdischer Seite ebenso viele Informanten die orthodoxe Lebenshaltung der Eltern bestätigen.
Ein Fall von vielen – Streit um die Taufe eines ungefähr dreijährigen Kindes – möge das illustrieren:

Die Pflegeeltern beriefen sich auf die Mitteilungen der Zwischenpersonen, die das Kind in ihre Obhut gegeben hatten: die Eltern des Kindes hätten unmittelbar vor ihrer Deportation der Frau gegenüber, der sie das Kind anvertrauten, den Wunsch geäußert, man solle das Kind taufen. – Im Gegensatz hierzu stehen im Dossier Aussagen von Dritten, die von überlebenden Angehörigen des Kindes als Zeugen aufgerufen wurden, daß die Eltern bestimmt hätten, ihr Kind solle nie getauft werden.

Die Lückenhaftigkeit der Dossiers tritt am deutlichsten hervor bei denjenigen Kindern, die von der holländischen Illegalität aus der crèche gegenüber der Deportationssammelstelle „Hollandsche Schouwburg" gerettet wurden. Die Modalität der Rettung mag in einzelnen Fällen noch bekannt geworden sein, die leib-seelische Verfassung, in der sich die Kinder zum Zeitpunkt der Rettung befanden, ihre Reaktionen auf die vielfältigen Veränderungen ihrer Umgebung, ihrer Ernährung, das Zurücklassen von Spielzeug, die Spannung, in der auch die erwachsenen Retter ihr Werk vollbrachten: all dies ist wohl zu erraten, aber nicht mehr exakt zu beschreiben.

Ein Junge, der – im Krankenhaus geboren – drei Wochen alt in einer Einkaufstasche aus der Klinik geschmuggelt wurde und auf Umwegen vier Monate später zu seinen endgültigen Pflegeeltern kam, bei denen er den Krieg über und noch einige Jahre danach blieb. Über die vier Monate währenden Irrfahrten findet man im Dossier keine näheren Angaben; nur die Mutmaßung, daß er von Studenten betreut wurde, bis man eine definitive Adresse für ihn fand.

Bei Kindern, die des öfteren ihren Aufenthaltsort – aus welchen Gründen auch – ändern mußten, ist es ein müßiges Unterfangen, die verschiedenen Versteck-Milieus, selbst wenn sie bekannt sein sollten, in ihrer psycho-sozialen Gestalt und Bedeutung für die Kinder zu explizieren. Die vielen unbekannten Faktoren, die aus den Dossiers der Kinder wie ein großes Schweigen auf uns zukommen, sind ein inhärenter Bestandteil der Verfolgungssituation für die Kinder in ihren Verstecken. Diesem Schweigen verdanken sie schließlich ihre Rettung.
Dennoch vermittelte der erste Fragebogen zum ersten Male einen deutlichen Begriff von der Thematik der gestellten Aufgabe und umriß zugleich die Möglichkeiten wie auch die Unmöglichkeiten einer wissenschaftlichen Untersuchung.

Es blieb nur der Weg, die erfaßbaren und einigermaßen gesicherten Daten in Betracht zu ziehen, die Lücken als solche deutlich zu kennzeichnen und zu situieren, und die Untertauchzeit – anstatt sie in eine Folge von mehr oder minder bedrohlichen, begrenzten Zeitläufen aufzuteilen – als Ganzes zu klassifizieren.
Die Hinweise hierfür sind in den Dossiers erkennbar. Wenn ein Kind, das bei der Trennung von seiner Mutter zwei Jahre alt war, im Verlauf von zweieinhalb Jahren auf fünf Adressen versteckt gewesen ist, so wird man schon unter dem Aspekt der geistigen Hygiene des Kindes die Untertauchzeit als „schwer" bezeichnen dürfen. Die gleiche Klassifikation wird man vornehmen, wenn ein fünfjähriges Kind zwei Jahre lang zwar auf derselben Adresse in einer Stadtwohnung bleibt, jedoch wegen seines jüdischen Äußeren die ganze Zeit die Wohnung nicht verlassen darf. Diese Beispiele könnten noch um ein Vielfaches vermehrt werden. Sie sagen a priori nur etwas über die Situation des Versteckens aus. Sie bedeuten keine Aussage über die Verarbeitung der traumatischen Periode.
Anschließend wurde ein zweiter geraffter Fragebogen erstellt, in welchem die Schwerpunkte eines jeden Problembereiches beschreibend zusammengefaßt wurden, so daß die wichtigsten Daten des direkten Verfolgungsablaufs und der Zeit nach dem Kriege deutlich ablesbar waren.
Dieser Fragebogen genügte den Anforderungen bei der Exploration der Dossiers, die durch eine neutrale Person verrichtet wurde. Sechzehn Items mit ihren Antworten wurden daraus extrahiert und auf ein Deckblatt transportiert.

A.III.5. Die tabellarische Darstellung

Aus dem Deckblatt des endgültigen Fragebogens ergaben sich die Kategorien der tabellarischen Übersicht (siehe Teil F).
Diese entsprang zunächst dem Bedürfnis, die follow-up-Untersuchung auch optisch zu versinnbildlichen und eventuelle Diskrepanzen der Entwicklungsverläufe innerhalb der Altersgruppen und im Vergleich der Altersgruppen untereinander besser übersehen zu können. Erst in einem späteren Stadium der Untersuchung erwies sich dieses Vorgehen auch zweckdienlich bei der quantifizierend-statistischen Auswertung des Materials (Teil D).
Die Reihenfolge der Problembereiche entspricht ungefähr dem zeitlichen Verlauf des zu untersuchenden Entwicklungsganges.

	Jahrgang
Sp.1:	Name (Code)
	Geschlecht
Sp.2:	Elternhaus
Sp.3:	Alter bei der Trennung von der Mutter
Sp.4:	Art der Trennung
Sp.5:	Anzahl der Untertauchadressen
Sp.6:	Letzte Untertauchpflegeeltern
Sp.7:	Konzentrationslager
Sp.8:	Besonderheiten der Untertauchperiode
Sp.9:	Vormundschaft
	Streitfall
Sp.10	Alter bei Rückkehr ins jüdische Milieu

Sp.11: Ausbildung: a) Schule, b) Beruf
Sp.12: Besonderheiten der Nachkriegsperiode
Sp.13: Alter bei Alija nach Israel
Sp.14: Alter bei Rückkehr aus Israel

Die hier angeführten Kategorien sind von objektiver und eindeutiger Signatur – mit Ausnahme der Kategorien 8 und 12. Eine differenzierte Analyse der beiden letzteren bleibt dem Kapitel über *Die Traumatischen Sequenzen* (B.IV) vorbehalten.
Die Spalte 2 (Elternhaus) enthält u. a. die nach der soziologischen Skala von *van Heek* ermittelte Statusangabe des Milieus (arabische Ziffer). In Spalte 3 (Trennung von der Mutter) wurde zusätzlich mit römischer Ziffer die Zugehörigkeit zu der betreffenden traumatisierten Altersgruppe (siehe unten B.I.3) eingetragen.

A.III.6. Nachuntersuchung

Die in der Nachuntersuchung der Erwachsenen zu ermittelnden Problembereiche ergeben sich zwangsläufig aus der ursprünglichen Fragestellung nach den überdauernden Persönlichkeitsveränderungen als Effekten der Traumatisierung. Der hierfür ausgearbeitete Fragebogen faßt die wichtigsten Gebiete stichwortartig zusammen. Sie konzentrieren sich um folgende Punkte:
a) *Persönlicher Status* (Eheschließung, Partnerwahl, geschieden, unverheiratet, Kontakt, Abwehrformen)
b) *Sozialer Status* (Berufsentwicklung und -niveau, Berufsrolle, Erfüllung, Invalidität, Verhalten, Abwehrformen)
c) *Verhältnis zum 3. Milieu* (Hobbys, Mitglied von Klubs, usw.)
d) *Verhältnis zum kongenialen Milieu* (aktiv bezogen, distanziert, konfliktuös)
e) *Leib-seelische Verfassung, Verarbeitung des Verfolgungsgeschehens* (Identitäts- und Loyalitätsprobleme, Trauerverarbeitung, Erkrankungen)

Bewußt wurde von einer näheren Differenzierung der Fragen a priori – wie z. B. durch *Matussek* erarbeitet – abgesehen, da die Nachuntersuchung mit geringen Ausnahmen vom Referenten selbst ausgeführt wurde. Der Wert einer Katalogisierung der verschiedenen Reaktionsmöglichkeiten ist unzweifelhaft. Er liegt in dem gewonnenen Spektrum der seelischen Erlebnisweisen schwerer Erschütterungen. Andererseits läuft man bei einer isolierten Aufzählung der Reaktionsformen Gefahr, die komplexen Erlebnisgebilde aus dem Auge zu verlieren.
Den Schluß unseres Fragebogens bildet die Diagnose, die – soweit möglich – mehrdimensional gestellt wurde.
Die große Bereitschaft zur Mitarbeit (siehe oben A.III.2) könnte Zweifel an der Zuverlässigkeit der gegebenen Aussagen wecken. Tatsächlich war in vielen Fällen zu Beginn des Interviews die Tendenz spürbar, die eigenen Probleme zu vertuschen, herunterzuspielen. (Dies im Gegensatz zu den Beobachtungen anderer Autoren, die im Zusammenhang mit Schadenersatzansprüchen die entgegengesetzte Haltung einkalkulieren mußten. Im vorliegenden Fall brauchte dieser Faktor nicht hoch angeschlagen zu werden.) In fast allen Fällen stellte sich jedoch nach kurzer Zeit eine Entspannung ein, so daß die Untersuchung von beiden Seiten als eine Wiederaufnahme früherer Kontakte und eine Fortsetzung des vor Jahren abgebrochenen Gesprächs erlebt wurde.
Auch der Kontakt mit den in ihren Kriegspflegefamilien verbliebenen und religiös oder weltanschaulich im Sinne des Pflegemilieus erzogenen Kindern verlief ohne Störungen,

nachdem man sich einmal zur Mitarbeit entschlossen hatte. Die vermittelnde Rolle des Ehepartners übte in diesen Fällen zuweilen einen großen Einfluß aus.
In gut zwei Dritteln der Fälle (68,1 %) wurde das Interview im Hause des Untersuchten geführt. Dadurch kam der Untersucher auch mit dem Ehepartner und den Kindern des Betreffenden in Berührung. Oft schloß sich ein Gespräch zu dritt an, in dem gewonnene Eindrücke ergänzt oder näher differenziert werden konnten.
Zuweilen waren bei zu starker Reaktivierung schmerzlicher Erinnerungen noch ein oder mehrere Gespräche zur Abrundung des Kontaktes notwendig. Dieser zeitliche Aufwand wurde nicht extra gemessen. Im Durchschnitt wurden für jeden Befragten 3–5 Stunden reserviert.
Bei der Nachuntersuchung standen uns in 32 Fällen Rapporte des jüdischen Sozialamtes zur Verfügung. Bei ihnen handelte es sich um Eingaben an die zuständigen holländischen Instanzen zur Anerkennung des Betreffenden als Verfolgungsopfer. Alle diese Fälle wurden angeschrieben und besucht. Nur zwei von ihnen verweigerten ohne Angabe von Gründen die Mitarbeit. Allen war deutlich, daß die Untersuchung in keinem Zusammenhang mit ihren Eingaben an die Behörden stand.
Die eingereichten Schriftstücke enthalten eine biographische Beschreibung des Antragstellers, seines Verfolgungsschicksals und seiner Entwicklung nach dem Kriege. Wo auf ärztliche Untersuchungen und Therapien Bezug genommen wurde, bei Aufnahme in Kliniken oder Sanatorien und sofern eine fachärztliche Diagnose gestellt worden war, nahm der Referent Kontakt mit den betreffenden Kollegen auf, um sich der Richtigkeit der referierten gesundheitlichen Störung zu vergewissern.
Das Ergebnis der Nachuntersuchung ist in Spalte 15 der Tabellarischen Übersicht zusammengefaßt.

A.III.7. Die quantifizierend-statistische Bearbeitung

Im quantifizierend-statistischen Teil (D) werden Variablen untersucht. Hiermit wird zum Ausdruck gebracht, daß die Merkmale des Traumatisierungsvorganges für die verschiedenen Elemente unserer Untersuchung, c. q. die Waisenkinder, verschiedene Werte annehmen. Die gleiche Variabilität der Werte setzen wir auch für Merkmale der Erhebungselemente der Nachuntersuchung voraus. Zielsetzung und nähere Darstellung des quantifizierend-statistischen Untersuchungsganges bleiben dem betreffenden Teil selbst vorbehalten. Die Arbeitsweise soll hier nur in Umrissen angedeutet werden.
Im Mittelpunkt stehen a) die Datenerhebung, und b) die Datenverarbeitung.
Die Datenerhebung stützt sich auf die in die *tabellarische Übersicht* (F) eingetragenen Erhebungen; hieraus wurden die für die statistische Untersuchung relevanten Items extrahiert und in eine Liste übertragen. Auf diese Weise erhielten wir 58 Items. Da wir uns damit begnügen mußten, den gesamten Traumatisierungsvorgang nur aus den externen Faktoren zu definieren, wurden nur diejenigen Merkmale extrahiert und formuliert, die diesem Anspruch genügten. Für die Nachuntersuchung waren das z. B. verschiedene Formen des Sozialverhaltens in den drei Lebensbereichen Ehe, Beruf und Freizeit.
Die Extraktion der Merkmale wurde von zwei neutralen Personen in Zusammenarbeit mit dem Untersucher vorgenommen. Nach der in Teil D ausführlich zu beschreibenden Operationalisierung und Skalierung der verschiedenen Variablen wurden diese für Computerbearbeitung codiert.
Die elektronische Datenverarbeitung wurde auf dem Computersystem CYBER-73-28 ausgeführt, geliefert durch die Control Data Corporation an die Stichting Academisch

Rekencentrum (SARA). Benutzt wurden die Version Nr. 7.0 des S. P. S. S. (*Nie* u. a.) und Programme aus der Zielery-Bibliothek der Subfakultät Psychologie der Vrije Universiteit Amsterdam.
Die Ergebnisse der Datenverarbeitung wurden in Zusammenarbeit mit zwei Mitarbeitern interpretiert und in Teil D unserer Untersuchung dargestellt.
Der Datenbestand befindet sich im Steinmetz-Archiv der Koninklijke Academie der Wetenschappen zu Amsterdam.

A.IV. HISTORISCHES INTERMEZZO

A.IV.1. Zur Demographie der Juden in den Niederlanden

Ein Versuch, die Gliederung unseres Materials nach Geburtsjahrgängen an die statistischen Angaben über die jüdische Bevölkerung in den Niederlanden vor der Verfolgung zu relatieren, und auf diese Weise zu einer Aussage bezüglich des prozentualen Anteils der überlebenden Waisen der jeweiligen Jahrgänge zu gelangen, stößt auf schier unüberwindliche Schwierigkeiten.
Von den vor dem Zweiten Weltkrieg erschienenen demographischen Studien muß an erster Stelle die Untersuchung von *E. Boekman, Demographie der Joden in Nederland*, Amsterdam 1936, genannt werden. Hier sind die Resultate aller offiziellen Volkszählungen von 1830 bis 1930 verarbeitet. Dennoch kann diese Untersuchung, so einzigartig und repräsentativ sie ist, nur in sehr beschränktem Maße als Vergleichspunkt für unser Vorhaben verwendet werden.
Der von *Boekman* signalisierte Geburtenrückgang bei der jüdischen Bevölkerung seit 1925 stützt sich auf die Ermittlungen der Volkszählung des Jahres 1930, der letzten vor dem Zweiten Weltkrieg. Die für 1940 angesetzte Volkszählung konnte wegen der Kriegsumstände nicht durchgeführt werden. Bei allen Volkszählungen in den Niederlanden wurde bis zu diesem Zeitpunkt die Zugehörigkeit zu einer der religiösen oder kirchlichen Gemeinschaften als maßgebliches Kriterium angewendet.
Der 1. Quartalbericht 1960 des statistischen Büros der Stadt Amsterdam (Anhang) wählt einen anderen Ausgangspunkt. Hier werden als „jüdisch" alle bei einer der jüdischen Religionsgemeinschaften angeschlossenen Personen rubriziert; außerdem aber diejenigen, die – obwohl kein Mitglied einer dieser Gemeinschaften – mütterlicherseits von jüdischer Herkunft sind, sofern sie *nicht* einer *nicht*-jüdischen Religionsgemeinschaft angehören. Auch die 1971 erschienene *Demographie der Joden in Nederland**) wendet dieses Kriterium an.
Das Problem wird bereits von *Boekman* signalisiert. Seiner Meinung nach umfassen die Volkszählungen bis ungefähr 1900 alle jüdischen Mitbürger bis auf die wenigen Ausnahmen derjenigen, die sich nicht mehr zum jüdischen Gottesdienst bekennen. Diese Auffassung ist sehr annehmbar: bis zur Jahrhundertwende war in den Niederlanden die Anzahl derer, die überhaupt keiner religiösen Gemeinschaft

---

* Resultate und Evaluation einer Zählung der Juden in den Niederlanden. Stichtag 1. Januar 1966. Unter Verantwortung der Kommission für Demographie der Juden in den Niederlanden. Zusammengestellt durch Dr. *Ph. van Praag.* Publikation des Niederländischen Interuniversitären Demographischen Instituts, NIDI, Assen 1971. (Es werden diejenigen nicht als Jude betrachtet, die „durch Übertritt zu einem anderen Glauben ausdrücklich zu erkennen geben, daß sie nicht mehr zur jüdischen Gruppe gerechnet werden wollen".)

angehörten, äußerst gering. Andererseits wurde noch bei der Volkszählung 1920 die Frage, ob man durch Geburt, Taufe, Beschneidung, Konfirmation usw. einer religiösen Gemeinschaft angehöre, ihr aber nicht mehr als zugehörig betrachtet zu werden wünschte, nur von 0,7 % aller jüdischen Männer und 0,5 % aller jüdischen Frauen zustimmend beantwortet.

Wenn man diese Angaben als verbindlich betrachtet, so muß man die Schlußfolgerung ziehen, daß nur ein verschwindend kleiner Prozentsatz der jüdischen Bevölkerung nicht mehr als Angehörige der jüdischen Gruppe betrachtet zu werden wünschte. Diese Gleichsetzung von ‚jüdischer Religionsgemeinschaft' mit ‚jüdischer Gruppe' ist einer Untersuchung von *Heertje* (1933) unter den Diamantarbeitern in Amsterdam zufolge legitim. Die Beziehungen eines übergroßen Teiles der jüdischen Diamantarbeiter zu den beiden jüdischen Religionsgemeinschaften (der niederländisch-israelitischen und der portugiesisch-israelitischen) waren sozialer, nicht religiöser Art. „Das Judesein", schreibt *Heertje*, „nicht der Gottesdienst ist das Band, das Juden in den beiden Religionsgemeinschaften hält, gleichviel ob sie gleichgültig, liberal oder sogar freidenkerisch waren."*)

In den Jahren 1920 bis 1930 (Volkszählungen) jedoch steigt der Anteil der Unkirchlichen innerhalb der niederländischen Gesamtbevölkerung von 7,8 % auf 14,4 %, und zwar besonders in Amsterdam, der größten Stadt des Landes, in der auch die Mehrheit der jüdischen Gruppe ansässig war.

Die Konsequenz ist, daß man spätere Zahlen, nach den Kriterien der Religionszugehörigkeit oder der Abstammung gesammelt, nur unter Vorbehalten mit den Resultaten der Volkszählung des Jahres 1930 vergleichen kann. Auch wenn man annimmt, daß die Zahl der Juden, die angaben, kirchlich ungebunden zu sein, auch 1930 noch relativ klein war, werden die Vergleichsmöglichkeiten vor allem durch den großen Zustrom von jüdischen Immigranten aus Deutschland zwischen 1930 und 1940 eingeschränkt.

Bis zu einem gewissen Grade können die Registraturlisten, die aufgrund der von den deutschen Besatzungsbehörden Anfang 1941 erlassenen Anmeldungspflicht angelegt wurden, als einigermaßen frei von den erwähnten Fehlerquellen betrachtet werden, da in ihnen die Abstammung als Kriterium angewandt wird; ferner wird den damaligen Vorschriften zufolge die Gruppe der Halbjuden in zwei Kategorien – mit ein oder zwei jüdischen Großeltern – unterverteilt.

Die Registraturlisten wurden in zwei Publikationen statistisch bearbeitet.**) In beiden wird das Abstammungskriterium gehandhabt. Die zweite Publikation ist umfassender in ihren Daten hinsichtlich der jüdischen Gesamtbevölkerung. *Veffer* jedoch gibt mit Bezug auf die wichtige jüdische Bevölkerungsgruppe in Amsterdam einige wertvolle ergänzende Tabellen. Beide Publikationen spiegeln die Verhältnisse zu Anfang des Jahres 1941.

Die Tabellen 2 bis 4 wurden uns durch das Rijksinstituut voor de Oorlogsdocumentatie (Reichsinstitut für Kriegsdokumentation) zur Verfügung gestellt; die Daten wurden aus der zweiten der erwähnten Publikationen extrahiert. Wir geben diejenigen Tabellen, die uns einen Eindruck von dem Geburtenrückgang der jüdischen Bevölkerung vor und während des Zweiten Weltkrieges vermitteln, wodurch zudem bestimmte, sich für die Arbeit der Kommission O. P. K. ergebende Konfliktsituationen erhellt werden (siehe unten A.IV.3).

---

* Zitiert nach *J. P. Kruijt* (1939).

** 1. *Veffer:* Statistische Daten der Juden in den Niederlanden, Teil 1: Statistische Daten der Juden in Amsterdam, nebst vorläufigen Angaben über die Juden in den Niederlanden. Amsterdam 1942. – 2. Statistiek der Bevolking van Joodse Bloede in Nederland, s'Gravenhage 1942.

Tabelle 2: **Anzahl „Volljuden" (gezählt 1930 und 1941)***

Altersgruppe	Volkszählung 1930	Registriert 1941	Unterschied '30/'41
0– 9 Jahre	15234	13597	– 1637
10–19	17656	18761	1105
20–29	17481	20223	2742
30–39	16761	22503	5742
40–49	16272	21765	5493
50–59	13769	19740	5971
60 und älter	14744	23412	8668
Insgesamt	111917	140001	28084

* Nach: Statistiek der Bevolking van Joodse Bloede in Nederland.

Aus Tabelle 2 wird der absolute Rückgang der jüngsten Altersgruppen, vor allem derjenigen von 0 bis 9 Jahre, und die relativ starke Zunahme der Kategorie über 60 ersichtlich.

Tabelle 3, zusammengestellt aus den Registraturlisten auf Anordnung der Besatzungsbehörden im Jahre 1941 und auch nach deren Kriterien geordnet (*Veffer*), gibt eine nähere Differenzierung der Altersgruppen und der Geschlechter.

Tabelle 3: **Einteilung der meldepflichtigen Personen nach Altersgruppen ('41)**

Altersgruppe	„Volljuden"			„Halbjuden"		
	Männer	Frauen	Gesamt	Männer	Frauen	Gesamt
0– 4 J.	3552	3301	6853	1347	1315	2662
5– 9	3492	3252	6744	1027	1027	2054
10–14	4177	4077	8254	1024	978	2002
15–19	5336	5171	10507	1055	1012	2067
20–24	5004	4923	9927	751	709	1460
25–29	4955	5341	10296	542	554	1096
30–34	5491	5747	11238	445	425	870
35–39	5592	5673	11265	349	328	677
40–49	10848	10917	21765	449	485	934
50–59	9395	10345	19740	286	301	587
60 und älter	10209	13203	23412	235	251	486
Gesamt	68051	71950	140001	7510	7385	14895

Diese Tabelle gibt deutlich den Frauenüberschuß an, beginnend bei der Gruppe der 25- bis 29jährigen, und zugleich eine relative Steigung der Zahl der aus Mischehen geborenen Kinder, die mit der relativen Zunahme der Mischehen korrespondiert.

Tabelle 4 ermöglicht einen Vergleich zwischen den lebend geborenen Kindern in den Niederlanden und dem Anteil der jüdischen Lebendgeborenen in den Jahren 1936 bis 1943.

Tabelle 4

	Lebendgeborene insgesamt	%	davon jüdisch	%	% (von insges.)
1936	171 675	11,7	1 294	14,9	0,7
1937	170 220	11,5	1 238	14,2	0,7
1938	178 422	12,2	1 335	15,4	0,8
1939	180 917	12,3	1 315	15,2	0,7
1940	184 856	12,6	1 227	14,1	0,7
1941	181 959	12,4	993	11,4	0,5
1942	189 975	12,9	943	10,8	0,5
1943	209 379	14,4	351	4,0	0,1
Ges.	1 467 403	100 %	8 696	100 %	(0,6)

Während zwischen 1936 und 1943 die Gesamtzahl der Lebendgeborenen von Jahr zu Jahr steigt, sinkt im selben Zeitraum die Zahl der jüdischen lebendgeborenen Kinder, und zwar am deutlichsten zu Beginn des Zweiten Weltkriegs.
Die geschilderten Schwierigkeiten der statistischen Erfassung treten hier deutlich zutage. Es besteht eine offensichtliche Diskrepanz zwischen der Anzahl der jüdischen Lebendgeborenen in den Jahren 1936 bis 1940, wie sie aus den „Anmeldungsformularen" ermittelt wurden (cf. oben Tab. 3) und der eben dargestellten Tabelle 4. Außerdem enthält die durch *Veffer* bearbeitete Statistik keine Angaben über die Geburtsjahrgänge '41, '42, '43 und '44.
In Tabelle 5 stellen wir die Geburtsjahrgänge jüdischer Kinder von 1925 bis 1940, wie sie aufgrund der Anmeldungsregister durch *Veffer* und die Inspectie voor de

Tabelle 5

	Spalte I		Spalte II				Spalte III	
1925	2505	6,8					113	6,1
1926	2368	6,4					156	8,4
1927	2229	6,0					111	6,0
1928	2149	5,8					104	5,6
1929	2097	5,7					91	4,9
1930	2074	5,6					84	4,5
1931	1976	5,3					84	4,5
1932	1947	5,3					76	4,1
1933	1936	5,2					62	3,3
1934	1983	5,4					75	4,1
1935	1937	5,2	a	b	a+b		74	4,0
1936	1892	5,1	1222	36	1258	66,5+)	79	4,3
1937	1874	5,1	1189	23	1212	64,7	71	3,8
1938	2030	5,5	1262	37	1299	64,0	119	6,4
1939	1991	5,4	1240	31	1271	63,8	120	6,5
1940	1944	5,3	1157	33	1190	61,2	114	6,2
1941	(1593)	(4,3)	928	26	954	(59,9)	106	5,7
1942	(1693)	(4,6)	949	43	992	(58,6)	147	7,9
1943	(689)	(1,9)	384	11	395	(57,3)	65	3,5
[1944	(53)	(0,1)	23	6	29	(56,0)	3	0,2]
	(36960)	100,0 %					1854	100,0 %

* % von Spalte I.

Bevolkingsregister 1942 veröffentlicht wurde (Spalte I), den Jahrgängen 1936 bis 1943 gegenüber, wie wir sie bei persönlicher Nachforschung im Centraal Bureau voor de Statistiek in Den Haag im Mai 1975 ermittelt haben (Spalte II). Die unterschiedlichen Angaben der Jahre 1936 bis 1940 beruhen sehr wahrscheinlich auf Systemabweichungen aufgrund der differenten Kriteria (Religionszugehörigkeit resp. Abstammung), während die Interpretation der Jahre 1941 bis 1944 offenbleiben muß. In Spalte III bringen wir die Zahl der Kriegswaisen.
In Spalte II stehen unter a) Kinder, die ehelich aus zwei jüdischen Eltern geboren sind; unter b) unehelich aus jüdischer Mutter.
Die Prozentsätze in Spalte III geben den Anteil der jeweiligen Jahrgänge innerhalb der Kriegswaisenpopulation, bezogen auf die Anzahl der 1 854 im Archiv der Kommission angetroffenen Fälle. Die Jahrgänge 1926 und 1942 sind am stärksten vertreten, der Jahrgang 1933 am schwächsten.
Die Zahlen in Klammern (Spalte I) sind erschlossen; und zwar aufgrund eines Vergleichs der Spalten I und II für die Jahrgänge 1936–1940 und der sich dabei ergebenden prozentualen Anteile (Spalte II). So war es möglich, auch für Spalte I eine prozentuale Aufteilung zu errechnen und diese in einer graphischen Darstellung mit den Prozentsätzen in Spalte III zu vergleichen.
Freilich läßt – aufgrund der heterogenen Elemente, aus denen sie aufgebaut ist – eine solche Darstellung schlüssige Folgerungen nur in beschränktem Maße zu.

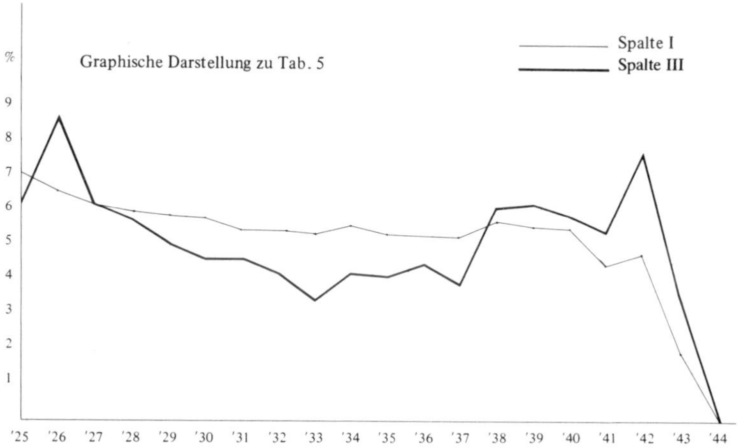

Es ist nicht unsere Aufgabe, die endgültige Zahl der Überlebenden der Jahrgänge 1925 bis 1943/44 sicherzustellen, von wo aus einzig der prozentuale Anteil der Vollwaisen zu ermitteln wäre. Das würde voraussetzen, daß uns die Zahl der Kinder, die mit ihren Eltern oder doch einem Eltenrteil aus Versteck oder Konzentrationslager zurückkamen, bekannt wäre; ebenso die Zahl derjenigen Kinder, die nach dem Kriege mit Eltern oder Elternteil wieder vereint wurden. Das ist auch nicht annähernd der Fall.
Abgesehen von den schwer abzuwägenden Faktoren wie Tod, Emigration, Übertritt zu nicht-jüdischen Glaubensgemeinschaften, kamen demographische Erhebungen über Größe und Aufbau der jüdischen Bevölkerungsgruppe nach dem Kriege zu sehr unterschiedlichen Gesamtzahlen (1947: 14 346; 1954: 23 723; 1966: 29 675). *Fishman* (1973/74) zufolge überlebten von ungefähr 140 000 niederländischen Juden 25 000 bis 29 000 (d. i. ungefähr 15 %) die Verfolgung, unter ihnen 3 500 Kinder; 1 417 Kinder wurden mit ihren Eltern oder dem überlebenden Elternteil wieder vereint.

Aus der graphischen Darstellung wird ersichtlich, daß die Spitzen bei den Jahrgängen 1926 und 1942 nicht aus entsprechenden Spitzen der Geburtsjahrgänge zu erklären sind. Das führt zu der Schlußfolgerung, daß diese Jahrgänge wahrscheinlich erhöhte Überlebenschancen hatten.
Ein Vergleich beider Kurven läßt überdies erhöhte Überlebenschancen für die beiden jüngsten Altersgruppen unseres Materials (0 bis 18 Monate und 18 Monate bis 4 Jahre) annehmbar erscheinen. Ein Blick auf die Übersichtstabelle der Aufenthaltsorte der Kinder während der Verfolgung bestätigt diese Annahme (siehe Tab. 6).

Tabelle 6: Aufenthaltsort der jüdischen Kriegswaisen während der Verfolgung

Jgg.	untergetaucht	von dort ins KZ	direkt (mit den Eltern) ins KZ	keine Angaben	Gesamt (Dossiers)
1944	2/–	–/–	1/–	–	3
1943	61/**5**	1/–	1/–	3	65
1942	140/**15**	5/**1**	3/**2**	4	147
1941	96/**11**	5(–3)/–	5/–	5	106
1940	101/**12**	3/–	3/**3(–1)**	10	114
1939	108/**10**	3/–	7/**4(–1)**	5	120
1938	97/**13**	5/–	10/**2**	12	119
1937	62/**10**	6/**2**	4/**4**	5	71
1936	57/**8**	3/**1**	9/**1**	13	79
1935	61/**13**	2/–	15/**2**	8	74
1934	60/**8**	–/–	11/**1**	4	75
1933	51/**7**	3/–	8/**3**	3	62
1932	60/**8**	5/–	7/–	9	76
1931	55/**6**	7(–2)/–	11/–	18	84
1930	58/**9**	1/–	10/**2**	16	84
1929	63/**9**	7/–	13/**2**	15	91
1928	51/**7**	8/–	17/–	36	104
1927	51/**5**	9/**2**	30/**6**	30	111
1926	45/**5**	10/**4(–1)**	46/**6**	65	156
1925	26/**1**	1/–	36/–	52	113

(Die h'fetten Zahlen hinter dem Schrägstrich beziehen sich auf unsere repräsentative Verfolgtengruppe).

In der repräsentativen Verfolgtengruppe erfolgt bei den meisten der 1942 geborenen Kinder die Trennung von der Mutter und die Aufnahme in einer Pflegefamilie innerhalb der ersten 18 Lebensmonate. Dies entspricht der allgemeinen Erfahrung, daß Pflegeeltern diese Altersstufe bevorzugen.
Bei den Überlebenschancen der 1926 Geborenen spielen zwei Faktoren eine Rolle: erstens der relativ höhere Anteil der aus den Konzentrationslagern Zurückgekehrten; zweitens der Umstand, daß die Adoleszenten bis zu einem gewissen Grad in der Lage waren, unabhängig von Eltern und Geschwistern auf eigene Initiative zu handeln. Die hohe Zahl in der Spalte „keine Angaben" (im Verhältnis zu den vorhandenen Dossiers) – eine Tendenz, die sich bereits bei den 1931 Geborenen bemerkbar macht – mahnt jedoch wiederum in Hinsicht auf jegliche schlüssige Interpretation zur Vorsicht.
Schließlich muß auch der Faktor „Verrat" mit einbezogen werden, von dem durchaus unbekannt ist, inwiefern er die Überlebenschancen der verschiedenen Altersgruppen beeinflußt hat.

A.IV.2. Sozialer Status und Überlebenschancen

Im folgenden wollen wir der Frage nachgehen, inwiefern es möglich ist, zu einer einigermaßen stichhaltigen Aussage über das Verhältnis zwischen dem sozialen Status der Eltern und den Überlebenschancen der Kinder unseres Materials zu gelangen.
Auch hier stoßen wir auf verschiedene grundlegende Schwierigkeiten. Die erste liegt in der skalenmäßigen Beurteilung unseres Materials. Die von uns angewendete Skala von *van Heek* (1973) wurde erst nach dem Zweiten Weltkrieg in den Niederlanden entwickelt. Sie wägt die genossene Schul- und Berufsausbildung und den Grad der Verantwortung, die in der Berufsausübung der betreffenden Person zum Ausdruck kommen. Dabei stützt sich unsere Wertung auf die in den Dossiers gefundenen Angaben.
Eine andere grundsätzliche Schwierigkeit liegt in dem Fehlen adäquater Vergleichsmöglichkeiten. Es gibt keine statistisch gesicherte Untersuchung über den Berufsaufbau der jüdischen Bevölkerung in den Niederlanden vor dem Zweiten Weltkrieg, die hierbei zu Rate gezogen werden könnte. Die von *Kruijt* (1939) zitierten Autoren *de Lieme*, *Sanders* (1906), *van Zanten* (1926), *Heertje* (1933) u. a. m. geben nur Teilaspekte der Amsterdamer jüdischen Bevölkerung verschiedener Berufsklassen (Diamantindustrie, Nahrungsmittelindustrie, Handel, freie Berufe usw.). Außerdem haftet den durch *Kruijt* bearbeiteten Tabellen – wie er übrigens selbst feststellt – noch ein anderer Mangel an: es ist nämlich nicht sicher, daß alle Amsterdamer Juden ihren Beruf richtig angegeben haben; überdies fehlt bei den Zahlen aus der Volkszählung von 1930 derjenige jüdische Bevölkerungsteil, der sich nicht mehr zur jüdischen Religionsgemeinschaft zählte. Ferner ist durch die starke Konzentration der jüdischen Bevölkerung in den großen Städten und das Fehlen der Landbevölkerungsreserve das Bild verzeichnet. Wenn z. B. 21 % der Amsterdamer Juden im Handel tätig sind, so bedeutet dies nach *Kruijt* 7,1 % für die gesamten Niederlande. Überdies enthalten diese 21 % viele ausgesprochen proletarische Existenzen: Straßenhändler, Aufkäufer und Tausende von kleinen Selbständigen.
Wenden wir uns den von uns ermittelten Zahlen zu. Tabelle 7 gibt den sozialen Status der Eltern nach der Skala von *van Heek* und bezieht sich auf die Gesamtpopulation von 1 854 Kindern. Die Spalte „o. A." verzeichnet diejenigen Kinder, bei denen die Berufsangaben der Eltern in den Dossiers fehlten bzw. nicht aufzufinden waren. Die 337 Fälle machen 18,17 % der Gesamtpopulation aus. Das Fehlen der Angaben kann verschieden interpretiert werden: entweder war nichts bekannt, oder aber man hat vergessen zu recherchieren resp. zu notieren. Die erste der drei Möglichkeiten dürfte vor allem bei den jüngeren Altersgruppen in Betracht kommen. Abgesehen von dem Jahrgang '44, der der niedrigen Gesamtzahl von nur 3 Kindern wegen mit einem Fall „o. A." einen relativ hohen Prozentsatz liefert, sticht der Jahrgang '40 mit 16,6 % o. A. hervor; die folgenden Jahrgänge zeigen wieder niedrigere Werte, der Jahrgang '35 erreicht mit 1,35 % den zweitniedrigsten der Gesamtpopulation. Die danach wieder einsetzende Steigerung der Prozentsätze erreicht bei den älteren Jahrgängen die relativ höchsten Werte. Dies Ansteigen der Kurve läßt noch eine andere Interpretation zu, die auch durch andere tabellarische Darstellungen gestützt wird: es zeigt möglicherweise die weniger intensive Bearbeitung der älteren Jahrgänge, die als Adoleszenten nach dem Kriege unvollständig erfaßt und zugleich weniger gut aufgefangen wurden. Es betrifft dies dieselben Jahrgänge, die in prozentual größerem Anteil allein aus den Konzentrationslagern zurückkamen und entweder eine gewisse Selbständigkeit erreicht hatten, ihr Geschick in eigene Hand zu nehmen, oder aber – und dies Moment ist wohl das wahrscheinlichere – deren Problematik man nicht gesehen resp. unterschätzt

hat. Die klinischen Untersuchungen unterstützen diese These. (In dieser Feststellung darf man keinen Vorwurf gegen die Arbeitsweise der Kommission O. P. K. erblicken. Es liegt im Wesen der Katastrophe, die man nach dem Krieg zu bewältigen hatte, in der Prioritätenfrage, vor die man sich in Sachen der Vormundschaftszuweisungen gestellt sah, und nicht zuletzt im Umfang der Arbeit, die sich über Jahre hinzog, daß die älteren Jahrgänge zunehmend in den Hintergrund traten, auch natürlich zuerst dem Zugriff des Büros entwuchsen.)

Tabelle 7: **Soziologische Schichtung (nach der Skala von van Heek)**

Jg.	6	5–6	5	4–5	4	3–4	3	2	1	o. A.	ges.
'25	7	5	4	6	–	9	6	14	3	59	113
'26	6	7	10	11	5	26	6	24	5	56	156
'27	6	7	4	12	3	17	7	20	2	33	111
'28	7	6	11	4	10	10	7	13	–	36	104
'29	2	7	7	10	1	9	15	23	2	15	91
'30	12	6	1	9	7	6	11	16	1	15	84
'31	10	12	3	8	7	5	13	9	2	15	84
'32	8	8	3	15	9	4	10	9	1	9	76
'33	8	2	12	3	12	1	8	9	3	4	62
'34	8	8	10	2	16	1	8	16	1	5	75
'35	9	8	5	4	11	5	10	17	4	1	74
'36	11	9	1	8	13	3	8	12	3	11	79
'37	9	5	8	12	8	3	7	10	1	8	71
'38	13	9	5	18	19	3	19	15	3	15	119
'39	11	8	7	12	20	5	16	24	3	14	120
'40	6	7	11	11	6	2	18	26	8	19	114
'41	4	2	9	7	8	4	19	31	22	–	106
'42	4	1	8	8	12	10	37	38	17	12	147
'43	4	2	3	5	8	4	5	19	6	9	65
'44	–	–	–	–	1	1	–	–	–	1	3
ges.	145	119	122	165	176	128	230	345	87	337	1854
repräsent. Gruppe	10	10	20	23	31	9	37	46	17	1	204

Zum Vergleich steht uns im Jahresbericht für 1939/40 des niederländischen Centraal Bureau voor de Statistiek eine tabellarische Darstellung der Einkommensgruppen der gesamten niederländischen Bevölkerung – insofern sie steuerpflichtig war – für das Steuerjahr 1939/40 zur Verfügung (Tab. 8).*) In dieser Tabelle sind also die niedrigsten, nicht versteuerten Einkommen (unter 800 Gulden jährlich) nicht enthalten. Auf unser Material bezogen können wir annehmen, daß die nach der Skala von *van Heek* in Kategorie 1 eingestuften Milieus in der Statistik des Centraal Bureaus nicht erfaßt sind. In Tabelle 8 finden wir unter (1) die Gruppierung nach der Höhe des steuerpflichtigen Einkommens vor Abzug des Kinderfreibetrages; unter (2) die Anzahl der Steuerpflichtigen; unter (3) die Höhe des Gesamteinkommens der betreffenden Gruppe; unter (4) die darüber bezahlten Steuern; unter (5), (6) und (7) die jeweiligen Prozentsätze.

* Statistiek der inkomens en vermogens in Nederland 1939/40. Centraal Bureau voor de Statistiek. s'Gravenhage 1941.

Tabelle 8

Hoegrootheid van de zuivere inkomens voor den kinderaftrek.		Aantal aange-slagenen.	Bedrag der zuivere inkomens.	Bedrag der inkom-stenbelasting in hoofdsom.	In % van het totaal aantal aange-slagenen.	bedrag der in-komens.	bedrag der belasting
1		2	3	4	5	6	7
			X f 1000	X f 1000			
f 800–f	1 400	665 872	721 779	2 279	47,25	23,98	4,25
1 400–	2 000	383 400	626 851	4 499	27,21	20,83	8,39
2 000–	3 000	187 593	446 893	5 267	13,31	14,85	9,83
3000–	5 000	101 775	381 114	6 483	7,22	12,66	12,00
5 000–	10 000	48 321	324 549	7 431	3,43	10,78	13,86
10 000–	20 000	15 306	207 720	6 443	1,09	6,90	12,02
20 000–	30 000	3 478	83 808	3 349	0,25	2,78	6,25
30 000–	100 000	3 048	143 737	9 041	0,21	4,78	16,87
100 000 en hooger		383	73 416	8 863	0,03	2,44	16,53
Het Rijk 1939/1940		1 409 176	3 009 866	53 605	100,–	100,–	100,–

Wenn man die gesamte niederländische Bevölkerung in drei Einkommensgruppen verteilt (I – hoch; II – mittel; III – niedrig),*) so ergeben die statistischen Erhebungen aus Tabelle 8 die folgende prozentuale Verteilung:

I	II	III
0,25 %	7,22 %	47,25 %
0,21 %	3,43 %	27,21 %
0,03 %	1,09 %	13,31 %
0,49 %	11,74 %	87,77 %

Obgleich die Tabellen 7 und 8 von unterschiedlichen Kategorien ausgehen, wollen wir dennoch versuchen, zu direkteren Aussagen über die Überlebenschancen der Kinder aus den verschiedenen sozialen Milieus zu gelangen. Dabei gehen wir – einer weiteren Anregung *Heertjes* folgend – davon aus, daß bei der Gesamtbevölkerung eine Korrelation zwischen Ausbildungsniveau und der Höhe des Einkommens besteht.
An dieser Stelle ist es nötig zu erwägen, inwiefern die prozentuale Aufteilung der niederländischen Gesamtbevölkerung stellvertretend für diejenige der jüdischen Bevölkerungsgruppe gesetzt werden kann. *Kruijt* weist darauf hin, daß in der Statistik der Armenfürsorge der Stadt Amsterdam des Jahres 1929 die unterstützten Juden im Alter von 20 Jahren und darüber prozentual stärker vertreten waren (2,4 % der Männer und 2,26 % der Frauen), als es ihrem Anteil an der Gesamtbevölkerung derselben Altersklassen entspricht (1,7 %). In den folgenden Jahren, 1929 bis 1933, wuchs die Gesamtzahl der Unterstützungsbedürftigen in Amsterdam mit rund 30 % (die durch die wirtschaftliche Krise arbeitslos gewordenen ausgenommen), und zwar bei den Protestanten mit 20 %, bei den Katholiken mit 36 %, bei den Juden mit 82 %. Der

* Wir folgen hier dankbar der Anregung von Prof. Dr. *A. Heertje*, Amsterdam.

deutlich verschlechterte Zustand der jüdischen Bevölkerung betrifft vornehmlich diejenigen Berufe, in denen die Juden prozentual stärker vertreten waren: Hausierer, Straßenhändler, kleine Geschäftsleute, Diamantarbeiter. *Gans**) zufolge (mündl. Mitteilung) darf man diese Zahl allerdings nicht überschätzen: in ihr sind auch diejenigen Personen enthalten, die während der jüdischen Feiertage einmalige Zuwendungen (Mazzoth u.a.) erhielten. Dennoch weist all dies für die jüdische Bevölkerungsgruppe allenfalls auf eine prozentual noch stärkere Verschiebung nach Gruppe III, was – wie sich zeigen wird – die von uns konstatierte Tendenz in den Überlebenschancen nur noch unterstreichen würde. (Dasselbe gilt übrigens im folgenden für die Frage, ob Kategorie 1 der Skala von *van Heek* in unsere Berechnungen einzubeziehen sei oder nicht.)
Wenn wir nun Tabelle 7, d.i. die soziologische Schichtung unseres Materials, ebenfalls in drei Gruppen (hoch, mittel, niedrig; je drei Untergruppen zu einer Hauptgruppe) zusammenfassen, so erhalten wir nach Abzug der 337 Kinder o(hne) A(ngabe) für die Gesamtzahl der 1517 Kinder folgende Verteilung:

I		II		III		
6 :	145	4–5:	165	3:	230	
5–6:	119	4 :	176	2:	345	
5 :	122	3–4:	128	1:	87	
	386		469		662	insges.: 1517
	= 25,5 %		= 30,9 %		= 43,6 %	= 100 %

Innerhalb der repräsentativen Gruppe unseres Materials sind die Prozentsätze folgendermaßen verteilt:

I:	II:	III:	insges.:
40	63	101	204
= 19,6 %	30,9 %	49,5 %	= 100 %

Ein Vergleich der Prozentsätze der drei aus der Einkommenssteuertabelle gebildeten Gruppen mit den aus der Tabelle der soziologischen Schichtung unseres Materials ermittelten Prozentsätzen ist natürlich nur mit den oben erwähnten Vorbehalten möglich. Dennoch ergibt sich die Schlußfolgerung, daß die Kinder aus der höchsten Einkommensgruppe in der Gesamtpopulation der Kriegswaisen viel stärker vertreten sind, als es ihrem Anteil in der Gesamtbevölkerung entspricht. Die dabei sichtbar werdenden Verschiebungen der Prozentsätze aus der soziologischen Schichtung unseres Materials sind so evident, daß selbst eventuelle Abweichungen oder Fehleinschätzungen keine Veränderung unserer Endkonklusion bewirken.
Welche Erklärungen bieten sich für das Gefundene an?
Die nächstliegende könnte in der besseren ökonomischen Situation der Gruppe I gefunden werden, die eine Finanzierung der Rettung (Versteck) ermöglichte. Dieser Umstand ist sicher nicht völlig von der Hand zu weisen. Ob er jedoch im gesamten Rettungskomplex die Rolle gespielt hat, die man ihm zuweilen anekdotisch zuweisen

* Vgl. auch *S. H. Gans*, Memorboek. Platenatlas van het leven der Joden in Nederland. Baarn 1971.

wollte, erscheint fraglich. Der ebenfalls relativ hohe Prozentsatz in der mittleren Gruppe spricht gegen eine Überbewertung des Geldfaktors. Dagegen scheint uns der Faktor der Ghettoisierung hier bedenkenswert.
Die freiwillige Anhäufung des jüdischen Proletariats bereits vor der feindlichen Besetzung in bestimmten Wohnbezirken, wie z. B. in Amsterdam, verminderte die Chancen des Kontaktes mit der nicht-jüdischen Bevölkerung und beeinflußte vielleicht die soziale Flexibilität überhaupt. Dieser Umstand wurde durch die einsetzenden Terrormaßnahmen mit der völligen Absperrung der „jüdischen Bezirke" von ihrer Umgebung noch verstärkt. Die bereits erwähnte Urbanisierung der jüdischen Bevölkerung leistete diesen Maßnahmen einen gewissen Vorschub.
Vielleicht ist noch eine dritte Interpretation gerechtfertigt. Während man in dem Prozentsatz der Kinder aus Gruppe I eventuell die Aktivität der eigenen Eltern erblicken kann und dies vielleicht auch bis zu einem gewissen Grad für einen Teil der Gruppe II gilt, so könnte man in dem zahlenmäßig relativ höheren, jedoch absolut genommen geringeren Rettungsprozentsatz der Gruppe III den Ausdruck der Aktivitäten der illegalen Gruppen erblicken.
Zur Illustration dieser These geben wir im folgenden die Gruppen I bis III unseres Materials, wieder in Geburtsjahrgänge aufgeteilt (Tab. 7 folgend, nach Abzug der Spalte o. A.), wobei für jeden Jahrgang auch die prozentuale Aufteilung auf die Gruppen I bis III errechnet wurden.

Tabelle 9: **Soziologische Schichtung (hoch, mittel, niedrig)**

Jg.	I	%	II	%	III	%	ges.
'25	16	29,6	15	27,8	23	42,6	54
'26	23	23,0	42	42,0	35	35,0	100
'27	17	21,8	32	41,0	29	37,2	78
'28	24	35,3	24	35,3	20	29,4	68
'29	16	21,1	20	26,3	40	52,6	76
'30	19	27,5	22	31,9	28	40,6	69
'31	25	36,2	20	29,0	24	34,8	69
'32	19	28,4	28	41,8	20	29,8	67
'33	22	37,9	16	27,6	20	34,5	58
'34	26	37,2	19	27,1	25	35,7	70
'35	22	30,1	20	27,4	31	42,5	73
'36	21	30,9	24	35,3	23	33,8	68
'37	22	34,9	23	36,5	18	28,6	63
'38	27	26,0	40	38,4	37	35,6	104
'39	26	24,5	37	34,9	43	40,6	106
'40	24	25,3	19	20,0	52	54,7	95
'41	15	14,2	19	17,9	72	67,9	106
'42	13	9,6	30	22,2	92	68,2	135
'43	9	16,1	17	30,3	30	53,6	56
'44	–	–	2	(100,0)	–	–	2
ges.	386	25,5	469	30,9	662	43,6	1517

Hier zeigt sich nun, daß – während in den ältesten Jahrgängen eine etwas unübersichtliche Lage entsteht und die mittleren am deutlichsten die oben beschriebene Tendenz illustrieren – die Prozentsätze der jüngsten Jahrgänge (unter Beibehaltung der Überrepräsentation der Gruppen I und II und der Unterrepräsentation der Gruppe III) sich doch am nächsten bei den Prozentsätzen der Gesamtbevölkerung (nach Tab. 8) befinden. Es scheint sich eine Tendenz zur Nivellierung der Überlebenschancen bemerkbar zu machen. Das würde damit übereinstimmen, daß von den Kindern der jüngsten Jahrgänge besonders viele durch die Illegalität – meist aus der crèche gegenüber der Deportationssammelstelle Hollandsche Schouwburg in Amsterdam – gerettet wurden.

A.IV.3. Die Arbeit der Kommission O. P. K.

Im folgenden sollen einige kurze Ausführungen der Arbeit der Kommission O. P. K. gewidmet werden, wie sie sich nach etwa drei Jahrzehnten dem historischen Betrachter darbietet. *Fishman* (1973/74) hat hierüber ausführlich berichtet.
Der bereits mehrfach erwähnte Beschluß vom August 1945 bezüglich der Regelung der Kriegswaisenfrage enthält die ausdrückliche Erklärung, es gehe darum, „das Werk, das während der feindlichen Besetzung durch die Widerstandsbewegung zugunsten der Kriegswaisen verrichtet wurde, abzuwickeln". Hieraus erklärt sich, wie *Fishman* bemerkt, natürlicherweise das spezifische Verhältnis der Resistance zu den Problemen der Kriegswaisenschaft und ihr Anspruch auf wesentliche Ein- und Mitsprache in allen Dingen, die „die Zukunft der Kinder betreffen". Der Vorsitzende der Kommission O. P. K. und der Direktor des Büros, beide durch den Minister ernannt, waren prominente Mitglieder der Widerstandsbewegung. Ferner setzte sich die Kommission zusammen aus den Vertretern der verschiedenen konfessionellen Kinderschutzorganisationen, gemäß der Organisation des holländischen öffentlichen Lebens auf konfessioneller Grundlage: die verschiedenen weltanschaulichen und religiösen Richtungen liefen vermittels der gruppenbedingten Initiative ihren Beitrag zur Erhaltung des öffentlichen Wohles.
Anfangs bestand die Kommission aus 24 Mitgliedern, darunter 10 jüdischen; 1947 wurde sie auf 33 Mitglieder erweitert, darunter 15 jüdische Vertreter. In der jüdischen Minorität, die den Wunsch der Regierung spiegelte, das Problem der Kriegswaisen als ein „nationales" zu behandeln, waren auch Personen vertreten, die ihr Judentum nicht mehr praktizierten oder sich mit der jüdischen Gruppe überhaupt nicht mehr identifizierten.
Zur Klärung der rechtlichen und pädagogischen Problematik des Waisenkindes überhaupt arbeitete die Kommission O. P. K. allgemeine Richtlinien aus, die der Erfassung der individuellen Fälle dienen sollten. Sie sah bewußt ab von einem generellen Beschluß z. B. – wie es bei der Wiedervereinigung von untergetauchten Kindern mit ihren zurückgekehrten Eltern, resp. dem zurückgekehrten Elternteil geschah – alle Waisenkinder ohne Unterschied in ihr ursprüngliches, kongeniales Milieu zurückzuführen. Das Problem der psychologischen und der biologischen Elternschaft als Folge der durch die Terrormaßnahmen erzwungenen Trennung von Eltern und Kind wurde in jenen Fällen durch den Gesetzgeber nicht zur Diskussion gestellt (vgl. *Goldstein, A. Freud* und *Solnit*, 1973).
Bei den jüngeren Waisenkindern, die in ihrem neuen Milieu bereits wieder feste Wurzeln gefaßt hatten, oder wo es den Anschein hatte, daß dies der Fall war, erwies es sich als notwendig, die Aspekte der neuen psychologischen Elternschaft zu prüfen.
Um einer allgemeinen Verwirrung zu begegnen, wurde beschlossen, die Kinder zunächst auf den registrierten Adressen zu belassen, bis ein Entscheid der Kommission oder der Gerichte vorlag. Wo Interimlösungen geboten waren, konnte dies ebenfalls nur mit Einverständnis der Kommission bzw. des Büros O. P. K. geschehen. Es lag

darum nahe, daß man versuchte, sich von Fall zu Fall durch eine minutiöse soziale und – wo nötig – psychologische Untersuchung Einsicht in die Antezedenten der bestehenden Kriegspflegefamiliensituation zu verschaffen und die Möglichkeiten einer zu kontinuierenden oder einer neu zu schaffenden Nachkriegspflegesituation zu überprüfen, auch bezüglich der jüdischen Personen und Institutionen, die sich als neues Erziehungsmilieu oder als Vormund anboten.

Daß die schwer getroffene jüdische Gemeinschaft in den Niederlanden, die auf eine reiche Tradition auf dem Gebiet der Kinderschutzorganisationen zurücksieht, es als ihre sittliche Pflicht empfand, für alle jüdischen Kriegswaisen ihre Stimme zu erheben, deren Rückkehr in ihr ursprüngliches, kongeniales Milieu zu fordern und eine neue Kinderschutzorganisation aufzubauen (die sie der Kommission zur Verfügung stellte), erhellt, daß neben den individuell-psychologischen auch gruppenpsychologische Aspekte bedeutsam wurden.

Die Kommission O. P. K. war sich dieser gehäuften Problematik bewußt und versuchte ihr bis zu einem gewissen Grad Rechnung zu tragen. Sie folgte hiermit der Tradition des niederländischen zivilen Kinderrechts, das – die gruppenbedingte Zugehörigkeit der Eltern respektierend – die Sorge für die vom Gesetz erfaßten Kinder den jeweiligen kirchlichen Gemeinschaften überträgt. Man stellte in der Kommission genaue Erhebungen über die Einstellung der ermordeten Eltern zur jüdischen Gruppe an (jüdisch-religiös, „national“, oder mehr oder weniger „assimilatorisch“). Man differenzierte gemäß den vielen Nuancen, die die jüdische Gruppe vor der Errichtung des Staates Israel überall in der Welt und auch in den Niederlanden in religiöser, jüdisch-nationaler und sozialer Hinsicht aufwies, um sich eine Meinung über die mutmaßlichen Wünsche bezüglich der Erziehung ihrer Kinder formen zu können, insofern diese Wünsche eindeutig und nicht unter dem Zwang der Verfolgungsereignisse geäußert waren.

Die vereinzelten Fälle, in denen Kinder während der Verfolgung oder kurz nach dem Kriege die christliche Taufe erhielten, sollen hier nur kurz gestreift werden. Im allgemeinen erkannte die Kommission in ihrer Mehrheit die sogenannte Not- oder Zwangstaufe – unter der Not und dem Zwang der Umstände zuweilen von einigen, wenigen jüdischen Eltern selbst suggeriert – nicht an. Vereinzelte Zwischenfälle, in denen durch spontane Aktionen christlicher Pflegeeltern mit Hilfe von Geistlichen den O. P. K.-Entscheidungen Widerstand geboten wurde, dürfen trotz des Aufsehens, das sie damals in weiter Öffentlichkeit erregten, nicht überbewertet werden. Dasselbe gilt auch für die Aktionen jüdischer Privatpersonen, meist überlebender Familienangehöriger der Kinder. Solchen Fällen kann nur insofern ein symptomatischer Wert zuerkannt werden, als die Emotionen, die sie weckten, von dem Spannungsfeld zeugen, in dem das Problem der jüdischen Kriegswaisen nun einmal angesiedelt war, nachdem das Niederländische Staatswesen durch die feindliche Besetzung seine Souveränität und die holländische Gemeinschaft ihre Autonomie verloren hatte.

Alle diese Momente mündeten damals in die psychologisch bedeutsame Frage, inwiefern die Spezifität des zu behandelnden Fragekomplexes eine neue, eventuell breitere Orientierung bei der Betrachtung der Pflegekindschaftsverhältnisse erforderte.

Es kann keinem Zweifel unterliegen, daß durch die hingebungsvolle Arbeit der Kommission und des Büros O. P. K. ansehnliche Resultate erzielt wurden. Dies gilt vor allem für die eindeutig gelagerten Fälle, die der Kommission bei ihrer Entscheidung wenig Schwierigkeiten boten: Kinder, die von ihren Pflegeeltern – aus welchen Gründen auch immer – zurückgegeben wurden; Kinder aus orthodoxen und zionistischen Familien, die bei Beginn der Verfolgung älter als 6 Jahre waren; Kinder, die nach

Ansicht der Kommission in ungünstigen Pflegeverhältnissen lebten; Jugendliche, die bereits imstande waren, selbst eine Wahl zu treffen.
Schwieriger schon gestalteten sich diejenigen Fälle, in denen sich die Kinder an das Kriegspflegemilieu anscheinend angepaßt hatten, die Pflegeeltern das Kind bei sich behalten wollten, jedoch überlebende Angehörige des Kindes hierüber selbst in einen Zwist gerieten, der sich bis in das Vormundschaftsverfahren auswirkte. Hierunter befanden sich auch Kinder aus ursprünglich orthodox-jüdischen Milieus. Eine gesonderte Gruppe bildeten Geschwister, die getrennt in verschiedenen Familien unterschiedlicher weltanschaulicher und religiöser Bindung den Krieg überstanden hatten, und von denen das eine Kind nach dem Krieg in kongeniales Milieu zurückkehrte, während das andere im Untertauchmilieu blieb.
Bei den vielen nicht eindeutig gelagerten Fällen jedoch, oder dort, wo vor allem jüngere Kinder bereits – wie es schien – feste Bande mit ihrer Kriegspflegefamilie geknüpft hatten, konnte es nicht ausbleiben, daß die Kommission angesichts des vielgestaltigen, vielleicht etwas verwirrenden Bildes, das die jüdische Gruppe in der Diaspora vor der Errichtung des Staates Israel bot, bei der Interpretation der jüdischen Symbole und Riten in Schwierigkeiten geriet. Man hatte gehofft, so zu einer Einsicht über deren Bindungskraft und Verbindlichkeit für die aktuelle Problematik zu gelangen. Mitgliedschaft der jüdischen Gemeinde, Beschneidung, Begräbnis, Einhalten der rituellen Speisegesetze und Feiertage u. a. m. wurden diskutiert und ausgelegt. Damit hatte die Kommission gegen ihren Willen einen wertvollen Beitrag zur Konstituierung einer Problemstellung geliefert, die aufzulösen sie nun gerade eingesetzt war. Es wurde deutlich, daß der jüdische Einzelne in seinem Verhältnis zu sich selbst und zur Umwelt schwerlich zu erfassen ist, wenn man nicht gleichzeitig das Phänomen der jüdischen Gruppe in der Diaspora als out-group in ihrem komplizierten Verhältnis von Selbstdarstellung und Relation zur Umwelt in die Betrachtung miteinbezieht.
Die Historie gebietet zu berichten, daß es innerhalb der Kommission O. P. K. in einer Anzahl von Fällen zu schweren Differenzen zwischen jüdischen Vertretern – unterstützt durch einige nicht-jüdische Vertreter – und der Mehrheit der Kommission kam. Der Grund hierfür muß u. a. in der sozial-psychologischen Dynamik gesucht werden, die sich aus der ethnozentrischen Einstellung der Mehrheitsgruppe in ihrem Verhältnis zur Minderheitsgruppe entwickelt. Für die Ausklammerung der gruppenpsychologischen Aspekte ist die Auffassung von *Lekkerkerker* (1947), s. Zt. Sekretärin des Organs der „Nationale Federatie voor de Geestelijke Volksgezondheid" und zugleich maßgebliches Mitglied der Kommission O. P. K., signifikant. In einem umfassenden Bericht über die individuell-psychologische Problematik der Waisenkinder sah sie in der jüdischen Abstammung nichts anderes als „eine der Schwierigkeiten, die Menschen in ihrem Leben zu lösen haben und für die verschiedenen Auflösungen möglich sind".
Demgegenüber wies u. a. der Verfasser (*Keilson*, 1949) auf die Tatsache hin, daß seit 1933 zuerst in Mitteleuropa und danach in den angrenzenden Ländern sich jüdische Eltern gezwungen sahen, sich vorübergehend oder für lange Zeit von ihren Kindern zu trennen. Das einzigartige Charakteristikum der damaligen Situation war, daß nicht die Selbstinterpretation dieser Gruppe oder die Interpretation des Einzelnen bezüglich seiner Zugehörigkeit letzthin dessen Verhalten in einer bestimmten – c. q. drohenden – Situation reguliert, sondern die Interpretation anderer fremder Individuen oder Mehrheitsgruppen über das Schicksal der Angehörigen der jüdischen Gruppe entschied. In diesem Zusammenhang muß auch das Phänomen des Antisemitismus betrachtet werden, der seit der grundlegenden Arbeit *Bernsteins* (1926) als eine Gruppenerscheinung anzusehen ist.

Es ist Ausdruck dieses Geschehens, daß ein jüdisches Kind wohl bereitwillig von seiner Pflegefamilie aufgenommen werden kann, daß es jedoch in der Schule oder in einer Jugendgruppe auf eine Barriere stößt und dort oder durch Nachbarn wegen seiner Abstammung diffamiert wird. Im Gegensatz zu der u. a. von *Lekkerkerker* (1947) vertretenen Meinung, daß die Erziehung eines jüdischen Kindes in einem nicht-jüdischen Milieu keine Schwierigkeiten zu bieten brauche, wenn seine Abkunft vom Kind selbst und seiner Umgebung akzeptiert werde, und daß der Antisemitismus in seinen verschiedenen Erscheinungsformen nur eine Schwierigkeit ist wie viele andere, erhebt sich uns die Frage nach der Bedeutung der sozial-psychologischen Dynamik, die sich im Leben eines jüdischen Kindes geltend macht oder geltend machen kann (cf. *Blumenfeld*, 1936).

Auf diese Weise lieferte der „Streit um das jüdische Kriegswaisenkind" – wie er damals genannt wurde – eine wertvolle Illustration zu den Ausführungen von *Lewin* (1944): „The deepest basis of the individual feelings, values and action is what the sociologist calls the ‚face to face' group, that is the group in which the individual lives – his family, his neighbours, the nature of these groups, their inner organisation, their leadership, their atmosphere – if we want to bring about a change in cultural or social life of an individual or group."

Bereits *Hanselmann* (³1946) forderte, daß bei der Betrachtung des Verhältnisses Pflegefamilie-Pflegekind eine dynamisch gerichtete Betrachtungsweise den Vorzug verdiene, um die Entwicklungsdynamik der Pflegefamilie einigermaßen mit der Entwicklungsdynamik vergleichen zu können, der das Pflegekind unterworfen ist.

In einem 1949 gehaltenen Referat – auf einer Tagung, die der Problematik der jüdischen Kriegswaisen gewidmet war – hat der Verfasser die Frage gestellt, inwiefern die sozial-dynamischen Gesetze, denen die jüdische Gruppe nach dem Zweiten Weltkrieg in ihrem Verhältnis zur Umwelt, c. q. auch in den Niederlanden, unterworfen ist, in die psychologische Problematik der jüdischen Waisenkinder miteinbezogen werden müßte. Der Ausgangspunkt der damals aktuellen Fragestellung liegt in der konkreten historischen Situation, die man sich zu vergegenwärtigen hat, will man nicht in ein psychologisches und historisches Vakuum geraten. Denn die Entwicklungsfaktoren eines Kindes sind aufs engste mit der jeweiligen sozio-kulturellen Situation verbunden.

Die Zuspitzung der Vormundschaftsproblematik auf den mehr oder weniger ausgeprägten religiösen Hintergrund ihrer Abkunft, wie sie in der Kommission O. P. K. diskutiert wurde, läßt viele andere Fragen unbeantwortet. Es ist ein Irrtum anzunehmen, daß Kinder aus liberalen Milieus oder ausgesprochen assimilatorischen Kreisen weniger durch die Spannungen rundum ihre jüdische Abkunft erfaßt würden. Die jüdische Geschichte der Neuzeit kennt genügend Beispiele, die das Gegenteil beweisen: Heinrich Heine, Theodor Herzl, Franz Rosenzweig, Theodor Lessing, Henri Bergson. Vielleicht hat von ihnen allen Henri Bergson in seinem Testament den tiefsten Ausdruck gefunden für seine eigene marginale Position, in der bis zum äußersten Paradox die Kontinuität der inneren Lebensgeschichte bewahrt geblieben ist. Er schrieb: „Mes réflections m'ont amené de plus en plus près du catholicisme où je vois l'achèvement complet du judaisme. Je me serais converti si je n'avais vu se préparer depuis des années (en grande partie, hélas! par la faute d'un certain nombre de juifs dépourvus de sens moral) la formidable vague d'antisémitisme qui va déferler sur le monde. J'ai voulu rester parmi ceux qui seront demain des persécutés."*)

---

* Zitiert nach *Floris Delattre*: Les dernières années d'Henri Bergson. In: Etudes Bergsoniennes. Hommage à Henri Bergson. Paris 1942. S. 5–18.

Vielleicht ist die Annahme gerechtfertigt, daß das säkularisierte Judentum, das in so vieler Hinsicht mehr Anpassungsformen an das soziale Leben zeigt, zugleich auch viel verwundbarer ist: durch die Spannungen, die dieses soziale Leben mit sich bringt. Hieraus könnte man die Schlußfolgerung ziehen, daß man den Kindern aus liberal-jüdischem oder assimilatorisch eingestelltem Milieu psychologisch eine viel größere Aufmerksamkeit hätte widmen sollen.

Ob die Kommission O. P. K. bei ihren Empfehlungen an die Vormundschaftsgerichte dieser eher dynamisch ausgerichteten Betrachtungsweise in allen Fällen gerecht geworden ist, muß bezweifelt werden. Ebenso fraglich aber bleibt, ob unter den damaligen Umständen – nach der Besetzung mit all ihren sozialen, politischen und geistigen Problemen, die in den Niederlanden einer Lösung harrten – eine Möglichkeit bestand, diesem äußerst komplizierten Fragenkonglomerat gerecht zu werden; ob dieses Problem, eine Erbschaft des Krieges und der Verfolgung, überhaupt eindeutig lösbar war.

Ein Versuch, eine Kompromißlösung zu finden, ist die vom Büro O. P. K. selbst gegründete neutrale Vormundschaftsorganisation HAO (Hulp aan Ooorlogspleegkinderen = Hilfe für Kriegspflegekinder). Dieser Organisation wurden Fälle übertragen, die nicht ins kongeniale Milieu zurückkehrten, bei denen aber eine ausdrückliche Übertragung der Vormundschaft an die Kriegspflegeeltern nicht geraten erschien.

B. THEORETISCHE GRUNDLAGEN

B.I. ALLGEMEINES

B.I.1. Literaturübersicht

Bereits wiederholt wurde in den einschlägigen Untersuchungen (*Minkowski*, 1948; *Bastiaans*, 1957; *Strauss*, 1957; *Kolle*, 1958; *Bensheim*, 1960; *Trautmann*, 1961; *von Baeyer*, *Häfner* und *Kisker*, 1964; u. a. m.) auf die Schwierigkeiten hingewiesen, extreme Verfolgungserfahrungen in der Kindheit und Jugend zu erfassen und sie mit überdauernden Persönlichkeitsveränderungen in Beziehung zu setzen. Vor allem *Bensheim* und *Bastiaans* haben sich mit der Frage beschäftigt, inwiefern zwischen einzelnen tiefgreifenden Entwicklungsstörungen und dem jeweiligen Alter zu Beginn der Verfolgung ein Zusammenhang besteht. *Bensheim* unterschied in seiner ausschließlich ehemalige Lagerinsassen betreffenden „Skala der Angst" vier verfolgte Altersgruppen, von denen nur die beiden ersten (6 bis 12 Jahre und 12 bis 17 Jahre) unter die Kategorien unseres Materials fallen. Aus den bei diesen Gruppen ermittelten psychiatrischen Befunden schloß er auf die Korrespondenz mit den betreffenden Lebensaltern.

Die Schwierigkeiten – aber auch die Möglichkeiten – sind von vielerlei Art. Sie betreffen in erster Linie die Kriterien, aufgrund deren a) eine Klassifikation der verschiedenen Verfolgungsbelastungen nach Art und Schwere entwickelt werden kann, und b) eine Einteilung und Gliederung des zu bearbeitenden Materials vorgenommen wird. Diese Erwägung gilt in gleichem Maße für die erwachsenen Verfolgten wie für die Kinder und Jugendlichen. *Von Baeyer*, *Häfner* und *Kisker* differenzierten verschiedene Verfolgungsarten: Diskriminierung und Diffamierung, Versteck und Illegalität, Ghetto- und Zwangsarbeitslager-Haft, und schließlich Haft im Konzentrations- und Vernichtungslager. Für jede dieser Verfolgungsarten definieren sie zwei Betroffenheitsgrade: leichter und schwerer Art. Auf diese Weise gelangten sie – mit allen Vorbehalten – zu rohen „Umschreibungen menschlicher Gesamtlagen mit Hilfe soziologischer, psychologischer und medizinischer Termini" (a. a. O., S. 123), die es ihnen ermöglichten, zu „einer sinnvollen statistischen Unterteilung und Vergleichung" zu gelangen. Obgleich sich ihr Material für eine korrelations-statistische Bearbeitung als nicht geeignet erwies, haben sie dennoch die theoretischen Grundlagen für eine psychiatrische Traumatologie gelegt, denen auch wir uns verpflichtet fühlen.

Die von ihnen vorgenommene Differenzierung verfolgte zwei Ziele; sie sollte

- erstens: die entscheidende Belastungsmodalität als übergeordnetes traumatisches Motiv anweisen, und
- zweitens: den Zusammenhang mit bestimmten psychiatrischen Folgen klären.

Zugleich wiesen sie darauf hin, daß es bei den oben erwähnten Verfolgungsarten zu Übergängen und Überschneidungen kommt. Sie warnten davor, in einer Massierung der verschiedenen Verfolgungsmodalitäten ohne weiteres eine Steigerung der Belastung zu sehen. Mit Recht, wie uns scheint; denn eine jede „Verfolgungsart hat für die Betroffenen ihre eigene Schreckensphysiognomie" (a. a. O., S. 123). Mit dieser Feststellung lassen sie dem Faktor der personalen Struktur und individuellen Bezogenheit auf die Verfolgungsart Recht widerfahren. Zugleich betonen sie jedoch die Gleichförmigkeit der traumatischen Effekte bei extremen Belastungssituationen überhaupt, zu denen sie auch die schweren Versteckssituationen rechnen. Ihre Ausführungen über die Verfolgung in der Kindheit und Jugend gipfeln in zwei Feststellungen:

- erstens: daß man bei dem breiten Spektrum der äußeren Belastungen schwerlich zu endgültigen Aussagen, sondern nur zum Anweisen von Schwer- und Orientierungspunkten für die Zuordnung von bestimmten Belastungssituationen zu bestimmten Altersstufen gelangen könne;
- zweitens: daß die nach der Verfolgung getroffenen Maßregeln zur sozialen Rehabilitation, die günstigen bzw. ungünstigen Milieubedingungen, die Auswirkungen der Verfolgungsreaktionen entscheidend mitbestimmen. Bereits hier klingt das Motiv der Belastungsmodalität der Verfolgten *nach* dem Kriege an, ein Thema, dem alle Autoren die höchste Aufmerksamkeit widmen. So ist z. B. *Levinger* (1962) der Ansicht, daß – bei seinem Material – der Aufenthalt in den DP-Lagern nach dem Kriege entscheidender für die Entwicklung von Fehlhaltungen und defizienten psycho-sozialen Mustern war, als der Aufenthalt im Konzentrationslager selbst.

Wichtig für unsere theoretischen Erwägungen sind auch die Untersuchungen von *Paul* und *Herberg* über *Psychische Spätschäden nach Verfolgungseinflüssen in der Kindheit und Jugend* (1963). Es handelt sich hier um eine 15 Jahre nach Kriegsende durchgeführte Untersuchung von 23 zwischen 1923 und 1943 geborenen Kindern und Jugendlichen, von denen zehn versteckt in Belgien den Krieg überlebt hatten, drei in einem polnischen Ghetto (davon zwei anschließend in einem Versteck); sieben Kinder überstanden Konzentrationslager (nach Aufenthalt in Ghetto oder Versteck); drei hatten Sonderschicksale (japanisches Ghetto in Schanghai; Versteck und Gestapowaisenhaus in Belgien; russische Internierung und Flucht über die Türkei nach Israel). Gemäß der Variabilität ihres Materials – es handelt sich nicht nur um Kriegswaisen – behandeln die genannten Autoren verschiedene genetische Gesichtspunkte. Neben der Trennung von der Mutter werden andere, für die jeweiligen Entwicklungsphasen spezifische Belastungssituationen (Defizienzsituationen) beschrieben, wie z. B. motorische Hemmungen infolge fehlenden Bewegungsraumes; der Zwang, stets leise zu sein; andererseits die Fixierung einer Angst vor lauten Außenweltgeräuschen; die Einschränkung des Spieltriebes infolge fehlender Kontakte mit anderen Kindern; mangelnde Entwicklung des Autoritätsgefühls, bedingt durch die Angst-Haltung der Eltern und anderer Erwachsener; Hunger und Unterernährung; in einigen Fällen die Trennung von der Mutter und Aufwachsen in einer Heimsphäre oder bei mehr oder weniger lieblosen Pflegepersonen. Zugleich wird betont, daß eine Kombination der eben genannten Faktoren die Regel war. Eine Aufzählung der äußeren Unannehmlichkeiten des Lebens im Versteck – wie mangelnde Hygiene und Gefahr bei Razzien mit der auch bereits von jüngeren Kindern empfundenen vitalen Bedrohung – beschließt ihre fesselnde Darstellung. Nach ihrer Ansicht war das adäquate pädagogische Milieu im Versteck nie vorhanden, „ganz gleich, ob das Kind 3 oder 13 Jahre alt war“ (S. 204).

Von Baeyer, *Häfner* und *Kisker* weisen in Anlehnung an die Untersuchungen von *Bastiaans* und *Bensheim* auf die theoretischen Möglichkeiten, das Problem der altersspezifischen Reaktionsweisen und der überdauernden Persönlichkeitsveränderungen nach Verfolgungserfahrungen im Kindes- und Jugendalter zu bearbeiten. Hierzu müsse man „einigermaßen gleichartige Belastungen in begrenzten Altersabschnitten mit überdauernden Persönlichkeitsveränderungen korrelieren“ (S. 225). Außerdem müßten auch die „sozialen Rehabilitationsmaßnahmen“ in die Betrachtung einbezogen werden, da vom reaktiven Syndrom her allein die spätere Lebensgestaltung der Kinder nicht beurteilt werden könne. Der Schwerpunkt der Ausführungen liegt

u. E. im Bestreben, den Begriff „einigermaßen gleichartige Belastungen“ auf befriedigende Weise zu formalisieren. Dies gilt sowohl für die kasuistisch-klinische Präsentation, als auch für eine quantifizierend-statistische Bearbeitung des Materials.
Krystal und *Niederland*(1971) zufolge ist von theoretischem und praktischem Gesichtspunkt aus eine gründliche Untersuchung und Klärung des Traumabegriffs wichtig.
A. Freud(1967) empfiehlt nur dort von einer traumatischen Neurose zu sprechen, wo die Pathologie das Ergebnis eines traumatischen Geschehens ist. Die Frage, welche Elemente als traumatisierend betrachtet werden müssen, wird uns im folgenden noch eingehend beschäftigen.
Einen interessanten theoretischen Ansatzpunkt zu einer Bearbeitung des Materials hat *Bondy* (1963) mit seiner Begriffsbestimmung von Versagungstoleranz und Versagungssituation geliefert. In dieser Problemstellung wird die zentrale Frage des Verfolgungsgeschehens in seiner allgemeinen und spezifisch psychologischen Bedeutung erfaßt. Sie hängt u. E. zusammen mit den von *A. Freud* (1944, 1951), *Spitz* (1946[1]), *Bowlby* (1951), *Erikson* (1953), *Wolff* (1959), *Schaffer* (1977) u. a. beschriebenen *basic needs*, womit eine allgemein gültige entwicklungspsychologische Gesetzmäßigkeit formuliert wurde. Obwohl diese bisher nur unter dem isolierten traumatisierenden Aspekt „Trennung von der Mutter“ bei den jüngsten Altersgruppen untersucht wurde, ist die Frage gerechtfertigt, inwiefern diese Gesetzmäßigkeit auf andere Altersgruppen und Entwicklungsphasen auszudehnen ist, wobei der Inhalt der *basic needs* allerdings den Bedingungen der jeweiligen Entwicklungsphase entsprechend neu formuliert werden müßte. Auch hierauf werden wir noch einzugehen haben.
Auch *Matusseks* These (an erwachsenen Konzentrationslagerhäftlingen 13 bis 17 Jahre nach der Befreiung gewonnen), es gebe „keine eindeutig zu definierende Belastungseinheit der Konzentrationslagerhaft, vielmehr wirkten verschiedene Elemente auf verschiedene Persönlichkeiten in verschiedener Weise“ (1971, S. 11), impliziert die Frage nach den altersspezifischen Reaktionen. In Anlehnung an die Untersuchungen von *Bastiaans* unternimmt auch er den Versuch, auf systematische Weise empirisch der Bedeutung der Einflüsse aus Kindheit und Jugend (*vor* der Einlieferung ins Konzentrationslager) auf bestimmte Erkrankungen bzw. Reaktionsformen nachzugehen. Auch er sammelt – wie alle anderen Untersucher vor ihm – seine Informationen einzig mit Hilfe von ausführlichen Nachuntersuchungen. Die von ihm und seinen Mitarbeitern entwickelten Fragebogen mit einer hohen Anzahl von Kategorien (101 + 39, zuweilen ergänzt mit einem Rorschach-Test) dienten ihm als Richtschnur seiner umfangreichen Erhebungen.

B.I.2. Problematik und Problemstellung

Die vorliegende Arbeit unterscheidet sich in einem wesentlichen Punkt von den meisten bisher erschienenen Publikationen über die Effekte des Verfolgungsgeschehens. Es handelt sich um eine follow-up-Untersuchung von Kindern und Jugendlichen, die
a) untergetaucht oder im Konzentrationslager waren und
b) zugleich Waisen wurden.
Damit unterscheiden sie sich von anderen Kindern, die auf verschiedenste Weise der Unbill des Krieges ausgesetzt waren und auch die Verfolgung selbst erhält einen neuen traumatischen Aspekt. Hieraus ergeben sich mannigfache methodologische Konsequenzen.

Die Verknüpfung von Verfolgungsgeschehen und Waisenschaft ist nicht nur in thematischer Hinsicht einzigartig. Der massive kumulative Traumatisierungsprozeß wird hiermit in seinen effektivsten Folgen auf einer sozial-psychologischen Ebene angesiedelt, die als Ordnungsgesichtspunkt eindeutig ist. Und zwar nicht nur in ihrer individuell-psychologischen Dimension, sondern auch in den hierbei wirksamen gruppendynamischen Vorgängen. Es gilt demnach ein Zweifaches zu betrachten: die verschiedenen Aspekte der Verfolgung sowohl hinsichtlich ihres Endresultates der Waisenschaft in ihrer individuellen Bedeutung, als auch unter dem Gesichtspunkt der Verfolgung der jüdischen Gruppe.
Es ergeben sich angesichts der von *Matussek* und früheren Untersuchern gewählten Methoden einige allgemeine Fragen, auf die wir im Hinblick auf ihre Bedeutung für die vorliegende Arbeit näher eingehen wollen.
Alle oben erwähnten Autoren stimmen darin überein, daß es unmöglich ist, Leiderlebnisse quantitativ zu erfassen. Der unterschiedliche subjektive Charakter einer derartigen Erfahrung steht einer systematischen Bearbeitung im Wege. Sinnvoller erscheint es daher, die belastenden Ereignisse selbst anzugehen und sie – wie z.B. *Matussek* es tat – in objektive situationsgebundene und subjektive persongebundene Belastungsvariablen zu scheiden und sie anschließend zu definieren.
Seit der Einführung der Psychoanalyse in die Psychiatrie beabsichtigen psychiatrisch-klinische Untersuchungen – insofern sie Fallstudien betreffen – auch wenn sie nicht im engeren Sinne psychoanalytisch orientiert sind, über die deskriptive Methode hinaus Hypothesen zu formulieren. Sie gehen von gewissen theoretisch mehr oder minder unbestimmten Erwartungen aus und versuchen durch Registrieren und Ordnen der in ihrem Untersuchungsgebiet auftretenden Phänomene (somatischer, psychologischer oder soziologischer Art) Zusammenhänge zwischen diesen und den einzelnen Erscheinungen in der ‚Wirklichkeit' zu entdecken, um auf diese Weise ihre Einsicht in den Aufbau eines Falles zu vertiefen. Hierdurch versuchen sie zu Aus- und Voraussagen über bestimmte, in dem betreffenden Fall wirksame Gesetzmäßigkeiten zu gelangen, deren Gültigkeit auch auf andere, ähnlich gelagerte Fälle übertragbar ist.
Auch wenn man nicht dem Vorurteil huldigt, daß jede psychiatrisch-psychologische Untersuchung a priori dem durch die Naturwissenschaften entwickelten Denkmodell genügen muß, und daß die von ihr verrichteten Erhebungen und Aussagen erst allgemeine Gültigkeit beanspruchen dürfen, wenn sie in einer vergleichenden Untersuchung geprüft und bestätigt resp. falsifiziert wurden, müssen doch bestimmte logisch-kritische Bedingungen auch innerhalb einer psychiatrisch-klinischen Untersuchung erfüllt und in acht genommen werden.
Jede psychiatrische Untersuchung einer Gruppe von Verfolgten hat die Tatsache zu berücksichtigen, daß sie in strikt methodologischer Hinsicht keine empirische Untersuchung ist. Im Gegensatz zu anderen „reinen" Untersuchungsmethoden (instrumental, deskriptiv, explorativ und vergleichend) ist ihr Material in erster Anlage bereits vorhanden, so daß man an der Basis nichts mehr verändern kann. Außerdem besteht keine Kontrollgruppe, an der man die gefundenen Resultate überprüfen kann (*restriction of range*). Es handelt sich demnach immer um eine Beschreibung, Interpretation und theoretische Evaluation einer bereits vorhandenen geschlossenen Sammlung von Fakten, die als einmaliges Universum betrachtet werden muß. In erkenntnistheoretischer Hinsicht weist die Psychiatrie Übereinkünfte mit der modernen historischen Forschung auf (vgl. *von der Dunk*, 1974).
Bei einer follow-up-Untersuchung wie der unseren sind die Verhältnisse noch etwas komplizierter, da bei der Nachuntersuchung doch noch neues Material gesammelt wird,

das auf seinen formalen und inhaltlichen Zusammenhang mit dem präformierten Material hin untersucht wird. In allen deskriptiv-theoretischen Studien steht das Phänomen der Interpretation mit seiner Problematik von Subjektivität und Kontamination im Mittelpunkt.

Diese Erwägungen geben deutlich die Begrenzungen und Gefahren aller oben erwähnten Untersuchungen über die Effekte des Verfolgungsgeschehens an – zugleich auch die der vorliegenden Arbeit. Durch Problemstellung und Anlage ist sie, wie bereits auseinandergesetzt, auf zwei Untersuchungsgänge ausgerichtet:
1) eine kasuistische, interpretative Beschreibung;
2) eine quantifizierend-statistische, die Hypothese prüfende Darstellung.
Beide voneinander getrennten Untersuchungen dienen dem gleichen Ziel: die Diskussion um den Informationsgehalt unserer Aussagen zu fördern und diese an den faktischen Gegebenheiten des Verfolgungsgeschehens zu überprüfen. Es handelt sich nicht um die Entdeckung von letzten, unumstößlichen Wahrheiten, sondern um die Frage, inwiefern Erhebungen über die massive kumulative Traumatisierung von Kriegswaisen einer selekten Population (Minorität) einen Beitrag liefern können zur Lösung des Problems der altersspezifischen Traumatisierung von Kindern überhaupt. Der dabei ebenfalls unternommene Versuch, eine informative Theorie zu bilden, Variablen quantitativ zu definieren und die Resultate schließlich am eigenen Material intern zu überprüfen, kann aufgrund unserer Voraussetzungen nicht in jeder Hinsicht allen Prüfungskriterien entsprechen, denen sozialwissenschaftliche, also auch psychiatrische Untersuchungen genügen müßten. Vielmehr betrachten wir mit *Opp* (1970) die hier entwickelten ordinalen und nominalen Meßverfahren zur Einschätzung der im Material gefundenen Variablen als Orientierungen, Spielregeln, Hilfsmittel.
Dieser Beschränkung wegen braucht die Stichhaltigkeit der präsentierten Resultate nicht in Zweifel gezogen zu werden, solange die Erhebungen beider Untersuchungen in logischer Hinsicht einander nicht aufheben, sondern ergänzen und solange der implizierten Theoriebildung durch den deskriptiv-kasuistischen Teil nicht widersprochen wird.
Was letzteren betrifft, so stehen alle psychiatrischen Untersuchungen aufgrund der reziproken Abhängigkeit von Teilen und Gesamtmaterial und den dadurch inhärenten Gefahren von Subjektivität und Kontamination beim Interpretationsprozeß vor einem besonders komplexen Problem. Die Rolle, die dieses Problem bei der Untersuchung erwachsener Verfolgter spielt, wurde bereits durch *von Baeyer*, *Häfner* und *Kisker* beschrieben. Sie wiesen darauf hin, „daß auch der frühere Erfahrungsschatz in seinem Bedeutungsgehalt den Wandlungen (oder Wiederbelebungen) der Persönlichkeitsentwicklung unterworfen ist" (a. a. O., S. 229). An anderer Stelle (ebd. S. 211) sprechen sie von dem Idealisierungsprozeß, dem die Erinnerungen an die nächsten umgekommenen Familienmitglieder – vor allem an die Eltern – unterworfen sind. Sie verbinden damit die Warnung, die in der Untersuchung erhaltenen anamnestischen Daten nicht unkritisch aufzuarbeiten. Auch *Niederland* (1968) deckt in seiner Beschreibung des *survivor guilt* Syndroms das veränderte Erinnerungskolorit der früheren Erfahrungen auf.
Matussek geht das Problem von einer völlig anderen Seite an. Zuerst weist er – unserer Meinung nach mit Recht – darauf hin, daß die meisten medizinisch-wissenschaftlichen Arbeiten über die Spätschäden nach der KZ-Haft aus der Sicht des Gutachter-Patienten-Verhältnisses geschrieben sind. In einer näheren Analyse dieses Modells kommt er zu der Feststellung, daß dieses eindeutige und spezifische Arzt-Patienten-Verhältnis beide – sowohl den Gutachter als auch den Befragten – vorprogrammiert. Der Patient

berichtet dem Arzt nur von denjenigen Beschwerden, die nach seinem Dafürhalten das Leiden, dessentwegen er untersucht wird, verdeutlichen. Und der Arzt wird in seiner Rolle als Gutachter vor Probleme gestellt, deren innere Zusammenhänge durch die medizinische Wissenschaft noch nicht geklärt sind und muß auf dieser schwankenden Basis Entscheidungen treffen.
Matussek beruft sich auf *von Baeyer, Häfner* und *Kisker*, die ebenfalls auf die Diskrepanz und Widersprüchlichkeit der Erhebungen und Befunde in der Literatur hingewiesen hatten. Er sucht den Grund des Übels in der Gutachtersituation, in der es dem Arzt auch aus Zeitmangel an einer „Kontrolle der Phänomene" fehlte, und signalisiert auf beiden Seiten den „Zwang zur Symptomanpassung" (a. a. O., S. 38). In dieser Formulierung scheint uns der oben erwähnte Faktor ‚Kontamination' klinisch umrissen zu sein. *Matussek* stellt schließlich der Gutachtersituation die von ihm angewendete Interviewsituation entgegen. In ihr ist seines Erachtens der Faktor „Zwang zur Symptomanpassung" eliminiert.
Ohne Zweifel erreicht *Matussek* mit dieser Untersuchungsmethodik eine beträchtliche Entspannung, zumindest auf der Seite des Interviewers. Aber wir haben den Eindruck, daß ihn diese Entspannung dazu bringt, schließlich den Aussagen der Untersuchten einen zu großen Zuverlässigkeitsgrad beizumessen, indem er sie in den korrelationsstatistischen Berechnungen und in der Faktorenanalyse verwendet. Dadurch wird u. E. dem Faktor der Subjektivität wiederum ein zu großer Platz eingeräumt, verliert die wechselseitige Abhängigkeit der Unterteile seines Materials an objektiver Aussagekraft, was schließlich zu einer Reduzierung der Totalinterpretation führt, ein Vorgang, den u. a. *De Groot* ([4]1968) in seinen Konsequenzen deutlich umschrieben hat.

B.I.3. Einteilung der Altersgruppen

In Anlehnung an die genetischen Gesichtspunkte der Charakterentwicklung, wie sie durch die psychoanalytische Theorie formuliert wurden, teilen wir unser Material wie folgt ein in sechs Altersgruppen:

Altersgruppe	Trennung von der Mutter im Alter von:
I	0 bis 18 Monaten
II	18 Monaten bis 4 Jahren
III	4 bis 6 Jahren
IV	6 bis 10 Jahren
V	10 bis 13 Jahren
VI	13 bis 18 Jahren

Die Phaseneinteilung ist ursprünglich auf der Entwicklung der Libido aufgebaut. *Hart de Ruyter* (1972) wies darauf hin, daß in den letzten beiden Dezennien einige psychoanalytische Modelle bezüglich der kindlichen Entwicklung mehr oder weniger eingreifend verändert wurden, wobei z. B. die Theorie über die Entwicklung der Ich- und Über-Ich-Funktion und auch die präödipale Phase und die Präpubertät als kritische Perioden mehr Aufmerksamkeit erhielten.
Durch die Arbeiten von *Anna Freud* ([2]1966), *Sandler* und *Rosenblatt* (1962), *Nagera* (1966), *Schaffer* (1977) u. a. wurde es möglich, schärfer zwischen gesunden und

kranken „Entwicklungslinien" zu unterscheiden, wobei auch der soziale Kontext, in dem die Entwicklung sich vollzieht, nach Gebühr berücksichtigt wurde.
In Anlehnung an die fundamentalen Untersuchungen von *Freud* (1905), *Abraham* (1925), *Schilder* (1925), *Reich* (1933) und *Jones* und *Tanner* (1948) über die genetischen Gesichtspunkte der Charakterentwicklung und gestützt auf die Beobachtungen von *Spitz* (1946[2], 1960), *Bowlby* (1951), *A. Freud* und *Dann* (1951), *Erikson* (1953), *Winnicott* (1953[2]) u. a. bei entwicklungsgestörten Kindern und Jugendlichen werden wir den traumatischen Ansatzpunkt für jede Altersgruppe nach dem Kriterium der „Trennung von der Mutter" aus den elementaren Bedürfnissen (*basic needs*) der betreffenden Altersstufe formulieren. Weiterhin werden wir die verschiedenen Belastungsfaktoren und Schweregrade der Traumatisierung sowohl innerhalb derselben Altersgruppe diskutieren als auch in ihren Effekten mit anderen Altersgruppen vergleichen, uns bei letzterem jedoch auf die Feststellung gravierender Schwerpunkte zum Zwecke der Orientierung innerhalb des von uns umrissenen Problemkreises beschränken.

B.I.4. Konzentrationslager-Kinder und Untertauch-Kinder

Bei der von uns untersuchten Gruppe treffen wir auf zwei Hauptarten des Verfolgungsgeschehens:
a) Konzentrationslager,
b) Versteck.
Vereinzelt finden wir Überschneidungen bei Kindern und Jugendlichen, die im Versteck verraten und deportiert wurden, oder aber bei solchen, die aus dem Deportationszug flüchteten oder aus dem Konzentrationslager, z. B. in ein Krankenhaus hinausgeschmuggelt wurden.
Wir haben beide Arten des Verfolgungsgeschehens bei der Darstellung nicht voneinander geschieden, obwohl sich Gründe dafür anführen ließen, dies wohl zu tun; z. B. gegeneinander abzusetzen
a) die direkte Konfrontation der Kinder mit der Wirklichkeit des Konzentrationslagers und die aus dem direkten Erlebnis stammende Gewißheit des Todes der Mutter bzw. der Eltern auf der einen Seite, und
b) die Welt des Versteckes nach der Trennung von der – noch lebenden – Mutter und der von Dritten übermittelte Bericht ihres Todes andererseits.
Da es sich bei diesen Erörterungen nur um die zeitlich begrenzte direkte Verfolgungsperiode handelt, erscheint es von dem als Ordnungsgesichtspunkt definierten traumatischen Effekt der Waisenschaft aus gesehen legitim, unsere Verfolgtengruppe als eine einheitliche zu betrachten, in der Versteck und Konzentrationslagerhaft nur ‚Variationen' des gleichen Grundthemas ‚Verfolgung' darstellen.
Ein anderer Grund jedoch erscheint uns zwingender. Die für unsere Untersuchung grundlegende Aufteilung der selekten Gruppe in Altersgruppen richtet sich nach dem Zeitpunkt der Trennung von der Mutter. Alle KZ-Kinder unseres Materials (mit zwei Ausnahmen) waren auch im Lager mit ihrer Mutter zusammen. Die Trennung geschah in fast all diesen Fällen am Ende des Krieges, kurz vor der Befreiung der Konzentrationslager. Aus der Literatur und auch aus unserem Material ist uns bekannt, daß die Mutter lange Zeit auch in der Konzentrationslagerhaft als Angstschutz dienen

konnte. Wo dies geschah, haben wir den Aufenthalt im Konzentrationslager unter diesem Gesichtspunkt gewertet.
Die Beschränkung auf diesen rein formalen Gesichtspunkt schließt eventuelle, später zu erörternde Unterschiede sowohl in diagnostischer Hinsicht als auch hinsichtlich der Trauerverarbeitung nicht aus. Die Faktoren der Gewißheit und der Ungewißheit (bezüglich des Todes der Eltern) sind qualitativ nicht gegeneinander abzuwägen. Die Schwere des traumatischen Agens erweist sich in allen Fällen erst in der dritten Sequenz (vgl. B.III).
In diesem Zusammenhang muß noch auf ein anderes Merkmal dieser Arbeit hingewiesen werden, das sie von vorangegangenen Untersuchungen unterscheidet: der überwiegende Anteil der untergetauchten Kinder im Verhältnis zu den aus den KZs zurückgekehrten. (Der in der hier repräsentierten Gruppe auftretende Prozentsatz entspricht in groben Zügen den Verhältnissen der Gesamtpopulation.) Das schloß einen Vergleich unserer Untersuchungen mit Gutachten aus dem Entschädigungsverfahren – wie ihn *Matussek* vornahm – von vornherein aus.
Damit kommen wir zu einer Lücke in der bestehenden Gesetzgebung, die eine deutliche Bevorzugung derjenigen Fälle darstellt, die in den Konzentrationslagern einer inzwischen aller Welt bekannten massiven und vehementen Traumatisierung preisgegeben waren. Diese Bevorzugung ist zwar zu verstehen. Aber wie uns das hier referierte Material lehrt, hat das Verfolgungsgeschehen auch andere, vielleicht weniger ins Auge springende Formen, die darum nicht als weniger ernst und folgenreich gewertet werden müssen. Außerdem ist es vom medizinischen bzw. kinderpsychiatrischen Standpunkt aus unzulässig, a priori Ursachen und Folgen einer Störung in qualitativen Verhältnissen zu relativieren.

B.I.5. Verfolgungsschäden bei Kindern

Man kann nach den Gründen fragen, warum überhaupt Kinder als Opfer des Verfolgungsgeschehens in der medizinisch-wissenschaftlichen Literatur so wenig berücksichtigt wurden. Die Antwort, daß diese Gruppe in größerem Umfang nur in den Niederlanden in Erscheinung trat, ist nur zur Hälfte befriedigend. Sie verschleiert nämlich zwei andere wesentliche Momente: erstens kreisten die Publikationen über erwachsene Verfolgte zum überwiegenden Teil um die Frage der sogenannten ‚Spätschäden', leib-seelische Krankheitsdimensionen spezifischer oder unspezifischer Art. Zweitens: der theoretische Ansatzpunkt zur Erfassung einer Gruppe von verfolgten Kindern und Jugendlichen, bei der der Jahrgangsfaktor impliziert, daß Aspekte von Wachstum und Reife in biologischer, psychologischer und soziologischer Hinsicht sich geltend machen, stellt den Untersucher vor eine Unmenge theoretischer Fragen.
Hierzu einige grundlegende Bemerkungen.
Unter Entwicklung verstehen wir – *Piaget* (1929, 1930) folgend – den oben erwähnten, in Phasen verlaufenden Vorgang von Wachstum und Reife, der Prozesse von Strukturierung, Differenzierung und Detaillierung in sich schließt. Diese vollziehen sich unter fortwährender wechselseitiger Beeinflussung, wobei neben den biologischen und psychologischen vor allem die mikro- und makrosoziologischen Faktoren unsere Aufmerksamkeit verdienen. Diese letzteren sind sowohl in der individuell-psychologischen als auch in der gruppen-psychologischen Problematik unserer Population wirksam. Auf die soziogenetischen Aspekte des Traumatisierungsvorgangs wird noch einzugehen sein (siehe B.II.3).

Den gruppendynamischen Vorgängen zwischen in-group und out-group werden wir ebenfalls besondere Aufmerksamkeit schenken müssen, gemäß der Bedeutung, die die Beziehungsgruppe besonders im vorliegenden Fall für den Jugendlichen bei der Abwicklung elementarer individuell-psychologischer Prozesse wie Identitätsfindung und Trauerverarbeitung annimmt. Bei der Zuweisung der Vormundschaft wurde dieser Problemkreis aktuell (siehe oben A.IV.3).
In den bisher erschienenen Arbeiten wurden die Spätschäden des Verfolgungsgeschehens bzw. der Konzentrationslagerhaft hauptsächlich unter dem Aspekt des Einbruchs der Belastungssituation in die Persönlichkeit mit daraus resultierenden pathognomischen Effekten beschrieben, die wiederum eine Abgrenzung von der Prä-Verfolgungs-Persönlichkeit erforderten.
In der vorliegenden Arbeit gehört die Verfolgung als psycho-soziales Phänomen zu den psycho- und sozio-genetischen Faktoren der Entwicklung selbst. Ihr Anteil wird als inhärent der Entwicklung betrachtet und zur Diskussion gestellt.
Natürlich gab es auch in unserem Material Kinder, die schon vor dem Einsetzen der Verfolgung entwicklungsgeschädigt waren; aber auch hier können wir eine Random-Verteilung annehmen. Insofern ist auch die häufig gestellte Frage nach dem Ursprung einer Schädigung vor oder während der Verfolgung hier nicht aktuell. Es gibt kein Kriterium, demzufolge es erlaubt wäre zu unterstellen, daß eine prä-Verfolgungs-gestörte Persönlichkeit den Schädigungen der Verfolgung weniger ausgesetzt gewesen wäre.

Um zu einem abschließenden Bild der traumatischen Einwirkungen zu gelangen, ist es unerläßlich, auch die zur sozialen Rehabilitation getroffenen Maßregeln in unsere Beurteilung einzubeziehen. Der Übersichtsbericht von *Wolffheim* (1958) über die leib-seelische Verfassung ehemaliger KZ-Kinder und -Jugendlicher in verschiedenen Ländern widmet – wie auch die Publikation von *Anna Freud* und *Dann* (1951) über die aus dem KZ-Lager Theresienstadt befreiten und nach England übergesiedelten Kinder – den Rehabilitationsbestrebungen große Aufmerksamkeit.
Die Fülle der pädagogischen, sozialpsychiatrischen und psychotherapeutischen Probleme wird im klinischen Teil erschöpfend dargestellt werden. Es ist im Rahmen der hier behandelten Problemstellung nicht unsere Aufgabe, zu einer Evaluation der Rehabilitationsbestrebungen zu gelangen, da dieses Thema einen besonderen methodologischen Ansatz erheischen würde. Über den Effekt psychotherapeutischer Bemühungen sind in der bisherigen Literatur nur wenige objektive Daten bekannt.
Dennoch gehört eine Erörterung dieser Maßnahmen in einer besonderen Hinsicht wohl zu unserem Aufgabenkreis. Ebenso wie Leiderlebnisse als solche quantitativ nicht erfaßt werden können, wohl aber die sie verursachenden belastenden Faktoren, so auch die Rehabilitationsvorgänge: sie sind in ihren beabsichtigten Effekten für uns differenziert nicht zu erfassen und zu werten, wohl aber in der Modalität und Intensität der sie ausführenden Disziplinen oder Kategorien zu beschreiben und in der Intensität, mit der sie in Stellung gebracht wurden, einigermaßen in groben Werten zu umreißen. Im Grunde geht es uns im Rahmen unserer Arbeit hierin nur um den *einen* Punkt: wie ein jeder, der körperliche Schmerzen leidet, den Arzt um Linderung bittet, soll hier registriert werden, ob Kindern und Jugendlichen, denen Leid, Verdruß, Trauer zugefügt waren, Hilfe und Trost überhaupt geboten wurde.

B.I.6. Zur Bearbeitung der Dossiers

Die vorliegende Untersuchung stützt sich zur Ermittlung der lebensgeschichtlichen Daten auf zwei Erhebungsweisen:
1) Befragung der Dossiers,
2) Nachuntersuchung durch den Referenten.
Die Befragung der Dossiers erstreckt sich bis zur Erreichung der gesetzlichen Volljährigkeit (Vollendung des 21. Lebensjahres). Die Nachuntersuchung erfolgte rund 25 Jahre nach dem Ende des Krieges.
Diese beiden verschiedenen Weisen der Erhebung haben theoretische Implikationen zur Folge. Aus dem Kapitel zur *Materiallage* (A.II) ist ersichtlich, daß die Dossiers in erster Linie der Erfassung aller Minderjährigen und der Klärung der Vormundschaft dienten. Die von den Sozialarbeitern der Kommission O. P. K. und der jüdischen Waisenorganisation ermittelten Daten gewähren einen lebensgeschichtlichen Überblick über den Entwicklungsverlauf eines jeden Kindes bis zu dem Moment der vormundschaftlichen Zuweisung. Mit allen erwähnten Vorbehalten kann man dieser Prozedur ein beträchtliches Maß an Objektivität und Stichhaltigkeit bei der Wiedergabe direkt mit der Verfolgung zusammenhängender Tatsachen und Erfahrungen zugestehen, ebenso bis zu einem gewissen Grad bei der Schilderung des emotionalen, geistigen und sozial-kommunikativen Entwicklungsstandes des betreffenden Kindes vor der Verfolgung. (Wie bezüglich der Lückenhaftigkeit des Materials bereits dargelegt wurde, enthalten die von den Sozialarbeitern angefertigten Dossiers auch in dieser Hinsicht sicher Fehler und Lücken, die jedoch nicht systematischen Charakter tragen, d. h. nicht in der Anlage der Dossiers begründet sind. Man kann daher annehmen, daß sie in der gesamten Population der jeweiligen Entwicklungsstufen random-verteilt sind.)
Darüber hinaus enthalten die Dossiers der jüdischen Waisenorganisation – wie bereits dargelegt – Notizen über die Nachkriegsperiode einer stattlichen Anzahl von Kindern bis zur Vollendung des 21. Lebensjahres. Auch diese Eintragungen wurden bei der Exploration der Dossiers in ihren wichtigsten Kategorien formalisiert (vgl. A.III.3). Diesen Eintragungen kann ein höherer Objektivitätsgrad zugebilligt werden als denjenigen über die Kriegsperiode. Sie enthalten keine ‚Dunkelziffer'. Die ihnen zugrunde liegenden Vorkommnisse wurden aus direkter Observation aufgezeichnet.
Alle Eintragungen in den Dossiers über die Zeit vor, während und nach dem Kriege ergeben trotz unterschiedlicher Zuverlässigkeit doch einen relativ objektiven Überblick über die Biographie eines jeden Kindes und enthalten zudem eine Aufzählung und Darstellung der situativen Bedrohungen seiner Entwicklung.
Die Konstituierung der Kategorien, nach denen die Dossiers der selekten Gruppen befragt wurden, ist in Kapitel A.III dargestellt. Dort wurden auch die aufgrund von zwanzig blind gewählten und explorierten Dossiers gefundenen Kategorien bereits angeführt. Sie bilden die Kriteria, nach denen der Ernst der Traumatisierung während des Krieges eingeschätzt wird.

B.I.7. Zur Nachuntersuchung

Die zweite Erhebungsweise ist die Nachuntersuchung, ungefähr 25 Jahre nach Beendigung des Krieges. In ihr wurde versucht, mit Hilfe der Methode des direkten Interviews – wenn möglich gestützt durch Beobachtungen in der häuslichen Umgebung

des Betreffenden – festzulegen, auf welche Weise der Befragte – beeinflußt durch die lebensgeschichtlich veränderten traumatischen Erfahrungen – schließlich in seiner Persönlichkeit geprägt wurde.
Bei diesem Vorgehen mußten wir uns ebenfalls mit den oben signalisierten Gefahren der Kontamination und Subjektivität auseinandersetzen. Der methodische Ansatzpunkt, die gesamte Untersuchung und Nachuntersuchung durch *eine* Person auszuführen, bot Nachteile und Vorteile. Es galt, beide gegeneinander abzuwägen.
Die Nachteile lagen in dem eventuellen Verlust der Kontrolle der objektiven Phänomene, d. h. es bestand die Gefahr, daß der Nachuntersucher aus einer eventuellen detaillierten Kenntnis der Dossiers vorging und daß bereits die Formulierung der in der Nachuntersuchung gestellten Fragen durch die aus den Dossiers bekannten Tatsachen und durch von daher zu mutmaßende Entwicklungsmerkmale gesteuert wurde. Mit anderen Worten: daß die Aussagen des Befragten in der Nachuntersuchung, die natürlicherweise einen inneren Zusammenhang haben mit seiner Lebensgeschichte, von dem Untersucher beurteilt werden unter dem Aspekt der Wertskala, mit der er die traumatische Lebensentwicklung in den vorangegangenen Phasen bereits gewertet hatte; und daß auf diese Weise die Gesetzmäßigkeit der Erscheinungen innerhalb des Universums, die ja untersucht werden sollte, schon zuvor hineininterpretiert wurde.

Dieser Gefahr wurde auf folgende Weise entgegengetreten:
1) Die Extraktion der Dossiers zum Behufe der tabellarischen Darstellung wurde durch eine neutrale Person verrichtet.
2) Die Nachuntersuchung geschah unkoordiniert mit der Bearbeitung der Dossiers.
3) Die quantitative Beurteilung der extremen Belastungssituation geschah unabhängig von der Beurteilung der Nachuntersuchung durch zwei neutrale Personen in Zusammenarbeit mit dem Referenten.
4) Zur Beurteilung der psycho-sozialen Defizienz wurden die von *Weijel* ([3]1972) entwickelten Kriteria angewandt, die in keiner Hinsicht mit den erarbeiteten Daten kontaminiert sind.

Der Untersucher kannte wohl einen übergroßen Teil der Kinder, aber ihrer Fälle erinnerte er sich nur in groben Zügen; d. h. er wußte, ob ein Kind untergetaucht oder im KZ-Lager den Krieg überstanden hatte, ob es nach dem Kriege in einer Pflegefamilie oder in einem Heim untergebracht war, ob seine Entwicklung schwierig gewesen war und dergleichen mehr. Die sogenannten ‚Sorgenkinder' waren natürlich tiefer in sein Gedächtnis eingegraben.
Die Vorteile dieses Vorgehens beruhten auf der Möglichkeit, an einen früheren Kontakt anknüpfen zu können, ein früher gewährtes Vertrauen schneller – vertieft – zurückzugewinnen. Die Offenheit dieser Beziehung wurde oft durch heftige Vorwürfe inauguriert, mit denen der Befragte den Untersucher wegen vermeintlicher oder offenkundiger früherer Fehleinschätzungen und falscher Maßnahmen überschüttete. Daraus ergab sich oftmals der Einstieg in die komplexe Problematik.
Der zum Zwecke der Nachuntersuchung ausgearbeitete Fragebogen war nur in grobe Kategorien eingeteilt. Das erleichterte das flexibel geführte Gespräch, das so nicht den Charakter einer „ausfragenden Untersuchung" annahm. Dennoch bot er die Gewähr, daß die angeschnittenen Problemkreise (persönlicher und sozialer Status, allgemeine Lebenshaltung, Verarbeitung des Verfolgungsgeschehens) in objektiven Daten unvoreingenommen erfaßt werden konnten.

B.I.8. Hypothesen

Im Anschluß an die Ausführungen im vorigen Kapitel über das Ziel der Untersuchung und über die Entwicklungsprozesse in Kindheit und Jugend werden im folgenden die Hypothesen der altersspezifischen Traumatisierung formuliert. Diese lauten:

Hypothese I: Es besteht ein Zusammenhang zwischen dem Zeitpunkt der Traumatisierung in der Entwicklung eines Kindes oder Jugendlichen und den Traumatisierungseffekten.

Hypothese II: Der Ernst des Traumatisierungsvorganges entspricht dem Ernst der Störung.

Erwägungen:

Es wird angestrebt, den Zusammenhang zwischen dem Index der Tragweite, der Art der Verfolgungsbelastung und der Skala der aus der Nachuntersuchung ermittelten Persönlichkeitsmerkmale aufzuspüren. Wir erwarten, daß die verschiedenen abgegrenzten Altersgruppen deutlich voneinander zu unterscheidende Merkmale aufweisen, in denen die Schwerpunkte eines traumatisch gesteuerten Entwicklungsverlaufs erkennbar sind. Diese Schwerpunkte werden in dem Kapitel *Diagnostische Erwägungen* (C.I) näher diskutiert.

Unsere Hypothesen schließen an an die von *von Baeyer, Häfner* und *Kisker* ausgesprochenen Erwartungen bezüglich der von ihnen begutachteten Kinder und Jugendlichen. (Auch sie stellten zentral: a) Kontaktfähigkeit, b) Trauerproblematik und c) Angstproblematik.)

Aus der kinderpsychiatrischen Forschung ist bekannt, daß das biologische Unvermögen des Kleinkindes, für sich selbst zu sorgen, seine Abhängigkeit von seiner Umgebung in körperlichen, affektiven, sozialen und kognitiven Dimensionen akzentuiert. Das instinktive Kontaktbedürfnis des Neugeborenen kommt in den Wachstums-, Lern- und Reifungsvorgängen der folgenden Entwicklungsphasen erneut und differenzierter zum Ausdruck. Dieser Gedankengang wird in den diesbezüglichen Kapiteln des klinischen Teiles näher ausgearbeitet.

Zugleich kann man jedoch annehmen, daß ein Traumatisierungsprozeß, der diese Entwicklungsphasen bedroht, rückläufig auch das Kontaktbedürfnis angreift und problematisiert. Die ersten zehn Lebensjahre bis zum Abschluß der sogenannten latenten Phase bieten massiven kumulativen Traumatisierungen eine breite Angriffsfläche, und zwar in allen oben erwähnten Dimensionen. Deshalb erwarten wir, daß bei den jüngeren Altersgruppen diejenigen Bilder überwiegen, in denen das Problem der Kontaktfähigkeit im Mittelpunkt steht.

Mit der Phase der biologischen Reifung, dem Auftreten qualitativ und quantitativ neuer leib-seelischer Vorgänge, vollzieht sich auch ein Wandel in den Erlebnisweisen und in der Verarbeitung massiv kumulativer Traumatisierungen. Eine differenziertere Analyse wird den betreffenden Abschnitten im klinischen Teil vorbehalten bleiben.

Im Mittelpunkt unserer Überlegungen stehen zwei Momente, die hier nur kurz skizziert werden sollen. Einmal ist der heranwachsende Jugendliche in steigendem Maße imstande, sich selbst zu reflektieren und sich in seiner Historizität zu erleben und in Frage zu stellen. Unter diesem Zeichen erfährt er auch sein Verhältnis zu seiner Umgebung, indem frühere Erfahrungen sich mit neuen Erfahrungselementen zu einem eigenen Weltentwurf zusammenfügen. Zum zweiten erhalten seine persönlich gefärbten Erinnerungen an seine primäre Umgebung eine andere Valenz. Auf unser Thema bezogen liegt in dem für diese Entwicklungsphase normalen Spannungsfeld mit den beiden Polen der Familienflüchtigkeit und -gebundenheit die spezifische Vulnerabilität dieser Altersgruppen. Der Vorgang der in Freiheit angestrebten Verselbständigung wird durch die böswillig von außen erzwungene Trennung abgebrochen und pervertiert. Das plötzliche Ende der Beziehung Kind-Eltern mit dem anschließenden dauernden Verlust konstituiert in dem schmerzlichen Vermissen zugleich auch ein immerwährendes schmerzliches Gedenken.

Deshalb erwarten wir, daß in den höheren Altersgruppen das Trauererlebnis in steigendem Maße den Entwicklungsverlauf färbt. Dies bedeutet, daß der Trauerprozeß nicht allein als Stimmungsgehalt verstanden wird. Vielmehr wird der Versuch unternommen, die Abwehrfunktion des Trauererlebnisses in ihren charakterologischen Konsequenzen und Facetten zu erfassen und zu beschreiben. Weiterhin soll auch hier zugleich dieser Vorgang in denjenigen Fällen eingehend beschrieben werden, in denen seine Abwehrfunktion versagt.

Dies gilt vor allem bei der Altersgruppe der Präpubertät, der wir eine Ausnahmestellung einräumen. Wir erwarten, daß die Angstproblematik, die sich bei allen Altersgruppen – auch denen der erwachsenen Verfolgten – als Kernstück des Verfolgungsgeschehens anweisen läßt (*von Baeyer*, *Häfner* und *Kisker*) sich hier durch die biologisch verankerte Ich-Schwäche deutlicher manifestiert.

B.II. ENTWICKLUNG DES TRAUMABEGRIFFES

B.II.1. Vom Trauma zur traumatischen Situation

Die Schwierigkeit, das Phänomen der Verfolgungssituation zu erfassen, zeigt sich u. a. in den Bemühungen verschiedener Autoren, psychopathologische Folgeerscheinungen der extremen Belastungssituation in psychologisch-psychiatrische Termini zu übersetzen und von hier aus den Zusammenhang zwischen traumatischem Ereignis, Traumaerlebnis und Traumareaktion zu erörtern.

Damit wird ein Problemkreis sichtbar, dessen theoretische Erwägungen und Verwicklungen auch in seinen praktisch-sozialen Bezügen das psychiatrische Denken beschäftigt hat, seit *Oppenheim* in seiner 1889 erschienenen Monographie über die „traumatische Neurose" deren Formalgenese, Kausalgenese und Symptomatologie zu einer in sich geschlossenen nosologischen Einheit zusammengefaßt hat.

Der Wandel, genauer gesagt: die Aufsplitterung, die der Begriff „traumatische Neurose" im Laufe der Zeiten erfahren hat, ist durch *Lorenzer* (1966) überzeugend dargestellt worden. Zwei Gesichtspunkte verdienen hierbei unsere besondere Aufmerksamkeit:

- erstens: die Erweiterung des Begriffes „Trauma" von einem anscheinend einmaligen und plötzlich auftretenden, das Gemütsleben erschütternden und den psychischen „Apparat" schädigenden Ereignis* zur „traumatischen Situation" mit langwährenden, psychisch extremen Belastungsaspekten, und
- zweitens: die Möglichkeit, durch Anwendung psycho-analytischer Denkmodelle – eventuell in Verbindung mit naturwissenschaftlichen Begriffen wie Streß und Homöostase (*Bastiaans*, 1957), oder durch Anreicherung mit anthropologisch-existentiellen, nach dem Sinngehalt des traumatischen Erlebnisses fragenden Betrachtungsweisen (*Straus*, 1930; *van der Horst*, 1946; *von Baeyer*, *Häfner* und *Kisker*, 1964) – die Psychogenese und Soziogenese als unmittelbare Gegeben-

---

* und hierin dem Urmodell des Traumabegriffes als einer leiblichen Verwundung, die zur Narbenbildung führt, ähnlich

heiten für das Entstehen psychisch-nervöser Normalabweichungen, sogenannter „Entgleisungen“ und krankhafter Zustände, auch ohne nachweisbares organisches Substrat sicherzustellen.

Da die Mehrzahl der bisher zu diesem Problemkreis veröffentlichten psychiatrischen Arbeiten erwachsene Verfolgte betraf (oder Jugendliche, die zum Zeitpunkt der Begutachtung erwachsen waren), wird die komplizierte Fragestellung nach dem möglichen Zusammenhang zwischen dem traumatischen Ereignis und den psychopathologischen Folgeerscheinungen verständlicher. Waren doch diese Untersuchungen zugleich auch „Begutachtungen“ im Sinne der eventuellen Entschädigungspflicht der für die psychischen Schäden verantwortlichen sozialen Umwelt.

In dieser Hinsicht ist die Geschichte der „traumatischen Neurose“ auch dort, wo sie sich anscheinend nur in einem individuell-biographischen Fall spiegelt, von jeher verknüpft gewesen mit der Frage, inwiefern „soziale Umwelt“ haftet und haftbar gemacht werden kann. Daß die Umwelt in den ersten Dezennien des 20. Jahrhunderts die „Begehrungsvorstellungen“ der traumatischen Neurose assoziativ verknüpft mit zweckbedingten, tendenziösen, rentenneurotischen Reaktionen (*Strümpel*, 1895; *Bonhoeffer*, 1922), mit auf sekundären Krankheitsgewinn erpichten, selbstsüchtigen Ich-Motiven (*Freud*, 1917, 1922), ist a fortiori kein psychiatrisches, sondern ein soziologisches Problem. Es sagt nicht so sehr etwas über die Psychogenese der traumatischen Neurose aus, als über das Selbstverständnis der sozialen Umwelt, die in ihrer Negation psycho- und soziogenetischer Zusammenhänge zugleich die soziokulturelle Bedingtheit wissenschaftlich-psychiatrischer Fomulierungen entlarvte.

Mit der Erweiterung des Begriffes „Trauma“ zur „traumatischen Situation“ vollzog sich zugleich auch eine Veränderung der Perspektive, unter der das traumatische Ereignis betrachtet wurde. Einerseits wurde diese Veränderung durch die soziologische kinderanalytische Forschung mit ihrer vertieften Fragestellung nach dem Verhältnis von *external* und *internal happenings* in die Wege geleitet. Die Untersuchungen von verwahrlosten Kindern zum Beispiel legten die Bedeutung der frühkindlichen Erfahrungen (*early infantile experiences*) dar. Sie klärten die situativen Bedingungen, in denen ein „Ereignis“ sich als „traumatisch“ ausweist. Andererseits haben phänomenologische Studien (*Straus*, 1930; *von Gebsattel*, 1954) auf die „repräsentative Funktion“ und die „historische Modalität“ des im traumatischen Erlebnis wirksamen „Weltbezuges“ auf den Bedeutungsgehalt im „Zwang zur Sinnentnahme“ bei Furcht- und Schreckreaktionen hingewiesen. Schließlich wurde mit der Kategorie „Stimmung“ (*Bollnow*, ^{3}1956) das Gestimmtsein als eine Grundform der leib-seelischen Befindlichkeit definiert.

B.II.2. Psychogenetische Aspekte

All diese Erwägungen sind auch für unser Thema von Belang. Um zu einer einfacheren Übersicht über die hier angewendeten kinderpsychiatrischen Begriffe und Abstraktionen zu gelangen, erscheint es als erstes notwendig, die theoretische und die empirische (siehe unten B.II.3) Definition des Begriffes „massive kumulative Traumatisierung“ voneinander abzugrenzen.

Über die theoretische Definition können wir uns kurz fassen. Sie fällt zusammen mit einem Hinweis auf die psychogenetischen Aspekte, die aus der gegenwärtigen psychoanalytischen Sicht hinreichend bekannt sind.

Hierbei treten zwei charakteristische Modalitäten in Erscheinung:

- erstens: das Plötzliche, Unvorhergesehene des sich als traumatisch ausweisenden Erlebnisses, das dem Ich die Erfahrung der Hilflosigkeit vermittelt, und
- zweitens: ein zuweilen unmittelbarer und sichtbarer Nacheffekt als Zeichen einer stattgefundenen Ich-Desequilibration (*Neubauer*, 1967).

Nissen (1971) hat, gestützt auf eigene Beobachtungen und auf Untersuchungen von u. a. *Homburger* (1926), *Klein* (1935), *A. Freud* und *Burlingham* (1943), *Spitz* (1945), *Portmann* (1951), *Bowlby* (1951), *Winnicott* (1958[1]) und *Mahler* (1952 und 1961), die hier angeführte Problematik unter dem Aspekt der „depressiven Syndrome im Kindes- und Jugendalter" aufgearbeitet.

In der Kindheit wirksame Agentia, umweltbedingte Erfahrungen und Erlebnisse (z. B. Krankheit, Unfälle, Frustration, Deprivation, Bestrafung u. a. m.), ebenso wie der kindlichen Phantasie entstammende Vorstellungen können im klinischen Sinne traumatische Bedeutung erlangen. Diese hängt nicht nur von der konstitutionell bedingten Basistoleranz, der sogenannten psychischen Plastizität des Kindes, dem unbekannten Faktor X und dem Schweregrad des wirksamen Agens ab, sondern sogar mehr von der Altersphase und dem Entwicklungsgrad des betreffenden Kindes. Mit anderen Worten: die entwicklungsbedingte Ich-Stärke bzw. Ich-Schwäche, der Reifungsgrad, ist entscheidend dafür, inwiefern die kindliche Persönlichkeit den Anforderungen der äußeren und inneren Erfahrungen gewachsen ist. Die Altersspezifität der Traumatisierung liegt begründet in der spezifischen Thematik jeder Entwicklungsphase.

Der Säugling und das junge Kind sind am stärksten der Gunst bzw. Ungunst der Umweltverhältnisse ausgeliefert. Unverarbeitete Basistraumata – entstanden in der „undifferenzierten Phase" der ersten Lebensmonate, der amorphen Mutter-Kind-Einheit und der anschließend beginnenden personalen Objektbeziehung zwischen Kind und Beziehungsperson – wirken auch in den darauffolgenden Entwicklungsperioden als „cumulative trauma" (*Khan*, 1956) weiter. *Greenacre* betont, daß kein schweres traumatisches Erlebnis je völlig aufgearbeitet wird, daß wachsende Vulnerabilität als unvermeidlicher Rest übrig bleibt, der zu einem späteren Zeitpunkt bei einer nicht nur quantitativen, sondern qualitativen Wiederholung der ursprünglichen Schädigung aktiviert werden kann.*)

Solange die Entwicklung der affektiven und kognitiven Fähigkeiten des Kindes noch nicht abgeschlossen ist und die fundamentale Abhängigkeit von seiner Umgebung auf wesentlichen sozial-kommunikativen Niveaus (z. B. Spiel, Schule, Berufsausbildung) eine Voraussetzung für seine weitere Persönlichkeitsreifung ist, bleibt die Verletzlichkeit der Entwicklungsprozesse bestehen. Ihr Intensitätsgrad steigt vermutlich in demselben Maße, in dem zunehmend die Phantasie die traumatische Erfahrung in der Erinnerung begleitet.

Es wird eine der Hauptaufgaben der vorliegenden Untersuchung sein, die vielfältigen traumatischen Ansatzpunkte in den jeweiligen Altersgruppen deutlich herauszustellen, ihrem kumulativen Charakter nachzugehen und die Wirkung der massiven, d. h. über eine längere Zeitspanne andauernden wiederholten schweren traumatischen Erfahrungen in ihrer biographischen Repräsentanz aufzuspüren.

---

* Nach *A. Freud*, Comments on Trauma, in: Psychic Trauma, herausgegeben von Sidney *S. Furst*, New York – London 1967, S. 237.

B.II.3. Soziogenetische Aspekte

Mit der Erweiterung des ursprünglichen psychoanalytischen Traumakonzepts sexuell-genitaler Prägung – eine Erweiterung, die übrigens bereits 1906 durch *Freud* selbst vorgenommen wurde – zu dem der „traumatischen Bedingungen", d. h. zu allen sozio-kulturell bedingten Umständen, die „sich letzthin als ungünstig, schädlich erweisen oder die Entwicklung des jungen Individuums eingreifend verletzen" (*Greenacre*, 1967, S. 128), sind die soziogenetischen Aspekte der Traumatisierung bei Kindern definiert worden.

Im gleichen Maße, in dem man sich in den Aufbau der menschlichen Persönlichkeit als sozio-kulturelles Gebilde vertiefte und den inneren Wachstumsprozeß des Individuums studierte, erwuchs zu gleicher Zeit ein vertieftes Verständnis für die vielen Abhängigkeiten und Beziehungen des Menschen zu seiner Umwelt. Hierunter soll all das verstanden werden, was das Kind auf seinem Lebensweg und in seiner Entwicklung in kleinen und größeren Kreisen umgibt: Elternhaus, Schule, Vereine, das besondere Stadtviertel oder Dorf, in dem es aufwächst, die Gruppe, auf die man sich bezieht, u. a. m.

Die Bedeutung der Soziogenese für die Entwicklung des Kindes ist in der praktischen kinderpsychiatrischen Arbeit seit langem erkannt. Sie fand ihren Ausdruck im Eintritt des Sozialarbeiters in das Team der kinderpsychiatrischen Kliniken, der Erziehungsberatungsstellen (*child guidance clinic*) und des Gesundheitsdienstes.

Eine Betrachtung der soziogenetischen Faktoren erschöpft sich nicht in einer Aufzählung der externen Faktoren, die das Traumatisierungsgeschehen inauguriert haben. Zerrüttete Ehen, Verlust eines oder beider Elternteile, Verkehrsunfälle mit anschließendem längerem Krankenhausaufenthalt und äußerst drakonisch hantierten Besuchszeiten – um nur einige Beispiele zu nennen – enthalten genug sozialpsychologische Faktoren, um ein Kinderleben in Bedrängnis zu bringen.

Anna Freud (1967) hat den Versuch unternommen, eine gewisse hierarchische Einteilung der äußeren traumatischen Einflüsse vorzunehmen, um den qualitativen Aspekten der Traumatisation gerecht zu werden. In den von ihr entworfenen Kategorien (*accidents, illness, frustration, deprivation* etc.) spielt die Wandlung in ein internes Traumaerlebnis und dessen psychologische Repräsentanz eine gewichtige Rolle. Auch für die dabei durch das Geschehen reaktivierten tief verwurzelten Ängste und symbolisch erfüllten Wunschphantasien entwirft sie eine bestimmte Reihenfolge (*nihilation, abandonment, castration* etc.).

Ihre wichtigen Ausführungen sind ein Versuch, äußere soziogene Anlässe in psychologische Kategorien zu übersetzen; zudem weisen sie hin auf den Anteil der Phantasie bei der Bearbeitung und Verarbeitung exogenen Materials.

Auf unsere Arbeit übertragen bedeutet dies, daß das Faktum der Waisenschaft, eines der zentralen Themen unserer Untersuchung und angesiedelt im Mittelpunkt des traumatisierenden Geschehens, einerseits auch der Phantasie jedes individuellen Kindes genug Spielraum gewährt zu seiner privaten Verarbeitung; andererseits betrifft dies Faktum ein Gruppenereignis, das das Private übersteigt in außergewöhnlichen und schwer nachzuphantasierenden Ausmaßen. Obgleich gewiß auch hier Unterschiede subjektiver Art von Kind zu Kind wechseln und altersgemäße Differenzierungen auftreten, wird deutlich, daß wir es hier mit einer übergeordneten Art der Soziogenese zu tun haben, und zwar aus der Kategorie der *man made disaster*. Damit ist zugleich die psychologische und die historisch-politische Dimension des Verfolgungsgeschehens beschrieben.

B.III. DIE EXTREME BELASTUNGSSITUATION

B.III.1. Drei Phasen der Belastung

Wenn man – wie in unserem Fall – zu einer Aussage über die Dauerfolgen der Extrembelastungen bei Kindern und Jugendlichen gelangen will, so steht man einer Fülle von individuell-psychologischen Faktoren gegenüber, die sich aus dem sozialen und biologischen Status der Kinder und der alters- und phasenspezifischen Thematik von Wachstum und Reife ergeben. Diese Gesamtheit der individuell-sozialen Persönlichkeitsentwicklung muß auf die verschiedenen Phasen der Verfolgung im allgemeinen und derjenigen in den besetzten Niederlanden im besonderen bezogen werden.
Da es sich als unmöglich erwiesen hatte, die sich aus der Analyse der gesamten Belastungssituation ergebenden Fragen im einzelnen und in allen Fällen zu beantworten, mußten neue Überlegungen angestellt werden, um das zu bearbeitende Material der Dossiers operationell in den Griff zu bekommen. Es erschien daher ratsam, von dem Vorhaben der detaillierten Erfassung der jeweiligen traumatischen Situationen innerhalb des Verfolgungsgeschehens Abstand zu nehmen, und gewissen Faktoren, die bei der eingehenden Analyse eines individuellen Falles nicht übersehen werden dürften, hier weniger Aufmerksamkeit zuzuwenden (vgl. A.III.3 und4).
Es festigte sich die Erwartung, daß der eventuelle Verlust an Einsicht in minutiöse Zusammenhänge zwischen traumatischem Geschehen und individuellem Entwicklungsgang wettgemacht würde durch einen Zuwachs an formalisierbaren Kategorien, in denen das gesamte Verfolgungsgeschehen in seinem Verlauf eingefangen und geordnet werden könnte. Zugleich wurde deutlich, daß der Begriff „extreme Belastungssituation" seinem traumatogenen Gehalt nach nur als übergeordneter Begriff für die Gesamtheit eines Geschehens verwendbar ist, das mit dem Ende des Besatzungsstatutes in den Niederlanden noch keineswegs sein Ende fand: die sich aus der Verfolgung ergebenden Folgen für den Entwicklungs- und Reifungsprozeß von Kindern und Jugendlichen bilden einen integralen Bestandteil des gesamten Verfolgungsgeschehens.
Es scheint uns das große Verdienst von *von Baeyer, Häfner* und *Kisker* zu sein, daß sie den doppelten Ansatz der extremen traumatischen Situation, wie sie sich aus den Terrormaßnahmen des nationalsozialistischen Dritten Reiches ergab, sowohl in seinen theoretischen Implikationen als auch in seinen praktischen Bezügen grundlegend dargestellt haben. Sie gehen davon aus, daß das übergeordnete traumatische Agens der extremen Belastungssituation für die Psychiatrie der Verfolgten *aller* Altersstufen die „generelle Bedrohlichkeit der Situation" ist. Eine solche Situation enthält Elemente und Motive, die eindeutig den Rahmen des Privat-Einmaligen, auch dessen, was man gemeinhin bisher unter „schicksalsmäßig" verstanden hat oder zu verstehen wünschte, durchbrechen. Es handelt sich nicht um Einzelschicksale, Krankheiten, Privat-Katastrophen, auch nicht, wenn sie durch übergreifende exogene Anlässe wie Verkehrsunfälle, Naturkatastrophen, Explosionen ausgelöst werden. All das sind der individuellen Lebenssphäre zugehörige, sozial bedingte traumatische Situationen, wie sie dem ärztlichen Untersucher geläufig sind. Auch sie können gewiß in ihrer Verzahnung und multiformen Konditionierung die Tragfähigkeit eines Menschen bis zum Äußersten beanspruchen. Aber es hieße das Wesen der Verfolgung, der böswilligen, auf Ausrottung zielenden Aktionen mit ihren massiv-kumulativen Erschütterungen, mißverstehen, wenn man den direkten Bezug auf die als Verfolger

auftretende soziale Umwelt (im vorliegenden Falle das soziologisch und politisch geprägte Gebilde „Das Dritte Reich“) aus den Augen verlöre.
Auch hinsichtlich des uns zur Verfügung stehenden Materials ist die historische Modalität der Verfolgung, ihr Pogrom-Charakter, von Bedeutung. Es handelte sich nicht um Individuen, die verfolgt wurden und zufällig auch Juden waren: es ging um die jüdische Gruppe.
Daß die extreme Belastungssituation als Ganzes jedoch nicht völlig durch die Begriffe „generelle Bedrohlichkeit“ und „Verfolgung“ zu erfassen ist, deuten bereits oben erwähnte Autoren an, wenn sie z. B. auf die erneute Belastung der Verfolgten in den Auffanglagern hinweisen. Auch bei *Bastiaans*, *Matussek* u. a. findet man derartige Hinweise.
Allgemein gesprochen lassen sich im Schicksal der Verfolgten drei Phasen unterscheiden:
1) Die Beginnphase mit den präludierenden Momenten der Verfolgung;
2) Aufenthalt im Konzentrationslager oder im Versteck;
3) Nachkriegszeit mit allen Schwierigkeiten der Wiedereingliederung etc.
Die Belastungssituation als solche umgreift alle traumatisierenden Phasen und Vorgänge, die in direktem Zusammenhang mit der Verfolgung stehen oder aus ihr abzuleiten sind. Aus ihren drei genannten Phasen wollen wir *Verfolgungs- oder traumatische Sequenzen* ableiten – ein Terminus, der weiter unten noch einiger Explikation hinsichtlich seiner formalisierenden Qualitäten bedarf – und darunter die drei entsprechenden, aufeinanderfolgenden Phasen der extremen Belastungssituation verstehen.
Jede traumatische Sequenz enthält – als eine in sich geschlossene Einheit betrachtet – eine Anzahl traumatogener Momente. Sie enthält zudem verschiedene Möglichkeiten des äußeren Verlaufs; in ihrem Grundmuster jedoch bleibt sie identisch. Die Variablen innerhalb einer bestimmten traumatischen Sequenz sind phasengerecht, d. h. sie treten als Möglichkeiten oder Verwirklichungen nur in dieser einen Phase auf. Die einzelnen traumatischen Sequenzen sollen in ihrem Ablauf als Unterteile eines einheitlichen Geschehens erfaßt werden, zu dem sie sich sowohl zeitlich als auch thematisch fügen.
Uns scheint, daß die Gliederung der extremen Belastungssituation in drei traumatische Sequenzen für die Bearbeitung unseres Materials von besonderer Bedeutung ist. Sie befähigt uns, den allgemeinen historischen Ablauf in seiner Relevanz für den biographischen Ablauf eingehender zu erfassen. Sie ergibt neben der vertikalen Ordnung unseres Materials in Altersgruppen eine horizontale Ordnung, die uns die datenmäßige Verarbeitung erleichterte, wo nicht erst ermöglichte.

B.III.2. Charakterisierung der drei traumatischen Sequenzen

Im folgenden soll die extreme Belastungssituation in ihrer zeitlichen Dimension durch eine kurze Charakterisierung der drei traumatischen Sequenzen in ihren Grundzügen dargestellt werden.

Die erste Sequenz umfaßt die Zeitspanne im Anschluß an den Überfall und die Besetzung der Niederlande durch die deutschen Truppen. Sie enthält alle Ängste der mit dem Abbröckeln des Rechtsschutzes und mit dem Tragen des gelben Sternes beginnenden und sich immer schärfer anlassenden Verfolgung (kulminierend in den Razzien und den Deportationen); den Angriff auf die Würde und Integrität der Familie, die Vernichtung der wirtschaftlichen Existenz, die Ghettoisierung, die ängstliche Erwartungsspannung der kommenden Untaten, das plötzliche Verschwinden von Angehörigen, Bekannten, Freunden, Spiel- und Schulkameraden; global gesprochen: nicht nur die erzwungene Isolierung von der nicht-jüdischen holländischen Gemeinschaft, sondern vor allem die panische Auflösung der eigenen vertrauten Umgebung. (Das Sich-Auflösen der eigenen Gruppe mußte um so stärker empfunden werden, als in den Niederlanden seit dem Bau der ersten Synagoge im Jahre 1598 und im Unterschied zu anderen europäischen Ländern gerade das öffentliche Bekenntnis der Zugehörigkeit zur „jüdischen Nation" den Juden ihre Privilegien gesichert hatte, nachdem die ersten spanischen Einwanderer, die Marranen, als papistenverdächtig den Argwohn der Behörden erregt hatten. Seitdem hatte sich hier im Laufe der Jahrhunderte eine jüdische Gemeinschaft entwickelt, welche im Genuß der Bürgerrechte als besonders festgefügt und selbstbewußt gerühmt werden kann (*Dubnow*, 1925 ff.). Von der staatlichen Obrigkeit angezettelte und unterstützte Pogrome in den Niederlanden sind eine contradictio in terminis.)

In der zweiten traumatischen Sequenz treten die traumatogenen Momente deutlicher zutage. Für die Kinder und Jugendlichen, die zusammen mit oder getrennt von ihren Eltern in die Konzentrationslager deportiert wurden, sind sie bereits von verschiedenen Untersuchern und Augenzeugen beschrieben worden. Sie unterscheiden sich formal weder zeitlich noch räumlich, noch in ihrer inhaltlichen Ausstattung von denen der Erwachsenen. Sie enthalten neben der direkten Lebensbedrohung, der Rechtlosigkeit ihrer Situation, dem Ausgeliefertsein an eine feindliche Umgebung, die im streßorischen Sinne zu verstehenden Dauerbelastungen wie Entbehrung, Hunger, Krankheit; ferner eindeutig die psychologischen Erlebnisqualitäten der „generellen Bedrohlichkeit", wie Zermürbung, Infragestellung und Vernichtung mitmenschlicher Verhaltensweisen – gemessen an überlieferten und kulturell gesichert erscheinenden Normen – durch die Konfrontation mit der brutalen Macht, dem Grauen und dem Tod. Dazu kommt das plötzliche Abbrechen und Aufhören jeglicher geregelten Spiel-, Lern- und Bildungsmöglichkeit als ein die kindliche Entwicklung besonders belastendes Moment.

Für die in unserem Material weitaus zahlreicher vertretene Gruppe der Untertauchkinder liegt die Problematik differenzierter. Zwei Dimensionen lassen sich hier anweisen, die vielfältig voneinander abhängig sind und sich gegenseitig verstärken:

1) die aktuelle Kriegssituation und
2) die Pflegekindschaft.

Die Kriegspflegekindschaft der jüdischen Kinder war als eine zeitliche, von Zwang und Not diktierte Schutzmaßnahme gedacht, allein auf Sicherheit und Überleben der Kinder gerichtet.

Auch wenn man nicht in allen Fällen von einer dauernden direkten Lebensbedrohung sprechen kann, so muß doch auch für die Kriegspflegekindschaft an der generellen Bedrohlichkeit festgehalten werden. Dies gilt gleichermaßen für die Kriegspflegefamilien wie für die untergetauchten Kinder. Die Illegalität des Zustandes bedeutet zugleich seine Recht- und Gesetzlosigkeit. Das Kalkül der Gefahr kam in verschiedenen Formen zum Ausdruck: das Aufeinanderangewiesensein war zugleich auch ein Einanderausgeliefertsein. Auch die äußere Erscheinung des Kindes („jüdischer Typus" oder nicht) spielte eine Rolle: sie entschied über den Lebensraum, den man ihm zumessen konnte. Hinzu kommt – auch für das Kind selbst – die Notwendigkeit Namen und Identität geheimzuhalten, und das Wegmanipuliertwerden in ein anderes Versteck bei Gefahr – dem Kinde selbst ungewiß wohin.

Die zweite Dimension betrifft den Adaptionsprozeß des Kindes in der Pflegefamilie. Hier haben wir es mit einem Problem sui generis zu tun. Da im vorliegenden Falle das Prinzip der Lebensrettung das einzig maßgebende Kriterium für die Aufnahme in eine Pflegefamilie war, ergaben sich a priori bereits viele Möglichkeiten zu labilen und unhaltbaren Kombinationen, die die gegebene Diskongruenz zwischen Pflegekind und Pflegefamilie verstärkten. Alles, was dem Kind als Pflegekind widerfuhr, jeder normale Konflikt, jeder Zwischenfall, erhielt einen lebensbedrohlichen Aspekt.

Die dritte traumatische Sequenz ist für unser Thema von besonderer Bedeutung. Sie ist durch die Rückkehr aus der Rechtlosigkeit in rechtlich gesicherte und bürokratisch geordnete Zustände charakterisiert. Wie bereits dargelegt, wurden durch die Gesetzgebung vom 13. August 1945 für alle Kinder, die durch Krieg und Verfolgung Waisen geworden waren, Maßnahmen hinsichtlich der Vormundschaft und hinsichtlich ihrer weiteren Unterbringung getroffen. Diese Entscheidungen bedeuteten neue Eingriffe in das Leben der Kinder aus der stark dezimierten jüdischen Bevölkerungsgruppe. Die Waisenschafts- und Vormundschaftsproblematik war unlösbar verbunden mit der Konfrontation mit der Modalität des Todes der Eltern. Es entstanden neue Probleme individuell biographischer und gruppendynamischer Art mit sozialpädagogischen und psychologischen Konsequenzen.
Das „Auftauchen“ oder „Zurückkehren“ geschah in eine andere Welt als die, die man verlassen hatte. Das Ende der Lebensbedrohung, der Beginn der Rehabilitationsmaßnahmen, der Versuch der Aufarbeitung der entstandenen Schäden und Lücken führte nur zu oft zu einer Verstärkung der Konfrontation mit den erlittenen Traumata, und dadurch zu neuen Schädigungen.
Es bestehen triftige Gründe zu untersuchen, welchen Platz diese Periode nach der Beendigung der direkten Verfolgung innerhalb des gesamten traumatischen Geschehens einnimmt. Bei den Nachuntersuchungen wurde von vielen diese Zeitspanne als die eingreifendste und schmerzlichste ihres Lebens bezeichnet, und zwar nicht nur ihrem subjektiven Ermessen nach, sondern auch aufgrund objektiv aufzeigbarer Kriteria.

B.III.3. Abgrenzung der traumatischen Sequenzen

Im Zusammenhang mit dem von uns postulierten kategorialen Kriterium „Trennung von der Mutter“, das für alle Jahrgänge gilt und den Aufbau der Altersgruppen bestimmte, müssen einige Fragen der zeitlichen Abgrenzung der Phasen näher besprochen werden.
Die erste Sequenz umfaßt die sich an den Überfall auf die Niederlande anschließenden Zeitraum: Kapitulation des niederländischen Heeres, beginnende anti-jüdische Terrormaßnahmen, bis zur Deportation von Eltern und Kindern in die Konzentrationslager oder zum Untertauchen der Kinder in Kriegspflegefamilien.
Die zweite Sequenz umfaßt den Aufenthalt im Konzentrationslager oder im Versteck. Das bedeutet, daß für den übergroßen Teil der von uns behandelten Fälle die Trennung von der Mutter den Übergang von der ersten zur zweiten Sequenz bildet. Eine Ausnahme machen hier diejenigen Kinder, die mit der Mutter deportiert und erst im Konzentrationslager – oft gegen Ende der zweiten Sequenz – von ihr getrennt wurden (über die Mutter als Angstschutz vgl. B.I.5).
Hier ist es nützlich, sich die Einordnung solcher Kinder in die verschiedenen Altersgruppen vor Augen zu halten.
Ein Beispiel. In unserer tabellarischen Darstellung finden wir in den Jahrgängen 1941 und 1942 fünf Kinder, die als Waisen aus den Lagern zurückkehrten. Während bei den

untergetauchten Kindern dieser Jahrgänge die Trennung von der Mutter am Übergang von der ersten zur zweiten Sequenz innerhalb der ersten 18 Lebensmonate stattfand (wodurch sie in die erste Altersgruppe fallen), muß die Trennung von der Mutter bei den fünf Lagerkindern gegen Ende der zweiten Sequenz angesetzt werden. Das bedeutet zugleich, daß sie der zweiten Altersgruppe (18 Monate bis 4 Jahre) zugeordnet werden. Ähnliches gilt für alle KZ-Kinder unseres Materials, mit Ausnahme der sechsten Altersgruppe.
Eine andere Ausnahme bilden diejenigen Kinder, die bereits vor Ausbruch des Zweiten Weltkrieges – z. B. durch Kinderschutzmaßnahmen – von ihrer Mutter getrennt und in einem Heim untergebracht waren. Auch für diese Kinder haben wir den Zeitpunkt der Trennung von der Mutter zur Richtschnur für die Einordnung in die Altersgruppen genommen.
Die dritte Sequenz beginnt nach dem Kriege mit der Anmeldung der Kinder durch ihre Pflegefamilien bei der Kommission O. P. K. resp. mit der Rückkehr der Kinder aus den Lagern und erstreckt sich bis zur gesetzlichen Volljährigkeit, dem Zeitpunkt, mit dem die Vormundschaft endet.
Bei der Begrenzung der dritten traumatischen Sequenz sind wir von der Überlegung ausgegangen, das ein einheitliches, für alle Kinder verbindliches Datum gefunden werden müsse. (Bekanntlich endeten die Kriegshandlungen in den Provinzen Limburg und Brabant, südlich der großen Flüsse, bereits im Herbst 1944.) Mit der O. P. K.-Gesetzgebung wird für alle Kinder deutlich die Phase der Illegalität abgeschlossen; es beginnt die Nachkriegsphase.
Die beiden begrenzenden Daten zeigen gewisse Übereinkünfte: bei beiden spielt das Moment der „Trennung“ eine wichtige Rolle. Vor allem bei den Untertauchkindern wirft der geplante, gefürchtete, mehr oder weniger vorbereitete Abschied von der Mutter seine Schatten voraus in die erste Sequenz und färbt in seinen Auswirkungen die zweite, u. a. durch seine Momente der ungewissen Zukunft. In gleichem Maße spielt die mögliche Trennung Kriegspflegefamilie/Kind schon während der zweiten Sequenz in die Beziehungen beider zueinander hinein (wie zu zeigen sein wird; cf. u. a. B.IV.3) und bleibt in der dritten Sequenz natürlich virulent – wiederum am Anfang einer ungewissen Zukunft.
Aber noch andere Erwägungen drängen sich auf. Greift man aus der Vielfalt der traumatisierenden Vorgänge das erste formalisierende Basisereignis des individuellen Verfolgungsablaufs, die Trennung von Mutter und Kind, so ist diese Trennung zugleich – als Ende der ersten traumatischen Sequenz – der Schlußstrich unter das Kapitel der präludierenden Verfolgungselemente *und* Anfang eines Abschnittes. Aber außerdem ist die Trennung von Mutter und Kind der juridische Kern der O. P. K.-Gesetzgebung. Im Augenblick der Trennung endete die elterliche Versorgungspflicht und war das noch unmündige Kind im Sinne des niederländischen Rechts ungeschützt. Im Faktum der Trennung von Mutter und Kind ist also ein Kriterium gegeben, in dem sozialpsychologische, individuell-psychologische und sozial-rechtliche Aspekte vereint auftreten. Es verbindet thematisch und zeitlich die verschiedenen Phasen der Verfolgung miteinander: die erste mit der zweiten und die zweite mit der dritten. In der Anmeldungspflicht der Kriegspflegeeltern und der Vormundschaftsregelung wird die Versorgungspflicht aufs neue gesetzlich wieder hergestellt und geregelt.

B.III.4. Extreme Belastungssituation und basic needs

Mit dem Begriff „generelle Bedrohlichkeit", wie er in den vorigen Abschnitten gebraucht wurde, ist die extreme Belastungssituation bis zu einem gewissen Grad umschrieben. Doch zumindest bei der Nachkriegsperiode, der dritten traumatischen Sequenz, erwies er sich nicht mehr als hinreichend. Um auch deren massiv-kumulativen Charakter zu erfassen, bedarf es eines anderen Ansatzpunktes.
Der leib-seelische Zermürbungsprozeß, wie ihn z. B. *Bastiaans* in Anlehnung an die Streß-Theorie (*Seyle*, 1953) als ein essentielles Element der Total- und Dauerbelastungen definiert hat, weist in den Stadien ‚Alarm' und ‚Erschöpfung' auf die zeitlichen Dimensionen des Adaptionsvorganges. Die zeitlichen Bezüge des Verfolgungsgeschehens haben jedoch für den Erwachsenen einen anderen Stellenwert als für das heranwachsende Kind.
Bei unserer Fragestellung nach der altersspezifischen Traumatisierung von Kindern und Jugendlichen erhalten die zeitlichen Dimensionen eines generell bedrohten Wachstums- und Reifeprozesses einen besonderen altersgebundenen Inhalt. Der Faktor „extreme Belastungssituation" wird definierbar.
Mit der Einführung des Begriffs ‚*basic needs*' (*Bowlby*, 1951) hat die kinderpsychiatrische Forschung den Entwicklungsprozeß des kleinen Kindes nicht nur triebpsychologisch, sondern auch in seiner ‚zeitlichen' Abhängigkeit von der sozialen Umwelt definiert. Die Verletzbarkeit einer Entwicklungsphase wird auf die Versagung eines nur zu diesem Zeitpunkt fundamental notwendigen, entwicklungsmäßigen Bedürfnisses bezogen, wie etwa: die versorgende Mutter, aber auch Spielzeug, Bewegungsraum, Umgang mit anderen Kindern, die Schule, außerfamiliäre Leitfiguren, Bildungsstoff, kurzum alle einer bestimmten Entwicklungsphase zugehörigen und sie fördernden sozial-kulturellen Ausstattungsattribute. Auch die durch die Gruppenzugehörigkeit des Kindes bestimmten Orientierungspunkte gehören in diese Reihe: die Entwicklung eines Kindes vollzieht sich nicht in einem stummen, leeren Raum, sondern innerhalb einer Gemeinschaft. Es gehört zu den Aufgaben der Gesellschaft, die Sicherstellung der für die Erziehung und Bildung von Kindern und Jugendlichen notwendigen Voraussetzungen zu gewährleisten.
Abgesehen also von der Drei-Gliederung der extremen Belastungssituation, wie sie in den vorigen Abschnitten vorgenommen wurde, werden wir daher davon ausgehen, daß sie bestimmt wurde durch das Ausmaß, in dem in den verschiedenen Phasen der Verfolgung die Erfüllung der jeweiligen ‚*basic needs*' nicht mehr gewährleistet war c. q. versagt blieb.
Daraus ergibt sich von selbst, daß an die verschiedenen Altersstufen verschiedene spezifische Maßstäbe angelegt werden müssen; daß z. B. ein Kind in der Trotzphase durch dreimaligen Wechsel des Unterschlupfes andersgearteten Traumatisierungen ausgesetzt war als ein 14jähriges Kind; daß zwei bis drei Jahre Unterbrechung des Lern- und Bildungsprozesses für ein 7jähriges Kind eine andere Bedeutung hat, als für ein 13jähriges, das die Grundschule bereits absolviert hat. Obgleich hier persönliche Begabung, Temperament und Umwelteinflüsse aus der Zeit *vor* der Verfolgung viele individuelle und allgemeine Variablen ergeben, die in der vorliegenden Untersuchung nicht formalisiert werden können, erscheint es erlaubt, am Ausgangspunkt altersspezifischer *basic needs* festzuhalten, um zu einem einheitlichen Ansatzpunkt in der Beurteilung der extremen Belastungssituation zu kommen und damit zu einer eindeutigen und regelhaften Definition der massiv-kumulativen Verfolgungstraumatisation, die sowohl den erfaßbaren individuell-biographischen Daten des Kindes als auch den seine Entwicklung bestimmenden soziogenetischen Einflüssen während der Belastungsperiode gerecht wird.

B.IV. DIE TRAUMATISCHEN SEQUENZEN

B.IV.1. Die erste Sequenz

Die präludierenden Momente wären gemäß den Altersstufen und dem Entwicklungs- und Reifegrad der Kinder eventuell zu beschreiben als ein integraler Faktor der beginnenden Verfolgungsperiode, vorausgesetzt, daß man über detaillierte Informationen aus jener Zeit verfügte. Er ist jedoch auf direkte Weise (so daß es gestattet wäre, verbindliche Aussagen an derjenigen Stelle zu machen, an der er im Verlauf des Gesamtgeschehens zeitlich zu orten ist – nämlich zu Beginn) nicht erfaßbar. Das muß nicht heißen, daß man auf seine Beschreibung überhaupt verzichten und den gesamten Komplex der präludierenden Momente aus dem Material ausklammern müßte.
In dem Kapitel *Vom Trauma zur traumatischen Situation* (B.II.1) wurde der Genese der Waisenschaft eine bestimmte Bedeutung zuerkannt, ihre Modalität als spezifisches Moment angewiesen und ihr dynamischer Charakter im Verhältnis von in-group und out-group zueinander betont. Als sozial-psychologisches Phänomen manifestiert sie sich in der Problematik, die um die Zuerkennung der Vormundschaft entstand, und zwar nicht nur innerhalb der Kommission O. P. K., sondern auch in der niederländischen Öffentlichkeit. Wenn demnach der Komplex der präludierenden Momente direkt nicht mehr anweisbar ist, so tritt er doch als ein Moment der persönlichen und allgemeinen Verunsicherung im Ablauf der verschiedenen Phasen der Verfolgung indirekt in Erscheinung, und zwar nicht nur in der Kriegsperiode, sondern auch – und vielleicht in erhöhtem Maße – in der Nachkriegszeit.
Auch bei der Nachuntersuchung der Erwachsenen stießen wir auf dieses Problem; es interessiert uns nicht nur hinsichtlich der Einordnung in eine der groben diagnostischen Kategorien, sondern auch bezüglich der Lösung, die die Einzelnen für die Genese ihrer Waisenschaft gefunden haben.
Der Umstand, daß eine traumatische Anfangssituation das gesamte Verfolgungsgeschehen als Basismoment begleiten und durchziehen kann, wie es *Khan* (1956) in seiner Studie beschrieben hat, erschwert – aber erleichtert auch letzthin – eine Betrachtung der verschiedenen Abläufe der Verfolgung. Er erschwert die pathogenetische Würdigung der isolierten traumatischen Phase hinsichtlich ihres traumatisierenden Endeffektes, zu dem in dem vorliegenden Material zu viele unbekannte Faktoren beitrugen. Er bedeutet jedoch eine Erleichterung, wenn man sich einmal entschlossen hat, seine Aufmerksamkeit auf das Zusammenspiel der verschiedenen traumatischen Abläufe zu lenken und versucht, den Konnex herzustellen zwischen den verschiedenen traumatischen Sequenzen.
Die Dossiers – wie gesagt – enthalten wenig Aufzeichnungen über die traumatischen Vorgänge, die wir die präludierenden Momente der Verfolgung nannten, wie z. B. das Tragen des ‚Judensterns', die beginnenden Razzien usw. Doch sind diese in ihrer differenzierten psychologischen Bedeutung – wenngleich schwer abschätzbar – nicht zu leugnen. Die Sphäre wiederaufzurufen gelingt vielleicht am ehesten, wenn man davon ausgeht, daß sie in der Modalität der Trennung gipfelt und sich darin spiegelt. Dieser Eindruck wird durch die bei der Nachuntersuchung gewonnenen Informationen bestätigt: auch die Erinnerungen – insofern sie faßbar sind – kulminieren in dem Abschied von den Eltern, der alles Vorangegangene in sich schließt.
Der Vorgang der Trennung vollzog sich im Allgemeinen in einer begrenzten Anzahl von Modalitäten; für das Untertauchen eines drei Monate alten Kindes findet man beispielsweise folgende Möglichkeiten:

a) das Kind wird als Findelkind ausgesetzt;
b) das Kind wird bei plötzlicher Deportation der Eltern in seinem Bettchen vergessen, durch Nachbarn entdeckt, behalten, in die crèche gebracht oder an eine sichere Adresse weitergeleitet;
c) die Trennung wird von der Mutter mit Hilfe von Freunden, Bekannten resp. der Illegalität vorbereitet und durchgeführt; (in einigen Dossiers finden sich Hinweise, daß die Mutter im Hinblick auf die mögliche Trennung das Kind zeitig auf Flaschennahrung umstellte, um Ernährungsschwierigkeiten vorzubeugen);
d) das Kind wird zusammen mit den Eltern in die Deportationssammelstelle „Hollandse Schouwburg“ überführt, dort von den Eltern getrennt und in die gegenüberliegende crèche gebracht, von wo es durch die Illegalität herausgeschmuggelt und über Zwischenadressen an seinen Bestimmungsort gebracht wurde;
e) das Kind wird mit den Eltern oder einem Elternteil deportiert, erlebt im Lager die Trennung von der Mutter.

Natürlich gibt es dazu einige Variationen, wie etwa die folgende: eine Mutter holt in der Apotheke Medizin für ihren kranken Mann, wird auf dem Heimweg während einer Razzia festgenommen und deportiert; der Vater und das Kind tauchen unter; der Vater wird verraten, das Kind überlebt. In einigen Fällen tauchen Eltern zusammen mit ihren kleinen Kindern unter, von denen sie sich später trennen; zuweilen Geschwister zusammen, die später getrennt – zuweilen in verschiedenen Teilen des Landes – den Krieg überstanden. Die meisten Kinder erfuhren erst nach Beendigung des Krieges, daß ihre Eltern deportiert waren.

In einem Fall erfährt ein Kind, das mit seinen Eltern irgendwo auf dem Lande untergetaucht ist, als es vom Spielen kommt, daß seine Eltern bei einem plötzlichen Überfall gepackt sind. Es wird unauffällig zu einer anderen Adresse geschleust.
Ein anderer Fall: zwei Kinder, 13- und 15jährig, die mit ihren Eltern innerhalb einer jüdischen Anstalt wohnen, in der ihr Vater eine Anstellung hat. Bei einem Überfall werden die beiden Kinder durch einen nicht-jüdischen Angestellten nach vorheriger Verabredung durch die Sperre geschleust und bei sicheren Adressen untergebracht.

Je älter die Kinder sind, desto größer wird das Spektrum der Modalitäten, unter denen sich die Trennung von Eltern und Kindern vollzieht. Ältere Kinder, Adoleszenten, suchten bereits selbst ihren Weg, während die Eltern deportiert wurden.

Ein 15jähriger Junge aus sozialistischem, jüdisch-liberalem Angestellten-Milieu faßt bei Beginn der Razzias selbst den Entschluß, sein Elternhaus zu verlassen, und zieht zu Verwandten, die offenbar weniger gefährdet sind. Nach einiger Zeit kehrt er ins Elternhaus zurück. (Ein älterer Bruder hat das Haus inzwischen ebenfalls verlassen und ist untergetaucht.) Bei einem plötzlichen Überfall flüchtet der Junge die Treppe hinauf zum Bodenversteck, wo er den Abtransport seiner Eltern und seiner jüngeren Schwester miterlebt. Die Sicherheitspolizei jedoch hatte die Schritte im Haus gehört und nach dem Urheber gefragt; daraufhin hatte der Vater die (nicht-jüdische) Untermieterin gerufen und die Sicherheitspolizei hatte sich mit dieser Erklärung zufrieden gegeben.

Die wenigen detaillierteren Berichte über die erste traumatische Sequenz erhielten wir aus den Erstuntersuchungen der Kinder kurz nach dem Kriege und später aus den Nachuntersuchungen der Erwachsenen. An dem anekdotischen Inhalt dieser Berichte braucht nicht gezweifelt zu werden, auch wenn die emotionelle Ladung der Erinnerung beim Erzählen die Oberhand gewann.
Den folgenden Fall eines 1936 geborenen Jungen, der 1946 von uns in einem jüdischen Heim untersucht wurde, zitieren wir aus dem damals angefertigten Rapport:

Ein schmächtiger Junge von 10 Jahren, der ungefähr zweieinhalb Jahre untergetaucht war. Er hat schwarzes, lockiges Haar, tiefliegende dunkle Augen, in denen sich die Tragik des Ghettos widerspiegelt. Anfangs ist er äußerst befangen und verstört; später paßt er sich der Gesprächssituation besser an und verliert seine anfängliche Starrheit. Er erzählt, wie seine Eltern deportiert wurden und wie er und sein jüngeres Brüderchen bei einer Tante, die mit einem nicht-jüdischen Mann verheiratet war, untergebracht wurden. Später mußten sie auch von dort weg.
Äußerlich unbewegt und sich krampfhaft beherrschend erzählt er zu Beginn, daß seine Eltern, seine Tanten und Onkel und seine Großeltern tot sind. Dabei füllen sich seine Augen mit Tränen und er fröstelt; doch bleibt er vollkommen beherrscht. Man kann nicht sagen: er weint. Er erzählt dann, daß er nachts oft wach in seinem Bett liegt. Während er zunächst berichtet, daß er dann nachdenkt über alles, was ihn und seine Familie in den letzten Jahren überkommen ist, leugnet er späterhin, daß er an all das denke und behauptet, gelassen und ruhig in seinem Bett zu liegen, ohne irgendeinen Gedanken.
Der Mummenschanz der Gleichgültigkeit, in den er sich hüllt, erweist sich auch, als er sagt, daß das Tragen des gelben Sternes überhaupt keinen Eindruck auf ihn gemacht habe. Er leugnet zu wissen, warum ihm und seiner Familie das alles angetan wurde, während aus anderen Mitteilungen – gegenüber seiner Gruppenleiterin – deutlich hervorgeht, daß er – sei es auch nur oberflächlich – weiß, daß sein Jude-Sein hiermit aufs engste zusammenhängt. Anscheinend ist er außerstande den Zusammenhang zu begreifen.
Er ist sich dessen bewußt, daß seine Familie tot ist: „Die Deutschen haben sie getötet.“ Er erzählt von den Ereignissen während der Razzias (die Familie lebte im jüdischen Viertel von Amsterdam). Er gibt vor, nicht zu wissen, warum die Deutschen seine Familie weggeholt haben, hat aber – wie er sagt – oft darüber nachgedacht. Sie waren in Vught, Bergen-Belsen, dann in Polen. Von seiner Tante und seinem Onkel (bei denen er zu Beginn der Verfolgung war) weiß er, daß die Eltern tot sind. Einmal hat er einen Brief von ihnen bekommen. Er sieht keinen Zusammenhang zwischen den Ereignissen und seiner Zugehörigkeit zur jüdischen Gruppe.

Bei diesem Jungen sind noch starke Konfliktsituationen nachweisbar, die als emotionelle Erlebnisreihen aktiv sind. Auffällt das Unvermögen des Kindes, die Lebensproblematik, die in Brocken auch bewußt anwesend ist, zu einem Ganzen zu binden. Die Trennung von Affekt und Erleben des Affektes gipfelt in der totalen Leugnung und der Zurücknahme der einmal gemachten Mitteilung. Illustrativ ist auch die krampfhafte Manier, auf die das Kind versucht, sein labiles Affektleben zu beherrschen (Isolierung, Leugnung, Gleichgültigkeit und Affektdurchbruch).
Schließlich noch zwei Beispiele von Berichten über die erste traumatische Sequenz aus der Nachuntersuchung der Erwachsenen:

Ein vierzigjähriger Mann erzählt, wie er als Siebzehnjähriger miterleben mußte, wie sein gutmütiger Vater von der Grünen Polizei halbtot geschlagen wurde.

Eine 37jährige Frau erzählt, wie sie als Zwölfjährige mit einem Bruder von ihrem Vater in einem Transportfahrrad zum Bahnhof gebracht wurde, um dort einer fremden Frau übergeben zu werden. Die Mutter hatte ihnen gesagt, daß sie für einige Zeit zur Erholung aufs Land sollten; aber aus der Schule wußte das Mädchen, was die Eltern ihr zu verheimlichen suchten. Um ihrer Mutter den Abschied nicht noch schwerer zu machen, habe sie ihr von der Straße aus nicht mehr zugewinkt.

Diese und andere Erinnerungen sind von großer Wichtigkeit für die Verarbeitung des gesamten Verfolgungsgeschehens, wie im klinischen Teil unserer Arbeit noch zu zeigen sein wird.
Stokvis (1951) hat aus der Sicht des in Amsterdam praktizierenden jüdischen Psychiaters anhand seines Patientenmaterials für die zweite Hälfte des Jahres 1942 klinische Beobachtungen über erlebnisreaktive Störungen aufgezeichnet. Seine Arbeit bildet in ihrer zeitlichen Unmittelbarkeit und ihrer Authentizität einen wertvollen Beitrag zur Aufhellung der Geschehnisse, die wir unter der ersten traumatischen

Sequenz eingeordnet haben. Obwohl die Beobachtungen von *Stokvis* sich nur auf erwachsene Patienten aus den gehobenen Schichten beziehen, vermitteln seine Aufzeichnungen doch einen Eindruck der psychischen Belastung, unter der die gesamte jüdische Bevölkerung lebte.

B.IV.2. Die zweite Sequenz

Wir gingen bei unseren Überlegungen von der These aus, daß jede traumatische Sequenz eine Einheit bleibt, daß die in ihr auftretenden Variablen phasengerecht sind.

Die einzelnen Variablen erhalten ihre jeweilige Bedeutung nicht nur durch ihren eigenen situativen Inhalt als mehr oder minder in Erscheinung tretendes traumatogenes Geschehen; sie empfangen ihre Valenz von der übergeordneten traumatischen Sequenz, deren Einheit sie gerade durch ihre Variabilität gewährleisten. Als Beispiel wollen wir – unseren Ausführungen im statistischen Teil unserer Arbeit vorgreifend – die Kategorie „Dunkelziffer“ anführen (vgl. D.II.1). Wir verstehen darunter diejenige Variable, die das Maß der im Dunkeln gebliebenen Perioden im Leben eines Kindes, sowohl während der Untertauchzeit als auch während des Konzentrationslager-Aufenthalts, angibt. In den Dossiers stößt man immer wieder auf Angaben wie: „Kam nach einigen Irrfahrten krank und unterernährt bei den Pflegeeltern an.“ Oder: „Fünf Untertauchadressen sind bekannt; wahrscheinlich waren es mehr.“ Oder: „Die Pflegemutter erkrankte; das Kind wurde für einige Monate im Nachbardorf untergebracht und kehrte nach einiger Zeit wieder zu ihr zurück.“ Oder: „Konnte es nirgends lange aushalten.“ Der Aufenthalt im Konzentrationslager schließlich muß – was das vorliegende Material betrifft – als eine nie mehr zu erhellende Periode im Leben eines Kindes oder Jugendlichen betrachtet werden. Die Dunkelziffer bei den untergetauchten Kindern hängt aufs engste mit der Schutzsituation zusammen, in der sie sich befanden. Natürlich gibt es auch hier Einschränkungen und günstige Ausnahmen; aber im Allgemeinen muß daran festgehalten werden, daß die Schutzsituation dieser Kinder als extreme Belastungssituation zu gelten hat. Wir werden hierauf im folgenden Abschnitt (B.IV.3) näher eingehen.

Aus der *tabellarischen Übersicht* (siehe Teil F) wird die zweite traumatische Sequenz in großen Umrissen ersichtlich: die verschiedenen Modalitäten der Trennung von Mutter und Kind durch alle Altersgruppen hin, die lückenhafte Information über die Untertauchzeit der Kinder (Dunkelziffer), besondere Aspekte der Versteckssituation wie Isolierung, Bedrohung, Verrat, Flucht, Kriegshandlungen usw. Im klinischen Teil (C) wird all dies, sowie die Möglichkeit resp. Unmöglichkeit des sozialen Kontaktes (Schulbesuch u. a.) aber auch z. B. der Gesichtspunkt der Verschiedenartigkeit der einander abwechselnden Erziehungsmilieus noch eingehend zur Sprache kommen.

B.IV.3. Schutzsituation als Belastungsmoment

Die Pflegekindschaft an sich ist bereits ein vielschichtiges Problem, das in den Niederlanden in den letzten Jahren mit der Selektion und Beratung von „therapeutischen Pflegefamilien“ (holl.: „Therapeutische Gezinsverpleging“) für gefährdete Kinder und Kinder mit Fehlentwicklungen zu universitärem Ansehen gelangt ist. Diese Institution entstand aus dem Bedürfnis, den viziösen Zirkel eines pathologisch gesteuerten Entwicklungsganges mit Hilfe eines eigens hierfür ausgewählten Pflegemi-

lieus zu durchbrechen und neue Bedingungen für Rehabilitationsmaßnahmen zu schaffen. Neben dem Gedanken des Schutzes für das betreffende Kind spielt auch der Gedanke der Prävention dabei eine wichtige Rolle.
Die Trennung von Kind und Eltern bedeutet in unserer Kultursphäre einen Eingriff von großer, zuweilen schwer übersehbarer Tragweite, sowohl für das Kind als auch für die Eltern. Aber auch für die Pflegefamilie darf man die Konsequenzen der Aufnahme eines Kindes nicht gering schätzen: es wird ein bewußter Eingriff in die private Sphäre dieser Familie vorgenommen, dessen Tragweite gleichfalls schwer zu ermessen ist. Der Bewußtseinsprozeß, der sich in den Pflegeeltern hinsichtlich ihrer eigenen Lebensproblematik vollzieht; der Wandel, den dieser Prozeß in den affektiven Beziehungen der Familienmitglieder untereinander – vor allem auch für die eigenen Kinder – mit sich bringt: all dies sind Elemente eines allgemeinen Adaptions- und Integrationsvorganges, der Pflegefamilie und Pflegekind umfaßt.
Alle diese Gesichtspunkte der geistigen Hygiene, der pädagogischen und sozialen Eignung, die man gemeinhin beim Unterbringen von Kindern in Pflegefamilien beachtet, traten im Falle der jüdischen Untertauchkinder zurück. Das Prinzip der Lebensrettung war das einzig maßgebliche Kriterium.
Durch die Aufnahme eines verfolgten jüdischen Kindes leisteten die Kriegspflegeeltern zugleich einen Akt des Widerstandes gegen den feindlichen Besetzer, der in verschiedenen Fällen auch geahndet wurde. Ein jeder, der das Risiko tragen wollte, kam in Betracht, ungeachtet seines persönlichen oder sozialen Status. Der Schutz, den die Kriegspflegefamilie den Kindern bot, gestaltete sich auch für sie selbst zu einer Belastungsprobe, die sich auch auf den engeren Verwandten- und Bekanntenkreis erstreckte, der teilhatte an der Konspiration, und nicht zuletzt auf die Nachbarschaft, die in das Kalkül der Gefahr miteinbezogen werden mußte.
Im Ausschalten gewisser ethisch-moralischer Normen, denen man sich bisher verbunden fühlte, trat die Dynamik der Belastungssituation, der man sich ausgesetzt hatte, auf zuweilen überraschende Weise zutage.

In einem Fall mußte ein etwa einjähriges Kind aus Sicherheitsgründen kurzfristig seinen Unterschlupf in einem Kinderheim verlassen. Es wurde von den streng protestantischen Eltern einer Kinderpflegerin im Heim in deren bäuerliche Umgebung aufgenommen, und zwar als angeblich uneheliches Kind der bisher als sittsam bekannten Tochter.

Abgesehen von den verschiedenen exogenen Möglichkeiten der mittelbaren oder unmittelbaren Gefährdung (eventueller Schulbesuch, Aufnahme in ein Krankenhaus, Unvorsichtigkeit, Verrat, plötzlicher Überfall u. dgl.) soll hier nur ein Element des Adaptionsprozesses, der auch von jüngeren Kindern im Versteck gefordert wurde, erörtert werden. Es betrifft die Forderung, das Eigene, Persönliche zu vergessen oder zu leugnen: das Kind wechselt seine Identität, erlernt eine ‚andere‘ Lebensgeschichte (z. B., daß es in Rotterdam beim Bombenangriff seine Eltern verloren habe o. ä.); es wurde angehalten zu schweigen, zu verschweigen, aber es konnte sich vor sich selbst doch nicht immer verleugnen.
Während auf die entwicklungsgeschichtliche Bedeutung dieses erzwungenen Identitätswechsels im klinischen Teil näher eingegangen werden soll, sei das Problem an dieser Stelle durch den folgenden Fall illustriert:

Ein 1935 geborenes Mädchen aus dem jüdischen Proletariat, das im Alter von 7 Jahren von Eltern und Geschwistern getrennt wurde, erzählt 1946 bei der ersten Untersuchung in einem jüdischen Kinderheim die folgende Geschichte:
Sie war ungefähr zweieinhalb Jahre lang in verschiedenen Dörfern untergetaucht; hatte es überall gut gehabt. Meist konnte sie die Schule besuchen und mit anderen Kindern auf der Straße spielen.

Wenn es gefährlich wurde (Razzias auf Untertaucher, Haussuchungen), schickte man sie auf die Straße. Niemandem, der nicht ‚eingeweiht' war, hat sie je erzählt, daß sie ein jüdisches Kind sei, obgleich sie sich dessen die ganze Zeit über sehr wohl bewußt war und es nie vergaß.
Gleichsam zum Beweis erzählt sie spontan eine Anekdote aus dieser Zeit. Sie kannte einen jüdischen Jungen, der im gleichen Dorf untergetaucht war und wie sie selbst regelmäßig die Schule besuchte. Obwohl sie genau wußte, daß er ein jüdisches Kind war, wagte sie nicht, sich ihm anzuvertrauen und ihr Geheimnis zu verraten. Sie fürchtete, daß er es seinen Spielkameraden weitersagen würde. Während des Krieges war sie nie ängstlich gewesen. Nur wenn sie die Deutschen, die zuweilen in die Werkstatt ihres Pflegevaters kamen, in der angrenzenden Garage hörte, weinte sie oft in ihrem Bett (das sie mit der 20jährigen Tochter teilte) um ihre Eltern, die nicht gewagt hatten unterzutauchen, und um ihr vier Jahre jüngeres Schwesterchen, von dem sie nicht wußte, wo es war. In dieser Zeit träumte sie oft von „früher"; dann war es ihr, „als ob ich wieder ganz gewöhnlich lebte, zu Hause in der Lange Houtstraat".
Zusammen mit ihren Pflegeeltern besuchte sie regelmäßig die reformierte Kirche und versuchte, so gut es ging, dem Gottesdienst zu folgen. Was sie von der Christusfigur halten mußte, wußte sie nicht: „Die Juden sagen, daß es ihn nicht gibt; und die Christen behaupten, daß es ihn wohl gibt und daß er ein Jude war."

Die Verflechtung individuell- und gruppenpsychologischer Aspekte, die diesen Fall so deutlich kennzeichnet, gehört zur Kriegspflegesituation und durchzieht mehr oder weniger die gesamte zweite traumatische Sequenz. Dies gilt auch für die Pflegemilieus selbst, und zwar vor allem in den Fällen, wo die spontan gebotene Hilfe sich noch mit einem religiösen Motiven entstammenden Bekehrungseifer verband. Wie in dem Kapitel über die *Arbeit der Kommission O. P. K.* (A.IV.3) dargestellt wurde, spielten diese Intentionen bei den sogenannten ‚Streitfällen' nach dem Kriege in der dritten traumatischen Sequenz eine nicht zu leugnende Rolle. Das generelle Problem der gegenseitigen Anpassung trat dadurch zeitweise in den Hintergrund, wurde aber zugleich immer wieder aufs Neue akzentuiert.
Die extreme Belastungssituation wurde vornehmlich in denjenigen Fällen virulent, in denen die Kriegspflegeeltern ihre Tragfähigkeit zu Anfang überschätzt hatten oder selbst in Konflikte verstrickt wurden, die das Verhältnis zu ihrem Pflegekind belasteten. Auch ein zu großes sozio-kulturelles Gefälle zwischen Pflegeeltern und vor allem dem älteren Pflegekind konnte einer Entfremdung Vorschub leisten; ebenso eine inadäquate Motivation bei den Erwägungen, ob man überhaupt ein jüdisches Kind bei sich untertauchen lassen sollte.
Diese und noch andere, bisher nicht genannte Faktoren (z.B. Erkrankung des Pflegekindes oder seiner Pflegemutter, das Verhältnis zu anderen Kindern, eventuell auch zu anderen Untertauchern im gleichen Hause, andere illegale Aktivitäten der Pflegeeltern der besetzenden Macht gegenüber, oder auch die Geburt eines Kindes in der bisher kinderlosen Pflegefamilie) belasteten die Versteckssituation. Dabei sind von den genannten Faktoren bei den Dossier-Erhebungen nach dem Kriege trotz größter Sorgfalt vermutlich bei weitem nicht alle ans Licht gekommen.
Generelle Bedrohlichkeit der äußeren Situation kann man für alle Kinder im Versteck unterstellen, gleichermaßen für ihr Kriegspflegemilieu. Sie muß – wie wir bereits sahen – nicht in jedem Fall gleich sein der ‚inneren' Bedrohung, die in der Schutz- und Pflegekindsituation als solcher begründet liegt; was im folgenden an zwei Fällen illustriert werden soll.

In einer der großen Städte Hollands war ein jüdischer Junge im Alter von 15 Jahren bei einem jungen Ehepaar in einem Grachtenhaus der Altstadt seit ungefähr sechs Monaten untergetaucht. Es war sein vierter Unterschlupf; er aber war der erste Untertaucher für das Ehepaar. Da er in landläufigem Sinne nicht als jüdischer Typ auffiel, konnte er sich zeitweise frei auf der Straße bewegen und kaufte dann hauptsächlich deutsche Zeitungen. Durch sein abweichendes Betragen –

er hielt Selbstgespräche und zuweilen antisemitische Ansprachen – fiel er auf. Man warnte die illegale Organisation, die sich des Jungen angenommen und ihm die verschiedenen Verstecke besorgt hatte.
Der Vertrauensmann des Jungen sprach mit ihm und erschrak über dessen antisemitische Drohungen. Man fürchtete, daß er eines Tages seine Drohung wahrmachen und zur Ortskommandantur gehen könne, um alles zu verraten.
Die Organisation sah sich vor einen schwerwiegenden Entschluß gestellt und schaltete schließlich einen jüdischen Arzt ein, der sich – selbst untergetaucht, aber mit falschem Personalausweis ausgestattet – frei bewegen konnte. Er wurde durch einen Vertrauensmann bei dem Jungen eingeführt und unterhielt sich einige Zeit mit ihm.
Die Wohnung des Ehepaares, in der das Gespräch stattfand, bestand aus einer Küche, einem WC und einem Wohnschlafzimmer, in dem ein großes Bett stand. In diesem Bett schlief der Junge zusammen mit dem seit etwa einem Jahr verheirateten Paar (abgesehen vom Raummangel war in vielen Fällen ein eigenes Bett für den Untertaucher der Razzias wegen viel zu gefährlich!). Während der Unterhaltung zitierte der Junge aus allerlei deutschen Zeitungen, die auch im Zimmer verstreut lagen und mit deren antisemitischem Inhalt er sich völlig identifizierte. Sein Realitätssinn war atrophisch. Während des Gespräches transpirierte er stark. Aufgrund dieses Befundes wurde er kurze Zeit später illegal in eine psychiatrische Klinik aufgenommen.

Der zweite Fall beleuchtet einen völlig anderen Aspekt des in der Schutzsituation gelegenen Belastungsmomentes.

In einer der kleinen Städte rings um die Zuidersee war bei einem kinderlosen Landarbeiterehepaar (beide ungefähr vierzig Jahre alt) ein dreijähriges jüdisches Mädchen untergetaucht. Es war ihr erster und blieb auch ihr einziger Unterschlupf. Ungefähr ein halbes Jahr nachdem sie dort durch eine illegale Organisation untergebracht worden war, rief das Ehepaar diese Organisation zur Hilfe zur Lösung einiger pädagogischer Probleme. Dabei stellt das Ehepaar von vornherein die Bedingung, daß das Kind bei ihnen bleiben müsse.
Die Organisation schaltete den im vorigen Fall erwähnten jüdischen Arzt ein, der die Rolle des Kuriers übernahm, einmal im Monat die Familie besuchte und zugleich die notwendigen Lebensmittelkarten mitbrachte. Ohne Mitwissen der Pflegefamilie unterhielt der Arzt auch Kontakt mit den Eltern des Kindes, die in einer anderen Stadt im gleichen Hause mit noch zwei jüdischen Ehepaaren untergetaucht waren. (Die Spannungen in diesem Hause zwischen den verschiedenen Bewohnern untereinander und gegenüber dem Gastgeber machten eine psychologische Betreuung erforderlich.)
Der Untersucher fand bei seinen Besuchen ein altersgemäß entwickeltes Kind mit großen dunklen Augen, die etwas schwermütig in die Welt schauten, und langem schwarzgelocktem Haar. Wie ein Püppchen gekleidet bewegte es sich still durch die Wohnung. Es war nicht sehr redselig und sprach nur mit verhaltener Stimme mit seinen Pflegeeltern, die es Papa und Mama nannte. Das Ehepaar schaute wie verzückt nach dem Kinde und trachtete alle seine Wünsche zu erfüllen. Seines Äußeren wegen konnte das Kind tagsüber nie das Haus verlassen. Es war offensichtlich verwöhnt und beutete die Situation aus. Die Probleme, die die Pflegeeltern dem Untersucher vorlegten, überschritten zu diesem Zeitpunkt nicht den Rahmen des reaktiven Betragens auf die gegebene Situation.
Wichtiger jedoch als die Probleme mit dem Kind erwiesen sich die Reaktionen der Pflegeeltern, von diesen selbst zur Diskussion gestellt. Dem Untersucher war bereits aufgefallen, daß nach einigen Besuchen die Pflegemutter sich vorsichtig nach den Eltern des Kindes erkundigte. Aus Sicherheitserwägungen blieb der Untersucher äußerst zurückhaltend mit seinen Antworten und bestätigte nur, daß ihm bekannt sei, daß die Eltern – zusammen oder getrennt, das wisse er nicht – irgendwo untergetaucht waren. Interessant war die Reserviertheit, mit der die Pflegeeltern auf diese Nachricht reagierten. Die Pflegemutter begann über Kopfschmerzen und Schlaflosigkeit zu klagen. Der Untersucher verwies sie an ihren Hausarzt, der ihr bereits Medikamente vorgeschrieben hatte, jedoch ohne den gewünschten Effekt. Als der Untersucher die offenkundige Zuneigung der Pflegemutter zu ihrem Pflegekind zur Sprache brachte, erwiderte diese, ohne ihre Zurückhaltung aufzugeben, daß sie manchmal auch böse auf das Kind würde, ohne daß sie wisse

warum. Oft müsse sie an die Zeit nach dem Kriege denken, wenn das Kind sie wieder verlassen würde. Sie würde es gerne behalten; aber da die Eltern noch lebten, könne hiervon ja keine Rede sein. Ihre Schuldgefühle über ihre Nachkriegsphantasien waren evident.

In beiden extremen, aber eben deshalb so illustrativen Fällen kann man nicht ohne weiteres von dauernder Bedrohlichkeit sprechen. Im ersten Fall konnte sich der Junge zwar aufgrund seiner äußeren Erscheinung frei auf der Straße bewegen. Aber durch das Zusammentreffen von individuell-biographischen Gegebenheiten, die z.T. mit dem Zustand des Krieges und der Verfolgung gar nichts zu tun haben (die junge Ehe!), entstand dennoch eine extreme Streßsituation. Es ist nicht zuletzt die räumliche Enge, die die Belastungssituation nährte und zu einer Krise führte; eine Situation, die selbst unter normalen Verhältnissen für alle Teile unzumutbar gewesen wäre. Doch muß man natürlich nicht übersehen, daß erst der Druck der Verfolgungssituation zu dieser Konstellation geführt hatte.
Das zweite Beispiel illustriert noch deutlicher als das erste, daß die Illegalität der Situation ein äußerst erschwerendes Moment bedeutete. Sie stimulierte alle Hoffnungen, Wünsche und Phantasien der Pflegeeltern rund um ihr ‚Wunschkind' und brachte sie in große Gewissensnot, ohne daß man ihnen zur Stunde die erforderliche Hilfe und Beratung geben konnte, auf die sie eigentlich Anspruch hatten. Das Improvisierte des Zustandes, das Fehlen jeglicher gesetzlich verbürgter Verabredungen und Sicherungen, die völlige Geschlossenheit der Situation, in der sich beide – Pflegeeltern und Kind – befanden, schuf eine extrem gespannte Lage. Und selbst die Haltung des Arztes wurde nicht so sehr durch seine ärztliche Einsicht als durch den illegalen Charakter der Situation, in der auch er sich befand, bestimmt.
Dieser zweite Fall berührt zudem das Problem der Wiedervereinigung der untergetauchten jungen Kinder mit ihren Eltern c.q. dem überlebenden Elternteil nach dem Kriege. Diese Kinder zeigen bei ihrer Rückkehr und dem Versuch, das Familienleben wieder herzustellen eine sehr spezielle Problematik, die hier nicht näher erörtert werden kann. Wir haben den Eindruck, daß die Traumatisierung der Eltern, die Verluste, die sie in ihren Familien erlitten, die Störungen ihrer eigenen Sozialbezüge, die Verunsicherung ihrer Lebenslage und schließlich die Symbolbedeutung, die ihre Kinder für sie annahmen, eine wichtige Rolle bei ihren Bemühungen spielte – und bei denen der Kinder – sich in dem alten Familienband wieder zurechtzufinden. Auch hier hängt die Verarbeitung der durch die Verfolgung entstandenen Traumatisierung in starkem Maße von der Altersstufe der Kinder ab. Zudem scheint es, als ob Kinder aus orthodox-jüdischen Familien durch die starke Strukturierung ihrer Familienbezüge es bei ihren Wiedervereinigungsbestrebungen leichter hatten. Der geringen Zahl der Fälle wegen ist es jedoch schwierig, hier zu einer generellen Beurteilung zu gelangen.
Der folgende Fall ist geeignet, die für alle Beteiligten tragische und konfliktreiche Lage zu beleuchten.

Ein ungefähr fünfeinhalbjähriger Junge macht bei der ersten Untersuchung nach dem Kriege einen verbissenen, widerspenstigen und zugleich sehr betrübten Eindruck. Die ganze Untertauchperiode hatte er in Friesland auf drei verschiedenen Adressen zugebracht; seine Mutter fand ihn nach Kriegsende erst nach langem Suchen wieder. Als sie ihn mitnehmen wollte, weigerte er sich. Eine seiner Verwünschungen lautete: „Die Juden hätten nicht zurückkehren dürfen. Gott soll sich an diesen Heiden rächen." Als die Mutter ihm von seinem Vater zu erzählen begann, sagte er, daß er es richtig fände, daß man ihn vergast hatte: „Das hätte mit allen Juden geschehen müssen." Als die Mutter schließlich mit ihrem Kinde nach Amsterdam zurückkehrte, wo sie unglücklicherweise eine Wohnung in derselben Straße und gegenüber dem Hause zugewiesen bekommen hatte, wo sie früher mit Mann und Kind gelebt hatte, wiederholten sich diese und ähnliche Gespräche noch oft. Von den vielen Schwierigkeiten, die der Junge bei der Wiederanpassung an seine Mutter zeigte, gewährt der folgende Ausspruch vielleicht den tiefsten Einblick in seine aktuelle Lebensproblematik: „Ich wollte, die alte Oma wäre nicht wiedergekommen; wenn ich einmal groß bin, werde ich Pilot, dann fliege ich nach Palästina, um alle Juden mausetot zu bombardieren."

Hier wurde die Trennung von der Mutter durch das Kind im gleichen Moment, als sie ihn aus der Kriegspflegefamilie lösen und wieder zu sich heimholen wollte, als ein erneutes Im-Stich-Gelassen-Werden erlebt, was seine aggressiven Impulse und vehementen Ausfälle gegen die zurückgekehrte Mutter verständlich macht. Die Äußerungen von „jüdischem Selbsthaß" zeigen gewisse Übereinkünfte mit dem oben erwähnten Fall des 14jährigen Jungen; ohne Zweifel haben wir es hier mit einer Reaktionsform zu tun, wie sie aus der analytischen Forschung bei verlassenen und verhaltensgestörten Kindern seit langem bekannt ist.
Wieder anders verhält es sich mit der Gruppe von Vollwaisen, die nach dem Kriege durch Verwandte (z. B. Onkel, Tanten, Großeltern) aufgenommen wurden. Unser Material enthält einige dieser Konstellationen, die zum Teil äußerst schwierig lagen. Inwiefern bei diesen Kindern außer dem erneuten Trauma, wiederum eine emotionelle Bindung – diesmal an das Kriegspflegemilieu – abbrechen zu müssen, auch Einflüsse sozial-dynamischer Art eine gewisse Rolle spielen, soll unerörtert bleiben. Wichtig ist, daß sie auf eine unerwartete Weise wichtig wurden. In dieser Hinsicht unterscheidet der oben zitierte Fall sich nicht von der stattlichen Anzahl von Kriegswaisen, bei denen wir aus der Behandlungspraxis dieselbe Verarbeitung der ursprünglichen Separation von der Mutter entdecken konnten, auch wenn – durch den Prozeß der Trauer und durch die Loyalitätsproblematik – die tiefer liegende Motivation ihrer aggressiven Inhalte dem Bewußtsein mitunter schwieriger zugänglich waren. Wir sind der Meinung, daß gerade durch dieses Grundproblem des massiv-kumulativen Traumatisierungsgeschehens die dritte traumatische Sequenz oft einen so extrem schwierigen Verlauf nahm.

B.IV.4. Die dritte Sequenz

Am Beginn der dritten traumatischen Sequenz steht die Regelung der Vormundschaft. Sie stellt das Verbindungsstück zwischen der zweiten und der dritten traumatischen Sequenz dar und ist – mit den bereits erwähnten Vorbehalten – aus jedem Dossier zu extrahieren. Die Bedeutung, die diesem in jeder Hinsicht außerordentlichen Geschehen beigemessen werden muß, erschöpft sich nicht in der rechtlichen, sozialpsychologischen Problematik der einzelnen Fälle. Bei denjenigen Kindern, die ihr Kriegspflegemilieu durch die Vormundschaftsregelung verlassen, kann die abermalige Trennung als ein rezidivierendes Ereignis einer früheren Situation (Trennung von der Mutter) betrachtet werden.
Die Bedeutung der Vormundschaftsregelung für die Kinder muß im Zusammenhang mit ihrer jeweiligen Entwicklungsphase und mit der Verarbeitung der bisher erlittenen Schäden gesehen werden.
Wo die Trennung beiden Seiten wünschenswert erscheint, wird eine schmerzliche Phase abgeschlossen, die – wie aus den Nachuntersuchungen erhellt – retrospektiv gesehen für viele Kinder doch noch mehr positive Erinnerungselemente enthielt, als man zur Zeit der Regelung mutmaßen konnte. Aber in einzelnen Fällen unseres Materials (vielleicht unterrepräsentiert, vgl. A.III.2 über die *Auswahl einer repräsentativen Verfolgtengruppe*), in denen die Kinder durch Gerichtsbeschluß und mit ihrem Einverständnis – getauft oder nicht getauft – im Kriegspflegemilieu blieben, erweist sich die angestrebte Kontinuität ihres Entwicklungsganges im follow up als ein bereits in der Anlage eingebautes Konfliktphänomen. Diese Kinder gelangen bei der Abwicklung ihrer

ödipalen Problematik auf dem sozialpsychologischen Niveau der Adoleszenz zu neuen Lösungen ihrer Lebensproblematik. Diese kann sich auf mannigfache Weise manifestieren; z.B. in neuerlicher Aktualisierung der Gruppenproblematik, im Versuch, wieder bei der kongenialen Gruppe Anschluß zu finden; zuweilen im Ausbruch einer heftigen, unauflösbar erscheinenden Identitätskrisis; oder in der Spannung einer inneren Konfliktsituation, die im Falle einer jungen Frau unseres Materials ihren manifesten Ausdruck findet bei der Geburt ihres Kindes in einem christlichen Krankenhaus in Israel.

Die dritte traumatische Sequenz scheint der ihr eigenen heterogenen Elemente wegen weniger geeignet, als Einheit aufgefaßt und dargestellt zu werden. Wie im Kapitel über *Die extreme Belastungssituation* bereits angedeutet, besteht die Heterogenität dieser Phase einerseits in dem scheinbaren Widerspruch zwischen den beiden Aktionslagen, auf denen sie sich vollzieht: die wiederhergestellte niederländische Gerichtsbarkeit und das traumatische Agens einer Vergangenheit, das in der bewußten Konfrontation mit dem Fatum der Waisenschaft und den hierbei ansetzenden Trauerprozessen zukünftig zu bewältigen ist. Der Widerspruch zwischen diesen beiden Aktionslagen ist für den Psychotherapeuten bekanntes Gebiet. In diesem Spannungsfeld entwickelt sich therapeutisches Geschehen und nur durch diese Antinomie erhält es seinen therapeutischen Elan.

Die Heterogenität dieser Phase beruht andererseits auf der Anwesenheit der verschiedenen Rehabilitationsfaktoren, die bei allen Beteiligten, Kindern wie Erwachsenen, Ansprüche an ihr Vermögen zu Kommunikation in Freiheit stellte, denen – nach dem Überstandenen – in mitunter nur geringem Maße Genüge getan werden konnte. Für die Kinder bedeutete es zudem eine fundamentale Veränderung ihrer bisherigen Befindlichkeit: aus dem Zustand der Passivität, Duldung, des Mit-sich-geschehen-lassens wechselten sie in eine Lage hinüber, in der auf einmal an ihre Aktivität, ihre Initiative, ihre Entschlußkraft und an ihren Einsatz appelliert wurde.

Es traf den Untersucher dann auch in stärkstem Maße, daß er bei den Nachuntersuchungen ihm gut bekannter Fälle zuweilen mit einer Interpretation und Verarbeitung des Rehabilitationsgeschehens konfrontiert wurde, die den unverarbeiteten Rest an Enttäuschung und Bitterkeit über den Verlauf der Phase und die in ihr getroffenen Entscheidungen und Maßnahmen ans Licht brachte.

Vermag man sich auch theoretisch abzusichern mit dem Hinweis auf Verlust an Vertrauen, Schwere der erlittenen Traumatisierungen im frühkindlichen und vor-pubertären Entwicklungsstadium, Regressionen auf frühere Entwicklungsstufen, Übertragungsphänomene und was dergleichen mehr sei: für den Betroffenen bleibt die wenig ermutigende Erkenntnis, daß Menschen imstande sind, einander mehr zuzufügen, als andere zu heilen vermögen.

Im übrigen gilt auch für die dritte traumatische Sequenz das bereits über die zweite Gesagte bezüglich der in ihr auftretenden Variablen.

Durch die Schul- und Berufsausbildungsfragen erhalten die auftretenden Problemkreise noch ein zusätzliches Spektrum an Variabilität. Es versteht sich von selbst, daß diese spezifische Problematik nur in Beziehung zu den beiden vorangegangenen traumatischen Sequenzen begriffen und untersucht werden kann. Doch tritt bezüglich der Schwere der Belastungssituation hier ein Aspekt in den Vordergrund: die Tragkraft der kindlichen Persönlichkeit. Ist sie imstande, den schulischen oder beruflichen Anforderungen zu entsprechen, oder versagt sie und belastet dadurch ihre persönliche Lage aufs neue? Die Unzulänglichkeit der didaktischen, pädagogischen und psychotherapeutischen Hilfsmaßnahmen, die der Plastizität der kindlichen und jugendlichen Psyche hätten entgegenkommen sollen, erwies sich als eine zusätzliche Erschwerung.

Eine Variable, die in der ersten Sequenz bereits gesichtet wurde, jedoch aus begreiflichen Gründen nur ungefähr eingeschätzt werden konnte, in der zweiten Verfolgungssequenz nur implizit anwesend war, und nun in der dritten Sequenz erst voll in Erscheinung tritt, ist die jüdische Gruppe, der geschrumpfte, verwundete Rest eines einst starken und selbstbewußten Kollektivs, im Begriff sich in verschiedenen Gruppierungen zu restaurieren – u. a. in der jüdischen Kriegswaisenorganisation *Le Esrath Hajeled*; das jüdische Individuum als Vormund, Pflegefamilie, Sozialarbeiter in tätiger Anteilnahme an dem Schicksal der Kinder; Geschwister, jüngere oder ältere, gleichfalls der Kriegswaisengesetzgebung unterworfen oder nicht mehr, in verschiedenen Erziehungsmilieus oder in gleichartigem mit ihnen vereint; Großeltern, Tanten, Onkel, Verwandte 2. und 3. Grades, aus den Lagern zurückgekehrt, oder aus den Verstecken, durch Mischehe vor der Deportation bewahrt geblieben, oder durch rechtzeitige Flucht ins Ausland – sie alle spielen ihre Rolle, auch und gerade wenn sie sie nicht spielen.
Und schließlich die Phantasien, die die Toten, die Ermordeten umgeben; auch von ihnen wird die Rede sein müssen.

Eine besondere Variante der Dynamik der wieder in Erscheinung tretenden jüdischen Gruppe soll hier noch besprochen werden: die jüdischen Heime.
Diese bereits vor dem Kriege bestehenden Einrichtungen zur Versorgung und Erziehung von Halb- und Vollwaisen, zum größten Teil aber von Kindern aus sozial schwachen Milieus, nahmen durch die neue Aufgabe, die ihnen zugewiesen wurde, eine Sonderstellung ein. Die aus den Konzentrationslagern und den Verstecken zurückgekehrten Kriegswaisen, denen man kein Zuhause mehr bieten konnte, lebten hier aufgrund ihrer gemeinsamen Biographie in einer Schicksalsgemeinschaft, der ein Rehabilitationsmoment sui generis zuerkannt werden muß.
Im Laufe der Zeit machte sich das Zwiegesichtige dieser Heime geltend. Einerseits kamen sie dem Bedürfnis nach Schutz und Geborgenheit entgegen, nicht auf dem Boden einer passiv-protektiven Duldung wie in den Verstecken, sondern aufgrund der Zugehörigkeit der Einzelnen zur geschlossenen Gemeinschaft der Schicksalsgefährten; so konnte nach Jahren der Isolierung, der erzwungenen Anpassung und Unterwerfung an die Ängste und Drohungen der Verfolgung, mittels pädagogisch-therapeutischer Maßnahmen das Vermögen zur aktiv-kreativen Teilnahme an den Lebensprozessen wieder stimuliert und entwickelt werden. Andererseits bestand in den Heimen die Gefahr der sozialen Verfremdung und der Hospitalisation, vor allem bei Kindern, die als einzige Überlebende ihrer Familie völlig auf das Heim angewiesen waren.
Ein weiterer Aspekt war, daß die Motivation der pädagogischen Mitarbeiter (zum größten Teil nicht-jüdischer Abkunft) durch das Verfolgungsgeschehen in besonderer Weise geprägt war. Es kam – wie nicht anders zu erwarten – zu Übertragungen, deren menschlicher Wert unbestritten bleibt, die jedoch die Verwurzelung der Kinder im Heim zu sehr verstärkten.
Die Gruppenemigrationen von Kindern aus den Heimen nach Israel müssen als ein Versuch gesehen werden, ihrem Leben aktiv Gestaltung zu geben.
Aus der *tabellarischen Übersicht* (Teil F) sind die clusters von Faktoren ersichtlich, in denen die zeitliche und thematische Einheit der dritten traumatischen Sequenz und zugleich die innere Verbundenheit dieser Phase mit den vorhergehenden zum Ausdruck kommt.

B.IV.5. Wiedereingliederung als Belastungsmoment

Wenn man die bisher erschienenen Veröffentlichungen über die seelischen Schäden bei Kindern und Jugendlichen in den Jahren nach Beendigung des Krieges betrachtet, so fällt der optimistische Unterton auf, der diese Berichte durchzieht. Obwohl es in der Hauptsache um Kinder aus Konzentrationslagern geht, liest man betroffen die Schlußfolgerung, die z. B. *von Baeyer* c. s. aus dem Rapport von *Wolffheim* (1958) zieht, daß nämlich dieser „eher für die Annahme (spricht), daß die Mehrzahl sozial wieder eingegliedert werden konnte und ohne schwere Dauerfolgen blieb“ (S. 227).
Obwohl es keinem Zweifel unterliegt, daß die Beeinflußbarkeit seelischer Störungen – wie *Anna Freud* und *S. Dann* (1951) überzeugend dargestellt haben – abhängig ist von den Bedingungen, unter denen sich die Erziehungs- und Behandlungsmaßnahmen vollziehen, so sind es doch gerade diese „Bedingungen“, die zur Diskussion stehen. Es gehört zu den Eigenartigkeiten bei der Betrachtung der gesamten Verfolgungssituation eines total geführten Krieges, daß man noch Jahre nach der Einstellung der Kriegshandlungen geneigt war, der ersten und der zweiten traumatischen Sequenz das volle Gewicht der extremen Belastungssituation zuzusprechen, das sie sicher beide verdienen; aber darüber hinaus die dritte Sequenz in ihrem außergewöhnlichen Schweregrad zu übersehen. Diese Fehleinschätzung hat mannigfache Gründe, interessant genug, um sich näher mit ihnen zu befassen.
Einer der ersten liegt sicherlich in der „Situation“ selbst begründet. Es ist im allgemeinen äußerst schwierig, wenn nicht schlechthin unmöglich, eine außergewöhnliche Lage, in der man sich befindet, nach Gebühr einzuschätzen. Dies gilt im besonderen für die Nachkriegsjahre auf dem europäischen Festland, c. q. in den Niederlanden. Der allgemeine optimistische Elan, den der Akt der Befreiung als solcher erweckte, das Gefühl wieder Herr in seinem eigenen Haus zu sein, in Freiheit kommunizieren und sich verhalten zu können; der Wunsch, die Schäden des Krieges, der Besetzung und der Verfolgung auszumerzen; und – hiermit kontrastierend – der Prozeß der Trauer, der zu gleicher Zeit in Bewegung geriet und den Blick für die Bedeutung des Gegenwärtigen, Täglichen in gleichem Maße trübte wie für die klare Erfassung der Dimensionen des vergangenen Geschehens; der allgemeine Optimismus schließlich, der den Ablauf des Trauerprozesses störte: all das sind wichtige Momente, die zur Erklärung beitragen.
Viel schwieriger ist es, das thematische und psychodynamische Zusammenspiel zwischen den verschiedenen Abwehrreaktionen der verfolgten Individuen innerhalb einer Gruppe und innerhalb der soziokulturellen Situation in den Niederlanden abzuschätzen.
Auf ein gemeinsames Moment soll hier nur kurz hingewiesen werden. Der Wunsch der offiziell hiermit beauftragten Instanzen und Einzelpersonen und alle von ihnen ergriffenen Maßnahmen, um als Erwachsene Kindern zu helfen, entstammen primär denselben Erfahrungen, wie sie auch die Waisenkinder hinter sich hatten: der in der Zeit der feindlichen Besetzung erlebten beinahe totalen eigenen Ohnmacht gegenüber dem totalen Terror des Verfolgers. Welche spezifische Bedeutung dieses Erlebnis in der Geschichte des holländischen Volkes hat, ist vielleicht schwer zu ermessen, aber daß es als Motiv eine Rolle spielt im Verhältnis zwischen dem überlebenden Rest der jüdischen Gruppe und den nicht-jüdischen Gruppen nach dem Kriege, ist schwerlich zu leugnen.
Bei einer Reihe jüdischer Waisenkinder, die wir nach dem Kriege untersucht oder behandelt und später nachuntersucht haben, fanden wir als erschwerendes Moment das

auch von anderen Autoren (u. a. *Niederland*, 1968) diagnostizierte *survivor guilt* Syndrom, das die zwischenmenschlichen Beziehungen auch unter den Mitgliedern der gleichen Gruppe belastet.

Alle diese Erwägungen münden in die Frage, ob nicht aufgrund der gemeinschaftlichen Erfahrungsquelle die allgemein den Erwachsenen zugedachte Rolle des Helfens, Tröstens, Heilens eine spezifische Signatur erhalten hat, z. B. in der Projektion der eigenen erlebten Ohnmacht, die als kränkend erfahren wurde, auf eine Gruppe Kinder, die nach dem erlebten „Unheil" das „Heil" von den Erwachsenen zu erwarten schienen. Und: ob der *sleeping effect*, das freie Intervall zwischen Traumaerlebnis und Traumareaktion, wie er bei traumatisierten Kindern und Erwachsenen erst lange nach dem Kriege beschrieben wurde, nicht bereits in der soziokulturellen Situation im Ansatz vorgebildet war. Das heißt: daß die überlebenden Kinder aus den Konzentrationslagern und den Verstecken mit ihren Erfahrungen, Ängsten und Phantasien die überlebenden Erwachsenen, die ihnen Hilfe boten, nötigten, ihre eigenen Erfahrungen, Ängste und Phantasien soweit einzukapseln oder einzuengen, daß ihnen noch ein Spielraum blieb, innerhalb dessen sich ihre Aktivität zum Wohle der Kinder entfalten konnte.

Zu welchen Mißverständnissen diese gegenseitige Rollenerwartung in der dritten traumatischen Sequenz führen und in welchem Maße sie die Verarbeitung dieser und dadurch auch aller vorangegangenen Phasen belasten konnte, wurde eigentlich erst bei den Nachuntersuchungen deutlich. Hier zeigte sich, daß die katamnestisch befragten Erwachsenen die Nachkriegsperiode als die schwierigste Phase der extremen Belastungssituation anwiesen.

Die für immer im nicht-jüdischen Milieu gebliebenen Kinder hoben sich in einigen Fällen hiervon ab: für sie endeten retrospektiv mit der Zuerkennung der Vormundschaft an die Kriegspflegefamilie die Verfolgungssequenzen. Doch scheint es geboten, sich hier vor übereilten Schlußfolgerungen zu hüten. Eine nähere Differenzierung nach Altersgruppe, Geschlecht, Abkunft, Verlauf der ersten und zweiten traumatischen Sequenz ist sicher notwendig; ohne daß man selbst dann erwarten dürfte, zu schlüssigen Einsichten zu gelangen. Die Bedeutung der dritten traumatischen Sequenz für diese Gruppe Kinder (vgl. auch den Abschnitt über *die Arbeit der Kommission O. P. K.*, A.IV.3 und die Problematik, vor die sich der Untersucher z. B. beim Auswählen einer repräsentativen Verfolgtengruppe gestellt sah, cf. A.III.2), läßt viele Möglichkeiten offen.

Weinbergs Feststellung (1961), daß eine passive, schutzsuchende Anpassung an eine Umgebung zugleich ein Zeichen einer schlechten seelischen Gesundheit sei und begleitet werden kann von einer Einbuße der aktiven, schöpferischen Anpassung, die sich mitunter auch als konfliktreich manifestiert, bezieht sich zwar auf eine Untersuchung von Erwachsenen. Es ist jedoch die Frage, ob sich seine Beobachtungen: Regression auf pathologisch passive Anpassungsformen bei Überwuchern des Bedürfnisses nach passiv-protektiver Affiliation an geschlossene Zirkel (*von Baeyer* c. s.), nicht auch auf die kindliche Psyche mit ihrer größeren Möglichkeit und Bereitschaft zu Regressionen ausweiten läßt. Da es ja auch die Angst vor einer neuerlichen Entwurzelung der Kinder war, die zu dem Beschluß führte, sie in den Kriegspflegefamilien zu lassen, steht man vor einem neuen Phänomen der extremen Belastungssituation als Ganzes.

Diese Erscheinung tritt am deutlichsten zutage, wenn man die Konfliktsituationen der Waisenkinder betrachtet, die nach dem Kriege längere Zeit in ihrer Kriegspflegefamilie blieben und dort einen anscheinend ungestörten Entwicklungsgang zeigten, sich jedoch plötzlich in der Adoleszenz von diesem Kriegspflegemilieu lösten und wieder Anschluß

an ihr kongeniales Milieu suchten. Auch dieser Versuch verlief mitunter sehr konfliktreich.
Es wird unser Bestreben sein, bei den Kindern, die in den Kriegspflegemilieus aufwuchsen, zu einer Einsicht in die von ihnen entwickelten Anpassungsformen zu gelangen. Hierbei wird auch die Geschlossenheit und Konsistenz der religiösen oder weltanschaulichen Gruppen, in denen die Kinder aufwuchsen, in die Betrachtung mit einbezogen werden müssen. Denn gerade diese beiden Faktoren, Geschlossenheit und Konsistenz, sind es, die zum einen dem Geborgenheitsstreben der Kinder entgegenkamen, zum anderen aber in ihrer überbetont protektiven Auswirkung auf die Entwicklung der jugendlichen Psyche zugleich regressionsfördernd auftreten können.
Weinberg (1961) unterschied zwei pathologische Anpassungsformen: das Verharren in dem „puren Geborgenheitsstreben" (*von Baeyer* c.s., S. 58) und die psychosomatische, psychovegetative Anpassungs- bzw. Ausweichform. Bei dem vorliegenden Material konnten wir in einigen Fällen eine dritte Form der Deviation beobachten: ein plötzlich in der Adoleszenz aufflackerndes delinquentes acting out. Auf dieses interessante Problem können wir hier leider nicht näher eingehen.

Alle diese Erwägungen unterstreichen die katamnestisch erworbene Einsicht in die Spezifität der dritten traumatischen Sequenz. Zwar wird die Kontinuität der gesamten extremen Belastungssituation gewahrt; andererseits aber erhält man den Eindruck, daß der Belastungsfaktor in seinem Kulminationspunkt erst in dieser letzten Sequenz sichtbar wird.
Natürlich sollte man auf der Hut sein und sich durch die in der Nachuntersuchung gemachten Aussagen der nunmehr Erwachsenen nicht täuschen lassen. Unter ihnen sind viele, die nachweisbar eine schwere erste und zweite traumatische Sequenz aufzuweisen haben. Trotzdem ist die Attitude, mit der sie sich über diese beiden Perioden auslassen, bemerkenswert; unterschiedlich übrigens von Individuum zu Individuum und auch von Altersstufe zu Altersstufe. Der beträchtliche Zeitabstand zu den beiden früheren Phasen bietet keine befriedigende Erklärung. Auch wenn man einen ‚Verschiebungsmechanismus' annimmt, der die traumatisierenden Vorgänge in die dritte traumatische Sequenz verschoben hat, erfaßt man nicht die autochtonen Merkmale dieser Periode. Auch ihr traumatischer Stellenwert ändert sich mit den jeweiligen Altersstufen.
Bei den Altersgruppen, deren intellektueller Reifungsprozeß sich in den Kriegsjahren vollzog, entspricht die Beurteilung der dritten Sequenz ungefähr der damaligen Bewußtseinslage der Kinder und ihren introspektiven Fähigkeiten – die Verluste und den Schmerz ermessend, die zeitlich wohl hinter ihnen lagen, aber sich erst in der Einbuße an Entfaltungsmöglichkeiten auf schulischem und beruflichem Gebiet und in der Intimsphäre zu erkennen gaben. Bei den jüngeren Jahrgängen könnte man außer von einem Verschiebungsmechanismus auch zuweilen noch von einem Idealisierungsprozeß der vergangenen Sequenzen sprechen, dessen Abwehrfunktion in den meisten Fällen nur zu ersichtlich war.

Ein treffendes Beispiel hierfür ist der Fall eines 1941 geborenen Jungen, dessen Erinnerungen an seine ersten Jahre in verschiedenen Verstecken sehr lückenhaft sind. Seine Erinnerung dreht sich um seine letzte Versteckadresse bei einem älteren Ehepaar, das nicht imstande war, ihn nach dem Kriege zu behalten. Sein Wechsel in eine jüdische Pflegefamilie scheiterte; es folgte Aufnahme in verschiedene Heime.
Die Schulausbildung verlief erfolgreich; nach Beendigung des Gymnasiums bezog er die Universität. In den folgenden Jahren desintegrierte er, wechselte die Studienrichtung; eine Liebesbeziehung, von der er sich viel erhofft hatte, zerbrach; psychotherapeutische Versuche scheiterten an seiner Non-kooperation.

Obgleich von atheistisch-proletarischer Herkunft entwickelte sich eine immense religiöse Problematik, die zum Teil wahnhafte Züge annahm. Er schloß sich einer ultra-orthodoxen jüdischen Gruppe an. Seine Unruhe trieb ihn von Land zu Land.
Bei der Nachuntersuchung des Dreißigjährigen fallen die Formulierungen auf, mit denen er seine innere und äußere hoffnungslose Situation beschreibt. Er lebt von der Wohltätigkeit privater und öffentlicher Instanzen. Er ist völlig vereinsamt; selbst innerhalb der religiösen Gruppe, der er sich angeschlossen hat, fühlt er sich als Fremder. Zum Zeitpunkt der Nachuntersuchung ist er damit beschäftigt, einen Stammbaum seiner Vorfahren anzulegen. Der Stolz, mit dem er erzählt, daß er ungefähr 80 Vorfahren aufgespürt habe, wird überschattet von der fast stoischen Mitteilung, wieviel Angehörige ermordet wurden: 70. Mitten in seinem Mitteilungsdrang hält er an und sagt: „Man hätte mich in Friesland bei meinen alten Pflegeeltern lassen sollen; dann hätte ich mir viel erspart." Er unterzieht die ganze Nachkriegsperiode einer scharfen Kritik, einschließlich seiner Wendung zur jüdischen Orthodoxie. Er fährt fort: „Wenn man mich dort gelassen hätte, ich weiß, daß es nicht ging, von meiner heutigen Lage aus erscheint es mir als die einzige Möglichkeit. Ich weiß von anderen, die wohl geblieben sind und heute genau so stehen wie ich. Das einzige was ich tun kann, ist mit anderen Juden zu Gott schreien. Ich weiß, er hört mich. Aber er antwortet nicht."

Dieser Fall enthält viele psychopathologische Facetten, auf die hier nur kurz eingegangen werden soll. Die Entwicklung des Adoleszenten nahm zuweilen solche Formen an, daß man an einen psychotischen Prozeß dachte. Ohne Zweifel hatte er einmal eine ‚Erleuchtung' gehabt. Psychotherapeutische Versuche scheiterten – wie bereits erwähnt. Auffällt die anscheinend ungestörte Entwicklung der Intelligenz und das unverändert hohe geistige Niveau. Dieser sicher günstig zu bewertende Umstand ist jedoch als Resultat eines Isolierungsprozesses zu begreifen, der nur einen Teil eines Depersonalisationsprozesses darstellt, wie man ihn bei psychotischen, aber auch bei schwer neurotischen Entwicklungen wahrnimmt. Er scheiterte in seinem Studium an der erlebten Insuffizienz seiner Motivation, die aufs engste verknüpft ist mit der erlebten Insuffizienz in seinen Sozialbezügen (einige Zeit war er Mitglied einer allgemeinen studentischen Verbindung gewesen) und mit der Verunsicherung in der Triebsphäre. Die Basisängste sind evident und kommen in der Über-Ich-Formation treffend zum Ausdruck.
Für unsere Thematik ist seine Beurteilung der dritten traumatischen Sequenz und die Idealisierung der vorausgegangenen Sequenz interessant. Das gesamte Verfolgungsgeschehen kulminiert für den Erwachsenen retrospektiv – aber zugleich in neurotischer Verzerrung – in dem Wechsel der Pflegestelle. Ohne Zweifel war die Wahl der betreffenden jüdischen Pflegestelle ein Fehler. Er mußte dort die Stelle eines ‚Ersatzkindes' für ein im Krieg ermordetes eigenes Kind einnehmen. Aber zugleich besticht wieder seine Reflexion, daß er Fälle kenne, die „blieben und heute genauso stehen wie ich". Anscheinend wird dieses Motiv als eine Art Trost gebraucht. Aber wichtig ist, daß er auch die ‚anderen' nur unter dem Aspekt ihres Nachkriegsschicksals sehen und ‚erleben' kann. Andere Erwägungen spielen offensichtlich keine Rolle. Eine ausführlichere epikritische Würdigung dieses Falles muß hier unterlassen werden.
Die oben beschriebene Funktion, die der junge Mann inmitten der jüdischen Gemeinschaft außerhalb Hollands gefunden hat (mit anderen Juden zu Gott zu schreien) ist – je nach dem Standpunkt des Betrachters – als eine adäquate oder inadäquate Sozialrolle zu würdigen. Seine Zugehörigkeit zu einer in sich geschlossenen religiösen Gruppe stützt sein Streben nach Zugehörigkeit, Geborgenheit und innerer Sicherheit. Zugleich sind die Tendenzen zur Isolierung und Ghettobildung innerhalb der gesamten jüdischen Gruppe nicht zu übersehen. (Höchstens könnte man am Schluß noch fragen, was der Inhalt seines Schreiens sei; zu vermuten ist mit einer an Sicherheit grenzenden Wahrscheinlichkeit: „Warum hast du mich nicht in meiner eigenen Familie gelassen?")

Selbst in solchen Fällen, in denen noch sehr detaillierte Erinnerungen an die im Versteck verbrachte Verfolgungsperiode zur Verfügung standen, trat der begleitende Affekt erst deutlich zutage bei der Besprechung der traumatischen Ereignisse aus der dritten Sequenz. Im folgenden Falle handelt es sich um einen Jungen, der nach dem Kriege lange Zeit psychotherapeutisch behandelt wurde.

Ein 1943 geborener Junge, dessen Unterbringung in jüdischem Milieu nach dem Kriege große Probleme mit sich brachte; so daß man beschloß, ihn vorerst in seiner Kriegspflegefamilie zu lassen und dort zu behandeln, bis die plötzlich akut werdende Scheidung seiner Pflegeeltern einen ebenso plötzlichen Wechsel in eine jüdische Pflegefamilie notwendig machte.
Nach Erreichen der Volljährigkeit kam er spontan zum Untersucher, der auch sein Therapeut war, und verlangte unumwunden Rechenschaft über die von der Vormundschaftsorganisation befolgte Strategie. Er warf dem Untersucher – als dem verantwortlichen Berater, der zugleich sein Therapeut gewesen war – vor, seine unhaltbare Situation in der Kriegspflegefamilie nicht erkannt zu haben.
In mehrstündigen Gesprächen, die anhand der Dossiereintragungen und der verschiedenen Untersuchungsresultate aus den ersten Nachkriegsjahren geführt wurden, wurden die angstneurotischen Reaktionen des Jungen, die er in der damaligen Periode gezeigt hatte, nochmals durchgesprochen. Hierbei erwies sich das Loyalitätsproblem als das Kernstück seines damaligen Verhaltens. Er hatte den Untersucher damals im Einvernehmen mit seinen Pflegeeltern irregeführt, indem er ihn glauben ließ, daß seine angstneurotischen Reaktionen sich auf die ihm bewußt vorschwebende Entfernung aus der Kriegspflegefamilie bezogen, während sie in Wirklichkeit die Preisgabe des von allen Beteiligten geheimgehaltenen Ehekonfliktes zum Inhalt hatten.
Obgleich diese Problematik seinerzeit in der Therapie mit ihm behandelt worden war, erwies sich, daß er das vergessen hatte. Seine Bindung an die Kriegspflegefamilie war auch noch nach der Verlegung in eine jüdische Pflegefamilie, an der er ebenfalls sehr hing, bestehen geblieben. Er unterhielt noch geregelte Kontakte mit den beiden nunmehr geschiedenen Pflegeeltern.
Aus seinen Vorwürfen sprach deutlich die Erwartung, die er damals gehegt hatte, daß es ihm nämlich zusammen mit der Vormundschaftsorganisation gelingen möge, eine Scheidung zu verhindern. Man konnte sich nicht des Eindruckes erwehren, daß seiner Enttäuschung noch andere Wurzeln zugrunde lagen, nämlich, daß es ihm nicht gelungen war, das primäre Trauma in seiner Phantasie zu verhindern: die Scheidung von seinen Eltern und Geschwistern, die er immer wieder nachvollziehen mußte.

Dieses Motiv findet man in den katamnestischen Erhebungen auch der folgenden Altersgruppen, und überhaupt bei einem großen Teil der Kriegswaisen, die den Krieg und die Verfolgung in den Verstecken überstanden. Es durchzieht retrospektiv die ganze dritte traumatische Sequenz und belastet sie mit den kindlichen Allmachtsvorstellungen der Prävention und des Ungeschehenmachens der Verfolgungssituation. Die Modalität der Waisenschaft, auf die bereits mehrfach hingewiesen wurde, erweist sich auch hier als eines der Hauptthemen. Bei den Kindern aus den Konzentrationslagern ist es zum Teil gekoppelt an das reale Erlebnis der Ohnmacht gegenüber dem Tod der eigenen Eltern und Geschwister in einer passiv-abhängigen Situation andauernder äußerster Bedrohung. Bei den Kindern aus den Verstecken gewinnt man den Eindruck, daß der heimtückische Mord an wehrlosen Opfern die kindliche Phantasie stärker mit sadomasochistischen Vorstellungen genährt hat.
Die Überlebensphantasien findet man bei beiden Gruppen. Ihre Wurzeln sind verzweigt; zu einem Teil sind sie direkt an die Trauerverarbeitung gekoppelt, zu einem anderen Teil scheinen sie den Niederschlag der Schuldgefühle der Überlebenden zu bilden, in denen sich die uneingestandene Wut über die Trennung von den Eltern (die als ein Im-Stich-gelassen-werden interpretiert wurde) manifestiert.
Signifikant für beide Gruppen in ihrer Beurteilung der dritten traumatischen Sequenz ist überdies das Gefühl des Ausgeliefertseins an Instanzen, die über Wohl und Wehe der

Kinder gebieten; ihre Protesthaltung gegen eine Weise des Manipuliertwerdens durch Erwachsene, die viel gemein hat mit den primären Erfahrungen des Terrorgeschehens, denen sie als willenloses, abhängiges, verdinglichtes Wesen ausgesetzt waren. Bei fortschreitender geistiger Entwicklung in der Adoleszenz liegt hier der kritische Ansatzpunkt, von welchem aus das historische Verstehen und das Selbstverständnis ihre Impulse zur geistigen Bewältigung des Geschehens beziehen.

Ein 1937 geborener Junge benutzt die katamnestische Untersuchung, um seinen Groll über die jüdische Waisenorganisation zu äußern, die in seinem Fall schwere Fehler gemacht habe. Er bringt einige Vorfälle zur Sprache, in denen Angehörige des Vorstandes dieser Organisation ihm autoritär und verständnislos gegenübergetreten sind. Zu gleicher Zeit begrüßt er eine Untersuchung über Kinder, die – wie er selbst – untergetaucht waren. Er fühlt sich als Angehöriger einer Gruppe, die man totschweigt.
Er zeigt sich äußerst verwundert, als der Untersucher ihm zugesteht, daß Fehler gemacht wurden. Im weiteren Verlauf der Nachuntersuchung entspannt er sich merklich, als ihm bedeutet wird, daß die Erwachsenen, die die Verfolgung überstanden hatten und sich für das Los der Waisenkinder einsetzten, gleichfalls die Merkmale der Verfolgten trugen und im näheren persönlichen Kontakt mit den Kindern bestimmt ihre eigenen Probleme, ihre Trauer, ihre Instabilität nicht verbergen konnten. Dies sei ein völlig neuer Gedanke für ihn.
Bisher hatte er sich immer noch als Kind mit den damaligen Erwachsenen auseinandergesetzt.

In diesem Fall wird die Bedeutung der dritten Sequenz besonders unterstrichen. Die gesammelte affektive Ladung der Verfolgung wird hier ausschließlich in den Vorwürfen über die unfreundliche Behandlung seitens der Vertreter der jüdischen Waisenorganisation zusammengeballt. Die dritte überschattet die Ereignisse der ersten und zweiten Sequenz; in den Problemen der dritten traumatischen Sequenz ist der Untersuchte ‚hängengeblieben'.
(Die beiden letzten Beispiele zeigen, daß sich bei der katamnestischen Untersuchung psychotherapeutische Gesichtspunkte nicht immer ausklammern ließen.)
Im letzten Fall ist eine deutliche Verschiebung der Problematik nachweisbar. Dieser Erwachsene hatte als Kind viele Unfreundlichkeiten (während seiner Untertauchzeit) einstecken müssen. Er war auf verschiedenen Adressen versteckt. Seine Pflegeeltern waren furchtsam; hierin übrigens ähnlich seinen eigenen Eltern, die bereits 1941 mit ihren Kindern untertauchten, öfter ihr Versteck wechselten; bis sie schließlich 1943 mit zwei Kindern arrestiert wurden. Der Junge selbst befand sich zu der Zeit allein in einem Versteck im Süden des Landes. Obwohl er des öfteren seinen Aufenthaltsort wechseln mußte, hat er es nie zu Konflikten kommen lassen. Nach dem Kriege war er zunächst bei einer Schwester seiner Großmutter untergebracht, die – obwohl selbst am Ende ihrer Kräfte – es als ihre Pflicht gegenüber dem Andenken ihrer ausgerotteten Familie empfand, den Jungen bei sich aufzunehmen. Wegen seines schwierigen, aufsässigen Betragens konnte sie ihn aber nicht länger als drei Jahre behalten. Trotzdem kostete es die Sozialarbeiterin noch viel Mühe, die alte Frau von der Notwendigkeit ihres Entschlusses zu überzeugen, sich von dem Jungen zu trennen. In den jüdischen Heimen, in denen er danach aufgenommen wurde, wechselte die Haltung des Jungen zwischen beflissener Liebedienerei und offener Rebellion.
Dieser Fall wirft auch ein interessantes Licht auf einige bedeutsame Prozeduren, die unmittelbar mit der Arbeit der Kommission O. P. K. zusammenhingen. Deren direkte Aufgabe bestand in der rechtlichen Ordnung der Erziehungsverhältnisse des Kindes, c.q. der Zuerkennung der Vormundschaft und der Bestimmung des weiteren Aufenthaltsortes des Kindes; weniger befaßte sie sich mit den *mental health* Problemen der jeweiligen Kinder. Zwar wurde diese Frage von den verantwortlichen Instanzen gesichtet und in der Errichtung von Waisenorganisationen, Observationsheimen,

Konsultationen von *child guidance clinics* und anderen Jugendschutzorganisationen auch praktiziert; aber die Betreuung der betreffenden Fälle blieb der privaten Initiative der sich dafür verantwortlich fühlenden Gruppen und Organisationen anheimgestellt. Wenn einmal die Vormundschaftsfrage geregelt und z. B. eine Pflegefamilie damit betraut war, bestand keine direkte Möglichkeit mehr, die Entwicklung des Kindes in seiner Umgebung weiter zu verfolgen und eventuell beratend einzugreifen. Dies gilt in besonderem Maße für Fälle wie den eines Mädchens, das zu seiner aus dem Konzentrationslager zurückgekehrten Tante ins Ausland übersiedelte; aber auch für diejenigen Kinder, über die die Kriegspflegeeltern die Vormundschaft erhielten. Obgleich die jüdische Waisenorganisation in den letztgenannten Fällen auch nach Zuweisung der Vormundschaft versuchte, mit diesen Milieus Kontakt zu unterhalten, blieben ihre Möglichkeiten der Beratung und praktischen Hilfeleistung beschränkt, vor allem in den sogenannten ‚Streitfällen'. Unser Material enthält wohl Fälle, in denen der nicht-jüdische Vormund eines Kindes sich in Krisissituationen plötzlich um Intervention an die jüdische Waisenorganisation wandte. Daß in der dazwischenliegenden Spanne jedoch bereits neue traumatisierende Vorfälle eingetreten waren, die man bei sachkundiger Beratung in statu nascendi hätte angehen können, verleiht der dritten traumatischen Sequenz eine besonders schmerzliche Tönung.
Zusammenfassend können wir die Spezifität der dritten traumatischen Sequenz in ihrer vielgestaltigen Erscheinung begreifen als ein Zusammenspiel zwischen der soziokulturellen Nachkriegssituation und der persönlichen Verfassung, in der die jüdischen Kinder und die Erwachsenen die beiden ersten Sequenzen der Verfolgung überstanden hatten. Erst während der dritten Sequenz wurde – durch präzise Informationen über den Terror in den Konzentrationslagern und in den besetzten Gebieten – das gesamte grausame Ausmaß dessen sichtbar, was diesen Kindern und ihren Familien geschehen war, und womit sie sich auseinanderzusetzen hatten.
Zugleich liegt hier vielleicht einer der Gründe, warum diese dritte Phase von den Erwachsenen geleugnet werden mußte. Die jüdischen Erwachsenen handelten nicht nur, aber eben doch auch aus Trauer und dem Schuldgefühl der Überlebenden; die nicht-jüdischen z. T. aus dem Gefühl, nicht genug Schutz geboten zu haben. Beiden gemeinsam ist die für Erwachsene schwer zu ertragende Erfahrung, Kinder in Gefahren nicht genügend schützen zu können.

C. KLINISCHER TEIL

C.1. DIAGNOSTISCHE ERWÄGUNGEN

C.1a. Klinisch-psychiatrische Diagnostik

Die psychiatrische Diagnostik ist nicht nur eine Frage der psychiatrischen Terminologie. Sie ist abhängig von dem kritischen Selbstverständnis der Psychiatrie in den verschiedenen Phasen ihrer Geschichte. Das Folgende diene als Einführung in die Interpretations- und Klassifikationsprobleme unseres Materials.

Wenn man die psychiatrische Literatur über die Verfolgten des Zweiten Weltkrieges studiert, fällt die Vielzahl und Mannigfaltigkeit der psychiatrischen Termini auf, die zur Anwendung kommen. Dieser Eindruck schlägt sich als Verwirrung nieder, und man ist geneigt, nach den Gründen der zutage tretenden Aufwendigkeit zu fragen.

Die terminologischen und diagnostischen Schwierigkeiten liegen in der Sache der Verfolgtenproblematik selbst, d. h. in dem unterschiedlichen Ansatzpunkt, von dem aus die verschiedenen Untersucher ein und dasselbe psychopathologische Problem zu erfassen und zu beschreiben versuchten. Bereits im Kapitel *Vom Trauma zur traumatischen Situation* haben wir dieses Problem gesichtet und im Falle der sogenannten „traumatischen Neurose" die Zeitbedingtheit psychologischer Orientierungen erörtert. Wir wollen uns nicht in tiefschürfende Fragestellungen verlieren und die allzu oft und lautstark verkündete Krise der Psychiatrie aufs neue beschwören, sondern uns auf einige wenige pragmatische Überlegungen beschränken.

Bereits *von Baeyer, Häfner* und *Kisker* (1964) wiesen darauf hin, daß es angesichts der Neu- und Einzigartigkeit der in der psychiatrischen Erforschung des Verfolgungsgeschehens in Erscheinung tretenden Phänomene – sowohl auf der Seite des Verfolgers als auch in den Reaktionsweisen der überlebenden Verfolgten – niemanden wundernehmen dürfe, wenn die bisher geläufige psychiatrische Terminologie – entstanden in „anderen Zeiten" – versage, resp. sich als unzureichend erweise. An der Beschreibung der Chronizität der Trauerproblematik zum Beispiel, mit ihrer weitverzweigten Symptomatik (u. a. asthen, phobisch, restriktiv) und der Rolle, die ihr im intrapsychischen Verarbeitungsprozeß der Überlebenden zugemessen werden muß, entfaltet sich die psychiatrisch-traumatische Problematik, deren terminologische Vielfältigkeit, oft verwirrend und unübersichtlich, nur eine ihrer respektablen Schwächen ist.

Matussek (1971) weist darauf hin, daß anscheinend jeder Psychiater seine eigene Terminologie entwickelt, um Zusammenhänge zu beschreiben und zu erfassen, die ihm a priori nicht vertraut sind. In einer umfassenden tabellarischen Übersicht hat er die Vielfalt der diagnostischen Formulierungen bei einer großen Anzahl von Autoren dargestellt.

Dennoch ist hier nicht von einer mehr oder minder persönlichen Willkür die Rede. Wenn sich bei den verschiedenen Untersuchern hie und da Nuancierungen und Akzentverschiebungen zeigen, so besteht inhaltlich doch oft eine gewisse Übereinstimmung bei der Beschreibung der erlebnisreaktiven Syndrome, auch wenn man sie mit einer neuen Etikettierung versehen hat. Die relative Einheitlichkeit der beobachteten psychopathologischen Erscheinungen begünstigt auch einigermaßen diese Tendenz. *Matussek* verzichtet folgerichtig auf eine Fortsetzung der bisher angewandten Klassifikationen und trachtet vermittels der von ihm und seinen Mitarbeitern angewandten quantitativ-statistischen Bearbeitung zu einer neuen traumatischen Typologie zu gelangen. Obwohl sein Versuch etwas Bestechendes hat, gestattet unser Material und die vorliegende Problemstellung uns nicht, ihm zu folgen.

Um die Frage der altersspezifischen Traumatisierung, wie sie in der zeitgenössischen Literatur über die Verfolgung durch *von Baeyer, Häfner* und *Kisker* angeschnitten ist, weiter zu diskutieren, haben wir uns entschlossen, bei der diagnostischen Klassifikation in großen Zügen der Einteilung zu folgen, wie sie bisher an der Amsterdamer Kinderpsychiatrischen Universitätsklinik praktiziert wird. Wir unterscheiden: 1. Neurose, 2. Verwahrlosung, 3. Psychose, 4. organisch-zerebrale Beschädigung, 5. Oligophrenie, 6. Psychosomatose.

Dieses Schema, das wir mit gewissen Einschränkungen und Modulationen übernehmen, erleichtert uns die Abgrenzung der großen klinischen Bilder und die Beantwortung der Fragestellung, auf die unsere Untersuchung letzthin zielt. Die Kategorie der Verwahrlosung als selbständige diagnostische Einheit werden wir fallenlassen, und zwar nicht etwa, weil sie in unserem Material nicht enthalten wäre, sondern im Gegenteil, weil sie in fast allen traumatisierten Fällen als pathogenes Agens wirksam ist. Bei der Definition der extremen Belastungssituation wurde neben der extremen situativen Bedrohlichkeit die Nichterfüllung der *basic needs*, die für die jeweilige Altersgruppe eine spezifische traumatogene Bedeutung enthält, als verwahrlosendes Element in die Reihe der massiven kumulativen Traumatisierungen aufgenommen. Es versteht sich von selbst, daß die Beschaffenheit unseres Materials mit seiner weitverzweigten traumatologischen Problematik einer verästelten Differenzierung in diagnostischer Hinsicht im Wege stand. Die bei der Nachuntersuchung zutage geförderten Befunde wurden unabhängig von der longitudinalen Darstellung der drei traumatischen Sequenzen formuliert. Trotzdem können sie nur aus dieser verstanden werden. Die Gesamtheit des Verlaufs ist sowohl formal als auch inhaltlich unerläßlich zum Verständnis des abschließenden Befundes. Dieser gibt neben dem diagnostischen Fazit in Kürze Auskunft über die Ebenen, in denen sich das Leben des Erwachsenen z. Zt. der Nachuntersuchung vollzieht: Beruf, Ehe, Partnerschaft, Freizeit.

Hiermit folgen wir in groben Umrissen der durch *Lazarus* c. s. (1974) vorgeschlagenen Einteilung in *response disposition* und *response stile*, indem wir die diagnostischen Formulierungen und die sozialen Verhaltensmuster in den jeweiligen Lebensbereichen voneinander abgrenzen.

Um dem Charakter der follow-up-Untersuchung und der Zahl der Fälle auch bei einer quantitativ-statistischen Bearbeitung gerecht zu werden, haben wir – gestützt auf unser Erfahrungsgut – von einer eher statisch ausgerichteten Diagnostik (wie sie z. B. in der syndromatischen Differenzierung zum Ausdruck kommt) bewußt abgesehen und ziehen es vor, soweit möglich von *Entwicklungen* zu sprechen. Diese Erwägung zielt in erster Hinsicht auf die neurotischen Entwicklungen, innerhalb deren Bereich es mehrere Spielarten gibt. (In diesem Zusammenhang ist die Untersuchung von *Matussek* c. s. (1971) wichtig; in ihr kommt deutlich das Bestreben der Untersucher zum Ausdruck, das nosologische Schema zu erweitern und den Begriff ‚Reaktionsweisen' einzuführen.)

Wir haben unter „neurotische Entwicklungen" alle gehemmten Fehlentwicklungen zusammengefaßt, die sich klinisch als

a) charakterneurotische Entwicklungen,
b) angstneurotische Entwicklungen,
c) chronisch-reaktive Depressionen

verschiedenen Schweregrades ausweisen. Ebenfalls fallen hierunter alle Momente der persönlichen und sozialen Verunsicherung, dissoziale Fehlhaltungen und psychopathi-

forme Muster, welch letztere wir von der charakterneurotischen Entwicklung trennen. Ferner gehören hierzu auch alle für Pflegekinder spezifischen Loyalitätsprobleme, die unserem Material sein besonderes Gepräge verleihen, sowie die Identitätsproblematik von Kindern, die einer verfolgten Minderheitsgruppe angehören.
Um nicht der Vielfalt seelisch-sozialer Fehlhaltungen als Endresultat traumatisierter Entwicklungsvorgänge zu erliegen, wie sie bei verfolgten Kindern und Jugendlichen vornehmlich in den Mengformen von depressiven, angsthaften, phobischen Elementen durch u. a. *Venzlaff* (1958, 1960), *Bensheim* (1960), *Levinger* (1962) und in ihren oft von vegetativen Symptomen begleiteten dissozialen Verhaltensmustern durch *Strauss* (1961), *Bensheim* und *von Baeyer* (1961) beschrieben wurden, haben wir uns entschlossen, für die oben erwähnten diagnostischen Kategorien die Kriterien *Kontakt*, *Angst* und *Depression* zum Schwerpunkt unseres Ordnungsschemas zu wählen.
Dieser Einteilung haftet ohne Zweifel etwas Künstliches an; zumal man – wie bereits *von Baeyer*, *Häfner* und *Kisker* (1964) erwähnten – in einem Querschnitt bei fast allen Fällen Kontaktprobleme neben der Angst- und Trauerproblematik antrifft. Aus der kinderanalytischen Forschung ist diese Koexistenz verschiedener Reaktionsweisen bekannt (*Aichhorn*, 1925; *Spitz*, 1946[2]; *A. Freud*, 1951; *Bowlby*, 1951; *Lampl-de Groot*, 1960; u. a. m.). So findet man z. B. bei früh verwahrlosten Kindern neben der Kontaktschwäche Stimmungsanomalien, die sich nicht selten in asozialen *actings out* manifestieren. Unsere Diagnostik erfaßt denn auch nur diejenige Reaktionsweise, die sich dem Nachuntersucher als hervorstechend und das Bild beherrschend anbot. Wir unterscheiden:

A. charakterneurotische Entwicklung;
B. angstneurotische Entwicklung;
C. chronisch-reaktive Depression;
D. psychotische Episoden;
E. Psychosomatosen;
F. organisch-zerebrale Beschädigung;
G. psychopathiforme Entwicklung;
H. restriktive Persönlichkeitsentwicklung;
I. schwachbegabt;
J. normale Entwicklung.

Zu dem Begriff der chronisch-reaktiven Depression noch einige Bemerkungen. Sowohl formal-genetisch als auch thematisch entspricht er den psychiatrischen Erhebungen am Ende eines follow-up als eine besondere Weise der Verarbeitung des Verfolgungsvorganges bei Kindern und Jugendlichen. Er deckte bei einer Reihe von Untersuchten den hervorstechendsten Zug, der die typologische Zuordnung rechtfertigt. (Bei der komplexmäßigen Anwesenheit ängstlich-gehemmter, phobischer, paranoider Fehlhaltungen, trauriger Verstimmung, persönlicher und sozialer Verunsicherung in den meisten der von uns untersuchten Fälle haben wir diese Form der typologischen Auswahl allgemein soweit möglich gehandhabt.) Neben der Depression bei früher Verwahrlosung und der Entwurzelungsdepression ist die chronisch-reaktive Depression genetisch mit den angstneurotischen Reaktionsweisen unseres Materials verwandt. Und zwar handelt es sich hier nicht allein um die depressive Stimmungsqualität als Ausdruck der Trauer um einen erlittenen Verlust, sondern um die Charakterpanzerung, um restriktive Tendenzen, die als teilweise Abwehr gegen die mit Angst geladenen Phantasien und mögliche Wiederholungen traumatischer Sequenzen in der Wirklichkeit gerichtet sind. – Dies ist auch der Grund, warum die Verarbeitung der Trauerproblematik nicht gesondert vermerkt wurde. Es erwies sich, daß sie in beinahe

keinem Fall fehlte, mit Ausnahme der jüngsten Jahrgänge; obgleich die Kasuistik auch hier überraschende Variationen ergab. Oft war die Trauerproblematik überlagert und verdeckt von der Loyalitätsproblematik des Pflegekindes.
Die restriktive Entwicklung haben wir von der chronisch-reaktiven Depression abgegrenzt. In ihr ist es den restriktiven Tendenzen gelungen, die Persönlichkeitsentwicklung dergestalt einzuengen, daß ein Funktionieren auf einer schmalen Lebensbasis unter Ausschluß jeglicher tieferen Emotionalität gewährleistet ist. Durch die Rigidität der Abwehrform hat sich ein Gleichgewichtszustand entwickelt, der dem Bild einer tiefen Hemmung und Apathie gleichkommt.
Noch einige Bemerkungen zu der Kategorie „normale Entwicklung". Hierunter wurden Fälle erfaßt, die sich wesentlich, und zwar im günstigen Sinne von den anderen von uns bearbeiteten unterschieden. Die Nachuntersuchung ergab bei ihnen keinen psychiatrischen oder neurologischen Befund und ebenfalls keine störenden psycho-sozialen Defizienzerscheinungen, so daß von einem wahrnehmbaren pathogenen Effekt des massiv-kumulativen Traumatisierungsvorgangs nicht gesprochen werden konnte. Die hier gewählte Klassifikation ist demnach völlig auf unser Erfahrungsgut, auf die Hypothese der altersspezifischen Traumatisierung und auf den Zeitpunkt der Durchführung der Nachuntersuchung abgestellt. Daß es sich überhaupt als notwendig erwies, diese Kategorie einzuführen, stellt außer dem Einfluß des Traumatisierungsgeschehens auch den pädagogischen und psycho-sozialen Impakt des Pflegemilieus in der zweiten und in der dritten traumatischen Sequenz zur Diskussion. Dies gilt vor allem für die jüngeren Jahrgänge. In den Fallstudien werden einige dieser Entwicklungen dargestellt und deren Bedingungen näher erörtert.
Bei einigen Fällen der jüngeren aber auch der älteren Jahrgänge haben wir bei nicht vergleichbaren Entwicklungen als diagnostische Umschreibung den Terminus „späte Reifung" gewählt. Dabei waren folgende Erwägungen maßgebend. Einige Fälle, deren schwierigen Entwicklungsgang wir lange Zeit aus der Nähe verfolgen konnten, traten uns – nachdem wir sie mehr oder weniger aus den Augen verloren hatten – nach Jahren bei der Nachuntersuchung als durch Schmerz gereifte Menschen entgegen, die bei bewußter Konfrontation mit den äußeren und inneren Umständen ihres Lebensweges in allen drei traumatischen Sequenzen die Verwundungen und die Trauer in sich aufgenommen hatten und sich frei von den Zwängen der persönlichen und sozialen Verunsicherung, die früher ihr Leben beherrschten, bewegten. Bei den älteren Jahrgängen vollzog sich solch schwieriger Entwicklungsgang – wie erwähnt – nach Beendigung des Krieges vielfach außerhalb der Bemühungen jedweder Instanzen. Auch unter ihnen, die bei der Nachuntersuchung zumeist die Vierzig überschritten hatten, boten einige das oben beschriebene Bild, sowohl in ihren persönlichen wie in ihren sozialen Verhaltensmustern.
Die Hyperaktivitätsneurosen bilden hier die Ausnahme. Bei ihnen erweist sich das komplex-adaptive Verhältnis zur Umwelt und zur Innenwelt als in einer übersteigerten Anpassung gestört.
Noch eine grundsätzliche Bemerkung zur Kategorie der psychotischen Episoden. Unser Material enthält einige wenige dieser Bilder. Da es sich bei unserer Arbeit nicht um eine gutachterliche Beurteilung der Pathogenese psychotischer Bilder aufgrund des Verfolgungsgeschehens handelt, wollen wir auf die in diesem Rahmen geführten Diskussionen nicht näher eingehen. Grundsätzlich können wir aufgrund unserer kinderpsychiatrischen Erfahrungen – vor allem mit *borderline cases* – den Zusammenhang zwischen seelischen Belastungen und der Entwicklung psychotischer Bilder nicht verneinen. Der von uns hantierte Psychosen-Begriff stützt sich denn auch mehr auf die im englisch-amerikanischen Sprachraum entwickelten Psychosen-Kriterien (*Menni-*

ger, W. C., 1948; *Menniger, K.*, 1954; *Rosenfeld*, 1965 u. a. m.), die in der deutschsprachigen Literatur durch *Mayer-Gross* (1932), *Kolle* (1958), *Kulenkampf* (1959), *Zutt* (1962), *Venzlaff* (1963^2) und *von Baeyer, Häfner* und *Kisker* (1963) mit wertvollen Fall-Studien ergänzt und bestätigt werden. Übrigens fanden sich bei den von uns diagnostizierten Fällen in den Dossiers keine Anhaltspunkte einer familiären Belastung. Eine Diskussion bezüglich der Frage der prämorbiden Persönlichkeit halten wir bei unserem Material für obsolet.

Ebensowenig relevant ist für die vorliegende Untersuchung eine Diskussion, die man bei der psychiatrischen Begutachtung erwachsener Verfolgter geführt hat: inwiefern man nämlich „erlebnisreaktive Syndrome" auch terminologisch von „Neurose", „neurotische Entwicklung" (*Panse*, 1952; *Kolle*, 1958; *Bodechtel* c. s., 1960; u. a.) abgrenzen müsse. Da wir es bei unserem Material hauptsächlich mit „frühzeitig gesetzten Fehlhaltungen" zu tun haben, erscheint uns der in der Kinderpsychiatrie eingebürgerte Gebrauch der oben erwähnten Termini gerechtfertigt. Erlebnisreaktive Syndrome bei Kindern sind für uns das Resultat und der Ausdruck psychodynamischer Abwehrformen, wie sie das Wechselspiel von *external* und *internal happening* zeitigt. In der kinderpsychiatrischen Klinik stehen erlebnisreaktive Syndrome am Beginn von neurotischen und psychotischen Entwicklungsgängen (*Mahler, Furer* und *Settlage*, 1959; *Mahler*, 1965; *Frijling-Schreuder*, 1969; u. a.).

Die u. a. von *von Baeyer* aufgeworfene Frage, ob es überhaupt möglich sei, vom reaktiven Syndrom her die späteren Dauerfolgen zu beurteilen, soll daher an dieser Stelle näher erörtert werden. Diese Fragestellung zielt u. E. auf das Kernproblem jeder follow-up-Untersuchung und also auch der vorliegenden.

Sicher muß man davon ausgehen, daß günstige bzw. ungünstige Umwelteinflüsse die weitere charakterologische Entwicklung posttraumatisch weitgehend bestimmen. Diese Einsicht bildet u. a. die Basis der niederländischen Kinderschutzgesetzgebung aus dem Jahre 1921. Jedoch scheint uns die inhärente Problematik unseres Materials – wie bereits in den vorhergehenden Abschnitten dargelegt wurde – komplizierter zu liegen.

Wir sind davon ausgegangen, daß mit der Befreiung die Traumatisierung der von uns untersuchten Kinder nicht aufgehört hat. In dieser Überlegung wurden wir gestützt durch u. a. *Anna Freud* und *E. C. M. Frijling-Schreuder* (mündliche Mitteilung), und schließlich durch das Ergebnis der quantitativ-statistischen Auswertung unseres Materials. Die *Folgen* der Verfolgung mit all ihren sozial-psychologischen Implikationen wurden auch durch viele der untersuchten Kinder selbst als eine neue schwere Schicksalsphase erlebt, die unmittelbar an die direkte Verfolgungssituation anschloß und auch methodologisch nicht von ihr zu trennen ist. Zudem handelt es sich in unseren Fällen nicht nur um ein einmaliges traumatisierendes Ereignis (Trennung von der Mutter), sondern um einen kumulativen traumatischen Prozeß. Dies gilt nicht nur für die jüngsten Altersgruppen, sondern für alle Jahrgänge.

Die oben erwähnten günstigen oder ungünstigen Milieueinflüsse nach dem Kriege haben wir gemäß den realen Erfahrungen jener Zeit in der dritten traumatischen Sequenz rubriziert, um die Nachkriegsperiode sowohl innerhalb einer Altersgruppe als auch für die verschiedenen Altersgruppen untereinander vergleichen zu können: in ihren jeweiligen traumatisierenden Aspekten.

Die Untersuchungen von *Althoff* (1948), *Najar* (1950), *A. Freud* und *Dann* (1951) und *Wolffheim* (1958) an Kindern und Jugendlichen aus Konzentrationslagern entwerfen zwar ein relativ optimistisches Bild hinsichtlich der Reversibilität der psychischen Dauerfolgen, soweit es die soziale Wiedereingliederung betrifft; doch muß man die Frage stellen, ob diese Aussagen nicht aufgrund einer Momentaufnahme aus der

sogenannten Latenzzeit gemacht sind. Die im Rahmen der entschädigungspflichtigen Wiedergutmachung veröffentlichten Ergebnisse unterstützen diese Annahme. *Najars* Bemerkung, daß bei den von ihm untersuchten Fällen (1 800 Kinder aus dem DP-Lager Foerenwald) das Schulverhalten durch den Mangel an Fleiß, Ehrgeiz und den stark reduzierten IQ besonders auffiel, erscheint uns in ihrer sozial-psychologischen Dimension wichtig zu sein. Das stimmt überein mit unseren eigenen Erfahrungen mit einer großen Gruppe jüdischer Kinder aus Südosteuropa, die den Krieg zum Teil in Konzentrationslagern, in Ghettos oder vagabundierend erlebt hatten. Diese Gruppe – 500 Kinder im Alter von 6 bis 17 Jahren – blieb einige Zeit in den Niederlanden, bevor sie durch die Jugendalijah in das damalige Palästina umgesiedelt wurde. Es erwies sich, daß diese Kinder mit den auf die westeuropäische Population geeichten Testaufgaben überhaupt nicht zu testen waren. Ihre Sprache war jiddisch, rumänisch, bulgarisch. Die Resultate der Untersuchungen lagen nach niederländischen Maßstäben auf leicht bis schwer debielem Niveau. Das weitere Verhalten der Kinder in der Schule entsprach den Beobachtungen *Najars*.
Die sozial-psychologische Bedeutung der unverschuldet verfehlten schulischen Karriere (vom Kindergarten aufwärts über alle Schultypen hinweg) darf man bei allen verfolgten Kindern nicht unterschätzen. Die großen Anstrengungen beispielsweise, die das sozial-psychiatrische Team der jüdischen Waisenorganisation in den Jahren nach dem Kriege machte, um diesen besonderen Aspekt des Verfolgungsgeschehens zu bearbeiten, und die Erfahrungen, die hierbei gesammelt wurden, erwiesen sich im

Tabelle 10: **Diagnosen (Nachuntersuchung)**

	1. 0–18 Mon. (30)	2. 18 M–4J (41)	3. 4–6J (24)	4. 6–11J (42)	5. 11–14J (26)	6. 14–18J (41)
charakterneurotische Entwicklung	9 30%	15 **36.6%**	5 20.8%	12 28.6%	5 19.2%	7 17.1%
angstneurotische Entwicklung	4 13.3%	11 26.8%	6 25%	5 11.9%	10 **38.5%**	8 19.5%
chronisch-reaktive Depression	2 6,7%	5 12.2%	2 8.3%	8 19%	3 11.5%	13 **31.7%**
psychotische Episoden	2 6.7%	1 2.4%	1 4.2%	1 2.4%	1 3.8%	2 4.9%
Psychosomatose	–	3 7.3%	2 8.3%	3 7.1%	–	5 12.2%
organisch-cerebrale Beschädigung	3 10 %	3 7.3%	1 4.2%	1 2.4%	1 3.8%	–
psychopathiforme Entwicklung	1 3.3%	–	1 4.2%	2 4.8%	–	–
restriktive Persönlichkeitsentwicklung	4 13.3%	2 4.9%	2 8.3%	6 14.3%	3 11.5%	2 4.9%
schwachbegabt	1 3.3%	–	–	–	1 3.8%	–
normale Entwicklung	4 13.3%	1 2.4%	4 16.7%	4 9.5%	2 7.7%	4 9.8%

follow up bei der Nachuntersuchung auch in theoretischer Hinsicht als wichtig. Es handelt sich nicht nur darum, sie als einen essentiellen Bestandteil des Revalidierungsgeschehens zu beschreiben; sie unterstreichen das enge Verhältnis zwischen Kinderpsychiatrie und Sozialpsychiatrie.

C.1b. Psycho-soziale Dysfunktion und psycho-soziale Defizienz

Die engen Beziehungen zwischen Kinderpsychiatrie und Sozialpsychiatrie, die bereits von *Rümke* (1958) signalisiert wurden, sollen auch in den erweiterten diagnostischen Kategorien unserer Untersuchung zur Diskussion gestellt werden.
Es handelt sich hierbei nicht um die Erfassung von Krankheitserscheinungen im herkömmlichen klinisch-psychiatrischen Sinne. Vielmehr betrifft es den Versuch, bestimmte Aspekte defizienten menschlichen Verhaltens in Ausbildung, Arbeit und Liebesleben, Ängste, Isolierungstendenzen und Einsamkeit u. a. m. gegen den Hintergrund bio-sozio-kultureller Faktoren zu erhellen.
Der Sozialpsychiater *Trimbos* (1969) hat hierfür – gestützt auf die Ausführungen von *Diethelm* (1958), *Taylor* und *Chave* (1964) und *Leighton* (1967), u. a. – den Terminus ‚psycho-soziale Dysfunktion' eingeführt. Hiermit schuf er sich ein Instrument für eine Neuorientierung, Differenzierung und Operationalisierung des bisher überlieferten psychiatrischen „Begriffsarsenals", das seinem Streben nach einer präventiven Sozialpsychiatrie kein „relevantes Indexsystem" bot. Es ist interessant zu sehen, daß es ihm wie auch anderen Untersuchern auf dem Gebiet von Bevölkerungsuntersuchungen im Wesen um die alten nosologischen Zielsetzungen geht, wie sie bereits durch *Kräpelin* formuliert wurden, nämlich „den tiefen inneren Zusammenhang zwischen Entstehungsbedingungen, Erscheinungsformen, Verlauf und Ausgang (...) der einzelnen Krankheitsvorgänge zu offenbaren". Nur daß in der gegenwärtigen Situation anstelle der „anatomischen Grundlage" und der bisherigen klinisch-psychiatrischen Ausrichtung auf die Problematik des „Irreseins" die sozio-kulturellen Faktoren in den Mittelpunkt der psychiatrischen Forschung getreten sind. An diesem Wandel haben, wie *Leighton* (1967) feststellte, die psychiatrischen Erfahrungen von zwei Weltkriegen mit ihren eingreifenden sozio-kulturellen Veränderungen im Leben des Einzelnen und der Völkergemeinschaften einen entscheidenden Anteil.
Denselben ätiologisch-genetischen Gesichtspunkt hat *Weijel* (1971) im Zusammenhang mit seinen Untersuchungen über die „Wohlstandsnot" der von ihm geprägten Formulierung der „psycho-sozialen Defizienz" zugrunde gelegt. Gestützt auf eine Anzahl vortrefflicher Untersuchungen von niederländischen praktischen Ärzten innerhalb ihres Patientenbestandes (*E. M. Jansen-Emmer*, 1958; *W. Brouwer*, 1962; *T. Nauta*, 1963; *G. J. Bremer*, 1964; *A. C. Zweers-Wiersema*, 1968; *A. E. N. de Vries*, 1968; *A. P. Oliemans*, 1969) hat er die Hypothese formuliert, daß analog den körperlichen Vorgängen (z. B. beim Auftreten von Rachitis) bei psycho-sozialen Dysfunktionen anweisbare Defizienzvorgänge der psycho-sozialen Entwicklung des Individuums eine Rolle spielen.
Obwohl er – wie *Trimbos* – in erster Linie explorative Vorarbeit bei der Sichtung der Verzahnung sozialer und psychologischer Faktoren leistet, strebt *Weijel* aufgrund seiner Erfahrungen als Sozialversicherungsmediziner in den von ihm entwickelten Kategorien bereits nach einem theoretischen Konzept.
Obgleich *Weijel* von einem anderen Einfallswinkel aus operiert und die von ihm und den oben erwähnten Autoren untersuchten Gruppen nicht mit der von uns untersuch-

ten Gruppe vergleichbar sind (ebensowenig wie die Methoden und Kriteria, die angewendet wurden), haben seine Ausführungen doch vieles mit den Problemen der massiven kumulativen Traumatisierung unseres Materials gemein. *Brouwer* z.B. widmet einen Abschnitt seiner Untersuchungen dem Thema: „Traumatische Erfahrungen in der Jugend", und führt hierbei alle dem Kinderpsychiater vertrauten pathogenetischen Situationen auf. *Weijel* schreibt: „Die psychosoziale Not präsentiert sich meistens in Vermummungen, verhüllt als körperliche Beschwerden, Konflikte, und im Scheitern. Es ist nicht wahrscheinlich, daß die Not nur in den Sprechzimmern der Psychiater und praktischen Ärzte in Erscheinung tritt, auch die Advokaten und die Gerichtsbarkeit bekommen diese Problematik auf die ihnen gemäße Weise aufgetischt" (S. 88).
Wir haben uns daher entschlossen, neben den im vorigen Abschnitt dargelegten diagnostischen Kriterien unsere Fälle bei der Nachuntersuchung auch unter dem Aspekt der psycho-sozialen Defizienz zu betrachten und zu rubrizieren. Unsere Tabelle psycho-sozialer Defizienz enthält folgende Kategorien:

Scheidung
geschiedene freie Verbindung (mit Kindern)
Aufnahme psychiatrische Klinik
Invalidität, nicht mehr im Arbeitsprozeß
Diskrepanz Intelligenz-Ausbildung
emotionelle Störung.

Diese mit Ausnahme der zweiten (geschiedene freie Verbindung) durch *Weijel* formulierten Kategorien entspringen den Erfahrungen des Sozialversicherungsmediziners. Dies besagt noch nichts über ihre Validität. Wohl markieren sie in einer psycho-sozialen Anamnese gewisse Anhaltspunkte, von denen aus sich ein Zugang zum Verständnis eines individuellen Entwicklungsganges bahnen läßt. Sie stellen das Funktionieren bzw. Dysfunktionieren eines Menschen im Verhältnis zu seiner Umwelt in den Mittelpunkt der Betrachtung. Dieser Gedankengang scheint uns wichtig für die epidemiologische Untersuchung unseres Materials im Rahmen eines follow up, deren Ziel es ist, bei einer „select population at risk" nach Korrelationen zwischen sozial-psychologischen Variablen und sozial-psychologischer Morbidität zu fahnden, und den Zusammenhang zwischen einem in psycho-sozialer Hinsicht defizienten Entwicklungsgang und einer sich später manifestierenden psycho-sozialen Dysfunktion zu untersuchen.
Eine defiziente Schulentwicklung etwa fällt ohne Zweifel unter den Begriff der psycho-sozialen Defizienz. Die intellektuell schwach Begabten, die intelligenzmäßigen Randfiguren, die nur durch eine besondere schulische und pädagogische Förderung stimuliert werden können, sind die hervorstechendsten Beispiele eines Notstandes, der ihnen diese Förderung im entscheidenden Augenblick nicht zuteil hat werden lassen oder sie jäh unterbrochen hat. Daß andererseits eingreifende geistig-seelische Erschütterungen auch eine defiziente Schulentwicklung zur Folge haben können, die das weitere Schicksal des Betreffenden letztlich auch auf sozial-kommunikativem Niveau entscheidend prägt, bedarf keines weiteren Hinweises.
Unsere primäre Fragestellung nach dem Zusammenhang zwischen dem altersspezifischen Faktor und dem massiv-kumulativen Traumatisierungsgeschehen bei Kindern enthält bereits implizit auch die Frage nach den psycho-sozialen Defizienzerscheinungen. Die durch *Weijel* skizzierten Kategorien werden in der quantitativ-statistischen Bearbeitung unseres Materials vor allem bei den Befunden der Nachuntersuchung noch näher expliziert werden.

Tabelle 11: **Psycho-soziale Defizienz nach Weijel (Nachuntersuchung)**

Altersgruppe:	I.	II.	III.	IV.	V.	VI.
Scheidung	5 (16,6%)	4 (9,75%)	6 **(25%)**	4 (9,5%)	4 (15,4%)	2 (4,8%)
freie Verbindung m. Kindern geschieden	1 (3,3%)	2 (4,87%)	–	2 (4.76%)	–	1 (2,7%)
Aufnahme psychiatrische Klinik	3 **(10%)**	4 (9,75%)	2 (8,3%)	4 (9,5%)	1 (3,9%)	3 (7,1%)
Invalide, aus dem Arbeitsprozess	7 **(23,3%)**	9 (21,9%)	1 (4,15%)	2 (4,76%)	1 (3,8%)	8 (19%)
Diskrepanz Intelligenz/ Ausbildung	12 (40%)	21 (51,2%)	16 **(66,6%)**	28 **(67%)**	15 (57,7%)	28 **(66,6%)**
emotionelle Störung	26 (86,6%)	40 (97,6%)	21 (87,5%)	39 (93%)	25 (96,1%)	36 (85,7%)

C.2. ALLGEMEINE AUSWAHLKRITERIEN UND ORDNUNGSPRINZIPIEN DER KASUISTISCHEN DARSTELLUNG

Die Auswahlkriterien der kasuistischen Darstellung werden in erster Linie durch die Anlage unserer Untersuchung und durch den Aufbau unseres Materials bestimmt. Es handelt sich bei unserer Arbeit nicht um tiefschürfende Analysen einzelner Fälle, sondern um eine Bevölkerungsuntersuchung mit der beschränkten Zielsetzung, das Verhältnis zwischen Entwicklungsphasen und massiv-kumulativen Traumatisierungsvorgängen in großen Umrissen zu untersuchen.
Daher werden in den ausgewählten Fällen nur die Schwerpunkte der jeweiligen Traumatisierungsproblematik zur Darstellung gebracht. (Die dennoch teilweise recht detaillierte Präsentation erklärt sich aus der Tatsache, daß wir in dieser ersten umfangreichen Untersuchung über die jüdischen Kriegswaisen in den Niederlanden uns nur in beschränktem Maße auf bereits Bekanntes berufen können, und nolens volens zugleich die Rolle des Chronisten zu erfüllen haben.)
In erster Linie steht diejenige Entwicklungsphase des Kindes im Mittelpunkt unserer Betrachtung, in der sich die Trennung von der Mutter vollzog. Im weiteren jedoch bestehen mehrere Möglichkeiten, die darzustellenden Fälle innerhalb der jeweiligen Altersgruppen auszuwählen und zu ordnen.
Das einfachste, aber sicherlich monotonste Verfahren wäre, die diagnostischen Kriterien als Auswahl- und Ordnungsprinzipien zu gebrauchen, und das kasuistische Material einheitlich (z. B. nach den drei Hauptdiagnosen) zu gliedern. Das entspräche in großen Zügen den klinisch-diagnostischen Fragestellungen unserer follow-up-Untersuchung, wie sie in der Diagnosentabelle (Tab. 10) zum Ausdruck kommt. Mit solch einseitiger Ausrichtung auf die klinisch-diagnostischen Kriterien jedoch würde die Beschreibung einer massiv-kumulativ traumatisierten Population gerade eines der wichtigsten Elemente unserer Untersuchung beraubt, nämlich der inhärenten sozial-kinderpsychiatrischen Dimensionen, deren klinische Bedeutung für das follow up nur an den Fällen selbst transparent gemacht werden kann.

Andere kategoriale Möglichkeiten böten sich – wie noch darzulegen sein wird – in den bei der quantifizierenden Untersuchung entwickelten Variablen (z. B.: Anzahl der Wechsel, Dunkelziffer, Streitfälle, KZ-Aufenthalte, traumatisches Skore usw.), die ebenfalls wesentliche sozial-kinderpsychiatrische Faktoren enthalten. Aber auch eine darauf gerichtete Auswahl ist u. E. unbefriedigend, da sie eine formale Verknüpfung des klinisch-psychiatrischen mit dem quantitativ-statistischen Teil zustande bringt, deren beider inhaltliche Eigenständigkeit ja gerade bewahrt werden soll.

Um bei der kasuistischen Darstellung die sozial-kinderpsychiatrischen Dimensionen der inhärenten Traumatisierungsproblematik herauszustellen und zugleich den follow-up-Charakter unserer Untersuchung zu wahren, haben wir uns zu folgender Lösung entschlossen. Wir werden die Gesichtspunkte der zu behandelnden Traumaproblematik, die in den jeweiligen Kapiteln noch näher erläutert werden soll, und der verschiedenen diagnostischen Kategorien – formales Fazit der Nachuntersuchung – als Auswahlkriterien miteinander verknüpfen. Dabei wird es jedoch im Laufe der Behandlung der sechs Altersgruppen zu einer Verlagerung der Akzente kommen. Ein Beispiel: zwar können wir annehmen, daß – global betrachtet – alle sozial-kinderpsychiatrischen Probleme in allen Gruppen auftreten. Das Problem der Vormundschaft z. B. hat jedoch in den jüngsten Altersgruppen ein anderes und schwereres Gewicht als in der Latenzphase. Darum wird eine bestimmte Problemstellung in der einen Gruppe umfassender behandelt, in anderen dagegen nur gestreift werden.
Bei den drei jüngsten Altersgruppen wird so das Hauptgewicht der Auswahlkriterien auf der Darstellung der sozial-kinderpsychiatrischen Problematik liegen, um dergestalt das völlige Ausgeliefertsein der Kinder an die Gunst oder Ungunst der Verhältnisse stärker hervortreten zu lassen. Zwar gilt dies Ausgeliefertsein in gewissem Maße für alle Kinder unseres Materials, besonders jedoch für die jüngsten Altersgruppen, die schon vom Stande ihrer Entwicklung her hilfloser und verletzlicher waren.
Natürlich gehört als Bestandteil des follow up in die Darstellung des klinischen Teiles für alle Fälle die Mitteilung, was aus diesen Kindern später geworden ist; jedoch wird das diagnostische Fazit bei den drei jüngsten Altersgruppen sozusagen nur am Rande erwähnt und weder als Auswahlkriterium noch als Ordnungsprinzip gebraucht.
Von der IV. Altersgruppe an wird bei der kasuistischen Darstellung zusammen mit den kinderpsychiatrischen Items die Diagnose eine größere Rolle spielen. Die lebensgeschichtliche Eigenständigkeit der höheren Altersgruppen kommt dieser Akzentverschiebung einigermaßen entgegen. Diese Kinder – ob untergetaucht oder im Konzentrationslager – haben dem Verfolgungsgeschehen gegenüber bereits eine persönliche Stellungnahme. Verschiedene diagnostische Facetten, wie das Angst- oder das Trauererlebnis, zeichnen sich bereits in ihren ersten Reaktionsformen auf das Verfolgungsgeschehen deutlich ab.

Zusammenfassend geht es uns bei der klinischen Darstellung um zwei Hauptkriterien:
erstens: diejenigen Fälle auszuwählen und zur Diskussion zu stellen, die für die jeweilige Altersgruppe als kennzeichnend betrachtet werden können;
zweitens: die reiche kinderpsychiatrische Problematik aller Gruppen unseres Materials durch die Gesamtauswahl durchsichtiger zu machen.

Der Verzicht, das Gesamtmaterial in zweiter Instanz einem einheitlichen Ordnungsschema zu unterwerfen, bedeutet einerseits gewiß einen Verlust an eindeutiger Strukturierung. Andererseits jedoch gewährt er uns jene größere Bewegungsfreiheit, die es ermöglicht, die Signifikanz der ausgewählten Fälle für die jeweilige Altersgruppe

zugleich auch als exemplarisch für die gesamte kinderpsychiatrische Problematik im Zuge des Verfolgungsgeschehens darzustellen.
Aufgrund dieser Überlegungen wurden bei der Behandlung der jeweiligen Altersgruppen folgende Kategorien erarbeitet: Probleme der Vormundschaftsregelung (Gruppe I); Entwurzelung und Fragen der sozialen Rehabilitation (Gruppe II); die Bedeutung der Erinnerungen an die eigenen Eltern (Gruppe III); gestörte Sozialbezüge als Folge traumatisierter Schul- und Ausbildungsvorgänge (Gruppe IV); Überlebensphantasien und gruppenpsychologische Aspekte in der Präpubertät (Gruppe V); und schließlich die Entwicklung des Adoleszenten unter dem Einfluß des Verfolgungsgeschehens (Gruppe VI).
Aus dem Spektrum der diagnostischen Kategorien (vgl. Tab. 10) wählten wir die folgenden Arten der Fehlentwicklung: charakterneurotische Entwicklung, angstneurotische und restriktive Entwicklung, und die chronisch-reaktive Depression. Einige Fälle, die als normale Entwicklung eingestuft werden konnten, sollen ebenfalls besprochen werden; ferner einige Psychosomatosen.

C.I. ERSTE ALTERSGRUPPE (Trennung von der Mutter im Alter von 0 bis 18 Monaten)

C.I.1. Allgemeines

C.I.1a. Einführung in die altersspezifische Problematik

Die Bedeutung der ersten 18 Lebensmonate für die normale wie die pathologische Entwicklung des Kindes läßt sich an der Fülle der Literatur ablesen, die der Erforschung dieser frühkindlichen Lebensphase gewidmet ist: *S. Freud*, 1905; *Czerny*, 1911; *Abraham*, 1924; *Piaget*, 1929; *Klein*, 1932; *Reich*, 1933; *A. Freud*, 1946; *Spitz*, 1946[2]; *Hartmann* c. s., 1946; *Erikson*, 1950; *Bowlby*, 1951; *A. Freud* und *Dann*, 1951; *Goldfarb* c. s., 1958; *Winnicott*, 1958[1]; *Wolff*, 1959; *Mahler*, 1961; *A. Freud*, 1966; *Nissen*, 1971; *Schaffer*, 1977. Das darin Ausgeführte ist Allgemeingut des kinderpsychiatrischen Denkens geworden, so daß wir uns für diese Entwicklungsphase mit einer kurzen Zusammenfassung der wichtigsten Vorgänge begnügen können.
Im Mittelpunkt steht – ausgehend von den triebmäßig bedingten Vorgängen der Nahrungsaufnahme, der Säuberung, der Erwärmung und den hieran gekoppelten Gefühlen von Lust/Unlust und Spannung/Entspannung, die wohl zu den Basiserlebnissen eines jeden Kindes gerechnet werden müssen – die Entwicklung der emotionalen Kontaktfähigkeit des Neugeborenen. Dieser Prozeß vollzieht sich aus dem Urzustand der „physiologischen Frühgeburt" (*Portmann*, 1951), der „undifferenzierten Phase", über die „symbiotische Phase", in der Außen- und Innenwelt noch unstrukturiert – amorph – ineinander übergehen, zu den ersten Anfängen des „affektiven Dialogs" mit der versorgenden Bezugsperson. Durch die physiologisch bedingte Hilflosigkeit und Abhängigkeit des Säuglings wird der Schwerpunkt seiner Entwicklung völlig auf diejenige Instanz verlegt, die sich im täglichen Ablauf mit den oben erwähnten Elementen der Versorgung befaßt. Durch die konstante Wiederholung, durch die Gleichförmigkeit der Gewohnheiten und der von ihnen ausgehenden Sinneseindrücke (die Färbung der Stimme, die zu dem Kind spricht; die Haltung der Arme, mit der es aufgenommen, gebadet und gewickelt wird; der Geruch des erwachsenen Körpers, den

es einatmet) erhalten diese Vorgänge den Charakter von Signalen, aus denen die ersten Bilder des Erkennens und Erinnerns entstehen.
Der weitere Verlauf und die Stabilisierung dieses affektiven Dialoges, als Beginn einer sozialen Beziehung im engsten Sinne, ist in unserem Kulturkreis abhängig von dem „ur-vertrauten" Gleichmaß, der Beständigkeit dieser ersten Beziehung und von der stimulierenden Attitüde, die in diesem Verhältnis Gestalt erhält. Er resultiert letztlich in dem erworbenen präverbalen Vertrauen des Kindes zu dem „Du", das die Angst vor dem Unbekannten, dem Fremden, bannt und zugleich die Voraussetzung schafft für den Aufbau der eigenen Identität.
Unnötig hinzuzufügen – alle oben erwähnten Autoren haben ohne Ausnahme darauf hingewiesen –, daß die Subtilität und die Differenziertheit der Beziehung Mutter/Kleinkind zugleich in hohem Maße das Risiko der Störbarkeit einschließt. Eine Störung des leib-seelischen Wohlbefindens des Kindes aber kann sich sowohl in psychischen (initiale Depression) als auch in rein körperlichen Symptomen manifestieren. Die Re- bzw. Irreversibilität des dabei entstehenden Bildes hängt sowohl von der Dauer als auch von der Modalität der störenden Einflüsse ab, sowie von der Plastizität der kindlichen Psyche, was natürlich nicht nur für die vorliegende Altersstufe gilt.
Eine Störungsquelle spezifischer Modalität ist die zeitweise oder dauernde Trennung von Mutter und Kind in dieser Phase (vgl. *Spitz* 1946^2, *Bowlby* 1951, *A. Freud* ^{2}1966, u. a. m.). Die Effekte irreversibler Trennung gehören zu dem Themenkreis der vorliegenden Untersuchung. Ihre traumatischen Ansatzpunkte, die in den obigen Ausführungen umrissen sind, liegen nicht nur in dem Vorgang und dem Zeitpunkt der durch das Verfolgungsgeschehen erzwungenen Separation (mit allen Folgen des ersten Objektverlustes und der Einbuße an Kontinuität aller bisher konditionierten Versorgungselemente), sondern bereits in den diese Trennung präludierenden Elementen: in der durch den Einbruch von Bedrohung und Angst veränderten affektiven Ambiance, einer Veränderung, deren pathogene Einflüsse wenngleich nicht exakt meßbar, so doch deutlich sichtbar sind.
Auch diese letzte Erwägung gilt zwar grundsätzlich für alle Altersgruppen unserer Population; doch muß unter dem Gesichtspunkt einer massiv-kumulativen Traumatisierung einer Störung der allerersten sozialen Beziehung wohl eine besondere pathogene Bedeutung zuerkannt werden.

C.I.1b. Zusammensetzung und nähere Beschreibung der Gruppe

Die erste Altersgruppe umfaßt diejenigen Kinder, die in den ersten 18 Monaten ihres Lebens von ihrer Mutter getrennt wurden. Wie aus der tabellarischen Darstellung erhellt, besteht sie aus 30 Kindern, 16 Jungen und 14 Mädchen, geboren in den Jahren 1943, 1942, 1941, ferner je ein Kind aus den Jahrgängen 1940 und 1935. Das letztere, aus sozial schwachem Milieu, wurde auf Veranlassung des Vormundschaftsgerichtes im Alter von ungefähr 1 Jahr in ein Kinderheim aufgenommen. Die Eltern des 1940 geborenen Kindes wurden – dem Dossier zufolge – bereits Ende 1941 deportiert, nachdem die Mutter das Kind im Alter von 11 Monaten Nachbarn übergeben hatte, die es nach einiger Zeit entfernten Verwandten des Kindes anvertrauten.
Die Kinder dieser Gruppe verbindet ein gemeinsames Moment: sie haben keine Erinnerung an ihre Mutter bzw. ihre Eltern. In dieser Hinsicht unterscheidet sich diese Gruppe prinzipiell von allen anderen Gruppen unseres Materials. In der folgenden Gruppe (Kinder, die im Alter zwischen 18 Monaten und 4 Jahren von ihrer Mutter getrennt wurden) gibt es etliche mit wenngleich einzelnen und isolierten Erinnerungen

an ihr Elternhaus. Andere Erinnerungssplitter imponieren deutlich als Deckerinnerungen.

Es ist fesselnd zu verfolgen, welche Rolle die unbekannten eigenen Eltern in der Phantasie einiger Kinder der ersten Altersgruppe spielen. Man erhält den Eindruck, daß ein Zusammenhang zwischen der Intensität dieser Phantasievorstellungen und dem Grad der sozialpsychologischen Gruppenspannung, der diese Kinder in ihrem Kriegspflegemilieu ausgesetzt waren, besteht. Wahrscheinlich hängt diese Intensität wiederum zusammen mit depressiven Lebenserfahrungen (*survivor guilt*, Loyalitätskonflikte) und der gestörten Trauerverarbeitung. Wir werden auf dieses interessante Problem bei einigen Fällen besonders hinweisen.

Obwohl die Anzahl der Verstecke nichts Endgültiges über den Schweregrad der traumatischen Situation aussagt (*ein* defizientes Versteck kann eine Fehlentwicklung entscheidend gestalten!), geben wir – auch im Hinblick auf die korrelationsstatistischen Berechnungen und die aus ihnen abgeleiteten Befunde – in Tabelle 12 (und so auch für alle weiteren Altersgruppen) eine Übersicht über die Zahl der Wechsel der Verstecke und der KZ-Lager und daneben die Zahl der Wechsel in der dritten traumatischen Sequenz. Als Element der individuellen Lebensgeschichte wie auch der altersmäßig abgegrenzten Gruppen gibt dies die Möglichkeit, den inneren Betroffenheitsgrad der traumatischen Sequenzen sowohl individuell als auch gruppenmäßig annähernd zu erfassen.

Tabelle 12: **Anzahl der Aufenthaltswechsel in der zweiten und dritten traumatischen Sequenz (erste Altersgruppe)**

Jg.	Code	II	III
1943	AA	>1	1
	AB	>3	2
	AC	>3	1
	AD	1	1
	AE	3	0
1942	BA	>1	4
	BB	>1	5–6
	BC	2	1
	BD	1	1
	BF	± 4	0
	BG	>3	2
	BJ	>1	1
	BK	>1	0
	BL	2+2 KZ	1
	BM	3	0
	BN	1	3
	BO	2	0
	BP	1	2
	BQ	>1	0
	BR	>2	0
1941	CA	1	2
	CD	>2	3
	CE	1	0
	CG	1	6
	CH	3–5	2
	CJ	>1	1
	CK	>1	2
	CL	1	2
1940	DN	>1	10
1935	JD	3	1–2

Die vorliegende Gruppe enthält ein Kind, das in seinem zweiten Versteck verraten wurde und anschließend zwei Konzentrationslager überstand. Alle übrigen sind Untertauch-Kinder.

Die Tabelle zeigt für die zweite traumatische Sequenz in zweifacher Hinsicht Bemerkenswertes. Einmal ist da die verhältnismäßig geringe Frequenz der bekannten (d. h. in den Dossiers verzeichneten) Wechsel: 17mal 1, d. i. 56,7 %; 5mal 2, d. i. 16,7 %; 6mal 3, d. i. 20 %; 1mal 4, d. i. 3,3 %; 1mal 3–5, d. i. 3,3 %.

Zum anderen fällt der hohe Unsicherheitsfaktor bezüglich der Wechsel auf: in 15 Fällen ist ersichtlich, daß die Zahl der Verstecke, bevor das Kind das Ziel seiner Bestimmung

erreichte, wo es die Verfolgungszeit über blieb, sicher höher angeschlagen werden muß.
In der dritten traumatischen Sequenz blieben 8 Kinder bei ihren Kriegspflegeeltern; bei den übrigen wird eine unruhige Tendenz bemerkbar: 8 Kinder wechselten nach dem Kriege einmal ihr Erziehungsmilieu, 7 zweimal, 2 wechselten sechsmal, eines zehnmal.
Die Gruppe enthält 13 Streitfälle. In 14 Fällen wurde die Vormundschaft nicht-jüdischen Privat- resp. Rechtspersonen übertragen. Diese Werte entsprechen der in der Tabelle zur Vormundschaftsproblematik, Taufe usw. bezüglich der Gesamtpopulation gefundenen Tendenz (vgl. C.I.1c und Tab. 13).
Wenn man – analog den im Kapitel *Sozialer Status und Überlebenschancen* gebildeten drei Einkommensgruppen (vgl. A.IV.2) – den sozialen Status der vorliegenden Gruppe in I = hoch, II = mittel und III = niedrig einteilt, so erhält man folgende Verteilung (die Prozentzahl in Klammern gibt den jeweiligen Anteil für die gesamte repräsentative Gruppe):

I:	3 Kinder, d. i.	9,9 %	(19,6 %)
II:	6 Kinder, d. i.	20 %	(30,9 %)
III:	21 Kinder, d. i.	70 %	(48,9 %)

Es zeigt sich, daß in der ersten Altersgruppe gegenüber der Gesamtpopulation die höchste Einkommensstufe stark unterrepräsentiert ist, während die niedrigste überrepräsentiert ist (vgl. hierzu oben A.IV.2).

Bei einem Blick auf die *Diagnosentabelle* (Tab. 10) fällt der hohe Prozentsatz der charakterneurotischen Entwicklungen in der ersten Altersgruppe auf, der zweithöchste aller Altersgruppen. (In einem Falle – CD – haben wir die Diagnose „charakterneurotische Entwicklung mit psychopathiformen Zügen" gestellt, den Fall jedoch bei der statistischen Bearbeitung unter „psychopathiformer Entwicklung" codiert; mit gleichem Recht hätte er jedoch aufgrund der schweren Kontaktstörung bei den charakterneurotischen Entwicklungen eingeteilt werden können. Alle weiteren statistischen Erhebungen wurden mit den codierten Angaben verrichtet.) In der Mehrzahl handelt es sich um Prozesse von persönlicher und sozialer Verunsicherung, zuweilen mit paranoiden Einstellungen oder psychopathiformen Zügen und um Loyalitäts- und Identitätsproblematiken, die zuweilen in der Adoleszenzperiode zu Krisen erheblichen Ausmaßes geführt haben.
Auffallend gering sind die Angstneurosen und Phobien vertreten, soweit sie diagnostisch zu erfassen sind: daß eine Angstneurose nicht immer hinreichend zu einer Angstsymptomatik zu führen braucht, ist in der Kinderpsychiatrie nichts Neues. Lernstörungen, Verhaltensschwierigkeiten, enthemmtes, tollkühnes und provozierendes Benehmen bis hin zum delinquenten acting out können die Angstproblematik überlagern. Nach unserer Erfahrung hat in der Mehrzahl der Fälle, in denen von persönlicher und sozialer Verunsicherung und mißtrauischem Verhalten die Rede ist, das Angstmoment einen wesentlichen Anteil.
Psychotische Episoden kommen in geringem Maße vor. Ebenso diskret neurotische Bilder, die hinter dem Schein leichterer Symptomatik schwere defiziente Entwicklungsgänge – im Sinne mitmenschlicher Beziehungsstörungen sowohl innerhalb der eigenen Familie als auch im Verhältnis zur weiteren Umwelt – verbergen.
Auch die enge Verknüpfung von sozial dynamischen Faktoren (Aspekte der Gruppenzugehörigkeit) mit individuellen Isolierungs- und Unsicherheitsproblemen, sowie die Bedeutung der sozio-kulturellen Situation für die Entwicklung und Verwirklichung sozialer Beziehungstendenzen des Kindes kann bei dieser Gruppe wahrgenommen

werden. Auffällig ist, daß es nach unserer Erfahrung in dieser Gruppe keine Delinquenten gibt.
Schließlich ein Wort zu denjenigen Fällen, die bei der Nachuntersuchung als „normale Entwicklung" eingestuft wurden. Ihre Anzahl liegt mit 5 Fällen (16,7 %) relativ hoch, etwa gleichauf mit den Verhältnissen in der dritten Altersgruppe. Die diesbezüglichen diagnostischen Kriterien haben wir im Kapitel *Diagnostische Erwägungen* (C.1) auseinandergesetzt. Es ging uns bei der Einstufung um die Abwesenheit von seelischen Dauerfolgen. Wir werden zwei solche Fälle referieren: ein Mädchen, 1943 geboren, das mit 8 Monaten aus der crèche gerettet wurde und auf Umwegen einen Monat später bei ihrer definitiven (dritten) Untertauchadresse anlangte. Der zweite Fall, ebenfalls ein Mädchen, 1942 geboren, mit 7 Monaten aus der crèche gerettet, wurde offenbar direkt zu ihrer definitiven Pflegefamilie gebracht; dieser Fall gehörte nach dem Kriege zu den Streitfällen; die Entwicklung verlief eine Zeitlang auf des Messers Schneide. Beide Mädchen blieben nach dem Kriege in ihrem Kriegspflegemilieu. Bei der Nachuntersuchung konnten bei keiner der beiden jungen Frauen (im Alter von ± 30 Jahren) psycho-soziale Defizienzerscheinungen diagnostiziert werden, obwohl bei der ersteren in der Trauerverarbeitung Reste der zweiten traumatischen Sequenz (Separation von der Mutter) vielleicht vorhanden waren, und es auch anamnestisch vor Eintritt in die Latenzperiode Anzeichen von überlebhaftem, agitiertem Verhalten gab.

In der *Tabelle der psycho-sozialen Defizienz* (Tab. 11) fällt der hohe Prozentsatz der Invaliden dieser Altersgruppe auf: mit 23,3 % der höchste von allen. Der Wert für die Diskrepanz zwischen Intelligenz und Ausbildung ist der relativ niedrigste aller Altersgruppen (40 %). Der beträchtlich hohe Wert für emotionelle Störungen entspricht in gewissen Grenzen den bei den anderen Gruppen gefundenen Zahlen. Er ist in Übereinstimmung mit den Befunden anderer Untersucher (*von Baeyer, Häfner* und *Kisker*; *Strauss*, 1957; *Matussek*), die bei der Mehrzahl der – allerdings in der Regel erwachsenen – Verfolgten emotionale Störungen fanden.
Vergleicht man die Tabelle der psycho-sozialen Defizienz mit der Diagnosentabelle, erheben sich bezüglich der Rubrik 6 (Emotionelle Störungen) und der Spalte „Normale Entwicklungen" einige Zweifel hinsichtlich der angewandten Kriterien. Der Fall CL z. B. ergab bei der Nachuntersuchung eine reichhaltige psychologische Problematik, in deren Mittelpunkt die Lösung der Identitäts- und Loyalitätskonflikte steht. Der Untersuchte gab deutlich zu erkennen, daß er, obwohl er sich nicht mehr mit der jüdischen Gruppe verbunden fühlte, jegliche diskriminierende Anspielung von Dritten auf Angehörige dieser Gruppe als eine Herausforderung an sich selbst betrachtete, die er im Sinne einer Leitungssteigerung beantwortete; mit der unverhohlenen Absicht, den anderen durch sein Beispiel ins Unrecht zu setzen. Da er in dieser non-verbalen Auseinandersetzung sich selbst nie als Jude zu erkennen gab, kann das Verhalten des Untersuchten als innere Konfliktsituation gedeutet werden, die er jedoch sich selbst nicht eingestehen konnte. Diese – gemessen an dem Bildungsstand und dem sonstigen Ausmaß seiner Introspektion – erstaunliche Tatsache, führt zu keiner Einbuße seines psycho-sozialen Funktionierens; im Gegenteil: man könnte eher sagen, daß sie es stimuliert. Dennoch bleibt die innere Konfliktlage bestehen: als Motor, vielleicht sogar als Motiv seiner Handlungen.
Hierin unterscheidet sich dieser Fall deutlich von den anderen „normalen Entwicklungen" der vorliegenden Altersgruppe; bei AE, BF, BR und CE hatte die in der Anlage identische innere Konfliktlage in der bewußten Konfrontation ihre optimale Lösung gefunden. Bei CL bleibt sie als ein Fremdkörper bestehen, als ein nicht integrierter Teil der individuellen Lebensproblematik. Es ist gut möglich, daß die Ich-Struktur des

Betreffenden so stark ist, daß der nicht in die Integration aufgenommene Teil sich nicht als störend bemerkbar macht, solange die Sthenizität auch konstitutionell nicht angetastet wird. Diese Erwägungen haben uns bewogen, die lebensgeschichtlich verankerte potentielle innere Konfliktsituation als emotionale Störung in Rubrik 6 unterzubringen und dennoch den bisher zu verfolgenden Entwicklungsgang als normal einzustufen. Die sich hieraus ergebende Antinomie erscheint uns signifikant für die Gesamtproblematik unseres Materials. Wir werden Gelegenheit haben, sie auch bei Fällen anderer Altersgruppen anzuweisen.

C.I.1c. Zur Auswahl und Darstellung der Fälle

Die Kasuistik von neun Fällen der ersten Altersgruppe haben wir unter den Gesichtspunkt der Vormundschaftszuweisung gestellt. Dabei gingen wir von folgenden Erwägungen aus.
In Anbetracht der geringen Anzahl KZ-Kinder in dieser Altersgruppe (ein Fall), scheint uns eine Bevorzugung der Kriegspflegeschaft gerechtfertigt. Bereits bei der folgenden, zweiten Altersgruppe wird bei der Auswahl und der Darstellung der Fälle von anderen Voraussetzungen auszugehen sein, da – entsprechend dem Gesamtmaterial – in der zweiten Gruppe erstmals mehrere Kinder vorkommen, die als Waisen aus den Konzentrationslagern zurückkamen.
Die Kriegspflegeschaft, „zufällige" Verbindung von Kind und Pflegeeltern unter den außergewöhnlichen Umständen des Krieges und der Verfolgung, ist ein dermaßen einzigartiges sozial-psychologisches Phänomen, daß uns eine breitere Darstellung der verschiedenen Möglichkeiten dieser Kriegspflegeschaft mit ihren Folgeerscheinungen erforderlich schien. Dies erklärt auch den Umfang, der der Darstellung der vorliegenden Altersgruppe im klinischen Teil eingeräumt wird. Zugleich können wesentliche Gesichtspunkte individuell- und gruppenpsychologischer Art – wie Loyalitäts- und Identitätskonflikte, Trauerverarbeitung, die Rolle der Phantasie, Fragen der sozial-kommunikativen Beziehungen usw. –, die an allen neun Fällen der ersten Altersgruppe diskutiert werden, als exemplarisch für alle von uns untersuchten Fälle des Gesamtmaterials betrachtet werden. Die verhältnismäßig breite Darstellung dieser Problematik für die erste Altersgruppe bietet zugleich die Basis zu einem besseren Verständnis der gleichen Problemstellung in den nachfolgenden Gruppen.
Durch den hohen Anteil der Vormundschaftszuweisungen an Kriegspflegeeltern in der jüngsten Altersgruppe (siehe Tab. 13) kann diese an sechs Fällen (3 Streitfälle) erörterte Problematik als charakteristisch für die hier referierte Gruppe gelten.
Wir werden zwei Fälle referieren, in denen die jüdische Waisenorganisation unmittelbar nach dem Kriege mit der Vormundschaft betraut wurde. Beide weisen thematisch noch den innigen Verband mit ihrer Kriegspflegefamilie auf. Sie ergänzen somit das Bild der ersten Altersgruppe hinsichtlich der Vormundschaftsproblematik nach dem Kriege als eines neuralgischen Punktes im Schicksal der Kriegswaisen. Diese Erwägung wird durch die Darstellung von zwei weiteren Fällen unterbaut, in denen es zu einem Wechsel der Vormundschaft nach dem Kriege kam; im ersten Fall von der Kriegspflegefamilie zur jüdischen Rechtsperson, im zweiten von einer jüdischen Privatperson zur jüdischen Rechtsperson. Bei den folgenden Altersgruppen werden wir Gelegenheit haben, diesen besonderen Aspekt des Vormundschaftswechsels noch näher zu besprechen.
Zudem soll grundlegend deutlich gemacht werden, welche schwerwiegenden Entscheidungen die Kommission O. P. K. bei den untergetauchten Kindern von Fall zu Fall zu

treffen hatte; und schließlich: über welch großen Zeitraum sich die sozialen Rehabilitationsprozesse erstreckten, mit denen sich die jüdische Waisenorganisation auch bei denjenigen Kindern, für die sie juridisch nicht zuständig war, konfrontiert sah.
Eine Inventarisation der Vormundschaftsproblematik, der Tauf-, Emigrations- und Adoptionsfälle ergibt die Tabelle 13.
Bei der Vormundschaftszuweisung sind zwei Tendenzen zu erkennen. Bei den jüngsten Jahrgängen (1943, 1942) überwiegen die nicht-jüdischen Vormundschaftszuweisungen, während sich das Verhältnis bei den folgenden Jahrgängen langsam aber eindeutig zugunsten der jüdischen Vormundschaftszuweisungen verschiebt.
Die zweite Tendenz betrifft das Verhältnis Rechtspersonen (RP) gegenüber Privatpersonen (PP). Bei den erwähnten jüngsten Jahrgängen überwiegt die Spalte Privatpersonen, c. q. Kriegspflegefamilie (KPF). Mit der Abnahme der nicht-jüdischen Vormundschaftszuweisungen wächst der Anteil der Zuweisungen an nicht-jüdische Rechtspersonen. Diese Verschiebung zugunsten der Rechtspersonen ist auch bei den jüdischen Vormundschaften zu sehen.
Schließlich fällt die hohe Zahl der Streitfälle in den jüngeren Jahrgängen auf, ebenso die zahlreichen Wechsel der Vormundschaft.

Tabelle 13: **Vormundschaftsproblematik, Taufe, Emigration, Adoption**

Jg.	Vormundschaften								Vormundschaftswechsel	Streitfälle	getauft	Emigration mit/zu PF	Adoption
	Jüdisch		nicht jüd.		Div.	vorztg. großjährig 1)	nzf 2)	ges.					
	RP	PP	RP	KPF									
'44		2					1	3					
'43	5	15	5	35	2		3	65	15	6	7		4
	1			**3**	**1**			**5**		**2**	**2**		
'42	9	42	15	75	2		4	147	48	23	14	11	14
	6	**3**	**2**	**5**	**1**			**17**	**2**	**6**	**2**	**1**	
'41	5	42	15	36	4		4	106	31	12	7	10	2
	6	**1**		**4**				**11**	**4**	**6**	**1**		
'40	12	51	19	25	2		5	114	34	16	4	19	3
	6	**4**	**1**	**2**	**1**			**14**	**2**	**4**	**3**	**4**	
'39	16	51	10	31	4		8	120	17	16	5	22	3
	6	**5**		**1**	**1**			**13**	**3**	**3**		**1**	
'38	19	53	16	24			7	119	11	9		12	2
	8	**5**			**2**			**15**		**2**			
'37	11	38	7	13			2	71	6	6	2	9	
	6	**5**	**1**	**3**				**15**	**2**	**5**	**2**	**1**	
'36	12	39	14	5	1	1	7	79	1	1	2	21	1
	7	**3**						**10**	**1**				
'35	16	31	13	11	1		2	74	2	3	3	12	
	11	**2**		**2**				**15**		**2**			
'34	21	37	3	8			6	75			5	21	
	6	**2**		**1**				**9**					

Tabelle 13: **Vormundschaftsproblematik, Taufe, Emigration, Adoption** (Fortsetzung)

Jg.	Vormundschaften: Jüdisch RP	Jüdisch PP	nicht jüd. RP	nicht jüd. KPF	Div.	vorztg. groß-jährig 1)	nzf 2)	ges.	Vormund-schaftswechsel	Streitfälle	getauft	Emigration mit/zu PF	Adoption
'33	14	31	6	6	1		4	62		2	3	14	
	6	**3**	**1**					**10**		**2**	**1**		
'32	10	30	17	11		1	7	76		2	4	14	
	1	**4**	**1**	**2**				**8**		**3**	**1**		
'31	16	37	8	11	3		9	84			2	19	
	5	**1**						**6**					
'30	19	37	8	6		2	12	84	1	1	6	14	
	7	**3**		**1**				**11**	**1**	**1**	**1**		
'29	17	38	4	5	4	7	16	91	6		3	14	
	5	**4**			**2**			**11**					
'28	11	30	3	2	8	28	22	104			29		
	3	**3**			**1**			**7**					
'27	3	30	1	3		53	21	111	1			19	
	5	**2**	**1**				**4**	**12**					
'26	3	32	1	2	1	97	20	156			2	24	
		4	**1**			**8**		**14**					
'25		15		2	1	91	4	113				25	
						1							
	219	681	165	311	34	280	164	1854	171	97	69	172	29
	95	**54**	**8**	**24**	**9**	**9**	**3**	**204**	**15**	**15**	**13**	**7**	**1**

1) keine Vormundschaft
2) nicht zu finden
Die fettgedruckten Zahlen betreffen die repräsentative Gruppe.

C.I.2. *Kasuistik*

C.I.2a. *Zuweisung der Vormundschaft an die Kriegspflegefamilie*

Fall „Ary" (AB)); Fehlentwicklung mit verspäteter Identitätsproblematik in defizientem (unvollständigem) Pflegemilieu. Streitfall. (Charakterneurotische Entwicklung.)*

Ary, geboren 27. 4. 1943, ist das jüngere von zwei Kindern einer orthodox jüdischen Mittelstandsfamilie. Der Vater, geboren 1911, wird als ein zurückhaltender, gottesfürchtiger, idealistischer Träumer geschildert; die Mutter, 1913 geboren, aus bekanntem, frommem, intellektuellem Hause, als intelligent, tatkräftig, wirklichkeitsnah, gute Hausfrau.

---

* Die Initialen entsprechen der Codierung in der *tabellarischen Übersicht* (F).

Es hatte Mühe gekostet, die Eltern zu überreden, ihre Kinder untertauchen zu lassen. Dem Dossier zufolge äußerte der Vater vor seiner Deportation in Anwesenheit von zwei Zeugen den Wunsch, seine Kinder sollten – falls die Eltern nicht zurückkehrten – in eine jüdische Pflegefamilie im damaligen Palästina aufgenommen werden und nicht in ein Heim kommen.
Die Trennung von der Mutter erfolgte im Alter von 10 Wochen. Nach einigen Irrfahrten wurde Ary wegen ernsthafter Ernährungsstörungen in ein Krankenhaus in Nordholland aufgenommen. Wiederhergestellt brachte man ihn einige Wochen später in ein Dorf im Süden des Landes, wo er – nach einem Zwischenaufenthalt – zu drei unverheirateten Schwestern ins Haus kam, von denen die jüngste als Pflegemutter auftrat. Dort erkrankte das Kind abermals und soll zweimal „todkrank" gewesen sein.
Die beiden älteren Schwestern flüchteten wegen ihrer Verbindung zur Illegalität. Die Pflegemutter blieb und versteckte sich mit dem Kind in einem Bunker. Nachts band sie es an sich fest, um bei Gefahr sofort alarmiert zu sein.
Beim Vorrücken der Alliierten lag das Dorf zwei Wochen lang unter Artilleriebeschuß. Auch diese Zeit verbringen Pflegemutter und Kind in einem Schutzkeller. Schließlich flüchtet die Pflegemutter mit dem Kind in eine größere Stadt, wo sie kurz nach Kriegsende ernsthaft erkrankt und in einem Krankenhaus stirbt.
Inzwischen sind die beiden anderen Schwestern nach Hause zurückgekehrt; eine von ihnen übernimmt die Rolle der Pflegemutter, der Verlobte der verstorbenen Schwester zeitweilig die des Pflegevaters.
Die Sachbearbeiterin des O. P. K.-Büros berichtet gegen Ende 1946, das Kind sehe gut versorgt aus, mache aber einen etwas babyhaften Eindruck: wie eine angekleidete Puppe. Es darf nicht im Freien spielen: die Pflegemutter findet die Nachkriegsjugend „verwildert". Der Junge sei nicht mehr krank gewesen, seine weitere Entwicklung normal verlaufen; man hält ihn für intelligent.

Die Pflegemutter betrachtet den Jungen als ihr eigenes Kind. Sie hat erst nach dem Kriege erfahren, daß er aus orthodox jüdischem Hause stammt. Der Kontakt zwischen ihr und dem O. P. K.-Büro gestaltet sich schwierig; sie fühlt sich bedroht durch die Möglichkeit das Kind hergeben zu müssen.
Anfänglich erwägt die O. P. K.-Kommission, das Kind zusammen mit seiner ein Jahr älteren Schwester – dem Wunsch der umgekommenen Eltern folgend – in einer Familie in Palästina erziehen zu lassen. Die Verhandlungen ziehen sich jahrelang hin. Schließlich wird dieser Plan verworfen. Man denkt daran, das Kind bei der Pflegemutter zu lassen; die O. P. K.-Kommission will selbst die Vormundschaft übernehmen, um das Kind besser mit seiner jüdischen Abkunft vertraut machen zu können. Nach langwierigen Beratungen gibt das Gericht schließlich doch der Pflegemutter die Vormundschaft. Eine nicht-jüdisch verheiratete Tante der Kinder wird zum 2. Vormund bestellt.
Nach diesem Gerichtsbeschluß erschwert die Pflegemutter alle Kontakte des Kindes mit seiner Schwester und mit seiner Tante. Besuche werden nicht gestattet. Auch der Kontakt mit dem Büro O. P. K. wird langsam abgebaut. Die jüdische Waisenorganisation erhält keinen Zugang. Es besteht kein Dossier, das die weitere Entwicklung des Kindes aufzeichnet.
Im Herbst 1968 erscheint Ary plötzlich im Büro der jüdischen Waisenorganisation zu Amsterdam, die ihn mit seiner Zustimmung mit dem Untersucher in Kontakt bringt. In den sich anschließenden Gesprächen berichtet der 25jährige, der etwas jünger wirkt, einen geordneten, äußerst gespannten, zielbewußten Eindruck macht, auf eine kritische, etwas distanzierte Art und Weise von seinem Entwicklungsgang.
Trotz manifesten Vertrauens und bewußter Kooperation bleibt er verkrampft und leicht wahnhaft; der affektive Kontakt mit ihm bleibt in gewissen Grenzen und starr. Seinen Umzug nach Amsterdam erklärt er im Zusammenhang mit dem Wechsel des Studiums, das er an der Amsterdamer Universität fortsetzen will. Dieser Wechsel wiederum hängt aufs engste mit jener immanenten Problematik zusammen, derentwegen er zum ersten Mal mit jüdischen Kreisen in Amsterdam Kontakt sucht: seine Familie hatte im öffentlichen kulturellen Leben der jüdischen Gemeinschaft eine gewisse Rolle gespielt.
Man merkt an der Wahl seiner Worte, an der Treffsicherheit seiner Formulierungen, daß seine diesbezüglichen Mitteilungen einer intensiven Selbstkonfrontation und Identitätskrisis entspringen.

Die folgenden seinem Bericht entnommenen Informationen ergänzen das fragmentarische anamnestische Bild.
Ary ist katholisch getauft und erzogen. Ohne Zweifel hängt er noch an seiner Pflegemutter (er nennt sie selbst so), der er „alles verdanke". Als Kind fühlte er sich problemlos geborgen in der katholischen Gemeinschaft. Mit 10 Jahren wurde er über seine Abkunft unterrichtet, ohne daß diese Mitteilung zunächst einen tieferen Eindruck auf ihn gemacht habe. Im Alter von 15 Jahren stieß er zum ersten Male im Kontakt mit seiner Umgebung gefühlsmäßig auf Grenzen, die er selbst nicht in Worte fassen konnte. Bis dahin habe er normale menschliche Kontakte gehabt, die nun langsam konfliktuöser geworden seien. Bewußt erlebte er diese Konfliktlage erstmals in einem katholischen Internat, das er – nach Beendigung der Grundschule mit gutem Resultat – besuchte, um sich auf den Beruf des Priesters vorzubereiten. Dort habe man ihn als „Dreckjude" beschimpft. (Bei mehrfachen Explorationen erweist sich, daß bereits der Fünfjährige diese und ähnliche Beschimpfungen zu hören bekommen hatte, sie aber nicht als gegen sich persönlich gerichtet empfand.)
Sein Verhältnis zu seiner Pflegemutter erscheint in einem etwas anderen Licht. Offenbar blieb sie – wie bereits aus dem O. P. K.-Dossier ersichtlich – weiterhin überbesorgt: er durfte nicht mit anderen Kindern im Freien spielen, nicht an Schulausflügen teilnehmen, nicht radfahren. Die Kontakte mit seinen Klassenkameraden waren schlecht. Die Pflegemutter verbot ihm, den Abdruck eines Schulphotos zu erstehen, auf dem er zusammen mit seiner älteren Schwester abgebildet ist. All dies spricht für einen defizienten psycho-sozialen Entwicklungsgang in der frühen Kindheit.
Offenbar erreichte die innere und äußere Konfliktlage im Internat einen Höhepunkt. Erst hier erhielten die diskriminierenden Ausdrücke für ihn eine besondere Bedeutung. Ary äußert, er wisse heute, daß die Ursache nicht so sehr in seiner äußeren Erscheinung lag, als vielmehr in dem Namen, den er trägt, und der zeigt, daß er nicht das Kind seiner Pflegemutter ist. Auf die Frage des Untersuchers, warum er denn nicht den Namen der Pflegemutter angenommen habe, antwortet Ary, er habe das Gefühl gehabt, damit „seine Identität preiszugeben".
Ary, der bis zu seinem 14. Lebensjahr im Kirchenchor sang und für den das religiöse Erlebnis völlig apart stand, wußte anfangs mit dem sich plötzlich auftuenden Konflikt wenig anzufangen. Das einzige, was er fühlte war „anders zu sein" und nicht dazuzugehören. Dies Gefühl habe sich verstärkt und in zunehmendem Maße Einfluß auf seine Lernfähigkeit ausgeübt. Zugleich habe es seine Selbstkritik verstärkt: er suchte die Ursache bei sich selbst, obgleich er von seinen eigenen guten Absichten überzeugt war.
Schließlich verläßt Ary nach anderthalb Jahren auf Anraten des Direktors das Internat: wegen völliger Isolierung, Konflikten mit seiner Umgebung und mäßigen, immer schlechter werdenden Leistungen. Er kehrt zu seiner Pflegemutter zurück und besucht ein Gymnasium in der nächsten Stadt.
Er konnte mit niemandem über seine Schwierigkeiten sprechen: weder mit seiner Pflegemutter, die eine einfache Frau war, noch auch mit seinem Beichtvater. Er hatte den Eindruck, daß der Internatsleiter, ein katholischer Geistlicher, sich wohl in seine Problematik einleben konnte, es aber nicht wagte, mit ihm darüber zu sprechen.
Ary beendete das Gymnasium und bestand das Abitur; aber seine inneren Konflikte wuchsen. Er selbst beschreibt sich als einen damals depressiven, vereinsamten Jungen. Die Schuldgefühle gegenüber der Pflegemutter waren überwältigend. Bezeichnend für seinen damaligen Zustand war, daß er – obwohl musikalisch begabt – jegliches Verhältnis zur Musik verlor.

Seinen Worten ist zu entnehmen, daß das Glaubenselement als solches noch immer Bedeutung hatte, die religiöse Praxis jedoch ihn nicht mehr ansprach. Wohl besuchte er mit seiner Pflegemutter geregelt die Kirche, aber ein großer Teil der katholischen Symbolik verlor für ihn an Verbindlichkeit. In dieser Zeit litt er unter heftigen Kopfschmerzen, die er selbst aus der Spannung erklärt, in der er sich befunden habe.
Auf Anraten des Hausarztes verläßt Ary 20jährig die häusliche Umgebung und bezieht eine nahegelegene Universität. Es scheint, daß er die ärztliche Zustimmung zur Besänftigung seiner Loyalitätskonflikte benötigte. Erst auf der Universität konfrontiert Ary sich bewußt mit seiner jüdischen Abstammung: sein Konflikt entfaltet sich in voller Schärfe. Seine Stimmung, die er als bis dahin gleichmäßig beschreibt, wechselt; er bekommt mit beinahe jedermann Streit; Gefühle

von Unlust und Unbehagen beherrschen ihn. Sein Studium führt ihn zu wissenschaftlich kamouflierten schweren emotionellen Auseinandersetzungen mit seinem Professor, dessen Interpretationen er nicht mehr folgen kann und denen er vor allem in religiöser Hinsicht andersgeartete Auffassungen entgegen setzt.
Er bricht das Studium ab und zieht nach Amsterdam, wo er erstmals aktiv Kontakt zu jüdischen Kreisen sucht (1968, vgl. oben).
Langsam entwickelt sich in ihm auch gefühlsmäßig ein tieferes Interesse für den jüdischen Gottesdienst und die Geschichte der jüdischen Gruppe. Er meinte, etwas Vertrautes darin zu erkennen, obgleich (sic! oder gerade: weil?) sein religiöses Erleben in der Synagoge, die er zuweilen besucht, sich nicht wesentlich von dem in der katholischen Kirche unterscheidet. Wohl bemerkt er in sich eine Verminderung des Gefühls, anders und ausgestoßen zu sein, das ihn früher in so große Bedrängnis gebracht hatte. Die Erinnerung an seine Eltern, bzw. das Gefühl einer gewissen Verbundenheit mit ihnen, an die er persönlich sich nicht mehr erinnert, begann stärker in ihm zu sprechen. Vor allem die kulturelle Position, die sein Vater innerhalb der jüdischen Gruppe eingenommen hatte, bot Ary einen Ausweg aus seiner Isolation und eine Brücke zur jüdischen Gruppe. Die alten synagogalen Gesänge belebten auch sein Verhältnis zur Musik wieder.
Ary erweist sich im Gespräch als von der gegenwärtigen Situation präokkupiert. Dadurch war es schwierig, mit ihm über andere Themen zu sprechen.
An seine erste (verstorbene) Pflegemutter hat er keine persönliche Erinnerung mehr. Das Gefühl der Dankbarkeit ist auf seine gegenwärtige Pflegemutter übergegangen. Ob die Verstorbene überhaupt eine Rolle in seiner Phantasiewelt spielt, wird nicht deutlich. Zuweilen erhält man den Eindruck, daß sie für ihn mit seiner eigenen, umgekommenen Mutter verschmolzen ist.
Auch mit seinen Mitteilungen über seine Schwester ist Ary äußerst zurückhaltend. Er sieht sie nur selten. Beider Leben hat sich unterschiedlich entwickelt.
Während des ganzen Gesprächs übt Ary keinerlei Kritik an der ihm zuteil gewordenen Erziehung. Aus seinen Worten spricht eine gewisse, etwas stilisiert anmutende Verehrung für seine Pflegemutter, zugleich aber auch das Bewußtsein einer gewissen Distanz zu ihr. Er bedauert zaghaft die Entwicklung, die er durchmacht. Seine Kritik ist völlig in die Auseinandersetzung mit dem Professor abgeleitet; hier beweist er einen unbeugsamen, etwas wahnhaft gefärbten Willen, eine einmal gefundene Erkenntnis auch durchzusetzen.
Auch über seine sexuelle Entwicklung gibt Ary wenig Informationen. Er blieb äußerst vorsichtig und zurückhaltend in seinen Mitteilungen. Man hatte den Eindruck, daß die Individuationsprozesse in starkem Maße nach der religiösen und gruppendynamischen Seite hin verschoben waren. Weitere psychotherapeutische Kontakte fand er selbst nicht nötig.

Ary gab sein Studium an der Amsterdamer Universität nach einiger Zeit z. T. auf, bzw. betrieb es nur lau weiter. Seine Aktivität und seine Initiativen entfaltete er auf kulturell-jüdischem Gebiet. Es war deutlich, daß er seinem Vater nacheiferte. Alsbald lernte er in diesem Kreis ein Mädchen kennen, das er heiratete. Zusammen gingen sie nach Israel, wo Ary an einer Universität sein Studium fortzusetzen versuchte.

Wir haben diesen im Vergleich zu den Schicksalen anderer jüdischer Kriegswaisen an äußeren Ereignissen wenig reichen Fall dennoch so ausführlich dargestellt, da er in mancherlei Hinsicht für andere gleichartige Fälle aufschlußreich ist.
An der Diagnose „charakterneurotische Entwicklung" muß festgehalten werden, obwohl die in den Vordergrund tretende gruppenpsychologische Dynamik den Blick auf den inhärenten charakterneurotischen Entwicklungsgang beinahe verstellt. Letzterer manifestiert sich beim Schulkind deutlich in den schweren Kontaktstörungen mit seinen Altersgenossen, im Fehlen jeglicher agressiver Komponente, zu deren Entwicklung Ary in vaterlosem Milieu allerdings auch keine Möglichkeit hatte. Selbst dem 25jährigen Erwachsenen ist das offenbar nicht bewußt: er spricht im gleichen Atemzug von seinen früheren normalen Kontakten und von dem Gefühl „anders zu sein und nicht dazuzugehören". Die frühkindlichen Ernährungsstörungen (rezidivierend) und andere traumatische Ereignisse wie Krankenhausaufnahme, Bunkeraufenthalt, nächtliches Festgebundensein an die Pflegemutter, Luftschutzkelleraufenthalt während

direkter Kriegshandlungen, schließlich Krankheit und Entfallen der Pflegemutter und die Gewöhnung an eine neue Mutterfigur: der Stellenwert all dieser Faktoren für den Aufbau der charakterneurotischen Begrenzungen ist evident.

Die Beschreibung, daß das 3–4jährige Kind, obwohl gut genährt und wohlaussehend, den Eindruck einer „angekleideten Puppe" mache, weist in die Richtung einer motorisch fixierten Ich-Einschränkung, möglicherweise selbst einer frühkindlichen Depression, die auch in dem etwas hölzern anmutenden Bewegungstypus des Erwachsenen und in seiner unterkühlten, distanzierten Ausdrucksweise zur Geltung kommt. Die depressive Phase in der Adoleszenz, begleitet von Lernstörungen, könnte durch die früheren Ernährungsstörungen vorbereitet sein. Daß der Junge zur gleichen Zeit sein Gefühl für die Musik verlor, spricht eventuell für die Schwere dieser depressiven Phase.

Entscheidend ist, daß Ary in einem soziokulturellen Milieu aufwuchs, das starken Restriktionen unterworfen war und in psycho-sozialer Hinsicht insuffizient funktionierte. Sowohl der Verlobte seiner ersten Pflegemutter, als auch ein Vater mit seinen sechs Kindern (der nach dem Kriege einige Zeit im gleichen Haus gewohnt hatte), verschwanden alsbald aus seinem Lebenskreis. Er blieb allein zurück in einer Umgebung, in der das weibliche Element überwog. Die Entscheidung, Ary in einem Internat auf den geistlichen Beruf vorbereiten zu lassen, erschwerte sicherlich die in diesem männerlosen Haushalt an sich schon kompliziert liegende Abwicklung der ödipalen Verhältnisse. Aber letztlich war es doch diese Entscheidung, die dem Jungen die Möglichkeit gab, seine emotionellen Konflikte auf die religiöse und sozialpsychologische Ebene zu transponieren, auf der er schließlich seine größte Krise erlebte.

Damit wurde der gruppenpsychologische Konflikt manifest, der bei der Entscheidung des Gerichtes in Sachen der Vormundschaftszuweisung (*gegen* die Empfehlung der O. P. K.-Kommission und *gegen* den Einspruch der jüdischen Waisenorganisation) gewissermaßen schon mit eingebaut worden war.

Ohne Zweifel war das Kind sehr an seine verstorbene Pflegemutter gebunden und ein neuerlicher Wechsel in ein anderes, ihm unbekanntes Pflegemilieu hätte in diesem Alter eine abermalige Gefährdung seines Entwicklungsganges bedeutet. Und ohne Zweifel empfand Pflegemutter II die Erwägung der O. P. K.-Kommission, den Jungen in Palästina erziehen zu lassen, als Gefährdung des während der Kriegsjahre durch Aufopferung und Zuneigung geleisteten Werkes ihrer Schwester (Pflegemutter I), zu dessen Fortsetzung sie sich entschlossen hatte.

Allerdings wurde durch den Gerichtsbeschluß auch die Möglichkeit abgeschnitten, das Pflegemilieu und das Kind pädagogisch zu begleiten und zu beraten. Demgegenüber muß man jedoch erwägen, daß das Unterlassen einer Vormundschaftszuweisung, c. q. das Abweisen eines Vormundschaftsantrages der Pflegefamilie, in der ein Pflegekind verwurzelt ist, ein Maß an Unsicherheit schafft, das sich für die weitere Entwicklung des Kindes in diesem Pflegemilieu als bedrohlich erweisen kann.

Eine manifeste Angstsymptomatik war im Fall Ary nicht zu entdecken. Die latent gebliebenen Angstelemente entstammen sowohl der defizienten soziokulturellen Situation (dem Gefühl nicht dazuzugehören), als auch dem unverarbeiteten Ambivalenzkonflikt im Verhältnis zur Pflegemutter. Ary scheut sich, sie zu kritisieren (nicht nur in der direkten persönlichen Konfrontation!), sie zu verwunden, ihr wehe zu tun. Dankbarkeit und Loyalitätskonflikte sind hier mitbestimmend. Zugleich aber liegt seiner Haltung ein Superioritätsgefühl zugrunde, das ihm diese konziliante Einstellung der einfachen Frau gegenüber erst ermöglicht. Seine Auseinandersetzungen mit dem Professor bringen das deutlich ans Licht.

Der Aufklärung über seine jüdische Abkunft (mit 10 Jahren) war die katholische Taufe

(mit 6 Jahren) vorausgegangen. Es ist die Frage, ob durch diese Reihenfolge die Konfrontation mit seiner Abkunft für diesen intelligenten Jungen nicht ohne Not verzögert und hinausgeschoben wurde, und ob nicht dadurch letztlich die Retardationsmomente verstärkt wurden.
Die deutliche Identitätskrise korrespondiert mit einer insuffizienten Ich-Entwicklung, die durch die erwähnten traumatisierenden Faktoren (Ernährungsstörungen in früher Kindheit) und die neurotisierenden Milieueinflüsse (Überbesorgtheit, soziale Bezugsstörungen) eingeleitet wurde. Die Verlagerung der inhärenten neurotischen Problematik ins gruppendynamische Bezugsmuster während der Adoleszenz ist ein oft beobachtetes Phänomen, dem wir auch in anderen Fällen unseres Materials noch begegnen werden. Der Anschluß an die kongeniale jüdische Gruppe muß hier als ein Ich-verstärkendes Element betrachtet werden, als eine Art auxiliäres Ego, das zudem im vorliegenden wie auch in anderen Fällen noch eine weitere Funktion erfüllt: diejenige nämlich, die in der Vorstellungswelt des Waisenkindes, das seine Eltern bewußt nicht gekannt hat, anwesenden Phantasien über seine Abkunft und Familiengeschichte sinnvoll zu ergänzen. Vielleicht wird es dadurch auch erst möglich, die Trauer nachzuholen, die ihre Wurzeln im Verlust der ersten Pflegemutter hat.
Ob mit der Übersiedlung nach Israel und der Auflösung der Identitätsproblematik zugleich auch alle Elemente der persönlichen und sozialen Verunsicherung ihre Lösung gefunden haben, muß die Zukunft lehren. In der Überbetonung seiner jüdischen Abkunft und des Gefühls der Zugehörigkeit wird neben einem begreiflichen Nachholbedarf doch ein Unsicherheitsmoment sichtbar, dessen prognostischer Stellenwert dubiös bleibt.

Fall „Amos" (BM): Fehlentwicklung mit profunder, langwieriger Identitäts- und Loyalitätskrisis und schweren psycho-sozialen Defizienzerscheinungen in kinderlosem Pflegemilieu. Streitfall. (Charakterneurotische Entwicklung.)

Amos, geboren am 3. 4. 1942, entstammt einer freisinnigen Familie des kleinen Mittelstandes. Die Eltern (gleichen Jahrgangs) heirateten im 21. Lebensjahr; beide hatten in ihrer Jugend eine tuberkulöse Erkrankung durchgemacht. Amos war ihr drittes Kind.
Die Ehe wird als „gut" geschildert. Der Vater sei ein fröhlicher, unbeschwerter, gutmütiger Mann gewesen, der sich in vielen Berufen versuchte und seine Familie nur mit Mühe ernähren konnte. Das Familienleben wurde durch die Kränklichkeit der Mutter, die aus „kultivierterem" Milieu kam, stark beeinflußt resp. beeinträchtigt: die Kinder wurden von den Großeltern erzogen. Die Großeltern und der Bruder der Mutter unterstützten die Familie auch finanziell.
(Der Beginn der zweiten traumatischen Sequenz ist im offiziellen O. P. K.-Dossier lückenhaft beschrieben. Wir folgen den Angaben in den Dossiers der Geschwister. Der Untersuchte selbst tastet über die Umstände seiner Aufnahme in die Kriegspflegefamilie völlig im Dunkeln.)
Im Alter von 8 Monaten wurde Amos, zusammen mit seinen älteren Geschwistern (2 und 4 Jahre), von den Eltern – bevor sie selbst deportiert wurden – in einem Kinderheim in der Provinz untergebracht. Nach Auflösung des Heimes, ungefähr zwei Monate später, kamen sie in die „crèche". Von hier aus wurde Amos durch die Widerstandsbewegung zu orthodox protestantischen Pflegeeltern in eine kleine Stadt im (katholischen) Süden des Landes gebracht. Die Pflegeeltern selbst stammten aus einer nördlichen Provinz der Niederlande und lebten in der Diaspora im festen Zusammenhalt mit ihrer Glaubensgemeinschaft.
Der Pflegevater, einfacher bäuerlicher Herkunft, hatte sich vom ungeschulten Arbeiter zum Facharbeiter emporgearbeitet. In seinem Betrieb ist er angesehen. Er wird als ruhiger, harmonischer, wenig spontaner aber sensitiver Mensch geschildert. Im religiösen und sozialen Leben seiner Gemeinde nimmt er eine leitende Stellung ein.
Die Pflegemutter, ebenfalls kleinbäuerlicher Herkunft, hatte die Volksschule besucht und von ihrem 14. Lebensjahr an im Haushalt gearbeitet. Sie wird als eine etwas verschlossene, verlegene

Frau mit weichem, warmherzigem Charakter beschrieben. Sie lebt nur für ihren Mann und das Pflegekind.
Im Zusammenhang mit der Zuerkennung der Vormundschaft wird Amos im September 1949 auf Antrag der O. P. K.-Kommission in der *child guidance clinic* in Amsterdam untersucht, aus deren Rapport wir im folgenden zitieren. (Es fällt auf, daß der Junge in dem Rapport nicht bei seinem jüdischen Vornamen, sonder „Henk" genannt wird; dadurch fällt ein bezeichnendes Licht auf die inhärente Problematik, die auch in der Untersuchung selbst deutlich zutage tritt.):
„Henk ist ein netter Junge, angenehm im Umgang. Dennoch bleibt er während der ganzen Untersuchung gespannt und schnell emotioniert. Man hat den Eindruck, daß er sich unablässig in einer gewissen ängstlichen Erwartung befindet. Er stottert etwas.
Beim Binet-Termantest wird ein I. Q. von 100 gefunden. Er rechnet noch mit den Fingern. Sein verbales Vermögen ist für sein Alter ungenügend. Er erzählt chaotische Geschichten, in denen eine gewisse Angstfacette anwesend ist. Er ist etwas bang vor seinem Vater. Sein Wunsch, lieber ein Mädchen zu sein, steht vielleicht in Zusammenhang damit, daß „die Jungen später im Bergwerk arbeiten müssen". Spontan erzählt er auch, daß er seine Mutter mehr liebt als seinen Vater. Mit der Angst vor dem Vater steht wahrscheinlich auch seine Angst vor großen Tieren in Zusammenhang, die ihn aufessen werden.
Henk ist ein Junge, der dem emotionellen Niveau eines Kleinkindes nur ungenügend entwachsen ist. Stottern und Angst sind die Symptome dieser noch ungenügenden Konsolidation seiner Persönlichkeit. Ohne Zweifel hängt das mit dem Umstand zusammen, daß er bezüglich seiner Beziehungen zu seinen Pflegeeltern unsicher ist und das Verhältnis zu ihnen kein so sicheres Fundament hat, wie er es benötigt.
Wenn man mit ihm über seine Lebensgeschichte spricht, so erweist sich, daß er nur ungefähr aufgeklärt ist, und daß die Art dieser Aufklärung seine Ängste nur noch verstärkt.

Wir sind der Ansicht, daß Henk sehr stark an seine Pflegeeltern gebunden ist, und aus dem Kontakt mit den Pflegeeltern erhielten wir den Eindruck, daß sie ihrem Pflegekind ebenfalls sehr zugetan sind. Wir empfehlen, Henk dort zu lassen und die Vormundschaft den Pflegeeltern zu übertragen.
Bereits während der Untersuchung haben wir die Pflegeeltern, vor allem die Pflegemutter, auf die Bedeutung hingewiesen, die eine gute, neutrale Aufklärung über seine Herkunft für Henk hat, damit seine ängstlichen Phantasien darüber verschwinden. Wir würden gern mit den Pflegeeltern noch ein Gespräch über einige pädagogische Fragen der Pflegekind-Situation im allgemeinen und über die etwas neurotisch gefärbte Relation zwischen Pflegemutter und Pflegekind hier im besonderen haben. Da Henks Entwicklung bereits einige neurotische Aspekte aufweist, erscheint uns ein solches Gespräch indiziert. –"
Soweit der Rapport. In dem erwähnten Gespräch berichtet die Pflegemutter unter Tränen von den großen Spannungen, in denen sie sich seit Kriegsende befindet – angesichts der großen Unsicherheit über die Frage, ob man das Kind in der Pflegefamilie belassen werde. Einige Zeit hieß es, das Kind solle zusammen mit seinen älteren Geschwistern bei einer jüdischen Familie erzogen werden. Sie hätten das Kind zuerst aus Mitleid aufgenommen; jetzt liebten sie es wie ihr eigenes. Sie berichtet auch von dem – nicht geglückten – Versuch, Kontakt mit der ebenfalls nicht-jüdischen und kinderlosen Pflegefamilie der beiden Geschwister von Amos aufzunehmen. Hier endet das Dossier.

Im Oktober 1968 kommt der Untersucher in Kontakt mit Amos, der – inzwischen 26jährig – auf fanatische Weise seit einigen Wochen in Amsterdam Kontakt mit jüdischen Organisationen und Privatpersonen sucht. Überall verlangt er Rat und Hilfe und erzählt auf eine etwas demonstrative Weise seine Geschichte.
Signifikant für seine Verwirrung ist der Beginn seiner Erzählung: er habe nie das genaue Datum seiner Geburt gewußt, immer gedacht, es sei der 31. eines Monats gewesen; bis er im Jahre 1947 von einer Tante das richtige Datum erfahren habe. Er fügt hinzu, damals habe er in der dritten oder vierten Klasse gesessen (1947 war Amos fünf Jahre alt!).
Ein einigermaßen geordnetes Gespräch mit ihm zu führen ist äußerst schwierig, wenn nicht unmöglich, so daß der Untersucher beschließt, den jungen Mann seinen eigenen Einfällen zu überlassen und nur gelegentlich interrumpiert, wo sich eine Möglichkeit zeigt, genauere Angaben zu erhalten. Daten zur äußeren Lebensgeschichte von ihm zu bekommen, erweist sich als nahezu

unmöglich. Er ist von seiner inneren Geschichte und seinem jüdischen Identitätskonflikt völlig okkupiert. Er erzählt, daß er schon in der Volksschule wußte, daß er ein jüdisches Kind war, und daß seine Pflegeeltern ihm das gesagt hätten; er verbessert sich: „Natürlich meine Eltern." Dabei bricht ihm der Schweiß aus und er beginnt zu stottern.

Ein Loyalitätskonflikt großen Ausmaßes durchzieht alles, was er berichtet: auf der einen Seite seine Pflegeeltern, die er als seine „Eltern" betrachtet, auf der anderen seine eigenen Eltern, die in seiner Phantasie eine große Rolle spielen.

Er sagt, er müsse sich fast zwanghaft vorstellen, wie sein Leben ohne die Trennung von seinen Eltern verlaufen wäre. Diese Idee habe ihn plötzlich überfallen. (Offenbar hat sie hier die Funktion, seine Vergangenheit ungeschehen zu machen.)

Bezüglich der Schul- und Berufsausbildung ergibt sich aus dem Wirrwarr seiner fragmentarischen Mitteilungen folgender Werdegang:

Ernstliche Lernschwierigkeiten in der 3. Volksschulklasse; Versetzung unter Vorbehalt; die 4. Klasse anscheinend flott durchlaufen; in der 5. Klasse sitzengeblieben; Schulwechsel; in der 6. Klasse wieder gut mitgekommen.

Schon in der Volksschule muß Amos sehr widerspenstig gewesen sein, ebenso wie später während seiner Militärzeit.

Auf der LTS erzielte er in den praktischen Fächern gute Noten; im anschließenden Fachkurs für Metallbearbeitung ging es im ersten Jahr gut, im zweiten soviel schlechter, daß er kein abschließendes Examen ablegen konnte.

Danach meldet er sich vorzeitig zum Militär, erhält eine Grundausbildung und arbeitet in einer Heeresgarage. Schwere Anpassungsprobleme; wird wegen negativer Einstellung nicht befördert; erhält einmal 3 Tage schwere Haft, ein anderes Mal 6 Tage leichten Arrest.

Während seiner Militärzeit nimmt er an einem 10tägigen Manöver in der Nähe von Bergen-Belsen teil. Er sagt, er habe seinen Aufenthalt dort sehr bewußt erlebt. Auf eingehendere Fragen erhält man jedoch nur konventionelle Antworten.

Während seines Militärdienstes nimmt Amos an einem technischen und einem kaufmännischen Kursus teil. Nach der Entlassung aus dem Heer kehrt er zu seinen Pflegeeltern zurück, arbeitet zunächst in einer Garage, dann in einem Archiv und in verschiedenen Büros. Undeutlich bleibt, ob er auf seinem letzten Arbeitsplatz entlassen worden ist oder selbst gekündigt hat. Zur Zeit der Nachuntersuchung besucht er einen Kursus in Handelskorrespondenz, da er glaubt, daß ihm das in Israel, wohin er ein drittes Mal (vgl. unten) zu gehen beabsichtigt, von Nutzen sein könnte. Der Kurs wird nicht beendet; Begründung: Müdigkeit.

Seinen Umzug nach Amsterdam (im Mai 1966) motiviert er mit der drohenden Entlassung wegen des zurückgehenden Arbeitsanfalles bei seiner letzten Stelle. Er sucht Kontakt mit jüdischen Instanzen, getrieben von der Angst, keinen Anschluß mehr an den Arbeitsprozeß zu finden. Selbst interpretiert er seine Übersiedlung als einen entscheidenden Schritt zur jüdischen Gruppe hin.

Das Problem seiner jüdischen Identität, unlösbar verquickt mit dem ebenfalls bereits erwähnten Loyalitätskonflikt durchzieht als Grundthema die zeitliche Unordnung, in der er seine auch inhaltlich oft verwirrten Mitteilungen vorbringt.

Christlich erzogen („mit der Bibel") ist er in der Schulzeit Vorsitzender eines christlichen Jugendvereins. Aber in den letzten Schuljahren hat er in seinem Wohnort und auch auf Reisen nach anderen ehemals untergetauchten jüdischen Jungen und Mädchen gesucht. In diesen Zusammenhang gehört wohl seine Mitteilung, er habe damals Freunde hauptsächlich außerhalb der christlichen Glaubensgemeinschaft gehabt. Seine Pflegeeltern hätten das nicht angenehm gefunden, es aber nicht verboten. Doch sei die Suche nach jüdischen Kontakten in dieser Zeit eine Art Spiel gewesen („mehr platonisch"). Jetzt suche er „einen Kompromiß, den ich nicht finden kann".

Am deutlichsten kommt seine Konfliktsituation zum Ausdruck, wenn er von seiner Militärdienstzeit spricht. In den 22 Monaten seiner Ausbildung suchte er in den verschiedenen Standorten Kontakte mit jüdischen Familien; er gab sich als Jude zu erkennen und wurde eingeladen. Er erklärt das aus einem unbestimmten Verlangen nach der „jüdischen Sphäre", besonders am Freitagabend, zu Beginn des Sabbath.

Seine Affinität zur jüdischen Gruppe deutet Amos einerseits gerade aus seiner christlich-religiösen

Erziehung; zugleich aber interpretiert er sie als ein Zurückverlangen, ein „Zurücksuchen" der Eltern. (Bereits vor seiner Militärdienstzeit forschte er im städtischen Archiv in Amsterdam nach Informationen über seine Familie. Er suchte das Haus, in dem seine Eltern gewohnt hatten, den Waterlooplein, den Albert-Cuyp-Markt, die ganze frühere Umgebung seiner Eltern.)

Er findet, daß es ihm nicht geglückt ist, ein wirkliches Band mit der Gemeinschaft zu knüpfen, in der er erzogen wurde: „Ich war in meinem Tun und Lassen mehr Jude, als ich selbst wußte. Auch in den Augen meiner Umgebung – aber das entdeckte ich erst später. Ich suche nach einem Gott, der Basis und Sphäre zugleich ist." – Dennoch hat er sich mit 21 Jahren noch protestantisch taufen lassen.

An einer Stelle des Gespräches meint Amos, er habe sich bei wildfremden jüdischen Familien heimischer gefühlt als bei seinen Pflegeeltern; in den jüdischen Familien brauche er sich nicht so anzustrengen einen guten Eindruck zu machen.

Das Milieu, in dem er aufwuchs, findet er jetzt zu klein und beschränkt; dennoch: „Die Familie, in der ich groß wurde, habe ich lieb – aber ohne das orthodox Christliche."

Ebenso steht er übrigens – wie sich in seinen Berichten über seine Israelaufenthalte zeigt – dem orthodoxen Judentum kritisch gegenüber, obgleich er auch hier gerne alles lernen möchte, um es sich anzueignen. Im Grunde wird hier wie dort der gleiche Konflikt deutlich: sich etwas aneignen zu wollen, ohne das Gefühl zu haben, wirklich dazuzugehören. Einmal sagt er: „Auch gegen die Thora werde ich nichts tun, aber ich werde der Thora auch keine Ehre erweisen, vor allem nicht als Zwischenperson". Eine Erläuterung zu diesem dunklen Ausspruch zu erhalten, gelingt nicht. „Vielleicht bin ich zu nüchtern", fährt er fort, „ich will mich nicht verbeugen vor der Thora, das Sich-Verbeugen widert mich an, wie ich es zuweilen in der katholischen Kirche gesehen habe." Er will sich an keine Religion mehr ausliefern. Im Hinblick auf seine Wendung zum Judentum spricht deutlich sein Schuldgefühl: „Ich weiß, daß ich ihnen (seinen Pflegeeltern) jetzt viel Verdruß mit meiner Wahl bereite." Auf eine Zwischenfrage des Untersuchers gibt er – deutlich irritiert – zu, daß er bei seinem letzten Besuch dort mit seinen Pflegeeltern in die Kirche gegangen ist.

Amos selbst schreibt sowohl seine mißglückte Schul- und Berufsausbildung als auch einen ekzematösen Hautausschlag, den er als 24jähriger bekam, diesen Spannungen zu.

Auch zu Israel hat Amos ein ambivalentes Verhältnis. Er deutet an, daß er in absehbarer Zeit wieder dorthin zu reisen gedenke, wie schon vorher in den Jahren '67 und '68. Das erste Mal blieb er ein Jahr, das zweite Mal 3 Monate. Der Versuch, mehr über seine Motive und seinen Aufenthalt dort zu erfahren, scheitert. Die Geschichte, die er erzählt, ist lang und verwirrt: ein paar Ortsnamen, Kibuzzim. Es ist unmöglich, sich ein einigermaßen deutliches Bild zu machen.

Nach der Rückkehr von seinem ersten Israelaufenthalt bekommt Amos Streit mit seinen Pflegeeltern und zieht wieder nach Amsterdam. In der Zeit der Nachuntersuchung sieht er sie („meine Eltern") einmal in 3 bis 4 Wochen. Dazwischen schreibt er ihnen. Das Verhältnis ist schwierig. Seine „Mutter" habe gesagt, sie könne begreifen, daß er die Thora lieb habe; und er habe versucht, ihr seine Anhänglichkeit an den jüdischen Glauben annehmbar zu machen. „Aber", sagt er, „ich kann keinen Frieden finden, wenn ich weiß, daß ich ihr viel Verdruß bereite, wenn ich nicht mehr an Jesus glaube und ihn loslasse. Als jüdischer Christ habe ich nirgendwo eine Chance, weder in den Niederlanden, noch in Israel." – Als er das zweite Mal aus Israel zurückkehrte, wollte er mit dem Pfarrer, der ihn getauft hatte, und mit seiner Kirchengemeinde nicht mehr konfrontiert werden. (Vergleiche dann aber oben das Eingeständnis des Kirchenbesuches!) Er versuchte, in ein jüdisches Kinderheim aufgenommen zu werden, was seines Alters wegen ausgeschlossen war.

Zur Zeit der Nachuntersuchung besucht Amos zweimal wöchentlich jüdischen Unterricht, findet aber keinen Kontakt zu seinen Altersgenossen dort. Ein Mädchen im gleichen Kursus, das er nett findet, wagt er nicht anzusprechen.

Er hat Angst vor Mädchen und Frauen. Er erzählt, daß er als Soldat einmal in ein jüdisches Mädchen verliebt gewesen sei. Als er noch bei seinen Pflegeeltern wohnte, hatte er kurze Zeit ein freundschaftliches Verhältnis zu einem anderen jüdischen Mädchen, das auch untergetaucht gewesen war. Aber dieser Kontakt habe ihm mehr zur Entdeckung jüdischer Elemente gedient. Er würde gerne heiraten, fürchte aber, eine falsche Wahl zu treffen; er suche eine gute, ideale Frau, meide Cafés und trinke nicht. Zur Zeit der Nachuntersuchung hat er noch keine sexuellen

Erfahrungen. In seiner von Schuldgefühlen beherrschten Onanieproblematik wird seine Triebangst deutlich.
Es fiel auf, daß Amos während der ganzen Nachuntersuchung freundlich blieb und sogar eine gewisse Vertraulichkeit an den Tag legte. Er fragte, ob es möglich sei, ihn psychotherapeutisch zu behandeln, da er sich nicht imstande fühle, mit Mädchen einen guten Kontakt herzustellen.
Trotz all seiner widersprüchlichen Aussagen und der Spannung, in die er von Zeit zu Zeit – auch äußerlich – geriet, zeigte er im ganzen eine eher unterkühlte, depersonalisierte Affektivität. Seine Abwehrformen wechselten rasch und waren oft schwer zu erfassen. Nur wenn er über seine Schuldgefühle gegenüber den Pflegeeltern sprach, schien sein Kummer überzeugend.
Sein Kontakt mit seinen Geschwistern ist gering und reduziert auf einen Umgang wie etwa mit früheren Bekannten. (Da dem Untersucher auch die Lebensschicksale dieser Geschwister bekannt sind, weiß er, daß das nicht nur dem Untersuchten angerechnet werden darf.) Zugleich aber ist seine Unfähigkeit und seine Angst evident, mit ihnen in ein näheres affektives Verhältnis zu treten. Das wird noch unterstrichen, als der Untersuchte den Namen eines anderen jüdischen Kriegswaisen nennt (dem Untersucher gleichfalls bekannt), den er als seinen „Bruder" bezeichnet. (Tatsächlich ähneln sich beider Lebensläufe in ihrer Grundstruktur; die Verarbeitung der Identitätskrisen fand jedoch auf unterschiedlichen Niveaus und unter abweichenden Modalitäten statt.) In Israel hat Amos mit diesem anderen mehrere Wochen lang dasselbe Zimmer bewohnt. Er sagt, er finde ihn unausstehlich und schwierig im Umgang. Spöttisch kritisierte er ihn, eigentlich in allem und jedem, auch in seiner religiösen Überzeugung.

Zusammenfassend zeigt dieser Untersuchte das Bild einer schweren Charakterneurose mit persönlicher und sozialer Verunsicherung bei desintegrativ wirksamer Loyalitäts- und Identitätsproblematik und lakunärer Ich-Entwicklung. Die Abwehrformen sind oft schwierig zu erfassen; zuweilen entsteht der Eindruck eines schweren Depersonalisationszustandes, eventuell als Resterscheinung eines randpsychotischen Prozesses. Die mehrfachen Separationen zu Beginn der zweiten traumatischen Sequenz erscheinen uns hier von Bedeutung: die Unsicherheit des Untersuchten über diese Phase seines Lebens korrespondiert mit der nahezu totalen Verwirrung, in der er sich befindet.
Der zitierte Rapport der *child guidance clinic* zeigt einige Probleme der Entwicklung während der ersten sieben Lebensjahre, in denen übrigens kein Kindergarten besucht wurde: die neurotische Beziehung zwischen Pflegemutter und Kind, die Angst vor dem Pflegevater, Unsicherheit über die eigene Abkunft, die im Gebrauch des Namens „Henk" noch vier Jahre nach Kriegsende zum Ausdruck kommt. Das Kind ist unstet, sein Konzentrationsvermögen nicht optimal; Eindrücke haften nicht und werden nicht verarbeitet; es ist leicht emotioniert und stottert. Die Beziehungen des 7jährigen zu seiner Umgebung haben kein sicheres affektives Fundament.
Von Wichtigkeit scheinen folgende im Dossier erwähnte Umstände: die Kinderlosigkeit, unter der die Pflegemutter sehr leidet; die etwas isolierte Stellung der Protestanten aus dem Norden im katholischen Süden des Landes; die Unsicherheit darüber, ob das Kind in der Pflegefamilie werde bleiben dürfen – ein Faktor, der nicht unterschätzt werden darf.
Hinzu kommt der abgebrochene Kontakt, die Entfremdung zwischen den Geschwistern.
Die schweren psycho-sozialen Defizienzerscheinungen (unterbrochene Berufsausbildung usw.) geben den in der Nachuntersuchung konstatierten Befunden einen besonders ernsten Charakter. Sie unterstreichen die allgemeine Bedeutung und die Virulenz der dritten traumatischen Sequenz.
Die Psychosomatose (Ekzem), sich manifestierend zu Zeiten der höchsten intrapsychischen Spannung, stellt die Frage nach der spezifischen Persönlichkeitsstruktur und der spezifischen Konfliktsituation. Die extreme Belastungssituation mit früh-kindlichen Traumatisierungen ist angesiedelt in dem Loyalitätskonflikt zwischen den Pflegeeltern,

die in der Wirklichkeit, und den eigenen Eltern, die in der Phantasie eine Rolle spielen. Seine Schuldproblematik, seine innere Unruhe, sein ängstliches Hin und Her zwischen Israel und den Niederlanden, Jerusalem und Amsterdam, erscheinen als eine Fortsetzung der Separationsängste der Verfolgungssituation: verunsichert, unbehaust, gram.

In der Schwere der manifesten Loyalitätsproblematik ähnelt der Fall „Amos" dem Fall „Ary" (AB; siehe oben). Daß der Konflikt solche Ausmaße erhielt, die ermordeten Eltern und die kongeniale Gruppe diese Bedeutung annehmen konnten, ist nur im Rahmen der fundamental gestörten emotionalen Beziehung zwischen Pflegemilieu und Kind zu erfassen; diese wiederum ist Folge der kumulativ wirksamen Traumatisierung der zweiten und dritten traumatischen Sequenz.

Konnte im Falle Ary die unvollständige Pflegefamilie als ein gravierender defizienter Milieufaktor angesehen werden, so trifft das im Fall Amos nur bedingt zu. (Seine Pflegeeltern lebten übrigens innerhalb ihrer religiösen Gruppe, die in der Minderheit war, als „Zugereiste" isoliert; dies könnte als ein belastendes Moment betrachtet werden.) Anscheinend wurde jedoch auch in seinem Fall mit Eintritt in die Adoleszenz die ödipale Situation nicht auf dem gewöhnlichen Wege abgewickelt, sondern auf das sozialpsychologische Niveau abgedrängt, auf dem sie aber – im Gegensatz zum vorhergehenden Fall – keine Lösung fand. Den Grund hierfür kann man nur in der frühzeitig gestörten Objektbeziehung und in der Ich-Schwäche bei Amos vermuten, ferner in seiner geringeren intellektuellen Begabung und in dem stärkeren Angstmotiv. Die depressive Grundstimmung klingt in beiden Fällen an, wurde im Falle Amos jedoch wahrscheinlich durch die musikalische Begabung des Untersuchten stärker erlebt und verarbeitet.

Aus anderen Fällen unseres Materials derselben Altersgruppe wird ersichtlich, daß der sozial-dynamische Gruppenkonflikt und die Loyalitätsproblematik dort weniger heftige Formen annahmen, wo die Separationstraumatisation des Kindes weniger virulent war und der gruppendynamische Konfliktstoff durch die Pflegeeltern weniger gefördert wurde.

Aber auch bei Kindern, die nicht in dieser ersten verwundbaren Entwicklungsphase von ihren Eltern geschieden wurden, werden noch Reste des Loyalitätskonkonfliktes zu erkennen sein, der zu interessanten intrapsychischen Lösungen und bemerkenswertem sozialem Bezugsverhalten hinsichtlich der primären kongenialen Gruppe führte.

Um im Falle Amos einem konfliktuösen Entwicklungsverlauf vorzubeugen, wurde die Vormundschaft aufgrund des Rapports der *child guidance clinic* den Pflegeeltern zugesprochen. Hier könnte die Kritik einsetzen.

Anscheinend hat der affektive Durchbruch der sonst verschlossenen Pflegemutter im Gespräch mit der Sozialarbeiterin den Durchschlag gegeben: der unsicheren Situation, in der sich Kind und Pflegeeltern befanden, mußte aus psycho-hygienischen Gründen ein Ende bereitet werden. Daß das Kind zum Zeitpunkt der Untersuchung in der *child guidance clinic* an seinen Pflegeeltern hing, und diese an ihm (auch wenn sich bereits deutliche Spuren einer neurotischen Entwicklung zeigten), steht außer Frage. Auch daß das Kind zu diesem Zeitpunkt nicht reif war, sein Pflegemilieu zu wechseln, kann nicht bezweifelt werden.

Man könnte demnach feststellen: die Situation, in der sich Kind und Pflegeeltern befanden, ließ keine andere Entscheidung zu als das Ausschalten des Unsicherheitsfaktors und die Verleihung der Vormundschaft an die Pflegeeltern. Dennoch hat es den Anschein, daß man in diesem und in anderen, ähnlich gelagerten Fällen zu „situativ" gedacht hat. Mit der Verleihung der Vormundschaft an eine Familie beraubte man sich zugleich der Möglichkeit des follow up, d. h. der Möglichkeit, bereits diagnostizierte

Fehlentwicklungen zu begleiten und zu steuern. Der Fall „Abraham" (AC; siehe unten C.I.2c) beweist, daß es auch Varianten gibt. Bis zu welchem Grad im Falle Amos diese Möglichkeit bestanden hätte, ist im Nachhinein schwer zu entscheiden. Auch die Frage, ob eine Lösung für alle Geschwister gemeinsam den Vorzug verdient hätte, ist schwer zu beantworten. (Das völlige Fehlen eines geschwisterlich-familiären Bandes wird von Amos als schmerzlich empfunden.)
Auf jeden Fall muß festgestellt werden, daß die O. P. K.-Kommission hier vor einem aus dem Verfolgungsgeschehen sich ergebenden Problem stand, das – wie man es auch zu lösen versuchte – für die Zukunft alle Risiken in sich trug. Eventuell könnte man abschließend hinzufügen, daß man bei der einmal getroffenen Entscheidung zu wenig die in ihr enthaltenen künftigen Risiken antizipierte.

Fall „Annette" (BQ); Fehlentwicklung mit unaufgelöster Identitätsproblematik in defizientem, zu altem, kinderlosem Kriegspflegemilieu. (Charakterneurotische Entwicklung.)

Mit dem vorletzten Fall dieser Reihe soll ein besonderer Aspekt der Kriegswaisenproblematik beleuchtet werden: die Aufnahme eines Kindes durch ein verhältnismäßig zu altes, kinderloses Ehepaar. Die latente Kriegswaisenproblematik wurde erst nach Mißglücken der eigenen Ehe thematisch manifest.

Annette, geboren am 3. 7. 1942, einziges Kind proletarischer, nicht orthodoxer Eltern, wurde im Alter von 8 Monaten durch die Widerstandsbewegung aus einem Krankenhaus gerettet, wo sie zusammen mit seiner Mutter 6 Monate verbracht hatte. Der Vater war schon vor der Geburt des Kindes deportiert worden; die Mutter folgte etwa eine Woche nach der Rettung des Kindes. Der Grund der Krankenhausaufnahme ist undeutlich.
Das Kind wird durch die Widerstandsbewegung zu seinen Kriegspflegeeltern gebracht, die 1948 widerspruchslos die Vormundschaft erhalten. Im Hause dieser Pflegeeltern bleibt Annette bis zu ihrer Verheiratung.
Das Alter der Kriegspflegeeltern bei der Aufnahme des Kindes war ungefähr 44 (Vater) und 41 (Mutter) Jahre. Da sich keine andere Instanz oder Waisenorganisation weiter mit diesem Fall beschäftigte und es anscheinend auch keine überlebenden Angehörigen des Kindes gab, enthält das Dossier nach der Zuweisung der Vormundschaft keine Notizen mehr über ihren weiteren Entwicklungsgang. Alle Informationen stammen von der Untersuchten selbst.
Sie berichtet, sie sei mit zweieinhalb Jahren an Diphtherie erkrankt und in ein Krankenhaus eingewiesen worden, nachdem man den behandelnden Arzt über ihre wahre Identität unterrichtet hatte. Danach habe sie einige Zeit an pavor nocturnus gelitten.
Sie durchlief flott die Volksschule und die MULO*). Eine HBS, die ihrer intellektuellen Begabung angemessen gewesen wäre, konnte sie nicht besuchen, da es in dem kleinen Ort keine christliche Schule dieses Typs gab. Die soziale Stellung, die ihre Pflegeeltern in der protestantischen Gemeinde bekleideten, gestattete es nicht, daß ihr Pflegekind in der benachbarten größeren Stadt eine neutrale höhere Schule besuchte.
Annette erhielt eine Ausbildung als Physiotherapeutin und arbeitete bis 1966 in einem Krankenhaus; dann heiratete sie – 23jährig – einen 5 Jahre älteren Chemiker aus orthodox protestantischem Hause. Die Ehe scheiterte nach zwei Jahren. Nach zwei weiteren Jahren wurde sie offiziell geschieden. Seit dieser Zeit führt sie ein etwas unstetes Leben und arbeitete in verschiedenen Städten. Sie ist dauernd auf Wohnungssuche.
Bei der Nachuntersuchung fanden wir eine äußerst gespannte junge Frau von 31 Jahren, die einen jüngeren Eindruck machte. Sie spricht lebhaft, ihre Mitteilungen sind von einer etwas gezwungenen Offenherzigkeit, wie man sie zuweilen bei Menschen findet, die im Wesen gehemmt und einsam sind.

---

* Zu den niederländischen Schultypen vgl. das Ablürzungsverzeichnis zu Teil F.

Sie bewohnt eine kleine möblierte Wohnung, die sie in den nächsten Tagen wieder räumen muß. Sie hat noch keine neue Unterkunft in Aussicht.
Anscheinend sah sie dem Gespräch mit einer besonderen Erwartung entgegen.
Ihre Stimmung ist depressiv gefärbt, ihre Lebenshaltung verbittert, resigniert. Obwohl sie – wie sie es ironisch formuliert – eine „ausgezeichnete christliche Erziehung mit allen dazugehörigen Problemen" genossen hat, präsentiert sie sich als Jüdin. Vor einiger Zeit hat sie mit der jüdischen Gemeinde Kontakt aufgenommen. Sie sucht – wie sie es ausdrückt – ihre eigene Identität. Ihren Pflegeeltern ist sie sehr dankbar; aber sie können ihr nicht helfen. Nur wenn sie krank ist, geht sie wieder zu ihnen. Einmal im Jahr besucht sie ihnen zuliebe die Kirche.
Seit ihrem 8. Lebensjahr weiß sie, daß sie ein jüdisches Kind ist. Aber das habe für sie nichts bedeutet. Für ihre Pflegeeltern war sie „ein Kind aus dem Volke König Davids". Ihre ambivalente Haltung gegenüber ihren Pflegeeltern äußert sich hier unverhohlen.
Für ihr Gefühl wurde sie in der Schule von den Lehrern wegen ihres anderen Namens und auch wegen ihres Aussehens anders behandelt. Als sie im Religionsunterricht fragte: „Warum beginnen wir nicht mit dem Alten Testament?", antwortete der Lehrer: „Das ist eine typische Frage für dich." Auch des phänotypischen Unterschiedes zwischen sich selbst und ihren Pflegeeltern wurde sie sich immer mehr bewußt. Trotzdem hat sie als Kind in all den erwähnten Äußerungen keine bewußt diskriminierende Haltung erlebt.
Erst zu Beginn der Pubertät veränderte sich ihr Bewußtsein. Sie begann alle Bücher über den Krieg, die Verfolgung und das Judentum zu lesen, deren sie habhaft werden konnte. Die viele Lektüre habe sie sehr verwirrt. Sie hatte das Gefühl, „zwischen Judentum und Christentum wählen zu müssen". Bei niemandem fand sie Verständnis für ihre Probleme. (Es ist übrigens die Frage, ob sie damals in der Tat den Mut hatte, ihre Konflikte jemandem mitzuteilen.) Nirgendwo, bei keiner Gruppe, fühlte sie sich zu Hause. Zuweilen sei eine Sozialarbeiterin der jüdischen Waisenorganisation gekommen, die sich mit ihrer Pflegemutter über oberflächliche Dinge unterhalten habe.
1962 besuchte Annette zum ersten Mal mit einer Studentengruppe Israel. Sie wäre gerne dort geblieben, war aber durch ihre Arbeit gezwungen, nach Holland zurückzukehren.
Mit 22 Jahren lernte Annette ihren zukünftigen Mann kennen; ein Jahr später heirateten sie. Die Familie des Mannes akzeptierte sie nicht. Ihr Mann versuchte, ihre Probleme zu begreifen. Aber nach anderthalb Jahren lernte er eine andere Frau kennen, in die er sich verliebte.
1968 ging sie zum zweiten Mal nach Israel. Gleichzeitig unternahm ihr Mann eine Studienreise mit einer Gruppe, der auch seine Freundin angehörte. Anschließend besuchte er Annette in Israel, um ihr mitzuteilen, daß er die Ehe auflösen wolle.
Ihrem Mann könne sie keine Vorwürfe machen; er habe das Äußerste getan, um ihr beizustehen. Das Scheitern ihrer Ehe empfindet sie ausschließlich als eigenes Versagen.
In ihrer Arbeit hat sie Erfolg. Sie nimmt an weiterbildenden Kursen teil, um in ihrem Beruf eine bessere Position zu erreichen. Aber sie ist unfähig, sich zu entspannen und zu genießen. Ihren Wunsch, eine Familie mit Kindern zu haben und daneben auch ihren Beruf auszuüben, hat sie aufgegeben.
Schon als Kind war sie verlegen und nicht gewandt im Umgang mit Menschen. Diese Haltung hat sich in den letzten Jahren verstärkt. In ihrem Auftreten ist sie aggressiv und stößt viele Bekannte ab. Sie hat einige gute Freunde, die sich ihrer annehmen. Aber im Grunde fühlt sie sich isoliert. In letzter Zeit hat sie den Eindruck, daß sie auch ihre Freunde von sich abstößt.
Wirklich sprechen könne sie eigentlich nur mit ihrer Pflegemutter, in der sie eine starke Persönlichkeit sieht, und die ihre Probleme zu verstehen trachtet. Das Verhältnis zu ihrem Pflegevater ist unprofiliert. Ihre Scheidung hat ihre Stellung in der näheren Familie ihrer Pflegeeltern noch mehr beeinträchtigt. Als vor kurzem eine Schwester ihrer Pflegemutter – sie sagt nicht: Tante – deswegen eine antisemitische Bemerkung machte, habe sie auf besonders heftige Weise reagiert. Sie fügt hinzu, daß sie sich selbst als Jüdin niemals angefallen gefühlt habe.
Ihr körperliches Befinden ist gut.
Sie beneide Menschen, die sagen: „Den Freitagabend verbringe ich bei meinen Eltern."

Auch hier haben wir es – bei einer jungen Frau mit Momenten sozialer und persönlicher Verunsicherung auf depressiver Basis – mit einer restriktiven, charakterneurotischen Entwicklung zu tun. Aggressive und resignierende Verhaltensweisen wechseln einander ab. Verbitterung und Enttäuschung bestimmen den Grundton. Die Identitätsproblematik ist evident. Sie ist aktualisiert und verstärkt durch die gescheiterte Ehe. Die Beeinträchtigung der Sozialbezüge offenbart sich hier in der Verunsicherung der Geschlechtsrolle.

Die Kontaktschwierigkeiten, die in der Literatur über die psychologischen Effekte der Verfolgung einen großen Raum einnehmen, haben hier nicht zum Versagen im Beruf geführt. Bei anderen Fällen unseres Materials der hier referierten Entwicklungsphase ist dies wohl der Fall.

Auf die wichtige Frage, ob die im Vorschulalter beginnende massive kumulative Traumatisierung prognostisch günstigere Erwartungen rechtfertigt als die in anderen Lebensphasen einsetzende Traumatisierung, wird bei der abschließenden Übersicht eine umfassendere Antwort erteilt werden. Auch in den folgenden kasuistischen Mitteilungen wird uns diese Frage noch eingehender beschäftigen.

Mit Ausnahme von zwei Krankenhausaufnahmen (einem längeren während der ersten 6 Lebensmonate und einem zweiten kürzeren mit ungefähr zweieinhalb Jahren) finden wir hier anamnestisch wenig Anhaltspunkte, die den vorliegenden Entwicklungsgang in seiner Schwere durchsichtig machen könnten. Da – wie bereits erwähnt – durch die frühe Zuweisung der Vormundschaft an die Kriegspflegeeltern das offizielle Dossier keine diesbezüglichen Notizen enthält, ist man auf Vermutungen angewiesen. Man hat, oberflächlich betrachtet, nicht den Eindruck, daß sich in den frühkindlichen Entwicklungsphasen schwerwiegende Beziehungsstörungen zwischen dem Kind und den Pflegeeltern ergaben, wenngleich Annettes Verhältnis zur Pflegemutter offensichtlich besser ist als zum Pflegevater. Vielleicht spielen der beträchtliche Altersunterschied und die Kinderlosigkeit der Pflegeeltern eine Rolle.

Daß mit dem Beginn der Pubertät die Abwicklung der ödipalen Verhältnisse auf dem sozial-psychologischen Niveau der Adoleszenz an Intensität und Vehemenz gewinnt, braucht nicht Wunder zu nehmen. Dieser Umstand ist bereits bei anderen Fällen beobachtet worden. Aber zwei Mitteilungen der jungen Frau scheinen uns hier von Bedeutung. Die erste: daß sie über ihre jüdische Abkunft mit der Mitteilung informiert wurde, sie sei ein Kind aus dem Volke des Königs David; daraus erhellt, daß die Aufnahme eines jüdischen Kindes in eine orthodox protestantische Familie u. a. auch einen sakralen Aspekt hatte. Ihre zweite Mitteilung: daß es in ihrem Wohnort keine christliche HBS gab, die sie besuchen konnte, stellt eine andere Facette dieses sakralen Aspektes zur Diskussion, nämlich die gesellschaftliche Hemmung in der intellektuellen Entwicklung, ausgehend von der restriktiven Lebensauffassung des Erziehungsmilieus. Diese Hemmung hat Annette als Frustration erfahren, die um so schwerer wog, da ihr Pflegevater als Vorstandsmitglied der privaten protestantischen Schule (MULO) ihr diese Enttäuschung bereitete. (Während der sakrale Aspekt ihrer Erziehung sonst eher einen verwöhnenden Charakter trug.)

Ihr Gefühl „anders zu sein“, das Annette in der Latenzperiode – wenn auch unproblematisch – mit ihrem Namen verbindet, wird in der Adoleszenz reaktiviert. Der Lesehunger, das deutlich historisch gerichtete Interesse, steht im Dienste der Selbstfindung, der Neuorientierung, und trägt zweifellos auch eine Protesthaltung in sich. Ihr heimlicher Wunsch, in diesen Jahren mit einem Vertreter der jüdischen Gruppe alle inhärenten Probleme zu erörtern, verrät außer den Spuren der intellektuellen Reifung auch deutlich sakrale Erwartungen: als ob von dieser Begegnung das weitere Heil ihrer persönlichen Entwicklung abhängt.

Es fällt auf, daß die Gedanken an ihre umgekommenen Eltern in Annettes Vorstellungswelt fast keine Rolle spielen. In der Nachuntersuchung wird dieses Thema nur kurz angeschnitten und durch den Untersucher sofort wieder fallengelassen, als er

die Abwehrmechanismen spürt. Annettes Ausrichtung auf die jüdische Gruppe zeigt, daß diese den Platz der Eltern eingenommen hat.
Der Versuch, im Milieu ihrer Pflegeeltern einen Ehepartner zu finden, scheitert; nicht nur, weil dessen Familie sie ablehnt. Die Tatsache, daß ihr Mann schon anderthalb Jahre nach der Eheschließung eine Beziehung zu einer anderen Frau aufnahm, weist auf eine tieferliegende Beziehungsstörung. Es fällt schwer, sich anhand der vorliegenden Informationen ein Urteil über die erotischen Beziehungen der Ehegatten zu machen. Annette selbst verteidigt ihren geschiedenen Mann mit dem Hinweis, er habe versucht sie zu begreifen.
Schließlich stehen wir vor der Frage, was die Untersuchte mit ihrem vielfältigen Hinweis meint, sie müsse zwischen Christentum und Judentum wählen. Dabei handelt es sich keineswegs um eine intellektuelle Entscheidung; vermutlich betrifft es hier einen emotionellen Faktor, der mit ihrer Identitätskrisis zusammenhängt und der ihre personale Beziehung zu ihrem Ehepartner trübte. Es fällt auf, daß sie auch jetzt noch – fünf Jahre nach der offiziellen Trennung – allein ist. Sie habe noch keinen jüdischen Partner gefunden, ist eine ihrer stereotypen Äußerungen. Jüdische Männer, die altersmäßig zu ihr paßten, gäbe es ja nicht mehr – seit dem Kriege.
Die mehrfache Wiederholung dieses letzten Argumentes zielt noch auf einen anderen, bisher verborgen gebliebenen Zusammenhang. Ihre Identitätskrisis, eingeleitet durch den oben erwähnten Lesehunger, hat einen Loyalitätskonflikt mit sich gebracht, der jedoch in Form einer Depression auftritt. Daß diese Depression, primär ausgelöst durch ihre Reaktion auf die Scheidung, zugleich einen unverarbeiteten Rest der nicht vollzogenen Trauerarbeit darstellt, ist eine Annahme, deren Folgerichtigkeit man sich nicht entziehen kann, wenn man die vorhergehenden Fälle betrachtet. Die Frage bleibt, ob es möglich ist, ohne einen erlebten Verlust im Bereich der personalen Beziehungswelt allein in der Vorstellung dieses Verlustes umfassendere Trauerarbeit zu leisten. Das scheint nicht möglich zu sein, solange der Loyalitätskonflikt nicht aufgelöst ist.
Dort, wo Kinder noch über persönliche Erinnerungen an ihre Eltern verfügen, ist unter Umständen der Schweregrad dieses Konfliktes größer, kommt es zu heftigeren Zusammenstößen; aber die Lösung gelingt – nach welcher Seite hin auch – besser.
In der vorliegenden Altersgruppe ohne persönliche Erinnerungen tritt die Gruppenproblematik an die Stelle der persönlichen Problematik. Anscheinend nimmt im Loyalitätskonflikt die Gruppe den Platz der Eltern ein.
Unser Eindruck ist, daß da, wo die Gruppenspannung niedrig gehalten wurde (wie im Fall „Anna" (AE) und im Fall „Anja" (BK)), die Trauerverarbeitung wohl das gewöhnliche Maß überschritt, aber doch bessere Möglichkeiten bekam als in denjenigen Fällen, in denen die Gruppendynamik einen virulenten Charakter annehmen konnte. Hier kann auch der Loyalitätskonflikt eine virulente Attitüde annehmen, da der unpersönliche Charakter der Gruppe allein nicht geeignet ist, Objekt persönlicher Trauer zu sein.
Im Falle „Ary" (AB) gelang es durch die Übernahme der Rolle seines Vaters die Gruppe mit persönlichen Attributen auszustatten und sich allmählich in ihr heimisch zu fühlen. Dieses „Rollenspiel" enthält gewiß auch Abwehrmomente, deren Bedeutung sinngemäß zusammenfällt mit der Grundthematik der jeweiligen Lebensgeschichte.
In dieser Beziehung bot die Schicksalsgemeinschaft der jüdischen Heime den Waisenkindern nach dem Kriege die besten Möglichkeiten der individuellen Trauerverarbeitung. Selbst ein so intim-individuelles Erleben wie die Trauer um einen Toten wird in ihrem Ablauf begleitet, gefördert oder gehemmt durch die Bande, die der Tote und der Trauernde zu den kongenialen Gruppen unterhielt resp. noch unterhält.
Es fällt auf, daß Annette keinerlei Angaben über ihre Eltern machen konnte. Der

ungelöste Loyalitätskonflikt machte sie unfähig, sich näher über ihre Abkunft zu informieren.
Anscheinend erlebte sie in der Scheidung ihrer Ehe beides: den nicht bewältigten Abschied von der Gruppe, in die sie durch die Kriegsereignisse hineingewachsen war, und die nichtvollzogene Trauer um die nie gekannten eigenen Eltern, von denen sie keinen Abschied hatte nehmen können.

Von den fünf Fällen der vorliegenden Altersgruppe, die als „normale Entwicklung" eingestuft wurden, sollen hier zwei referiert werden. Bei beiden handelt es sich um Mädchen, die in ihren jeweiligen Kriegspflegefamilien blieben. Der zweite Fall war ein Streitfall.

Fall „Anna" (AE); normale Entwicklung.

Anna, geboren am 21. 1. 1943, entstammt einem kleinbürgerlichen, nicht orthodoxen Milieu. Vater, Jahrgang 1919, ein kleiner Geschäftsmann, und Mutter, 1923 geboren, werden als einfache, harmonische Menschen beschrieben. Zusammen mit ihrem einzigen Kind wurden sie im Laufe des Jahres 1943 in die „Hollandse Schouwburg" gebracht, von wo das Kind, ungefähr 7 Monate alt, durch Widerstandsgruppen gerettet wurde. Nach zwei kurzen Zwischenaufenthalten fand es in der Familie eines gehobenen Angestellten im Norden des Landes Zuflucht. Dort blieb es während des ganzen Krieges, mit Ausnahme einer kurzen Zeit, in der es aus Sicherheitsgründen in einem Nachbardorf untergebracht wurde.
Die Pflegeeltern genossen in ihrer Umgebung großes Ansehen, sowohl wegen ihres Einsatzes in der Widerstandsbewegung, als auch wegen ihrer sozialen Einstellung überhaupt. Sie hatten einen eigenen Sohn, der ungefähr 16 Jahre älter war als ihr Pflegekind. Beide werden als warme, intelligente und harmonische Menschen beschrieben. Offiziell sind sie als „freisinnig reformiert" registriert.
Im Rapport der Sozialarbeiterin der Kommission O. P. K. aus dem Jahre 1946 wird das Kind als normal entwickelt, lebhaft und gesund beschrieben. Eine leichte Bronchitis während der ersten 2 Lebensjahre wurde völlig ausgeheilt. Anna macht den Eindruck eines gut angepaßten, intelligenten und ausgeglichenen Kindes.
Nachdem sich auf den Aufruf der Kommission O. P. K. hin keine überlebenden Familienmitglieder des Kindes gemeldet hatten, wird den Pflegeeltern im Jahre 1948 die Vormundschaft übertragen. Danach bricht das Dossier ab. Auch die jüdische Waisenorganisation sieht keinen Anlaß, diesen deutlich gelagerten Fall weiter in ihren Akten zu verfolgen. Seit dieser Zeit besteht nur ein äußerst loser Kontakt zwischen ihr und den Pflegeeltern des Kindes, das von Zeit zu Zeit zu den jüdischen Festtagen ein Päckchen bekommt.
Bei der Nachuntersuchung im Juni 1973 bietet sich dem Untersucher folgendes Bild: Bereits das kurze telefonische Gespräch im Anschluß an den einleitenden brieflichen Kontakt war bezeichnend für die freundliche, jedoch kritische Kooperation der zu Untersuchenden. Sie erklärte sich zu einem Interview bereit, da ihr deutlich geworden war, daß ihr Lebensgang im Zusammenhang mit dem Verlauf anderer Lebensgeschichten jüdischer Kriegswaisen behandelt werden sollte. Die Einsicht, eine solche vergleichende Betrachtung könne eventuell auch für andere Gruppen von Kindern wichtig sein, gab den Durchschlag.
Das Gespräch findet im Wohnzimmer des Hauses statt, das die junge Frau mit ihrem Mann und zwei Kindern in einer Neubaugegend einer kleinen Stadt im Osten des Landes bewohnt. Es wird einige Male von ihrem vierjährigen Sohn unterbrochen, der splitternackt – es ist Sommer und pudelwarm – mit seinem penis spielend neugierig das Zimmer betritt, um sich den fremden Gast zu betrachten und zugleich für sich und seinen Freund von seiner Mutter die Erfüllung einiger Wünsche zu erbitten, die diese lachend mit viel Takt, Geduld und ohne die geringste Spannung dann auch gewährt. Danach nimmt das Gespräch ungestört seinen Fortgang.
Was ihre äußere Lebensgeschichte betrifft, so hat Anna nach der Volksschule die MULO besucht und anschließend eine Gewerbeschulausbildung erhalten. Von ihrem 21. bis zu ihrem 23. Lebens-

jahr hat sie in einer anderen Stadt ihren Beruf ausgeübt; sie lebte damals selbständig. In dieser Zeit lernte sie ihren Mann kennen, einen mittleren Beamten. Sie heiratete in ihrem 24. Lebensjahr. Sie haben zwei Kinder: ein Mädchen von 7 und einen Jungen von 4 Jahren.
Ihre eigene Kindheit beschreibt sie als außergewöhnlich glücklich. Mit Ausnahme der Bronchitis in den ersten Lebensjahren besteht keine nennenswerte Krankheitsanamnese. Ihr gegenwärtiger Gesundheitszustand ist gut; die Geburten verliefen flott.
Ihr Verhältnis mit ihrem Mann beschreibt sie als glücklich. Seine Familie hingegen sei etwas hinterdörflerisch, mit wenig Verständnis für die Ereignisse der jüngsten Vergangenheit.
Was ihre Haltung zu ihrer eigenen Lebensgeschichte betrifft, so ergeben sie folgende Momente: Erst im Alter von 8 Jahren hörte sie, daß sie nicht das eigene Kind ihrer Pflegeeltern ist. Diese Mitteilung bedeutete anfänglich einen großen Schock für sie. Sie demonstriert das mit dem folgenden Vorfall: Als in dieser Zeit ein Kind in ihrer Klasse plötzlich Waise wurde, schoß ihr durch den Kopf: „Das ist auch mit dir geschehen!" Sie fühlte ein Stück Sicherheit verschwinden. Wenn ihre Pflegemutter sie streichelte, wandte sie sich etwas rankünös ab: sie wollte diesen Beweis von Intimität mit ihr nicht haben. Jedoch fügt sie lachend hinzu, daß sie diese Einstellung ihrem Pflegevater gegenüber nicht gehabt habe.
Überhaupt spielt ihr Pflegevater durch seine ausgeglichene und verständnisvolle Haltung ihrer Herkunft gegenüber eine bedeutsame Rolle in ihrem Leben. Er machte nie eine Bemerkung, wenn sie als Kind überlebhaft und fröhlich war; im Gegensatz zu ihrer Pflegemutter, die ihr öfter den Hinweis gab, sie solle sich ruhiger verhalten, sonst könnten die Leute doch an ihr merken, daß sie aus Amsterdam käme. Die Untersuchte verdeutlicht hierbei, daß ihre Pflegemutter damit meinte, man könne merken, daß sie ein jüdisches Kind sei. Auch wurde sie in jener Zeit – im Alter von 9 bis 10 Jahren – in der Schule von anderen Kindern „Christusmörder" gescholten. In diesen Situationen hat ihr Pflegevater, der kirchlich völlig vorurteilsfrei war, ihr zur Seite gestanden. Er sprach mit ihr auf eine loyale, trostvolle Weise, die nichts verschwieg und dennoch nicht verwundete, über ihre jüdische Abkunft, über ihre umgekommenen Eltern, den Krieg und die Verfolgung.
Eine Zeitlang müssen die Bemerkungen der Schulfreundinnen einen gewissen Einfluß auf sie ausgeübt haben. Sie entschloß sich nämlich, zweimal sonntäglich mit ihnen zur Kirche zu gehen und auch den Katechismusunterricht zu besuchen; bis sie einige Jahre später das Gefühl bekam, daß er doch nichts für sie bedeute. Ihre Pflegeeltern übten in dieser Periode keinen Druck auf sie aus; mit keiner Bemerkung kommentierten sie ihren Kirchgang, Religionsunterricht und ihren Entschluß, mit beidem aufzuhören. Sie vertritt heute die Ansicht, daß man ihr durch diese Haltung viele Konflikte erspart habe. Ihre gegenwärtigen Freunde und Bekannten kennen ihre Abkunft und akzeptieren sie. Der jüdischen Gruppe fühle sie sich entfremdet. Sie gehöre nicht mehr dazu, da sie kein aktives Band mehr mit ihr habe. Sie unterhält noch Kontakte mit einer überlebenden, im Kriege ebenfalls untergetauchten Cousine mit einem viel schwereren Verfolgungsschicksal. Wenn sie einander besuchen, besprechen sie auch alle Probleme, insoweit sie mit den Geschehnissen des Krieges zusammenhängen. Von dieser Cousine habe sie auch noch einige spärliche Informationen über ihre Eltern erhalten. Auch besitze sie ein Photo von ihnen.
Was ihre Kinder betrifft, so würde sie es normal finden – sie sagt erst: „schön", verbessert sich aber mit der Bemerkung, daß sie ja sonst den Eindruck erwecken könnte, daß sie den Anschluß versäumt habe – sie würde es also normal finden, wenn ihre Kinder sich als Juden fühlten. Sie weiß, daß sie nach dem jüdischen Religionsgesetz als jüdische Frau gilt. Sie habe hiergegen nichts einzuwenden.
Alles was mit dem Krieg und der Verfolgung zu tun hat, interessiert sie brennend; sie liest alle Bücher, deren sie habhaft werden kann und versäumt auch keine Aussendung im Fernsehen darüber. Was den Staat Israel betrifft, so fühle sie sich dem noch nicht gewachsen. „Vielleicht komme ich noch einmal so weit", fügt sie lächelnd hinzu. Sie würden ihrem Töchterchen gern einen Davidsstern umhängen; ihr Mann stehe dem sehr verständnisvoll gegenüber, aber wegen ihrer Schwiegereltern, die überhaupt nichts von allem begreifen, was sich in ihrem Leben abgespielt hat, habe sie ihr Vorhaben aufgegeben.
Im bisherigen Gespräch fiel die entspannte Haltung der Untersuchten auf, ihre ausgeglichene Affektivität, ihre Selbständigkeit und Gefühlsdifferenziertheit. Eine neue emotionelle Dimen-

sion erschloß sich, als der Untersucher sie nach etwaigen Phantasien und Gedanken bei der Geburt ihres ersten Kindes fragte, oder als das Kind 6 oder 7 Monate alt war. Hier stockt die Untersuchte plötzlich, schweigt einen Augenblick und fragt – leicht erschrocken – woher der Untersucher das wisse. Selbst ihrem Mann habe sie nie etwas hiervon erzählt. Zu diesem Zeitpunkt sei sie sich zum ersten Male des Schicksals ihrer eigenen Mutter bewußt geworden, die ihr Kind im Alter von 7 Monaten habe abgeben müssen. Auch bei der Geburt habe sie oft an ihre Mutter denken müssen. Das Schicksal ihrer Mutter habe in ihren Gedanken einen großen Raum eingenommen. Sie führt fort: es sei ihr aufgefallen, daß in ihrer Phantasie ihre Mutter die bedeutendere Rolle spielt, während in ihrem Leben ihr Pflegevater einen größeren und wichtigeren Platz einnahm. Als er vor einigen Jahren starb, habe sie um seinen Tod zwei bis drei Jahre getrauert.

Sie selbst fand, daß diese Trauer übermäßig lang gedauert hat. Auf die Frage des Untersuchers, ob sie vielleicht bei dem Tod des Pflegevaters noch um jemand anderen getrauert habe, gibt sie unumwunden zu, sie habe damals bei sich selbst ausgemacht, daß sie jetzt erst um ihre Eltern – hauptsächlich um den Verlust der Mutter – trauern könne. Diese selbst gefundene Erklärung habe eine tiefgreifende, befreiende Wirkung auf sie ausgeübt.

Ihr Leben verläuft in ruhigen Bahnen, ohne Konflikte. Da ihr ältestes Kind die Volksschule und ihr jüngstes Kind jetzt den Kindergarten besucht, gedächte sie in den nächsten Monaten für einige Stunden am Tag wieder ihrem alten Beruf nachzugehen.

Zusammenfassend haben wir es hier mit einer Ich-starken, affektstabilen und gefühlsdifferenzierten jungen Frau zu tun. Dank ihres Aufenthaltes in einem harmonischen, verständnisvollen und an Konfliktstoff armen Pflegemilieu vermochte sie in ihrem ferneren Entwicklungsgang die kurz dauernden, traumatischen Interruptionen ihrer ersten Lebensphase ohne nachweisbare psycho-soziale Defizienzerscheinungen zu verarbeiten.

Insofern es überhaupt einen Entwicklungsverlauf eines jüdischen Kriegswaisenkindes in der zur Diskussion stehenden Lebensphase gibt, der als „normal" beschrieben werden kann, so muß diese junge Frau als Beispiel angeführt werden. Dank ihres vortrefflichen Pflegemilieus ist es ihr gelungen, die Wechselfälle, die Entwicklungsumstände, die Thematik ihres Lebens als tatsächliche Gegebenheiten hinzunehmen und die verschiedenen Elemente ihrer Lebensgeschichte ohne konfliktuösen Widerspruch in einer einheitlichen Sinngebung zusammenzufassen.

Die Erfüllung der *basic needs*, die Erschließung und ungestörte Erwerbung der jeglicher Lebensphase innewohnenden Möglichkeiten, wurde im Pflegemilieu trotz der traumatischen Ereignisse in den ersten 8 Lebensmonaten – gipfelnd in der traumatischen Trennung von ihrer Mutter – auch weiterhin gewährleistet. Dies betrifft die affektive, intellektuelle und auch die sozial-psychologische Entwicklung des Mädchens.

Doch auch vom Gesichtspunkt der Gruppendynamik aus bietet dieser Fall interessante Aspekte. Die freisinnige, in religiöser Hinsicht vorurteilslose Lebensauffassung der Pflegeeltern spielt hier eine wichtige Rolle. Hierdurch wurde es vor allem dem Pflegevater möglich, in den gruppenpsychologischen Spannungen, wie sie sich dem Mädchen im Alter von 9 und 10 Jahren darboten, vermittelnd und beruhigend aufzutreten. Er und seine Familie ersparten dadurch dem Kind jeglichen Loyalitätskonflikt und ermöglichten späterhin der jungen Frau ein Stück Trauerarbeit um die eigenen „vergessenen" Eltern. (Vielleicht kann man in der verlängerten Trauer der jungen Frau beim Tode ihres Pflegevaters noch den einzigen pathologischen Rest ihrer frühen Traumatisierung diagnostizieren.)

Das Erlebnis der eigenen Mutterschaft fernerhin befähigte sie, den für ihr Leben einschneidenden Vorgang der Trennung von ihrer Mutter im vollen Umfang nachzuempfinden, und zwar sowohl von der Seite der Mutter als auch von der Seite des

Kindes her. Dieses Erlebnis fanden wir auch bei vielen anderen Fällen unseres Materials der höheren Altersgruppen. Dort wo noch bewußte Erinnerungen an die eigene Mutter bestanden, war dieses Erlebnis viel vehementer und traumatischer signiert. In einigen Fällen, in denen das Kriegspflegekind in einer kinderlosen Pflegefamilie untergebracht war und dort auch nach dem Kriege aufwuchs, löste die Geburt eines eigenen Kindes einen schweren Loyalitätskonflikt aus, der sich erst bei der Nachuntersuchung als eine Abwehrform der Trauer um die eigene, unvergessene Mutter auswies. In anderen Fällen wiederum beherrschte die Dankbarkeitsproblematik so stark das ganze Bild, daß man trotz gut erhaltener Erinnerungsreste an die eigene Mutter von einer starken Gefühlsverdrängung sprechen mußte, der auch die Trauer zum Opfer fiel.
Im vorliegenden Fall hatte man den Eindruck, daß der Nachvollzug des oben erwähnten Teiles ihrer Lebensgeschichte die Identität der Untersuchten nicht antastete, sondern eher verstärkte. Die Korrektur, die sie selbst bei ihrer spontanen Aussage anbringt („schön ... nein: normal" usw.) beweist die differenzierte Introspektion ihrer eigenen Lebenshaltung bei einem starken Persönlichkeitsgefüge; in ihrer protrahierten Trauer um ihren Pflegevater vermutet sie selbst die Trauer um ihre eigenen Eltern. Das Zusammenfließen dieser beiden Elemente in *einer* tiefen Trauer manifestiert die Einheit ihrer Lebensgeschichte. Bezeichnend für diese Einheitlichkeit war ihre spontane Mitteilung zu Beginn der Untersuchung, sie sei kein Streitfall gewesen; soweit hätte es ihr Pflegevater bestimmt nicht kommen lassen, wenn auch nur *ein* älterer Verwandter von ihr zurückgekommen wäre.
In ihrer Phantasie, daß ihre Kinder vielleicht einen Davidsstern tragen oder später die Verbindung zur jüdischen Gruppe wieder aufnehmen würden, spinnt sie ihre eigene, in diesem Punkte abgerissene Lebensgeschichte weiter, ohne daß diese Anknüpfung zu einer tragischen Konfrontation führte. Hierfür enthält ihre ausgereifte Persönlichkeit zu bewußt alle Elemente ihres Werdeganges. (In vielen Fällen fanden wir, daß Kinder aus Mischehen sich mit der kongenialen jüdischen Gruppe ihrer Mutter identifizierten, vielleicht als Ausdruck der ödipalen Situation.)
In unserem Material bildet der Fall „Anna" – was die günstigen Modalitäten betrifft – eine Ausnahme; nur der folgende („Anja") ist in vieler Hinsicht – auch im Endergebnis – vergleichbar.

C.I.2b. Zuweisung der Vormundschaft an eine neutrale Vormundschaftsorganisation

Im Gegensatz zum vorigen Fall ist der Fall „Anja" kompliziert gelagert. Doch zeigte auch er bei der Nachuntersuchung keine klinisch wahrnehmbaren Dauerfolgen im Sinne einer psycho-sozialen Defizienz.
In formaler Hinsicht ähnelt er dem noch zu referierenden Fall „Adele" (C.I.2e): bei beiden handelt es sich um Mädchen, die zwischen ihrem 6. und 8. Lebensmonat von ihren Müttern getrennt wurden; beide blieben nach dem Kriege in ihrer jeweiligen Pflegefamilie; bei beiden handelt es sich um Streitfälle. Die Pflegeeltern von Adele waren orthodox protestantisch, die von Anja religiös indifferent.

Fall „Anja" (BK); Streitfall. (Normale Entwicklung.)

Anja, geboren am 12. 10. 1942, ist das zweite Kind einer aus Osteuropa eingewanderten orthodox jüdischen, zionistischen, proletarischen Familie, die bei Ausbruch des Krieges staatenlos war.

Anja wurde in einem jüdischen Krankenhaus in den Niederlanden geboren und anscheinend schon nach wenigen Wochen von der Mutter auf Flaschenmilch umgestellt, wahrscheinlich, um im Notfall eventuellen Ernährungsschwierigkeiten vorzubeugen. Mit 6 1/2 Monaten wurde Anja zusammen mit ihrer 8 Jahre älteren Schwester aus der Deportationssammelstelle „Hollandse Schouwburg" gerettet; getrennt von ihr kam sie – anscheinend nach einem kurzstündigen Zwischenaufenthalt – zur Familie eines geschulten Arbeiters im Osten des Landes. Die Pflegeeltern, Mitglied einer sozialistischen Partei und religiös ungebunden, spielten bei der Rettung jüdischer Kinder eine wichtige Rolle. Sie hatten zwei eigene Kinder: der Sohn war ungefähr zehn Jahre älter als Anja, die Tochter fünf. Anja wurde als „Nichte Erna", Tochter einer tuberkulösen Schwester des Pflegevaters, in die Umgebung eingeführt.

Die Familie wird als festgefügt und harmonisch beschrieben. Anjas Anpassung und Funktionsentwicklung verlief flott. Sie wird als ruhiges, gemütlich spielendes Kleinkind beschrieben; im Umgang mit anderen Kindern etwas verlegen, aber beliebt bei jung und alt. Von Schlafstörungen und Ängsten ist nichts bekannt.

Bei Razzias in der Umgebung wurde sie bei einer befreundeten Familie untergebracht. Wie oft dies geschah ist unbekannt. Auch diese Veränderungen überstand sie ohne sichtbare Folgen.
Einige Kinderkrankheiten erforderten viel Sorge und Pflege. Von einer Krankenhausaufnahme ist nichts bekannt.

Nach dem Kriege beschloß die Kommission O. P. K., die beiden Schwestern in einer orthodox jüdischen Pflegefamilie zu vereinigen. Sie ließ sich hierbei von der bewußt orthodoxen und zionistischen Einstellung der Schwester leiten, die sich anstelle ihrer umgekommenen Eltern für ihre jüngere Schwester einsetzte. Auf Vorschlag der Kommission O. P. K. ernannte das Gericht die jüdische Waisenorganisation zum Vormund und den Kriegspflegevater zum zweiten Vormund. Gegen diese Entscheidung legte der Pflegevater Berufung ein.

Die Berufungsinstanz hob den Gerichtsbeschluß auf, ließ Anja in ihrem bisherigen Kriegspflegemilieu, übertrug jedoch die Vormundschaft einer im weltanschaulichen Sinne neutralen, bestehenden Vormundschaftsorganisation.

Bei der Behandlung vor der Berufungsinstanz entwickelte sich in diesem Streitfall ein Spannungsfeld, das als repräsentativ für die Position der jüdischen Minderheit nach dem Kriege angesehen werden kann. Der juridische Vertreter des Kriegspflegevaters sammelte nämlich Aussagen einer Reihe nicht-jüdischer Zeugen, die die Eltern von Anja als Nachbarn oder anderweitig mehr oder weniger gut gekannt hatten und die orthodoxe Lebenshaltung der Eltern anzweifelten oder bestritten. Dem stellte die Kommission O. P. K. Zeugnisse überlebender Angehöriger der orthodoxen Gruppe gegenüber, die Anjas Eltern in ihrem täglichen Leben und in ihrer Orthopraxis erlebt hatten.

Das Gericht würdigte die von allen Parteien unbestrittene menschliche und pädagogische Qualifikation des Kriegspflegemilieus, in dem das Kind fest verwurzelt war, und entschied aus kinderpsychiatrischen Erwägungen für eine Kontinuierung des Aufenthaltes in diesem Milieu. Es erwog, daß für die Vormundschaftszuweisung an die jüdische Waisenorganisation spricht:

erstens: daß hierdurch die Erziehung der Minderjährigen, die von jüdischer, wahrscheinlich orthodox-jüdischer Abkunft ist, in positiv-jüdischer Richtung am besten gewährleistet zu sein scheint;
zweitens: daß das Kind hierdurch die besten Möglichkeiten erhält, wieder in Kontakt mit seiner älteren Schwester zu kommen;

daß gegen diese Vormundschaftszuweisung spricht
erstens: daß die Minderjährige seit ihrem 8. Lebensmonat in ihrer gegenwärtigen Umgebung aufgewachsen ist und sich hier – wie aus allen Belegen und während der Gerichtsverhandlung ersichtlich wurde – völlig heimisch fühlt; und: daß sie alt genug ist, sich an ihre Umgebung fest zu binden, jedoch wiederum nicht alt genug, um alle Konsequenzen ihrer Situation zu übersehen, und durch die Verlegung in eine völlig neue Umgebung einen psychischen Schock erleiden könnte, der von dauerndem Einfluß auf ihre weitere Entwicklung sein könnte; und daß
zweitens: die jüdische Waisenorganisation sich nach Meinung des Hohen Gerichtes als Vormund dafür einsetzen würde, das Kind nach Palästina zu bringen; dieweil das Gericht – in Anbetracht der

Lage dort – ernste Zweifel hegt, ob ein Aufenthalt in diesem Lande im Interesse der Minderjährigen liege.
Das Gericht beschloß, die Vormundschaft einem unparteiischen Dritten zu übertragen, in diesem Fall einer neutralen Vormundschaftsorganisation, von der erwartet wurde, daß sie allen Erwägungen Rechnung tragen und zu seiner Zeit dem Gericht empfehlen könne, die Vormundschaft endgültig entweder der jüdischen Waisenorganisation oder der Kriegspflegefamilie zu übertragen. (Letzteres geschah in einem viel späteren Stadium.)
Soweit uns bekannt, ist dies das einzige Mal, daß historisch-politische Verwicklungen in einem der Gerichtsbeschlüsse als Argument gebraucht wurden.
Die mit der Vormundschaft betraute Organisation wurde gehalten, dafür Sorge zu tragen, daß Anja auch in ihrem nicht-jüdischen Pflegemilieu in der Geschichte, den Gesetzen und Gebräuchen der Gruppe, der sie entstammte, unterrichtet wurde. (Eine Maßnahme, zu der sich der Kriegspflegevater übrigens bereits von Anfang an freiwillig bereit erklärt hatte.) Der Vormundschaftsträger wurde verpflichtet, dem Kinderrichter von Zeit zu Zeit über das Wohlergehen des Kindes zu rapportieren.

Anscheinend war es geglückt, das Kind selbst von all diesen Spannungen fernzuhalten. Im Dossier finden sich Notizen, die von einer sich plötzlich manifestierenden Unruhe des Kindes zeugen. Aber aktiv wurde Anja nicht in den Streit einbezogen. Ihre weitere Entwicklung verlief ohne wahrnehmbare Schwankungen oder Störungen. Sie besuchte den Kindergarten, anschließend die Volksschule. Der Kontakt mit ihrer älteren Schwester wurde intensiver, ohne daß man von Anjas Seite von einer stärkeren Gefühlsbezogenheit sprechen konnte.
Eine auf Wunsch des Amsterdamer Kinderrichters vorgenommene psychiatrische Untersuchung im Jahre 1952 vermittelt uns ein treffendes Bild von Anjas Befinden ungefähr sechs Jahre nach der Entscheidung der Berufungsinstanz; wir zitieren daraus:
„Bevor sie eingeschult wurde, haben ihre Eltern sie über die Verhältnisse in der Familie aufgeklärt. Das Kind hat sich das angehört; eine Veränderung ihres Verhältnisses zu ihrer Umgebung trat nicht ein. Von ihren eigenen Eltern weiß sie nur, daß sie nicht mehr am Leben sind. Man hofft, daß man das, was sich in Wirklichkeit zugetragen hat, auch noch nicht so bald mitzuteilen braucht. Sie durfte selbst entscheiden, mit welchem Vornamen sie fortan gerufen werden wollte. Sie wählte ihren eigenen ursprünglichen Namen. Die (Pflege-)Mutter hat ihr bereits als kleines Kind das Alte Testament aus der Kinderbibel vorgelesen; gegenwärtig erhält sie Religionsunterricht und Hebräisch von einem jüdischen Lehrer, der die verstreut wohnenden Kinder der Umgebung unterrichtet. Das Verhältnis zu den eigenen Kindern der Familie ist ungetrübt. Vor allem die Mädchen sind sehr miteinander befreundet. Die fünf Jahre ältere Tochter scheint als starkes Leitbild für sie zu fungieren. An die Aufklärung über ihre Abkunft erinnert sie sich, aber ohne jeglichen emotionalen Nachhall. Die Bekanntschaft mit ihrer eigenen Schwester Sara erlebt sie nur positiv. Über die Zukunft macht sie sich keine Gedanken. Vermutlich hat sie alles, was problematisch ist, verdrängt. Außerdem hat ihre Umgebung, bewußt wie unbewußt, jede Andeutung eines Konfliktes, der unvermeidlich für das Kind noch kommt, vermieden.

Ihre Intelligenz ist in jeder Hinsicht weit über dem Durchschnitt. Mit dem Binet erreichte sie einen IQ von 130.
Auffallend sind ihre schlechten Resultate beim Rorschach-Test. Sie versagte, zeigte Schocks. Der Test wurde direkt nach der psychiatrischen Untersuchung abgenommen, in der das Problem Israel zur Sprache kam. (Zu diesem Zeitpunkt hatte die Schwester ein Gesuch an die Vormundschaftsorganisation eingereicht, um zusammen mit Anja nach Israel emigrieren zu dürfen. Der Verfasser.) Auch bei der inquiry, als dieses Problem einigermaßen zugedeckt wurde, zeigte sie dasselbe ängstlich-stuporöse Bild. Bei keinem anderen Test, noch auch im Gespräch zuvor oder danach traten neurotische Ängste oder Schocks zutage.

In ihrer Gefühlsentwicklung macht sie einen normalen Eindruck. Sie ist nicht sehr spontan und wenig geneigt zu Kompromissen. Hierdurch und durch ihre große Sthenizität und eine ausgesprochene sekundäre Funktion ist sie anfälliger für psychische Traumata.

Zur Zeit will sie nicht nach Israel, vielleicht später. Sie will bei ihren Pflegeeltern bleiben. Sie hofft, daß ihre Schwester ebenfalls hier bleibt. Ihre Verwandten in Israel bedeuten ihr nichts. Ihre jüdische Abstammung ist kein Problem für sie, ebensowenig wie die Tatsache, daß ihre

Pflegeeltern nicht ihre eigene Familie sind. Daneben sind auch Gefühle von jüdischer Stammesverbundenheit anweisbar.
Zusammenfassung: Anja ist ein normales Mädchen, deren Entwicklung dank einer guten Anlage und einer Erziehung in einem beinahe idealen Erziehungsmilieu bisher intellektuell und charakterologisch sehr günstig verläuft. Von einer Übersiedlung nach Israel in diesem Moment muß abgeraten werden."
Anjas weitere Entwicklung verlief günstig. Sie hatte viele Freundinnen in der Schule und zu Hause. In den Ferien besuchte sie oft die Zeltlager des niederländischen jüdischen Jugendbundes, wo sie sich ebenfalls wohl fühlte. Zu einer ernsthaften konfliktuösen Konfrontation ist es jedoch nie gekommen.
Bis zur 3. Klasse besuchte sie das Gymnasium. Wegen plötzlich auftretender Lernschwierigkeiten wurde sie in die MMS umgeschult, die sie nach der Abschlußprüfung mit 17 Jahren verließ. Anschließend unternahm sie eine dreimonatige Gruppenreise nach Israel, um ihre Schwester und andere dort lebende Familienangehörige zu besuchen.
Wie aus der Nachuntersuchung ersichtlich wird, erzählte sie ihren Verwandten in Israel von ihrer seit ihrem 16. Lebensjahr bestehenden Freundschaft mit einem nicht-jüdischen Jungen und ihrem Vorhaben, diesen Jungen später zu heiraten. Sie stieß damit auf heftigen Widerstand, ein Umstand, der ihr Verhältnis zu ihren Verwandten entscheidend beeinflußte. Sie war es nicht gewöhnt, daß man ihr in ihre Privatangelegenheiten hineinredete. (Über Anjas psychosexuelle Entwicklung ist heteroanamnestisch wenig bekannt; anscheinend verlief auch diese normal.)

Nach ihrer Rückkehr aus Israel wurde Anja als Volksschullehrerin ausgebildet. Mit 19 Jahren verließ sie das pflegeelterliche Haus und arbeitete in den folgenden Jahren an verschiedenen Schulen des Landes. Auch in dieser Zeit unterhielt sie noch lose Beziehungen zur jüdischen Gruppe. So beteiligte sie sich an verschiedenen Veranstaltungen der Gesellschaft Niederlande-Israel.
Im Alter von 23 Jahren heiratet Anja den obenerwähnten gleichaltrigen Jugendfreund, einen Studenten der Ökonomie.
Bei der Nachuntersuchung im Mai 1973 fanden wir eine entspannte, freundliche junge Frau, die bereits auf den ersten schriftlichen Kontakt spontan mit einem Telephonanruf geantwortet hatte, in dem sie ihre prinzipielle Bereitschaft zur Mitarbeit an der Nachuntersuchung betonte, jedoch einen späteren Termin vorschlug.
Sie bewohnt mit ihrem Mann und ihren zwei Kindern ein Eigenheim in einer kleinen Stadt im Nordwesten des Landes. Die ersten Jahre der Ehe hat sie noch als Lehrerin gearbeitet. Seit der Geburt ihrer Kinder ist sie zu Hause. Wenn ihr jüngstes Kind den Kindergarten besucht, will sie wieder halbtags ihren Beruf ausüben. Ihr Mann arbeitet als Ökonom in einem mittelgroßen Betrieb.
Die Wohnung ist einfach und modern eingerichtet: wenig Möbel, Pflanzen, Bücher, Grammophonplatten. In der Mitte des Zimmers spielt ihr jüngstes Kind, das sich auch dem Untersucher gegenüber frei und ungezwungen bewegt, ungestört von eventuellen pädagogischen Bemühungen seiner Mutter. Die Anwesenheit des Kindes bringt eine fröhliche Note in das Gespräch, das auf eine entspannte, kooperative und zuweilen etwas lakonische Weise von der jungen Frau geführt wird. Während des Gespräches rufen einige Bekannte und Freunde des Hauses an, mit denen sie – ohne die geringste Irritation über die Störung – spricht.
Sie erzählt von ihrem Werdegang und bemerkt bereits zu Beginn, daß ihr Leben eigentlich in ruhigen Bahnen verlaufen sei – dank der Fürsorge ihrer Eltern und Geschwister. Sie kommt selbst auf ihre Pflegekindschaft zu sprechen, die für sie kein Problem darstellt. Sie ist sich ihrer Situation voll bewußt, hält sich auch Freunden gegenüber nicht damit zurück.
Im Bücherschrank stehen hebräische und andere Bücher jüdischen Inhalts. Sie steht auf, zieht ein Buch heraus und beginnt hebräisch zu lesen. Sie lacht, daß sie es noch nicht verlernt hat. Aber im Grunde, fügt sie hinzu, sage es ihr nichts. Sie habe mit einer etwas antijüdischen Haltung auf die Aggression ihrer Verwandten in Israel reagiert, die gegen ihre Heirat mit einem nicht-jüdischen Mann protestierten. Sie lacht, als sie von diesem Zwischenfall berichtet. Heute kommt er ihr selbst etwas komisch vor. Aber sie habe es als eine Diskriminierung empfunden, gegen die sie sich heute wie damals zur Wehr setzt. In diese Haltung sei einige Veränderung gekommen, nachdem sie vor einiger Zeit mit ihrem Mann Israel besuchte. Auf ihren Mann habe das Land einen starken

Eindruck gemacht; lange Zeit dachten sie daran, dahin überzusiedeln. Auf die Frage des Untersuchers, ob dabei die dort wohnenden Verwandten eine Rolle spielen, erwidert sie lachend: nein, ihr und ihrem Mann sei nicht allzuviel an Familie gelegen. Ihre Schwester betrachtet sie als eine gute Bekannte. Sie würde sie nie verleugnen. Aber eine tiefere Beziehung zwischen ihnen besteht nicht. Auch mit ihren Schwiegereltern und ihren Pflegeeltern stehen sie und ihr Mann gut; aber lieber bleiben sie für sich allein.
Sie beschreibt sich selbst als nüchtern, vielleicht etwas gehemmt. Ihr Leben und das ihrer kleinen Familie verläuft ohne Komplikationen und Konflikte. Ihre Kinder tragen hebräische Vornamen. Wieder lacht sie, als sie dies erzählt. Sie und ihr Mann fanden es einfach schöne Namen, weiter nichts. Die hebräischen Namen ihrer Eltern sind ihr unbekannt, sie hat auch nie danach geforscht. Die eigenen Eltern spielen in ihrer Phantasie keine Rolle. Sie hat keine persönlichen Erinnerungen an sie. Sie kann an sie denken, aber sie verbindet keine Vorstellung mit ihnen, auch nicht bei der Geburt ihrer eigenen Kinder. Die Photos ihrer Eltern, die auf dem Bücherregal stehen, sagen ihr nichts. Wenn ihr ältestes Kind danach fragt, erzählt sie ihm, wer das ist. Aber ihre Pflegeeltern sind für das Kind die echten Großeltern. Sie findet es für ein Kind eine etwas komplizierte Geschichte. Sie hofft, daß es später alles begreift.
Selbst liest sie alle Bücher über den Zweiten Weltkrieg.
Ihr Gesundheitszustand ist gut; außer Kinderkrankheiten und einer Apendektomie ist sie nie krank gewesen. Depressionen sind ihr unbekannt. Wenn Dinge, die sie liest, sie zu stark erregen, unterbricht sie die Lektüre, konzentriert sich auf etwas anderes. Danach liest sie weiter. Sie träumt nie von ängstlichen, aufregenden Dingen.
Anja glaubt, daß sie alles dank der Fürsorge ihrer (Pflege-)Eltern so gut überstanden hat. Doch fragt sie sich manchmal verwundert, wie das möglich sei. Sie kenne andere Fälle von Schicksalsgenossinnen, die es viel schwerer haben. Sie schreibt es z. T. auch ihrer nüchternen Lebensauffassung zu, die sie vor inneren konfliktuösen Situationen bewahre.
(Die Weise, wie sie mit ihrem Kind umgeht, das ab und zu seine spielerische Anwesenheit meldet, zeugt jedoch zugleich von einer ausgeglichenen Herzlichkeit und Wärme.)

Wir haben diesen Fall als „normal" eingestuft, obwohl er sicher einige Probleme in sich birgt, die durch die Untersuchte selbst als auffallend aber nicht als konfliktuös empfunden werden. So wirkt z. B. ihr Vorhaben, eventuell nach Israel überzusiedeln, ohne daß die Frage der Gruppenaffinität dabei zur Diskussion gestellt wird, bei dieser intelligenten jungen Frau zumindest verwunderlich. Dann die jüdischen Vornamen ihrer Kinder bei offen zur Schau gestelltem Desinteresse an der Lebensgeschichte ihrer eigenen Eltern. Als Kind hat sie sich auf die Frage ihrer Pflegeeltern hin für ihren eigenen jüdischen Vornamen entschieden. Hier liegt ohne Zweifel eine Antinomie, deren Virulenz man jedoch schwerlich einschätzen kann.
Dazu ist folgendes zu bemerken. Die Thematik dieses Lebens ist die bewußt dargestellte und erlebte Antinomie, wie man sie bei vielen Pflegekindern antrifft, die sehr früh von ihrer ursprünglichen Umgebung getrennt und danach ohne viel traumatische Incidente gut aufgefangen wurden. Die im Rapport von 1952 (s. o.) vorausgesehene Konfliktsituation ist in dieser Form nicht eingetreten. Verschiedene Erklärungen wären denkbar.
Im Gegensatz zum noch folgenden Fall „Adele" konnte bei Anja die ödipale Problematik ungestört abgewickelt werden. Anscheinend steht die Heftigkeit des Loyalitätskonfliktes im Zusammenhang mit Faktoren, die exogen induziert werden können, z. B. durch eine verschärfte gruppendynamische Spannung. Im vorliegenden Fall fehlte diese durch die religiöse Ungebundenheit der Pflegeeltern und das hohe menschliche Niveau ihrer vorurteilslosen Lebensauffassung. A posteriori wird „ihr Streitfall" legitimiert durch ihren Einsatz, der nur durch ihre ungebrochene Zuneigung zu ihrem Pflegekind bestimmt wurde. Wie aus anderen Fällen unseres Materials deutlich wird, führt Veränderung des Erziehungsmilieus in den ersten Lebensjahren des Kindes zu entwurzelungsneurotischen Fehlentwicklungen. Diese Gefahr wurde hier gebannt.

Daß die eigenen Kinder, vor allem die Tochter, einen großen Anteil am Gelingen der Integration des Kindes in die Pflegefamilie hatten, sei nur nebenbei bemerkt. Die Rolle der älteren Schwester von Anja wurde hierdurch neutralisiert.
Daß die nüchterne Lebensauffassung, die bereits bei der Zehnjährigen festgestellte starke Verdrängungsfunktion, zugleich ihre Abwehr gegen tiefergreifende Konfliktsituationen mit formiert hat, erscheint außer Zweifel. Ebenso ist es sehr wahrscheinlich, daß die Dankbarkeit der Untersuchten ihren Pflegeeltern gegenüber einen tiefer einschneidenden Loyalitätskonflikt nicht aufkommen läßt. Auch die Abwesenheit der Trauerproblematik wird hierdurch begreiflich.
Bei der 31jährigen jungen Frau ist es zum Zeitpunkt der Nachuntersuchung erlaubt, von einem geglückten Verdrängungsprozeß zu sprechen, der trotz der auffallenden Lernschwierigkeiten in der Adoleszenzperiode zu keinem defizienten Verhalten in psychosozialer Hinsicht geführt hat.

C.I.2c. Zuweisung der Vormundschaft an die jüdische Kriegswaisenorganisation „Le Esrath Hajeled“

Der folgende Fall ist durch seine gehäufte Traumatisierungsproblematik in allen drei Sequenzen bemerkenswert. Er spiegelt nicht nur die individuelle Lebensgeschichte eines jüdischen Kindes, die Aufnahme in die Pflegefamilie und die Erlebnisse dort während der Untertauchzeit; er vermittelt überdies einen Eindruck von den Spannungen, die sich nach dem Kriege nicht nur zwischen den verschiedenen religiösen Gruppen, sondern auch innerhalb der jüdischen Gruppe entwickelten. Auch gewährt dieser Fall Einblick in die diffizile und verantwortungsvolle Arbeit, die von der O. P. K.-Kommission geleistet wurde, sowie in die psychiatrischen und sozialpsychologischen Bemühungen um das Kind und die mit ihm verbundenen Familien.

Fall „Abraham“ (AC); Fehlentwicklung auf Basis einer initialen Depression mit verlängerter Trauerverarbeitung. Streitfall. (Charakterneurotische Entwicklung.)

Abraham wurde am 13. 2. 1943 in einem jüdischen Krankenhaus geboren, wohin sich die Mutter mit ihren zwei kleinen Kindern zur Geburt begeben hatte. Der Vater war ein halbes Jahr vorher deportiert worden. Etwa drei Wochen nach der Geburt wurde der Säugling aus dem Krankenhaus geschmuggelt; kurz darauf wurde die Mutter mit ihren beiden anderen Kindern deportiert.
Über die einige Monate dauernden Irrfahrten des Säuglings findet man im Dossier nur lückenhafte Angaben; im Alter von etwa 4 bis 5 Monaten langt er bei seiner endgültigen Kriegspflegefamilie, einer katholischen Handwerkerfamilie mit einem Töchterchen, an.
Das Kind traf dort in einem deplorablen Ernährungszustand ein; noch mit 6 Monaten wog er nur sieben Pfund. Seine Kondition blieb schlecht. Auch seine Entwicklung in den folgenden Jahren blieb retardiert. Er blieb ein nervöses, schreckhaftes Kind, auch in der motorischen Entwicklung verzögert. Die enuresis nocturna verschwand erst im Alter von 18 Jahren; auch tagsüber bei nervösen Spannungen häufiges Urinieren.
Im Alter von 4 Jahren wurde Abraham wegen einer orthopädischen Operation vier Monate in einem Krankenhaus hospitalisiert. Danach lag er zu Hause noch drei Monate in Gips. Seine Pflegeeltern pflegten und versorgten ihn mit großer Aufopferung und Hingabe.
Der Pflegevater wird als einfacher, aufrechter und freundlicher Mann geschildert, der seinem Pflegekind viel Aufmerksamkeit schenkte; schon 1943 hat er es taufen lassen.
Die Pflegemutter, wie ihr Mann von einfacher Herlunft, arbeitete vor ihrer Ehe im Haushalt. Sie ist eine herzliche, aber etwas schwächliche Frau, die dem Leben nur mit Mühe gewachsen ist. Sie hängt sehr an ihrem Pflegekind, das dank ihrer Aufopferung und Fürsorge seine ersten schwierigen Gesundheitskrisen überwindet.

Nach dem Kriege besucht Abraham den Kindergarten, wo man ihn als ein etwas schwieriges Kind beschreibt. Er ist gewöhnt, im Vordergrund zu stehen, und wird erregt, wenn man ihm die Erfüllung eines Wunsches verweigert.
Im Jahre 1950 übernimmt die jüdische Waisenorganisation die Vormundschaft.
(Abraham war zunächst Mittelpunkt eines Rechtsstreites zwischen seiner Kriegspflegefamilie, die ihn gern behalten wollte, und einem überlebenden Familienzweig. Die Überlebenden dieses Zweiges wollten anfangs in einer Erbschaftsangelegenheit die Identität des Jungen nicht anerkennen. Nachdem durch eine minutiöse Untersuchung, die sich bis in die Zeit kurz nach der Geburt des Kindes im Krankenhaus erstreckte, diese Streitfrage geklärt war, entspann sich ein neuer Streit, und zwar um die Zuweisung der Vormundschaft, die dieser Familienzweig nun für sich in Anspruch nehmen wollte. Da größere finanzielle Interessen auf dem Spiel standen, entschloß sich die Vormundschaftsbehörde, die Vormundschaft der jüdischen Waisenorganisation zu übertragen. Zugleich wurde es der Waisenorganisation anheimgestellt, die eventuelle Aufnahme des Kindes in die jüdische Familie – dieselbe, von der soeben die Rede war – sorgfältig vorzubereiten, zu überwachen und zu begleiten.)
In den folgenden Jahren entwickelt sich ein intensiver sozialer und psychiatrischer Kontakt zwischen der Waisenorganisation, der Kriegspflegefamilie und der in Aussicht genommenen jüdischen Aspirant-Pflegefamilie. Die Sozialarbeiterin besucht die Kriegspflegefamilie ungefähr zweimal im Monat. Der Referent empfängt das Kind zweimal monatlich, um mit ihm seine Lebenssituation durchzusprechen und seine eventuelle Aufnahme in die jüdische Pflegefamilie vorzubereiten.
Aus den verschiedenen psychiatrischen Rapporten des Untersuchers zitieren wir zunächst den vom 10. Juli 1950 (noch *vor* der Vormundschaftszuweisung):
„Im Pintner-Cunningham-Test, den er mit spontanen Ausrufen („Das ist fein!") begleitet, erreicht er einen IQ von 108; auch im Binet-Bobertag-Test, den er die folgenden Male ablegt, arbeitet er mit steigender Freude mit. Seine Anpassung an die Testsituation ist gut, seine Spontaneität ungehemmt. Seine Leistungen in diesem Test sind ausgezeichnet: er erreicht ein Alter von 9 Jahren und 2 Monaten.
Im anschließenden psychiatrischen Gespräch erweist sich, daß er über seine Situation als Kriegswaise völlig Bescheid weiß und mitten im Konflikt um seine möglicherweise bevorstehende Entfernung aus der Kriegspflegefamilie steht. Ohne Zweifel ist er an diese sehr gebunden; er äußert entschieden, daß er bei seinem Vater und seiner Mutter bleiben will. Seine Tante und seinen Onkel (d. i. die Aspirant-Pflegefamilie) findet er auch nett, vor allem das Auto des Onkels hat es ihm angetan; aber er will doch lieber mit seinem Vater angeln gehen.
Er weiß, daß er ursprünglich ein jüdisches Kind ist. „Aber jetzt bin ich katholisch", sagt er.
Einmal verspricht er sich und sagt „meine Pflegeeltern", während er bisher immer über seine „Eltern" gesprochen hat.
Durch die eventuell bevorstehende Veränderung in der Kriegspflegefamilie ist die Spannung in der Familie erhöht und auch das Kind leidet darunter, wovon es im Laufe dieser Untersuchung mehrmals deutliche Signale gibt.
Obgleich der Kontakt mit der jüdischen Aspirant-Pflegefamilie, den der Untersucher am 10. Juli 1950 hatte, günstiger verlief, als man nach Maßgabe des ursprünglichen sozialen Rapports annehmen konnte, muß doch angeraten werden, die Aufnahme des Kindes dort langsam und sehr sorgfältig durch mehrfache Besuche vorzubereiten und die Reaktionen des Kindes dabei genau zu studieren."
Aus dem Rapport vomn 26. Februar 1951:
„Das Kind machte diesmal einen äußerst gespannten und nervösen Eindruck. Seine Besuche bei der jüdischen Aspirant-Pflegefamilie haben nicht die gewünschten Perspektiven geboten. Die Situation muß neu untersucht werden. Wir schlagen eine vorläufige Frist von ein bis zwei Jahren vor, in welcher der Junge in seinem bisherigen Pflegemilieu bleibt."
Rapport vom 18. Juli 1951:
„Das Kind macht – durch die unsichere Lage, in der es sich befindet – noch immer einen gespannten, unruhigen Eindruck; läßt sich aber wohl durch uns beruhigen.
Er weigert sich entschieden, seine Ferien bei Onkel und Tante (= Aspirant-Pflegefamilie) zu verbringen, und wir halten es für falsch – in Anbetracht der unbehaglichen Situation – einen

Besuch in dieser Richtung zu forcieren. Positiv ist zu werten, daß er beginnt, seine Familienverhältnisse zu begreifen und daß er sich dessen bewußt wird, daß er ein Kind jüdischer Eltern ist. Das wurde auch mit seinen gegenwärtigen Pflegeeltern besprochen. –"
Rapport Februar 1952 (aus diesem umfangreichen Rapport hier nur in Stichworten die folgenden Punkte):
„Im Anschluß an den Besuch des Kindes bei seinen Verwandten (= Aspirant-Pflegefamilie) während der jüdischen Festtage im Dezember noch deutliche Zeichen von Ängsten und Unsicherheit angesichts des möglichen Wechsels in diese Pflegefamilie.
Ist von 10 Tagen 8 Tage naß gewesen.
Muß jede positive Mitteilung über den Aufenthalt dort durch eine folgende negative wieder zurücknehmen. Wird langsam mürbe in dem für ihn unauflösbaren Zwiespalt. Panische Reaktionen. Erklärt deutlich, bei seinen Kriegspflegeeltern bleiben zu wollen. Schlägt vor, er wolle bis zu seinem 13. Lebensjahr (Beendigung der Volksschule) bei den Kriegspflegeeltern bleiben; verneint die Frage, ob ihm dieser Vorschlag von letzteren suggeriert worden sei. Eine Analyse der gegenwärtigen Lage ergibt folgende Momente:

1) Das Verhältnis zu den Verwandten ist besser geworden als früher; aber dieser Kontakt befindet sich noch im Anfangsstadium und ist bisher sehr oberflächlicher Natur.
2) Der Junge ist noch immer fest in seiner Kriegspflegefamilie verwurzelt.
3) Die Problematik, die eine jede Veränderung des Pflegemilieus für ein Kind dieses Alters mit sich bringt, und die einerseits im Kind selbst, andererseits in den Möglichkeiten der Aspirant-Pflegeeltern, das Kind aufzufangen, liegt, gestaltet sich in diesem Fall besonders schwierig, was die Auffangmöglichkeiten betrifft. Es war das Bestreben der Therapie, Zeit zu gewinnen, um die Tragkraft des Jungen zu stärken, so daß er im Stande ist, die schwierige Situation, in der er sich befindet, besser zu verarbeiten.

Der Junge hat jüdischen Unterricht erhalten und ist nun besser in der Lage, seine Situation als jüdischer Kriegswaise zu übersehen. Auch die Aspirant-Pflegefamilie hat das Ihre an Mitarbeit geleistet, obwohl noch immer kleine, nicht unwesentliche Nuancen bestehen, die zur Vorsicht mahnen. Inwieweit von ihrer Seite von einer echten innerlichen Bindung an das Kind gesprochen werden kann, ist in Anbetracht der unerfreulichen Vorgeschichte im Moment schwer zu sagen. Die Erfahrung der letzten Jahre hat bewiesen, daß diese Familie sich in das, was in dem Kind wirklich vorgeht, schwer einfühlen kann und daß sie da den eigenen Wünschen des Kindes nur ungenügend gerecht wird. Die Aspirant-Pflegefamilie hat offenbar bisher nicht akzeptieren können, daß das Kind von seinen Kriegspflegeeltern als von seinen „Eltern" spricht, und ist der Meinung, diese Frage lösen zu können, indem sie diese Anrede einfach verbietet – obwohl mit ihnen über diesen Punkt des öfteren gesprochen wurde.
Auch die Tatsache, daß in der Aspirant-Pflgefamilie keine anderen Kinder sind, stimmt uns skeptisch.
Wir halten e. für nicht unwahrscheinlich, daß das Kind bei einer Veränderung des Pflegemilieus in nächster Zukunft entwurzelt, und schlagen vor, es bis zum Ende der Volksschule bei seinen Kriegspflegeeltern zu lassen, ihm dort die Möglichkeit zu weiteren jüdischen Kontakten (Jugendgruppen etc.) zu bieten (wozu die Kriegspflegefamilie ihre Mitarbeit zugesagt hat). Der Kontakt zur Aspirant-Pflegefamilie kann auf dem eingeschlagenen Weg fortgesetzt werden. –

Wir haben den Eindruck, daß diese Lösung gleichzeitig als Test dafür gesehen werden kann, inwieweit bei der Aspirant-Pflegefamilie Verständnis und Einsicht vorhanden ist. Wir wollen nicht leugnen, daß das ein schwerer Test ist. Aber die Tatsachen liegen nun einmal so, und man muß sie berücksichtigen. Sollte die Aspirant-Pflegefamilie mit dieser Lösung nicht einverstanden sein, so hätte sie – sehr zu unserem Bedauern – damit gezeigt, daß sie nicht in der Lage ist, die mit durch ihre Schuld entstandene Situation gebührend einzuschätzen. –"

Der Vorstand der jüdischen Waisenorganisation – als verantwortliche Rechtsperson – nahm diesen Vorschlag auf. Abraham besuchte die Volksschule und den jüdischen Religionsunterricht. Barmitswa wurde er bei entfernten Verwandten, einer Familie, die sich bis dahin zurückgehalten hatte und sich in einem früheren Stadium deutlich gegen eine Veränderung des Pflegemilieus ausgesprochen hatte. Bei der Barmitswa waren selbstverständlich auch die nicht-jüdischen Kriegspflegeeltern anwesend.

Da Abraham noch immer einen gespannten, nervösen Eindruck machte, wurde er auf der MULO eingeschult, um ihn nicht zu überfordern. Beginn 1957 erwiesen sich die Ängste und der Spannungszustand, die der Junge in den vergangenen Jahren gezeigt hatte, als überdeterminiert: Die Ehe der Kriegspflegeeltern, seit längerem ohne Wissen der Außenwelt schlecht, zerbrach. Das Pflegekind war bisher das Bindeglied zwischen beiden gewesen und die Pflegeeltern hatten es diese Rolle sehr bewußt spielen lassen; die Pflegemutter hatte den Jungen durch Drohungen veranlaßt, nichts zu erzählen. Da ihn beide liebten, fürchteten beide, ihn zu verlieren.

Im Alter von 14 Jahren verließ Abraham so das Haus, in dem er von seinem vierten Monat an gelebt hatte, und zog zu seinen entfernten Verwandten (denselben, bei denen er die Barmitswa gefeiert hatte). Diese, eine Ingenieursfamilie mit drei eigenen Kindern, unterhielten trotz des Vorgefallenen den Kontakt mit den Ex-Pflegeeltern auf loyale Weise.

Abraham durchlief die MULO. Im März 1959 wurde er durch den Gesundheitsdienst der Gemeinde Amsterdam untersucht. Bei dieser Untersuchung zeigte er das Bild eines Jungen in der Pubertät, emotionell labil, mit starken aktiven und auch passiven Tendenzen. Seine innere Unsicherheit machte eine Schulwahl schwierig; man schlug HBS (A) vor. Bei den verbalen Testuntersuchungen erreichte er einen IQ von 116 bis 122.

Abraham beendete die HBS (A) ohne Mühe und bezog danach die Universität. Der Kontakt zwischen der Waisenorganisation und der neuen Pflegefamilie wurde durch einen Sozialarbeiter regelmäßig unterhalten; die psychiatrischen Kontakte wurden nicht fortgesetzt.

1966 sucht Abraham plötzlich erneut Kontakt mit dem Untersucher. Er beschuldigt ihn und die Waisenorganisation, daß sie seinen Fall von Anfang an unrichtig beurteilt und dadurch falsch geleitet hatten. Man habe ihn zu lange in der Kriegspflegefamilie gelassen. Anhand des Dossiers werden in drei aufeinanderfolgenden langen Sitzungen die verschiedenen Entwicklungsstadien seines Falles mit ihm durchgenommen. Er bestätigt die komplizierte Ehesituation seiner Kriegspflegeeltern. Er habe sie dem Untersucher verheimlicht, da die Pflegemutter ihn bedroht hatte.

Obwohl am Ende dieses Rechenschaftsberichts Abrahams Einsicht in die damaligen Erwägungen der Waisenorganisation und des Untersuchers vertieft zu sein scheint, bleibt eine Kluft von Mißtrauen und Unzufriedenheit unausgelotet.

Auch seine Mitteilungen zu seiner gegenwärtigen Lebenssituation bleiben an der Oberfläche. Sein zweiter (jüdischer) Pflegevater ist vor zwei Jahren plötzlich gestorben. Er selbst studiert Jura, nimmt am studentischen Leben teil und hat vielseitige Interessen. Sein Kontakt mit den inzwischen geschiedenen Kriegspflegeeltern besteht noch; mit dem Pflegevater intensiver als mit der Pflegemutter. Viele während dieser Gespräche nicht geklärte Reste werden erst in der Nachuntersuchung näher erhellt.

Nachuntersuchung. Ein jungverheirateter 30jähriger kooperativer Mann, in dem der Untersucher unschwer die nun ausgereiften Züge des Kindes von einst wiederentdeckt: seine etwas nervöse Hast, seine Gesichtsform, der grazile Charme seiner Bewegungen, der Augenaufschlag, die Art zu sprechen; selbst der frequente Toilettenbesuch ist geblieben.

Anscheinend ist der Kontakt mit dem Untersucher auch jetzt noch für den jungen Mann eine Quelle tieferer Spannungen. Nach 9jährigem Studium arbeitet Abraham in einem Regierungsbüro; er hat eine gutbezahlte, verantwortliche Stellung. Seine Frau – aus jüdischer Familie, einige Jahre jünger als er – hat ebenfalls ein akademisches Studium abgeschlossen. Er spielt mit dem Gedanken, sich beruflich in verschiedenen Betrieben zu orientieren, um sich später selbständig zu machen.

Die jüdische Kongenialität seiner Frau beschreibt Abraham als einen zufälligen Umstand; doch hat er das Gefühl, daß sie ihn in seinen Konfliktsituationen tiefer versteht als seine nicht-jüdischen Freundinnen früher.

Die enuresis hörte mit 18 Jahren plötzlich auf. Sexuelle Probleme werden nicht zugegeben.

Sein Studium wurde durch heftige und langdauernde Depressionen unterbrochen, in denen er zu keiner Arbeit fähig war. Ein Jahr nach dem Tode seines zweiten Pflegevaters sei es wie eine Lawine über ihn hereingebrochen. Nachdem er sich vorher aktiv in der Studentenwelt bewegt hatte, brach er jetzt – paranoid geworden – alle Beziehungen zu seiner Umgebung ab. Er zweifelte an den guten Absichten seiner Freunde, konnte sich schwer anschließen; auch die erotischen Beziehungen zu Frauen waren gestört.

Im Vordergrund aber stand die Trauer um den verstorbenen Pflegevater, die zwei bis drei Jahre anhielt. Er konnte sich nicht erklären, warum sie so lange dauerte.
In dieser Zeit war Abraham ungehemmt, aggressiv, mit schweren Schuldgefühlen. Kein Mensch begriff ihn. („Meine Frau begreift mich“, sagt er, und seine Augen füllen sich mit Tränen.) In diesen schweren Spannungszuständen hat er Magenbeschwerden. (In diesem Zustand hatte er seinerzeit den Untersucher aufgesucht, um Rechenschaft zu fordern; siehe oben.)
Abraham beschreibt sich selbst als jetzt weniger nervös als früher und als zufriedener; aber noch immer hat er Angstträume und wird oft wach. Er sehe alle Probleme zunächst als schwer und belastend und gehe ihnen am liebsten aus dem Wege.
Er steht gern im Vordergrund und möchte eine Rolle spielen. Erfolg ist für ihn eine wichtige Sache. Seine Insuffizienzgefühle liegen beinahe überall bereit; sein Selbstrespekt ist abhängig von dem, was andere von ihm denken. Er kann unangemessen aggressiv sein und findet erst später sein Gleichgewicht wieder. Aber er sei treu in seinen Freundschaften. In seiner Arbeit ist Abraham zwanghaft genau; will anderen seinen Willen aufzwingen. Wenn er sich ermüdet fühlt, treten diese Eigenschaften stärker hervor.
Obwohl Abraham sich durch seine Geburt der jüdischen Gruppe zugehörig fühlt, ist seine jüdische Identität für ihn ein großes Problem. Dieser Prozeß der Identitätsfindung ist noch nicht abgeschlossen. Er suchte nach einem Platz innerhalb der jüdischen Gemeinschaft, hat ihn aber noch nicht gefunden. Seine Autonomieprobleme sind entschieden neurotisch gefärbt; er würde Mitglied der jüdischen Gemeinde werden, wenn er dadurch nicht gezwungen sein würde, Einblick in seine finanziellen Verhältnisse zu gewähren; letzteres lehnt er ab und zahlt deshalb nur freiwillige Beiträge, die er selbst bestimmen kann.
Mehrfache Besuche in Israel während seines Studiums und danach zeugen von seinem Versuch (und dessen Scheitern), in Israel mit der jüdischen Gemeinschaft einen stabilen Kontakt aufzubauen. Von seinem letzten Israelbesuch (1971) kehrte er schwer desillusioniert und depressiv in die Niederlande zurück.
In seiner depressiven Periode wurde Abraham vom Militärdienst befreit. Kurz darauf lernte er seine jetzige Frau kennen; seitdem habe er das Gefühl, nicht mehr allein zu sein.
Über seine Kriegspflegefamilie spricht Abraham aus einer gewissen Distanz mit Wärme und Anhänglichkeit; vor allem mit seinem Kriegspflegevater verbindet ihn noch eine tiefere Freundschaft. Den Kontakt mit seiner Kriegspflegemutter hat er abgebrochen.
In den ersten Jahren, nachdem er aus dieser Familie wegging, habe er viel Heimweh gehabt. Trotzdem bedauert er – mit durch seine eigene Haltung – so spät in die zweite Pflegefamilie hinübergewechselt zu sein.
Abraham erinnert sich nur an weniges von den frequenten Kontakten mit dem Untersucher und den Konflikten mit der ursprünglichen Aspirant-Pflegefamilie. Diese ganze Zeit ist sozusagen aus seinem Bewußtsein verschwunden; offenbar erinnert ihn all das zu stark an die Konfliktsituation innerhalb der Kriegspflegefamilie, die nur dank seiner Anwesenheit nicht schon früher zerbrach.
Den Zustand, in dem sich seine Kriegspflegeeltern damals befanden, kann er heute gut begreifen; aber vor allem seiner Kriegspflegemutter wirft er doch vor, daß sie ihn zu stark unter Druck gesetzt habe, um zu verhindern, daß er der Waisenorganisation oder dem Untersucher von den internen Familienschwierigkeiten erzählte.
Auffallend ist, daß er sich auch bei dieser Nachuntersuchung häufig verspricht, wenn er über seine „Mutter“ resp. Pflegemutter spricht. Anscheinend steht er hier doch noch zu tief in einer großen Verwirrung.

Bei der epikritischen Betrachtung dieses Falles fällt außer der bereits erwähnten gehäuften traumatischen Problematik in allen drei Sequenzen der erschwerte Reifungsprozeß auf, der zu einer neurotischen Charakterbildung mit psychosozialen Defizienzerscheinungen geführt hat, zu Momenten persönlicher und sozialer Verunsicherung, in denen die übertriebene Autonomieforderung, die Identitätsproblematik, Mißtrauen, Spannungszustände mit somatischen Begleiterscheinungen, Angstträume und eine sensitiv-paranoide Einstellung eine Rolle spielen. Die Liebesfähigkeit hat anscheinend nicht gelitten. In seinem Beruf ist Abraham erfolgreich.

Der schlechte Ernährungszustand nach der Geburt, die Trennung von der Mutter unter Umständen, denen man ein Höchstmaß an traumatogenen Modalitäten zusprechen muß, der blinde Fleck in der Anamnese zwischen der dritten Woche nach der Geburt (Trennung) und dem vierten Monat (Ankunft am endgültigen Aufenthaltsort), der fortdauernde schlechte Ernährungszustand mit Affektionen des Magen-Darmtraktes und Infektionen der Haut, schließlich der lange Krankenhausaufenthalt im Anschluß an einen orthopädischen Eingriff und die sich anschließende Liegeperiode im Gipsbett; all dies wären schon traumatische Momente genug, um die Entwicklung eines Kindes dauernd zu beeinträchtigen. Hinzu kommt nach dem Kriege die spezifische Problematik im Zusammenhang mit der Zuweisung der Vormundschaft, ein Vorgang, bei dem neben der schon erwähnten gruppen-psychologischen Dynamik in diesem besonderen Fall noch die Haltung der jüdischen Aspirant-Pflegefamilie zu diskutieren wäre. Hinzu kam ferner als neues verunsicherndes Moment die Infragestellung der Identität des Kindes durch ebendiese Aspirant-Pflegefamilie, was nicht nur in der Übertragung der Vormundschaft an die jüdische Waisenorganisation zu Buche schlug.

Mit dieser Vormundschaftsübertragung wurde jedoch zumindest ein Ausgangspunkt geschaffen, von dem aus das künftige Erziehungsmilieu des Kindes – frei von gruppen-psychologisch unerwünschten Nebeneffekten – einzig unter dem Aspekt der psychischen Hygiene des jüdischen Kriegswaisenkindes betrachtet und bestimmt werden sollte.

Der Grad der Verunsicherung kann in erster Linie an der Haltung der Kriegspflegeeltern ermessen werden: an ihrem Bemühen, das Scheitern der eigenen Ehe zu bemänteln – vielleicht in der Hoffnung, einander auf dem Wege über ihr Pflegekind, an dem beide zweifellos sehr hingen, wiederzufinden. Vielleicht versperrte ihnen auch – und diese Vermutung ist wohl die wahrscheinlichste – die jüdische Aspirant-Pflegefamilie mit den durch sie ausgelösten Konflikten den Weg, ihre eigenen Eheschwierigkeiten offen zu bekennen und dem Kind den Übergang in ein anderes, konfliktärmeres Milieu zu ermöglichen. Da sie sich mit triftigen Gründen dem Wechsel des Kindes zu dieser Aspirant-Pflegefamilie widersetzten, blieb ihnen einstweilen keine andere Wahl, als ihre Ehekonflikte zu verheimlichen.

Diese Haltung hatte jedoch zur Folge, daß der weitere Aufenthalt des Kindes in der Kriegspflegefamilie von fortwährenden Spannungen begleitet war. Seine Angst war zweifach determiniert: die Angst vor dem Wechsel in ein von ihm nicht akzeptiertes Pflegemilieu mischte sich mit der Angst, das Geheimnis seiner gegenwärtigen Situation verraten zu müssen, was wohl mit Sicherheit die Entfernung aus der Kriegspflegefamilie zur Folge gehabt hätte.

Eine andere Frage ist, inwieweit die Sozialarbeiterin und der Referent die Überdeterminierung dieser Konfliktsituation hätten erfassen müssen. Sie haben sie nicht erfaßt. Und auch nachträglich ist es heute schwierig zu entscheiden, welche Lösung damals die bessere oder doch die weniger schlechte gewesen wäre. Aus der Entwicklung der Ereignisse geht hervor, daß genau zu dem Zeitpunkt, als das Kind zu seiner späteren zweiten Pflegefamilie einen Kontakt aufgebaut hatte, es für die Kriegspflegeeltern möglich wurde, ihren Konfliktstoff offenbar zu machen und die Übersiedlung des Kindes in das Milieu der neuen Pflegefamilie zu erreichen.

Diese Lösung, die bis dahin nicht gesehen oder als wünschenswert erörtert worden war, erwies sich in diesem Moment als die einzig mögliche und im weiteren Verlauf auch als die günstigste.

Bei der Übersiedlung in sein neues Pflegemilieu war der Junge 14 Jahre alt, und die nach außen hin abrupt erscheinende Attitüde dieses Wechsels war von ihm lange Jahre zuvor sicherlich schon antizipiert worden. Die tolerante Haltung der neuen jüdischen

Pflegefamilie der Kriegspflegefamilie gegenüber ermöglichte es dem Kind, seine Heimwehreaktionen einigermaßen zu durchleben.
Ein anderer Umstand muß hier zur Diskussion gestellt werden:

Durch den Abbruch der psychotherapeutischen Kontakte konnte die Aufnahme des Kindes im neuen Pflegemilieu nicht begleitet werden. Die Initiative zu diesem Abbruch wurde durch die neue Pflegefamilie und auch durch das Kind selbst genommen. Die Motivationen waren unterschiedlich: die Pflegefamilie wollte erreichen, was sie als eine „Beruhigung der Situation" sah (eine Einstellung der therapeutischen Bemühung gegenüber, die man leider auch heute noch allzu oft antrifft); beim Kinde dürfte die Scham darüber, daß es seinen Therapeuten so lange in die Irre geführt hatte, der Hauptgrund sein.
Von seiten der Waisenorganisation wurde der Fall in seinem weiteren Verlauf durch einen Sozialarbeiter begleitet, der die Stelle der Sozialarbeiterin übernahm, die bisher den sozialen Kontakt mit der Kriegspflegefamilie unterhalten hatte.

Beim Überdenken der Nachuntersuchung wird man getroffen von dem prolongierten Trauerverarbeitungsprozeß, der sich über zwei bis drei Jahre hinzog und mit schweren Konzentrations- und Arbeitsstörungen einher ging, und von der Identitätskrise, die hinsichtlich der Zugehörigkeit zur jüdischen Gruppe noch immer nicht überwunden zu sein scheint.
In die verlängerte Trauerverarbeitung fällt der Besuch des 23jährigen beim Untersucher, von dem er Rechenschaft über seinen Fall fordert. Offenbar handelt es sich in dieser Periode um die Aktivierung eines altes Loyalitätskonfliktes, der mit schweren Schuldgefühle einher geht. Das wurde in der konkreten Situation der Rechenschaftsgebung nicht ersichtlich, aber bei der späteren Nachuntersuchung bekam dieser Gesichtspunkt doch eine stärkere Prägung.
Einen verlängerten Trauerprozeß fanden wir auch in anderen Fällen, u. a. bei „Anna" (s. o. C.I.2a). Auch späterhin wird uns dieser Umstand der Trauerverarbeitung noch beschäftigen. Die Vermutung liegt nahe, daß wir hierin eine der Modalitäten der Kriegswaisenschaft zu erblicken haben, wenngleich sie in dieser reinen Form nur sehr selten zu sehen ist. Häufiger trifft man die zersplitterte, fragmentarische Form der Trauerverarbeitung an, die dann einen diffusen, beinahe möchte man sagen: ungeordneten Eindruck macht.
Sicherlich müssen auch hier andere Faktoren mit einkalkuliert werden; u. a. die soziokulturelle Situation des Kriegspflegemilieus, die allgemeine Verarbeitung der Kriegspflegesituation als solche, die Möglichkeit eines mehr oder weniger differenzierten Verarbeitungsvorganges, der wiederum durch viele Momente bestimmt wird (etwa durch den Loyalitätskonflikt zwischen Hinneigung zu den Kriegspflegeeltern und Erinnerung an die eigenen Eltern, selbst wenn solche „Erinnerung" nicht mehr an reale Erlebnisse in früher Kindheit anschließt).
In der übersteigerten Autonomieforderung des 30jährigen Mannes, in seinem vierfachen vergeblichen Versuch, sich in Israel niederzulassen, aus dem Maße seiner Enttäuschung und aus der Schwere seiner zeitweiligen Depression wird die oben erwähnte frühkindliche orale Frustration sichtbar. In allen folgenden Entwicklungsstadien ist sie als kumulatives Moment anwesend: im Gespräch mit dem Untersucher beklagte sich Abraham auch über das große kulturelle Gefälle zwischen ihm und seiner Kriegspflegefamilie, die ihm nicht das für seine Entwicklung Notwendige habe geben können, wonach er verlangte. (Das Problem des „kulturellen Gefälles" spielt auch in anderen Fällen unseres Materials eine oft bedeutende Rolle.)
Anschließend der folgende Fall, der nur in großen Umrissen referiert werden soll.

Fall „Aleida" (BA): Fehlentwicklung mit schweren psychosozialen Defizienzerscheinungen auf Basis einer initialen Depression. (Chronisch-reaktive Depression.)

Aleida, geboren am 3. 7. 1942, ist das einzige Kind aus einer gutbürgerlichen, wohlhabenden, liberalen Kaufmannsfamilie. Ihre Eltern teilten sich die Leitung einer Anzahl von Schuhgeschäften, die sie aus kleinen Anfängen zu einer mittelgroßen Ladenkette ausgebaut hatten.
Über die ersten Lebensmonate des Kindes ist wenig bekannt; das elterliche Milieu wird als harmonisch, liebevoll, nicht überängstlich beschrieben.
Mit Hilfe der Widerstandsbewegung wurde das Kind mit 6 Monaten in einer freisinnig protestantischen mittleren Beamtenfamilie mit zwei eigenen, etwas älteren Kindern untergebracht. Bei der Aufnahme in die Pflegefamilie war Aleida anfänglich still, aß schlecht. Über den weiteren Verlauf ist nicht viel bekannt.
Nach dem Kriege – nachdem bekannt war, daß Aleidas Eltern umgekommen waren – erwogen die Kriegspflegeeltern ernsthaft, sie bei sich zu behalten. Schließlich entschlossen sie sich – anscheinend schweren Herzens – doch zu einer Trennung; dabei bestimmten gewisse Charakterzüge des damals 4jährigen Mädchens ihren Entschluß: ihre Unbeständigkeit, eine plötzlich auftretende Protesthaltung, die nach einiger Zeit von einer etwas übertriebenen und schwer zu ergründenden Dienstfertigkeit und Anhänglichkeit abgewechselt wurde. Auch machte sie häufiger Szenen.
Aleida wurde mit Einverständnis der Kommission O. P. K. von einer jüdischen Pflegefamilie in derselben Stadt aufgenommen. Diese Pflegeeltern hatten – getrennt von ihren beiden Kindern in Aleidas Alter – in einem Versteck die Verfolgung überstanden. Von hieraus besuchte Aleida den Kindergarten und die Volksschule. Ihre Lügengeschichten, übermäßige Naschsucht, Eifersucht und stark ich-bezogene Haltung standen einem tieferen Kontakt im Wege, so daß Aleida im Alter von 8 Jahren diese Pflegefamilie wieder verlassen mußte. Sie wurde in das Observationsheim der jüdischen Waisenorganisation aufgenommen, die inzwischen die Vormundschaft erhalten hatte.
Im psychiatrischen Rapport vom Dezember 1951 wird Aleida durch den Untersucher als flaches, wenig differenziertes, affektarmes, armseliges Geschöpf beschrieben, das mit sich selbst keinen Rat wisse. Sie ist unzufrieden und unglücklich. Die Frage nach ihrem zukünftigen Erziehungsmilieu ist schwer zu lösen. Die Gefahr der Hospitalisation in einem Kinderheim ist groß. Die Chance, eine neue Pflegefamilie zu finden, die sie aufnimmt, ohne sie nach zwei, drei Jahren wieder wegzuschicken, ist gering.
Die an sich erforderliche intensive Psychotherapie ist in diesem Moment nicht zu verwirklichen. Das Mädchen selbst äußert unablässig den Wunsch, wieder in eine Pflegefamilie aufgenommen zu werden. Verschiedene Versuche, sie mit einem eventuellen Pflegemilieu in Kontakt zu bringen, schlugen fehl. Sie reagiert hierauf stets depressiver. Man beschließt daraufhin, sie im Observationshaus zu lassen, an dessen Leiterin sie sich angeschlossen hat.
Im gleichen Heim schloß Aleida Freundschaft mit einem gleichaltrigen Jungen, der nach kurzer Zeit von einer kinderlosen jüdischen Pflegefamilie, die sechs Konzentrationslager überstanden hatte, aufgenommen wurde. Aleida besucht diesen Jungen einige Male in seiner neuen Umgebung. Als sie 11 Jahre als ist, entschließt man sich – auf Anraten dieser Pflegefamilie – auch Aleida in deren Haus unterzubringen.
Die Berichte der Sozialarbeiterin über Aleidas Aufenthalt dort waren – auch nach einiger Anlaufzeit – nicht ermutigend. Versuche, sie psychotherapeutisch zu begleiten, schlugen fehl. Sie dissimulierte alle Schwierigkeiten. Die Spannungen im Pflegemilieu wuchsen. Aleida zeigte sich weniger anhänglich als ihr Pflegebruder; ihre Eifersucht, Naschsucht, Unzufriedenheit und die zur Schau gestellte Distanz, sowie schließlich – zu Beginn der Adoleszenz – ihre starke sexuelle Reizbarkeit beunruhigten ihre Pflegeeltern. In der Schule zeigte sie sich uninteressiert. Ihre Leistungen gingen auffallend zurück. Sie wechselte den Schultypus.
Im Sommer 1956 beschlossen die Pflegeeltern das Pflegeverhältnis zu beenden. Man kam gemeinsam zu der Schlußfolgerung, daß sich im Laufe der vergangenen dreieinhalb Jahre ein wechselseitiges festes affektives Band nicht entwickelt hatte.
Für Aleida bedeutet dies Scheitern eine neuerliche Enttäuschung.
Bei der psychiatrischen Untersuchung im Mai 1956 hatte sie erstmals wieder von ihren Kriegspflegeeltern erzählt, an die sie eine gewisse Anhänglichkeit bewahrt hatte. Sie idealisierte ihren Aufenthalt dort und äußerte den Wunsch, zu ihnen zurückzukehren. Nach wiederholten

Besuchen konnte sich jedoch weder die Familie noch die Waisenorganisation entschließen, das Pflegeverhältnis zu erneuern. Die Kriegspflegeeltern empfanden Aleidas Nachkriegsentwicklung als einen Vorwurf, daß sie das Kind damals hatten gehen lassen.
Im Herbst 1956 wurde Aleida in ein jüdisches Kinderheim aufgenommen. Dort fühlte sie sich unter gleichaltrigen Schicksalsgenossen eher am Platz. Es kam zu einer gewissen Entspannung. Doch auch in dieser Umgebung schlug sie auf die Dauer keine Wurzeln. Psychotherapeutischen Bemühungen zeigte sie sich wenig zugänglich. Ihre Kontakte blieben oberflächlich, ihr sexuelles Verhalten auf eine Weise provozierend, die ihre Ängste verriet.
Auf der MULO scheiterte sie im 3. Jahr ihrer Ausbildung. Ein 1958 durchgeführter Berufstest empfahl eine Ausbildung, in der ihr Bedürfnis nach Abwechslung, ihre praktisch gerichtete Aktivität zur Geltung kämen, und die nicht zuviel von ihren nur oberflächlichen sozialen Kontaktmöglichkeiten forderte. In den folgenden Jahren versuchte Aleida sich als Modistin, Verkäuferin, Schönheitsspezialistin.
Im Kontakt mit der Gruppenleitung und der Leitung des Hauses erwies sie sich als unzugänglich und spröde. Mit 20 Jahren – vielleicht zu spät – verließ sie das Heim. Sie wechselte häufig ihre Adressen, unterhielt viele oberflächliche Freundschaften, aber blieb im Wesen einsam. Sporadisch suchte sie wieder Kontakt mit ihrer alten Kriegspflegefamilie, die sie wie immer herzlich aufnahm.
Mit 21 Jahren erbte Aleida ein beträchtliches Vermögen, das ihr die Möglichkeit gab, ein sogenanntes freies unabhängiges Leben im Kreis gleichgesinnter, etwas bindungsloser Altersgenossen und -genossinnen zu führen. Sie arbeitete nicht mehr und gab viel Geld aus. Ihr Kontakt mit Männern blieb in emotionaler Hinsicht oberflächlich.
Verschiedene Versuche, die Aleida unternahm, um sich zu binden, schlugen fehl. In dieser Zeit nahm sie wieder Kontakt mit der Sozialarbeiterin der Waisenorganisation auf, die sie fortan beriet. Sie kaufte vom Rest ihres Vermögens ein Haus, bezog eine Etage und vermietete die übrigen Zimmer. Von diesen Einkünften und einer Unterstützung unterhält sie sich und ihre Kinder.
Bei der Nachuntersuchung im Juni 1972 fanden wir eine etwas ausgelöschte und anscheinend dadurch zur Ruhe gekommene junge Frau, die einen verhältnismäßig älteren, etwas verkümmerten Eindruck machte. Ihre kleine Wohnung ist einfach, geschmackvoll eingerichtet; doch fehlt es an einer gewissen warmen, behaglichen Sphäre.
Aleida versucht auf eine rührende Weise für ihre Kinder zu sorgen und ihnen so zu geben, was ihr selbst als Kind versagt blieb. Immer noch unterhält sie regen Kontakt mit der Sozialarbeiterin der Waisenorganisation. Diese ist die einzige, die Zugang zu ihr hat und mit der sie ihre Probleme besprechen kann. Das älteste Kind hat Anpassungs- und Verhaltensprobleme und wird durch den schulpädagogischen Dienst betreut.
Selbst lebt sie beträchtlich einsam und isoliert, nun auch bedingt durch ihre finanziellen Probleme, ohne jegliche tiefere Beziehung zu einem anderen Menschen. Sie lebt in ihrer Wohnung wie in einem wesenlosen Puppenhaus. Im Gespräch ist unter der Maske der Resignation und Apathie das Gefühl ihrer Machtlosigkeit und Insuffizienz deutlich anwesend. Müde gekämpft versucht sie auf etwas geordnetere Weise diese schmale Basis ihres Lebens zu konsolidieren. Über ihre Zukunft schweigt sie.

Die Diagnose kann mehrdimensional gestellt werden. Die persönliche und die soziale Unsicherheit, ihre Kontaktschwierigkeiten und das Versagen in ihren sozialen Beziehungen und ihrer Berufsausbildung sind hervorstechend. Das Fehlen jeglicher Zukunftsperspektive ist Ausdruck ihrer tiefen Depression. Die Apathie und die Depression, zum ersten Mal sich manifestierend beim Übergang von der ersten zur zweiten traumatischen Sequenz, und kumulativ wirksam bei Übergang von der zweiten zur dritten und in der dritten (durch den frequenten Milieuwechsel) sind als Dauerfolge des Verfolgungsgeschehens evident.
Daß sie wenigstens noch ein sicheres Dach über dem Kopfe hat, verleiht ihrem Status eine gewisse soziale Standhaftigkeit. Ihre Resignation, Apathie und zugleich ihre Sorge um die Kinder, bewahren sie einigermaßen vor eventuellen destruktiven actings out.

C.I.2d. Zuweisung der Vormundschaft an die Organisation HAO (= Hulp aan Oorlogspleegkinderen)

Im folgenden wollen wir den Fall einer Entwurzelungsdepression darstellen, der – basierend auf einer initialen Depression – nach beinahe symptomlosem Verlauf der frühen Entwicklungsstadien erst mit dem Beginn der Adoleszenz ernste erlebnisreaktive Symptome zeigt (Versagen in der Schule und im Studium; tiefgreifende Identitätskrisis; Störungen der sozialen Beziehungen). Die Kombination traumatisch wirksamer Ereignisse wird hier verstärkt durch einen Anlagefaktor: es handelt sich um einen intellektuell hochbegabten Jungen.

Fall „Arje" (BP); Fehlentwicklung auf Basis einer initialen Depression in der Kriegspflegefamilie. In der Adoleszenz zweimaliger Wechsel des Pflegemilieus. Ausbildungsschwierigkeiten. Verstärkte Loyalitäts- und Identitätsproblematik. Übersiedlung nach Israel. (Charakterneurotische Entwicklung.)

Arje, geboren am 30. 1. 1942, ist der zweite Sohn einer wohlhabenden, orthodoxen, aus Österreich stammenden Emigrantenfamilie, die sich einige Jahre vor dem Krieg in den Niederlanden niedergelassen hatte. Über die Vorgeschichte der Eltern ist nur weniges aktenkundig.
Der Vater genoß als selbständiger Geschäftsmann allgemeine Achtung. Die Eltern ließen ihr 5 Monate altes Baby mit Hilfe der Widerstandsbewegung untertauchen.
Anscheinend kam das Kind direkt zu einer humanistischen, betont philosemitischen mittleren Beamtenfamilie auf dem Lande, mit zwei eigenen Kindern im Alter von 8 und 12 Jahren. Der Pflegevater arbeitet in einem großen Betrieb. Bei Aufnahme in die Pflegefamilie wird das Kind beschrieben als „sehr dick, macht einen etwas dummen Eindruck". In der ersten Zeit lag es ununterbrochen schreiend in der Wiege, so daß sich die Pflegeeltern an einen Psychiater wandten, der das Kind untersuchte. Er soll erklärt haben, das Kind langweile sich.
Die weitere Entwicklung verlief günstig. Noch in der Wiege begann Arje zu sprechen; mit 1 Jahr kannte er alle Farben; 3jährig alle Buchstaben; 4jährig die Uhr; mit ungefähr 5 Jahren konnte er lesen.
Nach Kriegsende meldeten sich Verwandte aus Übersee, um das Kind eventuell bei sich aufzunehmen. Diese Pläne zerschlugen sich. Das Kind blieb bei den Kriegspflegeeltern, die es behalten wollten. 1948 wurde die Vormundschaft der HAO übertragen, einer Waisenorganisation des Büros O. P. K., die eigens errichtet worden war, um jüdische Kinder in nicht-jüdischen Pflegemilieus zu betreuen. Leider enthält das diesbezügliche Dossier nur wenig Aufzeichnungen über den Entwicklungsgang des Kindes. Da die Pflegemutter jedoch früh spontan Kontakt mit der jüdischen Waisenorganisation Le Esrath Hajeled aufnahm, ist uns aus deren Dossiers einiges bekannt.
1950 wurde Arje durch eine *child guidance clinic* untersucht. (Die Indikation ist undeutlich.) Man fand einen verbalen IQ von 142 (Binet-Simon); praktische Intelligenz auf gleichem Niveau. In dem Rapport wird Arje als ein charmantes, eigenbrödlerisches Kind beschrieben, völlig aufgenommen in seiner Pflegefamilie, die ihrerseits seine Beschäftigung mit seiner jüdischen Herkunft stark stimuliert. Er erhält hebräischen Unterricht.
Auf der fortschrittlichen Schule, die er besucht, fällt Arje weiter nicht auf. Seine Kontakte mit anderen Kindern liegen etwas oberflächlich; es gibt wenig Konflikte. Man hält ihn für fähig, später das Gymnasium zu absolvieren. Das Verhältnis zu seinen Pflegegeschwistern scheint ungetrübt. Er nimmt die Stellung eines Nachkömmlings der Familie ein.
Aus weiteren, auch nicht sehr zahlreichen Aufzeichnungen gewinnt man den Eindruck, daß Arjes Entwicklung einigermaßen konflikt- und störungsfrei verläuft. Seine Pflegemutter bringt ihn spontan in Kontakt mit einem jüdischen Kinderheim, wo er den Sabbath und die jüdischen Festtage erlebt. Nach dem ersten solchen Besuch erzählt er seiner Pflegemutter, es sei ihm, als ob er alle Gebräuche schon von früher kenne. Als sie ihn daraufhin fragte, ob sie am Freitagabend zu Hause auch Kerzen anzünden solle, antwortet er: „Ach nein, lieber nicht. Denn das ist doch nicht echt." Schließlich annoncierte sie in einer jüdischen Zeitung: „Wer will jüdischem Pflegekind

jüdisches Interesse beibringen?" Daraufhin meldete sich eine jüdische Arztfamilie, die den Krieg mit ihren Kindern überstanden hatte. Bei dieser Familie war Arje dann öfters zu Gast. Einige Jahre darauf wanderte die Familie jedoch nach Israel aus.
Die plötzliche Scheidung seiner Kriegspflegeeltern bedeutete einen schweren Schlag für den ungefähr 13jährigen Arje; er blieb bei seiner Pflegemutter. Mit der eintretenden Adoleszenz vergrößerte sich für ihn dieses Problem, so daß die Pflegemutter beschloß, ihn einer kinderreichen halbjüdischen Intellektuellenfamilie in Den Haag anzuvertrauen.
Obwohl diese Familie ihm alle Möglichkeiten bot, und Arje selbst auch willens war sich anzupassen, fühlte er sich auf die Dauer dort nicht heimisch. In der zweiten Gymnasialklasse (6 Volksschulklassen in den Niederlanden) blieb er sitzen. Doch war seine soziale Anpassung in der Schule besser als in der neuen Pflegefamilie. Nach einem Jahr verließ er Den Haag und kehrte zurück in das Dorf, wo seine Kriegspflegemutter wohnte, nahm jedoch bei einer anderen nicht-jüdischen Intellektuellenfamilie seinen Einzug.
In diesem kirchlich indifferenten Milieu blieb er drei Jahre. Nach dem Abschluß seiner gymnasialen Ausbildung bezog er die Universität, wechselte dreimal die Studienrichtung. Er wurde Mitglied einer etwas „vornehmen" Studentenverbindung, die er nach kurzem Gastspiel wieder verließ. In seinem Studium strandete er: er konnte keine Prüfungen ablegen.
Im Jahre 1961 folgte er als Student einer Einladung der Arztfamilie nach Israel. Es war seine erste große Reise, und Israel hatte augenscheinlich für ihn eine gewisse Bedeutung erlangt. Seine Pflegemutter bestärkte ihn hierin. Im Juli 1963 ging er nach dem Mißlingen seines Studiums zum zweiten Mal nach Israel und blieb dort bis zum Juni 1964. In einem Ulpan (eine Art Auffanglager für Einwanderer; Hebräischkurse) lernte er seine zukünftige Frau, auch eine holländische Jüdin, kennen. Beide sind etwa gleichaltrig. Sie kehren nach Holland zurück um zu heiraten und einige praktische Dinge zu regeln. Im Herbst 1964 sind sie gemeinsam in Israel zurück. Arje bezieht in Tel Aviv die Universität, seine Frau arbeitet in einem Industriekonzern als Korrespondentin.

Im Herbst 1967 beendet Arje sein Studium. Anschließend erhält er eine Stellung in einem großen Unternehmen, in dem er auf einen leitenden Posten vorbereitet wird.

Bei der Nachuntersuchung im Mai 1969 in Israel zeichnet sich der Kontakt mit Arje durch dessen neutrale Bereitwilligkeit aus, Mitteilungen zu geben, insofern sie ihm selbst kein allzu großes Unbehagen bereiten. Trotz seiner Behutsamkeit wird deutlich, daß er in den Niederlanden schwerlich mehr Wurzeln hatte fassen können; daß er sich dort mit schweren Identitätsproblemen auseinanderzusetzen hatte, während sein Studium scheiterte. In dieser ausweglosen Situation suchte er Kontakt mit der Arztfamilie in Israel, die er von früher her kannte. Als er sich entschloß, sich definitiv in Israel anzusiedeln, habe er sich selbst ein Jahr Zeit gegeben, um sich zu akklimatisieren.
Sein ganzes Auftreten und die Art und Weise, wie er über die verschiedenen Etappen seines Entwicklungsganges berichtet, haben etwas Förmliches, Unverbindliches: die distanzierte Freundlichkeit eines Mannes, der am Beginn seiner Karriere steht. Er legt sich eigentlich mit keiner einzigen Aussage fest.
Anscheinend ist Arje selbst noch immer etwas erstaunt über die Wendung, die sein Leben genommen hat. Er lebt mit seiner Frau in Israel in einem kleinen Kreis von festen Bekannten, hauptsächlich holländischen Juden. Dreimal hat er seine Ferien in den Niederlanden verbracht. Aber es gelingt ihm nicht, seine Erinnerungen an Holland in Worte zu fassen. Er sei nicht imstande zu sagen, ob sie gut oder schlecht sind, es sind alle Nuancen dabei.
Seine Jugend bei seinen Kriegspflegeeltern bezeichnet Arje als keine schwere Zeit. Aber deren Ehescheidung sei ein großer Eingriff in seine Entwicklung gewesen. Über die Modalitäten dieses Eingriffs ist er jedoch nicht fähig nähere Auskünfte zu erteilen. Vielleicht läßt seine Mitteilung, der Besuch seiner Pflegemutter in Israel (1968) bedeute für ihn das Symbol einer Umkehr seines Lebens, etwas von den Zusammenhängen ahnen.
Ohne Zweifel hat sie seine Bindung an die jüdische Gruppe überstimuliert, und vielleicht zu einem Zeitpunkt, da er dafür noch nicht reif war.
Nach Arjes eigenem Gefühl war der Übergang zur Adoleszenz für ihn ungenügend vorbereitet. Man könnte hieraus schließen, daß er selbst den Eindruck habe, die Entwicklung seiner affektiven personalen Beziehungen seien durch die zu früh aktualisierte Gruppenproblematik beeinträchtigt worden.

Über seinen Aufenthalt in der zweiten und schließlich in der dritten Pflegefamilie auf dem Lande, bei der er drei Jahre lang blieb, berichtet er nur auf konventionelle Weise. Das Verhältnis zu dieser letzten Familie wirkt indifferent: er wollte nur seine Schulausbildung beenden. Wo seine Emotionalität tiefer angesprochen wurde – wie offenbar in der zweiten Pflegefamilie in Den Haag – da versagte er.

Arjes Ehe ist – nach seinen eigenen Worten – ein stark positiver Faktor in seinem Leben. Auch der Kontakt, den er – auf Initiative seiner Kriegspflegemutter – mit der Arztfamilie geknüpft und dann in einer Krisissituation wieder aufgenommen hatte, reichte tief. Er wolle nicht verschweigen, daß diese Familie schließlich zu seiner Alijah beigetragen habe. Bei diesem Thema wird er etwas freier in seinem Kontakt.

Neuerliche Fragen nach seiner persönlichen Problematik und nach seinen Studienschwierigkeiten in den Niederlanden jedoch weist er geschickt, kühl und distanziert zurück. Nur sein Intermezzo in der Studentenverbindung entlockt ihm ein ironisches Lächeln.

Nur zu gern erwähnt er immer wieder, welche Bedeutung die Erinnerung an seine jüdische Herkunft in seiner Entwicklung gespielt habe. Aus einem interessierten Touristen ist er schließlich ein interessierter Bürger des Landes geworden. „Was mir als Ideal vorgeschwebt hat, das ist mir gelungen“, sagt er. Sein Ehrgeiz tritt deutlich hervor. An der Universität in Tel Aviv hat er schwere Examina ablegen müssen, bevor er seine Stellung antreten konnte. „Ich habe hier die Möglichkeit gefunden, mich selbst zu entwickeln, so wie ich es wollte. Ich fühle, daß alles, was in diesem Land geschieht, mich angeht.“

Er ist in seinem ganzen Leben nie ernsthaft krank gewesen, und auch jetzt hat er keine körperlichen Beschwerden.

Als das Gespräch auf den Eichmann-Prozeß kommt, bezeichnet er sich selbst als einen interessierten Außenstehenden – mehr nicht.

Er bleibt beherrscht und kühl. Er besitzt Fotos von seinen Eltern. Aber dieser Umstand spielt in der weiteren Nachuntersuchung keine Rolle.

Weder in seinem Beruf, noch in seinem persönlichen Leben kennt er Konflikte. Das relativierende, intellektualisierende Moment steht im Vordergrund. Auch ein Trauererlebnis kennt er nicht.

Der Fall dieses intellektuell hochbegabten jungen Mannes mit der signifikanten emotionalen Problematik dieser Spezies enthält viele interessante Aspekte. Wir gehen nur auf die für die vorliegende Untersuchung relevanten näher ein.

Die Verschränkung der persönlichen mit der sozialen Entwicklungsproblematik ist bemerkenswert, besonders wenn man sie hinsichtlich des Verhaltens der Kriegspflegemutter oder des Kriegspflegemilieus im weiteren Sinne diskutiert. Dies letztere war – wie bereits erwähnt – in hohem Grade philosemitisch, jedoch nicht aus religiösen oder weltanschaulichen Gründen. Vielmehr gründete sich die mit- und einfühlende Identifikationsneigung mit der jüdischen Gruppe auf idealistische und humane Motive, wie man sie des öfteren in der niederländischen Gemeinschaft findet. Es ist die Frage, ob diese Haltung die Entwicklung des Kindes anfänglich nicht erschwert hat, indem sie eine Identifikationsmöglichkeit im häuslichen Umgang zu früh belastete. Sicher ist, daß die plötzliche Scheidung der Kriegspflegeeltern diesen Prozeß noch zugespitzt hat.

Es besteht eine gewisse Übereinkunft zwischen der marginalen Anpassung, die er in den verschiedenen Pflegemilieus fand, und der marginalen Anpassung in Israel. Letztere steht für uns außer Frage; Arjes Anpassung in Israel unterscheidet sich deutlich von allen anderen Anpassungsweisen, die wir bei den von uns in Israel untersuchten Kriegswaisen gefunden haben.

Der zweimalige Wechsel des Pflegemilieus in der Adoleszenzperiode, der auch keine Lösung brachte, die Desorientiertheit bezüglich der zu wählenden Studienrichtung, seine kurzwährende Mitgliedschaft bei der studentischen Verbindung, schließlich das Scheitern der universitären Ausbildung in den Niederlanden: all das spricht für den Krisiszustand, die Richtungslosigkeit, die seine Entfaltungsmöglichkeiten lähmte.

Hinzu kommt der erschwerende Umstand, daß das Kriegspflegemilieu alle persönlichen Konflikte auflöste, indem es sie leugnete. Dadurch war er selbst nicht geübt, Konflikte in seinem Leben auszutragen. Seine Mitteilung, daß er früher niemals Konfliktsituationen auf persönlichem oder sozialem Niveau bewußt erlebt habe, ist in dieser Hinsicht sicher glaubwürdig.

Der erneute Kontakt mit der Arztfamilie, sein definitiver Entschluß, sich in Israel anzusiedeln, seine Heirat und schließlich die Vollendung seines Studiums lassen seine Anpassungslücken in einem besonderen Licht erscheinen. Es war das erste Mal in seinem Leben, daß er längere Zeit in einer rein jüdischen Umgebung verbrachte. Aber es ist schlechterdings unmöglich hier von einem Gemeinschaftserlebnis zu sprechen, vergleichbar demjenigen der Kriegswaisen in den Heimen, das sie befähigte, ihr persönliches Schicksal als ein gemeinsames zu erleben. Der Untersuchte gibt uns in seinen vorsichtigen, zurückhaltenden Formulierungen wenig Anhaltspunkte zu einer solchen Annahme. Arjes affektive Verbundenheit mit Israel scheint mehr ein personales Verhältnis zu sein, das ihm gestattet, seine Talente zu entfalten und seinen mächtigen Ehrgeiz zu befriedigen. Die spezifische affektive Entwicklung des Hochbegabten mit den Implikationen der Ich-Entwicklung und der Frustrationstoleranz verbindet sich hier mit einer Identitätsproblematik, die erstaunliche Ausmaße angenommen hat. Sie steht in unmittelbarem Zusammenhang mit seinen Anpassungslücken. Mutmaßlich kann die befreundete Arztfamilie als auxiliäres Ich angesprochen werden, dessen er sich in seiner Krisissituation bediente. Daß er zu diesem Zeitpunkt auch zu einer Partnerwahl gelangte, spricht für diese These.

Doch muß sich noch ein anderer Prozeß vollzogen haben, der Arjes – sei es auch beschränkte – kommunikative Möglichkeiten beeinflußte. Den Besuch seiner Pflegemutter in Israel nannte er „das Symbol einer Umkehr meines Lebens".

Bereits diese Formulierung fällt durch ihre stärkere Gefühlsladung aus dem Kontext seiner Antworten, wodurch es uns gerechtfertigt erscheint, ihr besondere Aufmerksamkeit zu widmen. Sie enthüllt die tiefere Motivation seines in den Niederlanden gescheiterten Entwicklungsganges.

Oberflächlich betrachtet kann sein Entwicklungsgang seit der beginnenden Adoleszenzperiode als ein Versuch betrachtet werden, sich von seiner Kriegspflegemutter zu lösen und von ihrer Beharrlichkeit, mit der sie ihn dauernd auf seine jüdische Identität verwies. Auf emotionalem Niveau muß er das als eine erneute Separation erlebt haben. Die Trennung von seinem Pflegevater, an dem er sehr hing, muß die Angst davor verstärkt haben. Das kurze Intermezzo in der studentischen Verbindung (in der er sich nicht heimisch fühlte) war ein Versuch, eine Gegenposition zu den Bestrebungen seiner Pflegemutter zu beziehen. Mit der Ansiedlung in Israel entfernte er sich räumlich am weitesten von ihr, emotional näherte er sich ihr. Bei ihrem Besuch dort kehrte sie bei ihm und seiner Frau ein.

Die Abwicklung dieser emotionellen Verhältnisse wird in ihrer Psychodynamik transparent auf dem Hintergrund der oben erwähnten initialen Depression. Wird der Untersuchte als Kind in der Latenzperiode noch als „charmant, eigenbrödlerisch" beschrieben, so erscheint er in der Nachuntersuchung als distanziert, kühl und bemüht, sich keine Blößen zu geben. Das depressive Moment erscheint nur zum Teil in seinem Stimmungsniveau. Viel deutlicher zeigt es sich in der Persönlichkeitshaltung, in einer gewissen Rigidität, die dazu dient, eventuelle Aktualisierung traumatischer Erfahrungen und Erinnerungen auf eine leicht paranoide Weise zu antizipieren, zu projektieren und von sich fernzuhalten.

C.I.2e. Wechsel der Vormundschaft

Die beiden folgenden Fälle beleuchten einen virulenten Aspekt des Vormundschaftswechsels und des Kriegswaisenproblems überhaupt.
Im ersten Fall („Adele") gaben die Kriegspflegeeltern in der Adoleszenzperiode des Kindes ihre Vormundschaft zurück.
Für den hier bearbeiteten Jahrgang ist eine solche Veränderung der Rechtslage relativ eine Ausnahme. Bei den älteren Jahrgängen findet man sie – ebenfalls in der Adoleszenz – etwas öfter. Die sozial-psychologische Dimension dieser Lebensphase erweist sich hier als bedeutsam. Grundsätzlich besteht das Loyalitätsproblem, das Kernproblem jedes Verhältnisses zwischen Kind und Pflegeeltern überhaupt, für beide Seiten: für das Pflege*kind* und für die Pflege*eltern*. Letzteres wird zu oft außer Beachtung gelassen, wenn man die Loyalitätsaspekte des Pflegekindes in den Mittelpunkt stellt.
In all den Fällen, in denen die Pflegeeltern – sei es aus individuell-persönlichen, sei es aus weltanschaulich-religiösen Vorstellungen – die Loyalitätsproblematik ihrem Pflegekind gegenüber durch eine vorurteilsbeladene Haltung akzentuieren und verschärfen, erhöhen sie die interaktionelle Spannung. Dies gilt in gewissem Sinne für jegliches Verhältnis zwischen Erwachsenen und Kindern. Es gilt jedoch in besonderem Maße, wenn die Vorurteile der Pflegeeltern die kongeniale Bezugsgruppe ihres Pflegekindes betreffen. Im gleichen Augenblick, da diese Bezugsgruppe für das Kind in seiner sozial-psychologischen Orientierung an Bedeutung gewinnt (Adoleszenz), wird die bisher latent geblieben Spannung manifest. Wo in unserem Material ein solcher Vorgang in Erscheinung tritt, steht er am Ende einer bereits länger existenten Konfliktlage, die – nach der im Notzustand des Krieges und der Verfolgung erlebten Einmütigkeit – allen Beteiligten Verdruß und Enttäuschung bereitete.
Im zweiten hier referierten Fall („Adam") kam es – ebenfalls in der Adoleszenz nach längeren Konflikten – zu einem Übergang der Vormundschaft von einer jüdischen Privatperson an eine jüdische Rechtsperson. In diesem Fall war das Pflegekind an die Stelle des eigenen umgekommenen Kindes getreten.

Fall „Adele" (BH); Streitfall; Fehlentwicklung auf Basis einer initialen Depression im Kriegspflegemilieu; Vormundschaftswechsel; teilweise aufgehobene psycho-soziale Defizienzerscheinungen. (Chronisch-reaktive Depression.)
(Der Fall „Adele" wurde bereits im Zusammenhang mit dem Fall „Anna" kurz erwähnt; cf. C.I.2a.)

Adele, geboren am 15. 10. 1942, entstammt einer jüdischen Mittelstandsfamilie, die es dank des Fleißes des Großvaters väterlicherseits zu einem gewissen Wohlstand gebracht hatte. In religiöser Hinsicht galten die Eltern (nach dem jüdischen Ritus verheiratet) als nicht orthodox. Der Vater wird als ein intelligenter, musikalisch begabter Mann geschildert, der neben seiner künstlerischen Tätigkeit auch im Geschäft seines Vaters mitarbeitete. Er soll zuweilen mürrisch und Stimmungsschwankungen unterworfen gewesen sein. Die Mutter kam aus einer einfachen, geordneten Arbeiterfamilie; nach Abschluß der Schule arbeitete sie einige Zeit in einem Büro. Die Eltern wohnten in einem Stadtteil Amsterdams, der – außerhalb des sogenannten Ghettos – hauptsächlich von jüdischer Arbeiter- und Mittelstandsbevölkerung bewohnt war. Für ihren Haushalt soll die Mutter wenig Interesse gezeigt haben. Die Eltern heirateten im Alter von 25 und 20 Jahren zu Anfang des Krieges.
Über die ersten Lebensmonate des Kindes ist wenig bekannt. Über die Art und Weise der Trennung von den Eltern finden sich im offiziellen Dossier verschiedene Lesarten. Einer zufolge soll Adele getrennt von ihren Eltern untergetaucht sein. Nach einer anderen, die gestützt wird

durch die Ergebnisse der Nachuntersuchung, war Adele zusammen mit ihren Eltern kurze Zeit in einer Dachkammer in Amsterdam untergetaucht. Bei einem unvorsichtigen Aufenthalt der Eltern auf der Straße wurden sie von einem früheren Kunden des Vaters erkannt und verraten. Das allein zurückgelassene Kind wurde daraufhin von einem Studenten, der einer orthodox protestantischen Widerstandsgruppe angehörte, zu seinen Eltern in eine andere Stadt gebracht, wo es als Enkelkind ausgegeben wurde.

Bei der Ankunft in diesem, seinem zweiten Versteck, soll das Kind einen körperlich verwahrlosten Eindruck gemacht haben; die Babyausstattung war armselig. Aufgrund der körperlichen Verfassung (dick, aufgebläht) vermutete man, daß die Mutter – aus Angst durch das weinende Kind verraten zu werden – es fortwährend gefüttert hatte. Trotz dieser Verwöhnungs-/Verwahrlosungserscheinungen soll Adele sich gut an die neue Umgebung angepaßt haben. Eine spätere Dossiernotiz widerspricht jedoch dieser Darstellung völlig: danach zeigte Adele vermutlich damals eine apathisch-depressive Reaktion, die von ihrer Umgebung als „angepaßt" interpretiert wurde. Aus Angst vor Verrat wurde Adele im November 1943 in eine andere Pflegefamilie (drittes Versteck) gebracht, ebenfalls der orthodox protestantischen Gruppe zugehörig. Dort blieb sie für den Rest des Krieges.

Diese Pflegeeltern, ein junges, kinderloses Ingenieursehepaar, werden als ruhige, fromme, nicht fanatische Menschen beschrieben, die sich der Problematik, ein Kind von jüdischer, aber sonst unbekannter Herkunft in ihrem Hause aufzuziehen, wohl bewußt waren. Der Pflegevater wird als ein pflichtbewußter, aktiver und unternehmender Mann geschildert, der ganz in seinem Fache aufgeht, in dem er später noch eine bedeutende Karriere machen sollte. Die Pflegemutter wird als eine kultivierte, herzliche Frau beschrieben, weniger allgemein gebildet als ihr Mann und völlig auf ihre hausfraulichen Pflichten gerichtet. Beide antizipieren die Möglichkeit, daß ihnen noch eigene Kinder geboren werden, sehen aber darin kein Hindernis für ihre konstante Zuneigung zu ihrem Pflegekind. Wohl sahen sie schon damals die Schwierigkeiten voraus, in ihrer Familie mit eventuellen eigenen Kindern ihre Pflegekind außerhalb der christlichen Lebenssphäre zu erziehen.

Nach dem Kriege erheben sie Anspruch auf die weitere Versorgung ihres Pflegekindes, das man laut Dossiernotiz „intelligent, beweglich, etwas eigensinnig und aufständisch" fand, so daß man es zuweilen etwas strenger anfassen zu müssen meinte.

Ein überlebender Großonkel von Adele, verheiratet mit der Schwester des Großvaters väterlicherseits, in jüdischer Hinsicht konservativ ohne orthodox zu sein, beansprucht ebenfalls die Vormundschaft über das Kind. Er ist geneigt, es im gegenwärtigen Pflegemilieu zu lassen, da er sich „keine bessere Umgebung für das Kind" vorstellen kann. Aber er ist gegen eine eventuelle christliche Erziehung. Er erklärt, daß Adeles Eltern, obwohl nicht fromm, dennoch die jüdische Tradition so hoch geschätzt hätten, daß sie selbst nie zu einem anderen Glauben übergegangen wären. Der Onkel und seine Frau fühlen sich selbst zu alt und nicht mehr gesund genug, um das Kind bei sich zu erziehen. Zugleich widersetzen sie sich der Aufnahme des Kindes in ein jüdisches Kinderheim oder in eine andere Pflegefamilie. Um allen Eventualitäten begegnen zu können, wollen sie mit der Vormundschaft betraut werden. Zu einem späteren Zeitpunkt entschließt sich die verheiratete Tochter dieses Ehepaares zusammen mit ihrem Mann, Adele in ihre Familie aufzunehmen. Alle diese Vorschläge werden von den Kriegspflegeeltern verworfen.

Hier zeigt sich die Unvereinbarkeit der kontroversiellen Standpunkte und zugleich die breite Variabilität möglicher Konfliktsituationen, wie sie als Erbschaft des Verfolgungsgeschehens auftreten.

Die Kommission O. P. K., das Vormundschaftsgericht und auch die Berufungsinstanz entschieden sich für den Standpunkt der Kriegspflegeeltern. Im Jahre 1947 wurde ihnen die Vormundschaft übertragen. Der Großonkel wurde zum zweiten Vormund bestellt.

(Mit der Verleihung der Vormundschaft endet das offizielle O. P. K.-Dossier. Alle folgenden Mitteilungen entnehmen wir dem Dossier der jüdischen Kriegswaisenorganisation, dem Rapport des christlichen Heimes für schwererziehbare Mädchen aus dem Jahre 1958, dem Schul- und Berufsberatungsrapport der Gesundheitsbehörde der Stadt Amsterdam, den Rapporten des Untersuchers aus dem jüdischen Observationsheim aus den Jahren 1961 und 1962, und der Nachuntersuchung des Jahres 1973. Daraus ergibt sich die folgende Entwicklung des Falles:)

Bereits im Jahre 1948 wünschen die Pflegeeltern keinen Kontakt mehr mit der jüdischen Waisenorganisation, den diese sehr sporadisch mit ihnen unterhalten hatte.

Aus dem erwähnten Rapport des christlichen Heimes für schwererziehbare Mädchen ergeben sich die folgenden anamnestischen Nachträge der Pflegeeltern zu den frühen Entwicklungsphasen Adeles:
Bei Aufnahme in die endgültige Kriegspflegefamilie sei Adele ein bleiches, dickes, apathisches Baby von 11 Monaten gewesen, das offenbar lange Zeit nicht an der frischen Luft war. Sie hatte nur einen Zahn (im Oberkiefer); in ihrer motorischen Entwicklung blieb sie die erste Zeit deutlich retardiert. Sie aß wie ein Wolf.
Erst mit zwei Jahren verlief Adeles Funktionsentwicklung günstiger. Sie lernte laufen und sprechen. Sauber war sie erst mit 5 Jahren. Außer den normalen Kinderkrankheiten überstand sie Keuchhusten, Mumps und später (im Ausland) eine Hautinfektion. In der Box soll sie ein schwieriges, trotziges Kind gewesen sein. Der Pflegemutter sei es schon damals schwer gefallen, sie lieb zu haben.
Anläßlich der Geburt des ersten eigenen Kindes in der Pflegefamilie wird Adele – 5 Jahre alt – über ihren Status und ihre Abkunft unterrichtet. Anscheinend macht diese Mitteilung wenig Eindruck auf sie. Ob diese Frage in den folgenden Jahren noch des öfteren angeschnitten und mit ihr besprochen wurde, ist undeutlich.
Im Jahr darauf wird ein zweites Kind geboren. 1949 zieht die Familie mit Adele in eine andere Stadt, wo der Pflegevater eine leitende Stellung erhält. Adele ist in der Volksschule eine mäßige Schülerin. 1951 geht sie mit der Pflegefamilie nach Übersee, wo ihr Pflegevater einen verantwortlichen Posten in einem Großbetrieb übernimmt. Sie besucht weiter die Volksschule, bleibt einmal sitzen.
1955 kehrt die Familie in die Niederlande, in die Nähe des früheren Wohnortes zurück. Der Pflegevater erhält einen umfassenderen, arbeitsintensiven Wirkungskreis.
Adeles Schulentwicklung verläuft auch jetzt nicht ohne Schwierigkeiten. Sie wird als faul und uninteressiert beschrieben. Nach Abschluß der Volksschule wird sie in der MULO eingeschult. Man sieht keinen Anlaß zu einer qualifizierteren Ausbildung.
1956 wird Adele in einem Internat in der Nähe des Wohnortes der Pflegefamilie untergebracht. Als Begründung wird angeführt: ihre Faulheit, ihre maßlose Unordentlichkeit, die negative Haltung, mit der sie die Stimmung im Hause verderbe und den eigenen Kindern – die anscheinend nicht über Adeles Pflegekindschaft informiert waren – ein schlechtes Beispiel gibt. Auch im Internat gibt ihr Betragen und ihre Haltung zu Klagen Anlaß. Man beschuldigt sie kleiner Diebereien. Nur in den kreativen Fächern (Zeichnen, Musik usw.) kommt sie zu guten Leistungen.

Als man unter ihren Zeichnungen eine „nackte Frau“ entdeckt, mit der Unterschrift: „Wer küßt mich?“, erschrecken die Pflegeeltern dermaßen, daß sie Adele auf Empfehlung der christlichen Internatsleitung in das oben erwähnte christliche Heim für schwer erziehbare Mädchen aufnehmen lassen. Zugleich bittet der Pflegevater bei der zuständigen Instanz um Entlassung als Vormund. Diesen Entschluß teilt er auch der jüdischen Waisenorganisation mit. 1958 übernimmt – in Abwartung der weiteren Prozedur – der „Raad voor de Kinderbescherming“ die vorläufige Vormundschaft.
Der Direktor des christlichen Heimes nahm – die wahren Proportionen des Falles erfassend – nach einiger Zeit Kontakt mit der jüdischen Waisenorganisation auf. Er fand keine Indikation für einen längeren Verbleib des Mädchens in seinem Heim und brachte sie vorläufig in einem kleinen benachbarten Internat unter, von wo aus sie die HBS besuchte. Da sie in dieser Schule zuvor vom Heim aus als Putzfrau gearbeitet hatte, fiel ihr die Anpassung schwer. Die Schulausbildung scheitert, obwohl man sie intellektuell für fähig hielt, sie fortzusetzen.
1959 wird die jüdische Waisenorganisation Le Esrath Hajeled mit der Vormundschaft betraut. Im Einvernehmen mit dem erwähnten Direktor des christlichen Heimes wird Adele in einer halbjüdischen Familie aufgenommen. Auch hier kam es sehr bald zu großen Schwierigkeiten, so daß Adele nach Amsterdam ins jüdische Observationsheim übersiedelte.
Bei einer erneuten Untersuchung durch die Schul- und Berufsberatungsstelle der Stadt Amsterdam im Jahre 1960 wird von einer Fortsetzung der Schulausbildung abgeraten: Adeles allgemeine Intelligenz sei befriedigend über dem Durchschnitt, ihre Sprachbegabtheit ist gut, ihre Denkfunktion und ihr Urteilsvermögen durch Emotionen getrübt. Sie besitze kreative Möglichkeiten; ihr Gefühl für Form, Farbe und Material ist gut entwickelt. Ihre Stimmung sei deutlich depressiv gefärbt.

Im Rapport des Observationsheimes des Jahres 1961 beschreibt der Untersucher Adele als ein gemeinschaftsflüchtiges, äußerst verunsichertes, einsames Mädchen; zugleich kokett und mit ihren vielen Jungenbekanntschaften aufschneidend. An ihrem Arbeitsplatz im Büro eines großen Betriebes kann sie sich nur mit Mühe und mit Hilfe der Chefin behaupten. In Situationen des praktischen Lebens ist sie voller Initiative, in persönlichen Beziehungen gehemmt und unstet.

In der psychiatrischen Untersuchung im August des Jahres 1962 fällt neben den bereits beschriebenen Kontaktschwierigkeiten Adeles Angst auf, sich aufs neue zu binden.

Autoritätskonflikte und sexuelle Probleme sind evident. Ihre Basisstimmung ist depressiv. Ein starkes Gefühl von Heimweh wird erfolglos verdrängt. Ihr an sich gutes introspektives Vermögen wird neutralisiert durch eine Unlust, sich näher mit den Erfahrungen der letzten Jahre auseinanderzusetzen. Ihre wiederholten Besuche bei den Kriegspflegeeltern verlaufen enttäuschend. Psychotherapeutische Hilfe lehnt Adele ab. Sie unterhält nur lose Kontakte mit der Sozialarbeiterin.

In dem Betrieb, in dem sie arbeitet, lernt Adele einen nicht-jüdischen Jungen kennen – einige Jahre älter als sie – mit dem sie sich nach kurzer Bekanntschaft verheiratet. Obwohl ihr Verhältnis zur christlichen wie zur jüdischen Gruppe in der letzten Zeit indifferent bis negativ war, läßt sie sich in der christlichen Kirche trauen. Anscheinend hofft sie noch immer auf eine Versöhnung mit ihren Pflegeeltern. Mit ihrem Mann zieht sie dann in eine Stadt im Westen des Landes und arbeitet dort als Sekretärin. Dann verliert man sie aus dem Auge.

Bei der Nachuntersuchung im Juni 1973 findet der Untersucher eine gut aussehende, gepflegte, kooperative junge Frau, Mutter zweier Kinder, die offenherzig und kritisch über ihr Leben berichtet.

Ihr Mann, als Techniker ausgebildet, hat nach verschiedenen Wechseln seines Arbeitskreises in einer mittelgroßen Stadt eine neue Betätigung gefunden, die ihn sehr befriedigt. Anscheinend bereitet ihr sein etwas unstetes Wesen viel Sorge.

Sie selbst widmet sich nur der Erziehung ihrer Kinder. Das Haus ist geschmackvoll eingerichtet. Auf der hinteren dunkel getäfelten Wand hängt von der Straße aus sichtbar etwas provozierend ein großer strohgeflochtener Davidsstern, den sie – wie sie etwas spöttisch berichtet – auf einem christlichen Bazar gekauft hat. Ein großes Bücherbrett, dreifach gestaffelt, eine Stereoanlage mit einer Diskothek und Kinderspielzeug in einer Ecke vervollständigen das Interieur. An den Wänden hängen selbstgemachte Linolschnitte und Zeichnungen der Kinder.

Sie erinnert sich noch der Gespräche, die sie vor ungefähr 12 Jahren mit dem Untersucher führte, und auch dieses Gespräch jetzt ist eigentlich nur eine Fortsetzung jener. Die Atmosphäre, in der es sich entwickelt, ist anfänglich ein schwer entwirrbares Gemisch von Vertraulichkeit, Zurückhaltung, Verlegenheit und Stolz. Diese Momente bestimmen abwechselnd den Grundton ihrer Mitteilungen.

Sie ist z. B. stolz auf ihr kleines Eigenheim, das sie nach eigenem Geschmack eingerichtet hat, nachdem sie bis vor einem halben Jahr in Mietswohnungen sehr beengt gewohnt hat.

Am meisten ist alles was sie äußert jedoch gefärbt durch eine gewisse melancholische Zurückhaltung. Sie spricht auf eine etwas resignierte Weise über die Wechselfälle ihres Lebens, vornehmlich über die letzten Jahre, seit sie Amsterdam verlassen hat.

Auch ihre nicht geringen gegenwärtigen Probleme kommen zur Sprache. Ihre Formulierungen sind treffsicher, ihr introspektives Vermögen hat sich vertieft. Sie beschreibt sich selbst als kritisch und im Grunde mißtrauisch. Von Zeit zu Zeit, völlig unversehens, befalle sie ein tiefes Unbehagen, das sie sich nicht erklären könne und dem sie machtlos gegenüber stehe. Auch in ihren depressiv getönten Träumen mache ihr diese Ohnmacht zu schaffen. In ihnen fühle sie sich wie durch eine geheime Kraft gehemmt, alle Anstrengung diese zu überwinden, sei vergebens. Im täglichen Leben wachse dann ihr Mißtrauen, es komme zu heftigen aggressiven Ausfällen, hauptsächlich gegen ihren Mann. Sie leidet darunter. Sie bemüht sich, ihre Probleme selbst zu lösen, aber sie gibt zu, daß es ihr nicht gelingt. Vor Jahren hat sie die angebotene psychotherapeutische Hilfe ausgeschlagen; sie erinnert sich dessen noch genau. Jetzt fühlt sie manchmal das Bedürfnis, mit jemandem über ihre Probleme zu sprechen.

Das Verhältnis zu ihrem Mann beschreibt sie als nicht ganz unproblematisch: „Er hat es nicht leicht mit mir; und ich mit ihm auch nicht immer.“

Das Verhältnis zu ihren Kindern beschreibt sie als gut.

Die Zeit in Amsterdam sei eine der schwierigsten in ihrem Leben gewesen, nachdem die Spannungen in ihrer Pflegefamilie sie zuvor bereits zermürbt hatten. „In Amsterdam war ich kalt. Ich reagierte auf nichts mehr. Ich lebte wie eine Marionette. Ich bin über dieses Gefühl damals selbst so erschrocken, daß ich nicht mehr wußte, was ich tun sollte." – Die Sozialarbeiterin, die sie seinerzeit nach Amsterdam brachte, hätte ihr gesagt: sie brauche keine Angst zu haben, man werde sie nicht wegjagen, sie nicht im Stich lassen; diese Worte hätten sie die ganze Zeit gestützt.
Auch jetzt kann sie noch hart und gefühllos sein – gegen sich selbst und gegen ihre Umgebung. Sie meint, sie sei nicht geboren, um glücklich zu sein. Immer erwarte sie, daß ein neuer Schlag sie treffe.
Das Verhältnis zu ihren Pflegeeltern beschreibt sie als eigentlich nie gut. Spannungen gab es bereits vor der Zeit in Übersee. Aber es ist auffallend, daß sie auch jetzt noch ihre Pflegeeltern in Schutz nimmt; bis zum Jahre 1964 blieb der Kontakt mit ihnen abgebrochen. Anläßlich ihrer Heirat kam es wieder zu einer Annäherung. Vor allem das Verhältnis mit ihrer Pflegemutter sei nie gut gewesen. „Meine Pflegemutter tat immer dumme Dinge mit mir. Auch mit ihren eigenen Kindern; aber die waren dem besser gewachsen. Mein Pflegevater ist ein lieber Mann; aber er wollte seine Ruhe haben, um arbeiten zu können. Schließlich haben sie mich doch im Stich gelassen." Sie hat jetzt zu ihnen ein Verhältnis aufgebaut, das oberflächlich gut zu nennen ist, so wie man mit guten Bekannten umgeht. Über die Vergangenheit wird nie gesprochen. Sie fürchtet immer, daß ihre Pflegemutter sich erregt und wie früher wieder zu weinen und zu schreien beginnt. Niemand habe das je gewußt; alle Probleme wurden nach außen verheimlicht.
Ihre Pflegeeltern wollten auch nicht, daß ihre jüdische Familie Kontakt mit ihnen unterhielt. Auch sie selbst sei jetzt ihrer Familie, d. h. dem Rest, der noch übrig geblieben ist, entfremdet.

Vor einigen Jahren hatten sie und ihr Mann den Plan, eventuell nach Israel zu emigrieren. Ihr Mann hat besonderes Interesse für Israel und auch für Adeles jüdische Abstammung. Damals hatte er Schwierigkeiten in seiner Stellung. Schließlich jedoch hat sich dieser Plan wieder zerschlagen. Jetzt, nachdem ihr Mann einen neuen Wirkungskreis gefunden hat, der ihm zusagt, hätten sie sich entschlossen, in Holland zu bleiben.
Es fällt auf, daß die Untersuchte sich an dieser Stelle besonders zurückhaltend zeigt. Ihre Pläne, nach Israel überzusiedeln, stellt sie als plötzlich aufgetretene Hirngespinste dar, entfernt von jeglicher Realität. Aber die Vorbereitungen zur Übersiedlung hatten anscheinend seinerzeit ein viel fortgeschritteneres Stadium erreicht, als sie jetzt wahrhaben möchte. Sie selbst verleugnet ihre jüdische Abkunft nicht, auch ihre Kinder wissen das; ein näheres Verhältnis zur jüdischen Gruppe hat sie jedoch nicht. Trotzdem fühlt sie sich noch auf alles bezogen, was in der Gruppe vorgeht. Ihre Kinder besuchen eine christliche Schule; zu Hause jedoch lernen sie von ihr auch etwas über den jüdischen Gottesdienst.
Sie fühlt, daß sie „mit zwei Zungen" spricht. Sie verwickelt sich deutlich in Widersprüche, wenn sie meint, daß dies Problem keinen Konflikt für sie bedeute. Obwohl sie in der protestantischen Kirche getraut ist, besuchen sie und ihr Mann nur selten den Gottesdienst. Sie fühle sich nicht mehr damit verbunden, ebensowenig wie mit dem jüdischen.
In der Angst, einen Fehler, eine Sünde zu begehen, sieht sie noch die Überreste ihrer früheren strengen christlichen Erziehung. Sie versuche vergebens, sich hiervon zu befreien; aber auch dazu fühlt sie sich nicht imstande.
Von Zeit zu Zeit fällt ein Schweigen im Gespräch. Die junge Frau schaut abwesend und nachdenklich vor sich hin. Sie gibt zu, durch das Gespräch tiefer erregt zu sein, als sie gedacht habe. Aber sie finde es angenehm, einmal ihre Gedanken wieder frei äußern zu können. Dennoch beurteilt der Untersucher die gegenwärtige Atmosphäre als so sehr „auf Messers Schneide", daß er keine weiteren explorierenden Fragen stellt. Vorsichtig berührt er die Frage der Psychotherapie. Doch die Untersuchte bleibt bei ihrer skeptischen Haltung.
Das Gespräch kommt noch auf das Verhältnis Adeles zu ihren Pflegegeschwistern, das sie als im oberflächlichen Sinne gut aber nicht intensiv bezeichnet. Alle studieren. Sie selbst hat vor, wenn ihre Kinder die Schule besuchen, ihre eigene Schulausbildung auch wieder fortzusetzen. Sie fühlt sich imstande, jetzt ihre höhere Schulausbildung (HBS) zum Abschluß zu bringen. Danach will sie studieren.
Ihr Leben überblickend ist sie heute der Meinung, daß es seinerzeit die beste Lösung gewesen sei, sie bei ihren Pflegeeltern zu lassen. Kein Mensch konnte wissen, daß sie nicht geeignet waren, sie

als Pflegekind aufzuziehen. Es wäre ein Fehler gewesen, wenn man sie damals aus diesem Milieu wieder herausgenommen hätte: „Das alles ist eben eine Folge der Verfolgung.“

Bei der Besprechung dieses Falles, der sehr viele Facetten hat, wollen wir uns auf wenige Aspekte beschränken.
Zunächst sei bemerkt, daß die zur Diskussion stehende Problematik – in groben Zügen – zweidimensional ist. Die eine Dimension ist die rein kinderpsychiatrische, die die Aufnahme eines Kindes in eine Pflegefamilie immer zu einem schwer einschätzbaren Risiko macht: ein junges Kind von ungefähr 9 Monaten mit einer initialen Depression, die als solche nicht erfaßt und nicht behandelt wurde. Die charakterlichen Konsequenzen dieser früh-infantilen Störung im Zusammenhang mit den Problemen der Pflegekindschaft in einem zunächst kinderlosen Milieu; die deutlich retardierte Entwicklung der ersten fünf bis sechs Lebensjahre; die „Faulheit, Unordentlichkeit“; die Schulschwierigkeiten; der unaufgelöste Ambivalenzkonflikt, für den das Heimweh in der Adoleszenzperiode so signifikant ist; der kalte, depressive Gefühlston der jungen Frau, in dem die Basisdepression wiederzufinden ist; die unverarbeiteten Eifersuchtsprobleme mit den „eigenen“ Kindern der Pflegeeltern und die schweren aggressiven Ausfälle gegen ihren Ehemann; und schließlich die unverarbeiteten Autoritäts- und Autonomiekonflikte, die sich in der Scheu der Untersuchten manifestieren, einen Psychiater zu konsultieren: all dies ist psychiatrisch bekannt und bereits oft und hinreichend beschrieben.
Die zweite Dimension ist die sozial-psychologische der Verfolgung, die von Beginn an sich mit der ersten zu einem schier unentwirrbaren Bild zusammengefügt hat, und zwar nicht nur in den theoretischen, sondern auch in den praktischen Bezügen. Die initiale Depression, die so tiefgreifend in das Leben des jungen Kindes einschnitt, ist bereits die Folge des Verfolgungsgeschehens.
Es erscheint nachträglich müßig, die Frage zu diskutieren, inwiefern die sozial-psychologischen Aspekte der dritten traumatischen Sequenz (die Vormundschaftsregelung, die Entfremdung des Kindes von der jüdischen Gruppe usw.) bei der Entwicklung der charakterlichen Fehlhaltung eine Rolle gespielt haben. Sehr wahrscheinlich haben sie das Bild verstärkt, oder zumindest den Blick für die individuelle Lebenshistorie des Mädchens getrübt. Die in dieser Sequenz getroffenen Maßnahmen und deren Folgen: die gescheiterte Umsetzung einer Kriegspflegekindschaft in eine Pflegekindschaft, wie es deren so viele gibt, – gipfelnd in dem Übergang der Vormundschaft von den Pflegeeltern auf die jüdische Waisenorganisation – bedeuteten hier zugleich den Verlust der Bezugsgruppe mit der Aufgabe des alten Erziehungsmilieus im engeren Sinne und die Unmöglichkeit, sich im neuen Erziehungsmilieu zu der repräsentativen Bezugsgruppe in Beziehung zu setzen.
Diese Überlegung erhärtet die von uns aufgestellte These, daß die individuelle Lebensgeschichte der jüdischen Kriegswaisen aufs engste mit der allgemeinen historisch-politischen Situation verknüpft ist. Die Unfreiheit zu Anfang der Situation, d. h. die durch exogene Momente erzwungene Trennung des Kindes von seinen Eltern und seine Aufnahme in eine Pflegefamilie, korrespondiert auf tragische Weise mit der Unfreiheit aller verantwortlichen Instanzen und auch der Pflegeeltern, nach dem Kriege eine andere Entscheidung zu treffen als diejenige, das Kind in der Pflegefamilie zu lassen. Andere Fälle unseres Materials verdeutlichen, daß eine Entfernung eines Kindes unter sechs Jahren aus seiner Kriegspflegefamilie und seine Aufnahme in ein neues c. q. jüdisches Milieu ebenfalls Anlaß der Entwicklung schwerer charakterlicher Fehlhaltung war.
Es erscheint auch müßig, die Motive zu erforschen, die die Pflegeeltern bewogen haben,

die Vormundschaft zu übernehmen und die Konflikte mit ihrem Pflegekind so lange vor der Außenwelt verborgen zu halten. Auch sie befanden sich von Anfang an in einer unfreien Situation, in die sie sich allerdings aus freien Stücken begeben hatten, als sie sich entschlossen, ein verfolgtes jüdisches Pflegekind in ihrem Haus zu beherbergen. Die Voraussetzungen ihres Handelns waren jedoch situationsgebunden und – wie bereits oben dargestellt – nicht zu messen mit den für die Aufnahme eines Pflegekindes gemeinhin gültigen psychohygienischen Kriterien.
Die Lösungen, die die junge Frau für ihre Lebensprobleme gefunden hat, ermöglichen ihr im Moment ein einigermaßen gutes Funktionieren; aber es ist die Frage, wie lange sie dieser steten Belastungsprobe gewachsen ist. Sie selbst signalisiert eine Verhärtung und Isolierung ihres Charakters und ihrer zwischenmenschlichen Beziehungen.
Ihr Vorhaben, ihre Schulausbildung wieder aufzunehmen, kann man vielleicht als Folge des Umstandes sehen, daß sie in dem intellektuellen Milieu ihrer Pflegefamilie überfordert wurde, obwohl sie selbst diese Annahme völlig abweist. Im Gegenteil: sie beschreibt ihren Pflegevater als einen sehr toleranten Mann, der sie zu keinem Studium zwingen wollte. Aber bereits dieser Umstand kann den Ambivalenzkonflikt im Konkurrenzkampf mit ihren Pflegegeschwistern angeheizt haben.
Im Mittelpunkt der Nachuntersuchung steht der Loyalitätskonflikt. Seine aktuelle Virulenz kann man an der verhinderten Trauerarbeit ermessen, die das Verhalten der jungen Frau in all ihren Aussagen färbt. Ihr Pendeln zwischen den beiden Bezugsgruppen ist nur *ein* Ausdruck ihrer inneren Konfliktlage. Der andere ist das Fehlen der Identitätsfrage, d. h., daß sie im Prozeß der Selbstfindung steckengeblieben ist.
In der Äußerung, sie sei nicht für das Glück geboren, zeigt sie ein Stück Resignation, die es ihr ermöglicht, ihr Schicksal zu tragen. Daß dieses ihr zugedachte Schicksal zugleich als eine Bestrafung für ihre aggressiven Triebausbrüche empfunden wird, ist schwer nachzuweisen, aber theoretisch durchaus denkbar.
Wenn man zum Schluß versucht, ihr „Schicksal" und ihre „Resignation" von triebpsychologischen Gesichtspunkten her zu definieren, so wurden mit der Aufnahme in das christliche Heim für schwererziehbare Mädchen die Zeiger zurückgestellt. Diese Formulierung ist wortwörtlich zu nehmen: mit dem Abbruch der ödipalen Konstellation wurde der primären Traumatisierung (initiale Depression) ein neues massives kumulatives Moment hinzugefügt.
Die Diagnose lautet hier: chronisch-reaktive Depression.

Im folgenden letzten Fall dieser Altersgruppe widmen wir neben dem Wechsel der Vormundschaft und des Pflegemilieus innerhalb der dritten Sequenz erhöhte Aufmerksamkeit der exzessiven Identitätskrise. Dabei soll der katamnestischen Untersuchung ein größerer Raum zugewiesen werden. Durch einen Zufall bot sich hier die Möglichkeit, den Entwicklungsgang eines Kindes über die Adoleszenz zum Erwachsenen aus der persönlichen Sicht des Betroffenen darzustellen. Anhand der subjektiven Verarbeitung der traumatischen Ereignisse, die in ihren Grundzügen aktenmäßig belegt sind, werden diese – wie wir meinen – auf eine besondere Weise in ihrer traumatogenen Wirkung durchleuchtet.

Fall „Adam" (CH); Entwurzelungsproblematik mit profunder Identitätskrisis; gestörte Trauerverarbeitung. Vormundschaftswechsel nach Scheitern in jüdischem Nachkriegspflegemlieu. Schwere psycho-soziale Defizienzerscheinungen. (Charakterneurotische Entwicklung.)

Adam, am 5. 7. 1941 zu Amsterdam geboren, ist das einzige Kind aus der in religiöser Hinsicht frei denkenden, sozialistisch orientierten Familie eines geschulten Arbeiters. Mit anderthalb Jahren wird Adam von seinen Eltern in einem nicht-jüdischen Kinderheim außerhalb der Stadt

untergebracht. Im Zusammenhang mit der Verhaftung des Heimleiters durch die SD kommt Adam in die „crèche“ in Amsterdam, von wo die Widerstandsbewegung ihn rettet und er via zwei, drei Zwischenaufenthalte zu einer orthodox protestantischen, älteren Handwerkerfamilie (mit zwei erwachsenen Kindern) auf dem Lande gelangt.
Bei Aufnahme in diese Familie macht Adam den Eindruck eines geistig und körperlich normalen Kindes. Er war bereits sauber, etwas nervös, lebhaft, sehr ängstlich vor Autos. Im weiteren wird er als ein fröhliches, robustes, lebenslustiges Kind mit einem starken Willen geschildert, sehr gutherzig, freigiebig und anhänglich. Er konnte ausgezeichnet spielen, vor allem mit Hunden; er gab ihnen Namen und sprach mit ihnen. Die Leiterin des Kindergartens findet ihn Mitte 1945 besonders intelligent und sehr musikalisch.
Während seiner Versteckperiode hat er die folgenden Krankheiten: Masern (Frühjahr 1943), Keuchhusten, rezidivierende Blasenentzündung.
Nach dem Kriege fühlen sich Adams Pflegeeltern, die ihm sehr zugetan sind, zu alt, um ihn bei sich zu behalten. Auf ihren Wunsch wird er im Oktober 1946 als Pflegekind bei einer jüdischen Familie in einer Nachbarstadt aufgenommen. Diese Familie hatte während ihres Aufenthaltes in zwei Konzentrationslagern ihr einziges Kind, ein Söhnchen, verloren. Es ist nicht deutlich, ob dieser Umstand der Kommission O. P. K. seinerzeit hinlänglich bekannt war. In den Jahren 1948 und 1949 werden in dieser Familie zwei Kinder geboren. Bereits nach der Geburt des ersten entstehen Spannungen, hauptsächlich zwischen der Pflegemutter und ihrem Pflegekind, oft aus Anlaß des Besuches der Kriegspflegeeltern, die von ihrem ehemaligen Pflegekind als Großeltern betrachtet werden. Adams Entwicklung verläuft träge; es kommt zu Regressionserscheinungen in der Sauberkeit, Eßschwierigkeiten, Erbrechen, Protestäußerungen und Schlafstörungen. Auf Wunsch der Pflegeeltern, die das Kind als „abweichend“ empfinden, erfolgt eine Untersuchung durch eine *child guidance clinic*.
Das Resultat dieser Untersuchung: „Adam ist ein normales, empfindliches Kind, das etwas verspätet ist in seiner Entwicklung vom Knirps zum Schulkind. Daher waren anfangs seine Schulleistungen auch ungenügend, obwohl seine Intelligenz über dem Durchschnitt liegt. Die Schwierigkeiten in der gegenwärtigen Pflegefamilie sind Adams Oppositionsverhalten zuzuschreiben, verursacht durch den großen Übergang von der Kriegspflegefamilie mit ihrer Verwöhnung zu der heutigen Pflegefamilie, die zu hohe Anforderungen stellt und nicht über viel pädagogische Fähigkeiten verfügt.“
Im Jahre 1952 erhält der Nachkriegspflegevater die Vormundschaft.
Adam besucht die Volksschule, dann einige Jahre die MULO. Er ist kein brillanter Schüler. 1952 erhält er den ersten jüdischen Unterricht. Im folgenden Jahr wird er Barmitswa.

Adams Verhältnis zu seinen Pflegegeschwistern ist anscheinend erträglich. Aber die Spannungen zwischen ihm und seiner Pflegemutter und damit auch in der Familie überhaupt wachsen. 1958 wird er in ein jüdisches Heim in Amsterdam aufgenommen. Der Pflegevater verzichtet auf die Vormundschaft. 1959 wird die jüdische Waisenorganisation zum Vormund ernannt.

Im jüdischen Heim ist Adam ein unauffälliger, stiller, etwas in sich gekehrter Junge mit traurigem Gesichtsausdruck. In diese Zeit fallen die ersten sporadischen Kontakte mit dem Untersucher.
Adam wird auf der HBS eingeschult, die er ohne Schwierigkeiten beendet. Danach beginnt er Medizin zu studieren und verläßt das Heim; wechselt mehrfach sein Zimmer. Er macht ein paar Zwischenprüfungen, wechselt aber nach einigen Jahren die Fakultät.
Die ersten alarmierenden Schwierigkeiten in seiner sozialen Anpassung werden sichtbar. Erneuter Kontakt mit dem Untersucher, der ihn mit der Diagnose „charakterneurotische Problematik auf depressiver Basis“ an ein psychotherapeutisches Institut verweist. Wie Adam später berichtet, hat er den Kontakt mit dem Institut nach kurzer Zeit abgebrochen.
Nach dem Erreichen der Volljährigkeit unterhält eine Sozialarbeiterin der jüdischen Waisenorganisation weiter Kontakte mit Adam, hauptsächlich materiell versorgender Art. Ihre Berichte sind alarmierend. Adam selbst weist jegliche intensivere Behandlung und Kontakte von ärztlicher Seite ab. Er isoliert sich. Zeitweilig verschwindet er von der Bildfläche. Über Mittelsmänner erfährt man die äußeren Stationen seines Lebens: Israel, Amerika, dann wieder die Niederlande, die Schweiz, Belgien, Frankreich. Plötzlich taucht er wieder auf, macht Verabredungen zu Gesprächen mit dem Untersucher, hält sie nicht ein, verschwindet wieder. Inzwischen ist er streng orthodox geworden, Mitglied einer exklusiven sektiererischen jüdischen Gruppe.

Anläßlich seines letzten Aufenthaltes in den Niederlanden nimmt Adam erneut Kontakt mit dem Untersucher auf. Während drei bis vier Wochen kommt es zu beinahe täglichen Begegnungen, in denen er unter emotioneller Hochspannung zum ersten Mal den Versuch unternimmt, sein persönlich und sozial gestrandetes Leben zu besprechen. Zugleich sammelt er mit fieberhaftem Eifer aus Gesprächen mit Menschen, die seine Familie noch kannten, aus allerlei Archiven alle Daten über seine Eltern, seine Großeltern, seine Vorfahren bis zurück ins Jahr 1780 – in der Hoffnung, durch diesen verzweifelten Griff in seine Vergangenheit seine eigene, gegenwärtige Identität zu finden.
Auffallend war vor allem sein anfängliches Bemühen, eine völlig neue Version über die Beginnperiode seiner Untertauchzeit aufzubauen, die im Widerspruch stand zu den aktenmäßig belegten Fakten. Das Kernstück dieser Phantasie bildete eine konstruierte gemeinschaftliche Untertauchzeit zusammen mit seinen Eltern irgendwo auf dem Lande. Da er aber als Kind von anderthalb Jahren ohne Unterlaß geweint habe, flüchteten seine Eltern – aus Angst, daß sein Weinen sie und die Schutzfamilie verraten könne – in die angrenzenden Wälder. Dort sei er erkrankt und von zwei befreundeten Damen nach Amsterdam gebracht und einige Tage in ihrer Wohnung beherbergt worden; diese Damen hätten ihn schließlich in das oben erwähnte Kinderheim gebracht.
Diese Phantasie entsprach sicherlich dem Bedürfnis des Erwachsenen, einen tiefen inneren Konflikt rückläufig zu konditionieren: *survivor guilt.* So formuliert er in der Umkehrung, was ihn bedrückt: die als Verrat, als Im-Stich-gelassen-werden empfundene Trennung von seinen Eltern mit all den Konsequenzen seines mißglückten Lebens ist nur die Folge seines Weinens, mit dem er seine Eltern beinahe verraten hätte. Zugleich bedeutet diese Phantasie einen bitteren Versuch, ein Stück sinnloser Zeitgeschichte, die brave Menschen dazu bringt, sich von ihrem einzigen schutzlosen Kind zu trennen und es einer ungewissen Zukunft zu überantworten, in die unzureichende Begriffswelt psychologischer Verhältnisse zu transponieren.
Um den chaotisch anmutenden Überfluß seiner Mitteilungen, die Wiedergabe exakter Tatsachen im Wechsel mit phantasiereichen Ausschmückungen und Interpretationen einigermaßen zu ordnen, wurde dem Untersuchten nahegelegt, seine Gedanken und Empfindungen niederzuschreiben. Zugleich diente diese Aufforderung noch einem anderen Zweck: den Untersuchten zu bewegen, sich selbst als Verfolgten anzuerkennen und den zuständigen Behörden Einsicht in seinen Zustand zu gewähren; dies letztere vor allem hinsichtlich seines nur unter vielen Vorbehalten unternommenen Versuches, als Opfer des Verfolgungsgeschehens im Sinne der neuen Gesetzgebung anerkannt zu werden.

Das Resultat seiner Bemühungen stimmte mit den anhand der geführten Gespräche gewonnenen Befunden überein, so daß wir uns entschlossen haben, seine eigenen Worte als *document humain* hier in deutscher Übertragung folgen zu lassen. Einige Änderungen wurden im Text mit Rücksicht auf die ärztliche Diskretion angebracht.

„*An die Prüfungskommission für Hilfe an Verfolgte.*

Amsterdam, den 3. Dezember 197..

M(eine) H(erren)

Zunächst verweise ich hiermit für weitere Angaben auf den Rapport der Sozialarbeiterin von J(oods) M(aatschappelijk) W(erk) in Amsterdam und vor allem auf die Beobachtungen und den Rapport von ... (des Untersuchers).
Ich bin eigentlich fortwährend damit beschäftigt, meine Pläne, über was ich tun will, zu ändern, wobei es bei Plänen bleibt. Vielleicht Mathematik, vielleicht Verwaltungsbeamter, vielleicht Techniker, vielleicht jüdischer Lehrer. Wohnen in Dorf, Stadt, ISRAEL, NIEDERLANDE, Amerika usw. usw. usw.
Das Hauptthema ist, wie ein Ersatz zu finden sei für den Verlust meiner Familie und der sie umgebenden ganzen jüdischen Gemeinschaft, oder: wie einer unangenehmen Situation zu entkommen sei, die die Folge des Krieges ist, und das ist, ausgenommen Lesen, beinahe alles. Geld, Wohnung, Arbeit, Freunde, Ehe, überall kollidiere ich mit dem Kriege. Weg, etwas anderes probieren. Ich komme nicht dazu zu *leben*, sondern versuche noch immer, wieder eine Basis zu finden, von der aus zu leben ist. Und wenn man das als Kind nicht in den Schoß geworfen bekommt durch eine natürliche Umgebung (von Eltern, Brüdern, Schwestern,

Onkeln, Tanten, Großeltern, Neffen, Nichten, Großneffen und Großnichten, Freunden der Eltern, eigenen Freunden, mit denen man aufwächst usw.), dann fällt es sehr schwer, sich später so etwas selbst zu schaffen. Und ich habe das nötig, um überhaupt leben zu können.
Dies Suchen macht mich rasend, es entzieht sich meinem Können. Ich *hoffe* es gefunden zu haben im jüdischen Lernen und im jüdischen Leben, in Talmudschulen und Ghettos. Aber auch *da* muß man sich selbst beweisen. Gerade dort wurde und werde ich nach meinem Hintergrund gefragt. Bin ich jüdisch? Kann ich es beweisen? Habe ich Familie? Wo wohnen meine Eltern? Wie steht es mit meinen Finanzen? Wo wohnst du außerhalb der Talmudschule? Wenn ich sage: „Nirgends", dann macht das einen seltsamen und unangenehmen Eindruck: „Gott weiß, wo der Junge herkommt." Unglaublich, aber *wahr.* Sollte es meine Schuld sein, daß meine Familie ermordet ist? Muß ich das für immer und ewig ausbaden? Es ist um rasend zu werden. Einerseits habe ich mein Studium aufgegeben, weil ich mich zu einsam fühlte und nirgends daheim, und ich habe Gott sei Dank eine geistige Heimat gefunden und jetzt wird es mir dort (gerade die stark religiösen Kreise, die mich so anziehen wegen der Sphäre, der Sicherheit, des Lebensrhythmus) schwierig gemacht, weil ich ganz allein auf der Welt bin. (Abgesehen von Enkelkindern der Schwester meines Großvaters in Südamerika, mit denen ich korrespondiere, und Nachkommen von Brüdern meines Urgroßvaters, die nicht so sehr interessiert (sie haben ihren eigenen Kreis) oder stark assimiliert sind.)
Dem sozialen Rapport der Sozialarbeiterin bei JMW und vor allem dem Rapport (des Untersuchers) können Sie entnehmen, wie ich gesucht, umhergeirrt und zu arbeiten versucht habe, was immer scheiterte am Fehlen eines Auffangzentrums via Familie oder Bekannte. Und dies unbeabsichtigte Preisgegebensein an alles und jedermann hat mich so verletzlich gemacht, daß ich wirklich das Bedürfnis nach der Sicherheit der religiösen Gruppe habe, mit der Betonung auf Gruppe. Und natürlich auch, weil ich das Glück habe kosten dürfen, an Gott glauben zu können, und weil ich den Wunsch und die Sorge habe, seinen Vorschriften nachkommen zu wollen.
Bei meinem Aufenthalt in den Niederlanden habe ich versucht – was meine Abkunft betrifft – zu beweisen, daß ich jüdisch bin und daß mit meinen Eltern alles in Ordnung ist, in jüdischer Hinsicht. Damit habe ich meine Eltern, Onkeln und Tanten und die Hilfe, die sie und die weitere Familie mir (sozial, geistig und finanziell) geboten haben würden, natürlich nicht zurück. Dazu ist noch an die bittere Tatsache zu erinnern, daß mein Onkel als einzig Überlebender und anderweitig wohnend 196... im Alter von 75 Jahren sich das Leben nahm, weil ihm alles zuviel wurde. „Lebensmüde", wie er schrieb. Leider erst danach, oder vielleicht gerade deshalb habe ich über meine Familie nachgedacht und habe ihn nichts fragen können. Die Regungen meiner Seele beobachtend kann ich es mir unglaublich gut vorstellen, obwohl es, religiös gesehen, verboten ist. Es wird auch mir regelmäßig zuviel:

1. Ich bin schon 30 $^1/_2$ Jahre alt.
2. Noch immer nicht verheiratet (weil keine Ausbildung vollendet, zufolge meiner jüdisch-sozialen Isolierung und meinem Gesuche nach einem Ersatz für die jüdische Gruppe der Vorkriegszeit) wohl MULO (B); HBS (B); 5 $^1/_2$ universitäre Zwischenprüfungen.
3. Darum keine Geldmittel.
4. Darum kein Zuhause!!! D. h. ich wohne NIRGENDS!!! (Ja, in Heimen.)
5. Ich reagiere auf Menschen wie ein Suchender (vielleicht ähnelt dieser meinen verlorenen Verwandten, vielleicht jener).
6. Ich fühle mich eigentlich nirgends daheim. Bin u. a. niederländisch erzogen bis zum Alter von 26 Jahren und wohne jetzt in ISRAEL. Jüdischer Niederländer? oder umgekehrt.
7. Zuweilen, so wie jetzt, während meines Aufenthaltes in den Niederlanden, kann ich das Leben allein nicht bewältigen und schlafe fortwährend.
8. Wenn ich nicht jüdisch gewesen wäre, hätte ich mich meiner niederländischen Umgebung angeschlossen, aber jetzt war da etwas (was weiß ich selbst nicht genau), das mich zurückhielt.
9. *Durch eine immer zurückkehrende Entwurzelung, die noch nicht beendet ist* (wie folgt)
   (a) Geboren in Amsterdam am 5. Juli 1941 in einem typisch Amsterdamer jüdischen Milieu. Mein Vater arbeitete als Klempner und hatte Talmud Tora gelernt. Meine Mutter arbeitete als Stepperin. Herzliche Sphäre zu Hause.

(b) Untergetaucht von Oktober 1942 bis Juli 1943 auf sieben verschiedenen Adressen.
(c) von 2. Juli 1943 bis 21. 10. 1946 bei der reformierten Familie... (im Norden der Niederlande).
(d) vom 21. 10. 1946 bis etwa Juli 1958 mit großen, niemals aufgelösten Übergangsschwierigkeiten untergebracht bei... (jüdische Pflegefamilie, s. o.) MULO (B) beendet, trotz Intelligenzrückfall.
(e) von Juli 1958 bis Juni 1960 untergebracht in einem jüdischen Heim in Amsterdam. HBS (B) beendet (unter Aufsicht der jüdischen Waisenorganisation).
(f) Juni 1960 bis Juni 1964 studiert: Medizin und Physik an der städtischen Universität. Dort 5 $^1/_2$ Zwischenprüfungen bestanden. Musiziert. (Klassische Gitarre, 4 Jahre lang.) 1 Jahr lang Latein und Griechisch in Abendkursen.
(g) Da ich meinen Platz in der Gesellschaft nicht verstand und die Gesellschaft in ihrem ganzen Aufbau auch nicht, entschloß ich mich, dies Verständnis zu erwerben und studierte von September 1964 bis Juni 1966 Politologie und Sozialwissenschaft, hauptsächlich aus Interesse; kein weiteres Resultat (1 Zwischenprüfung). In diesen 6 Jahren habe ich in 6 verschiedenen Zimmern zur Untermiete gewohnt.
(h) Als mein Studium fehlschlug, habe ich über mein Leben nachgedacht mit der Schlußfolgerung: „Ich muß versuchen, einen Ersatz für den Verlust meiner Familie und Gemeinschaft zu finden." Verschiedene ungelernte Jobs; nach Israel u. a. Kibbuz und zurück. Schließlich (ich erfahre es als ein Vorrecht) religiös geworden aus Verzweiflung.
(i) Zwischen Juni 1966 und Juni 1968 drei verschiedene Talmudschulen besucht und bei den dazugehörigen Familien gewohnt. Im Prinzip hatte ich meine soziale Identität gefunden.
(j) Wie schon vorhin in diesem Brief erwähnt, wurde gerade in diesen religiösen Kreisen auf mich „herabgesehen", weil ich keinen Beruf und kein Einkommen hatte und noch nicht (Wissen und Verhalten betreffend) auf einem akzeptablen religiösen Niveau stand, und außerdem als Kriegswaise meine eigene „Familienneurose" hatte.
(k) Darum 1 Jahr lang versucht, mich in Israel niederzulassen; gearbeitet (Garage, Bau, Kibbuz), Instanzen aufgesucht und Hebräisch gelernt. An 10 verschiedenen Orten gewesen, aber ich war schon zu verletztlich geworden.
(1) Schließlich wieder zurück zur Talmudschule. Ich fand eine, deren Rabbiner, nachdem ich die Schule ungefähr 2 Jahre lang besucht hatte, sagte: „Your nerves are scatterd, you are not able to do regular organized work", und bereit war, dies schriftlich zu geben. Ihre Ideen gefallen mir: „Das Lernen des Talmud und das Befolgen der Gebote." Diese Gruppierung ist gegen die nicht-religiöse israelische Regierung und hat nur einen „student-status" und keinen „Einwohnerstatus". Schwierig, denn ich sehe Israel doch auch als Ersatz für die vernichteten europäischen Gemeinschaften. Aber in dieser Talmudschule habe ich meinen Platz und dadurch auch in der ganzen religiösen Welt. Ich werde dort anerkannt und lerne Talmud, wodurch ich doch einigermaßen „existiere" (denn: soziale Umgebung (Eltern usw.) und Arbeit sind voneinander abhängig. Ich kann das eine nicht ohne das andere. Und in der Talmudschule sind beide im selben Gebäude untergebracht und der Lehrstoff ist obendrein maßgebend für das menschliche Verhalten in der jüdischen (religiösen) Gesellschaft. Besonders früher, aber auch jetzt noch.)

Auf jeden Fall sehen Sie: mir schwindelt und es wird mir regelmäßig zu viel. Ich fühle mich oft fürchterlich müde. Auch in den letzten vier Jahren meines Suchens nach einem Ersatz für Familie und Gemeinschaft bin ich immer von anderen Menschen abhängig gewesen. Manche jünger als ich. Alles furchtbar demütigend. Kurzum, ich wollte mit diesem Brief bei Ihnen die Entscheidung befürworten, mich als Kriegsopfer anzuerkennen, so daß ich in concreto noch etwas aus meinem Leben machen kann, eventuell in Zukunft als jüdischer Religionslehrer.
Mit Dank für Ihr Interesse und mit Hochachtung

(gez. ....)

P. S. Ich habe im Laufe meines Lebens eine Menge Hilfsangebote ausgeschlagen, weil ich sie von falschen Voraussetzungen ausgehend fand: (1) Mitleid, oder (2) Wohltätigkeit, oder (3) durch diese Hilfe Persönlichkeitseigenschaften anzusprechen, die ich in Wirklichkeit nicht besaß, sondern die durch die Notlage entwickelt waren u. a. eine große Freimütigkeit,

Offenherzigkeit und Naivität in meinem Verhalten anderen Menschen gegenüber. (Um nicht in meiner Einsamkeit unterzugehen.) Und: ein nicht übler Blick auf den Charakter anderer, da es mir nicht vergönnt war, in meinem täglichen Familienleben auf meine (sozialen und individuellen) Kosten zu kommen.
Und diese auf Mitleid und Wohltätigkeit gegründeten Hilfsangebote gaben mir ein demütigendes Gefühl von Dankbarkeit, die mich behinderte in meiner freien Entfaltung als gleichwertiges Individuum, aber mir so ein Bettler-Gefühl gaben. Darum habe ich sie ausgeschlagen. Für viele war dies ein unbegreiflicher Unwille, aber ich wünschte mich nicht durch Menschen mißbrauchen zu lassen, die die wahre Ursache hinter meiner „aparten" Persönlichkeit nicht begriffen: (meine Eltern waren ganz einfache arbeitende Menschen. Gehört von einer (mit Mühe aufgespürten, alten, nicht-jüdischen) Freundin meiner Mutter, die mir noch geholfen hatte, unterzutauchen). Ich begriff auch vieles erst, nachdem ich die Religion gefunden hatte. So wie ich jetzt schreibe, hätte ich davor nicht gekonnt noch gewagt.
Ich habe es einmal so formuliert: Ich nehme nur Hilfe an von Menschen, die sich in derselben Situation wie ich befinden und die meinesgleichen sind, aber nicht von Wohltätern. Denn ich *bin* kein Bettler. Ich habe immer mein Bestes und mehr als das getan, um anständig und ehrlich zu sein.
Dieses Gesuch an Sie ist das erste Mal in meinem Leben, daß ich das Gefühl habe, durch alle Bettlergefühle hin: hierauf habe ich Recht. Denn ich kann mich nur als jüdisches Kriegsopfer begreifen.

Hochachtungsvoll
(gez. ....)

Dazu noch folgende Ergänzungen zur Darstellung der Krisiszeit als Student: Neben der religiösen bestand damals auch eine starke erotische Problematik. Einige Zeit war Adam so gut wie verlobt mit einer nicht-jüdischen Studentin. Diese beendete das Verhältnis, als er fortwährend seine Prüfungen hinausschob. In dieser Periode hatte er eine manifeste Depression mit Apathie, Inaktivität, negativem Gefühlston. Ungefähr ein halbes Jahr lang schloß er sich in seinem Zimmer ein, brach jeglichen Kontakt mit seiner Umgebung ab.
Nur mit seinen Kriegspflegeeltern suchte er in dieser Phase wieder Verbindung. Von einem Besuch bei ihnen zurückkehrend hatte er im Zug anscheinend eine Art Erleuchtung, die in seiner Selbstdarstellung nur indirekt erwähnt wird. Er erlebte seine Zugehörigkeit zur jüdischen Gruppe in einer Art seherischer Offenbarung, begleitet von intensiven Glücksgefühlen. Anscheinend handelt es sich hier um ein degenerativ gefärbtes Erlebnis, wie es durch *Kleist* (1921), *Rümke* (1923) und *van der Horst* (1946) beschrieben wurde. Die Möglichkeit einer randpsychotischen Phase kann nicht ausgeschlossen werden. Aber es kann sich auch um die Abwehr von mit massalen Ängsten einhergehenden Depersonalisationszuständen handeln. Auch seine Selbstdarstellung, mit skurilen barocken Zügen und magischen Zahlen behaftet, durchzieht ein ekstatisch-randpsychotisches Fluidum.
Als Kehrreim lief durch das Gespräch immer wieder sein Ausruf: „Ich hätte gut in das alte Judenviertel gepaßt; jetzt kann ich mit niemandem mehr auskommen."
Dieser Fall, der Fall „Amos" (BM) und der Fall „Aleida" (BA) stimmen überein in der Entwurzelungsproblematik auf depressiver Grundstimmung. Im letzteren Fall wurde das Bild durch eine gewisse Verarmung der sozialen Beziehungen, eine gesellschaftsflüchtige Attitude und die Einbuße an Feinfühligkeit geprägt, sowie durch eine zunehmende Abstumpfung. Im Verhältnis zu ihren Kindern spielen sicher noch Gefühlsqualitäten der präödipalen Phase (Zuneigung, Schutzinstinkt) eine gewisse Rolle, sei es auch, daß sie nun im Rollenspiel repräsentabel geworden sind, nachdem sie sich im eigenen Leben als nicht haftend erwiesen haben.

Im Falle „Adam“ ist eine übersteigerte Sensitivität nicht zu übersehen. Außer der persönlichen Anlage – von hereditären Momenten ist nichts bekannt – hat die Entwurzelung hier zu einer Hellhörigkeit geführt, die beinahe „vorbildlich“ genannt werden muß in der differenzierten Aufnahme und spezifischen Verarbeitung des Verfolgungsgeschehens. Die nicht gelungene Verarbeitung des gesamten persönlichen und des Gruppenmaterials zeigt den Grad der Verwundbarkeit; zugleich die im Leiden erworbene Fähigkeit zu größerer Differenzierung. Das Verwundende selbst tritt uns unverhüllt gegenüber. Diese drei Phänomene: Entwurzelung, Verwundbarkeit, Schwächung oder Verschärfung der Sensitivität, werden uns bei allen Altersgruppen zuweilen beschäftigen.

Daß das klinische Bild letzthin von der Qualität der Ich-Struktur bestimmt wird, macht das Problem der altersspezifischen Traumatisation im hier referierten Fall so schwer überschaubar. Auf der einen Seite die desintegrativ sich manifestierende Ich-Schwäche, die auch die soziale Einordnung erschwert, auf der anderen Seite das Vermögen, der eigenen Entwurzelung nachzuspüren und ihr – zuweilen stammelnd – Ausdruck zu verleihen. („ich tue nichts anderes, als zu Gott zu schreien. Ich weiß, daß er mich hört, auch wenn er keine Antwort gibt.“)

Des öfteren äußerte Adam im Gespräch, daß es vielleicht besser gewesen wäre, wenn man ihn bei seinen Kriegspflegeeltern gelassen hätte. Die Bedeutung des Gruppenerlebnisses in seiner idealisierten Form wird hier sichtbar; dies im Gegensatz zu dem Fall „Amos“, bei dem die Idealisierungsprozesse nur in rudimentärer Form anwesend sind. Bei Adam ist die Abwehrfunktion dieses Idealisierungsprozesses gegen die Grundtraumata – Separation, Verrat, Unwiderruflichkeit – im realen Geschehen nicht zu übersehen.

Wir enthalten uns der hypothetischen Frage, ob ihm in der Tat besser gedient gewesen wäre, hätte man ihn bei den Kriegspflegeeltern gelassen, die sich – wie oben erwähnt – nach Kriegsende zu alt fühlten, um ihn zu behalten. Obwohl die Frage bei Adam hin und wieder ein Rolle spielt, muß man sie im Gesamt seiner Lebenshistorie auf demselben Niveau ansiedeln, auf dem seine Fragen nach dem Warum der Vernichtung der jüdischen Gruppe in Europa gestellt werden. Die Unwiderruflichkeit des realen Geschehens wird durch diese Erwägungen in ihrer traumatischen Potenz nur verstärkt.

Die Tatsache, daß es überhaupt möglich war, die Nachuntersuchung durchzuführen, spricht für die Kooperation dieses hochbegabten Mannes und auch für seine noch stets vorhandenen Möglichkeiten, zu einem affektiven Rapport zu gelangen.

Zusammenfassend zeigt der Untersuchte das Bild einer schweren Entwurzelungsneurose mit randpsychotischen Erscheinungen. Die desintegrativ wirksame Identitätsproblematik mit starker persönlicher und sozialer Verunsicherung vollendet das Bild. Seine Abwehrformen sind so wechselnd und zuweilen so schwer zu erfassen, daß man im Gespräch mit ihm oft meinen konnte, es mit einem schweren Depersonalisationszustand als Abwehr massaler Ängste zu tun zu haben.

C.II. ZWEITE ALTERSGRUPPE
(Trennung von der Mutter im Alter von 18 Monaten bis 4 Jahren)

C.II.1. Allgemeines

C.II.1a. Einführung in die altersspezifische Problematik

Die Periode zwischen 18 Monaten und 4 Jahren, innerhalb welcher bei der zweiten Altersgruppe die Trennung von der Mutter erfolgte, ist vom entwicklungsgeschichtlichen Standpunkt her betrachtet, besonders wichtig. Wegen der Vielfalt der in ihr ihren Anfang nehmenden Entwicklungslinien ist es jedoch theoretisch schwieriger, sie unter einem alles umfassenden Gesichtspunkt zu beschreiben.
Mit der reifenden Hirnfunktion, der Entwicklung der Sprach- und Ausdrucksfähigkeit, der Lerndisposition und der kognitiven Fähigkeiten im allgemeinen vollzieht sich die affektive Entwicklung unter der intensiveren Konfrontation mit der lust- und schmerzspendenden Wirklichkeit. Neben den triebmäßigen, als „anale Phase" skizzierten Prozessen kommen zur gleichen Zeit fundamentale Ich-Funktionen zur Entwicklung: Gefühle der erwachenden Selbständigkeit, das Erleben des eigenen Körpers, die Freude am eigenen Können in Handlung und Spiel. (Vgl. hierzu *Groos*, 1899; *S. Freud*, 1911, 1921, 1923; *Stern*, 1914; *Piaget*, 1930; *Klein*, 1935; *Gesell* und *Ilg*, 1943; *Hartmann*, *Kris* und *Löwenstein*, 1946, 1949; *Erikson*, 1950, 1953; *Watson*, 1959; *White*, 1961; *Nissen*, 1971; u. a. m.)
In dieser als „trial and error" beschriebenen Lebensperiode entfalten sich mit der progressiven Beherrschung der Motorik, mit der Erweiterung und Eroberung des Umweltraumes, bedingt durch das wachsende Vermögen, Gegenstände in der Außenwelt „im freien Zugriff" (*Nissen*) zu besitzen und autonom über sie zu verfügen, auch die Sozialbezüge des Kindes. Das Zusammenspiel zwischen Kind und Umgebung, das nicht mehr eingleisig nur zwischen Mutter und Kind verläuft, gewinnt an Gehalt und Form, richtungweisend für das künftige Rollenspiel und die Bezogenheit des Kindes auf die umringende Wirklichkeit. Das Kind wird ein „Subjekt", eine „Person", die „ich" und „mein" erlebt und artikuliert, sich anscheinend unabhängiger bewegt und beträgt, emotional jedoch bewußter und tiefer mit seiner Umgebung verbunden ist, in der es wurzelt und der es seine Lebensweise und seine soziale Bezugsfähigkeit entlehnt. Die Bedeutsamkeit des Hineinwachsens in eine stets vertrauter werdende Mit- und Umwelt, die dem Kind das Gefühl gibt dazuzugehören, kommt in einigen Grundformen zum Ausdruck.
Die totale Abhängigkeit der ersten Lebensphase wandelt sich in eine mehr und mehr bewußte Partnerschaft, die zu den ersten einschneidenden Konflikten des Kindes mit seiner Umgebung führt. Das Erleben der Fähigkeit, seine Umgebung liebevoll und zufrieden zu stimmen, aber auch reizen und verstimmen zu können, verstärkt die Gefühle von Zuneigung, Trotz, Macht, Allmacht und Ohnmacht, die die Basis des Ambivalenzkonfliktes bilden.
Die Vorstellungswelt ist von magischen Elementen erfüllt. Gefühle von Angst, Furcht, die – undifferenzierter – bereits vom 8. Lebensmonat an das seelische Gleichgewicht des Kleinkindes in Gefahr bringen können, zeichnen sich mit dem Aufbau der Gewissensfunktion und der reifenden Ich-Identität bewußter ab und hinterlassen ihre charakterologischen Spuren. Depressive Reaktionsweisen sind bereits deutlicher zu diagnostizieren.

Die sich entwickelnde Selbständigkeit des Kindes ist nach den Separationsvorgängen dieser Phase noch völlig abgeleitet von der Qualität seiner konstanten Beziehungen zu seiner nächsten Umgebung, auf die es in seiner Hilflosigkeit angewiesen ist, und die seine Gefühle von Eigenständigkeit und Autonomie speisen. Es sind die primären durch Identifikation wirksamen Verwurzelungsprozesse, die ihm seine künftige Rolle in der Welt vermitteln und ihm das Gefühl geben dazuzugehören.
Es versteht sich von selbst, daß diese vielfältig verzweigten Entwicklungslinien jeder länger einwirkenden Belastung in besonderem Maße Angriffspunkte bieten. Diese liegen in der Verletzbarkeit des sich entwickelnden Selbstgefühles, in der Beeinträchtigung und Einengung des Raumes, der der autonomen Persönlichkeitsentwicklung zugemessen ist (in unserem Material bildhaft zum Ausdruck gebracht in dem beschränkten Raum, der in vielen Fällen dem untergetauchten Kind, aber auch dem Kind im KZ-Lager zur Verfügung stand), und schließlich in der Verunsicherung oder dem Ausfall der Elemente, die die primären Verwurzelungsvorgänge fördern und die Wachstums- und Reifevorgänge speisen.
Doch sind auch hier außer dem Schweregrad der Belastungseinwirkungen die Plastizität der kindlichen Psyche und die Qualität der sozialen Rehabilitationsmaßnahmen entscheidend für das Maß, in dem sich die Effekte der Traumatisierungsvorgänge in dieser Phase später geltend machen.

C.II.1b. Zusammensetzung und nähere Beschreibung der Gruppe

Die 41 Kinder der zweiten Altersgruppe, 21 Jungen und 20 Mädchen, wurden im Alter zwischen 18 Monaten und 4 Jahren von ihrer Mutter getrennt. Der jahrgangsmäßige

Tabelle 14: **Anzahl der Aufenthaltswechsel in der zweiten und dritten traumatischen Sequenz (zweite Altersgruppe)**

Jg.	Code	II	III$^{+)}$
1942	BE	2 KZ	11
	BG	2 KZ	5
1941	CB	2 KZ	6
	CC	2	5
	CF	>1	2
1940	DA	>1	1
	DB	5	2
	DD	2	2
	DE	2	3
	DF	1	0
	DG	±10	2
	DH	±4	0
	DJ	1	0
	DK	10	5
	DL	1 KZ + 1	1
	DO	5–8	2
1939	EA	3	3
	EB	>1	1
	EC	1	2
	ED	1–2 (KZ?)	3
	EE	1	2
	EG	1	1
	EH	2	1
	EJ	>5	5
	EK	1	1
	EM	±5	7
	EN	1	1
1938	FA	±6	5
	FB	1	11
	FC	2	1
	FD	2	1
	FE	1	1
	FF	1	1
	FG	1	3
	FL	2	4
	FN	1	3
	FO	1	2
	FP	5	1
1935	JK	4–5	2
1929	PC	2	1
1927	RK	3–5 + 3 KZ	4

+) Kinder, die in der Kriegspflegefamilie blieben, sind mit 0 codiert.

Aufbau der Gruppe und die Zahl der Wechsel der Verstecke bzw. Konzentrationslager in der zweiten und der Erziehungsmilieus in der dritten traumatischen Sequenz sind aus der Übersichtstabelle 14 zu entnehmen.
Diese Tabelle bedarf einiger Erläuterungen.
JK, 1935 in Deutschland geboren, wurde bereits früh von ihren Eltern mit einem Kindertransport zu Verwandten in die Niederlande geschickt. PC und RK, 1929 resp. 1927 geboren, wurden einige Jahre vor dem Krieg in ein Heim bzw. ein Pflegemilieu aufgenommen.
In der vorliegenden Altersgruppe treten in unserem Material zum ersten Mal eine Anzahl Konzentrationslager-Kinder auf. Von fünf Kindern ist der Lageraufenthalt aktenmäßig bekundet. DL wurde in Holland aus dem Lager geschmuggelt, in ein benachbartes Krankenhaus gebracht und von dort durch die Widerstandsbewegung in eine Pflegefamilie. Ob sich bei ED derselbe Vorgang zugetragen hat, konnte nicht mit Sicherheit festgestellt werden. CB wurde von seiner Mutter im Zuge vom ersten zum zweiten Konzentrationslager einer unbekannten Familie mit eigenen kleinen Kindern übergeben – mit der Mitteilung, daß sie selbst sich nicht mehr imstande fühlte, für ihr Kind zu sorgen. CB überlebte zusammen mit dieser Pflegefamilie, die sich nach ihrer Rückkehr nach Holland von ihrem Pflegekind trennte. CB durchlief in der dritten traumatischen Sequenz 6 Pflegemilieus. Wir haben seine Trennung von der Mutter auf ± 3 Jahre angesetzt, obwohl viel dafür spräche, sie auf einen früheren Zeitpunkt vorzuverlegen. Es ist jedoch nicht auszuschließen, daß er auch im zweiten Lager Kontakt mit seiner Mutter hatte. BE und BG überstanden nach der Repatriierung eine tuberkulöse Erkrankung mit drei- bzw. halbjährigem Sanatoriumsaufenthalt. Wie aus der tabellarischen Darstellung ersichtlich, gestaltete sich für alle drei die dritte traumatische Sequenz äußerst schwierig. Auf die Unterschiede in der Symptomatik ihrer Entwicklung soll hier nicht näher eingegangen werden. Alle drei wurden psychiatrisch, pädagogisch und sozial intensiv betreut. Die Befunde ihrer Nachuntersuchung fügen sich in thematischer und diagnostischer Hinsicht in den Rahmen der Altersgruppe.
Im übrigen zeichnet sich die Gruppe durch verschiedene Merkmale aus. Da ist z. B. der im Vergleich zur vorigen Gruppe geringere Unsicherheitsfaktor bezüglich der Anzahl der Wechsel, das häufigere Vorkommen zwei-, vier-, fünf- und zehnmaligen Wechsels der Verstecke in der zweiten und die überraschend hohe Frequenz der Wechsel in der dritten traumatischen Sequenz. Die Bewertung dieser Angaben soll der statistischen Auswertung vorbehalten bleiben.
Auch die zweite Altersgruppe enthält ein reichhaltiges anekdotisches Material. Sie enthält 8 Streitfälle: CF, DF, DH, DJ, DL, EE, EK, EM. In drei Fällen (DF, DH, DJ) erhielten die Kriegspflegeeltern die Vormundschaft.
DL blieb bis zum Beginn der Pubertät bei seinen Kriegspflegeeltern, die jedoch nicht die Vormundschaft ausübten. Hierfür waren verschiedene Gründe maßgebend: das Alter der kinderlosen Pflegeeltern, das beträchtliche sozio-kulturelle Gefälle zwischen ihnen und dem ursprünglichen Milieu des Kindes, und eine zu erwartende große Erbschaft des Kindes, die bei seiner Ausbildung berücksichtigt werden mußte. Die eigens hierfür gefundene Konstruktion, die allen erwähnten Gesichtspunkten Rechnung trug, scheint retrospektiv die einzig günstige gewesen zu sein. EE – ähnlich wie CA aus der ersten Altersgruppe eine Zeitlang von ihren Kriegspflegeeltern versteckt gehalten – blieb aufgrund eines psychiatrischen Gutachtens bis zu ihrem siebzehnten Lebensjahr im Kriegspflegemilieu, besuchte danach eine jüdische Schule im Ausland, kehrte jedoch danach zu ihrer Kriegspflegefamilie zurück, worauf sie sich alsbald verheiratete. Die jüdische Waisenorganisation übte die Vormundschaft aus. (Die Fälle

DL und EE ähneln in gewisser Hinsicht dem im vorigen Kapitel ausführlich dargestellten Fall „Abraham" (AC).)
Unter den Streitfällen sind die Fälle DH und DJ bemerkenswert. Nach dem Erreichen der Mehrjährigkeit ergaben sich für beide neue Schwierigkeiten (vgl. auch AB, NM und BQ).
Zu einem Wechsel der Vormundschaft kam es in fünf Fällen: CF, DK, DL, EE, EM. CF wurde mit polizeilicher Unterstützung von ihrer Kriegspflegefamilie weggeholt, die sich dem Gerichtsbeschluß widersetzt hatte. Die jüdische Pflegefamilie, die die Vormundschaft erhalten hatte, trat diese in einem späteren Stadium an die jüdische Waisenorganisation ab.
DG wurde – ähnlich CL aus der vorigen Altersgruppe – kurz nach dem Kriege durch Verwandte abrupt bei seinen Kriegspflegeeltern weggeholt und in einem jüdischen Heim untergebracht. CL kehrte nach kurzem Aufenthalt dort wieder in sein Kriegspflegemilieu zurück; der Fall DG wird unten ausführlicher dargestellt.
Hinsichtlich des sozialen Status der Eltern ergibt die vorliegende Altersgruppe folgendes Bild (Einkommengruppe I = hoch, II = mittel, III = niedrig; vgl. *Sozialer Status und Überlebenschancen*, A.IV.2):
I: 5 Kinder, d. i. 12,2 % (19,6 %)
II: 11 Kinder, d. i. 26,82 % (30,9 %)
III: 25 Kinder, d. i. 60,98 % (48,9 %)
Bezogen auf unsere Gesamtpopulation und die repräsentative Gruppe (Prozente in Klammern) nähert sich vor allem die mittlere Einkommensgruppe den für die repräsentative Gruppe errechneten Werten. Die beiden anderen Einkommensgruppen zeigen – im Vergleich zu den Zahlen in der ersten Altersgruppe (siehe oben C.I.1b) – ebenfalls eine Tendenz zu den Mittelwerten.

Bei einem Blick auf die *Diagnosentabelle* (Tab. 10) fällt der hohe Prozentsatz der charakterneurotischen Entwicklungen (36,6 %) auf, der höchste Wert in dieser diagnostischen Kategorie überhaupt. An zweiter Stelle steht mit 26,8 % die angstneurotische Entwicklung. Zusammen stellen sie beinahe zwei Drittel aller Fälle dar. Auffallend ist das Anwachsen der angstneurotischen Bilder im Vergleich zur ersten Altersgruppe auf nahezu das Doppelte. Vom entwicklungspsychologischen Standpunkt aus könnte die starke Konfrontation des Kleinkindes mit kritischen Lebenssituationen, wie sie die psychoanalytische Theorie für die anale Phase als Signal des Ich gegen Gefahren aus der Innen- oder Außenwelt umschreibt, einer der Gründe für die Zunahme der angstneurotischen Entwicklungen in der vorliegenden Gruppe sein.
Aber auch andere Gründe scheinen uns hier annehmbar. Sie hängen aufs engste zusammen mit dem Problem der frühkindlichen Traumatisierung *vor* der Trennung von der Mutter, dem Datum, das wir als verbindlich für unsere gesamte Population annahmen. Bei der Besprechung der ersten traumatischen Sequenz haben wir bereits darauf hingewiesen, daß – analog den Erfahrungen von *A. Freud* und *Burlingham* während des *bliz* in England – auch unser Material mit der selektiven Terrordrohung und den darauffolgenden Maßnahmen gegen die Integrität und Intimität der Familie zeigt, wie wichtig der Angstschutz der Mutter ist, den eine selbst ängstliche Mutter nicht hinreichend zu bieten imstande ist. Dossiernotizen und persönliche Beobachtungen weisen eindeutig in eine solche Richtung, auch für die hier referierte Altersgruppe. Zudem erscheint es uns annehmbar, daß auch die Kriegspflegemutter nicht immer frei von Ängsten gewesen ist. Vom entwicklungspsychologischen Standpunkt her betrachtet, haben die Kinder der vorliegenden Altersgruppe, und zwar sowohl die Konzentrationslager-Kinder als auch die Kinder im Versteck, die Defizienz des Angstschutzes und

das fehlende Verbalisierungsvermögen gemeinsam. Dazu kommt das Unvermögen, Erinnerungen festzuhalten. Dies könnte einer der Hauptgründe dafür sein, daß die extreme Belastungssituation für die Konzentrationslager-Kinder und die Untertauchkinder zu den gleichen traumatischen Effekten führt.
Noch ein Wort zur Diagnose in den Fällen ES und DE. ES wurde aufgrund eines progressiv psychotischen Zustandsbildes bereits in der Adoleszenz in eine psychiatrische Klinik aufgenommen. Die dort gestellte Diagnose (Schizophrenie) ist bei Fehlen hereditärer Faktoren aus dem Entwicklungsgang eines früh verwahrlosten Kindes mit massiven kumulativen Traumatisierungen zu verstehen. Bei DE kam es einige Zeit nach der Nachuntersuchung zu einem Dekompensationszustand, der psychiatrische Aufnahme erforderte. Es handelt sich hier um eine Frau mit schwerer charakterneurotischer Entwicklung, persönlicher und sozialer Verunsicherung auf depressiver Basis bei bleibenden tiefgreifenden Beziehungsstörungen gegenüber ihrem ebenfalls schwer traumatisierten Mann (auch jüdischer Kriegswaise) und ihren Kindern.

In der Tabelle der *psycho-sozialen Defizienz* (Tab. 11) fällt der hohe Prozentsatz der Kategorie „emotionelle Störung" auf: mit 97,56 % an der Spitze aller Altersgruppen. Dem entspricht in der Diagnosetabelle der niedrige Anteil der „normalen Entwicklungen" (nur ein Fall: DF, die in ihrer Kriegspflegefamilie blieb und deren Fall den Fällen CE und CL der vorigen Altersgruppe ähnlich gelagert ist. Trotz einer deutlich nachweisbaren Problematik kann auch hier nicht von einer „emotionellen Störung" im Sinne eines defizienten psycho-sozialen Verhaltens gesprochen werden.)
Auch der hohe Prozentsatz der Invaliden (21,95 %) fällt auf. Darin sind auch diejenigen Fälle enthalten, die noch in den Arbeitsprozeß eingeschaltet sind, jedoch bei der geringsten Mehrbelastung dekompensieren. Die Symptome sind vegetative Dystonien, Kopfschmerzen, asthen-depressive Zustände, heftige emotionelle Entladungen, akute Angstzustände, psychosomatische Erscheinungen (Asthma, colitis mucosa).
In zwei Fällen (CB und DG) waren Defizienzerscheinungen nicht direkt nachweisbar: im ersten Fall verdeckt durch Hyperaktivität, im zweiten durch eine gewisse anesthésie affective. Dieser letztere Fall betrifft eine infantile Entwurzelungsdepression bei einem Jungen mit chaotischem, randpsychotischem Verhalten, der bis weit in die Adoleszenz hinein psychotherapeutisch und orthopädagogisch behandelt und intensiv sozial betreut wurde. Wir werden auf diesen Fall noch ausführlicher zurückkommen, da er neben den Revalidationsproblemen auch die Bedeutung der Wahl des Ehepartners zeigt, die im vorliegenden Fall günstig genannt werden kann.
Außer den vier Scheidungen, von denen zwei (DK und EN) wiederverheiratet sind, sind in acht Fällen äußerst konfliktuöse Ehebeziehungen anweisbar. Die psycho-soziale Defizienz eines Falles (DB) kam erst bei der Nachuntersuchung ans Licht: in der Form eines extrem gestörten Mutter-Kind-Verhältnisses bei einer in ihrem Beruf erfolgreichen jungen Frau. Die Indikation zur Psychotherapie konnte hier anschließend verwirklicht werden. Vier Fälle waren zur Zeit der Nachuntersuchung unverheiratet, zwei von ihnen nach Auflösung einer ersten Ehe, einer nach Trennung von einem jüdischen Ehepartner.
Die Tabelle der psycho-sozialen Defizienz zeigt folgende Überschneidungen: nur ein Fall (DF) ist in keiner einzigen Kategorie vertreten; 13 Fälle (31,71 %) kommen in einer Kategorie vor, 17 Fälle (41,45 %) in zwei Kategorien, 8 Fälle (19,51 %) in drei Kategorien, ein Fall (2,44 %) in vier und ebenfalls ein Fall in fünf Kategorien.

Wenn man die sozialen Rehabilitationsbestrebungen bei der hier referierten Altersgruppe überblickt, so ergibt sich folgendes Bild: 23 Kinder wurden intensiver erfaßt. In

17 Fällen bestand dies aus einer Kombination von kurz- oder langfristiger individueller Psychotherapie in unterschiedlicher Frequenz, Orthopädagogik und sozialer Betreuung. Da sich vor allem Psychotherapie nicht immer verwirklichen ließ, war es nötig, über ein polyvalentes Instrumentarium zu verfügen, das nach Bedarf eingesetzt werden konnte. Fünf Fälle (Kinder in Pflegefamilien) wurden nur durch die Sozialarbeiterin betreut. Sieben Fälle (BG, DA, DB, DH, DJ, EN, FP) konnten erst als Erwachsene psychotherapeutisch erfaßt werden; hiervon standen vier unter der Vormundschaft von Privatpersonen; davon wiederum gehörten zwei zur Gruppe der Streitfälle.
Diese letzteren (DH und DJ) waren in ihrer Kriegspflegefamilie geblieben und getauft, hatten ihren angenommenen Glauben wieder abgelegt und sich wegen phobischer und depressiver Beschwerden in Behandlung begeben. Zwei Fälle (BG und DA) zeigten sich während ihres Aufenthaltes in einem jüdischen Heim nicht zugänglich für Psychotherapie.
Es fällt auf, daß alle drei Psychosomatosen der vorliegenden Gruppe (EG, EH, FE) unter Vormundschaft von Privatpersonen standen und in der dritten traumatischen Sequenz keinerlei soziale Rehabilitation genossen hatten. Bei einem jahrelang psychotherapeutisch behandelten Jungen (DK) mit schwerer Verwahrlosung und angstneurotischen Reaktionsweisen bei einer äußerst schweren dritten traumatischen Sequenz entwickelte sich nach dem 21. Lebensjahr ein Systemleiden, das zeitweilig von psychotischen Episoden begleitet wurde. Auch hier erfolgte mehrmals Aufnahme in eine psychiatrische Klinik.
Vier Kinder (DE, ED, FG, FO) verbrachten mit ihren jüdischen Pflegefamilien nach dem Kriege einige Zeit im Ausland; drei von diesen Kindern wurden danach in ein jüdisches Heim aufgenommen.
Mit 16 Kindern unterhielt die jüdische Waisenorganisation nur sehr oberflächliche oder überhaupt keine Kontakte. Zur letzteren Kategorie (keine Kontakte) müssen drei der insgesamt sieben Streitfälle gerechnet werden, von denen vier in ihren Kriegspflegemilieus blieben. Mit einem der vier Fälle (EE) wurde ein mühseliger Kontakt aufrechterhalten, nachdem aufgrund eines psychiatrischen Gutachtens das Kind bei seinen Kriegspflegeeltern blieb, während die Vormundschaft einer jüdischen Rechtsperson zugesprochen worden war. Die hier indizierte Psychotherapie konnte wegen der wenig kooperativen Haltung der Kriegspflegeeltern nicht verwirklicht werden (vgl. hierzu DL und den Fall AC aus der vorigen Altersgruppe). Aber auch die Haltung jüdischer Nachkriegspflegeeltern war in einigen Fällen wenig kooperativ.
Die Krisisintervention der jüdischen Waisenorganisation dagegen wurde in vielen Fällen angerufen. Sie bestand dann zumeist in der Übersiedlung der Kinder aus den Familien in Heime, bei älteren Kindern mitunter nur kurzfristig (z. B. EA, FL).
Sechs ehemalige Kriegswaisen der hier behandelten Altersgruppe (CB, DL, EA, EK, EM, FF) leben in Israel. Fünf wurden in Israel nachuntersucht, ein Fall während eines Europaaufenthaltes.
Drei weitere Kriegswaisen gingen nach Israel, kehrten jedoch nach längerem oder kürzerem Aufenthalt wieder nach Europa zurück (BH, ED, FB). Sie gehören mit anderen Jugendlichen der folgenden Altersgruppen zu jenen ± 20 Kindern, denen die Anpassung in Israel nicht gelang (ungefähr 10 % unseres Materials). Diese an sich beachtliche Tatsache kann im Rahmen der vorliegenden Untersuchung nicht zufriedenstellend behandelt werden. Sie gewinnt noch an Bedeutung, wenn man die statistisch gesicherte gelungene Anpassung jugendlicher Einwanderer in Betracht zieht, sofern sie vor Beendigung des 16. Lebensjahres vollzogen wird. Die Gründe des Scheiterns können hier nur gestreift werden. In großen Zügen stimmen sie überein mit den von *Eisenstadt* (1952), *Weinberg* (1961) u. a. erhobenen Befunden bei Neueinwanderern in

Israel. Neben der Frage der seelischen Gesundheit des Betroffenen sind soziologische und sozial-psychopathologische Faktoren im Spiel. Die Anpassungslücken der vorliegenden drei Fälle werden aus der tabellarischen Darstellung deutlich. Nur einer von ihnen (FB) ist als 14jähriger zusammen mit einer Gruppe in Israel eingewandert; die beiden anderen emigrierten 29- bzw. 19jährig individuell. Alle drei hatten bereits in den Niederlanden ernstliche Anpassungslücken; ihr Persönlichkeitsaufbau wies Ich-Schwäche und damit verbunden, ein wenig flexibles Sozialverhalten auf. Wir werden auf dieses Problem bei den in Israel Nachuntersuchten der folgenden Altersgruppen zurückkommen.

Abschließend noch einige Bemerkungen zu der Identitätsproblematik, deren häufiges Auftreten die vorige Altersgruppe kennzeichnete. Wir haben dieses Phänomen mit der gestörten Entwicklung des Körpergefühls in der ersten Lebensphase des Kleinkindes in Verbindung gebracht, die den Boden bereitete für die kumulative Wirkung der darauffolgenden Identitätsspannungen durch die Veränderung des Namens im Versteck und späterhin durch die Auswirkung gruppendynamischer Spannungsfelder.

Das verhältnismäßig seltenere Vorkommen diagnostisch manifester Identitätskonflikte in der vorliegenden Altersgruppe (DG, DH, DJ, EE) erweckt den Eindruck, daß diese Problematik hier von geringerer Bedeutung ist. Die längere körperliche Versorgung dieser Kinder durch die eigene Mutter könnte für diese Annahme sprechen. Trotzdem bleibt der prozentuale Anteil so auffallend gering, daß man sich Rechenschaft darüber geben muß, ob die Problematik nicht noch an anderen Indizien unseres Materials zum Vorschein kommt. Ein solches Indiz könnte z. B. der Anteil der sogenannten Mischehen (Verbindung mit einem nicht-jüdischen Partner, verheiratet oder geschieden und zum Zeitpunkt der Nachuntersuchung ledig) sein: 17 Fälle (42,5 %); zwei dieser Mischehen sind in Israel ansässig; zwei weitere spielten mit dem Gedanken, sich in Israel anzusiedeln. Den Anteil der jüdisch Verheirateten oder von ihrem jüdischen Partner Geschiedenen beträgt zum gleichen Zeitpunkt 47,5 % (19 Fälle; ein Fall starb unverheiratet in einer psychiatrischen Klinik). Für die erste Altersgruppe betragen die vergleichbaren Anteile 43,33 % und 43,33 %, während die Anteile der manifesten Identitätsproblematik in der ersten Altersgruppe erheblich höher liegen als in der zweiten.

Auffallend ist ferner der verhältnismäßig große Anteil von Personen, die sich der jüdischen Gruppe entfremdet fühlen (8 Fälle). Die stereotype Motivierung trug deutlich rankunösen Charakter („Sie haben mich im Stich gelassen." – „Sie haben sich nicht um mich gekümmert.").

Diese Äußerungen findet man bei Nachuntersuchten aller Altersgruppen unseres Materials. Wenn sie – wie bei den jüngeren Jahrgängen – im offenen Widerspruch zu den in dem Dossier verzeichneten Aktivitäten zur sozialen Rehabilitation stehen, müssen sie als subjektive Interpretationen gewertet werden, die gewisse Schlüsse bezüglich der Identitätsproblematik des Betreffenden zulassen. Ihr Kern ist der Vorwurf gegen die früh erlebte Trennung von den Eltern, der oft mit einer unverarbeiteten Trauerproblematik einhergeht. Deutlich trat dies bei EN zutage, als ihr ältestes Kind sechs Jahre alt war: sie wurde eifersüchtig, daß ihr Kind eine so junge Mutter hatte, während sie selbst nach dem Kriege mit ihrer viel älteren Pflegemutter hatte leben müssen. Als ihr Kind einmal fiel, sich verletzte und inständig weinte, rief sie verzweifelt: „Und ich habe auch keine Eltern mehr." Ihre Depression nach dem Kriege, die nicht erkannt wurde, äußerte sich in heftigem, aufständigem Verhalten.

C.II.1c. *Zur Auswahl und Darstellung der Fälle*

Die durch Verfolgungsvorgänge erzwungene Entwurzelung und die Frage der Wiederverwurzelung, der sozialen Rehabilitation, sind die Gesichtspunkte, unter denen die folgenden fünf Fälle (drei Konzentrationslager-Kinder und zwei untergetauchte Kinder) ausgewählt sind und erörtert werden sollen. Daß die Thematik jedoch nicht auf diese Gruppe beschränkt ist, wurde bereits am letzten Fall der vorhergehenden Altersgruppe („Adam") deutlich.
Der Begriff „Entwurzelung", 1921 durch *Kräpelin* in die Psychopathologie eingeführt, spielt in der Psychiatrie der Verfolgten eine zentrale Rolle, hauptsächlich bei der Darstellung der Schicksale Erwachsener. Inhaltlich ist er eng verknüpft mit dem Begriff „extreme Belastungssituation". Der Verlust von Heimat, Familie, Beruf, sozialem Prestige, die Einwanderung in ein fremdes Land, dessen Sprache man nicht beherrscht und dessen Lebensweisen erst erworben werden müssen – all diese Momente findet man in der als „Entwurzelung" umschriebenen Lebensproblematik der Verfolgten vor. *Maria Pfister-Ammende* (1952) sieht in ihr ein „generelles Lebensproblem", wenn „der tragende Grundpfeiler des Individuums getroffen ist". *Von Baeyer, Häfner* und *Kisker* zufolge wandelt sich bei allen diesen Ortsveränderungen „nicht nur die Kulisse, es kommen dabei regelmäßig tiefgreifende Veränderungen der gesamten Lebensweise und sozialen Beziehungen ins Spiel" (a. a. O., S. 51). Jedoch weise die sozialpsychologische Bedeutung des Begriffes Entwurzelung „über das Soziologische hinaus" auf den anthropologischen Sinngehalt, auf ein „lebensgeschichtliches Zwischenspiel oder auch als nicht mehr ausgleichbaren Knick der Lebenslinie (...) als Frage des personalen Werdens" (a. a. O., S. 55, 67). *H. Strauss* (1957) beschrieb in diesem Zusammenhang die „Entwurzelungsdepression" der Adoleszenten-Insassen der Konzentrationslager. In seiner Diagnose ist die Tatsache, daß es sich bei seinem Material um ‚displaced persons' handelt, mit einbezogen.
In unserem Kontext wollen wir mit dem Begriff „Entwurzelung" ein individuell- und sozialpsychologisches Geschehen erfassen, dessen bildhafter Sinngehalt für die hier referierte Altersgruppe eindeutig ist. Zwei Zitate unterstützen unser Vorhaben. Bereits *Kräpelin* begriff unter Entwurzelung die Auflösung der Familienbande, der er „eine gewisse Rolle für die ungünstige Entwicklung der seelischen Persönlichkeit" vermutungsweise zuschrieb (zitiert nach *von Baeyer* c. s. S. 51). *Weinberg* (1961) demonstrierte an den Schicksalen der Nachkriegseinwanderer aus diversen Ländern in Israel den Faktor der „Gemeinschaftszugehörigkeit" (*belonging*) als wesentliches Element ihrer seelischen Gesundheit und der Weise ihrer Wiedereingliederung. Er sieht in der Eltern-Kind-Beziehung und in den Beziehungen zu Gleichaltrigen in den jeweiligen Entwicklungsstufen das präformierende Modell für spätere Anpassungsformen und für die Chancen der Wiederverwurzelung.
Beide Betrachtungsweisen fügen sich in ihrem Ansatzpunkt thematisch in die kinderpsychiatrische Sicht unserer Untersuchung. Wir gingen von der Erwägung aus, daß es sich bei den massiv-kumulativen Traumatisierungsvorgängen bei Kindern um einen Eingriff in ihre Entwicklung handelt und daß dieser Eingriff nicht als ein isoliertes Geschehen gewertet werden kann. Bei der Behandlung der altersspezifischen Problematik der zweiten Altersgruppe wurde bereits erörtert, daß im Entwicklungsabschnitt zwischen 18 Monaten und 4 Jahren das Kind seine ersten Wurzeln in der „geschlossenen Gemeinschaft Nahestehender" (*Weinberg*, 1961) geschlagen hat, und daß die abrupte Lösung aus diesem Familien-Kern eine ernste Bedrohung der personalen Entwicklung des Kindes bedeutet. In seinem Bedürfnis „dazuzugehören" (*need for belonging*), erkannt und anerkannt zu werden, kommt ein vitaler passiver Drang nach

Sicherheit und Geborgenheit zur Entfaltung, aus dem sich später erst sein Vermögen zu aktiver Anpassung, Teilnahme und Selbstdarstellung in der offenen Gesellschaft entwickelt. Angesichts der engen Verknüpfung von Entwurzelung als Basisgeschehen eines traumatisierten Entwicklungsganges und sozialer Rehabilitation werden in den folgenden Fällen außer den für diese Altersgruppen spezifischen auch für das Gesamtmaterial exemplarische Fragen ins Blickfeld rücken.
Hierbei muß man nicht nur die allgemeine Lage in den Niederlanden nach dem Kriege und den damaligen Stand der privaten und öffentlichen Gesundheitsdienste in Betracht ziehen, sondern auch die innerlich und äußerlich traumatisierte Lage der jüdischen Gruppe selbst – will man zu einem tieferen Verständnis der gesamten traumatischen Situation für alle Beteiligten gelangen. Das zuweilen noch in Entschädigungsverfahren durch die zuständigen Behörden benützte Argument, ein bestimmtes Kind sei eben nach dem Kriege schlecht aufgefangen worden und daraus sei kein Entschädigungsanspruch abzuleiten, trägt dieser allgemeinen sozial-psychologischen Situation, die als signifikant für die dritte traumatische Sequenz begriffen werden muß, keine Rechnung. Dies gilt u. a. auch für diejenigen Fälle, in denen sich die Diskrepanz zwischen Intelligenz und Ausbildung als ein schwerwiegender defizienter Faktor im Leben des Betreffenden geltend macht (vgl. *Weijel*, a. a. O., S. 93 ff.).
Bereits aus der ersten Altersgruppe wurden einige Fälle ausführlich referiert, bei denen Versuche der sozialen Rehabilitation fehlschlugen oder aber einen gewissen Erfolg aufwiesen. Inwiefern die hierfür in Betracht kommenden Kinder überhaupt sozial-psychiatrisch erfaßt werden konnten, war u. a. eine Frage ihres Aufenthaltes nach dem Kriege und der Vormundschaftszuweisung. Die zuweilen schweren Identitätskrisen der Adoleszenten verschafften uns später erst eine gewisse Einsicht in die Entwurzelungsproblematik der untergetauchten Kinder. Die Fälle „Ary" und „Adam" können als Beispiele dafür gelten, wie Erziehungsmilieus bei der Erfassung und Behandlung eines traumatisierten defizienten Entwicklungsganges scheiterten.
Noch eine Bemerkung zum Abschluß. Bei den Fällen „Bianca" und „Baruch" wurde – im Gegensatz zu anderen Fällen der zweiten Altersgruppe – das Problem der Entwurzelung in erster Anlage nicht erfaßt, sondern ergab sich erst im follow up. Bei beiden fehlt darum das Stichwort „Entwurzelung" als Extrakt dessen, was den Verlauf der Fälle kennzeichnet.

C.II.2. Kasuistik

Im folgenden soll die Entwurzelungsproblematik und die Frage der sozialen Rehabilitation zunächst an drei Kindern dargestellt werden, die aus den Konzentrationslagern zurückkehrten; danach an zwei Untertauchkindern.

C.II.2a. Konzentrationslager-Kinder

Fall „Bernd" (BE); Sanatoriumsaufnahme (Tbc); Entwurzelungsdepression; unstet, konfliktuös; Aufnahme in Pflegefamilien und Kinderheim. Ausbildungsschwierigkeiten. Intensive soziale Rehabilitation. (Charakterneurotische Entwicklung.)

Bernd, geboren am 11. 2. 1942, einziges Kind einer orthodox-jüdischen Großkaufmannsfamilie, wurde im Alter von ungefähr 13 Monaten mit seinen Eltern über das Lager Westerbork nach Auschwitz deportiert. Der Vater kam im Lager um; die Mutter starb nach der Befreiung im Lager an Flecktyphus und Entkräftung.

Bernd wurde in schlechtem Ernährungszustand mit einer Lungentuberkulose zunächst in ein Sanatorium im Ausland aufgenommen. Einige Zeit später – als sein körperlicher Zustand das zuließ – wurde er in ein holländisches Notkrankenhaus und anschließend in ein holländisches Sanatorium verlegt. Insgesamt verbrachte er so nach der Befreiung drei Jahre in drei verschiedenen Krankenhäusern.

Danach wurde Bernd von entfernten Verwandten, einem jüngeren kinderlosen Ehepaar in einer mittelgroßen Provinzstadt, als Pflegekind aufgenommen. Diese Pflegeeltern beschreiben den Sechseinhalbjährigen als einen im Wesen freundlichen, doch völlig unangepaßten, überängstlichen, wilden Jungen, der nur seinen augenblicklichen Eingebungen und Impulsen folgt. Destruktive Aktionen mit hypomanem Verhalten wechseln ab mit längerwährenden apathischen und ängstlichen Perioden, in denen er völlig unzugänglich ist. Im Umgang mit anderen Kindern zeigte er sich ungehemmt aggressiv, reizbar und erfüllt von zuweilen panischen Ängsten.

Bei Untersuchung in einer *child guidance clinic* im März 1949 fand man einen schweren Entwicklungsrückstand in affektiver, normativer und kognitiver Hinsicht, ein chaotisches Bild von Triebdurchbrüchen, panischen Angstreaktionen und apathisch-depressiven Zuständen, destruktive Tendenzen und eine paranoide Einstellung beim Eingehen neuer Objektbeziehungen. Man fand ihn nicht schulreif.

Bernd erhielt lange Zeit Privatunterricht, außerdem Psychotherapie mit einer wechselnden Frequenz von ein bis zwei Mal in der Woche. Auch seine Pflegeeltern wurden durch die Sozialarbeiterin betreut. Vor allem die Pflegemutter litt unter Bernds irritantem Betragen.

Bernds Aufenthalt in diesem Pflegemilieu wurde durch eine Ehekrise ernsthaft bedroht. Auf die Voraussicht einer Scheidung antwortete er mit heftigen Angstreaktionen.

Im April 1950 wurde Bernd in eine nicht-jüdische Pflegefamilie aufgenommen, die als eine Art „therapeutische Pflegefamilie" für eine beschränkte Anzahl von Pflegekindern fungierte. Bei der Wahl dieser Pflegefamilie ließen sich die verantwortlichen Instanzen von dem Gedanken leiten, es sei Bernds Psychotherapie durch das Team der *child guidance clinic* ununterbrochen zu gewährleisten. Die Übersiedlung ging mit ernsthaften Regressionen einher, mit provozierendem, hypomanem Verhalten und Bedrohungen gegenüber seinen jüngeren Hausgenossen. Auch in der Schule, die er seit einem Jahr besuchte, machte sich ein Rückschlag bemerkbar.

Nachdem diese Krise einigermaßen überwunden war, kündigte sich im Jahre 1952 eine neue an. Wegen einer plötzlich auftretenden ernsten Erkrankung der neuen Pflegemutter war Bernd der erste, der abermals sein Pflegemilieu wechseln mußte. Im Juli 1952 kam er in das Haus einer Witwe mit zwei halbwüchsigen Töchtern.

Nach etwa einem Jahr mußte Bernd auch diese Umgebung wieder verlassen, nachdem sich bei einer Kontrolluntersuchung in der Schule im X-Bild Anzeichen eines rezidivierenden Tbc-Prozesses gezeigt hatten. Es erfolgte eine Krankenhausaufnahme für ungefähr zwei Monate. Der endgültige Befund war übrigens negativ.

Im Juli 1953 wurde Bernd von einem kinderlosen, älteren Ehepaar aufgenommen, bei dem er etwa vier Jahre blieb. Er beendete in dieser Zeit die Volksschule und wurde in der ULO eingeschult. Bernds schulische Entwicklung verlief jetzt günstig. Aufgrund eines erneuten psychologischen Tests (Mai 1955) wurde er in einem Lyzeum eingeschult. Charakterologisch jedoch zeigte er sich den Anforderungen dieser Schule nicht gewachsen.

Auf die neue Streßsituation reagierte er nach seinem alten Muster: hypomanes, destruktives Verhalten, abwechselnd mit apathisch-depressiven und panischen Reaktionsformen. Nur im Kontakt mit seinem Psychotherapeuten und der Sozialarbeiterin der *child guidance clinic* entwickelte sich eine gewisse emotionale Konstanz. Seine übrigen menschlichen Beziehungen blieben oberflächlich, glanzlos und verunsichert. Dennoch sprach der Übersichtsrapport vom Januar 1956 von einem progressiven affektiven und sozialen Reifungsprozeß.

Bernd verließ das Lyzeum. Nach einem kurzen Intermezzo auf einer HBS – zu dem er seine Umgebung überredet hatte – wurde er wieder auf der MULO eingeschult.

Mit dem Eintritt in die Adoleszenz äußerte Bernd den Wunsch, sein bisher nicht-jüdisches Pflegemilieu mit einem jüdischen zu vertauschen. Dahinter verbarg sich die nie überwundene Trennung von seinen ersten jüdischen Pflegeeltern. Er hatte den Kontakt mit den beiden getrennt lebenden Partnern nie abreißen lassen. Zuweilen erhielt man den Eindruck, daß sein Scheitern in den anderen Pflegemilieus von ihm gewissermaßen provoziert wurde in dem Wunsche, die erste

Pflegesituation im alten Umfang wieder herzustellen, c.q. die Trennung von seinen Eltern ungeschehen zu machen.

Anfang 1957 wurde Bernd in ein jüdisches Heim aufgenommen. Er war nun 15 Jahre alt, ein schmächtiger, seinem Alter angemessen entwickelter Junge, wechselnd in seinem Stimmungsniveau, freundlich, witzig und geistreich, jedoch unruhig, unbeständig, oft sich isolierend und vor sich hinstarrend. Niemand hat ihn je ausgelassen gesehen. Doch fühlte er sich unter seinen Alters- und Schicksalsgenossen anscheinend mehr am Platze. Es zeichnete sich eine gewisse Konsolidierung ab, allerdings auf niedrigerem Niveau. Die Schulschwierigkeiten blieben. Mitte 1958 verließ er nach eingehender Rücksprache mit dem Untersucher die Schule und arbeitete einige Zeit auf eigenen Wunsch in einem Konfektionsatelier, wo er das Schneiderhandwerk erlernte. Von ärztlicher Seite bestanden keine Einwände. Der Beruf gefiel ihm; er besuchte die Fachschule, innerhalb der vorgeschriebenen Zeit legte er seine Prüfungen ab.

Mitte 1960 wohnte er als Untermieter mit Familienanschluß bei einer älteren jüdischen Witwe. In diese Periode fielen seine ersten frequenten sexuellen Kontakte mit gleichaltrigen Mädchen. Da er gut aussah, hatte er viel Erfolg, den er weidlich auskostete. Auch ein gewisser abusus alcoholi war zu konstatieren. Seine psychotherapeutischen Kontakte blieben zuerst auf ein Mal monatlich beschränkt. Als er das Heim verließ, hörten sie auf. Nur die Betreuung durch die Sozialfürsorgerin ging weiter. 1963 heiratete er ein zwei Jahre jüngeres nicht-jüdisches Mädchen.

Bei der Nachuntersuchung Mitte 1972 präsentiert Bernd sich – erfreut über den erneuten Kontakt – kooperativ, in leicht gehobener Stimmung und durch die jahrelange Psychotherapie gewöhnt an den Umgang mit Psychiatern.

Äußerlich hat er sich wenig verändert; wohl ist sein körperlicher Habitus muskulöser, athletischer geworden, seine Gesichtszüge geprägter, gereifter. Sein körperliches Wohlbefinden ist unverändert gut. Außer einer Apendektomie und einer Angina vor ungefähr zehn Jahren ist er gesund. Stolz berichtet er, daß er bisher keinen Arbeitstag krankheitshalber versäumt habe.

Er beschreibt offenherzig seinen weiteren Lebenslauf, seinen beruflichen Aufstieg und seine zeitweiligen privaten Konflikte und Sorgen. Zur Zeit ist er Chef der Konfektionsabteilung eines großen Warenhauses. Diese Position hat er sich durch Abendstudium und Betriebskurse erworben. Seine Ambitionen sind noch nicht gestillt, seine Karriere noch nicht abgeschlossen. Er bedauert seine mangelhafte Schulausbildung, die seine Laufbahn erschwert habe.

In seinem Beruf hat er keine Konflikte; in seiner Ehe und mit seinen Kindern, vor allem mit seinem ältesten Sohn, zeitweilig desto mehr. Seine Frau beschreibt er als eine sehr selbständige, vernünftige, etwas kühle Persönlichkeit. Er war schon in der Schulzeit mit ihr befreundet, hatte die Verbindung jedoch abgebrochen und sie später aufs neue wieder angeknüpft.

Vor ungefähr fünf Jahren kam es zu einer Krise. Im Zusammenleben mit seiner Frau und seinen beiden Kindern fühlte er sich beengt und reagierte mit panischen Ängsten. Er verließ die gemeinsame Wohnung und lebte ungefähr fünf Monate allein irgenwo zur Untermiete. Er konnte die Verantwortung nicht mehr tragen und verlangte nach einer mütterlicheren Frau, die seinem Anlehnungsbedürfnis mehr entgegen kam. In dieser Krise begab er sich wieder in Psychotherapie. Der Arzt habe ihm damals deutlich gemacht, daß er eigentlich eine Frau haben wollte, die genau seiner Vorstellung entsprach, aber keine eigene Persönlichkeit besaß.

Jetzt haben sie drei Kinder. Der älteste Sohn von 9 Jahren ist äußerst schwierig. „Er macht alles ebenso kaputt wie ich früher und widersetzt sich allem." Die Schwierigkeiten mit seinem Sohn und auch die in seiner Ehe schreibt er seiner eigenen autoritären Haltung zu. Er selbst könne keine Autorität und keinen Zwang ertragen. Obwohl er sich als Jude fühle und offenherzig für seine Abkunft einstehe, könne er sich keiner jüdischen Gruppe anschließen. Der Zwang sei ihm unerträglich. Seinen Sohn habe er beschneiden lassen, obwohl er offiziell kein jüdisches Kind ist, was er bedauert. Er hofft, daß sein Sohn sich später einmal zum Judentum bekennen werde.

Im weiteren Verlauf des Gespräches beweist Bernd eine gute Introspektion. Er fühlt, wie verletzbar er immer noch ist und daß er sich „immun" macht. Im Geschäft gilt er als beherrscht und ruhig. Aber innerlich ist er irritiert und bang, Fehler zu machen. Von Zeit zu Zeit hat er Kopf- oder Magenschmerzen. Seine Frau wirft ihm oft seine Gefühllosigkeit vor. Er weiß, daß sie recht hat und daß er andere oft tief kränken kann. Es tut ihm leid, aber er kann es nicht ändern. Freunde habe er nicht, nur Bekannte. Auch im jüdischen Heim, an das er im übrigen nur die angenehmsten

Erinnerungen hat, sei er stets auf seiner Hut gewesen. Er hatte mit niemandem Konflikte; aber das kam, weil er allem aus dem Wege ging.
Seine Erinnerungen reichen bis zu seinem 5. Lebensjahr zurück, in die Zeit seines letzten Sanatoriumaufenthaltes. Dort flogen oft Gegenstände durch die Luft, die der eine oder andere Patient geworfen hatte. Bernd hatte Angst davor und verkroch sich unter seine Laken. Auch jetzt noch zieht er, wenn er schläft, die Decke über seinen Kopf. Auch dreht er immer noch, wenn er nervös ist, mit dem Zeigefinger Locken in sein Haar. In seinen Träumen wirbeln „drehende Untertassen" in die Runde, die ihn auch schon früher im Traum heimgesucht haben.
An das Konzentrationslager und an seine Eltern erinnert er sich nicht mehr. Seine Frau hat die Photos seiner Eltern auf den Kaminsims gestellt. Wenn seine Kinder oder Besucher fragen, ob das seine Eltern seien, gerät er in eine ihm selbst unbegreifliche Verlegenheit. Sein Gefühl kreist um Menschen, die er nicht kennt. Seine Kinder betrachten seine ersten, geschiedenen Pflegeeltern als Großmutter und Großvater. Er weiß, daß seine Eltern fromme orthodoxe Juden waren. Ihm sagt das nichts mehr, obwohl er Barmitzwa geworden ist. Seine Frau dagegen interessiert sich sehr für alles, was mit dem jüdischen Leben zusammenhängt. „Ich habe es nicht mehr nötig", fügt er hinzu.

Es fällt auf, daß Bernd anscheinend zu seiner ersten Pflege*mutter* ein viel besseres Verhältnis hat als zu seinem Pflegevater. Früher war das umgekehrt.
Er bedauert, keine Liebhabereien zu haben. Einmal hat er sich für viel Geld eine photographische Ausrüstung gekauft, aber das „Zeug liegt herum", er rührt es nicht mehr an. Früher las er vor allem spannende Bücher, heute nur noch Fachliteratur. Seine Karriere ist ihm alles.
Das Gespräch verebbt, ohne daß die Spannung nachläßt oder seine Stimmung sich verändert. Er nimmt Abschied, wie er gekommen ist: freundlich, kooperativ. Sein Händedruck ist feucht.

Dieser Fall enthält in seinen Grundzügen trotz des äußerlich bewegteren Geschehens wenig Elemente, die nicht auch schon bei der vorigen Altersgruppe zur Sprache kamen: die Verknüpfung mit dem Leben und Schicksal der Pflegeeltern, die verschiedenen Pflegemilieus, das Scheitern der Schulausbildung und schließlich die Konflikte in der Ehe und mit den eigenen Kindern. Mit dem Letztgenannten wird eine neue Dimension der Folgen des Verfolgungsgeschehens eingeführt, die in ihrem vollen Umfang bisher noch nicht ausgelotet wurde: die Konsequenzen für die Kinder der ehemals verfolgten Kinder.
Deutlicher als bisher tritt das Verhältnis zu den eigenen Eltern hervor, das zwar noch unter die Amnesie fällt, jedoch sich der Grenze nähert, an der es erinnerungsfähig wird. Die verschiedenen Spielarten des Identitätskonfliktes, der u. a. in der Mischehe, im ambivalenten Verhältnis zur kongenialen Gruppe, in der Verlegenheit beim Betrachten der Bilder der Eltern zum Ausdruck kommt, durchziehen das gesamte Material, wechselnd an Intensität und konfliktuöser Ladung. Letztere ist insofern geschlechtsgebunden, als die Schuldproblematik bei Frauen, die nicht-jüdisch verheiratet sind, weniger ausgeprägt ist, da ihre Kinder dem religiösen Gesetz zufolge als Juden anerkannt werden.
Eine junge Frau aus der vorigen Altersgruppe (BR) ponierte: „Man kann nicht um Menschen trauern, die man nie bewußt geliebt hat." Anscheinend ist dies nur bedingt richtig, wie wir anhand der pathologisch verlängerten Trauerverarbeitung beim Tode des Pflegevaters im Fall „Anna" (AE) in der ersten Altersgruppe wahrnehmen konnten. Der Fall „Bernd" zeichnet die Zwischensituation der hier referierten zweiten Altersgruppe. In der Verlegenheit, einem in phänomenologischer Hinsicht noch völlig undifferenzierten Begriff, in der Schuld-, Loyalitäts- und Identitätsproblematik ist ein Stück Trauererlebnis inkorporiert, das nur auf dem Hintergrund des totalen Verfolgungsgeschehens in allen drei Sequenzen erfaßt werden kann.
Bernds Reaktionen auf den Verlust der Familie (Stimmungswechsel, Fehlhaltungen, Lernstörungen usw.) zeigen das Maß der Entwurzelung, das auch in den psychiatrischen

Rapporten seinen Niederschlag findet. So sind auch seine Schwierigkeiten bei der Wiederverwurzelung nicht nur durch besonders ungünstige äußere Umstände zu erklären.

Für Bernd bleibt darum die Trauer in einem Vakuum hängen, das zunächst durch seine tuberkulöse Erkrankung ausgefüllt wird. Auch später in der Therapie ist sie auf direktem Wege nicht erreichbar. Sie ist getarnt in destruktiven Entgleisungen, in panischen Reaktionsweisen und Beziehungsstörungen, die sich auch im Lern- und Ausbildungsprozeß geltend machten.

Ein dem vorigen ähnliches Bild (panische Reaktionsweisen, Beziehungsstörungen, Lern- und Ausbildungsdefizienz) zeigt – trotz andersartigen Verlaufs – der folgende Fall.

Fall „Bianca" (BG); Sanatoriumsaufnahme (Tbc); Kinderheim; zu gute Anpassung; anesthésie affective. Hospitalisation. Ausbildungsdefizienz. (Angstneurotische Entwicklung.)

Bianca, geboren am 15. 5. 1942, aus einer liberal-jüdischen Mittelstandsfamilie, lag nach ihrer Rückkehr aus dem zweiten Konzentrationslager mit Lungentuberkulose einige Zeit in einem Sanatorium. Danach war sie beinahe 10 Jahre lang in einem jüdischen Kinderheim. Versuche, sie in einer jüdischen Pflegefamilie unterzubringen, schlugen fehl. Außer einem ebenfalls aus dem Konzentrationslager zurückgekehrten Onkel, der im Lager Frau und Kinder verloren hatte und alsbald eine zweite Ehe schloß, hatte sie keine Verwandten mehr.

Im Heim war Bianca ein liebes, unproblematisches, zu gut angepaßtes Kind und trotz guter Anlage eine schwache Schülerin. Ihre restriktive Persönlichkeitsentwicklung, der völlige Mangel an konfliktuöser Ladung, das auffallend beschränkte emotionelle Spektrum wurden damals schon als besorgniserregend empfunden. Nichts schien sie tiefer zu berühren. Für Psychotherapie fehlte jegliche Motivation.

Nach ihrer Berufsausbildung (z. T. in Israel, z. T. in Holland) entwickelte sie in ihrer früh geschlossenen Ehe mit einem jüdischen Jungen, einem Halbwaisen, nach der Geburt ihres zweiten Kindes eine schwere angstneurotische Fehlhaltung mit phobischen (Agoraphobie, Klaustrophobie) und hypochondrischen Beschwerden mit Kopfschmerzen, Angstschweiß, Ermüdungserscheinungen und Angst vor Identitätsverlust. Erst zu diesem Zeitpunkt wurde sie für eine intensive kombinierte Psychotherapie (Einzel- und Gruppentherapie) zugänglich. Nach dem Abklingen der phobischen Symtome entwickelte sich bei ihr eine Kaufwut, die nur langsam verebbte. Der affektive Kontakt zu ihren Kindern ist mäßig, die Ehe mit ihrem Mann, der als mittlerer Angestellter in untergeordneter Position ebenfalls weit unter seinem Niveau funktioniert, unbefriedigend. Zur Entwicklung kamen bei Bianca gewisse organisatorische und kommerzielle Talente, von denen sie zur Zeit einen vernünftigen Gebrauch macht.

Außer der tuberkulösen Erkrankung spielen bei diesem Fall auch frühe Verwahrlosung und Hospitalisation im Kinderheim eine Rolle.

Wir haben bereits darauf hingewiesen, daß der Unterschied zwischen den untergetauchten und den Konzentrationslager-Kindern sowohl diagnostisch als auch thematisch – soweit es die vorliegende Altersgruppe betrifft – nicht zum Ausdruck kommt. Hierzu trägt sehr wahrscheinlich das Fehlen realer Erinnerungsreste bei, ebenso der Schweregrad der Traumatisierung und die persönliche Empfänglichkeit für traumatisierende Erlebnisse nebst den schwer einschätzbaren konstitutionellen Verarbeitungsmöglichkeiten, wobei man mit einiger Sicherheit annehmen kann, daß der Schweregrad der Traumatisierung für alle Kinder – mit nur wenigen Ausnahmen – gleich ist.

Diese Erwägungen unterstreichen die Bedeutsamkeit der dritten traumatischen Sequenz mit ihrem zweifachen Aspekt der Prolongation der kumulativen Traumatisierung einerseits und der Problematik der sozialen Rehabilitation andererseits.

Der hier referierte Fall eines lieben, anscheinend unproblematischen, nur leicht

retardierten Kindes illustriert zugleich einen Aspekt der psycho-sozialen Defizienz, nämlich den der im Verhältnis zu den erfahrenen Traumatisierungen zu guten sozialen Anpassung, die – soweit sie kurz nach dem Kriege überhaupt als Defizienzerscheinung erkannt wurde – jeglichen pädagogischen oder psychotherapeutischen Ansatz erschwerte. Die Schwierigkeiten, die die Kinder in ihren Entgleisungen an den Tag legten (siehe Fall „Bernd"), müssen prognostisch günstiger beurteilt werden (vgl. *Winnicott*, 1958[2]). Biancas Entwurzelung zeigt sich gerade in der scheinbar guten sozialen Anpassung, die – näher betrachtet – nur ihre Unfähigkeit zeigt, sich affektiv wieder zu verankern.
Das Auftreten phobischer Erscheinungen nach einer Latenzzeit von ungefähr 23 Jahren, ausgelöst durch die akute Belastungssituation der Geburt mit ihrer signifikanten Lust-Angst-Spannung, spricht für die infantil-traumatische Genese. Auf die interessanten psychodynamischen Zusammenhänge zwischen Phobien und Ich-Regressionen können wir im Rahmen dieser Untersuchung nicht näher eingehen.
Eine besondere Facette der Entwurzelungsproblematik eines Kindes, die in erster Anlage nur in ihrem negativen Gefühlston als Basisdepression erkannt wurde, soll an dem folgenden Fall dargestellt werden. Auch hier erwies sich die Kombination von Psychotherapie und intensiver sozialer Betreuung als nicht hinreichend, um die Kernproblematik des Jungen aufzufangen und zu lindern. Die auftretenden Entgleisungen sind im Vergleich zu denen anderer Kinder durch eine stillere, wenig exuberante, aber dadurch auch schwerer zu beeinflussende Attitude gekennzeichnet.

Fall „Baruch" (CB); im Stich gelassen. Basisdepression; Angst vor affektiven Bindungen; Loyalitätsproblematik. Unstet, konfliktuös. Fehlentwicklung in Pflegefamilien und Heim. Ausbildungsdefizienz. Psychotherapie. (Charakterneurotische Entwicklung.)

Baruch, geboren am 7. 8. 1941, aus jüdisch-proletarischem Milieu, wurde – wie bereits erwähnt – von seiner ratlosen Mutter im Deportationszug einer fremden Familie übergeben, die ihn mit ihren eigenen Kindern durch das Konzentrationslager schleppte. Im Lager war er schwächlich, nervös, depressiv, reizbar, hatte Ernährungsschwierigkeiten und zeigte eine geheime Feindschaft gegen alle Erwachsenen.
Nach dem Kriege wurde Baruch von Verwandten seiner Eltern (ebenfalls proletarisches Milieu; nicht die Familie, die ihn durchs Lager gebracht hatte) aufgenommen. Mehrmals äußerte er, daß er dort weg wolle; jedesmal jedoch widerrief er seine einmal genommene Entscheidung aus Angst und aus Loyalität – um sich dann wieder aufs neue über seine Lage zu beklagen. Er fühlte sich gegenüber seinen Cousinen und Vettern zurückgestellt, durfte nie spielen, wurde für allerlei Arbeiten und Aufträge „mißbraucht" und verkümmerte.
Bereits bei der ersten psychiatrischen Untersuchung im Jahre 1950 erwies sich, daß Baruch über eine ausgezeichnete Intelligenz verfügte; seine Einsicht in seine eigene Lebenslage und in die seiner Pflegeeltern (sein Pflegevater war anscheinend Trinker) war weit über seine Jahre entwickelt, ebenso sein Vermögen, seine Gedanken und Gefühle zu formulieren.
In der Psychotherapie, die sich über Jahre erstreckte, kamen seine Separationsängste, seine Basisunsicherheit, Feindschaft gegen die „untreue" Mutter, seine Entschlußlosigkeit zutage. Um sich die Möglichkeit einer höheren Schulbildung zu sichern, stimmte er schließlich dem Plan zu, ihn bei einer anderen, sozial höher stehenden Pflegefamilie unterzubringen. Hier aber begann er zu intrigieren und spielte die Pflegeeltern und die zuständigen Instanzen gegeneinander aus. Danach wechselte er noch einige Male sein Pflegemilieu. Er blieb ambitiös; war sexuell frühreif. Seine Schulausbildung scheiterte.
Baruch resignierte und ging ungeschult mit 19 Jahren nach Israel. Dort hatte er es anfangs äußerst schwierig. Er lief – wie er später erzählte – „ziellos herum und ließ den Kopf hängen". Seine Sthenizität und seine großen Ambitionen haben ihm nach Absolvierung verschiedener Kurse

einen guten sozialen Hintergrund verschafft, wozu auch seine Heirat mit einer akademisch gebildeten Frau beitrug. Seine Frau hat seine eigenen nicht verwesentlichten Hoffnungen verwirklicht. Er selbst muß diese Facette seiner Partnerwahl jedoch völlig leugnen.
Einen zweijährigen Aufenthalt in Holland (mit seiner Familie: er ist inzwischen Vater von zwei Kindern) benutzt Baruch dazu, neben seiner Anstellung in einem großen Konzern durch Abendstudium sein Abitur nachzuholen. Seine Frau arbeitet inzwischen an ihrer Dissertation.
Baruchs Studium scheitert, an seinem kulturell-literarischen Rückstand, wie er sagt. Er bricht seine Zelte ab und nimmt eine gutbezahlte Stellung im Ausland an. Nach Israel wollte er erst zu einem späteren Zeitpunkt wieder zurückkehren.
Er hat somatische Beschwerden, die in der Ehe begannen und sich um Kopf- und Rückenschmerzen konzentrieren, ohne nachweisbares organisches Substrat.
Bei der Nachuntersuchung imponierte seine resignierte Lebenshaltung, überkompensiert durch ein überzogenes soziales Ambitionsniveau. Aussparungen und Umkehrung der tatsächlichen Ereignisse in seinem Gedächtnis mit Bezug auf die Nachkriegsperiode fielen auf. Trotz seiner Kooperation verharrte er in einer etwas starren, reservierten Haltung, zuweilen nachdenklich und verlegen. Er sprach, wie er früher als Kind gesprochen hatte: mit leiser, fast tonloser Stimme, als ob er einen geheimen Lauscher argwöhnte.

Bei der epikritischen Betrachtung drängen sich vielerlei Erwägungen auf. Der Fall BL aus der vorigen Altersgruppe z. B. (vgl. die *tabellarische Übersicht*; F) schneidet im Vergleich wesentlich günstiger ab, obwohl man geneigt wäre, den Schweregrad der Traumatisation dieses Kindes in der zweiten traumatischen Sequenz wesentlich höher einzustufen (Verrat im Versteck; Deportation; infektiöse Erkrankungen im Konzentrationslager). Das günstige Element liegt bei BL ohne Frage in der Kontinuität des optimalen Pflegemilieus der Nachkriegsperiode. Die psycho-sozialen Folgen mit der drohenden Invalidität im Hintergrund (Wachstums- und Lernstörungen) dürfen gewiß nicht unterschätzt werrden. Doch ist die Diskrepanz zwischen den intellektuellen Möglichkeiten und der Ausbildung, der sozialen Funktion und dem subjektiven Wohlbefinden im erlernten Beruf bei BL auf ein erträgliches Maß beschränkt. Überdies lehrt der Vergleich dieser beiden und anderer Fälle, daß man von der Symptomatik her nur schwer Zugang zu einer angemessenen Beurteilung des Schweregrades eines Traumatisationsvorganges findet.
Von Baeyer, *Häfner* und *Kisker* und anderen Autoren zufolge sieht man die groben, weniger differenzierten klinischen Bilder bei schweren, vehementer ansetzenden traumatischen Einwirkungen, während die leichteren traumatischen Vorgänge sich in feiner differenzierten Befunden offenbaren. Es bleibe dahingestellt, ob und bis zu welchem Grad diese Erwägung auch für unsere Gruppe traumatisierter Kinder gilt, und welche Rolle hierbei letzten Endes die Differenziertheit des diagnostischen Instrumentariums der kinderpsychiatrischen Klinik spielt (vgl. hierzu *A. Freud*, [2]1966). Aber sicher ist ein traumatischer Eingriff wie eine Entwurzelung, der die *basic needs* einer Entwicklungsstufe betrifft, ein Vorgang, der nur schwer reversibel zu machen ist. Andererseits ist die Plastizität der kindlichen Psyche ein Faktor, der sozialen Rehabilitationsprozessen entgegen kommt. Aber gerade die Rehabilitationsprozesse sind im Moment ihres Vollzuges wohl theoretisch qualifizierbar, aber nur innerhalb gewisser Grenzen lenkbar. Eine abschließende Beurteilung ihrer Effizienz und Dauerhaftigkeit muß dem follow up vorbehalten bleiben.
Damit sind – bezogen auf die Problematik des Falles „Baruch" – die Grenzen aufgezeigt, die den Rehabilitationsbestrebungen in der dritten traumatischen Sequenz gesetzt waren. Das Schwanken des Kindes, das vielfältige Widerrufen seines Entschlusses, das Erziehungsmilieu seiner Verwandten zu verlassen (das in der Tat nicht günstig und ebenfalls verfolgungsgeschädigt war, wie die einsichtige Pflegemutter im Kontakt mit der Sozialarbeiterin bestätigte), entsprach dem Zögern des Therapeuten, das

bereits zweimal im Stich gelassene Kind noch einmal zu entwurzeln. Es gehört zu der schmerzlichen Erfahrung jener Jahre, daß der Verwirklichung der fundamentalen kinderpsychiatrischen Einsicht bezüglich der zu bewahrenden Kontinuität eines Entwicklungsganges sehr enge Grenzen gesetzt waren.
Wie aus der tabellarischen Darstellung ersichtlich ist, liegt der Fall „Baruch" traumatologisch und psychiatrisch viel komplizierter, als hier ausgeführt werden kann. Die Befunde der Nachuntersuchung sollen hier nur signalisiert, jedoch nicht eingehender besprochen werden: eine neurotisch gefärbte Sthenizität im Festhalten seines Ausbildungszieles; Hyperaktivität und ein gewisses hypomanes Verhalten beim Streben nach sozialem Erfolg (Geldverdienen als Bestätigung seines sozialen Aufstiegs und seiner „Verwurzelung" als Gegengewicht zu der akademischen Ausbildung seiner Frau und zugleich als Abwehr seiner deutlichen Resignation und mürrischen Gemütsverfassung, die auch in den körperlichen Beschwerden zum Ausdruck kommt); schließlich der auffallende Mangel an Einsicht in seine eigene innerliche Verfassung. Inwiefern seine Übersiedlung nach Israel ebenfalls unter dem Aspekt des Versuches, dort Wurzeln zu fassen, bewertet werden kann, ist nur zu mutmaßen. Seine diesbezüglichen Informationen waren zurückhaltend und leicht ironisch gefärbt.

C.II.2b. Untergetauchte Kinder

Der folgende Fall soll wieder ausführlicher dargestellt werden, da er sowohl in seinen klinischen Befunden als auch in dem dazugehörigen sozialpsychologischen Spektrum als exemplarisch für andere Fälle der ersten drei Altersgruppen gelten kann. Seine Ähnlichkeit mit dem oben referierten Fall „Adam" (CH) und den Fällen BC, DE, DK, EA, FB, FM u. a. m. (siehe tabellarische Darstellung) ist nicht zu übersehen. Er zeigt das Bild einer Entwurzelungsdepression bei einem Jungen, dessen Entwicklung der Untersucher lange Zeit aus nächster Nähe verfolgen konnte. Auch die sich ergebende Problematik der sozialen Rehabilitation soll diskutiert werden.
Das auslösende Moment des hier folgenden Falles „Ben" lag in der abrupten Übersiedlung des Fünfjährigen von seiner Pflegefamilie in ein jüdisches Heim, bewerkstelligt von einem überlebenden Familienmitglied des Kindes. Die plötzliche Trennung von seinen Kriegspflegeeltern, bei denen er sich den Aktennotizen zufolge nach einer Periode unaufgeklärter Irrfahrten ungefähr ein Jahr lang beträchtlich ruhig und sorgenlos angepaßt hatte, muß als kumulativ entscheidendes traumatisches Moment gewertet werden. Die tiefere Motivation des vehementen Eingriffs von seiten des überlebenden Verwandten wurde bereits bei der Besprechung der historischen Situation erläutert (siehe oben A.IV.3); sie gehört zum traumatischen Inventar der Kriegswaisenproblematik einer verfolgten Minderheit.

Fall „Ben" (DG); Entwurzelungsdepression. Chaotische Entwicklung mit schweren Lern- und Verhaltensstörungen. Ausbildungsdefizienz. Intensive soziale Rehabilitation; Psychotherapie. (Charakterneurotische Entwicklung.)

Ben, geboren am 3. 9. 1940, aus einer kleinen jüdisch-liberalen Mittelstandsfamilie, wurde im Alter von ungefähr 19 Monaten von seiner Mutter getrennt. Er soll zehn Verstecke in verschiedenen Pflegemilieus gehabt haben.
Nach der plötzlichen Trennung von seinen letzten Pflegeeltern (veranlaßt durch Bens Onkel) kommt er in ein jüdisches Kinderheim. Wir folgen den Dossier-Eintragungen der jüdischen Waisenorganisation.

In der ersten Zeit fiel Bens Verhalten unter den anderen Kindern, die sich aus den Verstecken oder Konzentrationslagern in dem wiedereröffneten jüdischen Heim einfanden, nicht weiter auf. Im selben Haus war auch ein ungefähr acht Jahre älterer Vetter von Ben, der sich seiner annahm. Da zunächst allgemein organisatorische Fragen (Wiedereinrichtung des Gebäudes; Anstellung neuer z. T. nicht-jüdischer Gruppenleitungen) und das Sicheinspielen des gesamten Apparates im Mittelpunkt standen, bleibt die Frage nach Bens unmittelbaren Reaktionen auf die Trennung von seinen Kriegspflegeeltern im Dossier unbeantwortet.
Anläßlich von Bens Einschulung wurde im September 1947 eine psychologisch-psychiatrische Untersuchung verrichtet, da er in der ersten Klasse durch sein unangepaßtes Verhalten aufgefallen war. Der Untersucher fand einen beträchtlich unselbständigen, unruhigen, äußerst ablenkbaren Jungen mit einer guten Intelligenz vor. Sein Versagen in der Schule wurde seiner langen Isolierung in einer fremden Umgebung angelastet. Die Möglichkeit, ihm individuellen Unterricht zu geben, wurde erwogen, konnte jedoch durch die Ungunst der Zeiten noch nicht verwirklicht werden.

Anfang 1948 wurde die jüdische Waisenorganisation als Vormund eingesetzt. In der Folgezeit verstärkte sich auch im Heim Bens unangepaßtes Verhalten. Er lebte in ununterbrochenem Protest gegen seine Umgebung; die ersten temper tantrums traten auf, begleitet von heftigen Schimpfkanonaden, in denen er ein umfangreiches Vokabular analer Termen zur Schau stellte. Er masturbierte exzessiv, vernichtete Kleidung und Spielzeug, lief erregt und ziellos durchs Haus. Nur seiner Gruppenleiterin gegenüber zeigte er sich zuweilen liebevoll und anhänglich. Immer wieder fragte er besorgt, ob sie böse auf ihn sei. Sein Gefühl für Humor rettete damals viele heikle Situationen.
Der Kontakt mit anderen Kindern der Gruppe war schlecht; er hatte keine Freunde. Er provozierte die Gruppe durch heftige Eifersuchtsszenen, da er es nicht ertragen konnte, nicht Mittelpunkt zu sein. Sein Umgang mit dem erwähnten älteren Vetter war durch den beträchtlichen Altersunterschied auf ein Minimum reduziert.

Ben blieb in der ersten Klasse sitzen; in der zweiten konnte er wieder nicht mitkommen, so daß Anfang 1950 eine zweite, dieses Mal eingehendere Untersuchung stattfand. Dabei wurden dyslektische Symptome gefunden, die seinen schulischen Rückstand und seine heftigen Reaktionen einigermaßen erklärten. Wichtig waren auch die Befunde hinsichtlich seiner Affektlage. Er war sich seiner Lage als jüdisches Waisenkind und auch seiner Trieb- und Zornesausbrüche völlig bewußt, konnte sich verschiedener Verstecke und vor allem der Umstände seines letzten Versteckes gut erinnern. Hinsichtlich seiner Eltern erinnerte er sich ihres Namens, sein Vetter besitze noch „ein Porträt meiner Mutter". Über die Gründe seines Untertauchens äußerte er sich sehr allgemein: „Die Deutschen wollten die Juden töten und darum mußten sie in die Lager, die Russen haben alle Lager befreit, zusammen mit den Engländern". Es ist deutlich, daß diese konventionellen Erklärungen von Äußerungen seiner nächsten Umgebung herrührten und nur wenige persönliche Verarbeitungselemente enthalten. Letztere treten bei dem Assoziationstest auf die Farbe „rot" deutlich in Erscheinung. Er reimt – bis zu einem gewissen Grad konventionell – „tot" auf „rot". Aber in der darauffolgenden inquiry fügt er hinzu: „Aber tot ist allzu schlimm, darüber muß man doch nicht sprechen. Darüber muß man nicht sprechen; Sie finden es doch auch schlimm, wenn Ihre Frau tot ist." (Frage des Untersuchers: „Findest Du es schlimm?") „Vielleicht finde ich es schaurig. Das finde ich schlimm. Der Großvater von K. war auch tot – und der war ein Jude und der lag fünf Tage zu Hause. Das darf er doch nicht nach dem jüdischen Gesetz. Und mein Vater und meine Mutter sind auch tot, und meine Großmutter auch. Aber darüber will ich nicht sprechen, das finde ich nicht fein, wenn ich mich daran erinnere."

Aufgrund dieser Untersuchung kam Ben in eine Schule für Kinder mit Lern- und Anpassungsstörungen, die er vom Kinderheim aus besuchte. Diese neue Schule löste neue, vehemente Reaktionen bei ihm aus, so daß es fraglich erschien, ob man ihn im Heim noch halten konnte. Seine destruktiven Erregungszustände gefährdeten ihn selbst und die anderen Kinder. Die Heim- und die Gruppenleitung mußten die Grenzen ihrer Verantwortlichkeit aufs neue überprüfen. In Zusammenarbeit mit der Schule wurde ein orthopädagogisches, didaktisches und psychotherapeutisches Programm entworfen.
Der erste Teil dieses Programms diente dem Bestreben, die Heim- und Gruppenleitung mehr mit der spezifischen Entwurzelungsproblematik dieses Kindes vertraut zu machen, ihre Empathie in sein Verhalten und in die Motive seiner Entgleisungen zu fördern, und die orthopädagogischen

Maßnahmen mit den erarbeiteten Einsichten in Übereinstimmung zu bringen und diese letzteren eventuell an die Reaktionen des Kindes zu relatieren. Wöchentliche Gruppenbesprechungen in der ersten Periode, zweiwöchentliche mit ablaufender Frequenz in den späteren, sollten die gefaßten Entschlüsse inventarisieren und kontrollieren. Alle diese Anstrengungen dienten der Prävention einer erneuten Übersiedlung des Kindes in ein Heim für schwer erziehbare Kinder.

Das psychotherapeutische Programm, das sich im Behandlungs- und Spielzimmer des Therapeuten abspielte, hatte eine scharf umrissene Zielsetzung. Zwei Punkte wurden in den Mittelpunkt gestellt:

– erstens das Kind zu überzeugen, daß man in Zusammenarbeit mit ihm alles Mögliche tun werde, um seiner neuerlichen Entfernung aus der ihm vertrauten Umgebung vorzubeugen; hierbei konnte man sich auf die oben erwähnte, noch stets vorhandene Introspektion des Kindes stützen; und

– zweitens ihm die Möglichkeit geben, seine Trauer zu verarbeiten, d. h. auch zu verbalisieren.

Um diese zwei Hauptthemen gruppieren sich alle anderen intrapsychischen Probleme.

Aus der Psychotherapie dieses zuweilen chaotischen, desintegrierten Jungen nur einige wenige Mitteilungen. Wie nicht anders zu erwarten, verlief auch diese stürmisch. Die Frequenz (ein- bis zweimal wöchentlich) konnte durch ihn nicht regelmäßig eingehalten werden. Die Ängste vor einer erneuten Entwurzelung, sein tiefes Mißtrauen gegen Erwachsene, die Schuldgefühle wegen seines destruktiven Betragens, die erneute Bestrafung wünschten (auch die Trennung von seinen Eltern hatte er als Strafe für sein schlechtes Betragen verarbeitet), die frequenten heftigen Provokationen, mit denen er seine ohnmächtige Wut über alles, was „man" ihm angetan hatte, kompensiert: all dies stellte hohe Anforderungen an seine psychische Tragkraft.

Auch den Therapeuten provozierte der Junge zuweilen bis an die Grenze des Erträglichen. In einer Sitzung, in der Mitte des 2. Behandlungsjahres, warf Ben – während er ohnmächtig vor Wut und Schmerz untröstlich weinte – dem Therapeuten, der holländisch mit deutschem Akzent sprach, vor, er sei ein Schuft, ein Deutscher, der seine (Bens) Eltern ermordet habe. Der Therapeut – für einen Augenblick die Fassung verlierend – entgegnete, daß auch seine eigenen Eltern ermordet worden seien. Es bleibt fraglich, ob dieser außerhalb des psychotherapeutischen Kalküls gegebenen Antwort im nachhinein ein therapeutischer Effekt für die Trauerverarbeitung des Kindes zugesprochen werden kann.

Die verschiedenen Schulzeugnisse und die umfangreiche Rapportage der Teambesprechungen aus dem Dossier des Kinderheimes rufen das Bild eines sich langsam und in Grenzen vollziehenden Prozesses der sozialen Rehabilitation auf, der sich über Jahre hinzog.

Im August 1954 berichtet seine Gruppenleiterin, daß der Junge auf eine Belohnung, die man ihm zuerkannt hatte, antwortete: „Ich kann nicht immer freundlich sein. Es ist nicht gut, nur dann freundlich zu sein, wenn man dafür etwas bekommt. Das ist doch nicht die Absicht."

Verschiedene Versuche, Ben mit möglichen Pflegefamilien in Kontakt zu bringen, scheiterten. Schließlich sah man von diesem Vorhaben ab.

Bens Anpassung im Heim verlief günstiger, von einer Übersiedlung war keine Rede mehr. Auch seine Leistungen in der Schule waren – wenn auch in beschränktem Maße – zufriedenstellend, wobei jedoch das Lesen deutlich hinter dem Rechnen zurückblieb. Mitte 1957 erhielt er das Abgangszeugnis der Volksschule.

Ein Jahr später verließ er das Heim und wohnte in verschiedenen Zimmern zur Untermiete. Dabei verursachte er noch viele Schwierigkeiten durch seinen Mangel an Hygiene und Ordnung.

Die Psychotherapie war Mitte 1955 beendet worden. Die Sozialarbeiterin unterhielt bis zu seiner Volljährigkeit Kontakt mit ihm. Ben arbeitete in verschiedenen Berufen, stets in untergeordneten Positionen. Überall erweckte er Sympathien; niemals war er arbeitslos.

Bei der Nachuntersuchung im Oktober 1972 trifft der Untersucher einen gepflegt aussehenden, etwas jungenshaften Mann Anfang dreißig, von mittelgroßem Wuchs, schlank, mit korrekten, unterkühlt-freundlichen Umgangsformen. Von einem „Wiedersehen" ist keine Rede.

Seit ungefähr acht Jahren ist er mit einer nicht-jüdischen gleichaltrigen Frau verheiratet. Die Ehe ist – anscheinend nach Übereinkunft beider Eheleute – kinderlos.

Bens Frau betreibt ein kleines, gutgehendes Modegeschäft. Er selbst arbeitet als Vertreter bei einem Großhandel für Haushaltsartikel. Sie leben in einem Eigenheim im Südwesten der Niederlande, nahe einer mittelgroßen Stadt, in der sie beide ihrer Tätigkeit nachgehen.

Das Gespräch wird in einem Zimmer der oberen Etage geführt, einem Mittelding zwischen Kontor und Herrenzimmer; den Rest der Wohnung bekommt der Untersucher nicht zu sehen. Ebensowenig wird er der jungen Frau vorgestellt. Dieser distanzierte Empfang unterscheidet sich auffallend von so manchem Empfang in ähnlichen Situationen und muß als symptomatisch für die krampfhaft gespannte, leicht paranoide Sphäre gewertet werden, in der sich die Unterhaltung vollzieht.

Das Gespräch entwickelt sich trotzdem beträchtlich flott. Der Untersuchte erklärt, sich noch verschiedener Ereignisse aus seiner Untertauchzeit zu erinnern. Aber sein Erinnerungsvermögen an diese Zeit, sowie auch an die dritte traumatische Sequenz erweist sich als äußerst lückenhaft. Seinen vielfältigen Wechsel des Untertauchmilieus erklärt Ben mit dem Hinweis, daß überall Gefahren bestanden, oder daß man ihn nicht länger beherbergen wollte. Einmal sei er durch den Pfarrer des Ortes auf dem Fahrrad weggebracht worden.

Bei seiner letzten Kriegspflegefamilie fühlte er sich gut aufgenommen; dort war er heimisch geworden. Er konnte sich frei bewegen, unterhielt Kontakte mit anderen Kindern im Dorf, während er zuvor isoliert gewesen war. Dieser letzte Pflegevater war eine im Dorf angesehene Persönlichkeit.

Einmal seien deutsche Soldaten zur Durchsuchung ins Haus gekommen. Ben fuhr sie an: „Ihr schmutzigen Diebe, ihr habt das Auto meines Vaters gestohlen."

Seine Pflegeeltern hätten ihn nach dem Kriege gerne behalten. Aber sie wollten es nicht darauf ankommen lassen; sie wollten keinen Streitfall.

Für die durch seinen Onkel veranlaßte abrupte Trennung von ihnen hat er kein gutes Wort. „Er brachte mich in das Heim und hat nichts mehr für mich getan." Hierbei stößt er Verwünschungen gegen den Onkel aus.

Ben weiß, daß er es im Kinderheim sehr schwer hatte. Aber der Versuch, seinen schwierigen Entwicklungsgang mit ihm zu besprechen, scheitert völlig an seiner eisigen, distanzierten Haltung, die jedoch eines gewissen Charmes nicht entbehrt. Er wolle hierbei nicht stehenbleiben, wiederholt er einige Male mit unverhohlen aggressiver Attitude. Er gibt vor, sich der Person eines Lehrers, der als Mentor viel für ihn getan hat und der lange Zeit seine Zuflucht war, nicht mehr zu erinnern. Dasselbe Los teilen andere, die sich damals für ihn einsetzten. Nur an den Direktor des Heimes und an eine Gruppenleiterin hat er noch positive Erinnerungen. Über den Psychotherapeuten (den Untersucher) sagt er, in der dritten Person sprechend, er habe sein Vertrauen nicht gewonnen. Er habe den Eindruck, daß jener damals auch nicht so recht gewußt habe, was er mit ihm anfangen solle.

Seine seinerzeitigen Lernschwierigkeiten will er eigentlich nicht mehr wahrhaben. Schließlich habe er doch ein Fachdiplom und noch ein weiteres Diplom, das ihn berechtigt, ein eigenes Geschäft zu eröffnen. Er könne lesen und rechnen, spreche auch ein wenig Englisch; nur mit dem Schreiben habe er noch große Mühe. Er sei angesehen; ein jeder habe ihn gern; er tätige gute Abschlüsse für sein Geschäft. Obwohl er bestimmt nicht übertreibt, brüstet er sich mit dem von ihm erreichten Status in auffälliger Weise.

Eine gewisse Unsicherheit in seinen sozialen Kontakten wird evident. In seinem Berufsleben hat er keine Konflikte; aber er hat keine festen Freunde. Die Menschen, die bei ihnen zu Besuch kommen, sind zu 90 Prozent Freunde seiner Frau. Zu Gleichaltrigen, mit denen er früher im Heim zusammen war, unterhält er keine Beziehungen; wohl noch zu seiner letzten Untertauchfamilie, die jedoch – seltsamerweise – nicht zu seiner Hochzeit eingeladen war.

Seine starre Haltung wird durchbrochen, wenn er auf die Rolle zu sprechen kommt, die seine Frau in seinem Leben spielt. Er ist dankbar für alles, was sie für ihn getan hat und noch immer tut. Sie ist sehr verständig, eine gute Geschäftsfrau und eine große Stütze für ihn. Er kann mit ihr über alles sprechen, nur nicht über den Krieg. Zuweilen habe er das Gefühl, daß sie ihn da nicht begreift. Er weiß, daß es schwierig für sie ist, da sie im Kriege außerhalb aller Dinge stand, die er mitgemacht hat. Sie habe sich jedoch eindeutig auf seine Seite gestellt, als ihr Vater ihn einmal in betrunkenem Zustand als „dreckiger Jude" beschimpft habe.

Das einfühlende Verständnis für die schwierige Lage seiner Frau bringt einen weicheren Gefühlston in ihm zum Klingen. Jedoch als ertrüge er ihn nicht, wechselt er seine innere Haltung und beginnt über sein äußerst kompliziertes Verhältnis zur jüdischen Gruppe zu sprechen. Er fühlt sich völlig als Jude, aber über die jüdische Gemeinschaft ist er enttäuscht; er will eigentlich mit ihr nichts mehr zu tun haben. Eine jüdische Firma (sein früherer Arbeitgeber) beginnt er unbarmherzig zu kritisieren. Die Gesetze hingegen und „die Rasse“, das findet er das Schönste am jüdischen Glauben. Das gäbe ihm einen gewissen Halt. Aber er selbst brauche sie nicht „nachzuahmen“.

Er beginnt zu philosophieren, als habe er tief über alle religiösen Probleme nachgedacht. Er äußert noch mehrere allgemeine philosophische und politische Ansichten, wobei seine affektive Modulation von einer auffallenden Starrheit ist. Seine tiefere Verwirrung und Ratlosigkeit tritt jetzt auch in seinen anderen Mitteilungen deutlich zutage.

Er gibt zu, zuweilen noch an seine Erlebnisse während des Krieges zu denken; aber er habe keine Ängste mehr, empfinde kein Wut über die Geschehnisse; Haß gegen die Deutschen sei ihm fremd. Er grüble nicht mehr darüber; er akzeptiere alles. Er führt seinen gesellschaftlichen Status als Beweis an.

Er liest eine bestimmte niederländische Zeitung, die er als schlecht und reaktionär kritisch kommentiert. Aber zugleich erweist sich, daß er die reaktionären Ansichten dieser Zeitung sich völlig zu eigen gemacht hat. Er schimpft auf die allgemeinen sozialen Zustände, auf die heutige Jugend mit den langen Haaren; er findet alle Menschen schlapp, Feiglinge ohne Durchsetzungsvermögen; alles sei nur destruktiv.

Schließlich meint er, daß es vielleicht besser gewesen wäre, wenn man ihn bei seinen Kriegspflegeeltern gelassen hätte. Wieder äußert er schwere Vorwürfe gegen seinen Onkel, mit dem er keinen Kontakt mehr unterhält, und gegen die jüdische Gruppe. Er verstrickt sich so tief in diese Vorwürfe, daß es unmöglich ist, noch andere Probleme mit ihm zu besprechen. Er redet über alles hinweg; will Fragen nicht begreifen oder keine Antwort geben. Er muß sich schützen; er tut das mit einer gewissen Verbindlichkeit und Eleganz.

Gegen Ende des Gespräches treten seine paranoiden Züge deutlich zutage, u. a. in seiner Kritik am Untersucher. Er hatte sich vorgestellt, daß dieser ihn während des Gespräches in geistiger Hinsicht klein und kaputt machen wollte; daß besonders intelligente Fragen gestellt würden, um seine Intelligenz zu prüfen, mit dem Hintergedanken, ihn aufs Glatteis zu führen, zu hintergehen und als Wrack zu hinterlassen. Aber es könne auch sein, daß der Untersucher alle Menschen beruhige, so daß sie gar nicht merkten, wie sie eigentlich examiniert würden. So geht es noch eine Weile hin und her, bis er wieder seine alten Vorwürfe ventiliert, daß alle Menschen ihn im Stich gelassen hätten: niemand hätte etwas für ihn getan. Nur sein Vetter habe ihn nie verlassen. Er erinnert sich, daß der ihn einmal zu einer Segelpartie und ins Kino eingeladen habe. Er wisse, daß das ein Opfer für seinen Vetter bedeutet habe, denn eigentlich hätten sie nicht viel gemeinsamen Gesprächsstoff und der Niveauunterschied zwischen ihnen sei klaffend. Bei diesen Worten kommt die einzige echte Emotion während der gesamten Untersuchung deutlich zutage.

Bens Gesundheitszustand ist gut. Er arbeitet im Garten, bastelt und repariert in seinem Haus. Andere Liebhabereien hat er nicht.

Bei der Darstellung dieses Falles standen die Rehabilitationsversuche im Mittelpunkt. Die negative Einschätzung derselben durch den Untersuchten selbst besagt nicht alles über ihren tatsächlichen Effekt. Wenn man alle Umstände in Betracht zieht, bleibt es fraglich, ob man angesichts der schweren Entwurzelungsschädigung in persönlicher und sozialer Hinsicht überhaupt zu einem besseren Ergebnis hätte gelangen können.

Daß der Untersuchte sich einigermaßen behaupten kann, dankt er nicht zuletzt seiner „verständigen“ Frau, die ihm gerade dort, wo sie ihn nicht versteht, am stärksten zur Seite steht, indem sie seinen Verdrängungsprozeß unter Kontrolle hält. Daß dies nur partiell gelingen kann, versteht sich angesichts des Verlaufs der Nachuntersuchung, die voller gegensätzlicher Äußerungen ist, von selbst. Bens Ich-Schwäche korrespondiert mit einem autoritären, prestigebedürftigen Über-Ich.

Bis zu einem gewissen Grad gelingt es ihm, mit dieser Einstellung viele Leiderfahrungen und Enttäuschungen aufzufangen und zu verarbeiten – bis auf die eine: von seinen Eltern verlassen worden zu sein. In dem Vorwurf gegen die jüdische Gruppe, die ihn im Stich gelassen habe, nimmt seine Projektion Gestalt an. In seiner paranoiden Haltung versucht er seine verunsicherte Situation abzudecken. Zugleich aber rechtfertigt die

Projektion auf eine Gruppe auch die Aktivitäten dieser Gruppe, die darauf gerichtet sind, individuelle Leiderfahrungen ihrer Mitglieder aufzufangen und zu lindern. Diesen Projektionsmechanismus bei ähnlichen Modalitäten fanden wir auch manifest in vereinzelten Fällen in den höheren Altersgruppen unseres Materials. Eine Gruppe muß dem gewachsen sein: als Zielscheibe unverarbeiteter Leiderfahrungen zu dienen.

Die Sorgepflicht der jüdischen Waisenorganisation *Le Esrath Hajeled* für die ihrer Obhut anvertrauten Kinder erstreckte sich offiziell bis zur Vollendung des 21. Lebensjahres, dem Alter der damals gesetzlich geltenden Volljährigkeit. In einigen Fällen reicht sie aber inoffiziell weit darüber hinaus.
Grundsätzlich wurde mittels der Maßnahmen zur sozialen Rehabilitation danach gestrebt, den Adoleszenten auf seine mit 18 bis 19 Jahren zu erreichende Selbständigkeit außerhalb des Heimes bzw. der Pflegefamilie vorzubereiten und ihn dann auch in dieser neuen Lebensphase je nach Art des Falles mehr oder weniger intensiv zu begleiten.
Nach Vollendung des 21. Lebensjahres wurden soziale Problemfälle den hierfür zuständigen jüdischen sozialen Organisationen überwiesen; psychisch schwieriger gelagerte Fälle dagegen wurden zumeist auf Wunsch des betreffenden ehemaligen Mündels durch Le Esrath Hajeled behalten. Der hier folgende Fall illustriert diese letztgenannte Konstellation.

Fall „Bob“ (FB); Entwurzelung; gescheitert in jüdischer Pflegefamilie; jüdisches Kinderheim. Problemkind. Gescheiterte Emigration nach Israel; Rückkehr. Psychopathiforme Entwicklung; schwer erziehbar; verschiedene Heime. Psychotherapie und intensive soziale Betreuung. (Angstneurotische Entwicklung.)

„Wir haben seit mehr als drei Jahren einem kleinen jüdischen Jungen in unserem Haus eine Zuflucht geboten und möchten gerne auch ein Paket empfangen, wie Sie es in Ihrer Anzeige vom 16. 11. 1945 in der NRC*) ankündigten. Sein Name ist Bob; er ist sieben Jahre alt, aus X. stammend. Gerne sehen wir Ihrer Sendung entgegen und danken Ihnen bereits im voraus. Hochachtungsvoll gez. . . .“

Mit diesem in freundlich-sachlichen Worten abgefaßten Brief beginnt das Dossier eines Jungen, das sich im Laufe der Jahre zu einem umfangreichen Aktenstück auswachsen soll. Es spiegelt, wenn man es heute liest, alle Facetten eines traumatisierten Kindes, eines Lebens, das bis an den Rand der Straffälligkeit reicht.
Drei Tage nach dem zitierten Schreiben, am 20. November 1945, empfängt derselbe Adressat, die Jüdische Koordinationskommission in Amsterdam, ein ähnliches Schreiben aus einer anderen Stadt des Landes, in dem für ein fünfjähriges Mädchen ebenfalls um ein Lebensmittelpaket gebeten wird. Es handelt sich um die Schwester des Jungen.

Bob, geboren am 27. 6. 1938, ist eines von zwei Kindern einer Familie des Mittelstandes. Vater (geboren 1911) und Mutter (geboren 1914) wurden 1943 deportiert.
Über die Untertauchperiode von Bob ist wenig aufgezeichnet. Anscheinend verbrachte er die ganze Zeit bei ein und derselben Pflegefamilie, wo er wenig pädagogische Leitung hatte. Wegen

* Nieuwe Rotterdamsche Courant, Tageszeitung.

seines jüdischen Aussehens mußte er die ganze Zeit im Haus bleiben. Offenbar kannte die Pflegefamilie den Jungen seit seinem 2. Lebensjahr. Die Pflegeeltern hatten drei eigene Kinder, erheblich älter als Bob.
Am 8.2.1946 besucht eine Sozialarbeiterin des Büros O.P.K. das Büro der inzwischen gegründeten jüdischen Waisenorganisation Le Esrath Hajeled und bespricht die Möglichkeit, den Jungen, der bisher noch bei seiner Untertauchpflegefamilie ist, in eine jüdische Pflegefamilie überzusiedeln. Wir zitieren das Dossier: „Die Kriegspflegeeltern, bereits etwas ältere Menschen, können den Jungen nicht länger behalten. Es ist kein Fall, für den kurzfristig eine Lösung gefunden werden muß. Man muß jedoch eine neue Unterkunft für das Kind suchen." Und ferner: „Vom Kind selbst weiß man nur, daß es ziemlich jüdisch aussieht und ein komplizierter und hilfsbereiter Junge sein muß. Er besucht im Augenblick die dritte Klasse einer christlichen Schule. Die religiöse Einstellung seiner Eltern soll liberal gewesen sein. Verwandte der Kinder sind noch am Leben, jedoch nach Meinung der Berichterstatterin z. T. nicht fähig und z. T. auch nicht bereit, das Kind aufzunehmen. Seine Schwester ist ebenfalls noch bei ihrer Untertauchfamilie. Dies wird sich – nach Meinung der Referentin – auch in Zukunft nicht ändern."
Noch am gleichen Tag beauftragt die jüdische Waisenorganisation zu Amsterdam ihre Vertreterin in der zuständigen Provinzstadt, den Fall zu behandeln. In dem betreffenden Brief findet sich die bemerkenswerte Notiz: „Der Name des Jungen kommt in unserer Administration nicht vor."

Alsbald findet man für Bob in Utrecht eine jüdische Pflegefamilie, die den Krieg in Holland in einem Versteck überstanden hatte. Der Mann (geboren 1906) hatte einen intellektuellen kaufmännischen Beruf, die Frau (geboren 1907) eine künstlerische Ausbildung. Beide empfanden es als ihre Pflicht als Juden und zudem auch als gut für ihr eigenes Kind (ein Sohn, geboren 1940), wenn sie ein Pflegekind in ihr Haus aufnähmen.
Im Februar 1946 rapportiert die Referentin der Waisenorganisation die Ergebnisse ihrer Milieuuntersuchung. Es handle sich um intelligente, kultivierte Menschen mit künstlerischen Interessen; die gesundheitliche Verfassung aller Familienmitglieder sei gut. Das Ganze mache einen harmonischen Eindruck, die häusliche Sphäre sei ein bißchen unordentlich. Die Aspirantpflegemutter ist eine nette, liebevolle Frau, jedoch etwas instabil, zu lebhaft und auch etwas herrschsüchtig.
Daraufhin gibt das Büro O.P.K. seine Zustimmung. Doch verzögert eine plötzlich auftretende, ernste Erkrankung des Aspirantpflegevaters die Aufnahme Bobs um mehrere Wochen. Eine Notiz vom 21. Juni 1946 berichtet: „Bob macht einen strahlenden, glücklichen Eindruck. Anscheinend hat er seinen Platz in der Familie bereits gefunden." Eine weitere Notiz vom 11. Mai 1947 bestätigt diesen Eindruck. Auch Bobs Schwester besucht ihn des öfteren; doch scheint das Einvernehmen zwischen den Geschwistern etwas getrübt zu sein.
Der nicht-jüdische Pflegevater der Schwester hat inzwischen die Vormundschaft erhalten. Es entsteht eine gewisse Rivalität zwischen den beiden Pflegevätern hinsichtlich ihrer Forderung, zum Verwalter der Hinterlassenschaft der Eltern der Kinder ernannt zu werden.
Bobs Pflegeeltern bitten wiederholt um neue Kleidungsstücke, „da der Junge so viel verschleißt". Am 20. 6. 1947 besucht die Pflegemutter die für Bob zuständige Sozialarbeiterin und teilt ihr mit, „daß sie den Jungen sehr unaufrichtig findet. Er lügt und gibt nie direkte Antworten. Auch in der Schule macht man dieselben Erfahrungen mit ihm".
Inzwischen entwickelt sich bei dem Pflegevater eine etwas gereizte Stimmung im Verhältnis zur jüdischen Organisation anläßlich finanztechnischer Probleme, und zwar sowohl hinsichtlich eventueller steuerlicher Vergünstigungen, als auch in der Frage der Vermögensverwaltung. Beide Probleme könnten seiner Meinung nach günstiger gelöst werden, wenn die Pflegeeltern „zugleich die Vormundschaft über Bob erhielten".
Eine andere Notiz berichtet, daß Bob einige Male seine Untertauchpflegeeltern besucht hat.
Im Oktober 1947 erfolgt eine Untersuchung Bobs durch eine *child guidance clinic.* Der Rapport spricht von einem „äußerst verschlossenen, mißtrauischen Jungen, der nur einen oberflächlichen Kontakt macht". Seine Intelligenz ist befriedigend, mittelmäßig. In seinem Auftreten macht er einen älteren Eindruck. Die Empfehlung lautet, man möge Bob in seiner Pflegefamilie lassen und beide begleiten.
Im Herbst 1949 wird erneut die Hilfe der *child guidance clinic* angerufen. Anleitung hierzu gaben kleine Diebstähle, sehr schlechte Schulresultate und Bobs ungünstiger Einfluß auf seinen etwas

jüngeren Pflegebruder. Die Empfehlung lautet wie 1947; aber Bob selbst bittet um Aufnahme in ein Heim. Er fühlt sich – hauptsächlich durch die Pflegemutter – vernachlässigt.
Im Januar 1950 erfolgte Bobs Aufnahme in das Observationshaus der jüdischen Waisenorganisation. Dort sah ihn der Referent zum ersten Mal.
Die ersten Tage verhielt sich Bob still; doch spielte er bald mit den anderen Kindern. Er wollte in dem Zimmer bei den größeren Jungen schlafen. Seine auffallend guten Tischmanieren sind deutliche Dressursymptome. Er weiß, daß er hier nur vorübergehend bleibt, bis zu seiner definitiven Übersiedlung in ein anderes Heim. Im näheren Kontakt macht er einen verbitterten und mißtrauischen Eindruck. Er hegt Groll gegen seine Pflegefamilie, fühlt sich verraten und im Stich gelassen; quält andere Kinder. Nachts im Dunkeln ist er ängstlich. Freundschaften kann er nicht schließen. Auch den Erwachsenen gegenüber bleibt er distanziert. Wenn man sich etwas näher mit ihm beschäftigt, taut er auf und bietet über längere Zeit mehr affektive Möglichkeiten. Seine Schulleistungen sind mäßig und sein Verhalten im allgemeinen schwierig. Für Mädchen hat er bereits ein ausgeprägtes Interesse.
Nach ungefähr zehn Tagen läuft er zusammen mit einem anderen Jungen weg, zu einer Sozialarbeiterin, die sein Kamerad kennt. Sie lassen sich willig wieder zurückbringen.

Ungefähr zweieinhalb Monate später übersiedelt er in ein Heim. Im Autobus auf der Fahrt dorthin erbricht er, obwohl er bereits einige Male dort auf Besuch war.
Der Empfang durch die gleichaltrigen Jungen des Heimes ist für Bob eine große Überraschung. Man nimmt ihn sogleich mit aufs Fußballfeld. Doch erweisen sich sein motorischer und sportlicher Rückstand als Hemmschuh im weiteren Kontakt. Er wird in eine Gruppe mit weiblicher Leitung eingegliedert. Auf die gleichaltrigen Mädchen des Heimes wirkt er anziehend; sie umschwärmen ihn. Bereits nach zehn Tagen konstatiert seine Gruppenleiterin, daß er Mädchen gegenüber handgreiflich wird.
Im April 1950 erhält die jüdische Waisenorganisation die Vormundschaft.
Bob besucht die letzte Klasse der Grundschule. Bei einem Intelligenztest findet man einen IQ weit unter der Norm seiner Altersgruppe. Die Empfehlung lautet: Erlernen eines Handwerks. Bob verfügt über eine technisch-praktische Anlage. Ein diesbezüglicher Versuch scheitert jedoch bereits im ersten Jahr.
Bob wird in einer Überbrückungsklasse (zum Übergang in einen weiterführenden Schultyp) eingeschult. In seiner Freizeit beginnt er in einer Garage zu arbeiten. Obgleich er sich an weniger günstige Elemente in seiner Gruppe anschließt, wird seine allgemeine Anpassung durch den Direktor des Hauses und die Gruppenleiter günstiger beurteilt. Bob selbst schmiedet Pläne: tagsüber will er arbeiten und abends eine Handelsschule besuchen. Schließlich gibt er diese Pläne wieder auf.
Als eine Gruppe des Heimes zusammen mit einem Gruppenleiter den Plan faßt, nach Israel zu emigrieren, schließt sich Bob dieser Gruppe an. Da er nur wenige Bande mit Holland hat – sein zeitweiliges Verlangen nach Kontakt mit seiner Untertauchpflegefamilie kann nur schwer realisiert werden; der Kontakt mit seinen jüdischen Pflegeeltern ist völlig abgebrochen; der Kontakt mit seiner Schwester ist von beiden Seiten lose und scheint wenig Perspektiven zu bieten – wandert er im Oktober 1952 mit der Gruppe nach Israel aus. Da der 14jährige körperlich einen weit über seine Jahre gut entwickelten Eindruck macht, findet die Auswanderung mit Zustimmung des Kantongerichtes statt. Zugleich wird ein Rapport über Bob an einen Psychologen nach Israel geschickt, der früher in den Niederlanden gearbeitet hatte.
Am 5. Juli 1953 berichtet der Leiter der Gruppe: Mit Bob geht es wechselnd, obgleich die Gruppe sich sehr um ihn bemüht. Sein intellektueller und emotioneller Rückstand, sein Mangel an Ausdauer, seine Unreife z. B., um als Traktorist zu arbeiten, führen schließlich zum Mißlingen aller Pläne. Zudem werden nun andere, ältere Jungen seiner Gruppe zum Militär eingezogen. Bob schließt sich aus und wird ausgeschlossen. Er bittet um Rückkehr nach Holland – schweren Herzens. Er bezeichnet sich selbst als „mißglückt“.
In dieser Zeit taucht auf einmal ein entfernter Verwandter aus Amerika auf, der Bob zu sich einlädt. Trotz Bobs Begeisterung für diesen neuen Plan geht die Vormundschaftsorganisation darauf nicht ein. Bob kehrt nach Holland zurück, in das Heim, von dem aus er nach Israel gegangen war. Seine Verfassung ist miserabel. Seine Verbitterung richtet sich u. a. gegen den Verwandten aus Amerika, der ihn völlig fallengelassen hat, während er mit Bobs Schwester wohl

noch Kontakt unterhält. Bob äußert den Wunsch, seine alten Untertauchpflegeeltern wieder aufzusuchen. Er besucht sie einige Male, aber sie können nicht viel für ihn tun.
In der folgenden Zeit zeigt Bobs Anpassung im Heim und auf verschiedenen Arbeitsstellen einen deutlichen Niedergang. Pädagogische und psychotherapeutische Versuche scheitern. Sein Einfluß im Heim erweist sich als destruktiv; sein enthemmtes Verhalten macht die Aufnahme in hierauf spezialisierte Einrichtungen erforderlich. Es beginnt ein Leidensweg durch verschiedene Heime. Die z. T. umfangreichen Rapporte aus jener Zeit, die sein Dossier füllen, zeugen einerseits von dem Verständnis und Mitgefühl, das man Bob entgegenbringt, andererseits von der Ohnmacht, ihn adäquat aufzufangen. Sein Zustand wird abwechselnd als reaktiv-depressiv, psychopathiform enthemmt, kontaktgestört oder ängstlich-entmutigt beschrieben. An den Direktor des jüdischen Heimes schreibt er reumütige Briefe und bittet, eine Pflegefamilie für ihn zu suchen.

1957 findet man Bob als Untermieter bei verschiedenen jüdischen Familien. Auch mit seiner Kriegspflegefamilie hat er wieder Kontakt aufgenommen, ebenso mit seiner ersten Nachkriegspflegefamilie. Nach dem Tode der jüdischen Nachkriegspflegemutter wohnt Bob einige Zeit bei Nachbarn des Nachkriegspflegevaters.
1958 zieht Bob in eine größere Stadt, arbeitet auf verschiedenen Stellen, hält es jedoch nirgends lange aus. Die Verwirrungen seines Lebens nehmen zu, vor allem, da er stets eine Familie gegen die andere ausspielt und sich an niemanden bindet. Seine Arbeitsleistung ist zuweilen gut, sein Eifer erstaunlich. Dann folgt eine Periode von Niedergeschlagenheit und Verbitterung. Er unterschlägt Geld und macht andere undurchsichtige Geschäfte.
Auffallend ist jedoch sein stets tiefer und stärker werdender Kontakt mit dem Sozialarbeiter der jüdischen Waisenorganisation, die ihn auch jetzt, nachdem er volljährig geworden ist, nicht aus ihrer Fürsorge entläßt. Bob besucht den Sozialarbeiter regelmäßig, bespricht seine Enttäuschungen und sozialen Entgleisungen mit ihm. Er bittet um Hilfe, die er auch stets erhält. Man interveniert bei seinen Arbeitgebern, um zu verhüten, daß er straffällig wird. Auch die Gerichtsbehörden versagen ihre Mitarbeit nicht.
Einige Zeit wohnt Bob zur Untermiete bei einer alten jüdischen Frau, die sich in Zusammenarbeit mit Le Esrath Hajeled auf einzigartige Weise für ihn einsetzt, ihn versorgt und ihm von Zeit zu Zeit auch den Marsch bläst. Das alles paßt in den Plan, den man für ihn entworfen hat. Die folgenden Jahre scheinen nur als eine große Provokation Bobs gegenüber der alten Frau und der Person des Sozialarbeiters gedeutet werden zu können – den beiden Menschen, die sich am intensivsten um ihn bemühen. Es macht den Eindruck, daß er sein ganzes Ressentiment und seine Aggressionen hier projektiert: er verschwindet in die Unterwelt, lebt mit und von einer Prostituierten. Aber immer wieder erscheint er von Zeit zu Zeit bei dem Sozialarbeiter; einmal bringt er sogar auf dessen Einladung hin seine Freundin mit; zu dritt besprechen sie die Lage. Wenn die Freundin – eine schwachbegabte Frau – erkrankt, wird Bob aktiv und arbeitet. Seine Fürsorge für sie ist evident. Schließlich jedoch entdeckt er, daß er im Grunde keinen Kontakt mit dieser Freundin hat. Das Milieu widert ihn an. Er verläßt sie, bricht aber zur gleichen Zeit den Kontakt mit dem Sozialarbeiter ab.
Nach ungefähr fünf Jahren ruft Bob ihn eines Tages wieder an: „Sie haben soviel Elend mit mir mitgemacht. Bitte besuchen Sie mich. Es geht mir gut.“ Der Sozialarbeiter besucht ihn auf der angegebenen Adresse in einem Arbeiterviertel, wo Bob seit zwei Jahren einen kleinen Papierwarenladen betreibt. Er ist verheiratet und hat zwei Kinder. Sein Leben scheint geordnet.

Die Ergebnisse der Nachuntersuchung, die durch den zu dieser Zeit 34jährigen als eine Fortsetzung der früheren Kontakte erlebt wird, sollen hier nur in Umrissen referiert werden. Die profunde menschliche Problematik ist zu verästelt, die psychiatrische Diagnostik zu mehrschichtig, als daß sie hier erschöpfend behandelt werden könnten.
Aus dem entwurzelten, unglücklichen und ängstlichen Kind, dem haltlosen, unangepaßten Adoleszenten mit randdelinquenten Entgleisungen, ist ein Mann geworden, der – in seiner Ehe mit einer nicht-jüdischen Frau äußerlich anscheinend einigermaßen zur Ruhe gekommen – beim Besprechen seines Entwicklungsganges alle hiermit verbundenen Emotionen aufs neue erlebt. Das alte Leid, die ohnmächtige Wut, die namenlosen Ängste und eine plötzlich alles überschattende Trauer bei seinen Phantasien über das Schicksal seiner Eltern und über die Zukunft seiner Kinder zeichnen das Zustandsbild. Zwar hat sich die totale psycho-soziale Defizienz der früheren Periode

zu einer halbinvaliden Lebenshaltung gewandelt, die trotz aller Isolierungstendenzen und unaufgelösten persönlichen und gruppendynamischen Bestrebungen in ihrem gegenwärtigen eingeschränkten Lebensraum eine gewisse Form gefunden hat. Aber die Freimütigkeit, mit der er selbst die für ihn peinlichsten Erinnerungen ins Gespräch bringt, und sein erstaunliches Vermögen, seine Gefühle zu analysieren und in Worte zu fassen, können nicht darüber hinwegtäuschen, daß die Angst noch immer sein Leben beherrscht, daß das alte Mißtrauen zuweilen depressiv und wahnhaft gefärbt wieder auftaucht und seine Kontakte mit seiner Umgebung zweitweilig lähmt.
Er sagt: „Ich war völlig entwurzelt; sie wußten nicht, was sie mit mir beginnen sollten." Dann beschreibt er seine Identitätsproblematik in der Adoleszenz: „Vor mir selbst wollte ich ein Außenseiter sein. Ich wollte schlechter sein als alle anderen."
Er ist irritiert, daß sich alles so zugetragen hat, wie es geschah. Gerne würde er mit dem Untersucher jetzt über andere Dinge sprechen; aber immer wieder kommt er darauf zurück, daß er sich seinem Leben gegenüber so ohnmächtig fühlte.
Er hat das Gefühl behalten, daß man ihn gern hatte, daß er korrekt behandelt wurde – trotz aller Fehler, die die Waisenorganisation und der Untersucher gemacht haben, und die er ihnen jetzt vorwirft. Daß man ihm mit 21 Jahren seine Erbschaft – eine nicht unansehnliche Summe – ausbezahlte, empfindet er noch heute als einen unverzeihlichen Fehler: „Wenn man volljährig wird, erhält man sozusagen auf einmal den Rat: Hilf dir nun selbst. Während einem zuvor in allen Lebenslagen deutlich gemacht wurde, daß man nicht imstande war, sich selbst zu helfen.
Mit dieser äußerlich kritischen Aussage gibt er zugleich einen erstaunlichen Einblick in seine komplizierte Lebenssituation. Als der Untersucher fragt, was man in seinem Fall hätte anders machen sollen, antwortet er: „Was man auch mit mir getan hätte, ich hätte es doch nicht akzeptiert."

Das Gespräch kommt dann auf seine Jugend, die Kriegsjahre und die erste Zeit nach dem Kriege. Er gibt seiner festen Überzeugung Ausdruck, daß man ihn in seiner Untertauchpflegefamilie hätte lassen sollen. Seine Kritik an seinen jüdischen Nachkriegspflegeeltern ist groß: „Sie haben mir erzählt, daß meine Eltern vergast wurden. Ihr eigenes Kind nahmen sie auf den Schoß, wenn sie mich ins Bett schickten." In diesem Bild hat er auf jeden Fall eine ihn schwer belastende Situation eingefangen, die ihm das Gefühl verlieh: „Ich gehöre nicht dazu". Heute sieht er als sein damaliges Hauptproblem, daß er nach einer festen Bindung verlangte; der Wechsel von einer Stadt in die andere, der Übergang in die jüdische Pflegefamilie nach dem Kriege: damit begann für ihn der Riß in seinem Leben. „Damals begannen die Phantasien über meine Eltern, von denen ich wußte, daß sie vergast waren." Mit dieser Bemerkung zeichnet er zugleich die Ohnmacht der Erwachsenen, die sich damals um ihn bemühten, und denen es nicht gelang, ihm adäquate Hilfe zu bieten.
Dann beginnt er von seinen Eltern zu sprechen. Sein Vater muß ein eigenartiger Mann gewesen sein; er dachte, daß er im Kriege viel Geld verdienen konnte. „Als ich zehn oder elf Jahre alt war, versuchte ich alles über meine Eltern zu erfahren. Ich wollte alles ausgraben." „Wenn man so fragt", sagt er, „hört man zuweilen die wunderlichsten Dinge über seine Eltern. Die Eltern wurden verraten. Ich glaube, daß ihre Ehe nicht gut war; aber meine Schwester bestreitet das. Vater soll in der Untertauchzeit ein uneheliches Kind gezeugt haben."
Bob wird wieder still und traurig. Er sitzt in sich zusammengesunken und schweigt. Seine Augen irren umher. Dann sagt er, daß er seine Gedanken nicht mehr gut ordnen könne. Die Angst und die Trauer übermannen ihn.
Er erzählt, daß sich 1955 eine katholische Familie seiner angenommen und gut für ihn gesorgt hätte. Ihnen zuliebe wollte er katholisch werden, da er sich durch ihre Häuslichkeit in ihren Glauben aufgenommen fühlte.
Auch seine früheren Kontakte mit der Unterwelt und mit der Frau, mit der er damals zusammenlebte, bringt er zur Sprache. Heute könne er schwer begreifen, was ihn damals getrieben habe. Vielleicht wollte er die Frau (eher ein Mädchen noch), die völlig von ihm abhängig war, beschützen. Sie wiederum hat ihn finanziell unterstützt und er ließ das zu, obgleich auch er damals die ganze Zeit über gearbeitet und Geld verdient habe. Er sagt über diese Zeit: „Mein früheres Leben war wie ein Rausch; es ist, als ob ich es nicht gewesen bin; ich kann es mir eigentlich nicht mehr vorstellen." Er hatte damals für sich und die Frau eine kleine Wohnung gemietet; aber sie

war nicht fähig, einen Haushalt zu führen; alles verkam. Wenn er von der Arbeit nach Hause kam, lag sie noch im Bett. Er mußte erst noch die Hausarbeit erledigen: kochen und alles sauber machen.

Seine marginale Existenz als Jude kommt in einem gewissen Selbsthaß zum Ausdruck. Er will nicht mehr zur jüdischen Gruppe gehören. Aber täglich wird er mit dem Problem konfrontiert, u. a. durch die Berichte über Israel und wenn Leute in sein Geschäft kommen und über die „Scheißjuden" schimpfen. Darauf reagierte er früher aggressiv, in den letzten Jahren weniger. Gerne würde er sagen: ich bin stolz, daß ich ein Jude bin. Aber die Angst und das Mißtrauen lassen es nicht zu. Das Judesein ist für ihn eine Wunde geworden.

Die Periode in Israel ist sozusagen an ihm vorbeigegangen. Er kann sagen: Ich bin in Israel gewesen; aber weiter bedeutet es ihm nichts. In Israel hatte er, vor allem nachts, wenn er Wache stand, viele Ängste. Wenn er im Dunkeln ein Geräusch hörte oder meinte, irgend etwas bewege sich, schoß er.

Über die Zukunft von Israel macht er sich Sorgen.

Nach der Israelperiode hatte er den Kontakt mit der jüdischen Gemeinschaft, vor allem mit der jüdischen Waisenorganisation, völlig verloren. Er wirft ihr heute vor, daß sie ihn damals im Stich gelassen habe. Auch jetzt kann er noch nicht begreifen, daß alles damals so schwierig gewesen sein soll; und immer wieder hämmert er darauf, daß doch eine Möglichkeit bestanden haben müsse, ihn auch in dieser Periode zu erreichen und ihm zu helfen. Noch immer schläft er unruhig und träumt von jener Zeit.

Freunde hat er nicht, da er niemandem vertraut. Er glaubt nicht, daß echte Freundschaft überhaupt besteht. „Es gibt keinen Menschen, dem man vertrauen kann." Auch seiner eigenen Frau vertraut er nicht. „Schließlich begreift mich niemand, weil ich zuviel denke."

In seinen Ferien steht er mit einem Zelt auf einem Campingplatz am Meer; aber auch die Solidarität da kann ihn nicht überzeugen. Inzwischen hat er auch das Kampieren aufgegeben. Er könne keine Menschen um sich herum ertragen.

Über den einstigen Kontakt mit dem Untersucher sagt er: „Wenn ich früher zu Ihnen mußte, war immer etwas los, etwas nicht in Ordnung." Der Untersucher erwidert, daß er ihn damals auch immer traurig gefunden habe. „Das bin ich jetzt auch", sagt er. „Ich probiere natürlich, mich anzupassen und etwas Konversation zu machen; ich finde es angenehm, daß ich mich hier mit Ihnen unterhalten kann. Aber ich habe nicht das Gefühl, daß es mir gelingt. Es kostet mich große Mühe. Zum Schluß errichte ich wieder eine Mauer um mich herum; eigentlich habe ich gar kein Bedürfnis nach Kontakt."

Den Kontakt mit seiner jüngeren Schwester hat er nach seiner Heirat wieder aufgenommen. Aber es besteht kein echtes Band zwischen ihnen, wie zwischen Bruder und Schwester. Er bedauert das, sie vielleicht auch. Der Mann seiner Schwester sei schuld: „Er kennt mich nur als einen schwierigen Jungen; er weiß nicht, wie ich jetzt bin." Das einzige, was ihm geblieben ist, ist die Familie seiner Frau. Den Verlust des jüdischen Milieus als Hintergrund betrauert er. – Langsam entspannt er sich, er wird etwas zutraulicher, aber sein Gesicht behält den etwas traurigen, zuweilen trostlosen Ausdruck.

In seinem Geschäft arbeitet er nur noch drei Vormittage in der Woche; zu mehr ist er nicht imstande. Vor Jahren hat er noch einmal versucht, in einer Abendschule die zur Führung seines Geschäftes erforderlichen Diplome zu machen; das mißlang. Seine Frau dagegen besitzt diese Diplome. Aber das Geschäft ist auf seinen Namen eingetragen.

Vor einigen Wochen konsultierte Bob wegen Rückenschmerzen seinen Hausarzt, der ihn an einen Orthopäden verwies. Dieser erkannte mit einem Augenaufschlag Bobs Zustand und riet ihm, das Geschäft zu schließen, sich zu entspannen. Seitdem führt seine Frau das Geschäft zum überwiegenden Teil.

Bobs Verhältnis zu seinen Kindern ist besonders kompliziert und paradox. Sie dürfen nicht merken, wie sehr er sie liebt. Er weiß, daß sie dadurch zu kurz kommen. Er kann sie nicht auf den Schoß nehmen. Er sieht sich selbst in der jüdischen Pflegefamilie: man schickte ihn ins Bett und spielte dann mit dem eigenen Kind. Wenn seine siebenjährige Tochter ihm spontan einen Kuß geben will, kommt Unmut in ihm auf. Er denkt: was will sie von mir haben? Geld? Und er spricht es auch aus: Mußt Du wieder Geld von mir haben? Darüber ist er selbst sehr traurig; denn eigentlich will er sagen, wie lieb er sie findet. Aber das Paradoxe hat ihn in seinem Bann.

Auch wenn seine Frau ihn an sich zieht, kommt er innerlich in Aufstand, obgleich er sich sehr nach ihr sehnt. Aber zuweilen kann er es nicht vertragen.
Seine Selbsterkenntnis gipfelt in der Einsicht: „Gewiß hat mein Leben einzelne Kapitel, die besonders erbärmlich und jämmerlich sind; aber im Grunde ist es die ganze Situation."
Früher las er viel. Jetzt kann er sich nicht mehr konzentrieren, besonders nicht mehr auf Bücher über den Krieg. Auch Filme meidet er. Das Fernsehen dreht er aus, wenn es zu spannend wird: über Krieg, Juden oder Israel.

Abschließend wollen wir nur auf einige Punkte hinweisen. Man könnte schwanken, ob hier nicht die Diagnose „chronisch-reaktive Depression" gerechtfertigt wäre. Ohne Zweifel ist die Stimmungslage, wie sie aus der Nachuntersuchung sichtbar wird, depressiv. Jedoch kann die Depression ihre Abwehrfunktion gegenüber der Angst (vgl. *Diagnostische Erwägungen,* C.1) sichtlich nicht erfüllen. Sowohl in der Erinnerung früher erlebter realer Bedrohungen, als auch in der Phantasievorstellung sich in der Zukunft vollziehender Ereignisse, steht die Angst in seinem Gefühlsleben im Mittelpunkt. Sie vergiftet selbst sein Verhältnis zu seinen Kindern. Nicht jedoch das zu seiner Frau: durch die gute erotische Beziehung bleibt der intime Teil ihres Lebens intakt. Er selbst beschreibt sich in seiner ehelichen Beziehung als zärtlich und aufmerksam und erlebt seine Frau als gleichwertigen, temperamentvollen Partner.
Abschließend noch ein Wort zum Umfang dieses Dossiers, der – oberflächlich betrachtet – durch die Vielzahl der Aufenthaltsorte in der dritten traumatischen Sequenz erklärt werden könnte. Einen gewichtigen Anteil haben jedoch die vielen psychologisch-psychiatrischen Rapporte. Es läßt sich nicht leugnen, daß die Polypraxis auf diesem Gebiet zugleich von der Ohnmacht der sozialen Rehabilitationsbestrebungen zeugt, ein Gefühl, das auch den Nachuntersuchten noch nicht verlassen hat.

C.III. DRITTE ALTERSGRUPPE
(Trennung von der Mutter im Alter von 4 bis 6 Jahren)

C.III.1. Allgemeines

C.III.1a. Einführung in die altersspezifische Problematik

Im 5. und 6. Lebensjahr, dem Entwicklungsabschnitt, im Laufe dessen die Kinder der dritten Altersgruppe von ihrer Mutter getrennt wurden, steht im Mittelpunkt – neben den körperlichen und kognitiven Wachstums- und Entwicklungsvorgängen – der emotionale Reifungsprozeß des Kleinkindes zum Schulkind, eventuell über das vorbereitende Bindeglied des Kindergartens, d. h. der Übergang aus der geschlossenen Gemeinschaft der Familie in die offene der Schule. Die bei der vorigen Altersstufe skizzierten Entwicklungslinien der Verwurzelung setzen sich fort und finden ihren spezifischen Ausdruck in den differenzierteren affektiven Beziehungen des Kindes zu seinen Eltern, vornehmlich zum Elternteil des anderen Geschlechts. Der Verlauf dieser, in der psychoanalytischen Forschung als ödipale Phase beschriebenen Periode ist in unserem Kulturkreis wichtig für die weitere persönliche und soziale Entwicklung des Kindes. Äußerungen von Rivalität, Eifersucht und Aggression begleiten den Prozeß, in dem das Kind seine sexuelle Identität erlebt. Das Gefühl der Zugehörigkeit, als Kern des Verwurzelungsgeschehens definiert, erhält eine andere Erlebnismodalität; Sublimierungs- und Identifikationsvorgänge stabilisieren bei normaler Entwicklung diesen Vorgang und liefern ihren Beitrag zum Aufbau der Gewissensfunktion mit ihren Über-Ich- und Ideal-Ich-Instanzen.

Mit der Ablösung der anthropomorphisierenden Vorstellungswelt durch ein sachbezogeneres, kritisch-analytisches Denken wird auch das bisher vorherrschende Allmachtsgefühl in den Hintergrund gedrängt (*Piaget*, 1929). Phantastisch-magisch ausgestattete Denkvorgänge machen sich jetzt in erster Linie bei Enttäuschungen und Versagungssituationen bemerkbar, die durch den gesteigerten Ambivalenzkonflikt bei erstarkender Gewissensfunktion zu schweren inneren und äußeren Konfliktlagen führen können. Die Gesamtentwicklung, gekennzeichnet durch die Zunahme der körperlichen, geistigen und seelischen Potenzen, ist von der Hinwendung zur Wirklichkeit bestimmt, deren Erfassung und Bewältigung im Spiel auch zu anderen Spielarten menschlichen Erlernens und Verhaltens überleitet.

Der in dieser Phase durch äußeren Zwang erfolgte Eingriff in die Kind-/Elternbeziehung mit dem darauf folgenden ebenfalls erzwungenen Abbruch dieses dialogischen Verhältnisses trägt – wie zu erwarten – ein spezifisches traumatisches Gepräge; das gleiche gilt für die störenden Einwirkungen auf die sich um den Besuch des Kindergartens gliedernden sozialen Beziehungen.

Bei allen Kindern der beiden vorigen Altersgruppen sind Ereignisse der ersten und z. T. der zweiten traumatischen Sequenz der kindlichen Amnesie anheimgefallen. Sie sind als Geschehen in ihren verschiedenen, ursprünglichen Modifikationen verbal nicht mehr reproduzierbar. Wohl kann sich, wie wir gesehen haben, die Phantasie ihrer bemächtigen und ein Abbild der Wirklichkeit aufrufen, dessen traumatisierende Wirkung schwerlich überschätzt werden kann.

Bei den Kindern der dritten Altersgruppe tritt in unserem Material eine neue psychische Dimension in Erscheinung.

Die starke Bezogenheit des vier- bis sechsjährigen Kindes auf die es umgebende Wirklichkeit, seine Fähigkeit „fremd“ und „vertraut“ zu unterscheiden, eigene Initiativen, Interpretationen und Aktionen zu entwickeln, seine Bereitschaft zu Protest, aber auch zu Einordnung in und Anpassung an größere, ihn umgebende Lebenskreise, und schließlich seine Fähigkeit, sich bewußt vergangener Erfahrungen zu erinnern, diese mit neuen, andersartigen zu vergleichen und beide gegeneinander abzuwägen: all dies läßt uns bereits aus theoretischen Gründen mit neuen Erfahrungs- und Verarbeitungsmöglichkeiten konkreter traumatischer Erlebnisse rechnen, was in der klinischen Untersuchung der vorliegenden Altersgruppe bestätigt wurde. Anekdotisch sei dies durch die erstaunte Reaktion eines Kindes illustriert, das – im Konzentrationslager aufgewachsen – den gewaltsamen Tod als „normalen“ Sterbensvorgang erfahren hatte und nun – nach dem Kriege – den nicht-gewaltsamen Tod als etwas Anomales betrachtete.

Eines der wenigen Dinge, deren sich die Kinder der dritten Altersgruppe konstant erinnern, ist ihr eigener, ihnen von ihren Eltern verliehener Name. Er gehört zum Kern des Bewußtseins ihrer Identität (vgl. *de Levita*, 1965; *Buxbaum*, 1970).

Die Verleihung und Annahme eines anderen (Deck-)Namens im Versteck schafft eine neue „situative“ Identität. Die den Kindern hiermit auferlegte Doppelrolle ist gebunden an die ihnen ebenfalls aufgezwungene Situation von Gefahr und Bedrohung. Es bleibt immer wieder erstaunlich, bis zu welchem Grad Kinder sich dem zweigleisigen Verlauf der weiteren Entwicklung angepaßt haben, solange die äußere oder die innere Situation dies erforderten, und welche Lösungen sie schließlich für die konfliktuösen Spannungen gefunden haben. Viele Kinder, die in der Adoleszenz wieder Anschluß bei

der jüdischen Gruppe gesucht hatten, erzählten uns, daß sie in der Kriegspflegefamilie den seinerzeit als Decknamen angenommenen Rufnamen trugen. Hierbei handelte es sich um Kinder, die auf eigenen Wunsch nach dem Kriege in ihrer Pflegefamilie blieben. Zurückgekehrt ins kongeniale Milieu trat der ihnen von ihren Eltern verliehene Name wieder in seine älteren Rechte.
EB (zweite Altersgruppe; Diagnose: kernneurotische Entwicklung mit psychotischen Phasen, borderline, schwere Identitätskrisen, Befehlsautomatie, Pseudologien, vereinsamt; vgl. die tabellarische Darstellung) berichtet: „Der wichtigste Augenblick in meinem Leben war, als meine Kriegspflegemutter mir meinen richtigen Namen mitteilte."
All dies ist auch für die Kinder der folgenden Altersgruppe (Trennung von Mutter in der sogenannten Latenzperiode) von Gültigkeit, ebenso – sogar in verstärktem Maße – für die darauffolgenden Gruppen. Die Fähigkeit des Sich-Erinnerns, Vergleichens und damit des Gedenkens ist auch in psychogenetischer Hinsicht ein sich stets stärker bemerkbar machender Faktor.

C.III.1b. Zusammensetzung und nähere Beschreibung der Gruppe

Die dritte Altersgruppe umfaßt 24 Kinder, 13 Jungen und 11 Mädchen. Der jahrgangsmäßige Aufbau der Gruppe, sowie die Anzahl der Wechsel der Verstecke (resp. der Konzentrationslager) in der zweiten traumatischen Sequenz, und schließlich die Zahl der Wechsel des Erziehungsmilieus in der dritten traumatischen Sequenz sind der Übersichtstabelle 15 zu entnehmen.

Tabelle 15: **Anzahl der Aufenthaltswechsel in der zweiten und dritten traumatischen Sequenz (dritte Altersgruppe)**

Jg.	Code	II	III+)
1940	DC	2 KZ	6
	DM	2 KZ	2
1939	EF	2 KZ	5
1938	FK	2	2–3
	FM	2	3
1937	GB	3	2
	GC	>5	0
	GD	2 + 3 KZ	1
	GF	>5	1
	GG	2	3
	GH	>10	1
	GJ	1	3
	GK	1 + 2 KZ	4
	GL	3	0
	GM	±5	0
	GN	1	6
	GP	2	2
1936	HA	>5	3
	HB	2	2
	HC	4	2
	HE	>3	2
	HJ	2 + 3 KZ	3
1935	JN	2	2
1929	PD	2	1

+) Kinder, die in der Kriegspflegefamilie blieben, sind mit 0 codiert.

In dieser Gruppe finden sich sechs KZ-Kinder, von denen drei in ihrem Versteck verraten und anschließend ohne Eltern deportiert wurden. Die drei anderen wurden zusammen mit Eltern und eventuell Geschwistern deportiert.
Zwei Kinder, JN und PD, befanden sich bereits vor dem Einsetzen der Verfolgung in einem Heim.
Global betrachtet bewegt sich die Zahl der Wechsel in der zweiten traumatischen Sequenz innerhalb gewisser konstanter Grenzen. Bei fünf Kindern ist die Zahl der Untertauchadressen nur schätzungsweise bekannt. Nur zwei Kinder blieben während der ganzen Verfolgungszeit in ihrem ersten Versteck; keines von beiden blieb nach dem Kriege dort. Von neun Kindern sind zwei Verstecke bekannt, darunter befinden sich zwei der genannten Verratsfälle. Drei Kinder drei Verstecke, eines vier, vier hatten fünf verschiedene Untertauchadressen. Ein Kind fällt durch mehr als zehnmaligen Wechsel auf.
Die Gruppe enthält sieben Streitfälle mit unterschiedlichen Konfliktlagen. Drei dieser Kinder blieben in ihrer Kriegspflegefamilie, der auch die Vormundschaft übertragen wurde. Eines von ihnen (FK) wechselte während einer heftigen Identitätskrise in der Adoleszenz das Milieu. Ein zweites (GM) verließ – ebenfalls mit ungefähr 19 Jahren – nach heftigem Streit mit seinen Pflegeeltern deren Haus. Nur GL blieb bei ihren Kriegspflegeeltern und durchlief eine normale Entwicklung (siehe unten Fall „Ciska“).
Von den übrigen vier Streitfällen wurde GJ von den Kriegspflegeeltern eines seiner Geschwister aufgenommen, denen auch die Vormundschaft übertragen wurde. Auch hier kam es nach einigen Jahren zu heftigen Konflikten, die schließlich zu einem Vormundschaftswechsel führten. Bei FM und GP hatten heftige Konfliktsituationen zwischen überlebenden Angehörigen der Kinder bezüglich deren zukünftigen Erziehungsmilieus Verzögerungen der Vormundschaftsübertragung zur Folge (schließlich an die jüdische Waisenorganisation Le Esrath Hajeled). GF blieb bis zum 12. Lebensjahr bei seinen Kriegspflegeeltern, während die HAO die Vormundschaft ausübte; später wurde auch hier die jüdische Waisenorganisation zum Vormund ernannt.
Aufschlußreich ist der Prozentsatz der nach Israel übergesiedelten Kinder. Die Bedeutung der Errichtung des Staates Israel als ideal-typische Motivation für traumatisierte jüdische Generationen, die „heimkehren“ können, kann schwerlich überschätzt werden. Das Gefühl der Zugehörigkeit zur Gruppe als Ich-verstärkender Faktor wurde bereits mehrfach erwähnt.
Von den zwölf nach Israel übergesiedelten Personen der dritten Gruppe kehrte GN nach sechsjährigem Aufenthalt wieder in die Niederlande zurück. FK befand sich aus beruflichen Gründen z. Zt. der Nachuntersuchung mit ihrer Familie in Europa.
Bei einem Vergleich der prozentualen Anteile der nach Israel Übersiedelten aus allen drei ersten Altersgruppen fällt der hohe Prozentsatz der dritten Gruppe auf.

Altersgruppe	nach Israel	zurück	erneut nach Israel	endgültig in Israel
I	30,0 %	10,0 %	6,7 %	26,7 %
II	24,4 %	7,3 %	–	17,1 %
III	50,0 %	4,2 %	–	45,8 %

Wohl ist zu berücksichtigen, daß eine Anzahl Kinder aller drei Altersgruppen vom Kinderheim aus als Gruppe nach Israel gingen, weshalb die Frage der individuellen Motivation kritisch betrachtet werden müßte. Zu den Fällen, die mit einer Gruppe nach

Israel gingen, dort scheiterten und wieder in die Niederlande zurückkehrten, gehört aus der zweiten Gruppe FB und aus der dritten GN. Trotz dieser Einschränkung bleibt der hohe Anteil in der dritten Gruppe bemerkenswert. Von den sechs Kindern dieser Gruppe, die aus dem Konzentrationslager zurückkehrten, siedelten sich vier bleibend in Israel an.
Auf den Entwicklungsverlauf aller in Israel angesiedelten Kinder unseres Materials können wir in diesem Zusammenhang nicht näher eingehen. Jedoch fällt auf, daß die meisten von ihnen dort eine Form der Anpassung gefunden haben, die nach den Kriterien von *Weinberg* (1961) und *Eisenstadt* (1952) als positiv bewertet werden muß. Aus der hier referierten dritten Altersgruppe bestand nur in zwei Fällen (GP und HJ) eine „passive, schutzsuchende Anpassung" im Kibbuz, nach *Weinberg* und *Eisenstadt* Zeichen einer schlechten seelischen Gesundheit.

Bei der Betrachtung der *Diagnosentabelle* (Tab. 10) fällt auf, daß die Zahl der angstneurotischen Entwicklungen die der charakterneurotischen um einiges übertrifft. Tiefergreifende Kontaktstörungen, persönliche und soziale Verunsicherungs- und Isolierungstendenzen findet man in beiden Kategorien aller Altersgruppen, wenngleich die alarmierenden angstneurotischen Entwicklungen, sei es phobischer Natur, sei es in Gestalt diffuser Angst, zuweilen das darunterliegende Kernsymptom verschleiern. Hier drängt sich die Frage nach der Motivation auf, die bei dieser und auch den folgenden Altersgruppen den Abwehrvorgängen zugrunde liegt.
In vielen von uns nachuntersuchten Fällen handelte es sich um Gefühle von Zorn, Vorwurf, Protest gegenüber den Eltern, da die durch das Verfolgungsgeschehen erzwungene Trennung von ihnen als ein Im-Stich-gelassen-werden erlebt wird; vermengt mit Schuldgefühlen über diese Gefühle. Diese Deutung ergab sich ohne weiteres für die Fälle DC, FK, FM, GB, GD, GG, GJ, GL, GM, GN, HB, HC; bei anderen war sie – verhüllter – ebenfalls anwesend.
Bei dieser und auch den folgenden Altersgruppen wurden wir zudem getroffen durch die zuweilen minutiösen Erinnerungsdetails, die den Akt des Abschieds herausheben aus dem Gesamtbild des Verfolgungsbeginnes. Zweifellos steht das retrospektive Erleben des Abschieds von den Eltern und Geschwistern dem ursprünglichen Geschehen an traumatisierender Wirkung nicht nach. Die emotionale Disposition (z. B. beim Gebären eines Kindes) spielt bei der Wiederbelebung dieser Erinnerungsbilder eine Rolle. Doch ist zu bezweifeln, ob die detaillierte Beschreibung in der Tat eine Wiedergabe des wirklichen Geschehens darstellt. Eher muß man sie in der Nähe der Hypermnesien ansiedeln, eines durch *Targowla* (1950), *Trautmann* (1961), *Minkowski* (1946) u. a. m. bei der Untersuchung Verfolgter oft beschriebenen Phänomens. Im Gegensatz zu der Auffassung, daß es sich hierbei um einen hirnbedingten zentralen Paroxysmus handle (*Targowla*), betont *von Baeyer* c. s. die psychodynamischen Aspekte solcher überscharfen, von Angst und Trauer begleiteten Erinnerungen. Ihr Abwehrmechanismus ist evident und auf vielerlei Weise deutbar. Wenn man annimmt, daß erst später, als der improvisierte Abschied sich als ein definitiver erwies (wer hoffte damals nicht, zuweilen gegen besseres Wissen!), hypermnestische Züge und Momente in die Erinnerung eingefügt wurden, entdeckt man in der retrospektiven Wiederbelebung des Abschieds u. E. einen Reanimationsprozeß von ‚überwältigender' Intensität und Dauer. Das gilt sowohl für die Kinder aus den Verstecken, als auch für die aus den Konzentrationslagern, jedenfalls was unser Material betrifft. Die oft jahrelang geheim- und hartnäckig festgehaltenen Phantasien über das Überleben der Eltern irgendwo in den weiten Räumen des Ostens lassen uns bezweifeln, ob man je von einer Verarbeitung dieses intrinsiken Abschnittes der Verfolgung und dadurch des gesamten

Verfolgungsgeschehens überhaupt wird sprechen können. Vielmehr erhält man aus der psychotherapeutischen Praxis den Eindruck, daß diese Phantasien eingedämmt werden und langsam verblassen – bis sie später durch eine neues traumatisches Erlebnis von derselben Modalität im Umkreis des nunmehr Erwachsenen reaktiviert werden.
Der Anteil der „normalen Entwicklungen" ist – gleichauf mit der ersten Altersgruppe – prozentual der höchste von allen Gruppen. Im Gegensatz zu den normalen Entwicklungen der beiden vorhergehenden Altersgruppen, die ausschließlich bei Kindern vorkamen, die bei ihren Kriegspflegeeltern geblieben waren, ist die Zusammenstellung in der vorliegenden Gruppe variierter: ein Konzentrationslager-Kind; ein Kind, das bei seinen Kriegspflegeeltern blieb; und zwei, die in Kinderheimen aufwuchsen. Trotz des unterschiedlichen traumatischen Ansatzpunktes in der zweiten Sequenz ist allen vier Kindern eine gewisse Stabilität im Verlauf der dritten Sequenz gemeinsam. Wir werden auf diese interessante Frage im statistischen Teil unserer Untersuchung näher eingehen.
Die vorliegende Altersgruppe enthält schwere Problemfälle, die im follow up nicht so sehr in der Diagnosentabelle als in der Tabelle der psycho-sozialen Defizienz in Erscheinung treten. Ein weiteres Merkmal der dritten Altersgruppe ist die hier auftretende schwierige diagnostische Abgrenzung der charakterneurotischen von der psychopathiformen Fehlentwicklung. Diese Schwierigkeit trat besonders in drei Fällen hervor, in denen es im Entwicklungsgang zu delinquenten Entgleisungen kam. In nur einem Fall handelt es sich um ein rezidivierendes asoziales Verhalten, das – begleitet von einem akuten, krisenhaft auftretenden Erregungszustand – zur Aufnahme in eine psychiatrische Klinik führte (GM). In einem anderen Fall (FM) ist die Charakterpanzerung das hervorstechendste Merkmal eines schwer traumatisierten Entwicklungsganges; die psychopathiformen Züge begünstigen zwar ein asoziales Randverhalten, haben jedoch bisher zu keinen rezidivierenden delinquenten Folgen geführt. In zwei anderen Fällen (GF, HC) liegen die Verhältnisse komplizierter. Auch hier handelt es sich um schwer traumatisierte Entwicklungsgänge. Beide haben nach längeren Perioden persönlicher und sozialer Desintegration Verurteilungen hinter sich. Die anwesenden psychopathiformen Züge sind hier deutlich verknüpft mit reaktiv depressiven Zuständen, die sich als psychotherapeutisch zugänglich erwiesen. Ihre Einordnung in eine andere diagnostische Rubrik erscheint daher gerechtfertigt. Zu erwähnen ist noch, daß im Fall GM die Kriegspflegefamilie die Vormundschaft besaß und keinerlei sozial-psychiatrische Betreuung bestand. Das gleiche war bei den drei Psychosomatosen der zweiten Altersgruppe der Fall. Diese Bemerkung bezieht sich auf das Problem der Vormundschaftszuweisung (vgl. *van der Sluis*, 1959).
Das durch *Hart de Ruyter* in den Niederlanden mit Hilfe des Justizministeriums ausgearbeitete Projekt, entwicklungsgestörte Kinder in sorgfältig selektierte Pflegefamilien aufzunehmen und diese Familien durch psychiatrisch geschulte Sozialarbeiterinnen zu betreuen, hat unseren Blick geschärft für die speziellen Interaktionen innerhalb dieser artifiziell gebildeten Gruppen. Die Zuweisung der Vormundschaft an Privatpersonen bietet – wie bereits mehrfach erwähnt – nicht immer hinlänglich die Gewähr, daß auftretende Konfliktsituationen im Keime entdeckt und sachgemäß behandelt werden.

In der *Tabelle der psycho-sozialen Defizienz* (Tab. 11) fällt der hohe Prozentsatz der Ehescheidungen auf, mit 25 % der höchste aller Altersgruppen. Er gibt Anlaß zu vielerlei Erwägungen.
Die bereits größere Verletzbarkeit dieser Gruppe könnte sich in erster Linie auf dem Niveau der psycho-sexuellen Entwicklungs- und Beziehungsstörungen offenbaren, wobei die Störung der Abwicklung der ersten ödipalen Phase zwischen vier und sechs

Jahren eine entscheidende Rolle spielt. Die bereits erwähnte hohe Quote der angstneurotischen Entwicklungen unterstreicht die angstbedingte Unsicherheit im persönlichen und sozialen Rollenspiel.
Der gleichfalls hohe Prozentsatz bei der Diskrepanz zwischen Intelligenz und Ausbildung ist ein schwerwiegendes Argument für die Annahme von Störungen der Über-Ich- bzw. Ideal-Ich-Entwicklung. Die Bedeutung dieses psycho-sozialen Items wurde durch *Weijel* ([3]1972) besonders hoch angeschlagen. Die durch das Verfolgungsgeschehen gestörte Lerndisposition und der tatsächliche Rückstand der Kinder hinsichtlich ihrer Kenntnisse der realen Umwelt und schließlich – als bedeutsamster Faktor – die Unterentwicklung ihrer sozial-kommunikativen Fähigkeiten: all dies führt im täglichen Leben zu Enttäuschungen und Niederlagen, die hier ihren Niederschlag finden. Ein Blick auf den Ausbildungsverlauf bei der vorliegenden Gruppe liefert folgende Werte:

keine Ausbildung	4
Ausbildung abgebrochen	3
Ausbildung gescheitert	3

Bei einer horizontalen Analyse der sechs Kategorien der psycho-sozialen Defizienzerscheinungen erhalten wir folgende Gruppierungen:

Eingetragen in	
0 Kategorien:	3 Fälle
1 Kategorie :	2 Fälle
2 Kategorien:	13 Fälle
3 Kategorien:	5 Fälle
4 Kategorien:	1 Fall.

Die 13 Fälle kommen vor in den Kategorien V (Diskrepanz Intellekt/Ausbildung) und VI (Emotionelle Störung); die fünf Fälle in den Kategorien I (geschieden), V und VI. Vergleicht man die Tabelle der psycho-sozialen Defizienz mit der Diagnosentabelle, so ergeben sich bei der Kategorie „Emotionelle Störung“ in der ersteren und der Spalte „Normale Entwicklung“ in der letzteren Überschneidungen, die Zweifel hinsichtlich der Gültigkeit der angewandten Kriterien für die dritte Altersgruppe aufkommen lassen. Im Abschnitt über die Diagnostik (C.1) haben wir dargelegt, was uns veranlaßt hat, die Rubrizierung so und nicht anders vorzunehmen. Wir haben bereits darauf hingewiesen, daß es Bedenken gibt, ob man bei den verfolgten Kindern überhaupt von einer „normalen“ Entwicklung sprechen könne.
Im Rahmen der ersten Altersgruppe haben wir an den Fällen „Anna“ (AE) und „Anja“ (BK) versucht, einen solchen „normalen“ Entwicklungsablauf in seinen verschiedenen Phasen darzustellen. Der Hauptakzent fiel hierbei auf die Gewährleistung der Kontinuität des Entwicklungsganges und auf die Geringfügigkeit resp. die Abwesenheit gruppendynamischer Spannung, wodurch die Loyalitäts- und Identitätskonflikte der in den Kriegspflegemilieus gebliebenen Kinder jedenfalls nicht unnötig erschwert und somit ihr Individuationsprozeß günstig beeinflußt wurde.

C.III.1c. Zur Auswahl und Darstellung der Fälle

Bei den Kindern der dritten Altersgruppe finden wir erstmals die konkrete Erinnerung (oder doch signifikante Erinnerungsreste oder Deckerinnerungen) an die eigenen Eltern und das elterliche Haus mit seinen Gebräuchen, an Geschwister und Verwandte. Sie spielt sowohl bei der Untersuchung der Kinder nach dem Kriege als auch später in den Nachuntersuchungen eine wichtige Rolle. Unter diesem Gesichtspunkt haben wir deshalb die Fälle dieser Gruppe ausgewählt.

Im Gegensatz zu den Entwurzelten der zweiten und – bis zu einem gewissen Grad – auch der ersten Gruppe, präsentiert sich hier das untersuchte Kind (wenngleich noch abhängig und hilfsbedürftig) ebenso wie der nachuntersuchte Erwachsene als Subjekt im Bewußtsein seiner Historizität. Das waren die Kinder, denen man nach dem Kriege im Heim tagsüber nicht anmerkte, was sie bewegte; aber nachts hörte man sie in ihren Betten weinen.

Bei der Auswahl und Präsentation der Fälle der dritten Altersgruppe kam es uns darauf an, die verschiedenen Verarbeitungsmöglichkeiten der frühen Erinnerungsreste herauszustellen, ohne hierbei den Anspruch der Vollständigkeit erheben zu wollen. Eine erschöpfende Darstellung und eine detaillierte Unterscheidung zwischen dem Anteil der authentischen Erinnerungen und den sogenannten Deckerinnerungen ist bereits durch die Zielsetzung unserer Arbeit von vornherein ausgeschlossen.

In den Erinnerungsresten der Konzentrationslager-Kinder nimmt der bewußt miterlebte Tod der Eltern im Lager, das Absterben ihrer Umgebung, einen zentralen Platz ein. Er überschattet – zusammen mit Gefühlen von Wut und Ohnmacht – alle anderen eventuell noch bestehenden Erinnerungsrudimente frühkindlicher Erfahrungen. Hier ist das Verfolgungsgeschehen selbst in seiner traumatischen Repräsentanz anwesend und verbal reproduzierbar.

Bei den untergetauchten Kindern ist es gerade der in seiner Endgültigkeit nicht bewußt vollzogene Abschied von den lebenden Eltern (oft von diesen absichtlich in seiner Tragweite verschleiert und damit verharmlost), der in den Erinnerungsresten und dem Erleben der Waisenschaft eine überragende Rolle spielt.

Bei den referierten Fällen der beiden ersten Gruppen war die Identitätsproblematik aufgenommen in die fundamentale Krisis der frühkindlichen Depression des Kleinkindes. Ihre Äußerungsformen trugen – modifiziert durch später auftretende erschwerende Entwicklungsmomente – oft die vehemente Färbung dieser frühkindlichen Störung. Die Identitätsproblematik der vorliegenden Gruppe dagegen hängt ab vom Schicksal der Loyalitätskonflikte und der Trauerarbeit und ist aufs engste mit der Verarbeitung der persönlichen Erinnerungsreste verknüpft, die den Identitätskonflikten dieser Gruppe – im Vergleich zu den vorangehenden – eine durchlebtere Authentizität verleihen.

Zwei der von uns ausgewählten Fälle (FK und GL) können als exemplarisch für die größere Zahl derjenigen betrachtet werden, die in ihren Kriegspflegefamilien blieben. Bei FK erhielten die Erinnerungsreste an das elterliche Haus in der Adoleszenzperiode einen neuen starken affektiven Impuls, der sie in einen heftigen Konflikt mit ihren Kriegspflegeeltern brachte. (Es ist aktenmäßig belegt, daß FK kurz nach dem Kriege jeglichen Kontakt mit einem jüdischen Milieu ausdrücklich ablehnte.)

Bei GL bestehen circumscripte Erinnerungen an die Eltern und das elterliche Haus, die jedoch jeglicher affektiven Ladung entbehren; ebenso bei GB, der in einer jüdischen Nachkriegspflegefamilie aufwuchs; die Eltern werden hier als Fremde erlebt.

Komplizierter liegen die Verhältnisse bei EF (Konzentrationslager-Kind) und HE (Untertauchkind). Bei beiden spielen Gefühle von Wut und Ohnmacht eine Rolle, die lange Zeit die Trauerarbeit blockieren.

FM und GF vervollständigen das Bild dieser Altersgruppe. Sowohl aus ihrem Lebenslauf als auch aus ihren während der Nachuntersuchung gegebenen Informationen wird ersichtlich, daß sie nie mit ihrem Schicksal fertig geworden sind.

C.III.2. Kasuistik

Fall „Carla" (FK); Vormundschaftszuweisung an entfernte Verwandte; bleibt in der Kriegspflegefamilie. Starke Wiederbelebung früher abgewiesener Erinnerungsreste an das elterliche Haus in der Adoleszenz; Konflikt mit der Kriegspflegefamilie; Rückkehr ins kongeniale Milieu. (Psychosomatose.)

Carla, geboren am 8. 11. 1938, aus streng orthodoxem Mittelstandsmilieu, das als harmonisch beschrieben wird, wurde kurz vor der Vollendung ihres 5. Lebensjahres von ihren Eltern und Geschwistern getrennt. Über die frühe Entwicklung ist nichts bekannt. Auch Carla selbst erinnert sich keiner auffallenden Besonderheiten. Ihr Vater wurde schon Anfang 1942 nach einer Straßenrazzia deportiert. Kurz darauf ließ ihre Mutter sie und ihren ungefähr dreijährigen Bruder getrennt untertauchen. Die Mutter selbst wurde mit dem jüngsten Kind in ihrem Versteck verraten und deportiert.
Carla wurde von einer orthodox protestantischen Familie in einem kleinen Dorf im Osten des Landes aufgenommen: kleine Gewerbetreibende mit drei eigenen älteren Kindern. Carla war zehn Jahre jünger als ihre jüngste Pflegeschwester. Zu Beginn ihres Aufenthaltes in der Pflegefamilie transpirierte Carla stark. Kurz vor Kriegsende wurde sie aus Sicherheitsgründen für zwei bis drei Monate in einem Nachbardorf untergebracht; danach kehrte sie zu ihren ursprünglichen Kriegspflegeeltern zurück.
Im Dossier wird Carla als ein aufgewecktes, fröhliches Kind beschrieben, das die Verfolgung bewußt erlebt hat und sich ihres Elternhauses noch gut erinnert. Als die Kriegspflegeeltern ihr einschärften, daß sie von nun an einen anderen Namen tragen und sagen müsse, daß sie aus Rotterdam komme, folgte sie widerspruchslos und irrte sich kein einziges Mal in Namen und Anschrift ihrer fiktiven Herkunft.
Auch während des Krieges besuchte sie den Kindergarten und spielte mit anderen Kindern auf der Straße. Im Kontakt blieb sie stets etwas zurückhaltend, nannte ihre Pflegeeltern Tante und Onkel. Hierin trat auch nach dem Kriege keine Veränderung ein.
Sie hatte eine feste, ungefähr gleichaltrige Freundin, deren Vater ein Modegeschäft führte. Sie trug die abgelegten Kleider dieser Freundin. Dafür zeigte sie sich dankbar; nie kam ein Wort von Neid oder Abgunst über ihre Lippen. Man fand diese Haltung bezeichnend für ihren guten Charakter.
Ihre älteren Pflegegeschwister beschützten sie als ihr „kleines Schwesterchen", und anscheinend betrachtet auch sie die älteren als ihre Geschwister. Sie wird orthodox protestantisch erzogen, besucht die christliche Volksschule und erlebt die christlichen Festtage intensiv mit.
Nach dem Kriege entstehen bei der Regelung der Vormundschaftsfrage einige Verwicklungen bezüglich der orthodox-jüdischen Lebensweise ihrer Eltern, die von überlebenden Verwandten in Zweifel gezogen wird. Dem stehen eindeutige Erklärungen überlebender orthodoxer Freunde von Carlas Eltern gegenüber. Aus den verschiedenen Möglichkeiten, die die Kommission O. P. K. dem Gericht vorschlägt, entscheidet sich dieses dafür, einem überlebenden Onkel die Vormundschaft zu übertragen. Dieser hatte sich bereits im voraus – im Einverständnis mit der Kriegspflegefamilie – bereiterklärt, das Kind in seinem Pflegemilieu zu lassen. In den ersten Jahren besuchte er Carla regelmäßig und lud sie zuweilen auch in den Ferien zu sich ein. Später lockerten sich anscheinend die Kontakte.
Die jüdische Kriegswaisenorganisation unterhielt nur sehr oberflächliche Kontakte mit dem Kriegspflegemilieu, das sich in vieler Hinsicht verständnisvoll und kooperativ zeigt. Das Kind selbst dagegen scheint äußerst mißtrauisch und ablehnend auf jede Fühlungnahme mit dieser Organisation reagiert zu haben. Es lebte augenscheinlich konfliktlos und zufrieden in seiner Umgebung und wollte hierin nicht gestört werden.

Nach Beendigung der Volksschule besuchte Carla das Lyceum, wechselte dann nach plötzlich auftretenden Schulschwierigkeiten zur HBS.
Zur selben Zeit traten in der Adoleszenz plötzlich erhebliche Konflikte mit ihrer Umgebung und mit ihrem Vormund auf, die schließlich zur Übersiedlung der 16jährigen nach Amsterdam und zur Aufnahme in ein orthodox jüdisches Heim führten. Nach Beendigung ihrer Schulausbildung kam

es zweieinhalb Jahre später beim Beginn ihres Universitätsstudiums zu Auseinandersetzungen und Zerwürfnissen mit der jüdischen Waisenorganisation, die sich ihrer angenommen hatte. Ihr Verhalten wurde aggressiv, hypoman, und trug alle Zeichen einer heftigen Identitätskrisis auf der Basis eines verspätet einsetzenden Trauerprozesses.
Es erwies sich, daß ihr Onkel/Vormund schon seit Jahren jeglichen Kontakt mit ihr verloren hatte und sich aus persönlichen Vorbehalten gegen die jüdische Gruppe von dieser distanziert hatte. Auf sein Mündel hatte er jeglichen Einfluß verloren.
Carla brach ihre Ausbildung in den Niederlanden ab, versuchte sie dann im europäischen Ausland fortzusetzen. Zur gleichen Zeit vertiefte sie sich eifrig in die jüdische Kultur und Geschichte. Vier Jahre lang arbeitete sie in Israel in einem Kibbuz. Dort lernte sie ihren Mann, einen Landbauingenieur, kennen.
Bei der Nachuntersuchung trifft der Untersucher eine junge Frau von 34 Jahren an, die einen etwas älteren, gespannten und gejagten Eindruck macht. Sie wohnt seit einem Jahr mit ihrem Mann und ihren vier Kindern in Europa (nicht in den Niederlanden). Ihr Mann arbeitet im Auftrag seiner israelischen Firma in zwei europäischen Ländern. Sie ist mitteilsam und in ihren Informationen von einer auffallenden Treffsicherheit.
Ihr Stimmungsniveau ist leicht hypoman, ihr Gesundheitszustand seit einiger Zeit instabil. Sie steht wegen Kopfschmerzen, Schwindelgefühl, hohem Blutdruck und zunehmenden Erschöpfungserscheinungen unter ärztlicher Behandlung. Es scheint, daß sie sich auch im Moment der Nachuntersuchung nicht allzu gut fühlt. Ein Angebot des Untersuchers, das Gespräch auf einen späteren Zeitpunkt zu verschieben, wird von ihr jedoch entschieden abgewiesen.

Sie ist mitteilungsbedürftig. Während des Gesprächs kommen ab und zu die Kinder ins Zimmer, die z. T. einen etwas überlebhaften, z. T. einen verlegenen Eindruck machen. Auch das Telefon läutet einige Male: Carla ist ein aktives Mitglied einer jüdisch-sozialen Organisation. Alle Interruptionen werden von ihr mit einer etwas chargierten Leichtigkeit aufgefangen und abgewickelt. Auch im Umgang mit ihren Kindern ist eine krampfhaft bezwungene Unruhe spürbar, im Gewand einer unendlich geduldigen guten Laune.
Die bekannten Daten ihres äußeren Lebenslaufes werden durch die folgenden Informationen in ihren Motivationen deutlicher.
Sie erzählt zuerst von ihren Ängsten während ihrer Untertauchperiode: Gefühle, die sie nie verlautbart hat. Sie hat starke Erinnerungen an ihre Eltern und vor allem an das mit der Mutter deportierte Schwesterchen. Auch erinnert sie sich noch, daß sie mit ihrem Vater in die Synagoge ging, und an die Festtage zu Hause. Mit 17 Jahren hat sie plötzlich einen Phantasiekopf bezeichnet, und jemand, der ihren Vater gekannt hatte, sagte zu ihr: „Das ist dein Vater." Ihr Vater wurde Anfang 1942 deportiert, als Carla ungefähr viereinhalb Jahre alt war; sie erinnert sich noch genau der Bestürzung zu Hause. Kurz darauf tauchte sie unter, nachdem ihr jüngerer Bruder als erster in Sicherheit gebracht worden war. Ihre Mutter wollte mit dem Baby auch noch untertauchen; aber es war zu spät: auf einer Zwischenadresse wurde sie verraten und anschließend deportiert. Seit sie eigene Kinder hat, sagt Carla, könne sie nachfühlen, was ihre Mutter bei der Trennung von ihren Kindern durchgemacht haben muß.
Ihr Vater hat sich anscheinend für eine andere jüdische Frau, die bei ihnen zur Untermiete wohnte, arrestieren lassen. (Diese Mitteilung findet sich nicht im Dossier.) Carla gibt zu, in ihren Träumen Kritik an ihrem Vater zu üben: er hätte doch zuerst an seine Familie denken müssen.

Die Erinnerungen und die Phantasien über das Los ihrer Angehörigen haben Carla während der ganzen Untertauchperiode und auch in der Zeit danach nicht verlassen. Sie haben ihr Verhältnis zu ihren Pflegeeltern bestimmt (die sie „Tante" und „Onkel" nannte). In der Erwartung, daß ihre Eltern zurückkehrten, wollte sie sich nicht zu sehr an ihre Pflegeeltern binden; sie scheute sich, sie körperlich zu berühren. Aber: „Nach dem Kriege wußte ich nicht, wohin ich gehen sollte!" Trotzdem spricht sie mit großer Zuneigung und Anhänglichkeit von ihren Pflegeeltern. Der Kontakt mit ihnen ist in all den Jahren nicht abgerissen. Vor allem mit ihren Pflegegeschwistern verbindet sie noch heute eine tiefe Freundschaft.
Während des Krieges hatte Carla keinen Kontakt mit ihrem untergetauchten Bruder. Immerfort habe sie auch an ihn denken müssen. Als sie ihn nach dem Kriege zum ersten Male besuchte, sagte er: „Wer ist dieses Mädchen?" Darüber war sie sehr bestürzt, ließ es sich aber nicht anmerken. Heute unterhält sie einen nicht sehr tiefschürfenden, aber dennoch befriedigenden Kontakt mit

ihm. Sein Leben hat sich anders entwickelt als das ihre. Zuweilen besucht er sie, zusammen mit seiner (nicht-jüdischen) Frau und seinen Kindern.

Nach dem Kriege redeten ihre überlebenden Verwandten ihr zu, bei ihren Pflegeeltern zu bleiben. Schließlich fühlte sie sich bei ihnen heimisch, obgleich sie wußte, daß es nicht ihr wirkliches Zuhause war. Als sie einmal mit ihrem Bruder einige Tage bei ihrem Vormund zu Besuch war, äußerte sie den Wunsch, Matze (ungesäuertes Brot) zu essen; ihre Verwandten gaben es ihr, aber erst schlossen sie sorgfältig alle Türen. Sie entdeckte bald, daß diese Verwandten extra in eine andere Stadt umgezogen waren, wo niemand wußte, daß sie Juden waren. Mit ihren Pflegeeltern feierte sie alle christlichen Festtage; nur mit der Figur des „Sinterklaas“ (St. Nikolas) konnte sie sich schon als Kind nicht und auch später nie befreunden. Sie habe nie begriffen, warum nicht.

Nach ihrem vierzehnten Lebensjahr trat eine Veränderung in ihrem Leben ein.

Obwohl sie bereits mit elf Jahren die Menarche hatte, sei sie lange kindlich geblieben. Aber: „Ich war nie so harmonisch, wie man mich einschätzte. Eigentlich war ich verschlossen.“ Fünzehnjährig, nach ihrem Schulwechsel, schrieb sie einen Aufsatz über Pflegekinder. Danach verstärkten sich ihre Schwierigkeiten. Sie wurde es überdrüssig, alles zu bekommen und doch nichts eigenes zu besitzen. Sie wagte nicht zu erzählen, daß sie fortwährend an ihre Eltern denken mußte, und an das Los, das sie getroffen hatte. Sie fühlte sich undankbar.

Auch traten jetzt religiöse Zweifel stärker hervor. Der Glaube an die christlichen Symbole und Dogmen, den sie als Kind mit ihren Pflegeeltern geteilt hatte, ließ sich nicht mehr mit ihrem Bewußtsein vereinbaren, ein jüdisches Kind zu sein. Zugleich störte es sie, daß sie sich ihnen nicht mehr zugehörig fühlte, wenn sie gemeinsam die Kirche besuchten. Sie fühlte sich schuldig, wurde aufsässig, ungefügig und zeigte sich von ihrer schlechtesten Seite. Ihre Pflegeeltern wußten sich keinen Rat mehr und besprachen ihre Probleme mit Dritten. Carla hörte, wie sie dann auch von ihren „jüdischen“ Eigenschaften sprachen. („Sie meinten es nicht im schlechten Sinne.“) Für ihr Gefühl verstärkten sie damit nur noch den Abstand, den sie selbst mehr und mehr empfand.

Ihr Vormund kümmerte sich schon längere Zeit nicht mehr um sie. Schließlich wurde auf Wunsch der Pflegeeltern die Sozialarbeiterin der jüdischen Waisenorganisation zu Hilfe gerufen. Durch deren Vermittlung kam Carla in ein orthodox-jüdisches Heim. Sie suchte Kontakt mit jüdischen Kreisen, nahm hebräischen Unterricht, besuchte Seminare. Darüber vernachlässigte sie ihre Berufsausbildung und brach sie schließlich ab. Noch immer kreisten ihre Erinnerungen und Phantasien um ihre Eltern, und um die Möglichkeit, daß sie doch noch lebten.

Die jüdische Waisenorganisation weigerte sich, Carlas Plan, im Ausland ihre Ausbildung wieder aufzunehmen und zugleich weitere jüdische Kreise kennenzulernen, finanziell zu unterstützen. Es kam zu heftigen Konflikten und zeitweise zu einem völligen Bruch Carlas mit der Waisenorganisation. Schließlich erhielt sie die Unterstützung doch. Sie ging ins europäische Ausland und von dort nach einem Jahr nach Israel, wo sie in einem Kibbuz ihren Mann kennenlernte.

Mit siebzehn, achtzehn Jahren hatte sie sich ohne Unterlaß gefragt, warum so viele Juden ermordet wurden. Diese Frage habe sie „verrückt gemacht“. Seitdem sie selbst nach orthodox-jüdischer Weise lebt, hat sie sich mit ihrem Schicksal abgefunden. Ihre Trauer um ihre Eltern ist aufgenommen oder aufgegangen in den Gram um alle umgekommenen Juden.

Sie selbst fühlt sich überall schuldig; es ist ein viziöser Zirkel; Trauer, Gram, Schuldgefühl. Es ist dasselbe Schuldgefühl, das sie früher als Kind bei ihren Pflegeeltern verspürte, wenn sie daran dachte, daß das doch nicht ihre wirklichen Eltern waren. Sie konnte auch nicht weinen. Sie wollte ihre „echten Gefühle“ für ihre eigenen Eltern bewahren – wenn sie zurückkommen würden. Sie wähnte sich herzlos und konnte darum früher auch keine Freundschaften mit Jungen schließen, obgleich sie in der Adoleszenz und auch schon davor genug Gelegenheit dazu gehabt hätte. Einige Zeit glaubte sie nicht normal zu sein. Dieses Gefühl hatte sie auch jüdischen Männern gegenüber, die sie heiraten wollten.

Ihren Mann beschreibt sie als einen verständnisvollen, ruhigen Menschen. Seine Familie hat sie herzlich aufgenommen, dadurch ist sie etwas mehr zur Ruhe gekommen. Sie merkt, daß sie sich auch in ihrem Verhältnis zu ihren Kindern zuweilen „herzlos“ gibt. Vielleicht will sie sich nicht zu sehr an sie binden, vielleicht will sie auch ihre Kinder nicht zu stark an sich binden. Sie weiß es nicht. Trotzdem hat sie bei der Erziehung keine Probleme mit ihnen. Sie sind gesund, entwickeln sich normal: „Keine Lernstörungen, keine enuresis“. Bei dieser Fomulierung tritt ihre Angst, Fehler zu machen, deutlich hervor. Obwohl ihr Mann nicht viel Zeit hat, hilft er ihr bei der

Erziehung der Kinder. Sie führen ein gutes Familienleben. Ihre Schwiegereltern haben sie in ihrem Ringen, wieder Anschluß an die jüdische Gruppe zu finden, gewähren lassen und ihr nichts aufgezwungen.
Sie ist glücklich darüber, daß der Kontakt mit ihren Kriegspflegeeltern trotz der stürmischen Entwicklungsperiode und trotz ihrer Rückkehr zur jüdischen Gruppe nie verlorengegangen ist. Sie hat ihnen ihren Mann vorgestellt. Regelmäßig besucht man einander. In den nächsten Tagen erwartet sie ihren Pflegebruder und ihre Pflegeschwester zu Besuch. Noch immer spielt das Dankbarkeitsproblem eine gewisse Rolle. Als ob sie jetzt erst richtig dankbar sein könnte für alles, was man für sie getan hat.
Auch mit ihrem eigenen Bruder hat sie wieder einen guten Kontakt; mit seiner nicht-jüdischen Frau weniger. Sie begreift, daß sich sein Leben anders entwickelt hat als das ihre. Er ist zwei Jahre jünger und erinnert sich nicht mehr an sein Elternhaus; auch sein Verhältnis zur jüdischen Gruppe ist anders als das ihre. An jüdischen Festtagen ist er mit seiner Frau und seinen Kindern oft bei ihnen zu Gast. Dann sitzen die beiden Familien mit ihren Kindern gemeinsam zu Tisch; der Bruder trägt eine Kopfbedeckung – seiner Schwester zuliebe. Aber die Gebete und die Gebräuche sind ihm fremd.

Dieser Fall bietet in klinischer Hinsicht mehrere interessante Aspekte. Wir haben ihn der diagnostischen Rubrik „Psychosomatose" zugeordnet. Die frühen Dossiernotizen (sie sei immer ein fröhliches, aufgewecktes Kind gewesen und nie sei ein Wort von Neid und Abgunst über ihre Lippen gekommen) weisen in Verbindung mit der bei der Nachuntersuchung gegebenen Selbsteinschätzung als „verschlossen" (wobei sie selbst in höchster Spannung ihre „echten" Gefühle schuldbewußt verbarg und für ein „Später" aufbewahrte) eindeutig auf Carlas Unvermögen, Spannungen, Ängste und Gefühle im allgemeinen auf adäquate Weise zum Ausdruck zu bringen. In der Adoleszenz tritt im Zuge der phasenadäquaten Protesthaltung ein Phänomen in Erscheinung, das wir schon bei den vorigen Altersgruppen anweisen konnten (u. a. AC, AD, BM, BQ, CH, DJ, EE, EA): im Augenblick, da die persönliche Bindung zur nicht-jüdischen Seite (resp. zum nicht-jüdischen Partner) strandet, wird die kongeniale Gruppe als das rettende Kollektiv erlebt, das auch die persönlichen Probleme dieser Phase zu lösen vermag. Die persönlich gefärbten Erinnerungen an die eigenen Eltern, die in der dritten Altersgruppe zuerst auftauchen, können als ein starkes Motiv gelten, und dieser Hinwendung zur kongenialen Gruppe zugleich im Rahmen der Historizität eine persönliche Prägung verleihen, die sich von der zuweilen „entwurzelt" anmutenden Identitätsproblematik der Kinder der ersten Altersgruppen abhebt.
Im Falle „Carla" wird das innere Spannungsniveau durch die beiläufig eingestandene Kritik am Vater und durch ihre Schuldgefühle (*survivor guilt*) unterhalten, zwei Momente, die in der Literatur über Verfolgte (*Bastiaans*, 1957; *Niederland*, 1961, 1968; *Meerlo*, 1975; u. a. m.) bekannt sind.
Doch ist die Hinwendung zur kongenialen Gruppe in der Adoleszenz noch in anderer Hinsicht bemerkenswert. Die unverarbeiteten Reste der ersten ödipalen Phase werden in ihre reaktiviert, die Pflegeeltern werden als Liebesobjekt ausgetauscht gegen die Personen, die in der ursprünglichen Szene auftraten: die Eltern. Diese Ablösung aber geht mit schweren inneren Konflikten einher; und hier erweist sich die oben erwähnte spezifische Loyalitätsproblematik unseres Materials, die verschärft wird durch Gefühle von Anhänglichkeit und Dankbarkeit gegenüber dem „Lebensretter". Das Gefühl der Dankbarkeit kann, wie wir an anderen Fällen (z. B. JF, KD u. a.) beobachten konnten, zuweilen extreme Formen annehmen, sowohl in der Übersteigerung als auch in der völligen Leugnung; immer ist es verbunden mit der Identitätsproblematik und beeinflußt die Trauerarbeit.
Zugleich wird hier eine andere Seite der Loyalitätsproblematik als Ganzes deutlich, die gemeinhin im Verhältnis Pflegekind/Pflegeeltern vergessen wird: die Loyalität der

Pflegeeltern gegenüber der Historie des Pflegekindes. Die Fälle „Anna" (AE) und „Anja" (BK) der ersten Altersgruppe können als Beispiel dafür gelten, daß die positive Haltung des Pflegemilieus in gruppendynamischer Hinsicht von den Pflegekindern als Akt der Loyalität gegenüber ihren eigenen Eltern erlebt wird, der die Kontinuität ihrer eigenen Entwicklung verbürgt.
Wir werden auf die evidente Bedeutung der frühen Kindheitserinnerungen für Carlas Entwicklung – sowohl in ihren individuell-persönlichen als auch in ihren gruppen-psychologischen Aspekten – noch zurückkommen, und zwar im Vergleich mit dem folgenden Fall „Ciska", der formal gesehen gewisse Übereinkünfte mit dem Fall „Carla" bietet, jedoch in seinen Bezogenheiten auf die traumatischen Sequenzen eine andere Verarbeitungsmöglichkeit zeigt, die sowohl in der Qualität der Kindheitserinnerungen als auch in der besonderen Situation der zweiten traumatischen Sequenz (kinderlose Kriegspflegefamilie) begründet liegt.

Fall „Ciska" (GL); Vormundschaftszuweisung an die Kriegspflegefamilie; starke Verdrängung der affektiven Ladung bei festumrissenen Erinnerungsbildern an die eigenen Eltern und Geschwister. (Normale Entwicklung.)

Ciska, geboren am 5.10.1937, ist das älteste Kind einer liberal-jüdischen Familie des kleinen Mittelstandes. Durch die anhaltende Kränklichkeit der Mutter und die leichtlebige Haltung ihres Vaters konnte von einem normalen Familienleben nicht die Rede sein. Ciska wurde mit ihren beiden Geschwistern von den Großeltern erzogen. Beim Ausbruch der Verfolgungen wurde sie von ihren Eltern zuerst zusammen mit den Geschwistern in einem Kinderheim auf dem Lande untergebracht, in der Nähe von Amsterdam. Es folgt Transport in die „crèche" in Amsterdam (durch die Sicherheitspolizei). Ciska wird durch die Widerstandsbewegung aus der „crèche" gerettet und zu einem kinderlosen, orthodox protestantischen Ehepaar des gehobenen Mittelstandes gebracht.
Im Schoße dieses Milieus entwickelt Ciska sich ungestört; von etwaigen Folgen der diversen Übersiedlungen vermeldet das Dossier nichts.
Nach dem Kriege wird der Pflegevater mit der Vormundschaft betraut (Streitfall). Ciska bleibt in der Pflegefamilie, die für sie gefühlsmäßig an die Stelle der eigenen Eltern getreten war. Sie wurde orthodox protestantisch erzogen und später auch getauft.
Der Kontakt mit Ciskas überlebenden Geschwistern in anderen Kriegspflegefamilien verlief dank der ängstlichen Zurückhaltung ihrer Pflegeeltern äußerst schwerfällig, so daß die Kinder einander beinahe aus den Augen verloren.
Gewisse phobische Züge (Angst vor Unwetter und Angst allein zu Hause zu bleiben, hierin ihrer Pflegemutter ähnlich) behinderten ihre Entwicklung zu selbständigem persönlichen und sozialen Verhalten nicht. Die Adoleszenz verlief verhältnismäßig ruhig. Ciska besuchte das Gymnasium bis zur 3. Klasse (nach sechs Grundschuljahren) und erhielt danach eine Ausbildung als Sozialarbeiterin. Mit etwa 19 Jahren verließ sie im Zuge ihrer Berufsausbildung und -ausübung das Haus ihrer Pflegeeltern und zog in eine andere Stadt. Der Kontakt mit ihren Pflegeeltern blieb ungestört; deren Haus blieb für Ciska ihr elterliches Haus. Mit 28 Jahren heiratete sie einen gleichaltrigen protestantischen höheren Angestellten in der chemischen Industrie.
Angesichts der frühen Vormundschaftszuweisung an die Kriegspflegeeltern und deren betonter Zurückhaltung allen Instanzen gegenüber, die sich mit dem Wohlergehen der Kinder beschäftigten, wurde Ciskas Dossier frühzeitig abgeschlossen. So blieb es in diesem Falle – wie in vielen ähnlich gelagerten – der Nachuntersuchung vorbehalten, die nötigen Aufschlüsse über den anscheinend ungestörten Entwicklungsgang zu geben und diese mit den traumatischen Modalitäten der Altersgruppe in Beziehung zu setzen.
Es erschien zunächst fraglich, ob es je zu einer Nachuntersuchung dieses Falles kommen würde. Aus den Kontakten des Untersuchers mit einem von Ciskas Geschwistern erhielt er Informatio-

nen, die Vorsicht und Behutsamkeit bei der Vorbereitung der Kontaktaufnahme geboten erscheinen ließen.

Nachdem die einleitende Phase dennoch zu einem befriedigenden Abschluß gekommen war, wozu Ciskas Mann durch seine positiv-kooperative Haltung einen wesentlichen Beitrag geliefert hatte, kam es in seiner Anwesenheit zu einem einmaligen längeren Gespräch, und zwar im Hause des jungen Paares am Rande einer mittelgroßen Stadt im westholländischen Raum. Dieses Gespräch verlief in einer entspannten, freundlichen und offenherzigen Sphäre und förderte einige wichtige Ergebnisse zutage.

Es erweist sich, daß Ciska, eine schöne junge Frau von ausgeprägt jüdischem Phänotypus, gefaßt und mit einer gewissen Distinktion in ihrer Haltung, sich an einige Eindrücke aus ihren vier ersten Lebensjahren noch gut erinnert: z. B. an die Geburt ihres jüngsten Geschwisterchens; an Geschenke, die sie von ihrem Großvater bekam: die Bauchbinden der Zigarren; an das elterliche Haus; an die Gesichter ihrer Eltern. Auch weiß sie noch, daß sie verhältnismäßig arm waren. Aber all diese Erinnerungen spielen in Ciskas Leben keine Rolle.

Es fällt auf, daß sie jedesmal, wenn sie so eine intime Erinnerung zutage fördert, einen Augenblick zögert, den Untersucher fragend ansieht und sagt: „Sie finden mich sicherlich hart; aber diese Erinnerungen sprechen mich nicht mehr an". Das wiederholt sich im Laufe des Gesprächs ungefähr dreimal.

Bei weiterer Exploration gibt sie zu, daß sie sich vieler Fakten erinnert, aber daß die emotionale Ladung verlorengegangen ist. „Ich weiß: so war es. Aber es spielt keine Rolle mehr. Ich stehe daneben und sehe zu. Gefühlsmäßig bin ich nicht darauf bezogen." Dabei habe auch die Geburt ihrer eigenen Kinder keine Ausnahme bewirkt.

Ihre panischen Ängste zu Anfang der Untertauchperiode bei ihren Pflegeeltern führt sie auf ein Bombardement zurück, das sie mitgemacht zu haben glaubt. Dabei hat sich in der Gegend, in der sie untergetaucht war, bestimmt keinerlei Kriegshandlung abgespielt. Gewiß auch kein Bombardement. Wohl hatte auch Ciska die Identität eines Bombardementskindes aus Rotterdam erhalten. Ciskas eigene Eltern waren nicht religiös. Deshalb hat sie auch keine Erinnerungen an die häuslichen jüdischen Festtage. Sie vermutet, daß die Ehe ihrer Eltern erzwungen war, da sie bereits mit 21 Jahren geschlossen wurde. (Dies letztere wird im Dossier bestätigt; die daran geknüpfte Vermutung jedoch nicht.)

Ciska erinnert sich noch an ihre ersten beiden Untertauchaufenthalte; auch an die Fahrt im Auto vom ersten zum zweiten Versteck. Sie beschreibt das Gefühl des Stolzes darauf, daß ihr jüngstes, neun Monate altes Geschwisterchen im selben Wagen und gleichsam unter ihrer Hut mittransportiert wurde. Es schlief. Auch ein Kleiderschrank, in dem sie versteckt wurde, spielt im Erinnerungsbild eine Rolle.

Als sie zu ihren endgültigen Pflegeeltern kam, sehnte sie sich nach dem Zusammensein mit anderen Kindern. Gegen das ausdrückliche Verbot ihrer Pflegeeltern ging sie – ein beherzter Knirps – auf die Straße und in einen Kindergarten; bis ihre Pflegeeltern dahinterkamen und diese nicht ungefährlichen Ausflüge verhinderten.

Nach dem Kriege wurde Ciska einmal von zwei älteren überlebenden Verwandten eingeladen; sie war sieben Jahre alt, als sie dort einige Tage zu Gast war. Ciska erinnert sich, daß man ihretwegen am Freitagabend die Kerzen anzündete und den Segen sprach. Am darauffolgenden Sonntag ging sie demonstrativ in die nächstgelegene Kirche. Sie fürchtete, daß man sie ihren Pflegeeltern entfremden wollte. Diese Angst durchzieht ihre gesamte Berichterstattung.

Allmählich steigt in Ciska im Laufe des Gesprächs eine gewisse Verwunderung auf. Immer wieder fragt sie den Untersucher, ob er sie vielleicht hart finde. Sie beginnt zu begreifen, daß in ihrer Erinnerung ein Element verlorengegangen ist, wovon sie befürchtet, daß dies durch den Untersucher – aber auch durch sie selbst – als Verhärtung interpretiert werden könnte. Am deutlichsten kommt das zum Ausdruck, wenn sie eingehender über ihren orthodox protestantischen Glauben spricht. Wieder zögert sie, entschuldigt sich und sagt, sie hoffe den Untersucher nicht zu beleidigen. Aber die Juden hätten doch ihr eigenes Los selbst über sich verhängt. Was mit den Juden geschehen ist, findet sie entsetzlich; aber schließlich hätten sie es doch sich selbst zu verdanken.

Aus dieser ihrer Einstellung wird auch ihre Vorsicht begreiflich, mit der sie Freundinnen und Nachbarn gegenüber ihre Herkunft mit einem Geheimnis umgeben hat. Aus Bemerkungen ihres

Mannes wird ersichtlich, daß sie erst in letzter Zeit hierin etwas offenherziger geworden ist. In dem Ort, in dem Ciska untergetaucht war, war ihre jüdische Abkunft ein öffentliches Geheimnis. Die Kinder in der Schule stichelten sie damit. Auf den Schulzeugnissen stand der Name ihrer Pflegeeltern; nur das Übergangszeugnis trug Ciskas eigenen Namen. Mit 21 Jahren ließ sie sich adoptieren; auch hatte sie ihren jüdischen Vornamen in einen nicht-jüdischen abgewandelt – unter Beibehaltung des Anfangsbuchstabens.

In ihrer beruflichen Umgebung hat nie jemand etwas von ihrer Herkunft gewußt, die sie ängstlich geheim hielt. Nur ihrem Mann hat sie sofort zu Beginn ihrer Bekanntschaft davon erzählt. Bei ihrer Hochzeit hat ihr Schwiegervater ihr freundlich als einem „Kind der Verheißung" zugesprochen. Die sakrale Bedeutung, die ihre Abkunft für ihre Pflegeeltern und für die Familie ihres Mannes hatte, wurde ihr erst im Laufe des Gesprächs deutlich; sie selbst hatte sie nie ermessen. Auch bei der Besprechung ihres Verhältnisses zu ihren Pflegeeltern wird diese spezifische Bedeutung für sie sichtbar.

Viele Menschen hätten nicht begriffen, wieso sie so sehr ihrer – ebenfalls schwarzhaarigen – (Pflege-)Mutter ähnelt, und so wenig ihrem (Pflege-)Vater. Aber sie ist nicht ganz sicher, ob man sie mit diesen und ähnlichen Äußerungen nicht provozieren wollte. Die Verbundenheit mit den Pflegeeltern erlebt sie als ein „kostbares, zärtliches Geheimnis", das sie mit ihnen teilt. Sie fürchtet, daß mit dem Lautwerden ihrer Abkunft dieses Geheimnis befleckt und zerbrochen werde. Hier liegt zweifellos der Kern ihres Loyalitätskonfliktes. In der ängstlichen Vorsichtigkeit, mit der sie das Geheimnis umgibt, beschützt und verschweigt, wappnet sie sich gegen die beängstigende Möglichkeit, daß mit dem Lautwerden und mit dem Auftreten und Erfahren anderer als dieser kostbar-zärtlichen Gefühle das Band zwischen ihnen zerrissen werde.

Wenn Ciska berichtet, daß ihre Adoleszenz ohne große Spannungen verlaufen ist, so konnte man eigentlich auch nichts anderes erwarten. Sie ist lange kindlich geblieben: „eine kleine graue Maus, unauffällig und schmächtig" – wie sie sich selbst beschreibt.

Sie fand es schrecklich, wenn ihre Pflegemutter von ihren Freundinnen gestichelt wurde mit Bemerkungen wie: „Du weißt ja nicht, wie sowas ist. Du hast ja keine eigenen Kinder gehabt." An diesem Punkt wird die Untersuchte auf einmal sichtlich erregt. Derlei Bemerkungen nimmt sie übel. (Früher wollte sie gern, daß ihre Pflegemutter noch Kinder bekäme; schließlich schnitt sie das Thema nicht mehr an.) Von ihrer Pflegemutter wird sie als eigenes Kind betrachtet; und Ciska selbst fühlt sich auch so. Der Pflegevater ruft jeden Tag einmal an, um sich nach seinen Enkeln zu erkundigen.

Ciskas psychosexuelle Entwicklung verlief langsam. Zwei Jahre lang war sie verlobt mit dem Sohn eines orthodox protestantischen Oberlehrers; sie löste das Verhältnis als sie eines Tages entdeckte, daß ihr Verlobter eine gescheiterte Existenz war, die aus dem Rahmen der Familie fiel. Als sie einmal gemerkt hatte, wie deformiert ihr Verlobter war, beschloß sie, lieber unverheiratet durchs Leben zu gehen als mit diesem gestörten Mann.

Daß dieser Entschluß einem gesunden Instinkt entsproß, beweist ihre folgende Wahl: ihr Mann, der einen gesunden, ausgeglichenen Eindruck macht.

Das Vermuten, daß sie beide zusammen lange Zeit ihre eventuelle Teilnahme an der Nachuntersuchung erwogen haben, bewahrheitet sich. Der Anteil des Mannes wurde bereits referiert. Während des Gesprächs wird an dem taktvollen Verhalten des Mannes deutlich, wie sehr beide miteinander verbunden sind und wie gut er sie in ihrer zeitweiligen, leicht verschleierten Ratlosigkeit auffängt. Er ist es, der schließlich ihre Problematik in einigen knappen Sätzen behutsam formuliert: „Ich kann sehr gut begreifen, warum du nicht die Haltung annehmen kannst: So ist es nun einmal, so ist mein Leben verlaufen; ein jeder darf es wissen; warum nicht? Ich begreife, daß das Verhältnis zwischen Dir und Deinem Pflegevater wirklich ein so großes Geheimnis ist, daß Du bang bist, es zu zerbrechen." Daß hiermit zugleich eine vorsichtige Kritik geäußert wird, ist evident.

Gleichsam zur Illustration reiht sich hieran die Erörterung ihres Verhältnisses zu ihren überlebenden Geschwistern. Ciska gesteht ein, daß sie sie nicht mehr als Geschwister betrachtet und fühlt. Sie kommen nur noch sporadisch zu Besuch und sie stellt sie ihren Bekannten und Freunden als Herr und Frau Soundso vor. Es sind Menschen, die sie von früher kennt. Sie weiß, daß es ihre Geschwister sind, aber das Band fühlt sie nicht mehr. Durch diese Konsequenz hat sie auch den letzten Rest von Tragik aus ihrem Leben verbannt. Und auch jetzt fragt sie wieder, ob der

Untersucher sie nicht hart finde. Sie hat ihren Beruf aufgegeben und lebt nur für ihren Mann und ihre beiden Kinder. Sie ist nie ernstlich krank gewesen; die Geburten verliefen normal. Später will sie ihren Kindern – vielleicht – von ihrem Leben erzählen. Das *Tagebuch der Anne Frank* hat sie gelesen und auch das Theaterstück im Fernsehen gesehen: es sagte ihr nichts. „Ich war ein gefährliches Kind für meine Eltern", sagt Ciska am Ende des Gespräches; damit läßt sie die ungeheure Dankbarkeitsproblematik sichtbar werden, die ihr Leben beherrscht. Sie ist sich noch immer der Risiken und Gefahren bewußt, die ihre Pflegeeltern ihretwegen auf sich genommen hatten. Ihr Pflegevater und alle männlichen Angehörigen seiner weitverzweigten Familie gehörten der Widerstandsbewegung an und liefen mit geladenem Revolver in der Tasche herum. Als der Bruder ihres (Pflege-)Vaters verhaftet wurde, mußte die ganze Familie untertauchen. Sie selbst wurde ein halbes Jahr lang bei einer Schwester ihrer Pflegemutter untergebracht. Über die Ängste dieser Periode, in der sie anscheinend die Trennung von ihren eigenen Eltern wiedererlebte, habe sie nie mit jemandem gesprochen, da sie fürchtete, dadurch den Eindruck zu erwecken, daß sie sich nicht ihrer Pflegefamilie zugehörig fühlte.

Bei einem Vergleich der Fälle „Carla" und „Ciska" fallen neben gewissen Übereinkünften in den aufeinanderfolgenden traumatischen Situationen zwei Momente auf, die möglicherweise den Unterschied in der Verarbeitung der traumatischen Sequenzen mitbedingen:

- erstens: die Qualität der frühkindlichen Erinnerungen bis zum vierten Lebensjahr, und
- zweitens: die unterschiedliche Familienstruktur der Kriegspflegefamilien bei übereinstimmender religiöser Gruppenzugehörigkeit.

Die Verschiedenartigkeit der frühen Kindheitserinnerungen als Folge der dokumentarisch belegten intrafamiliären Verhältnisse tritt zunächst in der unterschiedlichen Verarbeitung der ersten traumatischen Sequenz zutage. Dieser unterschiedlichen Verarbeitung entspricht ein unterschiedliches Gestimmtsein beider Kinder im Erleben und Verarbeiten der zweiten traumatischen Sequenz. Die beiden erwähnten Momente (Qualität der frühen Kindheitserinnerungen und Struktur der Pflegefamilie) gehen ein in die dritte traumatische Sequenz mit der ihr eigenen spezifischen Traumatisierungsproblematik: die Vormundschaftszuweisung mit dem daraus in beiden Fallen resultierenden Verbleiben im Kriegspflegemilieu.

Alle bisher erwähnten Faktoren wirken zusammen bei der Gestaltung des weiteren Entwicklungsganges. Unter dem Druck, die erlebte Vergangenheit abzustimmen und in Einklang zu bringen mit den Anforderungen der gegenwärtigen Situation, kreist diese Gestaltung um

- zum einen: den Loyalitätskonflikt und
- zum anderen: die Reaktivierung der ödipalen Situation mit den sozial-psychologischen Implikationen der Adoleszenz.

In beiden Fällen führt die Adaption zu einer Art Unterwerfung unter die bestehende Situation. Dieses an sich als normal zu bewertende Phänomen enthält verschiedene inhaltliche Tendenzen, deren antinomischer Charakter bei der Vormundschaftszuweisung noch nicht deutlich in Erscheinung trat. Dieser Umstand wiegt schwer, wenn man der verantwortungsbewußten Arbeit der Kommission O. P. K. und der Vormundschaftsgerichte Recht widerfahren lassen will.

Die in diesen beiden Fällen gefundenen unterschiedlichen Lösungen stellen zwei exemplarische Möglichkeiten für das „Konzept ihrer Identität" (*de Levita*, 1965) dar, Resultate des Zusammenspiels der internen Möglichkeiten beider Kinder und der gruppendynamischen Prozesse, denen sie durch den Gang der Ereignisse ausgesetzt waren; zwei Möglichkeiten, wie sie letztlich für die gesamte Population unseres

Materials gelten. Es spricht unseres Erachtens für die besondere Verletzbarkeit der vorliegenden Altersgruppe (incl. einiger jüngerer Fälle der folgenden), daß es in ihr zu einer Verschärfung und Zuspitzung dieser Konfliktsituationen kommt, oder zu deren verstärkter Abwehr und Verdrängung. Das tritt auch in dem prozentualen Gleichgewicht zwischen angst- und charakterneurotischen Entwicklungen zutage, sowie in den verhältnismäßig hohen Prozentsätzen der Ehescheidungen und der Diskrepanz zwischen Intelligenz und Ausbildung. Auch der hohe Anteil der nach Israel übergesiedelten Kinder ist auffallend. Ebenso das erste Auftreten delinquenter Entgleisungen.

Während im Fall „Carla" die ödipale Problematik auf die sozial-psychologische Ebene der Gruppendynamik abgeleitet wird, als in der Identitätskrise das gesamte frühkindliche Erinnerungsmaterial auf stürmische Weise durchbricht, das „Sich-Erinnern" zugleich die Funktion des „Gedenkens" mit erfüllt, und die Historizität der Person in Frage gestellt ist und neu formuliert wird, steht der Verdrängungsprozeß im Fall „Ciska" völlig im Zeichen des Versuches, die gegenwärtige Situation optimal zu halten, Im Nebeneinander von profilierten Erinnerungen ohne emotionalen Gehalt und aktualisierten, nur auf Erhaltung des vorhandenen Zustandes gerichteten Ich-Strebungen manifestiert sich bei Ciska die Ich-Spaltung, die in diesem Fall zugleich der Garant der psychischen Gesundheit ist. Mit der Vermeidung des Loyalitätskonfliktes, im Ausbleiben der Trauerverarbeitung wird auch die Identitätskrisis ausgespart. Der Individuationsvorgang vollzieht sich im Rahmen der optimal gehaltenen Situation ohne störenden Einfluß gruppendynamischer Spannungen, die im Kern anwesend sind. Man könnte hier von einer Verfremdung des Menschen von seiner eigenen Geschichte sprechen. Die Geschwister, die als solche nicht mehr erlebt und der Umwelt dann auch nicht als Ausstattungen und vertraute Attribute der eigenen Persönlichkeit dargeboten werden können, treten hier als Symbole dieses Entfremdungsprozesses auf. Carla und Ciska erscheinen als die beiden Pole, zwischen denen in mannigfacher Variation die möglichen Verarbeitungsweisen kumulativ-traumatischer Geschehnisse im individuell historischen und gruppendynamischen Impakt angesiedelt sind.

Auch der folgende Fall, auf dessen Details nicht näher eingegangen werden soll, rückt durch die beinahe vollständige Verdrängung der emotionellen Ladung aus den Erinnerungsbildern an die Eltern in die Nähe des Falles „Ciska".

Fall „Cornelius" (GB); Fehlentwicklung im jüdischen Nachkriegspflegemilieu; jüdisches Heim; Lern- und Verhaltensstörungen mit Regressionserscheinungen. Verdrängung der affektiven Komponente aus den Erinnerungsbildern an die Eltern. (Angstneurotische Entwicklung.)

Cornelius, geboren am 13. 7. 1937, wurde im Alter von ungefährt fünf Jahren von seinen Eltern bei nicht-jüdischen Freunden untergebracht. Danach wechselte er noch zweimal das Versteck.

Im Dossier der Kommission O. P. K. wird er als ein ängstliches, unglückliches Kind beschrieben, mit enuresis und encopresis.

Nach dem Kriege wird er in eine jüdische Pflegefamilie aufgenommen. Die Vormundschaft erhält die jüdische Waisenorganisation. Die Wut gegen seine Eltern, von denen er sich im Stich gelassen fühlte, wird in der Nachkriegspflegefamilie evident, ist jedoch in der ambulanten sozial-psychiatrischen Betreuung nicht zu besprechen. Cornelius scheitert in der Pflegefamilie, die – mit geringen pädagogischen Talenten ausgestattet – sich seinen Provokationen gegenüber völlig hilflos zeigte. Auch in dem jüdischen Heim, das ihn aufnahm, blieb er trübselig, rankünös, isoliert, und zeigt – ebenso wie in seiner Pflegefamilie – Regressionserscheinungen (enuresis und encopresis). Bis weit in die Adoleszenz hinein war sein Verhalten eine Mischung aus Protest, Vorwürfen gegen

jedermann, der sich mit ihm befaßt, und tiefen Verlassenheitsgefühlen, wobei er in ein untröstliches Gewimmer ausbrechen konnte.
In der Nachuntersuchung bezeichnete Cornelius trotz beruflicher Erfolge sein persönliches Leben als gescheitert. Er lebt isoliert, ohne Freunde. Nach der Auflösung seiner ersten Ehe hat er in seiner zweiten Ehe einen sthenischen Partner gefunden, der imstande ist, seine plötzlich auftretenden Stimmungsschwankungen mit weinerlicher Selbstbemitleidung, seine paranoide Einstellung und vor allem seine Angstanfälle zu ertragen. Auf Andringen dieser zweiten Frau hat er sich nach langem Zögern entschlossen, erneut – nach zwei abgebrochenen Behandlungen – die Hilfe eines Psychotherapeuten anzurufen.
Cornelius ist im Besitz eines Filmes, auf dem er als Kind beim Spiel mit seinen Eltern photographiert ist. Nach seinen Angaben in der Nachuntersuchung ruft der Filmstreifen keine Emotionen bei ihm auf. Er erkennt seine Eltern auf der Leinwand; aber für sein Gefühl sind es Fremde.

Cornelius' Affektverdrängung hängt psychogenetisch mit seiner rankünösen, provozierenden Haltung zusammen: Ausdruck wütender Vorwürfe gegen seine Eltern, die ihn „im Stich gelassen" haben. Die angeführten Dossiernotizen, in denen er als ängstliches, unglückliches Kind erscheint, und sein regressives Verhalten lassen darauf schließen, daß er den Abschied von ihnen nie verarbeitet hat. Auch bei der Nachuntersuchung trägt er das Signum des schmollenden, sich schmählich behandelt fühlenden Kindes. „Für mich hat der Krieg erst 1945 richtig angefangen", sagt er.
Eine derartige Verarbeitung der Trennung wurde bei mehreren Kindern beobachtet. GH formulierte kurz und bündig: „Ich durfte nicht mit meinen Eltern untertauchen, weil ich ungezogen war."
Im Gegensatz zum Fall „Ciska" besteht bei Cornelius kein Loyalitätskonflikt gegenüber den Kriegspflegeeltern. Eher könnte man in der Trennung von ihnen eine Neubelebung des ersten traumatischen Ereignisses, der Trennung von den eigenen Eltern, erkennen. Hierbei muß man jedoch generell bedenken, daß es für die Eltern der zum Zeitpunkt der Trennung vier- bis fünfjährigen Kinder der vorliegenden Altersgruppe nahezu unmöglich war, den Kindern Modalität und Tragweite der Trennung mit den eventuellen Folgen deutlich zu machen, selbst wenn sie mit ihnen einen noch so guten Kontakt hatten.
Die oben erwähnte Verletzbarkeit der referierten Gruppe kommt u. a. in der Häufung schwieriger Fälle und in der Arbeitsintensität zum Ausdruck, die die Maßnahmen zur sozialen Rehabilitation nach dem Kriege erforderten. Dies gilt in besonderem Maße für die Fälle der beiden Konzentrationslager-Kinder DC und EF, von denen DC nach dem Kriege in Israel, EF in Holland erzogen wurde. Beide wurden nach einigem hin und her zunächst in Pflegefamilien aufgenommen, in denen sie außerordentliche Schwierigkeiten bereiteten.
Im folgenden soll bei der Darstellung des Falles „Cora" (EF) der Nachuntersuchung ein größerer Raum zugemessen werden; denn erst diese förderte einen Erinnerungsaspekt zutage, der dem Fall im thematischen Zusammenhang unserer Gesamtdarstellung einen besonderen Platz anweist.

Fall „Cora" (EF); Konzentrationslager-Kind; Aggressivität als Kontaktphänomen in jüdischer Nachkriegspflegefamilie und im Kinderheim. Defizienter Entwicklungsgang (Verhaltens- und Lernstörungen) mit Neigung zu Unfällen. Erschwerte Verarbeitung der Erinnerungsbilder an die eigenen Eltern; blockierte Trauerarbeit. (Restriktive Entwicklung.)

Cora, geboren am 3. 3. 1939, einziges Kind aus einem orthodox jüdischen Mittelstandsmilieu, wurde Anfang 1945 aus dem Konzentrationslager Bergen-Belsen, wo sie ihre Eltern verloren

hatte, in ein holländisches Repatriierungskrankenhaus aufgenommen. Ihr Dossier beginnt mit einem Brief der örtlichen jüdischen Auffangorganisation an die Jüdische Koordinationskommission in Amsterdam:
„In einem Repatriierungskrankenhaus hier befindet sich ein Mädchen, Cora X., geboren 1939. Das Kind hat, soweit es weiß, keine Familie mehr. Sie wurde gesundgeschrieben und muß in absehbarer Zeit hier weg. Wollen Sie uns bitte mitteilen, was wir mit diesem Kind tun müssen und ob vielleicht doch noch irgendein Familienmitglied in den Niederlanden am Leben ist."
Beginn Oktober 1945 wird Cora vorübergehend in der Familie eines entfernten, nicht-jüdisch verheirateten Verwandten untergebracht. Die Pflegemutter beschreibt Cora als ein „normales" Kind, der Pflegevater findet sie schwierig: ein „echtes Konzentrationslager-Kind".
Gegen Ende des Monats wird Cora in das Observationsheim der Kommission O.P.K. in Amsterdam aufgenommen, da sie in der Pflegefamilie ernste Schwierigkeiten verursachte. Auch im Heim ist sie unruhig, aufständisch und ungezügelt. Man sucht eine Pflegefamilie für sie und findet schließlich ein kinderloses, orthodox jüdisches Ehepaar, beide um die 30, aus derselben sozialen Schicht wie Coras Eltern. Nach einiger Zeit erhalten diese Pflegeeltern auch die Vormundschaft.
Auch ihren neuen Pflegeeltern bereitet sie Schwierigkeiten, nicht zuletzt durch ihr Verhalten in der Schule. Eine Untersuchung durch die *child guidance clinic* im Februar 1949 ergab das Bild eines erheblich lern- und verhaltensgestörten Kindes, aggressiv, impulsiv, provozierend, in der Motorik unbeherrscht. Es folgt Umschulung in eine Sonderschule.
Während sich Coras schulische Leistungen im Laufe der Jahre im bescheidenen Rahmen günstiger entwickeln, bleibt sie im häuslichen Verkehr durch ihre oppositionelle Haltung, ihre Wut- und Schreianfälle, Äußerungen von heftiger Eifersucht, ein Problemkind, einsam, sich von Altersgenossen isolierend. Die Pflegeeltern nehmen Verbindung mit der jüdischen Waisenorganisation auf, was durch das Mädchen sabotiert wird. Es bleibt bei incidentiellen Kontakten mit den Pflegeeltern und dem Kind, ohne daß von der Entwicklung einer Behandlungsstrategie die Rede sein kann.
Auch die Möglichkeit einer cerebralen Beschädigung des Kindes wird erwogen, da – wie es plötzlich heißt – in ihrer Familie Fälle von Migräne und Epilepsie vorkommen sollen. Eine neurologische Untersuchung annex EEG ergibt keinen Befund.

Vorübergehend hatten die Pflegeeltern aus eigener Initiative noch ein zweites, ungefähr gleichaltriges Mädchen, ebenfalls eine Kriegswaise, in ihr Haus aufgenommen, in der Hoffnung, Coras Isolierung durchbrechen zu können. Nach dem plötzlichen Tod des Pflegevaters, der einer akuten Infektionskrankheit erlag, wandte sich die Pflegemutter erneut an die jüdische Waisenorganisation mit der Bitte, Cora in eines ihrer Heime aufzunehmen. Die anderweitige Unterbringung des anderen Kindes hatte sie bereits selbst geregelt. Sie schildert Coras Zustand als unhaltbar; das Kind sei überreizt und fühle sich stets ins Unrecht gesetzt.

Im Juni 1954 wird Cora in ein jüdisches Heim aufgenommen. Sie hatte inzwischen die Grundschule resp. Sonderschule absolviert und erhielt in einer Haushaltungsschule eine Ausbildung als Kinderpflegerein. Im Heim war es zum ersten Mal möglich, bessere Einsicht in ihre Verhaltensstörungen zu erlangen. Ihre fortwährenden Provokationen und aggressiven Äußerungen, die sie in kurzer Zeit bei jedermann im Heim unbeliebt machten, erwiesen sich als die für sie beinahe einzige Möglichkeit zur Kontaktnahme überhaupt. Nachdem dieser Mechanismus mit der Sozialarbeiterin, die Coras Verlegung in das Heim vorbereitet hatte und sie nun weiterhin begleitete, durchgesprochen war, glückte es dieser, einen Kontakt mit dem Mädchen aufzubauen, der für Cora neuartig, aber auch enttäuschend war. Anscheinend hatte sie im täglichen Leben noch nie einen Menschen erlebt, der auf ihre Provokationen nicht einging, aber zugleich freundlich blieb.
Ihre Haltung gegenüber der Sozialarbeiterin blieb äußerst ambivalent, einerseits begann sie von ihren Schwierigkeiten im Heim zu sprechen: sie war sich beispielsweise dessen bewußt, daß sie durch ihre spontanen Ausfälle, die sie hinterher bedauerte, viele Sympathien verspielte. Andererseits weigerte sie sich, den Kontakt mit der Sozialarbeiterin fortzusetzen.

Zugleich kamen jetzt von der Schule günstigere Berichte über den Fortgang ihrer Ausbildung; man fand sie im Umgang mit Kindern geduldig und liebevoll. Auch am Heimleben nahm sie aktiveren Anteil, machte Bühnenbilder, schmückte das Haus zu den Festtagen. Dazwischen aber verdarb sie

durch ihre rankünöse Haltung immer wieder, was sie im Umgang gewonnen hatte. Sie blieb unruhig, erregt und unstet.
Ihr umfangreiches Dossier mit den minutiösen Rapportagen der Besprechungen zwischen Heimleitung, Sozialarbeiterin, Schulleitung und Referent zeugt von den immensen Anstrengungen, die zu Coras sozialer Rehabilitation unternommen wurden.
Diese kam alsbald in eine neue Phase. Cora nämlich erhielt ihrem Wunsch gemäß Gelegenheit, an einem Zeichenkurs teilzunehmen, der außerhalb des Heimes für Adoleszenten aus verschiedenen jüdischen Heimen von einer Malerin, einer pädagogisch und didaktisch begabten, mütterlichen Frau Mitte Dreißig, gegeben wurde. Über diese anscheinend unerwartet sich bietende Chance zeigte sich Cora hocherfreut. Nachdem sie jedoch einige Wochen mit großem Einsatz daran teilgenommen hatte, fiel sie im Heim von der ersten Etage über das Treppengeländer. Mit einem gebrochenen Arm und einer Gehirnerschütterung wurde sie ins Krankenhaus gebracht.

Bei näherer Exploration erwies sich, daß Cora bereits im Hause ihrer Pflegeeltern mehrere Male kleine Unfälle gehabt hatte: Fall von der Treppe, vom Fahrrad, Stolpern über unscheinbare Gegenstände u.ä. Eine neuerliche Untersuchung nach eventuellen cerebral-epileptischen Aktivitäten verlief wie die erste ergebnislos, so daß sich der Eindruck festigte, daß all diese zum Teil schweren, zum Teil leichteren Unfälle unbewußt selbst verschuldet waren.

Durch die Krankenhausaufnahme und die Nachbehandlung verlor Cora ungefähr fünf Monate ihrer Ausbildung; sie wurde nur unter Vorbehalt in die folgende Klasse aufgenommen. In dieser Zeit fanden die ersten direkten psychotherapeutischen Kontakte statt. Den äußeren Anlaß hierzu bot Coras Verhältnis zu ihrer Pflegemutter, mit der sie auch nach dem Tod des Pflegevaters regelmäßigen Kontakt unterhielt. Die Pflegemutter schmiedete Pläne zur Auswanderung nach Israel und es war nicht deutlich, inwiefern sie Cora in ihr Vorhaben einschloß. Schließlich zerschlugen sich diese Pläne.
Im Laufe der psychotherapeutischen Sitzungen verhielt sich Cora, die selbst die Initiative hierzu genommen hatte, äußerst zurückhaltend und abweisend. Nur ab und zu verriet ein Blick, daß sie für einen Moment einen tieferen präverbalen Kontakt zuließ, ein Einverständnis zwischen ihr und dem Therapeuten: sie war noch nicht im Stande, ihr Geheimnis preiszugeben, und mußte ihre Reaktionen an der Oberfläche halten.
Coras Verhalten in der Gruppe blieb zwiespältig. Sie hat sich dort nie wirklich heimisch gefühlt; auch nicht als sie kurze Zeit mit einem gleichaltrigen Jungen ihrer Gruppe befreundet war. Die großen Konflikte und Zerwürfnisse wurden spärlicher; übrig blieben die kleinen täglichen Reibereien und Sticheleien.
Cora beendete ihre Ausbildung; wechselte einige Male ihren Arbeitsplatz. 19jährig verließ sie das Heim, wohnte einige Zeit zur Untermiete und übersiedelte mit 20 Jahren allein und aus eigener Initiative nach Israel.
Bei der Nachuntersuchung in Israel fand der Untersucher eine dreißigjährige, verheiratete, aktive Frau, Mutter von zwei Kindern, die mit ihrem Mann, einem höheren Beamten, in geordneten Verhältnissen lebt.
Offensichtlich bereitet es ihr eine große Genugtuung, dem Untersucher ihre Wohnung und ihren gegenwärtigen Lebensstatus zu zeigen.
Als sie mit 20 Jahren aus eigenem Antrieb nach Israel kam, erhielt sie dort sofort eine Anstellung in ihrem Beruf, so daß sie beschloß, dort zu bleiben. Mit 22 Jahren heiratete sie einen ungefähr sieben Jahre älteren Mann, der die Verfolgung in einem der Ghettos in Südosteuropa überstanden hatte. In den ersten Jahren ihrer Ehe übte sie ihren Beruf nicht aus. Sie zogen dreimal um, ehe sie in einer mittelgroßen Stadt ihre gegenwärtige geräumige Wohnung fanden. Die sparsam möblierten Zimmer haben Atmosphäre und sind nach eigenem, persönlichen Geschmack eingerichtet. Voll Stolz führt Cora den Untersucher durch ihr Heim.

Seit ungefähr sieben Monaten arbeitet sie wieder stundenweise in ihrem alten Beruf. „Meine Kinder haben mich nötig und ich kann keine festen Verpflichtungen eingehen." Der Gesundheitszustand eines ihrer Kinder hat ihr einige Zeit große Sorgen bereitet; man erwog eine eingreifende Operation. „Die Ärzte haben sich geirrt", sagt sie lächelnd und sieht den Untersucher etwas herausfordernd an. Sie beschreibt das betreffende Kind als hyperintelligent. Auch ihr Mann sei eine besondere Persönlichkeit und sehr intelligent. „Ich bin es nicht", fügt sie gelassen hinzu, „aber ich glaube, er hat es akzeptiert."

Ihre körperliche Verfassung ist gut. In ihrem Arbeitskreis hat sie keine Konflikte; im persönlichen Leben zuweilen. Aber nähere Auskünfte erteilt sie nicht. „Ich kann mich gut anpassen", sagt sie und schließt sich ab. Jede tiefere Exploration stößt auf eine härtere Abwehr. Sie will über die Jahre, die hinter ihr liegen, nicht mehr sprechen, erinnert sich auch nicht mehr so gut an alles und meint, daß die Zeit damals mehr für ihre Umgebung als für sie selbst ein Problem war. Wenn sie an Holland denkt, dann denkt sie an die Landschaft und andere schöne Dinge. Sie hat einige detaillierte Erinnerungen an die Schwierigkeiten der Zeit nach dem Kriege, aber im Grunde kann sie sich all das nicht mehr so gut vorstellen. „Schade, daß es so gewesen ist", ist ihr Kommentar.
Zuweilen löst sich ihre innere Starrheit. Dann kommt sie zu überraschenden Aussprachen und Einsichten, die plötzlich ihre Bemühungen sichtbar werden lassen, mit ihren Erinnerungen fertig zu werden. Da ist z. B. der Luftalarm im Konzentrationslager. Sie habe damals mit allen Dingen getrödelt, um die Deutschen zu ärgern. „Aber eigentlich ärgerte ich nur meine Mutter damit. Diese Einsicht ist mir erst viel später gekommen." – „Dann bestiegen wir den Zug nach Tröbitz. Mein Vater ist im Zug gestorben. Ich fand es entsetzlich, daß er so sterben mußte. Ich erinnere mich noch genau daran. Er lag mit weit geöffneten Augen als man ihn aus dem Wagen trug. Er war nicht untergetaucht: er besaß ja eine ausländische Nationalität." – „Meine Mutter fand ich eines Morgens tot neben mir auf der Pritsche. An das Sterben habe ich mich gewöhnt." (Die letzte Bemerkung spricht für eine anaesthesie emotionelle in dieser Zeit.)

Es fällt auf, daß Cora alle diese Mitteilungen wie aus einer gewissen Distanz tut, als beträfe es eine andere Person. Dann schlägt sie wieder einen etwas lachenden Plauderton an, erzählt von ihrem Leben in Israel, von ihren Freunden und Bekannten; sagt, daß sie gerne wieder einmal Holland besuchen würde.

Dann fällt sie wieder zurück in ihre anfängliche, starre, undifferenzierte Haltung, ohne jedoch das Gespräch abzubrechen.

Der Eichmann-Prozeß habe sie nicht besonders erregt. Sie behauptet, keine Haßgefühle zu kennen. Nur manchmal kann sie über alles, was geschehen ist, sehr böse werden. Fünf Minuten später ist es vorbei. Sie träumt auch nicht mehr davon. Sie erinnert sich jedoch noch an die Zeit im Kloster in M., wohin sie nach der Befreiung aus dem Konzentrationslager gebracht wurde: an die Alpträume, die sie damals quälten. „Ich glaube, daß ich damals sehr krank war", sagt sie auf einmal ziemlich unvermittelt. Diese Mitteilung ist in ihrer persönlichen Färbung und Erschütterung einzigartig und nur die Vorbereitung auf die noch folgenden. Obwohl sie anfangs alle Schwierigkeiten mit leicht spöttischem Ton entwerten und verkleinern mußte, sagt sie jetzt, sie habe damals gedacht, daß sie alles, was man ihr angetan hatte, „aus sich herausschaffen" müsse. Sie habe damals niemandem vertraut, nur sich selbst. So sei es auch heute noch.

Sogleich geht sie auf ein anderes Thema über. Sie habe viele gute Freunde hier; das gebe ihr ein angenehmes Gefühl. Auch sei sie überzeugt, daß ihre Kinder von dem verschont bleiben würden, was sie mitgemacht habe.

Es hat den Anschein, daß ihre Angst um das Los ihrer Kinder zusammenfällt mit der Besorgtheit, im persönlichen Kontakt mit ihrer Umgebung zu versagen.

„Ich spreche nicht jeden Tag einen Holländer", sagt sie zum Abschied und bestellt telephonisch ein Taxi. In der Wartezeit ist sie nachdenklich, wieder leicht distanziert, erkundigt sich nach dem Verlauf der Untersuchung. Man hat den Eindruck, daß sie die Zeit benutzt, um wieder einen Abstand zu schaffen zwischen ihren Erinnerungen und ihrem gegenwärtigen Leben. Sie geht zusammen mit dem Untersucher die Treppen hinunter, um ihre Kinder aus der Schule abzuholen.

Der Versuch, diesen Fall in eine diagnostische Rubrik einzureihen, stellte uns vor mannigfache Probleme. Rein äußerlich betrachtet ist die junge Frau gut angepaßt an ihre gegenwärtige Lebenssituation. Sie erfüllt ihre Aufgaben als Frau und Mutter ohne erhebliche Störungen, arbeitet zeitweilig wieder in ihrem Beruf, hat Freunde, Bekannte und ist verhältnismäßig frei von rankünösen Einstellungen.

Doch muß man, wie die Erfahrung lehrt, auf der Hut sein und darf ein gegenwärtig gutes Funktionieren nicht überbewerten. In dem auffallenden Wechsel von Sich-Öffnen und Sich-Schließen hinsichtlich der eigenen Lebensgeschichte, von undifferenziert anmutender innerer Starrheit zu plötzlich sich entfaltenden Introspektionen, spiegelt sich

nicht nur die besondere Funktion, die dem Untersucher früher in ihrem Leben zugewiesen wurde. In diesem Mechanismus kommt ihr eigenes wechselndes introspektives Verhalten zum Ausdruck, die erworbene, etwas artifizielle Distanz in ihren Erinnerungen und Stimmungen und das plötzliche Überwältigtwerden von alten Bildern des Verfolgungsgeschehens.
Es ist die Frage, ob ihre Bemerkung mit Bezug auf die ernsthafte Erkrankung ihres Kindes („Die Ärzte haben sich geirrt") mit dem deutlichen Seitenhieb auf den Untersucher nicht das Grundelement ihres im Gespräch gezeigten Verhaltens darstellt, und als Versuch interpretiert werden muß, ihren seinerzeitigen Zustand zu bagatellisieren. Auch andere ihrer Aussagen weisen in diese Richtung.
Aber es würde zu weit gehen, wollte man hieraus schließen, daß sie ihren gegenwärtigen Zustand hiermit dissimuliert. Obwohl sie es sich sicherlich angelegen sein läßt, ihre gegenwärtige Situation so vorteilhaft wie möglich zu schildern, und es bei unbestimmten Andeutungen über ihre persönlichen Konflikte und ihre kurzen Wutanfälle zu lassen, muß man noch andere Motive für ihr Verhalten in Betracht ziehen. Ein Vergleich mit dem ebenfalls defektuösen Entwicklungsverlauf im oben referierten Fall „Ben" (DG) drängt sich auf. Beide Kinder besuchten längere Zeit dieselbe Schule für lerngestörte Kinder. Im Fall „Ben" wurde das Nebeneinander von verhärteter Abwehr und überraschend auftretenden introspektiven Aussagen als Restzustand einer *anesthésie affective* diagnostiziert. Auch für Cora trifft das zu. Daß sich bei Ben das in der Nachuntersuchung gewonnene Bild so viel schärfer profilierte, wurde mit der ebenfalls anwesenden profunden Identitätsproblematik in Zusammenhang gebracht, die vom Untersuchten selbst deutlich ausgesprochen wurde. Bei Cora fehlt diese Identitätsproblematik völlig, wie übrigens bei fast allen von uns in Israel untersuchten Fällen. Dadurch erhält das klinische Bild der traumatisierten Entwicklungen unseres Materials ein anderes Gepräge.
Mit dem Wegfallen der in der Diaspora wirksamen gruppendynamischen Spannungen, dem Auftreten anderer ideal-typischer Motivationen und Identifikationen sind Möglichkeiten für neue Varianten der Adaption und der Regulation gegeben. Zweifellos ist dies bei Cora auch der Fall. Wenn man überhaupt von eventuellen Dissimulationsversuchen bei ihr sprechen will, so kann es nur unter dem Aspekt der anesthésie affective geschehen, deren Reste zugleich als Abschirmung gegenüber Erlebnissen dienen, von denen man bezweifeln muß, ob sie überhaupt „bearbeitbar" sind.
Vieles bleibt bei der Analyse dieses Falles im Dunkeln – will man sich nicht in gratuite Spekulationen verlieren.
Bezeichnend für Coras Auseinandersetzung mit erneuten Angsterlebnissen war schließlich ihre Mitteilung, daß man ihr bei den kriegerischen Ereignissen im Jahre 1967 nahegelegt hatte, mit ihren Kindern nach Holland zu gehen. „Aber ich fand das nicht richtig. Ich fühlte mich hier sicher. Natürlich überkam mich ein unbehagliches Gefühl. Aber ich stellte mir vor, was mein Mann sagen würde, wenn er nach Hause käme und ich wäre geflüchtet."
Abgesehen davon, daß diese Mitteilung in vielen in Israel nachuntersuchten Fällen gegeben wurde, muß in dem vorliegenden Fall das Ausbleiben von panischen Reaktionen als Ausdruck einer gelungenen Verdrängung frühkindlicher Ängste erblickt werden. Gleichviel, ob man in dieser Haltung die Abspiegelung eines affektiv-defekten Restzustandes erblicken will oder das Resultat einer Ich-verstärkenden Gruppenzugehörigkeit: die persönliche Bezogenheit auf die „Situation" erwies sich als Ich-gerecht. Wir haben darum diesen Fall diagnostisch als kompensierte neurotische restriktive Entwicklung eingestuft, ohne jedoch die bei tieferer Explora-

tion gefundene partielle Anaesthesie mit starken Verdrängungen aus dem Auge zu verlieren.
Schließlich noch zu Coras Äußerung, daß sie im Konzentrationslager mit ihrem Trödeln eigentlich ihre Mutter ärgerte; daß sie das aber erst viel später eingesehen habe. Das Verhältnis Mutter/Kind im Konzentrationslager haben wir schon einige Male unter der Sicht des Angstschutzes gestreift. Im vorliegenden Fall ist dazu etwas erwähnenswert, was nicht im Dossier enthalten ist und dem Untersucher aus glaubwürdigen Quellen erst nach der Nachuntersuchung zur Kenntnis kam: offenbar litt Coras Mutter im Lager an schweren Depressionen, abgewechselt von heftigen Wutausbrüchen, in denen sie das wehrlose Kind schlug, so daß andere Mütter intervenierten. Die Frage, inwiefern diese Erlebnisse Cora noch bewußt sind, muß offen bleiben. Jedenfalls kamen sie während der langjährigen sozialen Rehabilitation des Kindes niemals zur Sprache.
Im folgenden Fall wird die bisher behandelte Thematik weitergeführt. In seiner Lösung unterscheidet er sich von den vorangehenden Fällen.

Fall „Cecile" (HE); Gefühl von Wut und Ohnmacht im jüdischen Nachkriegspflegemilieu; erschwerte Verarbeitung der Erinnerungsreste; Affekthemmung; Psychotherapie. (Späte Reifung.)

Cecile, geboren am 10. 9. 1936 als zweites von vier Kindern einer harmonischen, liberal-jüdischen Mittelstandsfamilie, wurde im Alter von ca. sechs Jahren zusammen mit einem ihrer Geschwister von ihrem Vater zum Bahnhof gebracht und dort – wie verabredet – einem Mitglied der Widerstandsbewegung übergeben. Nach einigen Umwegen und Wechseln, wobei die Geschwister getrennt wurden, kam Cecile zu einer orthodox protestantischen Mittelstandsfamilie im Norden des Landes, bei der sie bis zum Juli 1946 blieb. Über ihre Untertauchzeit finden sich im Dossier, das sie als still und schweigsam beschreibt, nur spärliche Notizen über Gefahrensituationen und Versteckwechsel.
Nach dem Kriege wird Cecile in einem jüdischen Kinderheim mit ihren vier Geschwistern wieder vereint. Auch dort verhält sie sich unauffällig und zurückhaltend, man findet sie still und traurig. In der Gruppe ist sie beliebt. Ihre Schulleistungen sind gut; sie ist ehrgeizig und will Lehrerin werden. In der Präpubertät ist ihr Verhalten wechselnd, zuweilen etwas trotzig und rankünös. Gefühlsmäßig blieb sie gut ansprechbar. Sie war nie ernsthaft krank. Fünfzehnjährig ging sie – zusammen mit zweien ihrer Geschwister – mit einer Gruppe nach Israel.
Bei der Nachuntersuchung in Israel traf der Untersucher eine gesunde junge Frau von 36 Jahren an, die ihre Erlebnisse und Probleme mit großer Selbsteinsicht auffallend gut formuliert. Sie ist lebhaft, offenherzig und kooperativ. In ihren Mitteilungen spielen die Erinnerungen an den Abschied von ihren Eltern, hauptsächlich von ihrer Mutter eine entscheidende Rolle.

In den ersten Jahren in Israel lebte sie in einem Kibbuz, arbeitete auf dem Lande, in der Küche, im Kinderhaus. Die Abwechslung befriedigte sie nicht: sie bildete sich durch Kurse weiter und arbeitete im öffentlichen Gesundheitsdienst. 1958 trat sie ins Heer ein, das sie 1960 wieder verließ. Eine zeitlang bildete sie Rekruten aus, wurde aber bald wegen zunehmender Rückenschmerzen (bei Platt- und Senkfuß) für den aktiven Dienst untauglich erklärt. Im Heer lernte Cecile ihren Mann kennen, einen osteuropäischen Juden, der mit seinen Eltern den Krieg in Rußland überstanden hatte. Er ist zwei Jahre älter als sie.
Cecile verließ den Kibbuz und sie zogen in eine kleine Stadt in der Nähe von Haifa. Cecile nahm ihre Arbeit im öffentlichen Gesundheitsdienst wieder auf. Ihr Mann arbeitet bei einer Autobusgesellschaft.
Lange Zeit fühlte sie sich äußerst gespannt, hatte wiederholt Rückenbeschwerden. Die Ehe blieb kinderlos. Eine Fertilitätsuntersuchung bei beiden Ehegatten ergab keinen körperlichen Befund. Das Verhältnis zueinander wird von beiden als gut empfunden.
Cecile kam im Gesundheitsdienst in Kontakt mit einer Sozialarbeiterin, der – als erster – auffiel,

daß irgendetwas bei Cecile nicht in Ordnung war. Vor allem wenn das Gespräch auf das Thema „Eltern" kam, saß sie verkrampft dabei und brachte kein Wort über die Lippen. Sie äußerte ihre Enttäuschung über die Kinderlosigkeit ihrer Ehe, weinte und klagte; aber über ihre Eltern sprach sie mit keiner Silbe.
Die Sozialarbeiterin gab Cecile den Rat, einen Psychiater zu konsultieren. Mit ihm hat sie zum ersten Mal über ihre Eltern und über ihren Verlust sprechen können und dabei sehr geweint. Dies Trauererlebnis gab ihr schließlich ein befreiendes Gefühl. Vieler Ereignisse, die sie anscheinend vergessen hatte, erinnerte sie sich wieder; andere, die ihr immer gegenwärtig geblieben waren, erschienen in einem neuen Licht. So hatte sie z. B. nie begriffen, warum Abschiednehmen sie so stark erregte: von den Pflegeeltern, von Holland, vom Kibbuz, von den alten Gruppengefährten; obgleich es überall und immer ihr eigener Entschluß gewesen war zu gehen.
In der Nachuntersuchung erzählt sie die Geschichte vom Abschied von ihren Eltern: „Am Abend zuvor waren fremde Menschen ins Haus gekommen und hatten alles mit meinen Eltern besprochen. Meine Mutter sagte, daß wir am folgenden Tag in die Ferien gingen und packte die Koffer. Sie stand am Fenster, winkte uns und weinte. Vater brachte uns in Gruppen mit einem Transportfahrrad zum Bahnhof. Er hatte das Spielzeug vergessen."
An den Abschied von ihrem Vater hat sie keine detaillierten Erinnerungen. Wohl erinnert sie sich an ihn, wie er im Zimmer stand und Geige spielte. Er war ein großer schlanker Mann.

All die Jahre hat sie ihrer Mutter vorgeworfen, daß sie damals die Unwahrheit gesprochen hatte. Erst heute begreift sie: „Was hätte sie uns sagen sollen?" Auch ihre eigene Kinderlosigkeit sieht sie in diesem Zusammenhang. Bereits als Zehnjährige hatte sie Angst, später keine Kinder bekommen zu können. Heute denkt sie, daß sie die Angst beherrschte, sich in einem Krieg von ihren Kindern für immer trennen, sie allein lassen zu müssen. Dann erzählt sie von ihren orthodox-protestantischen Kriegspflegeeltern, bei denen sie gerne geblieben wäre, die es aber besser fanden, daß sie und ihre Geschwister nach dem Kriege gemeinsam und in einem jüdischen Milieu erzogen würden. Sie lasen ihr aus der Bibel vor, erzählten ihr von dem Land Palästina und erinnerten sie daran, daß sie als Jüdin geboren sei.
Während des ganzen Krieges habe sie immer an ihre Geschwister gedacht. Nach dem Kriege wurden sie im Kinderheim vereinigt. Niemand habe ihnen je gesagt, daß ihre Eltenr ermordet wurden. Auch untereinander hätten sie nie davon gesprochen – wie aufgrund einer verschwiegenen Verabredung. Noch lange Zeit nach dem Krieg hoffte Cecile, daß ihre Eltern noch am Leben seien; 1952 träumte sie, daß sie irgendwo in Rußland lebten.
Cecile und ihr Mann haben sich jetzt entschlossen, ein Baby als Pflegekind anzunehmen. Sie erwartet es bald und wie ein eigenes. auch rechnet sie damit, vielleicht doch noch selbst ein Kind zu bekommen. Erst jetzt, wo sie bei Zeit und Weile traurig sein könne, könne sie sich auch richtig freuen und glücklich sein. Früher habe sie stets ein Gefühl von Mißmut und Bösesein unterdrücken müssen. Erst jetzt fühle sie sich erwachsen.

Der Fall spricht für sich selbst. Auch Ceciles Schlußfolgerung, sie fühle sich jetzt erst erwachsen, kann man nichts hinzufügen.
Bemerkenswert bleibt, daß sich im Dossier der jüdischen Waisenorganisation eine Notiz findet, bei Cecile handle es sich um einen neurotischen Entwicklungsverlauf auf depressiver Basis. Dieser Eindruck beruhte auf der Diskrepanz zwischen ihrem traurigen, zurückhaltenden Auftreten und ihren affektiven Kontaktmöglichkeiten.
Interessant ist ihre Bemerkung, niemand habe ihr gesagt, was mit ihren Eltern geschehen sei. Das kann in der Tat der Fall gewesen sein. Sie schneidet damit ein Problem an, das außerordentlich subtil und kompliziert liegt und auch bei der Darstellung des Falles „Ben" bereits gesichtet wurde.
Allgemein gesprochen kann man von der Annahme ausgehen, daß sowohl die nicht-jüdischen wie auch die jüdischen Mitarbeiter in den Heimen bei sich selbst eine innere Barriere überwinden mußten, ehe sie überhaupt mit den Kindern über den Verlust ihrer Eltern zu sprechen vermochten.

Natürlich kann man davon ausgehen, daß die Aufnahme eines Kindes in ein Heim damals seine Waisenschaft mehr oder weniger voraussetzte, und daß dies dem Kind irgendwann einmal mitgeteilt worden war, und daß bei allen Kindern im Heim eine prädikative Übereinstimmung bezüglich ihres Schicksals bestand.
Die Frage lautet denn auch nicht, wer „irgendwann einmal" den Kindern den Tod ihrer Eltern mitgeteilt hat: die Sozialarbeiterin, die Kriegspflegeeltern oder irgendeiner der vielen anderen Erwachsenen, die sich damals mit den Kindern befaßten. Die Frage lautet vielmehr: welche innerliche Konstellation erschwerte es den Kindern damals – und im Laufe der Jahre danach – den Verlust ihrer Eltern ungestört zu verarbeiten.
Wir berühren hier ein Thema, das die in der *Einführung in die altersspezifische Problematik* der vorliegenden Gruppe aufgezeigten Gesichtspunkte von einer anderen Seite beleuchtet. Nämlich: was haben die Eltern seinerzeit ihren Kindern über den wahren Grund ihrer Trennung mitgeteilt und auf welche Weise taten sie das; und: wie haben die Kinder diese Mitteilung – resp. Nicht-Mitteilung! – aufgenommen und verarbeitet.
Was die Eltern tatsächlich gesagt haben, wissen wir nicht. Um zu erraten, welche Gefühle sie bei der Trennung von ihren Kindern bewegten, bedarf es jedoch keiner allzu großen Vorstellungsgabe.
Der Fall „Cecile" verdeutlicht dies Spannungsfeld, in dem die erste traumatische Sequenz ihren Abschluß fand. Wenn – wie anzunehmen ist – Ceciles Mutter, als sie den Kindern eine Ferienreise ankündigte, dies gegen besseres Wissen tat, so brachte sie die Ankündigung jedenfalls auf eine Weise vor, die dem Kind als Bild unauslöschlich in der Erinnerung geblieben ist.
Sicher ist es so, daß viele Kinder die Trennung als ein Im-Stich-gelassen-werden erlebt haben; ihr Aufbegehren dagegen ist im Zuge der Traumatisierungsvorgänge als Fixationspunkt psychodynamisch zu begreifen. Ceciles Kinderlosigkeit, ihre Angst davor, selbst Mutter zu werden, aus Angst, als Erwachsener die eigenen Kinder nicht mehr beschützen zu können: hier spricht sie aus, was bei dem Abschied zwischen ihr und ihrer Mutter unausgesprochen blieb.
Man darf annehmen, daß dies „Unausgesprochene" nicht nur bei der vorliegenden Altersgruppe die Verarbeitung jeder verbalen Information über das Los der Eltern paralysierte.
Wie bereits erwähnt, ist auch die vorliegende Gruppe überreich an anekdotischem Material, dessen Einzeldarstellung gerechtfertigt wäre zur Erhellung ihrer besonderen Verwundbarkeit. Wir verweisen hierfür auf die tabellarische Darstellung, besonders auf die Fälle JN und PD, beides bereits vor Ausbruch der Verfolgung Kinderfürsorgefälle, beide heute in Israel ansäßig; ferner auf den Fall GN, dessen Lebensgeschichte mit seiner profunden Einsamkeitsproblematik unlösbar mit der Vernichtung des Amsterdamer jüdischen Proletariats verbunden ist, und den Fall GJ, bei dem die Vormundschaftszuweisung Anlaß zu heftigen Verwicklungen war und eine neue schwere traumatisierende Phase einleitete. Schließlich sind da GF, GH, GG, HA, HB, HC und HE mit sehr scharf umrissenen Erinnerungen an ihr Elternhaus und an den Moment der Trennung.
Zum Abschluß:

Fall „Caspar" (FM); Fehlentwicklung in defizientem Kriegspflegemilieu; randdelinquente Entgleisungen auf depressiver Basis in Nachkriegspflegefamilie und Heim. (Charakterneurotische Entwicklung.)

Caspar, geboren am 19.8.1938 als jüngstes Kind einer in geordneten Verhältnissen lebenden, liberal-jüdischen Mittelstandsfamilie, wird im fünften Lebensjahr von seinen Eltern in einer Pflegefamilie im Süden des Landes untergebracht. Auf den plötzlichen Übergang reagiert er lange Zeit mit starken Ängsten; er weint viel und paßt sich schwer an. Wegen drohender Gefahr wird er nach drei Monaten ebenso plötzlich in ein Nachbardorf zu einer unverheirateten, halb-invaliden 54jährigen Rentnerin gebracht. Auch hier ist er lange Zeit sehr ängstlich, versteckt sich hinter den Gardinen und erwartet fortwährend Razzias. Er leidet vorübergehend an enuresis nocturna, ist oft erkältet und hat in der Leistengegend einen ekzematösen Ausschlag. Von Kinderkrankheiten sind nur Masern und Mumps bekannt. Die körperliche Entwicklung verlief ungestört. Während der Untertauchzeit hatte Caspar keinen Kontakt mit anderen Kindern; er blieb immer im Haus, völlig angewiesen auf seine Pflegemutter, mit der er auch im selben Bett schlief.

Nach der Befreiung der südlichen Niederlande bleibt Caspar bei seiner Pflegemutter, die – nicht gewöhnt an den Umgang mit Kindern – ihn auf eine primitive Weise verwöhnt und pädagogisch verwahrlost. Caspar wird in einer orthodox protestantischen Schule eingeschult. Durch seine mäßige intellektuelle Begabung und durch den Rückstand seiner Persönlichkeitsentwicklung ergeben sich hier bald große Probleme. In der 1. Klasse bleibt er sitzen; auch im folgenden Jahr bringt er nicht viel zustande, so daß man ihn nur probeweise in die 2. Klasse mitnimmt. Hier fallen seine Leistungen so sehr ab, daß man ihn wieder in die 1. Klasse zurückversetzen muß. Man erwägt Aufnahme in eine Hilfsschule.

Um diese Zeit, Anfang 1947, wird der Fall „Caspar" in der Kommission O.P.K. behandelt. Im Zusammenhang mit der Frage der Vormundschaft erfolgt eine Untersuchung durch eine *child guidance clinic.* Im Rapport vom August 1947 heißt es: „Caspar ist ein mäßig begabter Junge, dessen eigentliche intellektuelle Veranlagung nicht innerhalb der Grenzen der Debilitas liegt. Seine Persönlichkeitsentwicklung ist stark zurückgeblieben, hauptsächlich infolge der Fixation der infantil primitiven Bindung an seine Pflegemutter, die ihn nicht gerne hergeben will. In seinem Denken und Handeln entweicht er allen Aktivitäten, die über der primitiven infantilen, instinktmäßigen und motorischen Sphäre liegen. Im Umgang mit anderen Kindern ist er wild. In der affektiven Sphäre lebt die Erinnerung an seine Eltern noch deutlich fort. In der sehr primitiven Bindung der Pflegemutter an ihn und umgekehrt hat Caspar eine Befriedigung gefunden für das Trauma der Trennung, das er in dem äußerst empfindsamen Alter von viereinhalb Jahren erlebte. Es scheint, daß er diese Befriedigung nicht preisgeben will, und daß die Pflegemutter ebenfalls nicht imstande ist, diese primitive Bindung in ein reiferes, Caspars Alter entsprechendes Verhältnis umzusetzen. Die Fixation dieser Bindung wird noch durch das Fehlen der Vaterfigur verstärkt, die andere Elemente in die Erziehungssphäre bringen würde. So sind verschiedene Faktoren anwesend, die einander gegenseitig verstärken und das Erwachsenwerden auf allerlei Weise hemmen." Man schlägt Übergangsmaßnahmen vor, um den Jungen vorsichtig aus dem gegenwärtigen defizienten, verwöhnenden und verwahrlosenden Erziehungsmilieu zu lösen.

Durch das Eingreifen überlebender Familienmitglieder, von denen einige die Partei der Pflegemutter ergreifen, und durch Unsicherheit der Kommission O.P.K. entsteht eine Situation, die der Entwicklung des Kindes nicht zuträglich ist. Schließlich erhält die jüdische Waisenorganisation die Vormundschaft. Caspar wird in eines ihrer Heime aufgenommen. Er besucht eine Schule für lerngestörte Kinder.

Nach einiger Zeit wird er in die Familie einer überlebenden Schwester seines Vaters übergesiedelt, kann sich dort jedoch auch nicht anpassen und kehrt ins Heim zurück. Seine geringen intellektuellen Leistungen, zusammen mit einer asthen-depressiven Reaktionsweise machen ihn beträchtlich wehrlos. Er weint viel, selbst noch in der Adoleszenz, wenn die Rede auf sein elterliches Haus kommt. Triebdurchbrüche, das Ausleben primitiver, motorischer Impulse begünstigen ein asoziales Randverhalten. Die Berufsausbildung scheitert. Intensive sozial-psychiatrische Betreuung und großes Verständnis des Jugendgerichts für seinen defizienten Entwicklunggang bewahren Caspar vor der Verbüßung von Freiheitsstrafen.

Bei der Nachuntersuchung trifft der Untersucher einen athletisch gebauten, hochgewachsenen Mann von 35 Jahren, der in seinen Gesichtszügen noch denselben hilflosen, inzwischen verhärteten Ausdruck trägt, den der Untersucher am Kind kannte.

Sein vom Schwiegervater finanziertes Geschäft ist bankrott, seine Ehe geschieden, sein gegenwärtiger sozialer Status unsicher und undeutlich. In einem unaufhaltsamen Wortschwall

breitet er vor dem Untersucher sein Leben aus, das – nach seinem eigenen Eingeständnis – „ein einziges Fehlschlagen" ist. Er brüstet sich mit seinen Erfolgen bei Frauen, hat mit seiner „Vergangenheit gebrochen". Auch seine Kinder sind aus seinem Leben verschwunden. Nach der Scheidung hat er noch einige Zeit danach verlangt sie zu sehen; aber das ist jetzt vorbei. Wiederholt versichert er, wie stolz er auf seine „kalte Mentalität" ist, die ihn an nichts und niemanden bindet und ihn befähigt, „über Leichen zu gehen". Zugleich gibt er zu, daß er nachts allein in seinem Bett weint; doch weist er jede tiefere Exploration ab, die an den Krieg, die Untertauchzeit, den Verlust der Eltern anknüpft. Die Überreste seines Gefühls projektiert er in auffallend sentimentaler Weise auf eine organisch kranke junge Frau, die er mit Geschenken „zurückkaufen", „zurückerobern" will, nachdem sie bereits zweimal das Verhältnis gelöst hat. Sie erinnere ihn an seine Mutter, er wisse nicht warum. Er empfindet es als eine Herausforderung, ihren Widerstand zu brechen. Er überhäuft sie mit teuren Geschenken und hält dies für einen Beweis für die Tiefe seiner Empfindung. „Wenn ich sie nicht kriege, schieße ich alles kaputt!" Zugleich ist er deutlich ängstlich vor seinem eigenen ungezügelten Triebleben und stolz darauf, daß er „noch nicht delinquent geworden" sei. Aber er ist auf seiner Hut.
Geschäftlich hat er sehr gute und sehr schlechte Zeiten gekannt. Jetzt will er Millionär werden. Sein einziges Ziel ist, Geld zu haben und bewundert zu werden.

Dieser Fall mit seinem defektuösen Entwicklungsverlauf, dem starken, völlig charakterogen gewordenen Abwehrsystem und der persönlichen und sozialen Verunsicherung muß als besonders schwer eingestuft werden. Diagnostisch haben wir ihn der Kategorie der charakterneurotischen Entwicklungen zugeordnet, obwohl deutlich auch psychopathiforme Züge anweisbar sind. Bereits der Rapport der *child guidance clinic* aus dem Jahre 1947 spricht von dem ernsthaften Trauma der Trennung zwischen Mutter und Kind für diese Entwicklungsphase. Auch weist er auf die verschiedenen kumulativ-traumatischen Faktoren, die den Entwicklungs- und Reifungsprozeß auf einer primitiven Basis fixierten. Anscheinend schätzte man das Trauma einer erneuten Trennung – dieses Mal von der Pflegemutter – geringer ein als das Risiko, das Kind in diesem pädagogisch völlig ungeeigneten Milieu zu lassen. Durch das heftige Agieren seiner überlebenden Familienangehörigen kam ein Unsicherheitsfaktor ins Spiel, der die weitere Entwicklung noch stärker beeinträchtigte. Seiner anscheinend geringen intellektuellen Ausstattung darf man keine allzu große Bedeutung beimessen: auch der Intelligenztest aus dem Jahre 1947 kommt zu dem Schluß, „daß die eigentliche intellektuelle Veranlagung nicht so schlecht ist".
Die Situation, in der ihn der Referent bei der Nachuntersuchung antrifft, kommt innerlich weitgehend überein mit der des Jungen von damals; das hilflose Weinen des Kindes und das Eingeständnis des 35jährigen, der sich seiner „kalten Mentalität" rühmt, daß er nachts im Bett über sein fehlgeschlagenes Leben weine. Der Fixationspunkt, auf dem seine Entwicklung gestrandet ist, wird erst deutlich, als er von seinem Kampf um die junge kranke Frau spricht. Zunächst machte seine Erzählung den Eindruck einer idée fixe, eines wahnhaften Verlangens, sich selbst seine verkümmerte Liebesfähigkeit an einem wehrlosen Objekt als ein „großes Gefühl" vorzugaukeln. Seine Bemerkung, sie erinnere ihn an seine Mutter, ist enthüllend und zugleich auf den ersten Blick unverständlich. Seine Mutter war – Dossiernotizen zufolge – eine spontane, lebhafte, gesunde Frau, die einen Beruf gelernt und ihn auch einige Zeit ausgeübt hatte. Ein oberflächlicher Vergleich zwischen diesen beiden Frauen ist irreführend: Caspars Drohung, „alles kaputt zu schießen", sein Wunsch, Millionär zu werden und viel Geld zu verdienen, erschließen das Verständnis für den magischen Anteil dieser psychischen Prozesse, in denen die junge, kranke Frau und die Mutter zu einer Person verschmelzen. Sein wahnhaft anmutendes Bemühen, die eine zu erobern, bedeutet zugleich den Wunsch, mit der anderen wieder vereint zu werden: mit der toten Mutter, von der er die Trennung nie überwunden hat.

C.IV. VIERTE ALTERSGRUPPE
(Trennung von der Mutter im Alter von 6 bis 10 Jahren)

C.IV.1. Allgemeines

C.IV.1a. Einführung in die altersspezifische Problematik

Es war in den vorangegangenen Kapiteln unser Bestreben, die für die gesunde persönliche und soziale Entwicklung eines Kindes notwendigen Grundvoraussetzungen kurz zu beschreiben, um dann im Hinblick auf unser Thema die ausbleibende Erfüllung der ‚*basic needs*' zu durchleuchten. Bereits bei der Einteilung in Altersgruppen ließen wir uns von der Einsicht leiten, daß einer jeden Entwicklungsstufe eine gesetzmäßige, Wachstum, Reife und Strukturierung fördernde Einheit von Faktoren entspricht. Ausgehend von dieser Überlegung haben wir uns die Aufgabe gestellt zu untersuchen, in welchem Maße das gesamte Verfolgungsgeschehen Traumatisierungen zeitigt, aus deren Endeffekten rückläufig die Störungsvorgänge in ihrem altersspezifischen Ansatzpunkt definiert werden können.

Die interferierende Beziehung zwischen Anlage- und Umwelt-Elementen wurde bei den bisher behandelten drei jüngsten Altersgruppen nur in ihren Hauptpunkten dargestellt. Die Kompliziertheit des körperlich-seelischen Entwicklungsvorganges wurde hierdurch auf einige Schwerpunkte wie Sicherheit, Geborgenheit, Vertrauen u. ä. reduziert; Begriffe, die neben emotionalen und kognitiven auch soziale Kategorien enthalten.

Mit der Vollendung des 6. Lebensjahres ist in der Entwicklung des Kindes eine neue Stufe erreicht, die durch biologisch und psychologisch verifizierbare Merkmale gekennzeichnet ist. *Stratz* (1923) weist auf den Übergang vom rundlichen zum gestreckten Körperbau. *Zeller* (1935) spricht vom ersten Gestaltwandel. Das elektroenzephalographische Tracé weist Veränderungen auf, im Sinne frequenter und rythmisch geordneter Elemente anstelle der bisher vorherrschenden trägen Dysrythmien. In der kognitiven Entwicklung hat das sachbezogene, kritische Denken die magische Phase abgelöst und ist auf die Entdeckung von logisch-kausalen Zusammenhängen gerichtet. Die psychoanalytische Theorie schließlich spricht von der Latenzphase, in der nach der Auflösung der ersten ödipalen Situation Kräfte freikommen, die das Kind zu einer näheren Konfrontation mit der Wirklichkeit und mit seiner Umgebung im Sinne einer lernenden Exploration und Expansion befähigen. Daß das Entwicklungsgeschehen in dieser Phase weniger einheitlich und zuweilen bewegter verläuft, als der Begriff „Latenzperiode" vermuten läßt, wurde auch in der psychoanalytischen Literatur nach Gebühr berücksichtigt.

Schließlich muß auch die Entwicklung des empathischen Vermögens des Kindes erwähnt werden. Es schließt Freundschaften: in der Schule, auf der Straße oder in Klubs; es weiß, was Freunde, aber auch was Feinde sind. Die biologisch und psychologisch begründete größere Leistungsbereitschaft des Kindes, gestützt auf eine stabilere Affektlage und eine angemessene Sprachentwicklung, seine spielerische Freude an der fortschreitenden Bewältigung von Aufgaben und Lernzielen, und

schließlich die Fähigkeit, auch außerhalb der engeren familiären Gruppe Kontakte zu legen und Vertrauen zu schenken, sind – neben der Intelligenzentwicklung – die wesentlichen Elemente, die im Begriff „Schulreife" zusammengefaßt werden.
Hiermit ist zugleich der altersspezifische traumatische Ansatzpunkt der vorliegenden Entwicklungsstufe umrissen. Die Versagung der *basic needs* durch das Verfolgungsgeschehen, die Unmöglichkeit, mit anderen Kindern frei auf der Straße zu spielen oder sich in Jugendgruppen zusammenzufinden, eine nicht rechtzeitig begonnene, blockierte oder unterbrochene Schulentwicklung, beziehen sich nicht auf den Intelligenzfaktor allein, sondern im besonderen auf die leistungspsychologischen und affektiven Voraussetzungen. *Von Baeyer* c. s. weist darauf hin, daß in der Latenzphase die Entfaltung der Sozialbezüge neben der Entwicklung der Lerndisposition eine hervorragende Rolle spielt. Er spricht in diesem Zusammenhang von einer krisenhaften Phase, „in der eine erhöhte Störbarkeit der Sozialrollen und Sozialbezüge zu vermuten ist". Den Grund hierfür sieht er in dem nachlassenden Schutz der Familie gegen soziale Störfaktoren: „etwa im Sinne der geschilderten Diskriminierung" (S. 244; siehe auch *Harbauer*, 1968).
Diese Äußerung könnte mißverständlich sein, wenn man daraus eine verminderte Abhängigkeit der Kinder dieser Altersgruppe von ihrem *feed back* ableiten wollte. Eher scheint das Gegenteil der Fall zu sein. Sowohl die Diagnosentabelle (Tab. 10; charakterneurotische Entwicklung, chronisch-reaktive Depression und restriktive Persönlichkeitsentwicklung) als auch die Tabelle der psycho-sozialen Defizienz (Tab. 11; Diskrepanz Intelligenz/Ausbildung und emotionale Störung) spricht dafür, daß mit der größeren sozialen Aktivität und der Entfaltung der Sozialbezüge ein erhöhtes Risiko verbunden ist, das erst bei Ausfall des *feed back* in Erscheinung tritt. Dieses Phänomen gilt im gleichen Maße für die Kinder in den Konzentrationslagern wie für die untergetauchten Kinder. Die von vielen Autoren beschriebene Übereinstimmung pathologischer Entwicklungen bei beiden Gruppen verfolgter Kinder findet in diesem Faktor vermutlich seine Erklärung und gilt in besonderem Maße für die hier behandelte Altersgruppe. Sie gilt indessen sicherlich auch für die beiden folgenden Altersgruppen der Präpubertät und der Adoleszenz, jedoch mit der Einschränkung, daß der Ausfall des *feed back* nicht so sehr in der zweiten als erst in der dritten traumatischen Sequenz in Erscheinung tritt. Bei der kasuistischen Darstellung werden wir Gelegenheit haben, auf dieses Problem näher einzugehen.
Es bedarf von unserer Seite keines besonderen Hinweises auf das Grauenhafte und extrem Gefährdende der Lagersituation für Kinder und Jugendliche. Bei der hier referierten Altersgruppe, in der die untergetauchten Kinder zahlenmäßig überwiegen, stellen die Zerstörung der alten sozialen Kontakte bei der Trennung des Kindes von seinem Milieu (Eltern, Geschwister, sonstigen Angehörigen, Spiel- und Schulgefährten), das Gefühl der völligen Abhängigkeit, die Ungewißheit der neu einzugehenden sozialen Bezüge und mitmenschlichen Bindungen und des Gefahrenkalküls zusammen mit den Erfahrungen der dritten traumatischen Sequenz den gleichen massiven Belastungsfaktor dar. Das Konzept der massiven kumulativen Traumatisierung von Kindern umfaßt gleichermaßen die verschiedenen Verfolgungsmodalitäten als einheitliches Ganzes. Es ist auf die Erfassung überdauernder Persönlichkeitsveränderungen ausgerichtet als auf das Endresultat eines traumatisierenden Gesamtvorgangs und nicht auf die Differenzierung und symptomstatistische Bearbeitung und Betrachtung isolierter psychopathologischer Geschehnisse in ihren Verhältnissen zueinander.

C.IV.1b. Zusammensetzung und nähere Beschreibung der Gruppe

Die vierte Altersgruppe besteht aus 42 Kindern, 23 Jungen und 19 Mädchen. Sie alle wurden im Alter von 6 bis 10 Jahren von ihrer Mutter getrennt.
Das jüngste Kind dieser Gruppe, 1939 geboren, verlor seine Mutter im Konzentrationslager; das älteste, 1927 geboren, durchlief nach dem frühen Tod seiner Mutter bereits vor dem Beginn der Verfolgung eine Reihe von Pflegefamilien, dazu im Kriege elf Konzentrationslager. Auch bei QA, die aus sozial schwachem Milieu stammte, fand die Trennung von der Mutter bereits vor dem Kriege statt: zweimal wurde sie in einem jüdischen Kinderheim aufgenommen. RD verlor ihre Mutter mit 7 Jahren; danach wohnte sie – zusammen mit ihrem Vater, einem ungeschulten Arbeiter – abwechselnd bei verschiedenen Verwandten. OL war zusammen mit älteren Geschwistern aus Deutschland nach Holland geflüchtet; während der Besetzung tauchte er getrennt von ihnen unter.
Insgesamt neun Kinder kehrten als Waisen aus den Lagern zurück (21,4 %; damit unter dem Anteil in der dritten Altersgruppe); zwei von ihnen müssen als infolge der Haft organisch geschädigt betrachtet werden: GO kam bereits ernstlich invalidisiert aus dem Lager; bei HF entwickelte sich im Laufe der Jahre eine zunehmende Invalidität (Sinnesorgan).
Den Altersaufbau und eine Zusammenfassung der Schicksale der hier behandelten Gruppe in der zweiten und dritten traumatischen Sequenz (Aufenthalt in verschiedenen Konzentrationslagern, Anzahl der Wechsel während der Untertauchperiode und nach dem Kriege: Pflegefamilien, Heime, Krankenhausaufenthalt (KJ)) zeigt die folgende Übersichtstabelle 16.

Tabelle 16: **Anzahl der Aufenthaltswechsel in der zweiten und dritten Sequenz (vierte Altersgruppe)**

Jg.	Code	II	III
1939	EL	2 KZ	2
1938	FH	2 KZ	1
	FJ	2 KZ	2
1937	GA	2 KZ	1
	GE	2 KZ	3
	GO	3 KZ	4
1936	HD	10	2 (3)
	HF	3 KZ	5–6
	HG	4	6
	HH	1	6
	HK	6	3
1935	JA	1	1 (2)
	JB	3	4
	JC	1	2
	JE	15	3
	JF	11	1
	JG	2 KZ	2 (3)
	JJ	10	3
	JL	5	2
	JM	5–6	4
	JO	1	0
	JP	5	5
1934	KA	2	3
	KB	6	2
	KC	1	6
	KD	12	0
	KE	4	3
	KF	1	3
	KG	10	4–5
	KJ	2–3	4 (±10)
1933	LB	10	2
	LC	2	1
	LD	6	2
	LF	±24	2
	LG	4–5	4
	LJ	1	3
	LK	4	1
1932	MB	5	2
	MH	12	1
1930	OL	10	2
1928	QA	5	3
1927	RD	11 KZ	2

Die Tendenz der steigenden Anzahl der Versteckadressen bei den höheren Altersgruppen setzt sich hier fort, um in den folgenden Gruppen individuell zum Teil exorbitante Ausmaße anzunehmen: in der fünften Altersgruppe, 11, 36, 22 und 13; in der sechsten Altersgruppe 11 und 50. In der hier referierten vierten Altersgruppe blieben nur sieben Kinder in ihrem ersten Pflegemilieu, zwei hatten zwei, zwei weitere drei, zwei weitere hatten vier Versteckadressen; 18 Kinder dieser Gruppe hatten fünf und mehr Versteckadressen, davon acht Kinder zehn und mehr. Die höchste Anzahl liegt bei 24. Es ist nicht leicht, hierfür eine befriedigende Erklärung zu finden. Einerseits bestätigen diese Zahlen die Erfahrung in der Praxis der Sozialarbeit, daß es weitaus schwieriger ist, für diese und die folgenden Jahrgänge eine Pflegefamilie zu finden. Möglicherweise kommt dieser Umstand in einer Situation, deren Gefahrenmoment das Risiko einer Aufnahme in eine Familie für beide Teile (Pflegekind und Pflegefamilie) erhöht und a priori bereits erhöhte Anforderungen an beider Anpassungsfähigkeit gestellt werden, in dem frequenteren Wechsel der Verstecke zum Ausdruck. Zum anderen ist zu bedenken, inwiefern für das heranwachsende Kind – in seiner Schul- oder Berufsausbildung unterbrochen, von seinem sozialen Hintergrund abgeschnitten und gehemmt in seinem Aktivitätsdrang und seinen Expansionstendenzen – die Tatsache des Sich-verstecken-müssens bereits einen Akt der Erniedrigung bedeutet, der sich nur in der Abwechslung ertragen läßt; ganz zu schweigen von anderen Modalitäten des „zu-Gast-seins".

Ein Blick auch auf die 23 nach Israel Übergesiedelten dieser Altersgruppe; 16 gingen in der Adoleszenzperiode mit einer Gruppe, zuweilen zusammen mit älteren oder jüngeren Geschwistern; die anderen auf individuelle Zertifikate. Insgesamt kehrten 4 wieder in die Niederlande zurück (HF, HG, JG, KF). Die Motive ihres Scheiterns sind in der tabellarischen Darstellung ersichtlich. Prozentual unterscheidet sich diese Gruppe wenig von derjenigen aus der vorhergehenden Altersgruppe (dritte Altersgruppe: 50 %–4 %; vierte Altersgruppe: 54,7 %–9,5 %). Der verhältnismäßig hohe Prozentsatz beider Gruppen läßt die Vermutung aufkommen, daß es sich bei der Übersiedlung nach Israel um eine idealtypische Motivation – *need for belonging* – handelt, die in der Adoleszentengruppe begründet liegt. Zweifellos wurde sie von den verantwortlichen Erziehern als Moment sozialer Rehabilitation bewußt gebraucht. Zumeist handelte es sich um Kinder, die bereits längere Zeit in Kinderheimen zusammen lebten, sich kannten und unter der Leitung der ihnen vertrauten erwachsenen Erzieher sich als Gruppe in Israel ansiedelten.

Bei der Nachuntersuchung traten die tiefer liegenden Motive, die damals eine Rolle spielten, deutlicher hervor. Bei einer großen Anzahl waren – abgesehen von einem begreiflichen Hang nach Abenteuer und Abwechslung – die auftretenden Schul- und Ausbildungsschwierigkeiten, die Unlust, weiter die Schule zu besuchen, die tägliche Konfrontation mit den verödeten Stätten ihrer Kindheit das auslösende Moment; vor allem auch der Unwille, eventuell die Geschäfte der umgekommenen Eltern wieder aufzunehmen. Die zuweilen stereotyp erteilte Auskunft: „Ich hatte dort (in den Niederlanden) nichts mehr zu suchen", weist bereits in der abgegriffenen Formulierung auf das wesentlich Gemeinsame: ‚Ich konnte dort nichts mehr wiederfinden'.

Auf zwei Aspekte muß hier hingewiesen werden. In den jüdischen Heimen fanden die Waisenkinder durch das *wesentliche Gemeinsame* eine bessere Möglichkeit zur Verarbeitung ihrer individuellen Trauerproblematik. Das für alle identische Verfolgungsgeschehen schuf eine Schicksalsverbundenheit, die zugleich den Grund legte für ein Gruppenerlebnis. Die individuellen charakterologischen Spielarten fügten sich geschmeidiger in das Ganze. – Ein anderer Aspekt ist, daß die in Israel Nachuntersuchten mit ganz geringen Ausnahmen noch immer ein Gefühl tiefer Verbundenheit mit

dem Land ihrer Geburt zeigten. Es ist das Spiegelbild der Verbundenheit, das die nicht-jüdische Bevölkerung in den Niederlanden in ihrer Mehrheit mit den religiösen und geschichtlichen Erscheinungsformen der jüdischen Gruppe in ihrer Mitte an den Tag gelegt hatte. Auf die zuweilen kuriosen anekdotischen Besonderheiten der niederländischen Juden in Israel kann hier nicht näher eingegangen werden, sie verdienen jedoch vermerkt zu werden (Abonnements auf niederländische Zeitschriften und Magazine; Interesse an bestimmten sportlichen Veranstaltungen: Fußball, Europacup).
Auch in der vierten Altersgruppe spielen – wie in der dritten – die Erinnerungen an die Eltern eine bedeutsame Rolle. Das wird besonders deutlich bei Geschwistern (aus verschiedenen, aber auch aus derselben Altersgruppe), die nach dem Kriege getrennt in verschiedenen christlichen und jüdischen Milieus aufwuchsen. Bei BF, BM, CL und GL haben wir bereits auf diese Problematik hingewiesen. Ähnlich gelagerte Fälle wiederholen sich quer durch unser gesamtes Material. Wenn die gruppendynamischen Spannungen – wie z. B. bei Streitfällen – die intrapersönliche Problematik verstärkten, kam es mitunter zu krisenhaften Erscheinungsformen (HG, JO, KB, KD, MB, alle aus der vierten Altersgruppe). Die verschiedenartig geschichteten Loyalitätskonflikte, die die Trauerverarbeitung aussparten oder sie im Gegenteil stimulierten, das Sich-verpflichtet-fühlen den jüngeren Geschwistern gegenüber die Elternrolle zu übernehmen, oder auch die Erwartung, die die jüngeren ihren älteren Geschwistern gegenüber hegten, sind noch bis in die Nachuntersuchung hinein zu verfolgen.

Bei der *diagnostischen Übersicht* (Tab. 10) fällt bei der vierten Altersgruppe die Zunahme der chronisch-reaktiven Depressionen auf: im Vergleich zur vorhergehenden Gruppe um mehr als das Doppelte. Die angstneurotischen Entwicklungen zeigen dagegen einen deutlichen Rückgang, während sich die charakterneurotischen Entwicklungen auf ungefähr der gleichen Höhe behaupten. Bemerkenswert ist der Anstieg der restriktiven Entwicklungen, die wir von den charakterneurotischen und chronisch depressiven Bildern abgegrenzt haben.
Bei der Eingliederung in unsere Diagnosentabelle bereitete uns die Gruppe, die wir als ‚gereifte Persönlichkeit' in der tabellarischen Darstellung umschrieben haben, einige Schwierigkeiten. Die Fälle EL, GA, JE ließen sich schwerlich in eine der diagnostischen Gruppierungen einreihen, obwohl psychopathologische Züge, wie paranoide, depressive oder angstneurotische Reaktionsformen bei der Nachuntersuchung deutlich erfaßbar waren. Diese traten jedoch nicht als unabhängige, sich der Reflexion der betreffenden Persönlichkeit entziehende Einstellungen auf. Vielmehr wurden sie gesichtet und als ‚normale Residuen' einer anomal verlaufenden Lebenshistorie interpretiert, mit denen gerechnet werden mußte. Eine Rubrizierung in einer der bestehenden diagnostischen Kategorien hätte diese Bilder aus dem Integrationszusammenhang gelöst, in den sie durch das Individuum selbst aufgenommen waren. Nur in denjenigen Fällen, wo – wie bei JP und RD – die depressive Reaktionsform als Abwehrmechanismus charakterologisch verankert war und zu einer Einbuße der sozialen Bezüge geführt hatte, schien uns die Eingliederung gerechtfertigt.
Einer der von uns Nachuntersuchten, verheiratet mit einem Angehörigen einer außereuropäischen Rasse, sah in der „Besonderheit" seines Ehepartners zugleich auch die Gewähr, seine eigene „Besonderheit" besser zu regulieren. Dieses spezifische Moment der Partnerwahl wurde bereits bei den Identitätsproblemen und der Frage der Mischehen angedeutet.
Daß die oben erwähnten „normalen Residuen einer anomal verlaufenen Lebenshistorie" bei der Tabelle der psycho-sozialen Defizienz dennoch als emotionelle Störungen

erscheinen, beruht u. a. auf der Erwägung, daß es sich hier um ein Verfolgungsgeschehen handelt, dessen derzeitige intrapsychische Bewältigung nicht als statischer Zustand behandelt werden kann. Nach Extrembelastungen in der Kindheit kann eine Prognose nicht mit Sicherheit gestellt werden.
Inwiefern mit der Verunsicherung der Sozialbezüge auch eine Verunsicherung der sozial bedingten Geschlechtsrolle einhergeht, wie sie von *Strauss* (1957), *Trautmann* (1961), *von Baeyer* c. s. (1964) und anderen Autoren beschrieben wurde, ist aus unserem Material weder bezüglich der Latenzperiode noch auch bezüglich der folgenden Gruppen überzeugend zu ermitteln. Um zu statistisch überzeugenden Aussagen zu gelangen, bedürfte es spezial ausgearbeiteter methodischer Techniken.
Wohl tritt ein anderer Aspekt im Bereich des Sozialverhaltens bei der hier referierten Gruppe stärker hervor. Neben dem Instandhalten abnormer Verhaltensmuster (was oft zu konfliktuösen Eheschließungen führt, bei einem beträchtlich niedrigen Prozentsatz an Ehescheidungen), und neben dem Auftreten von delinquentem *acting out* mit Verurteilungen und zuweilen rezidivierender Straffälligkeit, fällt der vergleichsweise beträchtliche Anteil der restriktiven Persönlichkeitsentwicklungen auf. Mit *von Baeyer* c. s. sind wir der Meinung, daß diese Form der Persönlichkeitsentwicklung mehrfach determiniert ist, und zwar neben der Angstabwehr und der Konfliktvermeidung auch durch die mangelhafte Entfaltung sozialer Verhaltensweisen und durch die Unsicherheit des eigenen Lebensentwurfes und der in ihm darzustellenden Rolleninterpretation. Hierbei schließt die bei der Nachuntersuchung ermittelte Hyperaktivität an, die bei den folgenden Altersgruppen eine steigende Tendenz zeigt. Ihre Genese ist aus der Abwehr destruktiver Impulse im Zusammenhang mit dem Verfolgungsgeschehen und der Abwehr unverarbeiteter Ängste mit Bezug auf eine eventuelle ‚Konkurrenzunfähigkeit' psychodynamisch zu erklären. Von 10 Fällen, die qua Intelligenz für eine höhere Schulausbildung geeignet waren, vollendeten nur 4 ihre Ausbildung und bezogen die Universität, die 3 von ihnen schließlich absolvierten.

In der Tabelle der *psycho-sozialen Defizienz* (Tab. 11) fällt der niedrige Prozentsatz der vierten Altersgruppe für Invalidität auf und die hohen Werte für Diskrepanz Intelligenz-Ausbildung und für emotionelle Störungen. Die letzteren sind die absolut höchsten des gesamten Materials und bestätigen unsere oben angestellten theoretischen Erwägungen bezüglich der sozial-kommunikativen Dauerfolgen bei dieser Altersgruppe. Vergleicht man diese Prozentsätze mit denjenigen der dritten Altersgruppe, so fällt die relative Einheitlichkeit in den traumatischen Endeffekten ins Auge. Dieser Umstand läßt die Grenzen zwischen den beiden Altersgruppen etwas verschwimmen. Inwieweit dieses Ergebnis zu Rückschlüssen hinsichtlich der Gültigkeit der auch in dieser Untersuchung hantierten Einteilung in Entwicklungsphasen berechtigt, soll dahingestellt bleiben.
Die Versagung der Lerndisposition wurde bereits in der vorhergehenden Altersgruppe in ihrer pathognomischen Bedeutung festgestellt und anhand der psycho-sozialen Defizienz verifiziert. Der beinahe gleichhohe Prozentsatz in der vorliegenden Altersgruppe bei der Diskrepanz Intelligenz/Ausbildung unterstützt die Annahme, daß es sich hier um eine Fortsetzung der diesbezüglichen Störung handelt, deren überdauernder Kern im Bereich des Sozialverhaltens zu suchen ist. Daß der Unterbrechung des Lernverhaltens die gleiche traumatisierende Wirkung zugeschrieben werden muß wie der behinderten Entfaltung der Lerndisposition überhaupt, ist annehmbar. Diese Feststellung gilt nach unseren Erfahrungen gleichermaßen für die Kinder in den Konzentrationslagern und in den Verstecken. Selbst in den wenigen uns bekannten Fällen, in denen Kinder – sei es im Lager, sei es im Versteck – in irgendeiner Form

Unterricht genossen, hat die fundamentale Beschränkung und Veränderung der sozialen Kontakte den Lernprozeß unterstimuliert. Obwohl für bestimmte Altersgruppen nach dem Kriege spezielle Schulen eingerichtet wurden, in denen Lernrückstände eingeholt wurden, teilten uns viele der dort Unterrichteten in der Nachuntersuchung mit, daß sie das Gefühl eines dauernden Bildungs- und Lerndefizits im Grunde nie überwunden haben. Der temporäre Ausfall der hierfür geltenden Aneignungsperiode scheint nicht nur eine Frage des intellektuellen Inhalts, sondern zugleich eine Frage der Lernattitüde zu sein, und deren sozialer Konditionierung auf Entwicklungsbasis. Dies bedeutet, daß das Problem der Lernattitüde sich für alle Altersgruppen unseres Materials stellt. Die Schul- und Ausbildungsschwierigkeiten kommen in dem durchgängig hohen Prozentsatz der Spalte „Diskrepanz Intelligenz/Ausbildung" der Tabelle zur psycho-sozialen Defizienz zum Ausdruck.

Aus der hier referierten Altersgruppe teilten uns 19 Nachuntersuchte mit, daß zudem das Gefühl einer gewissen „Konkurrenzunfähigkeit" ihr Tun und Lassen beherrsche. Dieses Motiv muß als eine unmittelbare Reaktion auf die verfolgungsbedingte Versagung der Lerndisposition überhaupt gedeutet werden, die als ein Akt der Exkommunikation vom Erwerb der Bildungsmittel, die zur Ausstattung der heranwachsenden Persönlichkeit gehören, erfahren wurde. Der tatsächliche Rückstand an erworbenem Lerngut und die emotionale Problematik der dritten traumatischen Sequenz bildeten zusammen eine zusätzliche psychologische Belastung, die den Lernprozeß erschwerte und den Vergleich mit Altersgenossen mit normaler schulischer Entwicklung ungünstig ausfallen ließ. Wir neigen dazu in dieser „Rückstandsposition", in der die Spielregeln eines normalen Wettbewerbs bei gleichlautender Ausgangsposition als nicht mehr wirksam empfunden werden, den zentralen Komplex der altersspezifischen Traumatisierung der schulbesuchenden Altersgruppen zu sehen.

Wir verweilen bei dieser Problemstellung etwas ausführlicher, da sie uns den Zugang vermittelt zum Verständnis von Phänomenen, die u. a. bei den Resozialisierungsproblemen der dritten traumatischen Sequenz eine hervorragende Rolle spielten. Das sozialpsychiatrische Team der jüdischen Waisenorganisation beispielsweise richtete einen großen Teil seiner Aktivität auf die schulische Betreuung der ihr anvertrauten Kinder. Diese bezog sich nicht allein auf das Lernergebnis der Kinder, sofern es sich nach althergebrachtem – schlechtem – schulischem Brauch in Ziffern niederschlug. Es wurde vielmehr bewußt der Versuch unternommen, die Schule aktiv in die Lern- und Verhaltensprobleme der traumatisierten Kinder einzubeziehen und die Grenzen abzustecken, innerhalb deren eine weitere Ausbildung möglich schien. Die beträchtliche Anzahl – um nicht zu sagen: Unzahl – test-psychologischer und charakterologischer Untersuchungsrapporte, die so manches Dossier füllen, zeugt von der Ohnmacht der Helfer.

Die Kontinuierung der in der Verfolgung erworbenen Fehlhaltung, die bereits von anderen Autoren erwähnt wurde, ist ein weiteres Merkmal der eingangs erwähnten psycho-sozialen Verletzbarkeit der vorliegenden Altersgruppe, die auch in unserem Material zum Ausdruck kommt. Dies gilt für die Kinder aus den Konzentrationslagern ebenso wie für die Kinder aus den Verstecken.

Auffallend ist auch, daß delinquentes *acting out* in zwei Fällen auftrat, wo die Betreffenden längere Zeit nach dem Kriege noch in ihrem Kriegspflegemilieu blieben, es dann aber mit Konflikten verließen. Dieselbe Beobachtung konnten wir bei zwei Fällen der vorigen Gruppe anstellen. (In keinem dieser Fälle handelte es sich übrigens um Kinder aus Konzentrationslagern.) Bei allen vier Kindern fanden wir bei der Untersuchung in den Jahren 1949 bis 1955 auf dem Boden einer schwer depressiven Grundhaltung mit paranoiden Zügen einen erhöhten Grad von Inaktivität und Verlust der Autonomie. Sie erwiesen sich lange Zeit refraktär für jegliche sozial-psychiatrische und psychotherapeutische Bemühung. Erst nach dem Verbüßen der ersten Freiheitsstrafe zeigten sie sich zugänglicher. Anscheinend führt bei sensitiven Persönlichkeiten dieser beiden Altersgruppen eine erhöhte gruppendynamische Spannung mit ihren Identitäts- und Loyalitätskonflikten und dem erschwerten Aufbau der Ideal-Ichfunktion zu depressiven, beinahe paralysierten Verhaltensmustern, die im Sinne von *Winnicott* (1958[2]) im delinquenten *acting out* die erste Stufe der Resozialisierung betreten.

C.IV.1c. Zur Auswahl und Darstellung der Fälle

Bereits bei der Behandlung der *Allgemeinen Auswahlkriterien und Ordnungsprinzipien der kasuistischen Darstellung* (C.2) haben wir auf die Verknüpfung von inhaltlichen und formalen Gesichtspunkten bei der Darstellung der traumatischen Problematik der letzten drei Altersgruppen (der vierten, fünften und sechsten) hingewiesen. Das bei den ersten drei Gruppen befolgte Darstellungsprinzip erfährt durch die im folgenden durchgeführte Anordnung nach Diagnosen eine Umbeugung, die jedoch in methodischer Hinsicht nicht nachteilig zu Buche schlägt. Wir sind der Meinung, daß durch die Einbeziehung der diagnostischen Kategorien der follow up-Charakter und die theoretische Ausgangsposition unserer Untersuchung – die Frage nach der altersspezifischen Traumatisierung – sogar an Profil gewinnt.
Über den Hauptgesichtspunkt der kasuistischen Darstellung der vierten Altersgruppe können wir uns kurz fassen. Es geht um die Darstellung der Entwicklung bzw. der Schädigung der Lerndisposition und der (behinderten) Entfaltung der Sozialbezüge, auf deren Bedeutung bei der Erörterung der altersspezifischen Problematik bereits eingegangen wurde und deren pathogenetischer Stellenwert an den folgenden Fällen aufgezeigt werden soll. Besondere Aufmerksamkeit soll in dieser Altersgruppe zudem den geschwisterlichen Beziehungen zugemessen werden, die einen Spezialfall der Sozialbezüge darstellen. Obwohl die Kommission O. P. K. bei der Vormundschaftszuweisung bemüht war, den Kontakt zwischen in verschiedenen Milieus lebenden Geschwistern aufrechtzuerhalten, kam es in vielen Fällen doch zu großen Spannungen oder zu zeitweisen resp. endgültigen Entfremdungen. Durch den unterschiedlichen Reifegrad der Kinder bei der Trennung der Eltern und Geschwister entwickelten sich unterschiedliche Spannungsniveaus.
Es ist noch darauf hinzuweisen, daß auch für Störungen der Lerndisposition und des Sozialverhaltens (einschließlich des Sonderfalles der Geschwisterfrage) gilt, daß die Problematik nicht auf die vorliegende Gruppe beschränkt ist, jedoch in ihr am virulentesten zutage tritt.

C.IV.2 Kasuistik

C.IV.2a. Charakterneurotische Entwicklungen

Die relevante Problematik unseres Materials, sowie die diagnostischen und therapeutischen Schwierigkeiten sollen an den Fällen FJ und JF dargestellt werden, einem Konzentrationslager-Kind und einem Untertauchkind.

Fall „David" (FJ); Konzentrationslager-Kind; Aufnahme in jüdisches Kinderheim. Unauffällige Entwicklung bei scheinbar guter sozialer Anpassung; schwierige Schul- und Berufsausbildung. Gestörte Regulation der Aggression; starke Charakterpanzerung; kein Bedürfnis nach Psychotherapie.

David, geboren am 15. 5. 1938, aus einem disharmonischen, liberal-jüdischen Mittelstandsmilieu stammend, wurde mit seinen Eltern und zwei jüngeren Geschwistern über das Auffanglager Westerbork in das Konzentrationslager Bergen-Belsen deportiert. Dem O. P. K.-Dossier zufolge sah er dort, wie sein Vater mit einem Knüppel zu Tode gefoltert wurde. Seine Mutter starb am Tage der Befreiung des Lagers; seine beiden Geschwister waren während der Lagerzeit Infektionskrankheiten erlegen. Unmittelbar nach seiner Repatriierung nach Holland kam er in ein jüdisches Kinderheim, wo er bis zu seinem 18. Lebensjahr blieb. Er wird in der ersten Zeit als ein unauffälliges, unscheinbares, ängstliches Kind beschrieben, mit auffallend wenig Konflikten, anscheinend gut angepaßt.

Eine Reihe von Testrapporten aus jenen Jahren vermitteln ein Bild seines Entwicklungsganges, und der Probleme, vor die er seine Umgebung stellte.

28. 1. '46. Macht einen freimütigen, wohlerzogenen Eindruck. Offensichtlich macht ihm die Untersuchung Spaß. Entwickelt Initiativen, zuweilen geistreiche Bemerkungen. Anscheinend gut angepaßt.
Intelligenz-Quotient niedriger als erwartet (84, Binet-Terman Standfordrevision). Völlig auf die Realität bezogen, schwaches Abstraktionsvermögen. Keine Hilfsschule. Volksschule versuchen. Nähere psychologische Exploration erwünscht.
20. 5. '46. (Grünbaum, Rorschach.) Macht keinen schwachbegabten Eindruck. Reizbar, verrennt sich in Kleinigkeiten. Disposition zu heftigen affektiven Entladungen mit langandauernden Verstimmungszuständen. Eventuell Aufnahme in ein Heim für schwerererziehbare Kinder.
(Dossiernotizen jüdisches Kinderheim): Er bleibt weiterhin in dem jüdischen Kinderheim, keine auffallenden Verhaltensstörungen. Er durchläuft die Volksschule ohne sitzen zu bleiben. Seine Leistungen sind mäßig.
Nach sechs Jahren wird im Zusammenhang mit seiner weiteren Ausbildung eine neue Untersuchung verrichtet. Seine eigenen Berufswünsche gehen auf die Übernahme eines Geschäftes eines Verwandten. Will gerne die Handels-HBS (in etwa Wirtschaftsoberschule) besuchen.
2. 4. '51. Observation. David ist schnell entmutigt; sagt rasch: ich weiß es nicht. Wenn man beharrlich weiterfragt, erweist sich, daß er doch die richtige Antwort geben kann. IQ 99 (Wechsler Bellevuetest). Seine Leistungen liegen höher als man erwarten sollte. Sehr ehrgeizig. Gute Konzentrationsfähigkeit, mäßiges Interesse für den Stoff. Befriedigende Einsicht in Situationen. Verbal IQ 105. Performance 93. Übersieht nicht die Folgen seines Handelns.
Beratung: Keine Handels-HBS; ULO (in etwa Hauptschule) versuchen; Schwierigkeiten sind zu erwarten.
9. 12. '51. Ergänzende psychologische Untersuchung (Rorschach, Grünbaum). Eine schwer gestörte Persönlichkeitsentwicklung auf dem emotionalen Niveau eines fünfjährigen Kindes. Aggressivität als Abwehr der Angst bei oberflächlichem Kontakt mit seiner Umgebung. Noch keine Anzeichen einer beginnenden Reife. Es bleibt schwierig, seine Intelligenz richtig einzuschätzen. Beginnende Psychopathisierung? Integrationshemmung?
Empfohlen wird, den Jungen im Zusammenhang mit einer eventuell zu beginnenden Psychotherapie an die *child guidance clinic* in ... zu überweisen.
29. 1. '52. (Ergänzende Mitteilungen des Direktors des jüdischen Kinderheimes): David fiel im Sommer '51 beim Zulassungsexamen für die ULO durch. Seine Leistungen waren so schlecht, daß man befürchten muß, daß er auch im nächsten Jahr nicht zur ULO zugelassen wird.
Im Moment ist seine Entwicklung zum Stillstand gekommen. Er besucht die 7. Klasse der Grundschule zum zweiten Male.

14. 6. '52. (*Child guidance clinic...:*) *Körperliche Untersuchung:* Ein gut gebauter und gut gewachsener Junge von 14 Jahren. Sekundäre Geschlechtsmerkmale normal entwickelt. *Psychologische Untersuchung:* Ein netter, freundlicher Junge, angepaßt an die Testsituation. Voreingenommen bei der Intelligenz-Untersuchung. Störung der Konzentrationsfähigkeit. Wenn man ihm Mut zuspricht geht es besser. Große Streuung beim Terman-Merriltest. Basisalter 9 Jahre, Streuung bis Superior-Erwachsen. Auffallender Rückstand auf verbalem Gebiet. Wahrscheinlich verursacht durch seine neurotischen Kontaktschwierigkeiten und längeren Ausfall einer normalen Übungsperiode. Allgemeines Intelligenzniveau genügend mit mehr Möglichkeiten.
Psychiatrische Untersuchung: David ist sehr willig über seine Lernschwierigkeiten zu plaudern, auch weiterhin kooperativ; im Moment kein inneres Hilfsbedürfnis. Die Hemmung seines Gefühlslebens hat ein derartiges Ausmaß, daß sein Mangel an Kontakt für ihn keinen Konflikt mehr bedeutet. Obgleich seine soziale Anpassung während der Untersuchung sehr gut ist, erweist sich aus einem einzigen Durchbruch die dahinter verborgene starke Aggressivität. Will die Schwierigkeiten jetzt zudecken und vergessen. Sein Abwehrverhalten ist intensiv im Charakter eingebettet.
Ernstliche neurotische Entwicklung bei guter Einstellung auf die Realität und guter sozialer Anpassung. Durch Intensität der Abwehr und völliges Manko an Krankheitseinsicht nicht geeignet für Psychotherapie.
Er ist sicher fähig, das Mittelstandsdiplom (erforderlich zum Führen eines Geschäftes) zu erwerben. Gründlicher systematischer und individueller Sprechunterricht ist indiziert, bei einem Lehrer, der ihm im Kontakt entgegenkommt.
Im selben Jahr bestand David die Aufnahmeprüfung für die MULO, blieb jedoch in der 1. Klasse sitzen. Daraufhin wurde die Berufsberatung eingeschaltet, die das Folgende rapportiert:
14. 8. '53. Ruhig, reserviert im Kontakt. Gute rechnerische Veranlagung. Begriff, Wortschatz genügend. Grammatik und sprachliche Inventivität schlecht. Nicht geeignet für fachtechnische oder Handfertigkeitsbranche. Technische Einsicht ungenügend. Wenig Gefühl für Material. Berufsrichtung: Laden- und Magazinarbeit, Verkäufer. Eventuell Mittelstandsdiplom.

Im Oktober '53 wurde David im Magazin eines Haushaltswarengeschäftes angestellt. Außerdem bekam er Nachhilfestunden. Bevor er 1955 das Kinderheim verließ, wurde er noch einmal untersucht; dieses Mal durch den Referenten.
8. 9. '55. Wurde 1946 durch den Referenten untersucht. Aus dem kleinen, leicht strabierenden, verlegenen Jungen ist ein schmächtiger Adoleszent herangewachsen, der sich nicht übel in die Situation einer erneuten Bekanntschaft fügt und eine gewisse Sphäre von Einvernehmen und Vertrauen zu schaffen weiß, allerdings auf einem ziemlich unnuancierten Niveau. Erinnert sich der vor Jahren stattgefundenen Untersuchung; erzählt auf eine komisch-drollige Manier seine Erlebnisse der verflossenen Jahre. Macht einen ziemlich gut angepaßten Eindruck; beginnende Introspektion. Man bekommt den Eindruck, daß er auf schlaue Weise seine beschränkten Möglichkeiten zu nutzen weiß. Zufriedener, seitdem er Nachhilfestunden hat; fühlt sich etwas sicherer. Erzählt von verschiedenen aktuellen Problemen, die mit seiner Arbeit und seinem Kontakt mit dem Kinderheim zu tun haben. Versucht instinktiv großen Zusammenstößen und Konflikten aus dem Wege zu gehen.
Bei der Nachuntersuchung im Mai 1973 erwies sich, daß David als kleiner Selbständiger gescheitert war. Er arbeitete wieder als kleiner Angestellter. Seine Ehe wurde nach heftigen aggressiven Entladungen geschieden. Er lebt allein, fast isoliert. Im Gespräch ist er zuweilen nicht zu verstehen, sein Satzbau zuweilen inkorrekt. Am meisten fiel seine Einsamkeit auf, Mangel an Kontaktfähigkeit und eine stete Reizbarkeit, mit der er seine tiefe Unsicherheit zu verbergen sucht. Die Mitgift seiner Frau war durch den geschäftlichen Zusammenbruch verzehrt; er hatte Schulden.

Wir haben diesen Fall in seinem weiteren Verlauf verkürzt wiedergegeben, um ihn durch die Darstellung des zweiten, völlig anders gelagerten Falles Dolf (JF) zu ergänzen und die charakterneurotische Entwicklung der vorliegenden Altersgruppe in ihrer Basisproblematik zur Diskussion zu stellen.

Fall „Dolf" (JF); Vormundschaftszuweisung an die Kriegspflegefamilie; nach schweren Konflikten mit 18 Jahren Aufnahme in jüdisches Heim; Abbruch der Schulausbildung; schwierige Berufsausbildung. Allgemeine Reifehemmung, Psychotherapie; delinquent acting out. Erdrükkende Loyalitäts- und Dankbarkeitsproblematik.

Unter Hinweis auf die tabellarische Darstellung beschränken wir uns auf einige Hauptpunkte.

Dolf, geboren am 14.6.1935 als zweites Kind eines orthodox-jüdischen Handwerkers, der als mittlerer Selbständiger es zu einigem Wohlstand gebracht hatte, kam im Alter von etwa 7 Jahren nach Irrfahrten über zehn Verstecke in ein orthodox protestantisches, akademisches Milieu mit einem eigenen Kind im Alter von 1 Jahr. Später wurden noch zwei weitere Kinder geboren.
Bis zu seinem 10. Lebensjahr litt Dolf an encopresis. Er wird als scheu, verschlossen, inaktiv beschrieben; niemand wußte, was in ihm vorging.
Nach dem Kriege blieb Dolf in dieser Pflegefamilie, die auch die Vormundschaft erhielt. Kein Streitfall. Er wurde in christlichem Sinne erzogen. Die Pflegeeltern waren überzeugt, daß er bei ihnen festen Fuß gefaßt hatte, obgleich sich von Zeit zu Zeit große Konflikte ergaben, hauptsächlich zwischen Dolf und seiner Pflegemutter.
Im März 1952 wandten sich die Pflegeeltern wegen Schul- und Erziehungsschwierigkeiten an die *child guidance clinic.* Im psychiatrischen Rapport wird Dolf als ein äußerst verunsicherter, unselbständiger, gehemmter und kontaktgestörter Junge beschrieben; unerreichbar für psychotherapeutische Bemühungen, bei gutem intellektuellem Niveau. Die körperliche Untersuchung ergab keinen organischen Befund.
Im September 1953 wird Dolf nach einer Periode sich steigernder häuslicher Konflikte auf Wunsch der Pflegeeltern durch Vermittlung der jüdischen Waisenorganisation in ein jüdisches Heim aufgenommen. Zur Zeit der Aufnahme dort besuchte er die 4. Klasse des Gymnasiums.

Von dieser Situation aus, in der der Referent ihn zum ersten Mal trifft, soll die Problematik dieses Falles in großen Umrissen diskutiert werden, angereichert mit den Informationen aus den psychiatrischen Rapporten vom September 1953, April und Dezember 1954, sowie den Ergebnissen der Nachuntersuchung im Juli 1971, die global in der tabellarischen Darstellung verarbeitet sind. Die Sichtung aller Determinanten bei massiv-kumulativ traumatischem Geschehen ist nicht möglich.
Der deplorable Zustand bei der Aufnahme Dolfs in das jüdische Heim spricht deutlich aus den oben erwähnten Rapporten, die ihn als ängstlich, gehemmt, unselbständig und depressiv beschreiben. Anfänglich leugnete er jegliche Problematik; er sprach von den Pflegeeltern als von Vater und Mutter, von seinen Pflegegeschwistern als von Bruder und Schwester. Dabei hatte er noch zwei überlebende Geschwister, mit denen er jedoch keinen Kontakt mehr unterhalten konnte. Sein einziger Wunsch war zu arbeiten, wo und was war ihm gleichgültig. Man bekam den Eindruck, daß ihm dieser Wunsch von außen aufgedrängt worden war.
Bei näherer Exploration zeigte sich eine große Loyalitäts- und Dankbarkeitsproblematik, in der er fast erstickte – er sprach nur flüsternd – sowie seine Angst vor der eigenen Identität und Selbständigkeit. Das Kernproblem seines deplorablen Zustandes, das ihn auch für Psychotherapie unerreichbar machte, war die Leugnung. Diese Abwehrform kam überein mit der Leugnung der Pflegeeltern, die von seiner Verwurzelung in ihrem Milieu überzeugt waren. Ihre Leugnung betrifft in erster Hinsicht die Bedeutung seiner ersten traumatischen Sequenz, der Trennung von seinen Eltern. Als er zu ihnen kam, gab die encopresis, unverarbeitete Verdrängung eines wütenden Angstaffektes, hinreichend den Ernst seines Zustandes an, der aber nicht erkannt wurde. Als nach dem

Kriege das lästige Symptom verschwand, und Dolf – wie er später berichtete – völlig unerwartet den Tod seiner Eltern erfuhr, war seine Problematik (andauernde Verlassenheitsgefühle mit starken Aggressionsneigungen) bereits internalisiert. Daß er sich während des Krieges als das ‚echte' Kind seiner Pflegeeltern, deren Namen er führte, betrachtete, spricht für den starken Verdrängungsprozeß, der hier wirksam war.
Innerhalb der vorliegenden Altersgruppe nimmt der Fall „Dolf" auch in anderer Hinsicht eine extreme Position ein. Man könnte im encopresis-Symptom die Anwesenheit einer frühen Verwahrlosung mutmaßen, Zeichen einer Regression bei gestörter Objektbesetzung und mangelhafter Über-Ich-Entwicklung, die das ganze Bild zusammen mit der delinquenten Entgleisung in die Nähe der psychopathiformen Entwicklung rückt. Soweit eine Familienanamnese noch zu rekonstruieren war, handelte es sich bei seinen Eltern um ein vielleicht etwas nonchalantes, primitives, etwas verwöhnendes Milieu. Bei den zwei überlebenden Geschwistern, von denen das ältere nicht mehr unter die O. P. K.-Gesetzgebung fiel, konnte von primärer Verwahrlosung keineswegs gesprochen werden. Gegen die Bindungslosigkeit sind verschiedene Argumente anzuführen, z. B. sein gutes Verhältnis zu seinen Pflegegeschwistern und auch zu seinen eigenen Kindern, seine kameradschaftliche Haltung und sein sozial angepaßtes Verhalten in der Schule. Die Schulschwierigkeiten lagen auf dem Leistungsgebiet. Und als stärkstes Argument die nicht zu übersehende Tatsache, daß Dolf an der entstandenen Situation litt.
In diesem Punkt unterscheidet sich dieser Fall von dem vorhergehenden. David litt nicht an seiner Kontaktlosigkeit, er hielt sein Kontaktniveau niedrig. Wenn bei Dolf von einer defizienten Über-Ich-Entwicklung überhaupt gesprochen werden kann, so lag der unzureichenden Identifikation mit der geeigneten Bezugsperson nicht a priori eine psychopathiforme Entwicklung zu Grunde, sondern der unaufgelöste Loyalitätskonflikt zu zwei Bezugspersonen: Vater und Pflegevater. Die Aussparung dieses Konfliktes dient zugleich als Abwehr schmerzhafter Erfahrungen. Der emotionale Reiferückstand des Adoleszenten ist von dieser Loyalitäts- und Dankbarkeitsproblematik her verstehbar.
Auch durch das Fehlen dieser Problematik unterscheidet sich der Fall „David": bei ihm ist der Vater die Bezugsperson, dessen sozialem Status er nachzueifern trachtet. Sein Scheitern als Folge einer nicht ausreichenden intellektuellen Begabung, verschärft durch den im Konzentrationslager erlittenen irreparablen Entwicklungsrückstand, bleibt das Leitmotiv der Nachuntersuchung. Davids Erinnerungen an seine Eltern sind wehmütiger Natur und bilden die Basis seiner Affektlage. Durch den Aufenthalt im jüdischen Heim brauchte er diesen Erlebnisbereich der Aufarbeitung nicht zu entziehen.
Alle diese Momente fehlen bei Dolf. Bei seiner Ankunft im jüdischen Milieu waren die Erinnerungen an die erste traumatische Sequenz unerreichbar. Auch in der Nachuntersuchung bestanden nur isolierte Rudimente dieser Periode, für ihn unbegreifliche Eisenbahnfahrten durch das Land, Rotterdam, Friesland usw.; mit der oberflächlichen Einsicht, daß er vielleicht schwierig gewesen sei. Auch im jüdischen Heim machte er große Schwierigkeiten, so daß man zeitweilig seine Übersiedlung in ein anderes Heim erwog. Die psychotherapeutischen Bemühungen erstreckten sich nur auf die Besprechung aktueller Situationen. Er brach seine Schulausbildung ab, wechselte mehrere Male seinen Arbeitsplatz. Es kam zu einer gewissen Entspannung; nach anderthalb Jahren verließ Dolf das Heim und wohnte allein in Untermiete. Im Zuge dieser Entwicklung muß seine delinquente Entgleisung als eine dynamische Reaktion gewertet werden, als Ausdruck eines Autoritätsprotestes, der sich jedoch als psychotherapeutisch nicht zugänglich erwies.

Dolf hatte sich einer kleinen Bande Gleichgesinnter angeschlossen. Bei einer ihrer Aktionen spielte er eine untergeordnete, passive Rolle: er stand Schmiere. Die verbüßte kurze Strafe verarbeitete er innerhalb seiner Dankbarkeitsproblematik. Sie durchzieht als Leitmotiv die Nachuntersuchung. Seine „Wiedergutmachung" hat er seinen Pflegeeltern geschenkt: als Dank für die Lebensrettung und für die Unkosten. Es ist auffallend, daß hier – im Gegensatz zu anderen Fällen unseres Materials – die ödipalen Verwicklungen nicht auf das sozial-psychologische Niveau der Gruppendynamik übertragen wurden. Das gestörte Verhältnis zu seiner Pflegemutter reaktivierte bereits früh fixierte Verhaltensmuster, die ihn in der Nachuntersuchung sagen ließen, man habe ihn „hinausgeschmissen", als er schwierig wurde. Es ist annehmbar, daß die Trennung von den Eltern und der gehäufte Versteckwechsel durch das siebenjährige Kind auf dieselbe Weise erfahren wurde.

Obwohl in beiden Fällen – David und Dolf – die Reifungshemmung durch verschiedenartige extreme Belastungssituationen inhaltlich motiviert ist, besteht eine Übereinkunft in der resultierenden Fehlentwicklung: Verlassenheitsgefühle, Kontaktlosigkeit, Verunsicherung auf depressiver Basis. Bei David kam die Krise erst in der Ehe mit einer jüdischen Frau; nach dem geschäftlichen Zusammenbruch kam es infolge von Triebdurchbrüchen zur Scheidung. Ohne Zweifel trug die gegenseitige Wahl neurotische Züge. Die infantile Struktur seiner Frau, einer Kriegswaisen, kam seiner überkompensiert männlich-sicheren Attitüde entgegen – und umgekehrt. Die Gruppenidentität erwies sich als nicht zureichend, um pathologisches Verhalten zu neutralisieren.

Dolf hatte eine nicht-jüdische Frau geheiratet, mit der er nie über Krieg und Verfolgung spricht. Seine Krisis lag am Ende der Adoleszenzperiode, keiner seiner inneren Konflikte hat eine Lösung gefunden. Durch seine Heirat hält er seine Verdrängung optimal und das Konfliktniveau niedrig. Seine Identität erlebt er am Rande seiner Existenz, z. B. wenn er in den Ferien allein nach Israel reist, aber dann im Gespräch nicht imstande ist, seine persönlichen Eindrücke und Erlebnisse wiederzugeben. Seine soziale Stellung ist gefestigt, er wohnt in einer Eigentumswohnung und besitzt in der Stadt eine gutgehende Agentur. Er sagt, daß er beliebt ist; aber er hat keine Freunde und keine Liebhabereien. Am Wochenende beschäftigt er sich mit seinen Kindern, um seine Frau zu entlasten. Er bezeichnet sich als geduldig, seine Kinder als wild und schwierig. Arbeit war sein einziger Lebensinhalt. Er wäre gerne Zahnarzt geworden; aber durch den Abbruch seiner Schulausbildung hat er diese Chance verspielt. Darunter leidet er noch heute. Seine Beschäftigung füllt ihn nicht aus. Als Mensch fühlt er sich gescheitert.

Die Beeinträchtigung der Sozialbezüge wird besonders beleuchtet durch die Tendenz der Pflegeeltern, ihn von seinen Geschwistern zu isolieren. (Wie bereits erwähnt, durchzieht dieses Problem alle Altersstufen unseres Materials.) Dolf sah seine beiden Geschwister erst drei Jahre nach dem Kriege wieder. Er berichtet, daß er sie nicht mehr erkannt, ja sich ihrer nicht mehr erinnert habe. Sein starker Verdrängungsmechanismus macht diese Mitteilung glaubwürdig. Die Lösung und Verfremdung von seinem eigenen lebensgeschichtlichen Hintergrund bewirkte nicht – wie die Pflegeeltern vielleicht hofften – einen störungsfreien Übergang in ihr Milieu. Vielmehr förderte sie seine Verunsicherung und seine extrem ambivalente Einstellung zu ihnen.

Auch David steht seiner Heimperiode ambivalent gegenüber. Er beklagt sich über einen Mangel an Herzlichkeit und Wärme. Trotzdem sucht er von Zeit zu Zeit seine Zuflucht bei einem früheren Gruppenleiter und dessen Frau, die für ihn an die Stelle der Eltern getreten sind.

Anscheinend gehört es zu dem Bild gestörter mitmenschlicher Beziehungen, daß beide

Fälle ein besonders schlechtes Verhältnis zu ihren Schwiegereltern haben, oder zu den Personen, die an die Stelle der Schwiegereltern getreten sind. Dieses Phänomen fiel uns auch bei anderen Altersgruppen auf. Abgesehen von der vulnerablen Rolle, die Schwiegereltern in unserem Kulturbereich spielen, scheinen hier besondere Projektionsmechanismen am Werke zu sein. Der Vorwurf antisemitischer Einstellung des Schwiegervaters entzieht sich im Fall von Mischehen nachweisbar der Kontrolle. Bei jüdischen Verbindungen erhebt sich die Frage, inwieweit hier Verfolgungsreste sadistischer Natur internalisiert sind, die in der Projektion auf ‚Schwiegereltern' agiert werden.
Seine Verunsicherung ließ Dolf zum Schluß den Untersucher fragen, ob er im Gespräch Defekte an ihm entdeckt habe. Immer sei er auf der Hut, andere Menschen nicht zu verletzen. Alle Kunden fänden ihn bisher nett, zuvorkommend, freundlich. Wenn er am Abend nach Hause komme, fühle er sich todmüde. Der betont aktiv-männlichen Tagesrolle entsprechen im erotischen Leben starke passive Strebungen, die bei beiden Fällen nachweisbar sind. Bei David hat die aggressive Abwehr dieser Tendenzen zur Scheidung geführt; bei Dolf ist die Abwehr aufgenommen in das gesamte sozial-restriktive Verhalten, in die Resignation auch in der Ehe.

C.IV.2b. Angstneurotische Entwicklung

Die Bedeutung der geschwisterlichen Beziehungen für die Verarbeitung des Verfolgungsgeschehens soll an dem Fall „Doris" (MB) illustriert werden. Dieser Fall ist lehrreich, da er im Kern alle bisher behandelten individuell- und gruppenpsychologischen Aspekte des Sozialverhaltens in der Adoleszenz in sich vereinigt.

Fall „Doris" (MB); Streitfall; Vormundschaftszuweisung an die Organisation HAO; scheinbar ungestörte psycho-soziale Entwicklung in der Kriegspflegefamilie. Zeitweilige Entfremdung der Geschwister; plötzlicher Abbruch der Berufsausbildung. Mit 20 Jahren Aufnahme in ein christliches Heim für schwererziehbare Mädchen. Erneuter Kontakt der Geschwister; Aufnahme in jüdisches Heim; Emigration der Geschwister nach Israel.

Doris, geboren am 17. 9. 1932, aus jüdisch-proletarischer Familie, taucht 1942 im Alter von 10 Jahren zusammen mit ihrer jüngeren Schwester unter. Kurze Zeit danach werden die Eltern und drei weitere Geschwister deportiert. Auf den ersten vier Versteckadressen bleiben die Schwestern zusammen. Sie erleben verschiedene beängstigende Situationen: einen einjährigen Aufenthalt auf einem Dachboden, Haussuchungen und Überfälle. Hierbei verhält sich Doris mutig und geistesgegenwärtig. Im vierten Versteck – bei Mitgliedern der Widerstandsbewegung – können sich die Kinder frei auf der Straße bewegen.
Als Doris eines Tages bei einem Bekannten einen Brief abgeben muß, trifft sie im Haus nur eine fremde Frau, die offensichtlich erschrickt. Doris erkennt in der anderen eine ältere Leidensgenossin und sagt, sie brauche nicht ängstlich zu sein, sie selbst sei auch eine Jüdin. Am folgenden Tag wird Doris allein zu ihrem fünften Versteck irgendwo auf dem Lande bei orthodox protestantischen Bauern gebracht. Ihre Schwester kommt zu einer anderen Bauernfamilie.
Nach dem Kriege blieb Doris bei ihrer Kriegspflegefamilie. Sie war völlig in das Milieu aufgenommen und wehrte sich aktiv gegen eine eventuelle Rückkehr in eine jüdische Umgebung. Streitfall.
Sie besuchte die christliche Volksschule und die Kirche und wurde auf die Konfirmation vorbereitet. Ihr Kontakt mit ihrer Schwester, die nach dem Kriege in einem jüdischen Heim aufgenommen worden war, gestaltete sich unter dem Einfluß ihrer Pflegeeltern lose.
Die Vormundschaft wurde der Organisation HAO übertragen.

Nach Beendigung der Volksschule half Doris zunächst ihrer Pflegemutter im Haushalt und arbeitete auf dem Bauernhof mit. Sie verlobte sich mit einem jungen Mann aus dem Milieu ihrer Pflegefamilie. Zur weiteren Ausbildung besuchte sie eine Gartenbauschule, wo sie in einem Internat wohnte. Zwanzigjährig verließ Doris – anscheinend unmotiviert – diese Ausbildungsstätte. Über diesen Vorgang findet man im Dossier verschiedene Lesarten. Einmal heißt es, sie habe sich schlecht geführt und sei weggeschickt worden. Eine andere Quelle berichtet, sie wäre weggelaufen, weil die Umgebung sie zu sehr bedrückte. In derselben Periode hatte Doris von ihrer Schwester aus dem jüdischen Heim die Mitteilung erhalten, daß diese sich darauf vorbereite, im Herbst des Jahres mit einer Gruppe nach Israel zu emigrieren.

Eine Woche nach der Krisis wurde Doris auf Veranlassung der Pflegeeltern mit Hilfe der Vormundschaftsorganisation in ein Heim für schwererziehbare Mädchen eingewiesen. Im Gutachten des Heimes vom 25. Juni '52 findet man den Bericht, daß sie unmittelbar nach ihrer Aufnahme einen freundlichen zufriedenen Brief an ihre Pflegeeltern schrieb. In der psychologisch-psychiatrischen Untersuchung wird sie als eine gesunde, sich ruhig und korrekt betragende Persönlichkeit beschrieben, mit neurotisch gehemmter Intelligenz auf normalem Niveau, affektiver Fehlentwicklung, Scheinanpassung; ‚displaced person' trotz großer Herzlichkeit der Pflegeeltern; Ausfall der Pubertätsphase, Mangel an psycho-sozialer Bezugsfähigkeit zu Alters- und Geschlechtsgenossen, großes Bedürfnis nach Abhängigkeit und Geborgenheit; Angst vor der Zukunft; panische Reaktionsformen auf Spannungen.

Im Heim löst Doris ihre Verlobung und erneuert den Kontakt mit ihrer Schwester durch verschiedene Besuche. Schließlich äußert sie den Wunsch, im jüdischen Heim aufgenommen zu werden und zusammen mit ihrer Schwester nach Israel zu emigrieren. Im Oktober 1952 wandern sie zusammen mit der Gruppe aus.

In Israel verlobt Doris sich mit einem etwas älteren Jungen, der zwei Jahre früher mit einer anderen Gruppe des Heimes nach Israel übergesiedelt war. Sie fühlt sich in die jüdische Gemeinschaft aufgenommen. Der jüdischen Religion steht sie fremd und zurückhaltend gegenüber. Sie besucht den Gottesdienst der protestantischen Kirche. Ihr erstes Kind bringt sie in einem christlichen Krankenhaus zur Welt.

Bei der Nachuntersuchung findet der Referent eine gesunde, sozial gut angepaßte junge Frau mit panischen Reaktionsformen gegenüber ihrem Mann und ihren Kindern, mit zuweilen halluzinatorischen, depressiv gefärbten Erinnerungen an ihre Eltern und Geschwister; Heimwehreaktionen nach ihren Pflegeeltern und -geschwistern. Weihnachten erlebt sie im israelischen Fernsehen mit.

Dieser Fall nimmt in unserem gesamten angstneurotischen Material durch seine gehäufte Thematik eine besondere Stellung ein. Oberflächlich betrachtet verlaufen die angstneurotischen Reaktionsformen auf zwei Ebenen: erstens in Doris' Verhältnis zu ihrem Mann und ihren Kindern; zweitens in den doppelten Loyalitäten gegenüber dem elterlichen und dem pflegeelterlichen Milieu. Die extreme Gefährdung in der zweiten traumatischen Sequenz, die Abwehr der ängstlichen Erwartungsspannung, ist in der anekdotischen Beleuchtung beim Überbringen eines Briefes an eine untergetauchte jüdische Frau evident. In der Scheinanpassung an das letzte Pflegemilieu, in der zeitweiligen Verleugnung der eigenen Historizität, ist die Abwehr ebenfalls zeitweilig gelungen, jedoch auf Kosten der sozialen Bezugsfähigkeit auf Alters- und Geschlechtsgenossen. Die dem zu Grunde liegenden panischen Reaktionsformen als Folgezustände lang dauernder ängstlicher Spannungen werden erst bei zunehmenden neuen aktuellen Spannungen manifest. Dieser Verlauf ist in der Verfolgtenliteratur oft beschrieben (*Trautmann*, 1961; *Engel*, 1962; *Strauss*, 1961; *von Baeyer* c. s.; *Bastiaans*; u. a. m.). Im vorliegenden Fall müssen die Verlobung und die Mitteilung von der bevorstehenden Emigration der Schwester als spannungserhöhende Faktoren betrachtet werden. Unter diesen Aspekten ist die Krisis in der Gartenbauschule verstehbar.

Neu jedoch ist die Verarbeitung dieser Konfliktsituation in gruppenpsychologischer Hinsicht. Die doppelten Loyalitäten gegenüber dem elterlichen und pflegeelterlichen

Milieu machen den Eindruck einer ‚Rückversicherung' – entstammend der Angst, nirgends zu Hause zu sein – und einer Besänftigung der widerstreitenden Tendenzen der uneinheitlichen Über-Ich-Entwicklung. In dieser aufgesplitterten Form werden die feindseligen Bestrebungen unter dem Zwang einer lakunären Ich-Entwicklung in der Verdrängung gehalten. Sie durchbrechen nur in einem erhöhten Spannungsfeld die Basis der sozialen Anpassung. Die panischen Reaktionsformen sind Projektion eigener unverarbeiteter infantiler Ängste und Provokation zugleich.
Es ist müßig zu diskutieren, inwiefern die Separationsängste genetisch bereits in der frühen Kindheit vorbereitet sind. Die kumulativen traumatischen Erfahrungen der extremen Belastungssituation stimulieren – wie bekannt – Regressionsvorgänge im allgemeinen; die Abwehrvorgänge zur Bewältigung der Angst bei der infantilgenetischen Neurose und bei späteren ernsten traumatischen Erfahrungen sind identisch. Im vorliegenden Fall sind die wehmütigen Erinnerungen thematisch doppelt motiviert und zugleich ein Symptom des bestehenden Gewissenskonfliktes.
Nicht zu übersehen ist hier das Bedürfnis nach Abhängigkeit und Anklammerung, ebenfalls ein vertrautes Phänomen in der Verfolgten-Psychiatrie bei Kindern (*A. Freud* und *Dann*, 1951) wie bei Erwachsenen (*Bastiaans; Venzlaff*, 1958, 1963[1]; *Bensheim*, 1960; *von Baeyer* c. s.). *Kuiper* (1963) hat im Zusammenhang mit dem negativen Ödipuskomplex das Sich-Unterwerfen als Adaptionsform für die komplizierte Struktur der neurotischen Anpassungsstörung erklärt. Die sich in unserem Fall zeigende Intensität, resultierend in Scheinanpassung und displaced-person-Status im Pflegemilieu – in gewissem Maße selbst noch in Israel – sprechen für einen Entwurzelungsvorgang, begleitet von einer steten Trauer über die Verluste und Trennungen von geliebten Personen. In dieser Hinsicht ähnelt dieser Fall dem oben referierten Fall „Dolf" (JF); in dieselbe Reihe gehört der im folgenden referierte Fall „Dan" (OL).

Fall „Dan" (OL); mit sieben Jahren mit älteren Geschwistern aus Deutschland nach Holland geflüchtet und dort untergetaucht. Abbruch der Schulausbildung; isoliert; kontaktgestört; erschwerte Berufsausbildung. Nach zehn Jahren Wiederaufnahme der Schulausbildung; Psychotherapie; Universitätsstudium.

Dan, geboren am 12. 10. 1930 in Deutschland in orthodox-jüdischem, gut bürgerlichem Milieu, flüchtete siebenjährig mit zwei älteren Geschwistern nach Holland.
Während des Krieges hielt er sich – getrennt von seinen Geschwistern – in zehn Verstecken verborgen. Seine zweite traumatische Sequenz muß als besonders schwer gewertet werden. In der tabellarischen Darstellung wird diese Periode folgendermaßen beschrieben: Bei mehreren Razzien verhaftet, geflüchtet, Versteck Ferienpension, Gefahren, isoliert, keine Schule, nachts auf der Straße, enuresis, zuweilen Kontakt mit älterer Schwester; illegaler Kurier. Nach dem Kriege blieb Dan drei Monate in seinem letzten Pflegemilieu, da seine Geschwister ihn noch nicht aufnehmen konnten. Dann halbjähriger Aufenthalt in einem dänischen Erholungsheim. Kehrte zu seinen Geschwistern zurück. Neben schweren Konzentrations- und Arbeitsstörungen – er zog sich vor der Abschlußprüfung der HBS zurück – große Dankbarkeitsproblematik, Fluchtphantasien, Verfolgungsträume; gehemmt, initiativlos, gespannt; totale Amnesie der ersten zehn Lebensjahre; transpiriert stark. Scheinanpassung in jüdischen Milieus und Vereinigungen. Im Wesen isoliert, depressiv, kontaktgestört.
Büroarbeit. Unzufrieden. Bereitet sich nach zehnjähriger Unterbrechung durch Abendstudium auf Zulassung zur Universität vor. 1960 colloquium doctum. Zwischendurch mehrere Besuche in Israel; lernt dort seine Frau kennen, eine osteuropäische Jüdin, die mit fünf Jahren ins Konzentrationslager deportiert wurde.

1961 Beginn Chemiestudium; 1967 Abschlußexamen. Psychoanalytische Behandlung von 1961 bis 1966. Ernste Eheprobleme. 3 Kinder. Research-Mitarbeiter im Laboratorium eines großen Unternehmens. 1970 Übersiedlung nach Israel.

Die geschwisterlichen Beziehungen haben in diesem Fall eine doppelte und zugleich ambivalente Bedeutung. Die älteren Geschwister versahen die Elternrolle in allen drei traumatischen Sequenzen und bewahrten ihn vor Entwurzelungsreaktionen, wie sie in den drei vorher referierten Fällen auftraten. Zugleich provozierten sie jedoch durch eine besonders in der dritten traumatischen Sequenz stark ausgeübte Protektion eine Dankbarkeitsproblematik als Abwehr feindseliger Einstellungen, die man in unverhüllter Gestalt und in extremem Ausmaß zuweilen bei der Wiedervereinigung von getrennt verfolgten Eltern und Kindern beobachten konnte.

Die gestörte Schulausbildung und das Untertauchen in einem Beruf, der einzig dazu diente, Geld zu verdienen, um finanziell unabhängig zu sein, erhellen die Szenerie. Der Untersuchte berichtete, daß es ihm bei dem stereotypen Ausruf seiner Geschwister: „Wir bezahlen alles!“ kalt über den Rücken lief. Dies ist vielleicht auch der Grund dafür, daß Psychotherapie erst verwirklicht wurde, als Dan nach Wiederaufnahme seines Studiums die Initiative ergriff und die Kosten einer analytischen Behandlung bis zu einem gewissen Grad selbst tragen konnte.

Der Untersuchte teilte mit, er sei durch die Analyse in hohem Maße von seinen angstneurotischen Reaktionsformen befreit worden; er lebe gleichmäßiger; seine Arbeits- und Konzentrationsstörungen seien völlig behoben. Er habe das Gefühl, daß seine Entwicklung wieder in Gang gekommen sei. Nur falle es ihm schwer, spontan fröhlich zu sein; auch in der tieferen Kontaktnahme fühle er noch eine gewisse Beschränkung. Seinen Kindern fehlen die Großeltern, und mit Ausnahme seiner eigenen Geschwister die nähere und weitere Verwandtschaft. Seine frühere Problematik habe bei seiner Partnerwahl eine gewichtige Rolle gespielt. Die angstneurotischen Reaktionsformen leben fort in seiner Frau, die seit einiger Zeit ebenfalls in analytischer Behandlung sei.

(Unser Material enthält drei Fälle von Kindern, die – getrennt von ihren Eltern – Deutschland in den Jahren vor dem Krieg unter dem Druck der dort einsetzenden Judenverfolgung verlassen hatten; ein Kind kam mit einem Kindertransport und wurde hier von Verwandten aufgenommen (JR); zwei andere zusammen mit älteren Geschwistern, die für das jüngere Kind sorgten (OL, RM). Im Fall JR wurde die Diagnose chronisch-reaktive Depression gestellt. Bei RM handelte es sich um eine restriktive Persönlichkeitsentwicklung. Entwurzelungsproblematik war bei beiden zu beobachten, begleitet von depressiven Reaktionsformen.)

C.IV.2c. Chronisch-reaktive Depression

Im Abschnitt ‚*Diagnostische Erwägungen*‘ haben wir – den Ausführungen *Nissens* (1971) folgend – auf die Komplexität des Begriffes der chronisch-reaktiven Depression bei Kindern und Jugendlichen hingewiesen. Mit dem Steigen der Altersgruppen und der Anwesenheit stärkerer, gefühlsgebundener Erinnerungen gewinnt auch diese diagnostische Kategorie Form und Gehalt. Hierzu einige erläuternde Bemerkungen.

Während uns bei der Nachuntersuchung die charakterneurotischen und angstneurotischen Entwicklungen bei Kindern, die wir nach dem Kriege untersucht und begleitet hatten, bezüglich der Einordnung in die betreffenden Kategorien verhältnismäßig wenig Schwierigkeiten bereiteten, waren wir bei der Diagnostizierung der chronisch-reaktiven Depression mitunter überrascht. Dies gilt in hohem Maße für die vorliegende Altersgruppe.

Die Mehrzahl aller Kinder des Gesamtmaterials zeigte depressive Reaktionsformen, die sich kürzer oder länger sowohl in der manifest anwesenden Stimmungslage als auch in mannigfachen Abwehrformen c. q. Verhaltensstörungen äußerte. Am deutlichsten trat dies bei den Entwurzelungsdepressionen zutage mit chaotischen, borderline-artigen Bildern, und bei denjenigen Kindern, die mit apathisch-asthen-depressiven Schwäche- oder Erschöpfungszuständen entkräftet oder krank aus den Vernichtungslagern zurückkamen. Aber auch bei den Kindern aus den Verstecken mit Verhaltensstörungen charakter- oder angstneurotischer Prägung war dies der Fall. Je mehr sie – gemäß ihrem Alter und Reifegrad – fähig waren, ihre Erfahrungen im Zusammenhang mit dem Verfolgungsgeschehen zu verbalisieren, desto deutlicher rückte bei den ersten orientierenden Gesprächen der *Verlust* und die *Trauer* ins Zentrum ihres Erlebens.

Bereits bei der vorigen Altersgruppe haben wir auf die Reste von persönlichen Erinnerungen an Eltern, Geschwister und andere Familienmitglieder hingewiesen, die der Trauer die Farbe des persönlichen Gedenkens und Schmerzes verlieh. Die Äußerung einer Nachuntersuchten einer jüngeren Altersgruppe, daß man um Menschen, die man nie bewußt gekannt und geliebt hat, schwerlich trauern könne, schien uns nur bedingt richtig. Der Anteil der Phantasie an der Verarbeitung des Verfolgungsgeschehens darf nach unserer Erfahrung nicht übersehen werden.

Die beiden Momente Verlust und Trauer konnten sich sowohl auf den Verlust der kongenialen Umgebung beziehen, als auch auf die Trennung von den Pflegeeltern, bei denen sie, aus welchen Gründen auch immer, nicht mehr bleiben konnten. Bei ihnen allen stand die sogenannte Trauerarbeit im Mittelpunkt. Diesen Momenten begegneten wir auch wieder bei den Nachuntersuchungen, und zwar in verschiedenen Intensitätsgraden, als einem implizierten Bestandteil der emotionellen Störungen in der Tabelle der psycho-sozialen Defizienz.

Es wäre ein Irrtum zu meinen, daß die Diagnose „chronisch-reaktive Depression" nur auf Kinder Bezug hat, die nicht imstande waren, diese Trauerarbeit zu leisten. Es muß dahingestellt bleiben, ob man hier überhaupt billigerweise von einer Bewältigung der erlittenen Verluste in der Trauerarbeit sprechen kann. Das zeitweilige Verblassen dieser Probleme, das Überwiegen anderer, aktueller, situationsbestimmter Inhalte, entspricht der Plastizität der kindlichen Psyche. Daß verdrängte, Trauer auslösende Erlebnisse jedoch nach einer langen Latenzperiode mit unerwarteter Heftigkeit wieder bewußtseinsfähig werden, ist von mehreren Autoren beschrieben worden (*Bastiaans; Trautmann*, 1961; *von Baeyer* c. s.; *Tas*, 1951). Die Beobachtungen von *A. Freud* und *Dann* (1951) und der Bericht von *Wolffheim* (1958) über die günstige und verhältnismäßig schnelle soziale Rehabilitation der verfolgten Kinder müssen wie erwähnt daher als eine Beschreibung dieser Latenzperiode gewertet werden (vgl. C.I.1).

Im Anschluß an unsere obigen Ausführungen umfaßt die diagnostische Kategorie „chronisch-reaktive Depression" Fälle, die zu Beginn mit einer angst- oder charakterneurotischen Symtomatik imponierten, mit psychopathiformem Agieren oder – wie in dem besonders lehrreichen Fall FH – beinahe symptomlos verliefen.

Fall „Daisy" (FH); Konzentrationslager-Kind; Aufnahme in jüdisches Kinderheim; anscheinend ungestörte psycho-soziale Entwicklung; unbeeinflußbar; Lernverzicht; frühreif; Frühehe.

Daisy, geboren am 5. 7. 1938, aus orthodox-jüdischem mittleren Angestelltenmilieu, durchlief mit ihren Eltern und ihrem vier Jahre jüngeren Bruder zwei Konzentrationslager.
Das elterliche Milieu wird als harmonisch, stabil, weltoffen und musisch beschrieben. Nach dem Tod des Vaters durch Entkräftung nahm Daisy die Sorge für die ebenfalls kränkliche Mutter und das jüngste Kind auf sich. Die Mutter starb kurz vor der Befreiung des Lagers. Zusammen kehrten die beiden Kinder in die Niederlande zurück und wurden nach kurzem Aufenthalt in einem holländischen Sanatorium in ein jüdisches Heim aufgenommen. Dort lebten sie in zwei verschiedenen Gruppen; ihr Kontakt gestaltete sich mit der Zeit loser. Zusammenfassend wird Daisy im Dossier als ein anscheinend stabiles, gut angepaßtes, warmherziges, zuweilen etwas betrübtes, wenig beeinflußbares, frühreifes, hyperaktives Kind beschrieben. Ihre Schulleistungen lagen weit unter ihrem wahren Können. Sie zeigte ein reges Interesse für Literatur und Tanz, das mitunter die Form einer gewissen Besessenheit annahm. Im Kontakt mit der Sozialfürsorgerin gab sie sich freundlich, höflich, aber im Grunde war sie unzugänglich und setzte alle ihre Pläne durch. Über die Vergangenheit sprach sie nie.
Daisy war früh selbständig, verließ mit 18 Jahren das Heim. Sie hatte viele Freundschaften und sexuelle Beziehungen. Mit 19 Jahren heiratete sie nach einer kurzen Ausbildung als Sekretärin gegen den Willen der Vormundschaftsorganisation einen vier Jahre älteren, nicht jüdischen Pianisten, der am Anfang einer guten Laufbahn stand. Anfangs lebten sie von einer Erbschaft der Frau. Innerhalb von vier Jahren wurden ihnen drei Kinder geboren.
Im Alter von 33 Jahren suchte Daisy zum ersten Mal psychotherapeutische Hilfe. Sie machte einen apathischen, abgekämpften Eindruck. Sie isoliert sich, bricht Freundschaften ab, fühlt sich zu nichts mehr imstande. Die Laufbahn ihres Mannes war gescheitert, die Erbschaft aufgezehrt. Sie arbeitet aushilfsweise im Büro einer Theateragentur. Er verdient notdürftig sein Geld als Klavierlehrer und spielt auf kleinen Festlichkeiten zum Tanz auf. Sie verschafft ihm Engagements, die man ihm aus Mitleid ihr gegenüber zuschiebt. Ihre Angst und Wut richtet sich gegen das Mitleidsgefühl, das sie bereits im Heim als tödlich empfand. Sie erzählt, daß sie ihren Mann – trotz vieler Warnungen – geheiratet hat, um ihn glücklich zu machen. Seine Kindheit war unglücklich, seine Eltern geschieden. Er unterhält zahlreiche extramonielle Beziehungen und ist oft tagelang verschwunden. Dann ruft er sie – meist in der Nacht – von irgendwoher an; sie muß ihn abholen und den Betrunkenen nach Hause bringen, wo sie ihn tagelang versorgt und mit seinen Schülern unterhandelt. Ihre beiden älteren Kinder sind schwer erziehbar und gefährdet. Bei der Untersuchung fiel ihre gestaute Aggressivität auf, eine allgemeine „antibürgerliche" Aufsässigkeit und eine enorme Schuldproblematik; Ängste, z. T. phobischer Natur. In der stürmisch verlaufenen Therapie kam es zu heftigen ängstlich-depressiven, panischen Reaktionen. Erinnerungsbilder an die Zeit ihres Aufenthaltes im Konzentrationslager tauchten auf, die große Verantwortung, die sie damals trug. Sie beklagt sich, daß ihr Mann und ihre Kinder sie mit unerfüllbaren Forderungen überanstrengen. Sie stehe am Ende ihrer Kräfte.
In ihren Träumen reproduziert sie Szenen aus dem Konzentrationslager: den morgendlichen Appell, bei dem alle Frauen nackt dastehen, auch ihre Mutter. Zuerst sind es depersonalisierte Bilder, ohne jegliche Emotion. In einer späteren Phase beginnt sie heftig zu weinen; ihre Mutter fiel bei dem Appell bewußtlos um, sie bemühte sich vergebens um sie.
In der folgenden Zeit ist sie todmüde, überängstlich und vergeßlich. Sie entwickelt eine Haßeinstellung gegenüber der „jüdischen Opferhaltung", gegen Aussprüche ihrer gläubigen Mutter: Wenn Gott es so gewollt hat, daß wir im KZ sind... Sie will von ihrer jüdischen Familie befreit sein und sucht zugleich alte Photos von ihren Eltern.
Die Behandlung hat noch viele andere Aspekte, auf die hier nicht näher eingegangen werden soll. Durch eine plötzlich notwendige gynäkologische Operation wird die Therapie für einige Zeit unterbrochen. Aber ihr Entschluß, sich nicht scheiden zu lassen, stand fest. Die emotionelle Phase, die auf ihre anfängliche Apathie gefolgt war, hatte einer manifesten Trauerhaltung Platz gemacht.

Das Kernproblem dieses Falles ist die Fortsetzung der aufopfernden Haltung des Kindes während der Lagerhaft in der Ehe. Die Persistenz einer einmal durch Extrembelastung erworbenen Einstellung führt nach einer langen Latenzperiode zu

einem gestörten Sozialverhalten in der Ehe. Die bereits im Heim erkennbare Unbeeinflußbarkeit des Mädchens, ihre unter ihrem wahren Niveau verlaufene Schul- und Berufsausbildung, weisen – abgesehen von der gestörten Über-Ich-Entwicklung – auch auf energetische Probleme. Die schmerzhaften Erlebnisse mußten in der Verdrängung gehalten werden. In der ambivalenten Einstellung zur jüdischen Familie, von der sie befreit sein möchte, kommt ihre Identitätskrisis zum Ausdruck. Anscheinend beruht ein Teil ihrer Kontaktstörung mit ihren Kindern auf ihrer reaktiven Depression und der allgemeinen Aufsässigkeit, an welch letzterer ihre Kinder partizipieren. Auffallend ist fernerhin die Verschiebung des Anklammerungs- und Abhängigkeitsbedürfnisses, wie sie nach der Lagerperiode als normale Reaktionsformen beschrieben sind, auf ihre direkte Umgebung in der Erwachsenenphase. Das Aussparen dieses Bedürfnisses bei sich selbst motiviert sie mit der Abweisung jeglichen Gefühls von Mitleid, das sie als tödlich empfindet. Hier liegt der Angelpunkt in der Störung ihrer Sozialbezüge: ihre empathischen Möglichkeiten als Abwehr des eigenen Trauererlebnisses. Auch aus anderen Mitteilungen erhält man bei ihr den Eindruck, daß sie im Konzentrationslager Depersonalisationszustände hatte, die es ihr ermöglichten, ihre versorgende Rolle zu vollbringen.
Im Anschluß hieran der folgende Fall mit einer beginnenden charakterneurotischen Symtomatik (späte Reinlichkeitsentwicklung, Schlafwandeln, Ekzem) bereits vor dem Beginn der Verfolgung.

Fall „Dirk" (HK); untergetaucht; Aufnahme in jüdische Pflegefamilie mit Vormundschaftszuweisung. Entwicklung asozialer Verhaltensmuster. Schulausbildung gescheitert; Psychotherapie gescheitert.

Dirk, geboren am 5. 7. 1936, aus gut bürgerlichem, liberal-jüdischem Angestelltenmilieu, wird Mitte 1943 mit seinen Eltern und einem jüngeren Bruder in der Deportationssammelstelle in Amsterdam eingeliefert. Da der Vater für ihn keinen Versteckplatz finden konnte, beschloß die Familie zusammenzubleiben.
Dirk ist Zeuge von Mißhandlungen der Eltern bei der Razzia. Er selbst wird zusammen mit seinem Bruder aus der crèche gerettet; die Eltern werden deportiert. Wegen seines schwierigen Verhaltens muß Dirk ungefähr sechsmal seinen Versteckplatz wechseln.
Nach dem Kriege wird er in einer jüdisch-orthodoxen Mittelstandsfamilie aufgenommen, die auch die Vormundschaft erhält. Es kommt zu schweren Regressionserscheinungen mit zuweilen asozialen Verhaltensmustern.
Die verschiedenen psychiatrisch-psychologischen Gutachten (1946, 1950, 1951, 1955) sprechen von einer schweren affektiven Reifungshemmung auf depressiver Basis bei guter Intelligenz auf HBS-Niveau. Sein Lerndefizit ist zu Beginn evident, später überwiegen die sozialen Beziehungsstörungen. Das Pflegemilieu erweist sich als pädagogisch insuffizient. Mit Bezug auf die älteren Pflegegeschwister besteht eine verdeckte heftige Rivalität. MULO-Ausbildung (aufgestockte Volksschule) scheitert. 1955 übernimmt die jüdische Waisenorganisation die Vormundschaft.
Schon vorher waren verschiedene psychotherapeutische Anläufe gescheitert. Es erfolgt Aufnahme in ein Heim für schwererziehbare Jungen. Dort erhält er eine Fachausbildung als Tischler. Danach Aufnahme in ein Heim zur Vorbereitung auf die Emigration nach Israel. Dirk wird in der Gruppe nicht integriert und geht 20jährig allein nach Israel. Sein jüngerer Bruder ist in nicht-jüdischem Pflegemilieu geblieben. Die Kontakte zwischen den beiden Brüdern sind seit langem abgebrochen.
Bei der Nachuntersuchung in Israel ist der unverheiratet gebliebene Dreiunddreißigjährige sichtlich emotioniert durch das Wiedersehen mit dem Referenten. Er stellte sich bereits eine

Stunde vor der verabredeten Zeit ein. Doch kam es zu keinem tieferen affektiven Rapport. Er blieb beträchtlich starr und stereotyp in seinen Abwehrformen, oberflächlich gesprächig mit intelligenten Randbemerkungen; zuweilen unzusammenhängend, verwirrt und widersprüchlich in seinen Mitteilungen.
In seiner Arbeit ist eine gewisse Stabilität zu erkennen; aber er bleibt unbefriedigt. In Israel lebt er ziemlich isoliert, ohne feste Freundschaften und Verbindung. Die Sprache beherrscht er nur unvollkommen. Er wohnt in Untermiete bei einer aus Holland stammenden Familie.
Als das Gespräch auf das Verfolgungsgeschehen kommt, auf seine Eltern und Pflegeeltern und seinen jüngeren Bruder, ändert sich seine zuweilen krampfhaft hypomane Stimmung. Er beginnt zu stocken, es ergeben sich längere Pausen. Mit ironisch-zynischen Bemerkungen leugnet er jegliche Kritik und Problematik und macht schließlich eine rührend abwehrende Gebärde mit der Hand: der Untersucher möge aufhören. Plötzlich springt er auf und rettet sich vor der aufsteigenden Emotion aus dem Zimmer. Dies wiederholt sich etliche Male im Laufe des Gespräches. Wenn er zurückkommt, ist sein kindlich gebliebenes Gesicht von tiefem Gram gezeichnet. Dennoch traf er keine Anstalten, das Gespräch zu beenden. Sein Kontakthunger war evident. Doch er blieb unerreichbar.
Als der Referent ihm zum Abschluß vorsichtig die Möglichkeit einer Psychotherapie in Israel nahelegt – ihn an die wenngleich nicht durchgeführten Therapieversuche in Holland erinnernd – ist die verzagte Antwort: „Ja, das ist ein empfindlicher Punkt“. Zugleich behauptet er, daß ihn nur das Gespräch mit anderen errege, er selbst findet sich durchaus ruhig und abgeklärt.

Bei der Analyse dieses vielschichtigen Falles, der in vieler Hinsicht und vornehmlich in der dritten traumatischen Sequenz Übereinkünfte mit der Kriegswaisenproblematik der vorigen Fälle aufweist, geht es uns um die Entwicklung der chronisch-reaktiven Depression. Gewiß muß hier der frühinfantilen Neurose eine gewisse Bedeutung zugewiesen werden. Ihr Anteil bei der Verarbeitung der zweiten traumatischen Sequenz ist jedoch schwer einzuschätzen. Das gleiche gilt für die dritte traumatische Sequenz. An sich enthält die gesamte Extrembelastung einschließlich der Aufnahme in einer ebenfalls traumatisierten Pflegefamilie genügend erschwerende Momente, die eine schwere Belastung für den Entwicklungsgang eines Kindes bedeuten. Diagnostische Erwägungen, den Anteil frühkindlicher Neurotisierung und massiv-kumulativer Traumatisierungen gegeneinander abwägend, sind gewiß theoretisch bedeutsam und vor allem bei der Abschätzung wirksamer therapeutischer Maßnahmen unerläßlich. Für die Beurteilung unseres Materials jedoch sind sie zweitrangig. Die Bedingungen, unter denen die Entwicklung einer bereits bestehenden Fehlhaltung verläuft, sind entscheidend. Dies wird an dem Fall HK besonders deutlich. Das traumatische Agens des Verfolgungsgeschehens beruht bei früh neurotisierten Kindern und Jugendlichen auf der Nihilierung und Pervertierung aller präventiven Gesichtspunkte. Die gestörten Beziehungen zu den Eltern sind emotionell belastende Erinnerungen, die durch den Lauf der Ereignisse eher verstärkt als abgeschwächt wurden. Ihre Irreparabilität wird in allen folgenden Beziehungen wiederbelebt. Ihr Bedeutungsgehalt offenbart sich – abgesehen von der manifesten Symptomatik des gegenwärtigen Zustandes (soziale Isolierung, hypomane Geschwätzigkeit, Leugnung, Umkehrung, Rationalisierung) – vor allem in der hilflos abwehrenden Gebärde, mit der er den Untersucher bittet, seine schmerzlichen Erfahrungen unangetastet zu lassen. Auch bei diesem Fall tritt so – trotz der diagnostischen Differenzierung – die Einheitlichkeit der fundamentalen psycho-sozialen Störungen in Erscheinung.

C.IV.2d. Normale Entwicklung

Daß schmerzliche Erinnerungen selbst bei einem normalen Entwicklungsverlauf lange Zeit unangetastet bleiben können, soll an dem folgenden Fall (JO) verdeutlicht werden, der in vielerlei Hinsicht lehrreich ist. Erst die Nachuntersuchung brachte bei dieser intelligenten und gefühlsbegabten Frau die bisher bestehende Identitäts- und Loyalitätsproblematik in Bewegung und stimulierte hierdurch die Trauerarbeit. Auch in diesem Fall erwiesen sich die geschwisterlichen Beziehungen als entscheidend für die Reaktivierung des frühkindlichen Erfahrungsschatzes und für den Bedeutungswandel der Erinnerungen in der Verarbeitung des Verfolgungsgeschehens. Die durch die Nachuntersuchung ausgelöste reaktive Depression konnte psychotherapeutisch aufgefangen werden und führte zu einer Entspannung der Identitäts- und Loyalitätsproblematik.

Fall „Daniela" (JO); Streitfall. Vormundschaftszuweisung an die Kriegspflegefamilie. Ungestörte Schul- und Berufsausbildung. Getauft. Latente Loyalitäts- und Identitätsproblematik durch Nachuntersuchung manifest; reaktive Depression; Psychotherapie.

Daniela, geboren am 5.5.1935, entstammt einer orthodox-jüdischen Mittelstandsfamilie. Zusammen mit ihren zwei älteren Geschwistern wurde sie im Alter von 8 Jahren aus der crèche in Amsterdam gerettet und – getrennt von ihnen – in einer kinderlosen orthodox protestantischen kleinen Angestelltenfamilie in einer mittelgroßen Stadt im Norden des Landes untergebracht. Das Dossier enthält mit Bezug auf die Untertauchperiode keine besonderen Details. Man stellte sie als Nichte ihrer Pflegemutter vor; sie paßte sich ihrer neuen Rolle gut an, spielte mit anderen Kindern und besuchte die Schule. Zuweilen soll sie an Heimweh gelitten haben.

Nach dem Kriege blieb Daniela in ihrer Pflegefamilie, die auch die Vormundschaft erhielt (Streitfall). Sie wurde im christlichen Glauben erzogen; durchlief ohne Mühe die HBS(B) und wurde Lehrerin. Im Alter von 20 Jahren ließ sie sich taufen und wurde Mitglied der orthodox protestantischen Kirche. In ihrem Beruf war sie erfolgreich.

Mit 28 Jahren heiratete sie gegen den Willen ihrer Pflegeeltern einen höheren technischen Angestellten, ebenfalls orthodox protestantisch. Die Ehe wird von beiden Partnern als sehr gut bezeichnet. Sie haben zwei gesunde Kinder im Alter von 10 und 7 Jahren.

Während Danielas sieben Jahre älterer Bruder nach dem Kriege wieder in das jüdische Milieu zurückkehrte, blieb ihr zweiter, nur anderthalb Jahre älterer Bruder ebenfalls in seiner orthodox protestantischen Pflegefamilie. Nach jahrelangen vergeblichen Bemühungen des Ältesten, die überlebenden Geschwister im Hause einer überlebenden Tante zu vereinigen, heiratete dieser eine Kriegswaise, mit der er zusammen nach Israel übersiedelte. Bei seiner Hochzeit war keines seiner Geschwister anwesend. Das Verhältnis zu seinem jüngeren Bruder blieb sehr lange Zeit kühl. Daniela dagegen bemühte sich sehr bald, das geschwisterliche Verhältnis wieder herzustellen. Ihre Hochzeitsreise führte sie nach Israel. Hier kam es zu einer Aussprache und Versöhnung mit dem ältesten Bruder, wobei die entspannte, undogmatische Haltung ihres Mannes einen großen Anteil hatte.

Bei der Nachuntersuchung im Juni 1971 fand der Referent eine intelligente, etwas gespannte, zuvorkommende Frau Mitte Dreißig vor. Sie wohnt mit ihrer Familie in einem eigenen Haus, das sie zusammen mit ihrem Mann entworfen hat.

Ihr Gesundheitszustand ist gut. Sie arbeitet wieder halbtags in ihrem Beruf. Daniela bekundet ein lebhaftes Interesse für die Thematik der vorliegenden Untersuchung und ist – wie sie zugesichert hatte – zur Mitarbeit bereit. Anfangs beantwortet sie alle Fragen bezüglich ihres Entwicklungsganges und ihres gegenwärtigen Status ohne Zögern. Sie bezeichnet sich selbst als Christin. Beim Fortschreiten des Gespräches jedoch wandelt sich ihre Haltung in auffallender Weise. Aus der

intellektuell interessierten Gesprächspartnerin wird eine gefühlsmäßig heftig bewegte Frau. Zum ersten Mal wird sie – wie sie später erklärt – mit allen Problemen ihres Lebens konfrontiert. Thematisch unterscheidet sich ihre Problematik wenig von der anderer Kriegswaisen, die sich nach dem Kriege in der gleichen Lage befanden. Während der Untertauchperiode war sie sich ihrer besonderen Situation vollauf bewußt. Ihre zahlreichen Erinnerungen an Kindheit und Eltern sind scharf umrissen und von einem starken Gefühlston begleitet. Desto mehr fällt auf, daß der Augenblick der Trennung von den Eltern und die Bahnfahrt zu ihren Pflegeeltern in Begleitung einer fremden Frau in ihrem Gedächtnis wie ausgelöscht sind. Sie nimmt es ihren Pflegeeltern etwas übel, daß sie nie mit ihr über die Folgen des Krieges gesprochen haben. Zugleich erklärt sie: „Ich konnte meine Ängste und Erwartungen auch nicht mit ihnen besprechen." Überlebensphantasien haben lange bestanden. Selbst noch bei ihrer Heirat in der Kirche dachte sie: „Wenn meine Eltern jetzt dabei wären". Auch später bei der Geburt ihrer Kinder kam ihr dieser Gedanke. Sie hat ihn nie geäußert. Die Frage, ob sie je über den Verlust ihrer Eltern getrauert habe, wird verneint. Die Dankbarkeits- und Loyalitätsproblematik stehen zentral.
Bücher oder Filme über den Krieg kann sie nicht vertragen. Reizworte wie „Polen" und „Lager" bringen sie in heftige Erregung. Ihre Kinder hat sie sexuell aufgeklärt, aber nicht über ihre Lebensgeschichte. Auch jetzt fühlt sie sich hierzu noch nicht imstande. Es stört sie, daß sie ihre Kinder ihrer „Mutter" zeigt, die selbst nie ein Kind geboren hat. Über diese Äußerung ist sie dann selbst höchst verwundert und in steigendem Maße entsetzt. Sie wird sich bewußt, daß sie eigentlich ein doppeltes Leben führt. Die Abwesenheit bei der Hochzeit ihres Bruders empfindet sie noch heute als ein Im-Stich-lassen. Seit ihrer Reise zu ihm nach Israel ist ihre Verbundenheit mit der jüdischen Gruppe verstärkt, nicht mit der jüdischen Religion. Missionarische Tendenzen werden aufs Schärfste abgewiesen. Sie ist überzeugt von einem „Band des Blutes", das sie mit ihren Eltern und der jüdischen Gruppe auch heute noch verbindet.
Im Anschluß an die Nachuntersuchung entwickelte sich bei ihr eine reaktive Depression mit Apathie, Arbeitsunfähigkeit, Schlaf- und Eßstörungen. In mehreren psychotherapeutischen Sitzungen gelang es, die aufgeschobene Trauerproblematik zu bearbeiten.

Dieser Fall zeigt in seinem Verlauf Übereinkünfte und Unterschiede in der Verarbeitung des Verfolgungsgeschehens gegenüber oben referierten Fällen dieser und voriger Altersgruppen (JF, GL, FK, EE, BQ, BF, BJ, AE). Alle blieben sie nach dem Kriege in ihrer Pflegefamilie, die auch die Vormundschaft ausübte. Bei allen – mit Ausnahme von AE und BF – steht die Dankbarkeits- und Loyalitätsproblematik, die Frage nach der eigenen Identität zentral. Deren enge Verknüpfung mit der Bewältigung der Trauerarbeit ist bemerkenswert. Die gruppendynamische Spannung ist bei AE und BF am niedrigsten. Bei ihnen kann man demnach von einem unter den gegebenen Umständen optimalen psycho-sozialen Reifungsprozeß sprechen. Dennoch hat auch AE nach dem Tode ihres Pflegevaters eine pathologisch verlängerte Trauerperiode erlebt, die sie – wie oben berichtet – selbst im Zusammenhang mit dem Verfolgungsgeschehen gedeutet hat.
Eine Ausnahme bildet GL. Auch ihr Entwicklungsgang wurde als „normal" eingestuft, obwohl neben ihrer guten sozialen Anpassung deutlich von einer emotionellen Störung gesprochen werden kann. Hier fiel die affektive Ladung einer gut profilierten Erinnerung an das elterliche Milieu einem starken Verdrängungsprozeß zum Opfer, der sich in dem gestörten Verhältnis zu ihren Geschwistern offenbart.
Trotz der Einordnung in verschiedene diagnostische Kategorien spielt bei den übrigen Fällen das reaktiv depressive Moment eine mehr oder weniger hervorstehende Rolle. Wo die gruppendynamische Spannung im Zusammenhang mit scharf umrissenen persönlichen Erinnerungen an das kongeniale Milieu und mit Phantasievorstellungen bezüglich des Überlebens der eigenen Eltern die innere Konfliktsituation verstärkt, wird die Trauerarbeit in ihrem Vollzug beeinträchtigt. Dies wiederum beeinträchtigt das Verhältnis zwischen Pflegeeltern und Kriegswaise.

Zum Schluß noch eine diagnostische Überlegung. Wir haben den Fall Daniela (JO) in die normalen Entwicklungen eingestuft, obgleich man gewichtige Gründe dagegen anführen könnte. Das „Doppelleben", das die Betreffende bei sich selbst entdeckt, könnte als eine Form der Ichspaltung interpretiert werden, als eine spezifische Form einer neurotischen Entwicklung. Diese Möglichkeit wurde erwogen. Doch scheint es uns – ausgehend von der klassischen Neurosenlehre – nur dann gestattet, von einem pathologisch gestörten Entwicklungsprozeß zu sprechen, wenn wichtige Ichfunktionen der Verdrängung anheimgefallen sind, und somit bestimmte Inhalte nicht bewußtseinsnah oder bewußtseinsfähig sind. Und dies ist – wie aus der Nachuntersuchung ersichtlich – hier nicht der Fall. Die Nachuntersuchung hat sicherlich einen aufgeschobenen Trauerprozeß aktiviert. Aber dieser Umstand spricht für die Bewußtseinsnähe und -fähigkeit des gesamten Komplexes. In der Wiederaufnahme der geschwisterlichen Beziehung, in dem partiellen Identifikationsvorgang mit der kongenialen Gruppe erblicken wir bereits einen Vorläufer eines integrativen Prozesses, der nur eines katalysatorischen Anlasses bedurfte, um sich bewußt zu vollziehen. Gewiß kann man hier von einer emotionellen Störung im Sinne des psycho-sozialen Defizienzmodelles sprechen. Jedoch ist diese Störung für uns vielmehr der Ausdruck einer durch die Verfolgung geschaffenen Konfliktsituation, die – in welchem Sinne sie auch innerlich gelöst wird – den verursachenden Anlaß in seinen Folgen nie ausschalten kann.
In dieser Hinsicht erscheint es uns auch abwegig, überhaupt von einer Bewältigung der Trauerarbeit zu sprechen. Uns ist kein Fall bekannt, der Anspruch auf diese Formulierung erheben könnte. Das entscheidende Kriterium ist, daß im Moment der Nachuntersuchung die aufgeschobene Trauerarbeit im Fall Daniela (JO) zu keiner Beeinträchtigung der Persönlichkeitsentfaltung in ihren sozialen Bezügen und zu keiner gesundheitlichen Schädigung geführt hat. Hiermit ist nichts über die Prognose des Falles gesagt. Dies bleibt einer eventuellen künftigen follow up-Untersuchung vorbehalten.

C.V. FÜNFTE ALTERSGRUPPE
(Trennung von der Mutter im Alter von 10 bis 13 Jahren)

C.V.1. Allgemeines

C.V.1a. Einführung in die altersspezifische Problematik

Die Definition des Begriffes Entwicklung als Vorgang sich unablässig gegenseitig beeinflussender Verhältnisse biologischer, psychologischer und soziologischer Natur rechtfertigt eine gesonderte Behandlung der Präpubertät als der kritischen Übergangsperiode zwischen Latenzphase und Pubertät. Seitdem es durch die Forschungen der transkulturellen Psychiatrie möglich geworden ist, fundamentale Entwicklungsvorgänge von incidentiellen, d. h. an Zeit und Kultur gebundenen Prozessen, zu unterscheiden, ist auch der Einfluß und die Bedeutung mikro- und makrosoziologischer Faktoren auf das Wachstum und den Reifungsvorgang des heranwachsenden Kindes und Jugendlichen deutlicher zu erfassen.

Die Basisbedingungen des Reifungsprozesses der Pubertät und seiner psycho-sozialen Funktionen sind biologisch verankert in der hormonalen Steuerung des Großhirns; die Modalität der Funktionen wird jedoch geprägt durch die zeit- und kulturgebundenen Formen der sozialen Umwelt, in der das aufwachsende Individuum beheimatet ist. In der Beschreibung der psychologischen Phänomene, die als signifikant für die präpuberale Phase angesehen werden, findet man bereits den Niederschlag obenerwähnter Interaktionen.

Das krisenhafte Moment kann auf vielerlei Weise formuliert werden. Es liegt – global betrachtet – in der Konfrontation der psychischen Vorboten der biologischen Geschlechtsreifung mit den Resten der Latenzperiode, in der Reaktivierung früherer Entwicklungsstufen mit neuen Triebimpulsen, und in der konfliktuösen Spannung zwischen diesen und den Normen des eigenen Gewissens und der Umwelt. Andererseits liegt der Zündstoff in der Störung des bei normaler Entwicklung erreichten Gleichgewichtszustandes zwischen Belastung und Tragfähigkeit der Persönlichkeit des heranwachsenden Kindes, und schließlich in den beginnenden Desintegrations- und Desorganisationsvorgängen der intrapsychischen Instanzen (Ich, Über-Ich, Ideal-Ich) mit der daraus resultierenden Ich-Schwäche, die die Integrations-, Regulations- und Individuationsprozesse der Pubertät präludiert. Damit ist die Voraussetzung geschaffen für das Entstehen von aggressiven Phantasien, Macht-, Prestige- und Autoritätskonflikten.

Die psychische Konsequenz dieser kritischen Phase manifestiert sich ebenfalls auf vielerlei Weise: in dem Gefühl der Unsicherheit hinsichtlich der sozialen Bezüge und der neuen Triebimpulse, in der kritischen Einstellung zum bisherigen Weltbild, im widersprüchlichen Hang zur Gruppenbildung und dem Verlangen nach Einsamkeit, in den Isolierungstendenzen und im Gefühl des Entwurzeltseins, das im für diese Phase signifikanten Gefühl der Angst erlebt wird. Zu Recht weist *Hart de Ruyter* (1972) darauf hin, daß der Ablauf der Pubertät bereits in hohem Maße abhängt von der Hilfe, die der Präpuber mit seiner Ich-Schwäche erhält in seinem Streben, für seine Triebimpulse eine optimale Verteilung zu finden von direkter Befriedigung, Beherrschung und Sublimierung.

Hiermit ist der Ansatzpunkt für die traumatische Problematik der fünften Altersgruppe in großen Zügen umrissen. Die sozialpsychologischen Implikationen des Verfolgungsgeschehens zielen direkt auf die zentralen Punkte: die Ich-Schwäche mit dem gestörten Gleichgewicht zwischen Belastung und Tragfähigkeit, mit dem Gefühl der Unsicherheit und der Angst. Die familienflüchtige Attitüde der normalen präpuberalen Entwicklung erhält bei den untergetauchten Kindern eine besondere Dimension. Hier erhebt sich die Frage, inwiefern die verfolgungsbedingte Trennung von dem familiären Territorium und die Aufnahme in andere soziale Milieus dieser Einstellung entgegenkommt und widersprüchliche Effekte zeitigt, nämlich einerseits den sozialen Lernprozeß fördert, andererseits die Angst verstärkt. Als erschwerendes Moment kommt hinzu, daß auch bei dieser Altersgruppe die Schulausbildung unterbrochen wurde und sich später in vielen Fällen ein Ausbildungsdefizit geltend machte. Wir werden darauf bei der Erörterung der psycho-sozialen Defizienz näher einzugehen haben.

C.V.1b. Zusammensetzung und nähere Beschreibung der Gruppe

Die fünfte Altersgruppe umfaßt 26 Kinder: 12 Jungen und 14 Mädchen, die sich aus den Geburtsjahrgängen 1927 bis 1935 rekrutieren. Bei dem 1927 geborenen handelt es sich um ein Kind, das elfjährig zusammen mit älteren Geschwistern aus Deutschland nach Holland flüchtete.

Tabelle 17 zeigt den altersmäßigen Aufbau der Gruppe und zugleich den Verlauf der zweiten und dritten traumatischen Sequenz (Aufenthalt in Konzentrationslagern, Zahl der Wechsel während der Untertauchzeit und in der Nachkriegszeit).

Tabelle 17: **Anzahl der Aufenthaltswechsel in der zweiten und dritten Sequenz (fünfte Altersgruppe)**

Jg.	Code	II	III
1935	JH	2 KZ	4
1934	KH	2 KZ	3
1933	LA	2 KZ	1
	LE	2 KZ	3
	LH	2 KZ	3
1932	MA	6	1
	MC	2	–
	MD	7	1
	ME	8	3
	MF	1	1
	MG	11	–
1931	NA	1	2
	NB	2	2
	NC	5	5
	ND	±36	1
	NE	6	1
	NF	6–7	2
1930	OA	2	7
	OD	1	4
	OE	±22	3
	OH	±13	3
	OJ	5	6
	OK	2	2
1929	PF	3	1
	PJ	2	3
1927	RM	±6	1

Fünf Kinder (drei Jungen, zwei Mädchen; 19,2 %) kamen aus Konzentrationslagern zurück, davon zwei (KH und LH) mit Tbc. Alle fünf zeigten lange Zeit nach dem Kriege schwere Verhaltens- und Lernstörungen. KH benötigte mehr als 15 Jahre, um sein Universitätsstudium zu vollenden. JH scheiterte an der Universität. LA und LE holten erst in Israel als Erwachsene ihr Ausbildungsdefizit einigermaßen wieder auf. LH scheiterte in der Schul- und in der Berufsausbildung, ist Invalide und bezieht eine Rente.

Bei den untergetauchten Kindern fällt die zuweilen exorbitant hohe Zahl der Verstecke auf, eine Tendenz bei den höheren Altersgruppen, die bereits signalisiert wurde (s. o. C.IV.1b). Nur drei Kinder (14,3 %) blieben während des Krieges in ihrem ersten Unterschlupf; fünf (23,8 %) wechselten zweimal, 12 (57,4 %) fünfmal und öfter. In der dritten traumatischen Sequenz blieben zwei Kinder (7,7 %) in ihrer Kriegspflegefamilie; acht Kinder (30,8 %) blieben in ihrem ersten Nachkriegspflegemilieu; der Rest, elf Kinder (52,4 %) wechselten zweimal und öfter.

Die Gruppe enthält zwei Streitfälle (MC und MD); diese verhältnismäßig geringe Anzahl ist in Übereinstimmung mit der fallenden Tendenz der Streitfälle in den höheren Altersgruppen unseres Materials (vgl. Tab. 13).

In 22 Fällen wurde eine jüdische Vormundschaft ausgesprochen, nur in vier Fällen eine nicht-jüdische. Auch diese Zahlen spiegeln die Tendenz der Übersichtstabelle.

Hinsichtlich des sozialen Status der Eltern verteilt sich die fünfte Altersgruppe wie folgt (Einkommensgruppe I = hoch, II = mittel, III = niedrig; vgl. *Sozialer Status und Überlebenschancen*, S. A.IV.2):

I: 5 Kinder, d. i. 19,2 % (19,6 %)
II: 6 Kinder, d. i. 23,1 % (30,9 %)
III: 15 Kinder, d. i. 57,7 % (48,9 %)

Vergleicht man die Prozentsätze mit den entsprechenden unserer Gesamtpopulation und der repräsentativen Gruppe (Prozentsätze in Klammern), so liegt die höchste Einkommensstufe praktisch gleichauf mit dem Durchschnitt, während die mittlere Einkommensgruppe um etwa ebensoviel unterrepräsentiert ist als die niedrigste überrepräsentiert ist.
Aus der fünften Altersgruppe übersiedelten 13 Kinder (50 %) nach Israel, davon kehrten drei (11,6 %) wegen Anpassungsschwierigkeiten in die Niederlande zurück; einer übersiedelte später nach Übersee, so daß die Endquote der in Israel ansässig gewordenen 38,4 % beträgt. Dieser Prozentsatz liegt unter dem der vierten Altersgruppe, etwas höher als derjenige der dritten; diesen Zahlen darf jedoch kein absoluter Wert zuerkannt werden, da sie mitbedingt sind durch die Kontakte des Referenten mit gerade dieser Altersgruppe nach dem Kriege in Heimen und Pflegefamilien (vgl. *Auswahl einer repräsentativen Verfolgtengruppe*, A.III.2). Vermutlich kann der beträchtlich hohe Prozentsatz der in Israel Gebliebenen dennoch auch für diese Altersgruppe im gleichen Sinne als idealtypische Motivation – mit den gleichen Implikationen – interpretiert werden wie bei der vorigen.
Von den Kindern der fünften Altersgruppe wurden nach dem Kriege 15 mehr oder weniger intensiv psychotherapeutisch oder sozialpädagogisch betreut: JH, LA, LE, ME, NB, NL, ND, NE, NF, OA, OD, OE, OJ, PL und RM.
LE berichtete von magisch-degenerativen Zuständen im Konzentrationslager, in denen sie – frei von Ängsten – ihre Unverletzbarkeit erlebte. Während des Eichmann-Prozesses, den sie im israelischen Fernsehen sehr intensiv verfolgte, zeigte sie erneut ein hypomanisches Zustandsbild, nachdem sie Jahre zuvor – bei der Geburt ihres ersten Kindes – eine puerperale Psychose durchgemacht hatte, die klinisch behandelt wurde.
Bei JH, ebenfalls einem Konzentrationslager-Kind, erwies sich während fraktionierter psychotherapeutischer Kontakte die Übertretung eines väterlichen Verbotes als zentrales Thema seiner unverarbeiteten Verfolgungsproblematik mit einem schweren *survivor-guilt*-Syndrom (vgl. *Niederland*, 1968). Während er mit seinen zwei jüngeren Geschwistern und seinen Eltern mit gepackten Rucksäcken und Koffern bei geschlossenen Vorhängen im elterlichen Haus auf die angesagte Razzia wartete, trat er plötzlich ans Fenster und blickte durch einen Spalt der Gardinen auf die Straße, von der der Lärm der Razzia ins Haus drang. Sein Vater rief ihn sofort zurück. Unmittelbar darauf wurde die Familie abgeholt. Dieses komplexe Geschehen erwies sich psychotherapeutisch als unzugänglich. Sein weiteres Leben war gekennzeichnet durch schwere Autoritätskonflikte, sowohl in seinen Pflegefamilien als auch – nach Abbruch seines Universitätsstudiums – in verschiedenen Stellungen. Die Wahl seines Ehepartners entsprach seinen Selbstbestrafungstendenzen.
Die Fälle LA und OD („Esra" und „Eduard") werden im Folgenden noch ausführlicher dargestellt.

Die *Diagnosentabelle* (Tab. 10) weist aus, daß der Anteil der charakterneurotischen Entwicklungen im Verhältnis zu allen vorhergehenden Gruppen auffallend gesunken ist und den zweitniedrigsten Wert des Gesamtmaterials (19,2 %) zeigt. Die chronisch-reaktiven Depressionsbilder verzeichnen zwar ebenfalls einen Rückgang; die restriktiven Persönlichkeitsentwicklungen jedoch – und das scheint uns das Bemerkenswerte zu sein – erreichen mit 11,5 % die gleichen Werte wie in der vierten Altersgruppe. Der depressive Kern der restriktiven Entwicklungen – auch hier als Abwehrmechanismus gegen angstgeladene Erinnerungen – kann nicht übersehen werden, auch wenn das „einschränkende" Moment dieser Entwicklungen durch ein Optimum an Anpassung und sozialem Funktionieren die depressiven Färbungen

überspielt. Wenn man die chronisch-reaktiven Depressionen und die restriktiven Entwicklungen jeweils innerhalb der vierten und fünften Altersgruppe addiert (IV: 33,3 %; V: 23 %), so könnte von einer regressiven Tendenz gesprochen werden. Wenn man jedoch diese Tendenz in ihrem Verhältnis zu den Prozentsätzen der angstneurotischen Bilder derselben Gruppe beurteilt (IV: 11,9 %; V: 38,5 %), so liegt der Schluß nahe, daß in der fünften Gruppe die Abwehrfunktion der depressiven und restriktiven Bilder versagt. Die angstneurotischen Entwicklungen überwiegen mit einem Prozentsatz von 38,5 %; das ist nicht nur der absolut höchste Wert für angstneurotische Entwicklungen bei allen Altersgruppen; er übertrifft selbst die relativ höchsten Werte der charakterneurotischen Entwicklungen der zweiten Altersgruppe und der chronisch-reaktiven Depressionen in der sechsten Altersgruppe.
Dieser uns selbst überraschende Befund eröffnet den Weg zu einem tieferen Verständnis der massiven kumulativen Traumatisierungsproblematik überhaupt. Einerseits bestätigt er in gewissen Grenzen die Befunde von *H. Strauss* (1957), daß das Angsterlebnis bei Jugendlichen im Alter von 5 bis 15 Jahren, die zum Teil im Versteck und getrennt von ihren Eltern die Verfolgung überstanden haben, zu Anpassungs- und Entwicklungsstörungen führt, bei denen Angstzustände, Depressionen, psychogene Körperstörungen usw. im Mittelpunkt stehen. Außerdem stimmt unser Befund überein mit den von *von Baeyer, Häfner* und *Kisker* ermittelten Ergebnissen hinsichtlich der Beziehung zwischen dem Alter zu Beginn der Verfolgung und den verfolgungsbedingten erlebnisreaktiven Syndromen, bei denen die Angstneurosen eine stärkere Verlagerung zur Adoleszenz aufweisen. Schließlich fügt sich unser Befund in die von den eben genannten Autoren, in Übereinstimmung mit der bestehenden Literatur über die psychische Beschädigung durch Verfolgung, ausgesprochene Feststellung, daß die chronische Angst zum Kernsyndrom gehört. Auch *Paul* und *Herberg* (1963) haben in einer ausführlichen Kasuistik von 23 Begutachteten, die im Kindes- und Jugendalter Verfolgungen ausgesetzt waren, z. T. schwere seelische Fehlhaltungen von überwiegend ängstlichem Typus festgestellt. Doch glauben wir im Gegensatz zu obengenannten Autoren aufgezeigt zu haben, daß es sich bei der angstneurotischen Entwicklung hinsichtlich der fünften Altersgruppe sehr wohl um eine ausgesprochen altersspezifische Reaktionsform handelt.
Bei einer kritischen Betrachtung der auslösenden Momente in Schreck- und Angstsituationen ist der Faktor der Überwältigung der hervorstechendste. Und zwar nicht nur im individuellen Sinn einer Paralyse der im normalen Leben sich bildenden Abwehrformen, sondern auch bezüglich der Paralysierung aller im normalen Leben geformten Maßstäbe und Erlebnismodalitäten. Lagerhaft und extreme Versteckssituationen mit vielfältigem Wechsel der schutzgewährenden Umgebung, die Zerstörung alter und sich neu bildender Sozialbezüge, erhalten als Überwältigungssituationen von der entwicklungsgeschichtlich bedingten Betroffenheit der referierten Altersphase ihre tiefgreifende charakterologische Bedeutung. Die Angstspannung als ätiologisches Moment ist, wie bereits im Abschnitt über die *Diagnostischen Erwägungen* (C. 1) erwähnt wurde, in unserem Gesamtmaterial bei der Mehrzahl der Fehlentwicklungen nachweisbar. Die Symptomatik der angstneurotischen Folgezustände ist vielgestaltig. Sie reicht von der diffusen Schreckhaftigkeit mit vegetativen Störungen, pavor nocturnus, pathologisch gesteigerten Realängsten, phobischen Erlebnisweisen, über die aus irgendeinem äußeren Anlaß (z. B. während eines Gespräches) ausgelöste Manifestation angstbeladener Erinnerungen mit Fluchtreaktionen und krisenhaft auftretenden emotionellen Entladungen, bis zu den Examens- und Leistungsängsten, die zuweilen extreme Züge annehmen können (wie etwa bei KH und ME). Auch Mischformen treten auf (NA): eine partielle Integration mit z. T. sthenischen Zügen bei deutlichen Spuren einer latent

fixierten Entwurzelungsproblematik, die sich thematisch in an das Verfolgungsgeschehen anschließenden Schlafstörungen äußerte.
Der hohe Anteil der angstneurotischen Entwicklungen der fünften Altersgruppe bildet den Übergang zwischen den charakterneurotischen Entwicklungen, die in den beiden jüngsten Gruppen überwiegen, und den chronisch-reaktiven Depressionen, die in der sechsten Altersgruppe ihren höchsten Wert erreichen. Die Plausibilität liegt in der diagnostischen Umschreibung des chronisch-reaktiv depressiven Vorgangs als Abwehrmechanismus des chronischen Angsterlebnisses. Da es uns bei der vorliegenden Untersuchung u. a. darauf ankam, die theoretischen Voraussetzungen zu einer Beantwortung der Frage nach der altersspezifischen Traumatisierung zu schaffen, haben wir unsere diagnostischen Kategorien bewußt in groben Umrissen skizziert. In der Diskussion über den Schweregrad eines traumatischen Geschehens scheint es uns nur global möglich, seinen Faktizitätscharakter zu beurteilen. Der „Grad der inneren Betroffenheit" eines traumatisierenden Ereignisses, der nur von der individuellen Lebensgeschichte her ermessen werden kann, wurde in unserer Untersuchung als belastendes Entwicklungsmoment definiert. Unter diesem Gesichtspunkt ist die angstneurotische Entwicklung als eine Kategorie sui generis im Bild der Charakterfehlhaltungen gerechtfertigt. Ihre Altersspezifizität kann aus dem Versagen der Abwehr in einer hierfür disponierten Entwicklungsphase erklärt werden.
Wenn man abschließend die oben angestellten Überlegungen weiterführt und die betreffenden diagnostischen Kategorien der fünften Altersgruppe mit denen der darauffolgenden sechsten in Beziehung setzt, so wird die progressive Tendenz der depressiven Erlebnisreaktionen im Zusammenhang mit dem Verfolgungsgeschehen auf dem Wege über die angstneurotischen Bilder aufs neue akzentuiert.

In der *Tabelle der psycho-sozialen Defizienz* (Tab. 11) fällt der niedrige Prozentsatz der wegen Invalidität aus dem Arbeitsprozeß Ausgeschiedenen auf (1 Fall = 3,8 %), sowie der hohe Anteil der emotionellen Störungen (96,2 %); im letzteren kommt das für diese Altersgruppe typische Versagen der Abwehrmechanismen zum Ausdruck. Die Kategorie Diskrepanz Intelligenz/Ausbildung nimmt im Vergleich zu den übrigen Altersgruppen mit 54 % eine mittlere Position ein. Aber auch dieser Wert zeigt – wenn man die Anstrengungen zur sozialen Rehabilitation in Betracht zieht –, daß die versäumten Ausbildungschancen als Folge der Traumatisierung auch für die vorliegende Altersgruppe als schwerwiegend gewertet werden müssen.
Interessant ist die Tabelle der psycho-sozialen Defizienz hinsichtlich der Überschneidungen:
Nur ein Fall (MA) tritt in keiner einzigen Kategorie auf. Sieben Fälle treten in *einer* Kategorie (emotionelle Störung) auf. 15 Fälle kommen in zwei Kategorien vor, zumeist Diskrepanz Intelligenz/Ausbildung und emotionelle Störung. Drei Fälle (LH, MF und OJ) treten in drei Kategorien auf.
Die Zahl der Scheidungen nimmt mit 15,4 % eine mittlere Position ein. Zur Zeit der Nachuntersuchung waren 25 Untersuchte (= 96,2 %) verheiratet, davon 16 (61,5 %) mit einem jüdischen Partner. Erwähnenswert ist der relativ hohe Prozentsatz der Ehen mit Kriegswaisen (7 Fälle = 26,9 %), hierin der dritten Altersgruppe mit sechs Fällen (25 %) vergleichbar.

C.V.1c. Zur Auswahl und Darstellung der Fälle

Wie in der *Einführung in die altersspezifische Problematik* dargelegt wurde, treten in der fünften Altersgruppe eine Anzahl von Themen hervor, die als repräsentativ für das gesamte Verfolgungsgeschehen betrachtet werden können. Bereits dieser Umstand an sich könnte als bezeichnend für die Gruppe der 10- bis 13jährigen angesehen werden. Auf der Schwelle zwischen Kindheit und Erwachsensein empfängt die Präpubertät ihre spezifische Prägung von der bestürzenden Fülle der nur zu oft widersprüchlichen Wirklichkeitselemente, die es zu erfassen und zu bewältigen gilt. Was der Erwachsene schließlich als „sein" Leben, „seine" Zeit und „sein" Erlittenes empfindet, das ihn zu einer bewußten Auseinandersetzung herausfordert, ist thematisch in dieser Entwicklungsphase bereits vorhanden und kann bei der Nachuntersuchung zutage gefördert werden.

Die Beschränkung auf einen besonderen Gesichtspunkt, die wir bei den ersten Altersgruppen bei der Auswahl und Darstellung der Fälle in acht nahmen, ergab sich mehr oder weniger folgerichtig aus den spezifischen Entwicklungsbedürfnissen der betreffenden Altersstufe und der Thematik, die darin begründet lag. Die Vielfalt der Themen in der vorliegenden Altersgruppe scheint ein solches Vorgehen auszuschließen.

Trotzdem haben wir uns entschlossen, das bewußte Erleben der eigenen personalen Schwäche und Unsicherheit auf allen Fronten – wesentliches Merkmal der Zwischenphase zwischen Latenzperiode und Pubertät – als Hauptgesichtspunkt zu wählen. Am deutlichsten trat dieser Faktor nach unseren Erfahrungen in den psychischen Bezirken hervor, die unmittelbar durch den Verlust der Eltern gefärbt werden: im Trauererlebnis mit seinen verschiedenen Abwandlungen, den „Überlebensphantasien" und den Schuldgefühlen der Überlebenden, denen unsere Hauptaufmerksamkeit gelten wird. Sowohl bei den Therapien von Kindern in den Jahren nach der direkten Verfolgung, als auch bei den Nachuntersuchungen wurden wir des öfteren mit diesen – oft jahrelang geheimgehaltenen – Phantasien konfrontiert; auch andere Untersucher (u. a. *Frijling-Schreuder*, mündliche Mitteilung) bestätigten unseren Eindruck. Sicher treten sie nicht nur in dieser Altersgruppe auf. Ihr magischer Charakter ordnet sie bereits früheren Entwicklungsstufen des Kindes zu, wie Analysen von Erwachsenen, die z. B. ein Elternteil oder Geschwister durch Krankheit oder Unfall verloren, ergeben haben.

Die Schuldproblematik ist bei der fünften Altersgruppe besonders verflochten. Neben dem Gefühl, von den Eltern im Stich gelassen und preisgegeben zu sein, tritt in dieser Phase erstmals – zumindest andeutungsweise – das Schuldgefühl: selbst im Stich gelassen und preisgegeben zu haben. Die Schwäche, das Unvermögen – sicher der 10- bis 13jährigen! – wird als Verschulden erlebt. Diese Thematik wird uns – deutlicher – in der folgenden, der letzten Altersgruppe wiederbegegnen.

Die Darstellung der Fälle haben wir, wie schon in der vierten Altersgruppe, nach Diagnosen angeordnet; dabei sind die angstneurotischen Entwicklungen im Vergleich zu ihrer Häufigkeit (s. o. *Zusammensetzung und nähere Beschreibung der Gruppe*) unterrepräsentiert.

Es bleibt uns darauf hinzuweisen, daß die traumatische Virulenz in der vorliegenden Altersgruppe sich als in besonderem Maße irreversibel erwiesen hat. Einer unserer Fälle (OD), mit dem wir nach dem Kriege intensive psychotherapeutische Kontakte unterhielten, formulierte diese Virulenz so: „Je älter ich werde, desto unerträglicher wird, was ich erfahren habe und nicht vergessen kann."

C.V.2. Kasuistik

Bei der dritten und vierten Altersgruppe haben wir bereits auf die Bedeutung der frühen Erinnerungsreste an die Eltern hingewiesen. An zwei Fällen haben wir dort

verdeutlicht, daß die Verdrängung der affektiven Ladung aus dem – im Fall „Cornelius" (GB) photographisch festgelegten – Erinnerungsbild im Dienste der neurotischen Verarbeitung der Separation von der Mutter resp. den Eltern stand.
Bei den beiden letzten Altersgruppen, Kindern, die im Alter von 10 bis 17 Jahren von ihren Eltern getrennt wurden, erhob sich die Frage, welche Bedeutung dem größeren Schatz an Erfahrungen und festumrissenen, tiefer verwurzelten Erinnerungen an das elterliche Haus, die man bei diesen Kindern erwarten kann, bei der Verarbeitung der auch bewußter erlebten Trennung von den Eltern zugemessen werden muß. Besonders stellt sich diese Frage bei der hier referierten fünften Altersgruppe angesichts der in der präpuberalen Phase auftretenden Ich-Schwäche. Aus rein theoretischen Erwägungen (vgl. die *Einführung in die altersspezifische Problematik*) kann man erwarten, daß der angst- und schuldbeladene Zusammenhang zwischen den beiden Polen „Im-Stich-gelassen-werden" und „Im-Stiche-lassen", dem Kernstück der Loyalitätsproblematik, hier bereits deutlicher zutage tritt und einen Einblick in die „Schuldgefühle der Überlebenden" vermittelt, die aus der psychiatrischen Literatur über erwachsene Verfolgte hinreichend bekannt sind.
Der hier folgenden Kasuistik liegt, abgesehen von der formal diagnostischen Anordnung, noch ein zweites Ordnungsprinzip zugrunde. In den beiden ersten Fällen, „Elly" und „Erna", wird die Ich-Schwäche zentral stehen, d. h. sie wird in ihren Folgen für die Entwicklung des betreffenden Individuums vor allem in seinem Verhältnis zur kongenialen Gruppe dargestellt. Beide Fälle – zwei verschiedenen diagnostischen Kategorien zugehörig – bieten in grobem Umriß zwei verschiedene Lösungen bei beinahe identischer traumatischer Grundsituation. Natürlich ist die Auswertung der beiden Fälle damit nicht erschöpft. Bestimmte Variablen, wie der soziale Status des elterlichen Milieus und des Kriegspflegemilieus, traumatische Erfahrungen, gruppendynamische Spannungen, Anlage und Begabung des betreffenden Individuums u.a. m., werden zwar in die Betrachtung einbezogen; über ihren Stellenwert jedoch kann in diesem Zusammenhang nichts Sicheres ausgesagt werden.
Ähnliches gilt für die Fälle „Esther" und „Esra", die um das Thema „Überlebensphantasien" aufgebaut sind. Auch diese beiden Fälle gehören zwei verschiedenen diagnostischen Kategorien an. Der dazwischen eingeordnete Fall „Ernst", sowie zwei weitere, nur anekdotisch eingefügte Fälle, beleuchten auf eindringliche Weise nicht nur das Schicksal der Erinnerungen im qualitativen Sinne einer eventuellen Veränderung ihres Bedeutungsgehaltes; sie lassen zusätzlich sehen, bis zu welchem Maß die Abwehr angstbeladener Erinnerungen die gesamte Persönlichkeit prägt.

C.V.2a. Restriktive Entwicklung

Fall „Elly" (MC); Vormundschaftszuweisung an die Kriegspflegefamilie; Streitfall. Unaufgelöster Loyalitätskonflikt nach Verdrängung der Trauerarbeit.

Elly, geboren am 11. 9. 1932, entstammt einem orthodox-jüdischen, gehobenen Mittelstandsmilieu. Ihr Vater war selbständiger Kaufmann. Sie war das zweite von drei Kindern. Die Ehe ihrer Eltern wird als besonders harmonisch und ausgeglichen beschrieben. Die Mutter hatte mehr kulturelle Interessen; sie war es, die die Sphäre im Hause prägte. Elly, vier Jahre jünger als ihr älterer Bruder, wird als ein gesundes, stämmiges Mädchen beschrieben, sanft und anhänglich an ihre Eltern, und besonders an ihren jüngeren Bruder. Sie besuchte die Grundschule und durchlief die ersten vier Klassen mühelos.
Sie war elf Jahre alt, als sie – von ihren Eltern vorbereitet – in einem kinderreichen, orthodox protestantischen Pflegemilieu (Pflegevater mittlerer Beamter) untertauchte. Sie blieb dort

während des ganzen Krieges, zusammen mit drei anderen jüdischen Kindern. Nur einmal mußte sie aus Sicherheitsgründen 14 Tage in einem Nachbardorf untergebracht werden.

Im Hause ihrer Pflegeeltern, die als tolerante, kultivierte und herzliche Menschen beschrieben werden, paßte sie sich gut an. Wegen ihres jüdischen Aussehens mußte sie im Hause bleiben, wurde aber durch ihre Pflegemutter zu Hause so gut unterrichtet, daß sie nach dem Kriege ohne Schwierigkeiten in die erste Klasse der höheren Schule (nach sechs Grundschuljahren in den Niederlanden!) eingeschult werden konnte.

Das Dossier beschreibt Elly als ein religiös empfindendes Kind, das auch während der Untertauchzeit zusammen mit den anderen jüdischen Untertauchkindern soweit wie möglich die jüdischen Speisegesetze und den Sabbath in acht nahm, wie sie es zu Hause bei ihren Eltern gewöhnt gewesen war. Den Pflegeeltern erschien es selbstverständlich, daß sie das auch nach dem Kriege weiter so halten werde. Bald nachdem Elly jedoch darüber unterrichtet worden war, daß ihre Eltern nicht mehr zurückkommen würden, gab sie ihre jüdische Lebensweise und ihren Glauben auf, um sich in die religiöse Gemeinschaft ihrer Pflegeeltern und -geschwister aufnehmen zu lassen. Es macht nicht den Eindruck, daß die Pflegeeltern dabei Druck auf sie ausgeübt hätten.

Die ersten Jahre nach dem Kriege müssen für Elly nicht leicht gewesen sein, vor allem durch die aktive Haltung ihres Bruders, dem Ellys veränderte religiöse Lebensweise nicht recht war. Er wollte, im Sinne seiner umgekommenen Eltern, die drei überlebenden Geschwister zusammen oder einzeln gern im jüdischen Milieu unterbringen. Die Zuweisung von Ellys Vormundschaft an ihre Kriegspflegeeltern, die ziemlich viel Unruhe mit sich brachte, hat er innerlich nie akzeptiert. Er selbst übersiedelte nach Israel, nachdem er das Vergebliche seiner Bemühungen eingesehen hatte. Das Band zwischen den Geschwistern war zerbrochen.

Bei der Nachuntersuchung findet der Untersucher eine mittelgroße, vollschlanke Frau inmitten ihrer großen Familie (fünf Kinder) im lebhaften Gespräch. Das Interview findet dann in einem der Nebenräume statt, in den jedoch das Leben aus dem Wohnzimmer hinüberdringt.

Im Gespräch macht die Untersuchte einen kooperativen, freundlichen und gutherzigen Eindruck. Um so mehr fällt auf, daß sie mit großer Zurückhaltung von sich selbst und ihren Erinnerungen an ihr orthodox-jüdisches Elternhaus erzählt. Ihre wenigen Erinnerungen sind wie verblaßt, auch diejenigen an den Moment der Trennung. Ein invalider Nachbarsjunge ist die einzige Person, deren sie sich von früher zu erinnern scheint.

An ihre Untertauchzeit hat Elly dagegen noch ausgeprägte Erinnerungen: an die Zeit, die sie im Nachbardorf verbrachte; an den Unterricht bei ihrer Pflegemutter, und dergleichen mehr. Von ihren Pflegeeltern spricht sie abwechselnd als von „Pflegeeltern“ und „Eltern“, ohne daß es ihr selbst auffällt.

An ihre Reaktionen auf die Nachricht vom Tode ihrer Eltern erinnert sie sich ebenfalls nicht. Die Streitsituation um die Vormundschaftszuweisung hat sie als eine große Bedrohung erfahren, hauptsächlich durch die Haltung ihres älteren Bruders. Sie wagte damals nicht zur Schule zu gehen, weil sie hinter jeder Ecke jemanden mußmaßte, der sie von ihren Pflegeeltern trennen wollte.

Hin und wieder gibt Elly ihre innere Reserve auf. Sie erzählt, daß sie in der Pubertät um ihre Eltern getrauert habe, und daß diese Phase für sie konfliktreich gewesen sei. Aber sie habe nie gewagt, mit ihren Pflegeeltern darüber zu sprechen. Wenn man etwas näher auf die Konflikte und überhaupt auf die ersten Nachkriegsjahre eingeht, so ist es, als ob ein Schatten über Ellys Informationen fällt: wieder sind sie von einer auffallenden Zurückhaltung und einer unpersönlichen Färbung, als wäre dieser Konfliktbereich für sie verschlossen.

Sie erzählt, daß sie nach dem Abitur gerne Kinderärztin geworden wäre, aber sich schließlich mit einem Schreibmaschinenkursus zufriedengegeben habe, um ihre Pflegegeschwister, die nicht so begabt waren, nicht zu überflügeln. Mit 21 Jahren habe sie sich verheiratet, mit einem Mann aus der religiösen Gruppe ihrer Pflegeeltern.

Sie selbst findet, daß sie oberflächlich, problemlos lebe und sich keine unnötigen Sorgen mache. Das einzige, was sie an sich als störend empfinde, sei ihre Nase, fügt sie scherzend hinzu. Ihr Mann habe eine gute Position; sie habe mit ihren fünf Kindern, von denen zwei übrigens etwas schwierig seien, vollauf zu tun.

Bei näherer Exploration erweist sich, daß ihr Leben doch nicht ganz so problemlos ist, wie sie es hinstellt. Mit ihrem älteren Bruder z. B. hatte sie ungefähr 15 Jahre lang überhaupt keinen Kontakt. In den letzten Jahren sei eine Annäherung erfolgt, wobei Ellys Mann der Initiator

gewesen sei. Sie könne mit ihrem Bruder über alles sprechen, mit Ausnahme von religiösen Fragen. (Ob sie mit ihm über ihr gemeinsames Elternhaus sprechen konnte, war nicht mit Sicherheit festzustellen.) Bestimmte Bücher, *Exodus* zum Beispiel, ist sie nicht imstande zu lesen, weil sie sie viel zu sehr ergreifen. Aber, fügt sie hinzu, wenn es von Negern handelte, würde es ihr nicht anders ergehen.
Wenn sie an Israel und die dortigen Verhältnisse denkt, überfällt sie zuweilen die Angst, daß ihre Kinder später auch einmal schwere Zeiten durchmachen müßten. Sie fühlt sich der „jüdischen Rasse“, nicht aber der jüdischen Gruppe zugehörig. Sie bedauert, daß die Juden Christus verleugnen, und fühlt das jüdische Los als eine Art Strafgericht.
Erst kurz vor dem Ende des Interviews, beim Abschied vom Untersucher, sagt sie leicht bewegt, daß ihr jetzt einfalle, was sie damals nach dem Kriege gedacht habe: Würde ich es schön finden, wenn meine Eltern plötzlich doch zurückkämen und meine religiöse Wandlung sähen? Es würde sie in große Schwierigkeiten bringen, weil ihre Eltern alles versuchen würden, um sie wieder zurückzugewinnen. Aber sie könne doch ihre Pflegeeltern, die sie gerettet und erzogen haben, nicht im Stiche lassen.

Der bereits wiederholt signalisierte Zusammenhang zwischen unausgetragener Loyalitätsproblematik und gehemmter Trauerverarbeitung hat hier zu einer restriktiven Persönlichkeitsentwicklung geführt, die die innere Konfliktsituation auf einem niedrigen Niveau hält. Und diese Konfliktsituation ist wahrlich nicht gering.
Im Gegensatz zu den gleichgelagerten Fälle „Ciska“ (GL) und „Daniela“ (JO) verzichtet Elly trotz guter intellektueller Begabung und adäquater Schulausbildung auf eine ihren Anlagen entsprechende Berufsausbildung. Sie wollte sich auch in dieser Hinsicht nicht von ihren Pflegegeschwistern unterscheiden, die alle eine weniger qualifizierte Schulausbildung genossen haben. Das depressive Moment ihrer rigiden Charakterstruktur kam auch in ihrer religiösen Grundhaltung zum Ausdruck. Auch Elly deutet das Verfolgungsgeschehen und damit ihren Glaubenswechsel als eine Bestrafung der jüdischen Gruppe. Diese Interpretation wurde übrigens von ihrem ebenfalls orthodox protestantischen Ehepartner absolut verworfen, hierin dem Ehepartner von Ciska ähnlich. In Ellys religiöser Interpretation sind zugleich die Vorwürfe gegenüber ihren Eltern verarbeitet, die sie erst „im Stich gelassen“ haben, im Falle ihrer Rückkehr aber alles tun würden, um sie wieder zurückzugewinnen, um den Preis, daß Elly ihrerseits ihre Pflegeeltern im Stich lassen müßte. Ellys Haltung haftet hier etwas Rankünöses an: nun will ich nicht mehr!
In ihren Ängsten um ihre Kinder, in dem phobischen Meiden der Lektüre bestimmter Bücher, die sie an ihre eigene Lebensgeschichte erinnern, spricht Elly aus, daß ihre Abkunft sie doch nicht in Ruhe läßt. Eine oberflächliche Lebenshaltung, die eigentlich im Widerspruch zu ihrer intellektuellen und affektiven Begabung steht, eine gewisse angelernte Sorglosigkeit und ein gewisser Humor (Nase!) befähigen sie, ihre Lage zu ertragen und ein aktives, in ihrem engeren kirchlichen Kreise sozial interessiertes Leben zu führen.
Zusammenfassend kann man sagen, daß im Falle „Elly“ das Fehlen bzw. das Auslöschen festumrissener Erinnerungsbilder an die Eltern und das elterliche Haus nicht auch den völligen Verlust der damit verbundenen affektiven Wurzeln bedeutet. Dadurch unterscheidet sich dieser Fall deutlich von den oben referierten Fällen „Ciska“ (GL) und „Cornelius“ (GB). Den Übergang in die Glaubensgemeinschaft der Pflegeeltern, der bei den älteren Jahrgängen seltener auftritt (vgl. Tab. 13), kann man als einen durchaus einfühlbaren Anklammerungsprozeß eines Kindes einstufen, das den einschneidenden Traumatisierungsprozessen in der Präpubertät nur durch starke Verdrängungsmechanismen und durch einen Wechsel der Identität gewachsen war. Natürlich kam das günstige, stabile Milieu der Pflegeeltern, die von sich aus die Lage nicht verschärften, diesem Wandel entgegen. Der Verlauf der Präpubertät erweist sich

hier als entscheidend für den Verlauf der Adoleszenz. Anders in den Fällen aus den vorangehenden Altersgruppen (Ary, Amos, Annette, Ciska u. a. m.): hier brachen die gruppendynamischen Vorgänge in der Pubertät in aller Heftigkeit aus und die Entwicklung verlief in entgegengesetzter Richtung, zurück zur kongenialen Gruppe.
Bei Elly sind die Überreste ihrer Problematik in der Nachuntersuchung deutlich anweisbar. In der Angst um die Zukunft ihrer Kinder und in ihrer Interpretation des jüdischen Schicksals wird eine Welt von Verfolgung, Ohnmacht, Sünde und Strafe sichtbar, die ahnen läßt, was sich bei diesem Kind abgespielt haben muß. Der Lernverzicht ist der sichtbare Ausdruck einer Verzichthaltung, die der restriktiven Persönlichkeitsentwicklung zugrunde liegt.
Die Tatsache, daß Elly sich mit ihrem älteren Bruder nach einer längeren Periode der Entzweiung wieder ausgesöhnt hat, und daß zwischen beiden wieder ein guter Kontakt besteht, bei dem gewisse Gesprächsthemen a priori ausgespart bleiben, unterstützt die Annahme, daß sie ihre innere Konfliktsituation gut beherrscht. Dafür spricht auch ihre Mitteilung, sie schlafe gut und traumlos.

C.V.2b. Angstneurotische Entwicklung

Fall „Erna“ (MG); schwere zweite traumatische Sequenz; defizienter Entwicklungsgang. Vormundschaftszuweisung an die Kriegspflegefamilie. Identitäts- und Loyalitätsproblematik.

Erna, geboren am 2. 2. 1932 in einer liberal-jüdischen Familie des kleinen Mittelstandes, war das jüngste von vier Kindern. Das häusliche Milieu wird als harmonisch und stabil beschrieben. Sie selbst war ein körperlich schwächliches Kind; kränklich; besuchte anfangs die Schule nur halbtags, kam aber trotzdem gut mit.
Erna war in der vierten Klasse, als sie zusammen mit ihren Eltern untertauchte, in einem Versteck, das ihr 15 Jahre älterer Bruder ausfindig gemacht hatte. Die älteste Schwester war zu diesem Zeitpunkt bereits deportiert. Nach einiger Zeit mußten die Eltern und Erna getrennt untertauchen; die Eltern wurden kurz darauf verraten und deportiert; ebenso der Bruder, der der Widerstandsbewegung angehörte.
Aus Sicherheitsgründen mußte Erna daraufhin unzählige Male ihren Aufenthaltsort wechseln. Insgesamt hatte sie elf Verstecke – und viele unangenehme Erfahrungen. Schließlich kam sie zu einem kinderlosen, orthodox protestantischen Ehepaar, bei dem sie auch nach dem Kriege blieb. Diese Pflegeeltern erhielten die Vormundschaft.
Unter dem Einfluß dieses etwas militant christlichen Pflegemilieus ließ Erna sich taufen und entwickelte eine prononciert anti-jüdische Einstellung, die sich anfänglich auch gegen ihre einzige überlebende Schwester richtete. Sie besuchte eine Mittelschule, scheiterte jedoch in der letzten Klasse.
Nach etlichen vergeblichen Anläufen zur Selbständigkeit in verschiedenen Berufen heiratete Erna 26jährig einen nicht-jüdischen, kirchlich ungebundenen, ungefähr gleichaltrigen Mann mit stark pro-jüdischer Einstellung. Unter seinem Einfluß wagte sie – 38 Jahre alt – zum ersten Mal wieder ihren Geburtsort zu besuchen, den sie bis dahin ängstlich gemieden hatte.

Auf die Anstrengungen des nicht-jüdischen Partners, Erna zur jüdischen Gruppe zurückzuführen, kann hier nicht näher eingegangen werden. (Dieser Fall steht in unserem Material in dieser Hinsicht nicht allein.) Neben persönlich-individuellen Motiven, die zum größten Teil in einer unverarbeiteten Schuldproblematik des Betreffenden wurzelten, hat sein Verhalten sicher auch sozial-psychologische Ursprünge. Die jüdische religiöse Gesetzgebung kommt seinen Bemühungen entgegen, indem sie Ernas Kinder als Juden anerkennt. Dieser Umstand könnte zu einer Verminderung ihrer Schuldgefühle führen. Das ist jedoch nicht der Fall. Ihre Identitätsproblematik ist in die angstneurotische Entwicklung der infantil gebliebenen Persönlichkeit aufgenommen, deren ungelöste Schuldproblematik auf dem unverarbeiteten ambivalenten Verhältnis zu den Eltern beruht, auf den uneingestandenen Vorwürfen bezüglich der Separation und auf den Selbstvorwürfen „de kluit bedonderd te hebben“ (die Herde verlassen zu haben, übergelaufen zu sein). Letzteres war eine der Formulierungen ihres Partners, mit denen er versuchte, seiner Frau die Konfliktlage zu verdeutlichen. Er fungierte dabei nicht nur als Hilfs-Ich, sondern auch als der Teil, der die Trauerarbeit bis zu einem gewissen Grade auf sich genommen hat und sie dadurch für den anderen mildert.

Bei der Nachuntersuchung fand der Referent eine lebhafte, schwächliche Frau mit deutlich hypomanen Abwehrformen, die dem Gespräch, zu dem sie spontan ihre Zustimmung gab, mit etwas kindlich gespannter Erwartung entgegensieht.

Sie steht unter dauernder ärztlicher Betreuung. Neben der Sorge um die eigene Gesundheit und der Fürsorge für ihren Mann und ihre beiden Kinder nehmen ihr Verhältnis zu ihrer Kriegspflegefamilie, deren „Gnadenbrot“ sie gegessen habe, sowie ihre Erlebnisse während des Krieges und in der Zeit danach einen großen Raum in ihren Gedanken ein.

In ihrem jetzigen Wohnort hat sie den Kontakt zur kongenialen Gruppe wieder aufgenommen, nachdem sie im ersten Jahr dort noch die christliche Kirche besucht hatte. Ihre Kinder sind Mitglied jüdischer Jugendgruppen.

Erna sagt, daß sie noch viele Erinnerungen an ihre Eltern und Geschwister habe. Sie kennt noch den Namen der Straße, in der sie gewohnt haben. Ihre Schwester fürchtete sich vor Hunden und der Feuerwehr. Wenn der Vater nach Hause kam, pflegte er zu rufen: „Wo sind meine Kinder?“ – Aber das sind dann auch die einzigen Erinnerungen, die sie zutage fördern kann.

Ihr ältester Bruder ist für sie noch nicht tot; sie sucht ihn noch überall. Auch hier trat ein Angstmoment deutlich zutage.

Immer wieder kommt sie auf die „christliche Periode“ in ihrem Leben zurück und erschöpft sich in Argumenten und Motiven, die dem Untersucher ihre „Verirrung“ verständlich machen sollen. Auch das bereits öfter zitierte Argument der „Strafe für die Juden“ und die damit verbundenen Ängste spielen eine Rolle. Der Anteil ihres Mannes bei ihrer Rückkehr ins ursprüngliche kongeniale Milieu wird über Gebühr hervorgehoben.

Zusammenfassend ergab sich das Bild einer angstneurotischen Entwicklung bei einer infantilen Persönlichkeit mit unverarbeiteten Schuldgefühlen hinsichtlich der kongenialen Gruppe und der Separation von Eltern und Geschwistern, deren Deportation durch Verrat des Verstecks sie nie überwunden hat.

Im Mittelpunkt steht für uns Ernas Verhältnis zu ihren Erinnerungen. Obwohl sie behauptet, deren viele zu haben, bringt sie im Gespräch nur einige wenige – wenn auch wie im Falle ihres Vaters äußerst signifikante.

Auf eine hermeneutische Erschließung des Ausrufs „Wo sind meine Kinder?“ wollen wir hier verzichten. Aber er scheint uns die Sphäre anzugeben, die ihre Erinnerung an ihre Kindheit prägte. Man erhielt während des Interviews den Eindruck, daß die Untersuchte ängstlich ein Geheimnis bewahrte, an das zu rühren sie sich nicht imstande fühlte, während es doch ohne Unterlaß Zeichen seiner Anwesenheit gab. Überlebensphantasien gab Erna nur hinsichtlich ihres Bruders zu.

Ganz im Gegensatz hierzu steht der Fall „Esther“, auf den wir unten noch ausführlich zurückkommen, da er uns einen Einblick in die Modalitäten gewährt, die die belastenden schmerzvollen Erinnerungen an die Separation reaktivieren, bei einem ebenfalls angstneurotischen Entwicklungsgang. Der Fall zeigt bei aller Verschiedenheit der anamnestischen Fakten und der personalen Gegebenheiten in seinem klinischen Verlauf gewisse fundamentale Übereinkünfte mit dem Fall „Adele“ (BH) der ersten Altersgruppe. Die Ich-Schwäche und der nicht gelungene Verdrängungsvorgang bei beiden liefert trotz des unterschiedlichen traumatischen Ansatzes einen wertvollen Beitrag zum Problem der Angst als dem zentralen Punkt des Verfolgungserlebnisses.

Darüber hinaus berechtigt er zu bestimmten Schlußfolgerungen hinsichtlich der Effekte des Traumatisierungsgeschehens, die wir bei der Mehrzahl der Nachuntersuchten unseres Materials fanden.

Gleichviel, ob die diesbezügliche Angstsymptomatik sich als Realangst, als Trieb- oder Über-Ich-Ängste manifestierte, oder ob sie charakterologisch verschlüsselt vorhanden war: chronifizierte Angstkerne als integrale Bestandteile eines traumatisierten Entwicklungsganges sind in der kinderpsychiatrischen Forschung kein Novum.

Eine besondere Variante innerhalb der angstneurotischen Entwicklungen zeigt der folgende Fall.

Fall „Ernst" (PL); defizienter Entwicklungsgang eines Heimkindes bei früher Verwahrlosung und schwerer zweiter traumatischer Sequenz.

Ernst, geboren am 5. 1. 1929, ist das jüngste von vier Kindern aus ungeschultem, areligiösem Arbeitermilieu. Den Eltern wurde wegen asozialen Verhaltens das Erziehungsrecht entzogen; der elfjährige Ernst kam in ein jüdisches Heim in der Provinz. Hier holte er in kurzer Zeit seinen Entwicklungs- und Schulrückstand wieder ein. Einer Dossiernotiz zufolge wurde seine Intelligenz bei einem Schultest als überdurchschnittlich eingestuft. Seine Anpassung verlief nach anfänglichen Schwierigkeiten reibungslos und seinem Alter entsprechend.

Als das Heim im Zuge der anti-jüdischen Maßnahmen der deutschen Okkupanten nach Amsterdam evakuiert wurde, erlebte Ernst dort alle Schrecknisse der Razzias aus nächster Nähe. Er wurde selbst einige Male festgenommen, um deportiert zu werden; einmal stand er schon mit gepacktem Rucksack für den Transport bereit. Doch jedesmal gelang es dem (nicht-jüdischen) Heimleiter, ihn und andere Kinder aus den Händen der Verfolger zu retten.

Schließlich wurde Ernst mit Hilfe einer List in einem nicht-jüdischen Kinderheim in Amsterdam untergebracht. Mit Ausnahme des Direktors wußte niemand, daß er ein jüdisches Kind war. Daß er nie Besuch bekam, wurde auf seine mißlichen häuslichen Umstände zurückgeführt. Er besuchte vom Heim aus zusammen mit den anderen Kindern die Schule.

Trotz einer gewissen Sicherheit fühlte Ernst sich in diesem Heim in seiner Ausnahmestellung sehr unglücklich und war voller Angst entdeckt zu werden. Mitte 1944 flüchtet er – zusammen mit einem älteren Jungen, der als sein Bruder fungierte – über die Dächer aus dem Heim. Im Norden des Landes verdingt er sich bei einem Bauern als Knecht, ohne zu sagen, wer er ist.

Nach dem Kriege kehrt Ernst nach Amsterdam zurück, zunächst in das Heim, aus dem er geflohen war. 1946 übersiedelt er in ein jüdisches Heim.

Man wußte nicht recht, was man mit ihm anfangen sollte: er hatte eine zeitlang in einer Fahrradreparaturwerkstatt gearbeitet, danach in einer Möbelfabrik. Schließlich besucht er Kurse, die man eigens für Jugendliche mit einem Ausbildungsrückstand eingerichtet hatte. 1947 erhält er in einem staatlichen Internat eine Ausbildung, die er zwei Jahre lang in der Praxis verwirklicht.

Ernst stand völlig allein. Seine eigene überlebende Schwester kümmerte sich nicht um ihn. Der Leiter jenes ersten Heimes aber, der ihm seinerzeit das Leben gerettet hatte, wies ihn niemals ab. So ließ Ernst sich, um ein Zuhause zu haben, wieder in diesem Heim einschreiben, obwohl er ihm altersmäßig entwachsen war. Von hier aus versuchte er sich mit wechselndem Erfolg in verschiedenen kaufmännischen Stellungen. Einmal wurde er aufgrund einer psychotechnischen Untersuchung für einen Kurs selektiert, der ihm die Möglichkeit bot, später in mittlere leitende Positionen aufzusteigen. Durch seine unzureichende Schulbildung scheiterte er auch hier. Er verließ das Heim und versuchte sein Glück anderswo. Man verlor ihn aus den Augen.

Bei der Nachuntersuchung fand der Referent einen mittelgroßen, asthenisch gebauten stillen Mann mit bleicher Gesichtsfarbe und verängstigten Augen. Er lebte zusammen mit seiner nicht-jüdischen Frau, einer verständigen und stabilen Person, die früher als Sekretärin gearbeitet hatte, und seinen drei Kindern in einer kleinen Provinzstadt in der Mitte des Landes. Nach vielem Umherirren hatte er hier endlich in einer kleinen Fabrik eine untergeordnete Stellung erhalten, die weit unter seinem Niveau lag. Durch Abendkurse versuchte er, sich in einem anderen Beruf eine bessere Position zu erobern.

Das Mietshaus, in dem er wohnt, liegt in einer eintönigen, unauffälligen Straße. Und so ist auch sein Leben. Er hat keine Freunde, keine Bekannten; er empfängt nie Besuch, geht nirgends hin. Selbst seine Kinder kennen seine Lebensgeschichte nicht; sie fragen übrigens auch nie danach. Mit niemandem spricht er über seine Vergangenheit, auch nicht an seinem Arbeitsplatz.
Es fällt auf, wie gut Ernst sich ausdrücken und seine Lage relativieren kann. Er gibt zu, daß ihn der Besuch des Referenten mehr in Erregung versetze, als er es für möglich gehalten habe. Trotz seiner bereitwilligen, kooperativen Haltung und seiner Offenherzigkeit bleibt der Kontakt flach und distanziert.
Er äußert Kritik an seinen Eltern, der Betreuung im Heim nach dem Kriege, aber auch an seinem eigenen damaligen Verhalten, das ihm jetzt „schlapp“ vorkommt. Zwanzig Jahre seines Lebens habe er verloren. Er wollte immer gern selbständig sein; das sei ihm nicht gelungen. Er schwanke zwischen optimistischen und pessimistischen Stimmungen. Wenn er sich an sein früheres Leben erinnere, fühle er sich wieder machtlos und bezwungen. Dann wieder habe er Augenblicke voll Mut und voll Zuversicht, daß er seinen Kurs mit Erfolg beenden und eine bessere Stellung finden werde.
Auch sein körperliches Wohlbefinden ist wechselnd. Infolge einer chronischen Stirnhöhlenentzündung leidet er an Kopfschmerzen.
Wenn man tiefer auf sein Verhältnis zu seinen Eltern und Geschwistern eingehen will, verstummt er, seine Augen flackern. Man spürt, wie er sich gegen dieses Thema wehrt. Zuweilen denke er an sie, an besonderen Festtagen – sonst nie. Dabei bleibt undeutlich, welche Feiertage er meint: jüdische oder christliche. Im übrigen kann man sich kaum vorstellen, daß er überhaupt fähig ist, Festtage zu feiern.
Zum Schluß erzählt er von seiner Arbeit in der Fabrik; von den Streitereien seiner Arbeitskollegen untereinander: wie sie einander zu übertrumpfen versuchen mit dem, was sie in ihrem Leben mitgemacht hätten. Dann halte er sich abseits und denke bei sich: „Ihr habt ja keine Ahnung...“ Das ist dann auch sein einziger Triumph.

Die Angst, in seiner jüdischen Identität entdeckt – d. h. verraten – zu werden, und das Verschweigen der Lebensgeschichte vor den eigenen Kindern, sind zwei Aspekte, die wir in mehreren unserer Fälle fanden (u. a. bei CL, DN, GL, JF, KD, KZ, QE). So ausgeprägt aber, wie im vorliegenden Fall, mit einer derart folgerichtig durchgeführten sozialen Isolierung, trafen wir sie nirgends.
Ernst ist wieder untergetaucht. Er zehrt von der Hoffnung auf den erfolgreichen Abschluß eines Kurses, der ihm die Befreiung bringen müsse – wie er schon so oft in seinem Leben gehofft hat.
Die thematische Verknüpfung der deutlich anweisbaren charakterneurotischen und depressiven Züge, die möglicherweise der frühen Verwahrlosung angerechnet werden müssen, mit den überherrschenden angstbeladenen Erinnerungen an eine extrem schwere zweite traumatische Sequenz gestattet es, diesen Fall als angstneurotische Fehlentwicklung zu sehen.
Die folgenden beiden Fälle zeigen die bereits mehrfach erwähnten Überlebensphantasien, die psychodynamisch als Abwehr unverarbeiteter, schmerzvoller, angstbeladener Erinnerungen aufgefaßt werden können. Schon bei den vorhergehenden Altersgruppen haben wir auf dieses besondere psychologische Phänomen in der Verarbeitung des Verfolgungsgeschehens hingewiesen.
Man findet diese Phantasien nicht nur bei den angstneurotischen Fehlentwicklungen, sondern ebenso häufig bei den chronisch-reaktiven Depressionen, deren Kern sie formen; und schließlich auch bei den Grenzfällen der Entwurzelungsproblematik mit gehäufter kernneurotischer Symptomatologie. In der Psychotherapie erwiesen sie sich als beinahe unangreifbar, sowohl bei Kindern, die getrennt von ihrer Familie in den Verstecken die Verfolgung überlebten, als auch bei denjenigen, die in den Konzentrationslagern Zeugen des elenden Todes ihrer Angehörigen geworden waren.
Die mitunter mit äußerster Hartnäckigkeit verborgen gehaltenen Phantasien unter-

schieden sich von den illusionshaft-halluzinatorischen Erlebnissen der normalen Trauerverarbeitung nach Objektverlust durch den pathologisch verlängerten, sich oft über Jahre hinziehenden Trauerprozeß. Mitunter können sie noch in den Tagträumen der inzwischen Erwachsenen eine Rolle spielen. Es handelt sich um in ihrem Kern wahnhafte Wunschvorstellungen mit deutlicher Abwehrfunktion der Leugnung, des Ungeschehen-machen-wollens, gekoppelt an Erlebnisse im Ich, das – überwältigt von Gefühlen der Ohnmacht, des Schmerzes, des Ausgeliefertseins an eine grausam übermächtige Umwelt – seine Schwäche als Schuld erlebt und diese durch Allmachtsphantasien der Reanimation zu beschwichtigen trachtet. Trotz ihrer Einfühlbarkeit und Deutbarkeit durch die kritischen Instanzen des Über-Ich bleiben sie in den psychischen Vorgängen lange haften und verblassen nur langsam. Zuweilen treten sie noch in Zwangsvorstellungen und -handlungen zutage.

Fall „Esther" (MF); unverarbeitete traumatische Trennung von der Mutter; während des Krieges bei Verwandten. Nach dem Krieg abgebrochene Schul- und Berufsausbildung; ängstlich-depressive Adoleszenzphase; frühe Heirat.

Esther, geboren am 15. 1. 1932, sieht als Elfjährige auf der Straße spielend, wie ihre Mutter und ihr Großvater bei einer Razzia festgenommen und verschleppt werden. Sie geht – wie vorher verabredet – zu ihrer Tante, Schwester ihrer Mutter, die mit einem nicht-jüdischen Mann verheiratet ist. Dort bleibt sie während des Krieges, immer in der ängstlichen Erwartung, daß man sie eines Tages auch abholen werde. Ihr Überleben kommentiert sie später mit der lakonischen Bemerkung, man habe sie vergessen.

Nach dem Kriege wurde Esther von anderen Verwandten, einem Bruder ihrer Mutter, der zusammen mit seiner Frau untergetaucht war, aufgenommen. Diese Ehe war kinderlos. Der Pflegevater, ein kleiner Selbständiger, erhielt die Vormundschaft.

Esthers durch den Krieg unterbrochener Volksschulbesuch wurde fortgesetzt, jedoch wegen plötzlich auftretender Lernstörungen vorzeitig beendet. Die Haushaltungsschule besuchte sie gleichfalls nicht bis zum Ende: ihre praktische Arbeit war befriedigend, aber sie scheiterte in den theoretischen Fächern. Ein Test ergab eine normale durchschnittliche Intelligenz.

In der Adoleszenz traten auf der Basis einer depressiven Verstimmung Verhaltensstörungen mit Angst- und Schreckreaktionen und pavor nocturnus auf, die zu großen Spannungen in der Familie führten. Während Esther sich zu Hause äußerst reizbar zeigte, waren ihre Kontakte in einer jüdischen Jugendgruppe gut.

Ohne festes Berufsziel arbeitete Esther in verschiedenen Stellungen im Haushalt, als Näherin, als Verkäuferin. Wegen gehäufter Schwierigkeiten wechselte sie ihren Arbeitsplatz oft. Ihr Gesundheitszustand war zu dieser Zeit subjektiv schlecht: viele diffuse Beschwerden, Kopfschmerzen, allgemeine Müdigkeit, Angstträume; eine ärztliche Untersuchung ergab keinen Befund.

Mit 20 Jahren heiratet Esther einen fünf Jahre älteren, nicht-jüdischen kleinen Angestellten mit künstlerischen Interessen. Der Ehe entstammen vier Kinder.

Bei der Nachuntersuchung im Mai 1972 findet der Referent eine noch beträchtlich jung aussehende, gepflegte Frau – jedoch äußerst gespannt und nervös. Ihre kooperative Haltung wird durch die emotionellen Spannungen, die das Gespräch in ihr aufruft, beeinträchtigt. Gemeinsam wird darum beschlossen, die Untersuchung über mehrere Sitzungen zu verteilen.

Esther wohnt mit ihrer Familie in einem Eigenheim in einer Neubausiedlung am Rande einer mittelgroßen Stadt Nordhollands. Die Wohnung trägt ein gewisses jüdisches Gepräge: Gebetsröllchen am Türpfosten, Sabbathleuchter, ein schmiedeeiserner Chanuckaleuchter, ein Farbdruck eines Chagallbildes, eine Synagoge darstellend, im Bücherschrank Judaica. Ihre beiden Söhne sind beschnitten.

Ihr Mann hat sich durch Abendstudium weitergebildet und bekleidet eine leitende Stellung in einem mittleren Betrieb. Er teilt nur bis zu einem gewissen Grade die Interessen seiner Frau. In religiöser Hinsicht ist er indifferent. Durch die emotionellen Spannungen ist eine beträchtliche Entfremdung zwischen den Ehepartnern eingetreten. Zeitweilig schlafen sie getrennt.

Im Mittelpunkt von Esthers Mitteilungen steht ein Erlebnis aus der Nachkriegsperiode. Nach Beendigung des Krieges war sie von der Rückkehr ihrer Mutter fest überzeugt. Sie erwartete sie täglich. Die Erwartung wurde bestärkt, als eines Tages ein Onkel und eine Tante aus dem Konzentrationslager zurückkehrten. Sie war so sicher, daß ihre Mutter noch lebte, daß sie voll Ungeduld eines Tages ihren Vormund fragte, wann denn ihre Mutter nun endlich käme. Irritiert antwortete ihr Onkel: „Wie kann ich das wissen. Scher dich weg!" Diese Antwort hat sie tief erschüttert. Sie hat sie nie vergessen. Erst viel später begriff sie, daß ihre Frage auch bei ihm einen wunden Punkt traf. Seitdem behielt sie alle Gedanken und Phantasien für sich.

In der Zeit, als sie als Verkäuferin in verschiedenen Geschäften hinter dem Ladentisch stand, überfiel sie dabei mitunter der Gedanke: „Gleich kommt Mutter zur Ladentür herein." Ihre Eheschließung hat sie in einem Trancezustand erlebt, immer in dem Gedanken: „Jetzt kommt Mutter." Bei der Geburt ihrer zwei ersten Kinder konnte sie die Anwesenheit ihrer Schwiegermutter nicht ertragen. Es kam zu heftigen Szenen.

In ihrer Ehe wurde sie von heftigen Angstträumen heimgesucht. Ihr Mann erzählte ihr, daß sie im Schlaf mit ihrer Mutter spräche. Sie war sich dessen nie bewußt gewesen.

Auch nach der Geburt ihrer beiden ersten Kinder war sie noch stets überzeugt, daß ihre Mutter eines Tages kommen werde. Wenn sie abends allein mit ihren Kindern am Tisch saß, war sie dessen so sicher, daß sie die Haustür öffnete um nachzuschauen, ob sie die Straße entlang käme. Dabei stellte sie sich die Überraschung ihrer Mutter über ihre Enkelkinder vor. Sie vertröstete sich von einem Tag auf den anderen. Im Blumenmuster ihrer Schlafzimmergardinen sah sie das Gesicht ihrer Mutter. Sie kaufte neue Gardinen ohne Muster; aber auch hier sah sie nachts auf einem festen Punkt deutlich das Gesicht ihrer Mutter erscheinen. Über diese Erscheinungen hat sie nie mit jemandem gesprochen.

In den letzten Jahren hat sie Zeiten, in denen sie stundenlang apathisch in ihrem Sessel sitzt. Bei jedem Geräusch schrickt sie zusammen. Selten verläßt sie das Haus; ihre Kinder machen dann die Besorgungen. Dann wieder hat sie Perioden, in denen sie zu einer Tante reist, um mit ihr über „früher" zu sprechen. In ihrem Gefühl ist sie noch stets das Kind, das auf die Heimkehr seiner Mutter wartet. Tagsüber muß sie die Rolle der Mutter spielen, die ihre eigenen Kinder erzieht. Dies Doppelleben fällt ihr schwer. Zeitweilig leidet sie an Erschöpfungszuständen.

Dieser sicherlich etwas extreme Fall von Überlebensphantasien enthält auch noch andere Facetten, die hier nicht näher diskutiert werden müssen. Esther ist das Kind einer ledigen Mutter, und die Vermutung liegt nahe, daß dieser Umstand in der Verarbeitung des Verfolgungsgeschehens eine gewisse Rolle spielt. Im Dossier finden sich keine Hinweise auf eine manifeste früh-neurotische Störung des Mutter-Kind-Verhältnisses. Esther selbst spricht ohne Scheu über die Situation. Auch entstammt sie nicht einem asozialen oder sozial schwachen Milieu. Die Anwesenheit des Großvaters und die herzlichen Beziehungen zu den Brüdern der Mutter haben anscheinend das männliche Element in ihrer Umgebung einigermaßen ersetzt. Zudem imponieren in unserem Material die Effekte der traumatischen Sequenzen auf der Basis einer früh infantil gestörten Mutter-Kind-Beziehung eher als charakterneurotische Entwicklungen (vgl. DE, JC, LD und RK), eventuell mit psychopathiformen Verhaltensmustern (CD und LJ).

Die Separationsängste, das in den Angstträumen sich stets wiederholende Motiv der Trennung, lassen das ambivalente Verhältnis zu ihrer Mutter mutmaßen, das auch in der Überbesorgtheit gegenüber ihren eigenen Kindern zum Ausdruck kommt. Das Verhältnis zu ihrer ältesten Tochter, die in der Präpubertät wegen Verhaltensstörungen mit aggressiv-paranoiden Zügen einige Zeit psychotherapeutisch behandelt wurde, ist gestört. In diesem Zusammenhang soll auf die Problematik der Kinder der Verfolgten hingewiesen werden, der in der kinderpsychiatrischen Literatur der letzten Jahre mit Recht mehr Aufmerksamkeit gewidmet wird (*Sigal*, 1971; *Kestenberg*, 1974; u. a. m.). Für die Untersuchte war das Alter von ca. 11 Jahren bei ihren Kindern die schwierigste Zeit für das gegenseitige Verhältnis: das Alter, in dem sich die gewalttätige Trennung

von ihrer eigenen Mutter vollzog. Die Ich-Schwäche dieser Entwicklungsphase, das Gefühl der Machtlosigkeit mit den reaktiven Reanimationsphantasien stehen im Mittelpunkt ihres Erlebens.
Das gestörte Verhältnis zu ihrem Mann kann innerhalb des Themas unserer Untersuchung nicht tiefer ausgelotet werden. Es ist schwierig, sich hierüber ein Urteil zu bilden, da auch die Untersuchte äußerst zurückhaltend war. Aber es hat den Anschein, daß hier die angstneurotische Entwicklung im Zusammenhang mit der auffallenden Diskrepanz zwischen Intelligenz und Ausbildung der jungen Frau auch zu einer Verunsicherung der Geschlechtsrolle geführt hat.

C.V.2c. Chronisch-reaktive Depression

Im Folgenden soll der Entwicklungsgang des bereits erwähnten LA dargestellt werden, den wir längere Zeit aus nächster Nähe verfolgen konnten. Auch in diesem Fall spielen die Überlebensphantasien eine bedeutsame Rolle.

Fall „Esra" (LA); Konzentrationslager-Kind; jüdische Nachkriegspflegefamilie (Verwandte). Reaktive Depression; Anpassungs- und Lernschwierigkeiten; Psychotherapie. Übersiedlung nach Israel.

Esra, geboren am 3.9.1933, entstammt einer orthodox-jüdischen Familie des gehobenen Mittelstandes. Zwölfjährig kam er mit dem Bild einer reaktiven Depression („Trauersyndrom" von *Trautmann*) aus dem Konzentrationslager zurück, wo er seine Eltern und fünf Geschwister verloren hatte.
Esra war das erste Konzentrationslager-Kind, das der Referent untersuchte. Die Untersuchung fand statt in der Zeit vom 1. bis 12.11.1945. Wir zitieren im Folgenden aus dem damals angefertigten Rapport. Abgesehen von der klinischen Beschreibung zeugt er von der Betroffenheit des Referenten im ersten Kontakt mit der sein Vorstellungsvermögen überschreitenden Welt des Konzentrationslagers, ein Erlebnis, von dem *Minkowski* (1946) als erster berichtet hat.
„Unsere erste Bekanntschaft mit Esra verlief folgendermaßen: Er betrat mit weit aufgerissenen Augen und wie verträumt das Zimmer, ein Schlafwandler, der aus einer anderen Welt kommt, sah sich verwundert im Raum um und ließ sich langsam auf einem Stuhl nieder. Er war ernsthaft und nachdenklich. Und dieser Ernst und diese Nachdenklichkeit hatten zugleich etwas Bedrängendes, wie man es bei Kindern findet, die schwer an Erlebnissen tragen, die sie mit sich selbst ausfechten müssen, und denen ihr Wesen und ihre kindliche Welt nicht gewachsen ist. Auch wenn man nichts von seiner Vergangenheit weiß, kann man – sich in die Sphäre, die er um sich verbreitet, einfühlend – sagen, daß wir es hier mit einem unfrohen, unglücklichen Jungen zu tun haben, der mühselig lebt.
Seine Antworten kamen langsam und zögernd. Und obwohl man nicht den Eindruck erhielt, daß er sich bewußt gegen die Untersuchung wehrte, kamen seine Worte nur mit Mühe und mit deutlichem Widerwillen über seine Lippen. Obgleich er über einen guten Wortschatz verfügt, und obwohl seine Ausdrucksweise zeigt, daß er einem kultivierten Milieu entstammt, fällt eine gewisse Sprachgehemmtheit auf. Diese muß man als ein Signal begreifen, daß er das, was er erlebt hat, nur mit Mühe in Worte kleiden kann, da er noch völlig unter dessen Eindruck steht; zugleich aber auch als ein Zeichen, daß diese Erlebnisse mit starken Unlustgefühlen einhergehen, die hemmend und störend in die kindliche Psyche eingegriffen haben.
Ein von Natur einfaches, nicht übermäßig starkes Kind kämpft hier – zum großen Teil noch unbewußt – einen Kampf, den es selbst noch nicht begreift. Aus dem Konzentrationslager ist es nicht verhärtet oder abgestumpft zurückgekommen, sondern sensitiver. Die Unempfindlichkeit, die er in seinen Verhaltensstörungen zur Schau trägt, ist nichts anderes, als eine gewisse Hilflosigkeit. Die Wirklichkeit, mit der er in Berührung gekommen ist, war so übermächtig und hat so tiefe Spuren hinterlassen, daß seine Kräfte gegenwärtig nicht mehr ausreichen, um das tägliche Leben, das in vieler Hinsicht verändert ist, zu bewältigen. Seine Ängste, seine sonderbaren,

befremdenden Einfälle, sein Gefühl, gequält zu werden, das sich darin äußert, daß er andere quält: das alles verrät die tiefe Kluft, die sich hier aufgetan hat zwischen der Umwelt und einem in seinem tiefsten Wesen erschütterten Kind.
Charakteristisch war seine Reaktion auf die vorsichtig gestellte Frage nach seinen Eltern, seinen Geschwistern, seinen Erlebnissen im Konzentrationslager. Als Antwort ließ er nur seinen Kopf auf die Brust sinken. So blieb er lange Zeit schweigend sitzen.
Ohne jegliches Pathos und ohne jegliche literarische Schönschreiberei muß hier festgestellt werden: Dieses Kind fühlt erst jetzt, wo es in das normale Leben reklassiert wird, den Schmerz und die Qual all dessen, was es gesehen und erlebt hat. Bisher steht er all diesem noch hilflos gegenüber. Der einzige Ausweg, um sich von all dem zu befreien, ist im Moment der Versuch, es zu verstecken. Man muß ihn als ein Kind betrachten, das einerseits im psychischen Sinne unterernährt ist (obwohl uns auch seine körperliche Verfassung nicht gut erschien), andererseits ein enormes innerliches Pensum noch verarbeiten muß. Und es wird voraussichtlich noch sehr lange Zeit dauern, bis er alles verarbeitet hat. Seinen gegenwärtigen Zustand muß man als einen Ausdruck seiner Hilflosigkeit sehen, als ein Unvermögen, in sich selbst Ordnung zu schaffen und sich normal ins tägliche Leben einzuschalten."
Bis zu seiner Übersiedlung nach Israel lebte Esra bei entfernten Verwandten, die ebenfalls aus dem Konzentrationslager zurückgekehrt waren. Wegen seines apathischen Verhaltens und wegen Schulschwierigkeiten wurde er längere Zeit psychotherapeutisch behandelt. Die Behandlung erstreckte sich – mit bewußt eingebauten Unterbrechungen – über Jahre. Auch seine Pflegeeltern wurden in den therapeutischen Prozeß miteinbezogen. Erst in der dritten Phase der Behandlung (er war damals 17 Jahre alt) gelang es, die Überlebensphantasien bezüglich seiner Eltern und seiner fünf umgekommenen Geschwister zu entdecken und zu besprechen, die in seinen Abwehrreaktionen eine bedeutsame Rolle spielten. Zum gleichen Zeitpunkt war es Esra zum ersten Mal möglich, eine nähere Darstellung seines Lageraufenthaltes und des Todes seiner Mutter zu geben, wobei der Abwehrmechanismus der Überlebensphantasien deutlich in Erscheinung trat. Der Kern dieser Phantasien, hinter denen sich die magische Vorstellung verbarg, er könne seine Eltern und Geschwister aus dem Tode zurückrufen, lag in dem unbewältigten Erlebnis des Todes seiner Mutter, die er im Lager eines Morgens tot neben sich auf der Pritsche fand, wobei er seine völlige Ohnmacht fassungslos erlebte.
Bis weit in die Adoleszenz hinein hatte Esra das sich wiederholende halluzinatorische Erlebnis, daß seine Eltern noch am Leben seien, und daß sein Vater ihn nachts von irgendwo aus Rußland telefonisch zu erreichen versuche. Nach der Deutung und Durcharbeitung dieser Phantasien trat bei dem Adoleszenten eine sichtbare Entspannung ein.
Bei der Nachuntersuchung im April 1969 in Israel spricht Esra noch viel über den Verlauf der Psychotherapie. Er ist verheiratet. Sein Verhältnis zu seiner Frau und seinen beiden Kindern ist gut. Er hat in Israel einen ihn befriedigenden Wirkungskreis gefunden, in dem er sich, in Fortsetzung seiner in den Niederlanden etwas mühsam genossenen Ausbildung, weitergebildet hat. Trotzdem hat er das Gefühl, seine wirklichen Möglichkeiten nicht völlig erschöpft zu haben. Seine Anpassung ist leidlich. In den letzten Jahren hat er in Streßsituationen psychosomatische Beschwerden entwickelt (Magen, Rücken) – ohne einen objektiven Befund. Seine Emotionalität ist labil. Auch kam es wiederholt zu kurzdauernden Überwältigungszuständen, wie sie durch *Bastiaans* als Bestandteil des KZ-Syndroms beschrieben wurden, und in denen sein Aufenthalt im Lager, seine Angst und Trauer wieder durchbrachen. Hierfür suchte er erneut psychotherapeutische Hilfe.
Die Erinnerung an sein Elternhaus spielt in seinem täglichen Leben immer noch eine große Rolle. Jeden Abend gibt er seinen Kindern noch einen Extrakuß und denkt bei sich: „Der ist von euren Großeltern!"
Während des Eichmann-Prozesses in Israel war ein ein gebrochener Mensch.

Die Irreversibilität von Esras krisenhaft auftretenden Überwältigungszuständen stellt die Frage nach den Effekten der sozialen Rehabilitation c. q. Psychotherapie erneut zur Diskussion. In Anlehnung an unsere früheren Ausführungen über diese Problematik bei traumatisierten Kindern scheint uns – neben den dort entwickelten Kriterien des Beistandes, des Trostes, der Linderung des Schmerzes, sowie der aktiven Einbeziehung des Kindes in die Gestaltung seines ferneren Lebens – dieser Fall ein neues Kriterium anzureichen. Darin, daß Esra in neuen krisenhaften Situationen selbst wieder den Weg zum Therapeuten fand, scheint uns doch ein expliziter Gewinn der psychotherapeutischen Maßnahmen in der Kindheit und Jugend zu liegen.

Die weitverzweigte Problemstellung bei der Beurteilung des Verlaufes psychischer Prozesse erschwert zugleich die Beurteilung des Ansatzpunktes, von welchem aus die Effektivität psychotherapeutischer Maßnahmen erfaßt werden kann. Abgesehen von den methodologischen Schwierigkeiten, die einer solchen Bearbeitung zunächst im Wege stehen, erweist es sich als unumgänglich, die Validität der anzuwendenden Kriterien kritisch zu untersuchen.

Vom rein klinischen Standpunkt her jedoch ist der Fall Esra lehrreich. Esra ist fähig, ein normales Familienleben zu führen; er ist ein guter Ehemann und Vater; und auch in seinem Beruf ist er in verantwortlicher Position mit allen inhärenten Spannungen zu guten Leistungen gekommen. Er hat einen festen Freundeskreis, ist beliebt und warmherzig im näheren Umgang. All das spricht für seine Ich-Stärke, für sein Vermögen, sich zu regulieren und zu kontrollieren.

In bestimmten Streßsituationen jedoch versagt er. Als z. B. während des Krieges in Israel im Jahre 1967 nebem ihm ein Soldat, ein Freund, fällt, wird er von Angstgefühlen und Erinnerungsbildern überwältigt; er dekompensiert und wird ins Lazarett eingeliefert. Aufs neue wurde er, wie in den Präpubertätsjahren, mit dem Gefühl tiefster Ohnmacht konfrontiert, die ihn fassungslos macht.

Im täglichen Leben hat er offenbar eine andere, seiner Lebensgeschichte angemessenere Lösung gefunden: er küßt seine Kinder zweimal zur Nacht – das zweite Mal von den Großeltern, die er so für einen Moment wieder zum Leben erweckt.

C. V.2d. Charakterneurotische Entwicklung

Der folgende Fall, den wir vom Januar 1946 an viele Jahre lang aus nächster Nähe verfolgen konnten, zeigt in seinen ursprünglichen restriktiven Entwicklungsmomenten einige Übereinkünfte mit dem Fall „Elly“ (MC; s. o. C.V.2a). Nicht immer war es möglich, die Reaktionsweisen eines Kindes der hier referierten Altersgruppe so unmittelbar nach dem Kriege zu beobachten und seinen Entwicklungsgang durch Maßnahmen zur sozialen Rehabilitation dergestalt zu beeinflussen wie hier.

Anhand von Erfahrungen mit Kindern der vierten bis sechsten Altersgruppe, hauptsächlich aufgrund der in der Nachuntersuchung gewonnenen Einsichten, sind wir geneigt, der depressiven Reaktion auf den Verlust von Eltern und Geschwistern kurz nach dem Kriege und dem anschließenden Versuch, die Leiderfahrungen durch eine restriktive Lebenshaltung zu bewältigen, eine zentrale Bedeutung zuzuweisen. Bei dem nun folgenden Fall „Eduard“ geht es in erster Instanz um den Lernverzicht; den verschiedenen Aspekten dieses Themas werden wir bei der Darstellung des Falles besondere Aufmerksamkeit schenken. (Der Abbruch der Ausbildung nach dem Kriege, wie wir ihn bei denjenigen Kindern fanden, die aus einem Heim nach Israel gingen, stellt ebenfalls eine Art Lernverzicht dar. Nach unseren Erfahrungen entspringen die hier wirksamen Motive jedoch nicht der restriktiven Lebenshaltung. Vielmehr handelt es sich um einen der betreffenden Altersphase angemessenen Versuch, ein gemeinsames Los als Gruppe zu bewältigen mit dem Blick auf ein Ideal, das das individuelle Schicksal übersteigt.)

Fall „Eduard“ (OD); survivor guilt als restriktives Entwicklungsmoment bei einem ängstlichen, intellektuell begabten Jungen aus ungeschultem Arbeitermilieu.

Eduard, geboren am 4.4.1930 als viertes von fünf Kindern aus liberal-jüdischem, armen, ungeschulten Arbeitermilieu, tauchte zusammen mit seinen Eltern und seiner jüngsten Schwester in der Familie eines kleinen Schuhmachers in einer Stadt der Provinz Utrecht unter, politischen Gesinnungsfreunden seines Vaters. Die übrigen Geschwister waren verstreut anderswo untergebracht worden.

Durch das eigenartige Betragen seines Vaters, der religiöse Wahnvorstellungen entwickelte, den ganzen Tag Radioberichte hörte und sie mit langen Kommentaren versah, beim Essen wie ein Kind seinen Teller ableckte usw., kam es im Hause zu großen Spannungen. Eduard wurde zeitweilig bei einer anderen kinderlosen Familie untergebracht, von der aus er seine Eltern beinahe täglich besuchte.

Es dauerte einige Zeit, bis man für die Eltern ein anderes Versteck gefunden hatte, woraufhin Eduard zu seiner ersten Kriegspflegefamilie zurückkehren konnte. Die neue Adresse seiner Eltern hielt man fortan vor ihm geheim. Auch seine Schwester hatte inzwischen ein anderes Unterkommen gefunden.

Eduard war zu dieser Zeit etwa zwölf Jahre alt. Als er plötzlich, ohne nähere Erläuterungen zu erhalten, acht- bis neunmal sein Versteck wechseln mußte, begriff er, daß seine Eltern arrestiert worden waren, obwohl niemand damals mit ihm darüber gesprochen hat. Schließlich brachte man ihn zu einem Kleinbauern im Nordosten der Niederlande. Dieser, sein künftiger Pflegevater, ein wortkarger Mann, holte ihn mit dem Fahrrad vom Bahnhof ab, hieß ihn mit seinem Handköfferchen auf dem Gepäckträger aufsitzen und radelte mit ihm nach Hause. Er hatte keine Kinder; seine Frau war kränklich und schwach und konnte keine schweren Arbeiten mehr verrichten.

Als Eduard am nächsten Morgen um 6 Uhr aufstand und zur Arbeit antreten wollte, bedeutete ihm der Bauer, daß er schon alles mit dem Lehrer der Dorfschule geregelt habe und daß dieser Eduard um 8 Uhr in der Schule erwarte. In den zweieinhalb Jahren dieser Untertauchzeit durchlief Eduard, der zuvor durch den Wechsel von der öffentlichen zur jüdischen Schule ein Jahr verloren hatte, ohne Schwierigkeiten die Grundschule. Zuweilen trat er in den jüngeren Klassen als Hilfslehrer auf. Schließlich wurde er in der Mittelschule einer benachbarten Stadt eingeschult. Der Besuch einer höheren Schule, wozu man ihn fähig erachtete, bot einige Risikos, die man nicht eingehen wollte.

Nach dem Kriege kehrte Eduard sofort zu seiner ersten Pflegefamilie zurück. Hier erfuhr er von dem Schicksal seiner Eltern und seiner älteren Geschwister.

Mit seinem ersten Pflegevater verband ihn eine tiefe Zuneigung. Auch die Beziehung zu seiner etwa sechs Jahre älteren Pflegeschwester war ungetrübt. Das Verhältnis zu seiner Pflegemutter hingegen war von Anfang an problematisch und zeitweilig gespannt.

In eine dieser problematischen Perioden fiel der erste Kontakt eines Mitarbeiters der jüdischen Waisenorganisation mit der Pflegefamilie. Dabei zeigte sich vor allem die Pflegemutter äußerst irritiert. Schon alle bisherigen offiziellen Kontakte mit dem Büro der Kommission O. P. K. hatte sie als lästig und enttäuschend empfunden. Sie wollte Eduard so schnell wie möglich aus dem Haus haben; nur ihrem Mann zuliebe, der Eduard sehr gern hatte und ihn am liebsten adoptieren wollte, hielt sie sich vorläufig noch zurück.

Die ersten Kontakte zwischen Eduard und dem Untersucher finden im April und Mai 1946 statt. Eduard macht beim ersten Kontakt einen äußerst zurückhaltenden, unterkühlten Eindruck. Er will aus rationalen Erwägungen gern bei seinen Pflegeeltern bleiben. Die Vorteile: Nähe der Schule, eigenes großes Zimmer, gute Versorgung, Gefühlsargumente scheinen kaum eine Rolle zu spielen.

Wir zitieren den damals angefertigten Rapport: „Ein timider Junge, der einen unintelligenteren und unselbständigeren Eindruck macht, als die Resultate der Untersuchung (Binet-Terman, Behn-Rorschach) angeben. Im Umgang ist er gehemmt, unterwürfig und hängt beinahe ununterbrochen an den Lippen des Untersuchers. Er hat, ohne danach gefragt zu sein, Bücher und Hefte mitgebracht, darunter seine Zeugnisse aus der Grundschule und verschiedene Aufsätze. Er

legt das alles auf den Tisch und ist bereit darüber Rechenschaft abzulegen. Aus all seinen Antworten spricht ein tiefer Ernst; seine Grundstimmung ist depressiv gefärbt. Zwangsneurotische Züge sind erkennbar. Er kann ausgezeichnet formulieren und definieren. Sowohl den Fragen, die man ihm vorlegt, als auch seinen eigenen Antworten steht er kritisch gegenüber. In den meisten Fällen verbessert er von selbst seine eigenen Fehler. Man muß ihn fähig erachten, die höhere Schule mit Erfolg zu absolvieren und wahrscheinlich auch eine Universitätsausbildung. Im Kontakt mit anderen ist er gehemmt und voller Mißtrauen. Seine Angst vor neuen, ihm unbekannten Situationen ist evident. Er distanziert sich. In seiner gegenwärtigen Umgebung lebt er anscheinend zu isoliert, will das jedoch nicht zugeben. Dennoch muß eine eventuelle Übersiedlung in ein anderes Milieu in Anbetracht seiner nur scheinbar guten sozialen Anpassung besonders vorsichtig geschehen."
Die Schlußfolgerungen der Untersuchung werden behutsam mit Eduard besprochen. Die Möglichkeit, den Kontakt in Zukunft zu erneuern, wird in Aussicht gestellt.

Im Oktober 1946 sucht die Pflegemutter erneut Kontakt mit der jüdischen Waisenorganisation. Sie kann Eduards aggressive, anmaßende Haltung, die jetzt auch seinen Pflegevater in steigendem Maße irritiert, nicht mehr vertragen. Die Situation spitzt sich zu, als das Büro O. P. K. die Pflegeeltern schriftlich bittet, Eduard noch so lange zu beherbergen, bis man eine andere Lösung für ihn gefunden hat. Die Pflegeeltern sind hierzu nur unter Vorbehalt und für eine begrenzte Zeitspanne bereit. Hiernach tritt eine gewisse Entspannung auf, vor allem bei den Pflegeeltern. Inzwischen hat auch die jüdische Waisenorganisation versucht, in ihrem Milieu ein geeignetes Pflegemilieu für Eduard zu finden. Das wird auch der Pflegemutter mitgeteilt, vielleicht in etwas positiverem Sinne, als die Situation es rechtfertigt. Auch diese Mitteilung befördert die bereits eingetretene Entspannung. Die Pflegemutter verspricht, mit der jüdischen Waisenorganisation weiterhin Kontakte zu unterhalten. In der Folge gelingt es ihr, ihr eigenes Verhalten gegenüber Eduard, das sie als ein Versagen empfindet, zur Diskussion zu stellen. Sie findet ihren Mann nicht geeignet, Eduard zu erziehen. Aber auch sie selbst könne Eduard nicht die Liebe und Wärme geben, auf die er eigentlich Anspruch habe. Er irritiere sie, sie müsse sich krampfhaft beherrschen, um nicht zu explodieren.
Inzwischen hat Eduard selbst eine wichtige Entscheidung getroffen: obwohl seine Leistungen sehr gut waren, hat er die höhere Schule unter dem Vorwand verlassen, er fühle sich dort nicht mehr heimisch. Er arbeitet in einem Büro. Bei den anschließenden Kontakten zwischen ihm und dem Untersucher gab er als Motiv für seinen Entschluß an, er müsse Geld verdienen, um seinen Pflegeeltern durch geldliche Unterstützung seine Dankbarkeit zu bezeugen. Seine Lage wird aufs neue besprochen, vor allem die Möglichkeiten, die unterbrochene Ausbildung wieder aufzunehmen. Außerdem aber auch die Möglichkeit, Eduards jüngste Schwester aus ihrem nicht-jüdischen Pflegemilieu in ein anderes, eventuell jüdisches, überzusiedeln. Eduard, der bisher äußerst beherrscht und distanziert aufgetreten war, reagiert auf sehr emotionelle Weise: er beginnt zu stottern. Er bleibt bei seinem Entschluß, nicht mehr zur Schule zu gehen und bei seinen Pflegeeltern zu bleiben. Er fühle sich dort heimisch; er sei zufrieden; sie tun alles für ihn und er könne ihnen nicht genug danken. Obgleich er immer wieder mit dem Gedanken spielt, mit seiner Schwester in einem gemeinsamen Pflegemilieu vereinigt zu werden, glaubt er aus einem Gefühl von „Pietät" seinen Pflegeeltern gegenüber, sie darum nicht bitten zu können. Er könne sie auch nicht im Stich lassen und einfach weggehen. Er verdiene nun Geld und könne ihre Arbeit belohnen, so daß er sich von ihnen nicht völlig abhängig zu fühlen brauche. Eduard und der Referent beschließen, die Sache völlig auf sich beruhen zu lassen und eventuell in Zukunft wieder Kontakt aufzunehmen.
Alle Versuche der jüdischen Waisenorganisation, eine Pflegefamilie für Eduard zu interessieren, schlagen fehl. Eduard und seine derzeitige Pflegefamilie werden darüber bewußt nicht informiert, in der Überzeugung, daß die Situation dort doch langsam reifen werde.

Diese Annahme erweist sich als richtig. Zu Beginn des Jahres 1947 ergreift Eduard die Initiative und bittet den Untersucher um ein Gespräch. In seinem Brief teilt er seinen Entschluß mit, seine Schulausbildung wieder aufzunehmen. Im sich anschließenden Gespräch treten seine Zweifel jedoch wieder deutlich hervor: er zögert, mit der Wiederaufnahme der Schulausbildung sein Pflegemilieu zu verändern. Auch das Pflegemilieu selbst scheint für eine definitive Veränderung noch nicht reif zu sein.

Eine höhere Schule der Stadt zögert, Eduard aufzunehmen. Man erwartet Schwierigkeiten auf schulischem und sozial-kulturellem Niveau.
Während diese Angelegenheit sich noch in der Schwebe befindet, sucht Eduard aufs neue Beistand. Im Laufe einer Auseinandersetzung zwischen seiner Pflegemutter und ihrer Tochter erhält letztere die Anweisung, innerhalb von 14 Tagen das Haus zu verlassen. Die Pflegemutter fügt hinzu: „Und Eduard auch". Die Tochter teilt das dem Jungen mit und erzählt ihm gleichzeitig, ihre Mutter habe sich in letzter Zeit öfters bei ihr über sein Verhalten beklagt. Eduard kann und will das nicht glauben. Er schreibt: „Es erscheint mir unwahrscheinlich, daß ich hier weggehe, obgleich ich es nicht fair finde, daß meine Pflegemutter ihre Beschwerden über mich bei ihrer Tochter ventiliert. Außerdem habe ich nichts zu schaffen mit dem Konflikt zwischen Mutter und Tochter." Ferner meldet er, daß seine befristete Aufgabe im Büro beendet sei und er sich überflüssig fühle.
Im darauffolgenden Kontakt mit dem Referenten tritt Eduards Ratlosigkeit deutlich zutage. Auf die für Eduard unhaltbar gewordene Situation kann der Untersucher einspielen, indem er Möglichkeiten anbietet, die sich aus der engen Zusammenarbeit zwischen dem Büro O. P. K. und der jüdischen Waisenorganisation ergeben haben: die Aufnahme Eduards in eines der jüdischen Heime und eine Vereinbarung mit einer höheren Schule in Amsterdam. Auch hier ergeben sich zunächst Schwierigkeiten hinsichtlich Eduards schulischen und sozial-kulturellen Rückstands. Schließlich, nach Einschaltung eines Schulpsychologen und verschiedener Lehrer, wird Eduard im September 1947 in die dritte Klasse aufgenommen. Während der Interimperiode wohnt er bereits im Heim, erhält intensiven Nachhilfeunterricht und hat mit dem Referenten beinahe täglichen Kontakt, der in den folgenden Jahren mit geringerer Frequenz fortgesetzt wird. In diesen Gesprächen wird Eduards Lebenssituation besprochen und die verschiedenen Maßregeln, die notwendig waren. So mußte Eduard z. B. von einer Vereinigung mit seiner Schwester in einem gemeinsamen Pflegemilieu absehen. (Diese Schwester ist ein Problem für sich. Sie bleibt vorläufig in ihrer Kriegspflegefamilie. Eduard stimmt dem zögernd zu. Auf die Komplikationen, die sich im weiteren Verlauf des Verhältnisses der beiden Geschwister zueinander ergaben, soll hier nicht näher eingegangen werden, obwohl sie in Eduards Leben eine gewisse Rolle spielen.)
Eduards Verhältnis zur jüdischen Gruppe war anfangs völlig indifferent. Das änderte sich im Laufe der Jahre. Noch während seiner Schulzeit unternahm er in der fünften Klasse eine heimliche Reise nach Israel. Als er nach drei Monaten zurückkehrte, wurde er, da er ein beliebter und guter Schüler war, ohne weiteres wieder eingeschult.
Er machte sein Abitur, bezog die Universität, erhielt ein Stipendium für einen einjährigen Studienaufenthalt im europäischen Ausland. Nach Beendigung seines Studiums, das er mit einer Dissertation abschloß, trat er eine Stellung in der Industrie an, wechselte nach einigen Jahren seinen Arbeitskreis und übernahm einen leitenden Posten in einer multinationalen Gesellschaft.

Auf die Ergebnisse der Nachuntersuchung wollen wir hier nicht im einzelnen eingehen und verweisen auf die Zusammenfassung in der tabellarischen Darstellung.
Dagegen sollen einige Punkte im Zusammenhang mit dem Abbruch der Schulausbildung im ersten Nachkriegsmilieu besprochen werden, da hier Motive zutage traten, deren Wahrheitsgehalt erst bei der Nachuntersuchung bestätigt wurde.
Man erhält den Eindruck, daß die Konfliktsituation mit ihren Abwehrformen (Verdrängung, Verschiebung, Umdrehung, Leugnung), in der sich Eduard seiner Pflegefamilie gegenüber befand, in gewisser Hinsicht mit der inneren Konfliktsituation übereinstimmte, in die sich die Pflegefamilie Eduard gegenüber versetzt sah. Bei Eduard spielte neben Gefühlen von Dankbarkeit, Schuld und „Pietät" (eine nicht alltägliche Formulierung für einen 16jährigen Adoleszenten, selbst wenn er über einen reichen Wortschatz verfügt) sicherlich auch sein Verhältnis zu seiner Schwester eine Rolle, worauf aber nicht näher eingegangen werden soll. Uns interessieren hauptsächlich seine Gefühle von Dankbarkeit und Schuld.
Man muß sich fragen, wofür er eigentlich seinen Pflegeeltern dankbar ist, und warum er sich ihnen gegenüber schuldig fühlt. Daß das Schuldgefühl als Zeichen der neurotischen Verarbeitung seiner Gewissenskonflikte sein Verhalten bestimmt, ist deutlich und

bereits bei anderen Fällen signalisiert. Zugleich aber korrespondiert es in gewissem Maße mit dem Schuldgefühl seiner Pflegefamilie. Bei seiner Pflegemutter tritt das am deutlichsten zutage: Eduard irritiert sie und sie fühlt sich schuldig, weil sie ihm nicht die Liebe und Wärme geben kann, auf die er – wie sie betont – eigentlich Anspruch erheben darf.

Es ist auffallend, daß das Dossier über irritierendes Verhalten Eduards in seinem Kriegspflegemilieu auf dem Lande nichts berichtet. Und auch spätere Aufzeichnungen enthalten keine diesbezüglichen Hinweise. Möglicherweise irritierte seine Pflegemutter (später auch seinen Pflegevater) Eduards betonte Dankbarkeit, während sie nun gerade sich schuldig fühlten, weil es ihnen nicht gelungen war, seine Eltern zu retten.

Je mehr man sich in das Konglomerat der interaktionellen Prozesse zwischen Eduard und seinen Pflegeeltern vertieft, und versucht, diese in ihrer eigenen Problematik zu adstruieren, desto weiter gelangt man auf ein ungemein gefährliches, kontroversielles Gebiet, das in der damaligen Nachkriegssituation begreiflicherweise nicht bearbeitet werden konnte. Es ist die Frage, ob Eduards Gefühle von Pietät und Dankbarkeit nicht als Kontamination und Umkehrung seines damaligen Erlebnisses von eigener Ohnmacht und Überlebensschuld erfaßt werden müssen, mit unterschwelligem Vorwurf gegenüber seinen Pflegeeltern – aber auch gegenüber seinen eigenen Eltern, deren Verhalten zu ihrem eigenen Untergang beigetragen hat. An der schwankenden Haltung der Pflegemutter kann man den Spielraum ermessen, innerhalb dessen sich der Konflikt abspielte: nachdem sie ihre Schuldgefühle geäußert hatte, zeigte sie sich einige Zeit kooperativ und tolerant; in einem späteren Stadium jedoch verwies sie ihre eigene Tochter des Hauses und verknüpfte damit auch Eduards Weggang.

In der Nachuntersuchung machte Eduard einige Bemerkungen, die seine Lage nach dem Kriege in der Pflegefamilie verdeutlichen:

Nachdem er dort weggegangen war, habe er den Kontakt abgebrochen und ihn erst viele Jahre später wieder aufgenommen. Sie hätten viel für ihn getan, das vergesse er nicht; aber ihre guten Taten erinnerten ihn an Kränkungen, die mit dem Verfolgungsgeschehen zusammenhingen, und die er auch heute noch nicht überwunden habe. Oft könne er nachts nicht schlafen, wenn ihn irgendein Tagesereignis an seine Vergangenheit erinnere. Auch habe er Angst, daß alles sich noch einmal zutragen könne. Ein strenges Arbeitsprogramm helfe ihm, sein tägliches Pensum zu verrichten.

Auch das Haus, in dem er mit seinen Pflegeeltern gewohnt hatte, konnte er nicht mehr ertragen; darum habe er sie nicht mehr aufgesucht. (Sie wohnen jetzt in einem anderen Haus.)

Er habe damals mit dem Gefühl gelebt, daß die Zeit ihm nur geliehen sei, daß sie ihm nicht wirklich gehöre, und daß er darum nicht frei über sie verfügen könne. Damals sei das für ihn eine deprimierende Erfahrung gewesen. Dies Gefühl kenne er auch heute noch – mit dem Unterschied, daß es nun ein Stimulans sei, seine Leistungen zu perfektionieren: Er möchte nicht umsonst gelebt haben. Schon damals war es nicht so sehr nur eine persönliche Trauer um den Verlust seiner Eltern und Geschwister, die ihn erfüllte. Noch heute ist er entsetzt über alles, was geschehen ist. Es erscheine ihm als eine Verletzung seiner Integrität und seiner Identität. Dies ist jedoch nicht ein Gefühl, das er erlebt; vielmehr lebt er völlig *in* diesem Gefühl des immerwährenden Verletztseins. Das sei auch der Grund, warum er so schwer Freundschaften schließe. Zum Abschluß fügt er die schon zitierte Äußerung hinzu: „Je älter ich werde, desto unerträglicher wird alles, was ich erfahren habe und nicht vergessen kann.“

Wir haben diesen Fall unter den charakterneurotischen Entwicklungen eingestuft, ohne die Angstmomente und die depressiven Züge aus dem Auge zu verlieren. Eduards Kontaktschwierigkeiten beherrschen das Bild und werden von ihm selbst in seinem Arbeitsfeld als äußerst störend empfunden.

C.VI SECHSTE ALTERSGRUPPE (Trennung von der Mutter im Alter von 13 bis 18 Jahren)

C.VI.1. Allgemeines

C.VI.1a. Einführung in die altersspezifische Problematik

Die Traumatologie der sechsten Altersstufe erhält ihre entscheidende Prägung durch die lebensgeschichtlichen Voraussetzungen der ihr eigenen Entwicklungs- und Reifungsmomente.
Bei den bisher behandelten Altersgruppen haben wir die jeweiligen Entwicklungsstufen thematisch um einzelne Kerne (Vertrauen, Geborgenheit, Entwicklung der Autonomie, der sozial-kommunikativen Bezüge, des Lernverhaltens usw.) gruppieren und darin den traumatischen Ansatzpunkt des Verfolgungsgeschehens anweisen können. Zumindest theoretisch und bis zu einem gewissen Grade wäre das auch bei der Adoleszentengruppe möglich, wenn man die Problemkreise der Regulierung und Integrierung der Triebe, der psycho-sexuellen Reifung und der Individuation in den Mittelpunkt stellt; Gesichtspunkte, die bereits bei der fünften Altersstufe signalisiert wurden. Sie erhalten eine besondere Prägung durch die entscheidende, charakterformende Konfrontation des Adoleszenten mit einer Umwelt, die im Zeichen des Terrors und der Verfolgung steht. Hier hat er bewußt *die* Welt und *seine* Zeit erfahren und schließlich als Überlebender seinen Platz in ihr und sich selbst erlebt.
Diese Fomulierung verdeutlicht, daß eine Einführung in die altersspezifische Problematik der vorliegenden Lebensphase sich nicht in der Darstellung von Triebschicksalen und Ich-Entwicklungen erschöpfen kann. Wir haben bereits darauf hingewiesen, daß – im Gegensatz zu den Untersuchungen über verfolgte Erwachsene – die vorliegende Arbeit das Verfolgungsgeschehen als belastendes Entwicklungsmoment begreift. Das gilt auch für die Adoleszentengruppe. Bei ihr erhält der allen Altersgruppen gemeinsame traumatische Ansatzpunkt der Trennung von der Mutter eine neue Färbung.
Man unterschätzt die Bedeutung der altersbedingten Reifungs- und Entwicklungsmomente, wenn man sie – wie *Erikson* (1968) es ausdrückt – einzig unter dem „Schatten" der Versagungen und Kindheitskonflikte erfaßt. Gewiß hinterlassen diese ihre Spuren und liefern den Grundstock der reifenden Persönlichkeit. Im Akt der Separation sind neben präödipalen Momenten der Sicherheit, des Geborgenseins jetzt ebenso starke ödipale im Spiel. Mit gleichem Recht könnte bei weiblichen Adoleszenten die Trennung vom Vater als traumatisches Agens des Verfolgungsgeschehens gewertet werden, ein Umstand, auf den wir bereits bei der dritten Altersgruppe (4 bis 6 Jahre) hingewiesen haben. Bei der Nachuntersuchung der Adoleszentengruppe stand der – zuweilen idealisierte – Vater häufig im Mittelpunkt des Trauerprozesses (z. B. bei PE).
Im Schmelztiegel der Adoleszenz finden wir jedoch zudem das gesamte Material früherer Entwicklungsstufen eingeschmolzen in die leib-seelischen Prozesse von Reifung und Entwicklung, in denen der wachsende Anteil der menschlichen Gesellschaft als Form und Richtung gebendes Element mitbestimmend ist. In dem genetischen *Konzept der Identität*, das als „Gesamtheit der Rollen" definiert werden kann (*de Levita*, 1965), ist jedoch neben dem Körpergefühl, dem Namen und der Lebensgeschichte mit der „allmählichen Integration aller Identifizierungen" vor allem die Frage der Kontinuität und der Solidarität mit den Idealen und der Identität der

Gruppe, der man zugehört, von Bedeutung (*Erikson*, 1968). Auch das bereits zitierte Testament *Bergson*s betont trotz des gleichzeitig erhobenen scharfen Protestes gegen eine bestimmte Attitüde oder Rollenrepräsentation seiner Gruppe die Elemente der Kontinuität und der Solidarität mit der Geschichte der kongenialen Gruppe, c. q. der verfolgten Minderheit. Sie bestimmten schließlich die Rolle, in der *Bergson* in der historischen Situation der Verfolgung in seiner Identität erkannt werden wollte.
Derart bewußte Auseinandersetzungen mit der eigenen Geschichte, der eigenen Vergangenheit, und der Konzeption einer zukünftigen Existenz treten in der Adoleszenz erstmals in vollem Umfang in Erscheinung.
Auf die verschiedenen Erscheinungsformen der Identitätsproblematik kann hier nicht näher eingegangen werden. Die Identitätskrisen der jüngeren Altersgruppen sind anders geschichtet als die der älteren. Der Schnittpunkt liegt – wie wir bei der dritten Altersgruppe dargestellt haben – im Auftauchen der persönlichen Erinnerungen an die Eltern und an die jüdischen Gebräuche im elterlichen Haus.
Die Identitätsproblematik der jüngeren Altersgruppen wird, wie wir gesehen haben, in der Pubertätsphase in den personalen Beziehungen (zu den Pflegeeltern) aktiviert und von da aus auf die gruppendynamischen Spannungen zwischen Majorität und Minorität übertragen. Die Empathie für die nicht gekannten Eltern wird durch die Phantasie und nachträgliches Sich-verbunden-fühlen mit der Gruppe stimuliert.
Bei der fünften und sechsten Altersgruppe wird der Identitätskonflikt an Ort und Stelle ausgelöst durch das bewußte Erleben des Anfalls auf die Integrität der Familie und der kongenialen Gruppe.
Die Gesellschaft kann diese Prozesse erleichtern, sie kann sie auch erschweren. Die altersspezifische Problematik der Adoleszenz kann daher nicht losgelöst von den psycho-sozialen Gegebenheiten der Zeit, in der sie sich vollzieht, beschrieben werden. Vergleichsweise harmlose Motive wie die Familienflüchtigkeit der Adoleszenten, ihre Suche nach neuen Ideal-Vorstellungen, nach außerfamiliären sozialen Beziehungen und neuen Bezugspersonen erhalten in einer Zeit tödlicher Bedrohung ein anderes Gewicht. So haben diese Motive sicher einzelnen Adoleszenten ihren Entschluß unterzutauchen erleichtert. In der Praxis des damaligen täglichen Lebens trat der Versuch einer neuen Sinnfindung, eines eigenen von dem der Umgebung abweichenden Entwurfes u. a. in einer abweichenden Beurteilung des Verfolgungsgeschehens hervor. Das findet seinen Ausdruck in den Initiativen, die einzelne für ihre eigene Lebensrettung ergriffen (PG, RG), im aktiven Anschluß an die Widerstandsbewegung (SG, SD, SK), Flucht aus Deportationssammelstellen, Krankenhäusern oder Konzentrationslagern (QC, QD, SD), im – nutzlosen – Sich-opfern für die Eltern (SM).
Die breite Variabilität der Möglichkeiten beim Übergang von der ersten zur zweiten traumatischen Sequenz kommt in unserem Material mehr in den anekdotischen Momenten der individuellen Lebensgeschichte zum Ausdruck, als in dem zahlenmäßigen Vergleichsmaterial.
Natürlich bedeuten alle erwähnten Umstände evtl. auch Erschwerung des psycho-sexuellen Reifungsvorganges, der Selbstfindung, der Entfaltung personaler Beziehungen, und einen ernstlichen Eingriff in die Lern- und Bildungssphäre. Katamnestisch erweisen sich die aus der Adoleszenz stammenden, situationsgebundenen Erinnerungen an die plötzlich zutage tretende Angst, Ohnmacht, Rat- und Hilflosigkeit des Vaters oder der Mutter als entscheidend für die weitere Lebensgestaltung der zutiefst erschütterten und grundlegend verunsicherten Überlebenden. Dazu einige Beispiele aus den Nachuntersuchungen: SG berichtet, wie sein Vater, „ein gutmütiger Dicksack, der seine Kinder nie geschlagen hat", von der SS zusammengeschlagen wurde, und ohnmächtig, hilflos und blutig am Boden liegend einen schaurigen Anblick bot. RH

erzählt, daß er „zufällig" seinen totkranken Vater im Konzentrationslager traf und ihn beinahe nicht mehr erkannt hätte. RB erinnert sich, wie ihre Mutter in Auschwitz beim Abschied zu ihr sagte: „Halte dich gut, daß du mir später wieder offen in die Augen schauen kannst." Sie habe damals großes Mitleid mit ihrer Mutter empfunden, die sich so ahnungslos und weltfremd von ihr verabschiedete. Dann SA, deren Vater es nicht mehr gelang, seine Familie wie bis dahin ehrlich zu ernähren, und der darum sein Glück im Kartenspiel versuchte; eines Tages wurde er wegen angeblicher Betrügereien und Devisenvergehen in seiner Wohnung arrestiert und ließ sich widerstandslos abführen; er wurde deportiert. Schließlich SM: bei einem Überfall auf seinen Betrieb gelang es ihm als einzigem zu flüchten; alle seine Kollegen wurden deportiert. Er lebte vier Monate lang versteckt. Auf inständigem Wunsch seiner Eltern, besonders seines ängstlichen Vaters, dem man mit Deportation drohte, kehrte er nach Hause zurück und meldete sich – um kein ‚Straffall' zu werden – freiwillig zur Deportation.
Allen diesen Erinnerungen ist übrigens gemeinsam, daß in ihnen den umgekommenen Eltern der Glanz verliehen wird, den die Wirklichkeit ihnen grausam genommen hatte.
Es ist deutlich, zu welch fundamentalen Problemen für die jüdischen Adoleszenten so der Keim gelegt war. Als Person Angst und Spannungen ausgesetzt, als Kind seiner Eltern Zeuge von deren Ohnmacht und Erniedrigung, als Angehöriger einer geschmähten, verfolgten Minorität der in ihr wirkenden Panik unterworfen: dem mit diesen Erfahrungen und Erinnerungen Überlebenden sind beinahe alle Elemente seiner psycho-sozialen Identität in Frage gestellt.

C.VI.1b. Zusammenstellung und Beschreibung der Gruppe

Der altersmäßige Aufbau der Adoleszentengruppe und die Anzahl der Versteckadressen bzw. der Konzentrationslager in der zweiten und die Anzahl der Aufenthaltsadressen in der dritten traumatischen Sequenz ergeben Übersichtstabelle 18.
Die Gruppe umfaßt 15 männliche und 26 weibliche Adoleszenten. Hier zeigt sich der bereits aus dem Altersaufbau unserer Gesamtpopulation ersichtliche stärkere weibliche Anteil in den höheren Altersgruppen (A.III.2, Tab. 1). Auch innerhalb der Gruppe der KZ-Kinder (43,9 %) ist diese Tendenz zu beobachten: 7 Jungen, 11 Mädchen.
Auffällig ist der prozentual starke Anteil ehemaliger Konzentrationslagerhäftlinge in der Adoleszentengruppe, der ebenfalls bereits bei der Analyse unseres Gesamtmaterials signalisiert wurde, zugleich mit der relativ größeren Überlebenschance dieser Altersgruppe (cf. oben A.IV.1). Global betrachtet boten sich den Adoleszenten weniger Möglichkeiten unterzutauchen; dabei befanden sich diejenigen, die aus assimilierterem Milieu stammten, in einer günstigeren Lage, da sie mehr Kontakte mit nicht-jüdischen Milieus unterhielten, z. B. in sozialistisch orientierten Jugendgruppen. Wenn sie einmal ein Versteck gefunden hatten, dann hatten die Adoleszenten durch die Möglichkeit eigener Initiative mehr Chancen sich durchzuschlagen. Bemerkenswert ist der häufige Wechsel der Verstecke in der zweiten traumatischen Sequenz. Dem entspricht der außerordentlich geringe Anteil von Streitfällen, die mit der Übertragung der Vormundschaft an die Kriegspflegefamilie endeten. Ein solcher Fall ist OB, auf deren Lebensgeschichte im Rahmen der Kasuistik eingegangen werden soll.
Die – abgesehen von einigen Ausnahmen (OG, QD, RI, RL, SN) – verhältnismäßig niedrige Anzahl der Wechsel des Aufenthaltes in der dritten traumatischen Sequenz ergibt ein trügerisches Bild. Es ist zu bedenken, daß im allgemeinen nur die Zeit der Minderjährigkeit erfaßt wurde, die in dieser Altersgruppe bereits wenige Jahre nach dem Kriege endete. Deshalb kann, wo in der dritten traumatischen Sequenz nur ein

Tabelle 18: **Anzahl der Aufenthaltswechsel in der zweiten und dritten Sequenz (sechste Altersgruppe)**

Jg.	Code	II	III
1930	OB	4	3
	OC	2 KZ	2
	OF	2 KZ	3
	OG	10	±10
1929	PA	10	1
	PB	3	1
	PE	7	2
	PG	7	1
	PH	4	2
	PJ	2 KZ	3
	PK	2 KZ	∞
1928	QB	3	3
	QC	12	4
	QD	>5	6
	QE	4	±3
	QF	2	2
	QG	2	2
1927	RA	9 KZ	2
	RB	2 KZ	3
	RC	2 KZ	2
	RE	6 KZ	2
	RF	9 KZ	3
	RG	10	4
	RH	8 KZ	3
	RI	3	±5
	RL	±6	8
1926	SA	1	1
	SB	7	1
	SC	4 KZ	3
	SD	±11	3
	SE	8	2
	SF	1	–
	SG	3 + 3 KZ	2
	SH	11 KZ	3
	SJ	9 KZ	2
	SK	5 KZ	±2
	SL	11 KZ	3
	SM	1 + 8 KZ	1
	SN	8 KZ	±5
	SO	±50	2
1925	TA	6	1

oder zwei Wechsel angegeben sind, daraus nicht auf eine konfliktfreie Anpassung oder Verlaufsform des traumatichen Geschehens geschlossen werden. Oft handelt es sich um Fälle, in denen es überhaupt nicht mehr zu einer Vormundschaftsregelung kam und die Betreffenden mehr oder weniger sich selbst überlassen waren. Frühheirat der aus dem Lager zurückgekehrten Mädchen war anscheinend eine der möglichen Auflösungen des Einsamkeitsproblems. Viele Jugendliche der vorliegenden Altersgruppe zogen bei überlebenden Verwandten ein, die dann zuweilen auch die Vormundschaft erhielten. Andere wohnten zur Untermiete. Wie aus Tabelle 13 hervorgeht, ist die Zahl der Vormundschaftszuweisungen an die jüdische Waisenorganisation in der letzten Altersgruppe gering. Nicht-jüdische Vormundschaften zeigen im Vergleich mit den jüngeren Altersgruppen einen deutlichen Rückgang.

Da die Prozedur der Zuweisung der Vormundschaft sich oft über Jahre erstreckte und die Bearbeitung der Probleme, die die jüngeren Altersgruppen den zuständigen Instanzen boten, Vorrang genossen, blieben die älteren Jahrgänge, obwohl sie noch unter die O. P. K.-Gesetzgebung fielen, nach dem Kriege oft unbetreut. Der Übergang zur Volljährigkeit vollzog sich unbemerkt. Sicherlich spielte dabei auch der Faktor der eigenen Initiative und Autonomie, der Drang, sich nach einer Periode von Zwang und Unfreiheit nicht wieder von irgendeiner Instanz Vorschriften machen zu lassen, eine gewichtige Rolle. Typisch für die Nachkriegszustände ist der Fall RK: zuerst von der früheren Haushälterin ihrer Großeltern, einer ehemaligen Nationalsozialistin, aufgenommen, wurde sie alsbald bei Verwandten untergebracht. Hier kam es zu schweren Konflikten, so daß sie sich ein Zimmer mietete und als Dienstmädchen arbeitete.

Bei der Sichtung des Materials erhält man in Anbetracht der relativ größeren Anzahl Jugendlicher, die aus den Konzentrationslagern zuweilen auf Umwegen repatriiert

wurden, den Eindruck, daß es an systematischen Vorbereitungen mangelte, um gerade die hilfsbedürftigsten Fälle nach Gebühr aufzufangen. Sie wurden nicht oder nur unvollkommen erfaßt. PK z. B., die nach der Befreiung aus dem Konzentrationslager über Rußland und Frankreich in die Niederlande repatriiert wurde, war bei der Nachuntersuchung nicht im Stande, auch nur annähernd die Anzahl ihrer Aufenthaltsorte in der dritten traumatischen Sequenz anzugeben. Es waren „unendlich viele".
Dergleichen wird jedoch niemand wunder nehmen, der die turbulente Zeit der ersten Nachkriegsjahre in den Niederlanden miterlebt hat, als die Schrecknisse der Konzentrationslager erst allmählich bekannt und bewußtseinsfähig wurden. Der gerügte Mangel an Vorbereitungen ist aus diesem Mangel an Informationen und aus der Unfähigkeit des menschlichen Geistes zu verstehen, derartige bisher unbekannte Greuel zu antizipieren. Die untergetauchten Adoleszenten wurden durch die gesetzliche Anmeldungspflicht der Kriegspflegeeltern früher und besser registriert, und fanden dadurch, wenn sie wollten, selbst den Weg zu den zuständigen Instanzen. Einige lebten nach dem Kriege in einem eigens für sie wiedereröffneten jüdischen Heim, das pädagogisch und sozial-psychiatrisch von der jüdischen Waisenorganisation Le Esrath Hajeled betreut wurde. Durch den Nachholbedarf der um ihre Pubertät Betrogenen, durch die Neuartigkeit der durch sie aufgeworfenen pädagogischen und psychologischen Fragestellungen gestalteten sich die Kontakte mit ihnen überaus kompliziert und forderten die Entwicklung einer allgemeinen Strategie, die zwischen den beiden Polen Trost/Verwöhnung und Anpassung an die neu geschaffene Realität den Ausgleich suchte (nicht immer fand).
Auffallend war, daß die meisten der damals betreuten Jugendlichen die Unterbrechung ihres Lern- und Bildungsprozesses als zentrales Problem sahen. Dies war das Einfallstor zu ihrer sozialen Rehabilitation. Aus heutiger Perspektive kann man wohl von einem Abwehrmechanismus sprechen. Von einer psychologischen Bearbeitung des Verfolgungsgeschehens im engeren Sinne konnte nur in vereinzelten Fällen die Rede sein.
Die Nachuntersuchung der vorliegenden Altersgruppe bestätigte die aus der psychiatrischen Literatur bekannten Vorwürfe ehemaliger Konzentrationslagerhäftlinge über die Verständnis- und Herzlosigkeit ihrer Umgebung, in die sie voll Erwartung zurückkehrten und von der sie sich im Stich gelassen fühlten.

SL berichtet von ihrer Ankunft auf dem Amsterdamer Hauptbahnhof. Sie kam durch die Sperre. Irgendein Funktionär saß an einem Tisch, eine kleine Kartothek vor sich. Sie nannte ihren Namen. Er blätterte und zog ihre Karte heraus. „Sie werden von niemandem erwartet", sagte er. Sie bekam einen kleinen Geldbetrag und konnte gehen.

Der objektive Wahrheitsgehalt dieser Schilderung ist nicht zu überprüfen. SL gehörte zu der Gruppe ehemaliger Konzentrationslagerhäftlinge, die nach der Befreiung aus dem Lager erst einige Monate in Schweden verbrachten. Jedoch gibt ihr Bericht, vor allem die Formulierung: „sie werden von niemandem erwartet", ein deutliches Bild ihrer inneren Verfassung: des überwältigenden Gefühls von Verlassenheit bei ihrer Rückkehr nach Amsterdam, von wo aus sie im Alter von 16 Jahren deportiert worden war.
Das innige Verhältnis der Amsterdamer Juden zu „ihrer" Stadt, „Mokum" (aus dem Hebräischen, aufgenommen in die niederländische Volkssprache), macht ihre Trauer erst vollends begreiflich. Dazu noch ein weiteres Beispiel aus den Nachuntersuchungen.

Zusammen mit seinem älteren Bruder kam SB am Tage nach der Befreiung in Amsterdam an. In der Nähe des Damplein (großer Platz vor dem Palais) lehnten sie an einer Hauswand und sahen dem festlichen Treiben zu: Menschen, denen man noch den Hungerwinter ansah; dazwischen die wohlgenährten kanadischen Soldaten. Eine Gruppe erregter Amsterdamer kam vorbei. Einer erkannte sie als jüdische Jungen und sagte: „Schön daß ihr auch wieder da seid", und ging weiter. Die beiden Brüder sahen einander an. Schließlich fragte der Bruder: „Wohin wollen wir nun eigentlich gehen?"

Die Anpassungsversuche dieser Altersgruppe, die Initiative, die sie unmittelbar nach Beendigung des Krieges selbst entwickelte, sind ein interessantes Thema. Auch dazu einige Beispiele.

PA (15 Jahre) suchte nach der Befreiung der südlichen Niederlande sogleich Kontakt mit den dort ins Leben gerufenen jüdischen Organisationen. Er fand Aufnahme in einer jüdischen Pflegefamilie, mit der er später nach Rotterdam umzog. Er blieb bis zum Abschluß seiner wieder aufgenommenen Schulausbildung in dieser Familie. Danach ging er nach Israel.
PE (16 $^1/_2$ Jahre) hat eine schwierige, gefährliche zweite traumatische Sequenz hinter sich, ist stark an ihre letzten (siebenten) Kriegspflegeeltern gebunden, dort christlich erzogen und mit einem orthodox protestantischen jungen Mann verlobt. Unmittelbar nach Kriegsende reist sie unter beschwerlichen Umständen in eine kleine Stadt im Süden der Niederlande, um dort den Bruder ihres deportierten Vaters, an dem sie sehr hing, aufzusuchen. Dadurch gerät sie in Konflikt mit ihrem Kriegspflegemilieu. Sie übersiedelt in ein jüdisches Heim und versucht – ohne Erfolg – ihre unterbrochene Schulausbildung wieder aufzunehmen.
SF ging nach Kriegsende in die Wohnung, in der sie mit ihren Eltern gelebt hatte, und hinterließ dort ihre gegenwärtige Adresse. Dann kehrte sie in die Wohngemeinschaft zurück, in der sie die zweite traumatische Sequenz überstanden hatte.
RA kehrt 18jährig nach 9 Konzentrationslagern zurück, wird zunächst von entfernten Verwandten aufgenommen, meldet sich freiwillig zum Heer. Er wird in England ausgebildet, verweigert dann den Kriegsdienst in Indonesien.
SG kehrt 19jährig nach 3 Konzentrationslagern zurück. In einer Kleinstadt findet er seine Schwester, bleibt dort einige Zeit, meldet sich dann freiwillig zum Heer.
SM (19 Jahre) will sich nach Aufenthalt in 11 Konzentrationslagern nicht repatriieren lassen. Er arbeitet einige Monate als Dolmetscher bei den Amerikanern in Deutschland. Kehrt dann doch in die Niederlande zurück, meldet sich freiwillig zum Heer, wird aber abgewiesen.

Die traumatologische Bedeutung der dritten traumatischen Sequenz für die Adoleszenten kam eigentlich erst bei der Nachuntersuchung ans Licht. Man kann sie aus der widersprüchlichen Haltung ableiten, mit der die Adoleszenten ihrer neuen Lebenslage entgegentraten: zugleich mit dem Wunsch nach Unabhängigkeit und eigener Gestaltung ihres Schicksals nach einer Zeit der Unfreiheit und Knechtung *und* mit dem gleichzeitigen Bedürfnis nach Unterstützung und adäquater Behandlung.
Das traumatisierende Agens der dritten traumatischen Sequenz ist für alle Adoleszenten das gleiche: es beruht auf der bewußten Konfrontation mit den Folgen des Verfolgungsgeschehens, und zwar nicht nur bezüglich der zu gestaltenden Zukunft. Soziogenetisch tritt überdies für die vorliegende Adoleszentengruppe eine neue traumatisierende Variable hinzu, die sie grundsätzlich von allen vorhergehenden Altersgruppen unterscheidet, vielleicht mit Ausnahme einiger älterer individueller Fälle der fünften Altersgruppe. Da gemäß der seinerzeit geltenden Gesetzgebung die Schulpflicht mit der Beendigung des 14 Lebensjahres erlosch, bestand für die Adoleszentengruppe kein gesetzlicher Zwang zur Wiederaufnahme der unterbrochenen Ausbildung. Es blieb der eigenen Motivation vorbehalten, sich aufs neue der schulischen oder beruflichen Ausbildung zu unterziehen. Um zu einem Überblick über den hier angeschnittenen Fragenkomplex zu gelangen, wurden in Tabelle 19 alle sechs Altersgruppen hinsichtlich der von ihnen genützten Ausbildungschancen betrachtet. Dabei wurde die in der Tabelle der psycho-sozialen Defizienz erarbeitete Diskrepanz Intelligenz/Ausbildung außer acht gelassen und nur Fälle erfaßt, in denen entweder überhaupt keine Ausbildung erfolgte, oder aber die erstrebte Ausbildung scheiterte oder abgebrochen wurde.

Tabelle 19: **Keine, gescheiterte oder abgebrochene Ausbildung in den Altersgruppen I bis VI**

I.	II.	III.	IV.	V.	VI.
(7)	(13)	(10)	(10)	(7)	(21)
23,3 %	31,7 %	41,6 %	23,8 %	28 %	50 %

In dem auffallend hohen Prozentsatz der dritten Gruppe kommt der psycho-soziale Defizienzfaktor zum Ausdruck. Er ist in der emotionalen und sozial-kommunikativen Vulnerabilität dieser auf Initiative, Leistung und Anerkennung gerichteten Entwicklungsphase begründet. Dementsprechend kann der hohe Prozentsatz in der sechsten Gruppe als Ausdruck einer gestörten Ideal-Ich-Entwicklung aufgefaßt werden.
Eventuell könnte der hohe Anteil der Mädchen in der vorliegenden Adoleszentengruppe als Erklärung des hohen Prozentsatzes herangezogen werden. Aber auch wenn man der aus soziologischen Implikationen stammenden Unterbewertung der Schulung von Mädchen Rechnung trägt, so bleibt doch der Faktor der Ausbildungsdefizienz bestehen, der – wie die Nachuntersuchung ergab – von den Betreffenden als verfolgungsbedingt erfahren wurde.

Bei der *diagnostischen Übersicht* (vgl. Tab. 10) fällt das Anwachsen der chronisch-reaktiven Depressionen auf, die mit 31,7 % den höchsten Wert erreichen, sowie das Zurücktreten der charakterneurotischen Entwicklungen. Diese Feststellung stimmt mit den von *von Baeyer* c.s. und anderen Autoren (*Strauss*, 1957; *Kolle*, 1958; *Bensheim*, 1960) ermittelten Befunden überein. Die angstneurotischen Entwicklungen überragen zwar noch die Quote der charakterneurotischen, zeigen jedoch im Vergleich zur fünften Altersgruppe einen bedeutenden Rückgang. Bei ihnen handelt es sich um eine klinisch deutlich erfaßbare ängstliche Grundhaltung, die sich z.T. in charakterneurotischen Persönlichkeitsmerkmalen im Sinne der Restriktion, der Reifehemmung und der sozialen Isolierung und nur zu einem kleineren Teil in phobischen Reaktionsformen äußert. Zuweilen werden sie von asthenisch-depressiven Verstimmungen begleitet. Im übrigen erweist sich hier der bereits erwähnte psycho-dynamische Zusammenhang zwischen den chronisch-depressiven und den angstneurotischen Bildern. Die enge Verflechtung aller verfolgungsbedingten Erlebnisformen gestattet – und dies wird bei der sechsten Altersgruppe deutlich – eine diagnostische Differenzierung nur in groben Umrissen. Die klinisch in Erscheinung tretenden Formen lassen im Grunde nur eine Aussage über die Wirksamkeit der vorliegenden Abwehrvorgänge zu. Ein treffendes Beispiel hierfür bilden die Fälle, die sich zum Zeitpunkt der Nachuntersuchung als Hyperaktivitätsneurosen präsentieren (vgl. unten die Fälle „Fritz" und „Felix").
Eine weitere Sichtung unseres Materials zeitigte bei der vorliegenden Altersgruppe außerhalb der als Psychosomatosen eingestuften Bilder eine Skala körperlicher Beschwerden, hauptsächlich internistischer und gynäkologischer Leiden, zuweilen kombiniert mit wiederholten Krankenhausaufnahmen und operativen Eingriffen. Sie fanden sich sowohl unter den angstneurotischen Entwicklungen, als auch unter den chronisch-reaktiven Depressionen. Ehemalige Untertaucher wie Überlebende der Konzentrationslager waren von ihnen betroffen, letztere in erhöhtem Maße.

In der *Tabelle der psycho-sozialen Defizienz* (Tab. 11) fällt der niedrige Prozentsatz der Scheidungen auf (4,8 %), sowie der hohe Anteil in der Kategorie Diskrepanz Intelligenz/Ausbildung. Der relativ niedrige Prozentsatz der emotionellen Störungen

ist zu wenig signifikant, um zu fundierten Aussagen kommen zu können. Wohl wäre zu erwägen, inwiefern der errechnete Wert der normalen Entwicklungen in der Diagnosentabelle (12,2 %) sich hier geltend macht. Hier sind auch alle Fälle untergebracht, bei denen wir die Diagnose „späte Reifung" stellten.
Auch die sechste Altersgruppe ist reich an anekdotischem Material. Die Überlebenden der Konzentrationslager fügen sich in die bisher bekannten Verläufe aus den Untersuchungen anderer Autoren (*von Baeyer, Häfner* und *Kisker; Kolle; Bastiaans; Eitinger*, 1961, 1962; u. a. m.), doch mit der Einschränkung, daß die Modalität der Waisenschaft die psycho-soziale Definition der eigenen Person zusätzlich belastet, die Entwicklungskrise der Reifezeit verstärkt. Letzteres gilt auch für die untergetauchten Adoleszenten unseres Materials.

C.VI.1c. Zur Auswahl und Darstellung der Fälle

Bei der kasuistischen Auswahl wurden wir uns sowohl der großen Schwierigkeiten bewußt, die einer thematischen Darstellung der Hauptmotive der Adoleszenz im Wege stehen, als auch der Beschränkung, der wir aufgrund unserer ursprünglichen Thematik unterliegen. Die entscheidende Bedeutung der Umwelt für die Charakterbildung des Adoleszenten, ihr Einfluß auf die endgültige Gestaltung seiner Verhaltensweisen in ihren individuell-triebmäßigen und sozial-psychologischen Aspekten liefern den doppelten Ansatzpunkt, von dem aus die kasuistische Auswahl getroffen werden könnte. Eine überzeugende Verwirklichung dieses Vorhabens würde jedoch die Grenzen der vorliegenden Untersuchung sprengen.
So fesselnd es wäre, anhand des vorliegenden Materials in einer Reihe von Fällen darzustellen, inwiefern die Anlage und die früheren Erfahrungen des Kindes, die bereits ihren charakterologischen Niederschlag gefunden haben, durch die Erfahrungen der Pubertät ihre endgültige Form fanden, d. h. zu untersuchen, inwiefern das Verfolgungsgeschehen frühere Dispositionen und Entwürfe verstärkte oder aber sie entscheidend veränderte und deformierte: wir müssen uns beschränken.
Nur in großen Umrissen können wir bestimmte Facetten des Adoleszenten herausstellen, z. B. seine Fähigkeiten zu Initiative und eigener Beurteilung des Verfolgungsgeschehens während der zweiten und dritten traumatischen Sequenz, seine Möglichkeiten sich abzusetzen, aber auch sich zu opfern – all dies in einer extremen Belastungssituation angesiedelt, einem makrosoziologischen Geschehen mit seinen aktualisierten Angst- und Autoritätskrisen, in denen es um Tod und Leben geht.
Mehr als bei den vorhergehenden Altersgruppen steht bei den Adoleszenten das bewußt erlebte Verhältnis zu seiner Familie, seinen Eltern und Geschwistern im Mittelpunkt. In diesem Spannungsfeld wächst auch seine Selbst-Wahrnehmung. Die Fälle „Fred" und „Felix" illustrieren diese Beziehungen durch die entgegengesetzten Verhaltensweisen, die sie bei der Trennung von ihrer Familie zeigten. Auch bei den anderen referierten Fällen ist der Moment der Trennung von den Eltern, die sich später als endgültiger Abschied erwies, von entscheidender Bedeutung.
Die Fälle „Frida" und „Fritz" zeigen Varianten: im ersten Fall durch die Modalitäten der Trennung und die psychosomatische Reaktion der Betroffenen auf den Bericht von der Deportation ihrer im Versteck verratenen Eltern; im zweiten Fall durch die Aktivitäten von „Fritz" in der Widerstandsbewegung und durch das klinische Bild des erwachsenen Mannes.
Die Fälle wurden auch für die sechste Altersgruppe nach Diagnosen geordnet. Zu den beiden hier als „späte Reifung" diagnostizierten Fälle vgl. das im Kapitel *Diagnostische*

Erwägungen zur „normalen Entwicklung" Ausgeführte. Besonders für die sechste Altersgruppe schien uns der Terminus „späte Reifung" am besten anzugeben, auf welche Weise die Betreffenden, die wir in vergleichsweise fortgeschrittenem Lebensalter nachuntersuchten, ihre Lebens- resp. Verfolgungsgeschichte verarbeitet hatten. Es handelt sich um Personen, bei denen keine ausgesprochene Disposition vorlag, ihren Fall in eine der gegebenen diagnostischen Kategorien einzustufen, während sich im Gegenteil bei kritischer Überprüfung der bekannten Lebensumstände der Eindruck festigte, daß sich bei den Betreffenden trotz allem ein deutlicher Reifungsprozeß vollzogen hatte. Auch ein eventuelles Vorkommen in der 5. oder 6. Rubrik der Tabelle zur psycho-sozialen Defizienz ändert hieran nichts, solange der Reifungsprozeß als übergeordneter Eindruck bestehen blieb.

C. VI.2. Kasuistik

C. VI.2a. Psychosomatosen

Fall „Frida" (OB); Taufe; Streitfall, Vormundschaft an die Kriegspflegefamilie. Schwere Identitäts- und Loyalitätskonflikte. Rückkehr in das kongeniale Milieu.

Frida, geboren am 12. 4. 1930, entstammt einer als harmonisch beschriebenen orthodox jüdischen mittleren Beamtenfamilie. Der Vater sei ein gebildeter, etwas weltfremder Mann gewesen, musikalisch begabt, in der kleinen Provinzstadt im Norden des Landes auch außerhalb des jüdischen Milieus angesehen. Die Mutter: eine ebenfalls gebildete, ausgeglichene Frau, die ohne zu beherrschen ihre Familie leitete. Frida hatte noch einen um zwei Jahre jüngeren Bruder. Über ihre Vorgeschichte ist wenig aktenkundig. Die frühe Kindheit muß glücklich gewesen sein, auch ihren eigenen Erinnerungen zufolge.
Frida besuchte die sechste Klasse der Volksschule als die direkten Verfolgungen begannen. Anfänglich hatten die Eltern beschlossen, sich zusammen mit den Kindern deportieren zu lassen. Vor allem der Vater war nicht zu einer Trennung von seinen Kindern zu bewegen. Auf Zureden von Freunden änderten sie ihr Vorhaben. Zuerst tauchte Frida, damals 13jährig, unter, danach ihr Bruder. Die Eltern wurden festgenommen, als sie selbst ihr Haus verlassen wollten. Anscheinend war hier Verrat im Spiel. Fridas Dossier verzeichnet vier Versteckadressen; sie selbst berichtet von sechs bis sieben. Im ersten Versteck arbeitete sie als Dienstmädchen bei einer Familie mit 11 Kindern. Hier traten zum ersten Male colitis-Beschwerden auf. Sie blieb 8 Monate dort. Danach begann – ihren eigenen Informationen zufolge – eine Irrfahrt durch verschiedene Pflegefamilien, bis sie in der Nähe von Arnhem bei einer katholischen Arztfamilie mit drei eigenen Kindern etwa ihres Alters gut aufgefangen wurde. Hier fühlte sie sich heimisch. Während der Schlacht um Arnhem im Herbst 1944 ließ sie sich in einer „Notsituation" katholisch taufen. Das Haus mußte schließlich geräumt werden; sie wurde bei Freunden der Pflegeeltern untergebracht. Dort erlebte sie das Ende des Krieges. Inzwischen besuchte sie ein katholisches Internat.
Die Vormundschaftsregelung nach dem Kriege erwies sich als äußerst kompliziert. Trotz Fridas Weigerung – auch ihre Kriegspflegeeltern, die sehr an ihr hingen, wollten sie nicht gehen lassen – wurde sie auf Vorschlag der Kommission O. P. K. bei einer jüdischen Familie (Freunde ihrer Eltern) untergebracht, die inzwischen auch Fridas jüngeren Bruder aufgenommen hatte. Schon nach wenigen Tagen kam es zu heftigen Auftritten zwischen Frida, der jüdischen Pflegefamilie und den Mitarbeitern der Kommission O. P. K. Schließlich verließ Frida eigenmächtig das Haus und kehrte ins Internat zurück.
Es kam zu einem Prozeß um die Vormundschaftszuweisung, den die Kriegspflegeeltern in letzter Instanz gewannen. Fridas aktenkundige Aussage, sie wünsche im katholischen Glauben weiterhin erzogen zu werden, gab den Ausschlag. Sie beendete ihre gymnasiale Ausbildung im Internat. Danach bezog sie eine pädagogische Akademie, die sie nach einem Jahr wieder verließ. Sie erhielt

eine Ausbildung als Sekretärin, wobei ihr ihre Begabung für fremde Sprachen zugute kam. Sie machte sich selbständig und arbeitete in einer großen Stadt im Westen des Landes als Korrespondentin in einer Exportfirma. Dort lernte sie ihren jüdischen Mann kennen.
Die Nachuntersuchung Mitte 1973 ergab das Bild einer etwas rigiden, krampfhaft beherrschten Frau mit rezidivierenden colitis mucosa- und ulcerosa-Beschwerden. Sie steht unter internistischer Kontrolle.
In der Ehe wurde eine Tochter geboren, die von ihrem 10. Lebensjahr an unter Kopfschmerzen und Darmspasmen leidet.
Frida selbst arbeitet halbtags als Sekretärin beim Roten Kreuz. Ihr Leben ist trotz äußerer Erfolge nicht ausgefüllt.
Ihr Mann ist Bürovorsteher in einem Advokatenbüro. Er hat keine Angehörigen mehr. Er ist fünf Jahre älter als Frida und war ebenfalls untergetaucht. Frida beschreibt ihn als einen rücksichtsvollen, etwas zu ruhigen Mann. In der Ehe fühlt sie sich einsam. In ihrer Freizeit ist sie aktiv in der kleinen jüdischen Gemeinschaft ihres Wohnortes tätig.
Bei näherer Exploration treten asthenisch-depressive Züge deutlich hervor. Der Kontakt mit Tochter und Mann ist deutlich problematisch. Psychotherapie wurde bisher nicht erwogen. Der Kontakt mit den Kriegspflegeeltern ist langsam verebbt. Es besteht eine starke Verdrängung traumatischer Kriegs- und Nachkriegssituationen. Sie spricht wohl ausführlich über die schwere Arbeit, die sie in der ersten Kriegspflegefamilie hatte leisten müssen. Sie betrachtet das heute als eine Form der Ausbeutung und sieht dort den Ursprung ihrer colitis-Beschwerden. Alles andere, vor allem die Modalitäten der Vormundschaftszuweisung und ihre ausschlaggebende Aussage vor Gericht scheinen wie ausgelöscht. Als sie daran erinnert wird, ruft das ein ihr selbst unbegreifliches verhaltenes tränenloses Weinen hervor. Mit Rücksicht hierauf wird das Gespräch vorzeitig seinem Ende zugeführt.

Dieser Fall demonstriert die Folgen eines nicht gelungenen Verdrängungsvorganges massiv-kumulativer Ereignisse während der Adoleszenzperiode in seinen individuell- wie in seinen sozialpsychologischen Implikationen. Die Residuen bewußter Erinnerungsinhalte (Aufflackern der colitis-Beschwerden bei der Nachricht vom Tode ihrer Eltern, die sie dem jüngeren Bruder weitergeben mußte; die zufällig aufgefangenen Worte ihres etwas älteren Pflegebruders zu ihrem Pflegevater: „Bitte sag ihr, daß sie nicht länger auf Briefe warten muß.") kontrastieren scharf mit den auffallenden Erinnerungslücken an die eigene Rolle und Haltung während des Streites um die Vormundschaft. Hier wird der Versuch einer eigenen Zukunftsgestaltung und einer neuen Identitätsfindung geleugnet, die Umstände seines Scheiterns jedoch im begleitenden Affekt (verhaltenes tränenloses Weinen) bestätigt.
Auch in ihren Aussagen über ihre Eltern verhielt sich Frida äußerst reserviert. Man erhielt den Eindruck, daß es ihr überhaupt schwer fiel, über sie zu sprechen. Von ihrem Vater sagte sie nur: „Er war ein geistreicher Mann". Im übrigen blieb sie einsilbig.
Eine tiefer greifende Betrachtung psychodynamischer Vorgänge im Sinne einer Psychographie der hier wirksamen, einander überschneidenden und widersprechenden Erlebnisinhalte, z. B. der Loyalitäts- und Trauerproblematik, soll hier nicht angestellt werden. Uns interessiert vor allem das Resultat eines nicht gelungenen Verdrängungsvorganges eines Adoleszenten mit psychosomatischer Symptombildung.
Natürlich spielen bei Fridas Werdegang auch andere, exogene Momente eine Rolle, die hier nur gestreift werden können. Man kann als sicher annehmen, daß ihre Kriegspflegeeltern aufrichtig bemüht waren, ihr ein neues Heim zu schaffen. Aber ebenso sicher ist, daß sie die Problematik des Adoleszenten unterschätzt haben und ihr zum Schluß nicht mehr gewachsen waren.
Bei der Nachuntersuchung fiel auf, daß Frida im Unterschied zu anderen Kriegspflegekindern und zumal Adoleszenten, beinahe keinen Kontakt mehr mit ihren Pflegeeltern unterhielt, wobei es scheint, daß die Pflegeeltern selbst sich zurückgezogen hatten – ohne daß von einer Streitsituation gesprochen werden könnte. Von einer gezielten

sozialen Rehabilitation konnte in dieser Situation keine Rede sein. Die Diskrepanz zwischen der Intensität und Direktheit der im Dossier niedergelegten Vorgänge bei der Vormundschaftszuweisung und dem bei der Nachuntersuchung zutage tretenden Ausgelöschtsein dieser Periode muß als Besonderheit dieses Falles vermerkt werden.

Fall „Franz"(RA). Zusammen mit Eltern und Geschwistern ins Konzentrationslager, dort getrennt; 9 Lager. Psychosomatische Beschwerden; invalide.

Franz, geboren am 4. 2. 1927, das dritte von vier Kindern aus areligiösem Milieu des jüdischen Proletariats. Sein Vater war ungeschulter Arbeiter im Dienst der Stadt Amsterdam (Straßenbahnschienenreinigung; Büroreinigung; später Hilfe bei Schulspeisungen). Sein Lohn war mäßig, aber er war nie arbeitslos und hatte als Gemeindearbeiter mit der zugehörigen Uniform und Mütze im jüdischen Proletarierviertel, in dem er schon vor seiner Verheiratung gewohnt hatte, einen gewissen Status.
Seine Frau, ebenfalls aus jüdischem Arbeitermilieu, hatte er auf einem der Feste kennengelernt, wie sie anläßlich jüdischer Feiertage auch von denen begangen werden, die sich dem religiösen Inhalt nicht mehr verbunden fühlen. Die Familie hatte einen guten Leumund; die Mutter arbeitete drei Vormittage in der Woche in einer jüdischen Metzgerei, um etwas dazuzuverdienen.
Im Unterschied zu seinen beiden älteren Brüdern muß Franz ein anfälliges Kind gewesen sein; er litt an asthmatischer Bronchitis, weswegen er einige Zeit in einer Kinderkolonie am Meer verbrachte. Aufgrund dessen blieb er in der dritten Volksschulklasse sitzen. Von seinem 10. Lebensjahr an besserte sich sein Zustand; auch in der Schule erzielte er jetzt gute Resultate.
Bei Kriegsbeginn besuchte Franz die LTS, um – wie seine Brüder – Elektromechaniker zu werden.
Im April 1942 wurde die Familie (Vater, Mutter, Franz, die beiden älteren Brüder und eine jüngere Schwester) zusammen mit anderen jüdischen Familien ihres Viertels deportiert. In Westerbork wurde Franz von seinen Eltern und Geschwistern getrennt und drei Monate später mit einem Spezialtransport in eines der Arbeitslager in Oberschlesien geschickt. Dort begann eine Odyssee durch verschiedene Konzentrationslager; zuletzt (März 1944 bis April 1945) war er in Buchenwald, wo er von den Russen befreit wurde.
Bei den Transporten von einem Konzentrationslager ins andere hatte er Mithäftlinge in den Vieh- oder Kohlewagen krepieren sehen. Aus Buchenwald erinnert er sich des täglichen Appells, während dessen Gefangene aufgehängt oder erschossen wurden, während eine Musikkapelle spielte. Täglich kam er an einer Baracke vorbei, wo er Lampenschirme sah, von denen er wußte, daß sie aus präparierten Menschenhäuten angefertigt waren. Das erweckte in ihm beängstigende Phantasien, die ihn noch heute heimsuchen. Gedanken daran, was seinen Eltern und Geschwistern und auch ihm selbst widerfahren könnte, beschäftigten ihn in dieser Zeit jedoch beträchtlich wenig. Er lebte ohne Normen; schlug sich mit seinen Mitgefangenen um ein Stückchen Brot und haßte die Kapos, die die Streitenden auseinander schlugen.
Nach der Befreiung aus dem Konzentrationslager kam er ausgehungert und unterernährt mit einem Krankentransport in den Niederlanden an, lag einige Zeit in einem Lazarett und nahm dann Kontakt mit einer Schwester seines Vaters auf, die mit ihrem nicht-jüdischen Mann als Hausmeister-Ehepaar in einem Sanatorium im Süden des Landes arbeitete. Dort zog er hin und blieb einige Monate. Die jüdische Waisenorganisation erhielt die Vormundschaft. Die Kontakte mit der Organisation verliefen beträchtlich formal.
Nachdem Franz die Gewißheit hatte, daß seine Eltern und Geschwister nicht mehr am Leben waren, meldete er sich als Kriegsfreiwilliger, um im damaligen Niederländisch-Indien gegen die Japaner zu kämpfen. Während er seine militärische Ausbildung in England erhielt, erfolgte die Kapitulation Japans. Nun sollte er in Indonesien eingesetzt werden. Da die Aktion gegen die frühere holländische Kolonie nicht seiner politischen Überzeugung entsprach, desertierte er während eines einmonatigen Urlaubs in den Niederlanden.
Was danach geschah, ist nicht mehr deutlich. Anscheinend wurde er für kurze Zeit inhaftiert, dann aber als untauglich aus dem Heer entlassen. Ob er ein Jahr später doch noch eine kurze Freiheitsstrafe verbüßen mußte, während welcher er übrigens sehr zuvorkommend behandelt worden sein soll, bleibt ebenfalls ungewiß.

Sein weiteres Ergehen wird erst durch die Nachuntersuchung erhellt, die im Juli 1972 vorgenommen wird. Hierbei trifft der Referent einen kleinen, schmächtigen, festtäglich gekleideten Mann, der einen um zehn Jahre älteren Eindruck macht.
Franz ist seit elf Jahren mit einer ca. fünf Jahre älteren, verhärmt aussehenden nicht-jüdischen Frau verheiratet, die aus einer kleinen selbständigen Handwerkerfamilie stammt. Sie trägt – ebenso wie ihre zehnjährige Tochter – einen Davidsstern an einem silbernen Kettchen um den Hals. Zwei Söhne sind neun und sieben Jahre alt. Franz ist nicht Mitglied der jüdischen Gemeinde, gibt und versteht sich aber als Jude. Er wohnt seit ungefähr einem halben Jahr mit seiner Familie in einer Neubauwohnung einer mittleren Provinzstadt im Nordosten des Landes. Das Haus macht einen wohnlichen, gepflegten Eindruck.
Das Gespräch findet unter vier Augen statt. Gegen Ende kommt seine Frau hinzu, aus einer gewissen Besorgnis über eventuelle Reaktionen ihres Mannes. Sie hat ihn bestärkt in seinem Entschluß, an der Untersuchung teilzunehmen. Zugleich aber weiß sie die möglichen Rückschläge gut einzuschätzen. Die Kinder stecken den Kopf zur Tür herein, werden vorgestellt und verschwinden nach kurzer Zeit wieder. Es erweist sich, daß sie alle über die Lebensgeschichte ihres Vaters informiert sind; sie wissen, was die Nummer auf seinem Unterarm bedeutet. Die Tochter hat den Wunsch geäußert, Jüdin zu werden. Auch seine Frau identifiziert sich völlig mit ihm. Sie leben jedoch sehr isoliert und sind erstaunlich schlecht informiert über die Möglichkeit, als Kriegsopfer Hilfe zu erhalten. Seit 1969 läuft eine Anfrage bei der zuständigen Behörde über eine jüdische soziale Organisation.
Im Nachkriegsschicksal des Untersuchten fallen seine Versuche auf, als Ungeschulter in irgendeinem Beruf festen Fuß zu fassen. Nach der Entlassung aus dem Militär hat er bis 1965 in etwa neun bis zehn verschiedenen Stellungen gearbeitet: in einer Schraubenfabrik, in einem Metallwarengeschäft, in einer Staubsaugerfabrik; er besuchte einen Kurs als Dreher; zusammen mit einem Freund eröffnet er eine Imbißstube, die nicht rentabel ist; er trägt Zeitschriften aus, arbeitet in einer Reinigungsfirma, als Abteilungschef in einer Pommes-frites-Fabrik. Eine Zeitlang half er zusammen mit seiner Frau (er hatte inzwischen geheiratet) im Geschäft eines Drogisten, in dessen Haus er zur Untermiete wohnte. Man erhält den Eindruck, daß er sich hier beträchtlich ausnützen ließ. Das Verhältnis zu diesem Arbeitgeber wurde gestört, als Franz von dessen national-sozialistischer Vergangenheit erfuhr. Von 1961 bis 1965 arbeitete Franz als Portier in verschiedenen Kinos. Nachdem dort durch das Aufkommen des Fernsehens die Einnahmen zurückgingen, arbeitete er seit 1965 als Maschinist in einer Papierfabrik.

Inzwischen hatte sich sein Gesundheitszustand verschlechtert. Abgesehen von seiner asthmatischen Bronchitis, die sich zuweilen wieder bemerkbar machte, hatte er in zunehmendem Maße Darm- und Magenbeschwerden (weshalb er mehrmals klinisch behandelt wurde), pavor nocturnus, asthen-depressive Reaktionsformen und Erschöpfungszustände. Nach vielfältigem Kranksein auf seinem letzten Arbeitsplatz wurde er im März 1968 für arbeitsunfähig erklärt und erhielt nach einer kurzen Überbrückungsperiode eine Invaliditätsrente. Aufgrund der Vorspiegelungen eines Mannes, den er in seiner letzten Stellung kennengelernt hatte, und der ihm leichte Büroarbeit in seinem eigenen Betrieb versprach, zog er Ende 1970 mit seiner Familie in die Provinzstadt, in der Hoffnung, hier einen Beiverdienst zu finden, den er neben seiner Rente gut gebrauchen konnte. Die Hoffnung erwies sich als trügerisch. Seine Frau verdient jetzt etwas hinzu.
Franz' vielfacher und zuweilen unmotiviert erscheinender Stellenwechsel ist nicht so sehr der Ausdruck eines Mangels an Ausdauer und Seßhaftigkeit, als vielmehr seiner tieferen Unruhe, die ihn nirgends lange hält. Früher war er Kettenraucher; in den letzten Jahren raucht er fast gar nicht mehr; er verträgt keine warme Mahlzeit. Er ist obstinat und leicht gereizt und fühlt sich im Stich gelassen. Mit der Familie seiner Frau unterhält er keinen Kontakt mehr, seit ein Schwager einmal eine anti-semitische Äußerung lanciert hatte und kein anderes Familienmitglied dagegen einschritt.
Am schwersten jedoch wiegt bei ihm, daß er nach dem Kriege keine richtige Ausbildung mehr genossen hat und sein Ehrgeiz unbefriedigt geblieben ist. Er weiß, daß er mit einer Art kindlichem Vertrauen den Menschen gegenübertritt, obgleich er – nach seinen eigenen Worten – zur Genüge erfahren hat, „was Menschen einander antun können".
Nach dem Kriege sei er völlig hilf- und ziellos gewesen, wußte nicht, was er beginnen sollte, weinte viel und hoffte immer noch auf eine Rückkehr seiner Eltern. Er erzählt, daß er auch jetzt noch

zuweilen von Phantasien heimgesucht werde, daß sein ältester Bruder, an dem er besonders hing, irgendwo in Rußland sei, durch Mißhandlungen im Konzentrationslager sein Gedächtnis verloren habe und vor sich hin vegetiere. Dieser Gedanke lasse eine ohnmächtige Wut in ihm aufkommen; dann säße er tagelang apathisch in seinem Zimmer und sei für niemanden zu sprechen. Seine Meldung als Freiwilliger zum niederländischen Heer, um gegen Japan zu kämpfen, beruhte – wie er heute zugibt – auf seinem Verlangen, seinen Haß auszuleben. Er weigerte sich jedoch, gegen Indonesien zu kämpfen.
Nach dem Kriege habe er lange Zeit ein etwas zügelloses Leben geführt, in dem Gefühl, viel einholen zu müssen; bis er seine jetzige Frau kennengelernt habe. Sie habe auch kein leichtes Leben hinter sich. Er fühle sich für sie und seine Kinder verantwortlich; aber diese Verantwortung laste schwer auf ihm.
Im Augenblick leidet er wieder stark unter nächtlichen Ängsten. In seinen früheren Stellungen konnte er sich nicht lange behaupten, weil er auf jede innere Spannung mit körperlichen Beschwerden reagierte. Seine Ängste verbarg er hinter einer anmaßenden und aggressiven Haltung, wodurch er Konflikte herausforderte und zuweilen auf diese Weise seinen Arbeitsplatz verspielte.
Jetzt sitzt er zu Hause herum, hilft seiner Frau im Haushalt. Seine Bekannten und Freunde hat er in Amsterdam zurückgelassen.
Sein Verhältnis zu seinen Kindern ist redlich und scheint ungetrübt. Sie sind an seine Ausfälle gewöhnt.
An die neue Umgebung kann er sich nicht gewöhnen. Abermals fühlt er sich durch leere Versprechungen hintergangen, denen er wie ein Kind vertraute.
Ein früh gealterter, invalider, unglücklicher Mensch.

Im Vergleich zu anderen Fällen seiner Altersgruppe bietet Franz vor allem durch seine Invalidität das Bild eines „gebrochenen Menschen“, eine Formulierung, die durch *Bastiaans* in seiner Beschreibung von psychosomatischen Beschwerden aufgrund von Verfolgungsstreß zum Ausgangspunkt seiner Untersuchungen genommen wurde. Gewiß könnte man, *Bastiaans* folgend, auch in Franz' subjektiver Erfahrung von „Gebrochenheit“ und „Verfremdung“ – die Wahl seines gegenwärtigen Wohnortes, fern von allen Freunden und Bekannten gibt das treffend wieder – eine Korrelation mit der Spannung zwischen Person und Körper, Person und Umwelt nachweisen (s. u. C.VI.2b). Auch machte Franz bei der Nachuntersuchung den Eindruck eines betrübten, verlassenen und hilflosen Kindes, dem es trotz krampfhafter Anstrengungen nicht mehr gelungen war, sich als überlebender Erwachsener zu behaupten. Inwieweit hier bereits ein Kontinuitätsbruch in der frühen Kindheit eine Rolle spielt (Ferienkolonie wegen asthmatischer Bronchitis) muß dahingestellt bleiben.
Eher möchten wir, in der Nachfolge von *Erikson* (1968), der gewaltsamen Trennung des 15jährigen von seiner Familie unter dem Gesichtspunkt des starken Zusammenhaltes, der von dieser proletarisch-jüdischen Familie überliefert ist, eine traumatische Bedeutung zuerkennen, einen Bruch in der Kontinuität seines Lebens, der u. a. auch in den Phantasien über den Identitätsverlust seines „überlebenden“ Bruders auf symbolische Weise zum Ausdruck kommt.
Auch bei dem Fall „Frida“ spielte die gewaltsame Trennung von ihrer Familie eine Rolle. Aber dieses Ereignis wurde bei der Nachuntersuchung von den Modalitäten des Streites um die Vormundschaftszuweisung völlig überschattet. Gleichviel wie man Fridas Rolle vor Gericht zu deuten gedenkt, als Versuch, sich durch die Taufe eine neue Tradition zu schaffen (was bedeutet, daß die alte als nicht mehr verbindlich, als abgebrochen erlebt wurde), oder als eine Antwort auf das Sich-im-Stich-gelassen-fühlen: beide Male handelt es sich um den Lösungsversuch eines Adoleszenten, der die seine Kräfte übersteigende Situation der zweiten traumatischen Sequenz erahnen läßt. Nur unter dem ausdrücklichen Bezug auf diese Periode erhielt der Streitfall seine anfängliche Bedeutung. In prospektiver Hinsicht erwies er sich als eine schwere

neuerliche Belastung. Frida löste diesen Konflikt, indem sie ihn – wie die Nachuntersuchung ergab – anscheinend vergaß. Für ihr Bewußtsein war die jüdische Kontinuität nicht unterbrochen.
Im Fall „Franz" und auch im Fall „Fred" (s. u. C.VI.2c) tritt uns eine andere Variante des traumatisierten jüdischen Adoleszenten entgegen: Kinder aus in religiöser und sozio-kultureller Hinsicht weniger bewußt jüdischem Hause. Meistens handelte es sich hier um Kinder aus sozialistischen Milieus, in denen die Frage der sozialen „Erlösung" alle anderen menschlichen Fragen mit einschloß, so daß sie der exklusiven Verfolgungsszene der jüdischen Gruppe wehrloser gegenüberstanden.
Hierin beruht der paradigmatische Unterschied zwischen den Fällen „Frida" und „Franz". Frida fand nach dem Verlust ihrer Eltern wieder den Anschluß an die kongeniale Gruppe, die ihre Identität aufs neue speiste. Obwohl sie Abstand von den orthodoxen Lebensformen ihres elterlichen Hauses nahm, präsentierte sie sich in ihrer Ehe mit einem jüdischen Mann als Jüdin, eine Rolle, die sie in ihrem Verhältnis zu ihrer Umgebung beträchtlich konfliktfrei vertreten konnte. Ihre Spannung beruhte auf dem unaufgelösten – verdrängten – Loyalitätskonflikt, der sich in ihrem Weinen manifestiert.
Als Franz zurückkam, hatte er nicht nur seine Eltern verloren: die Bezugsgruppe, an deren äußerem Schicksal er teilhatte, aber deren Ziele und Werte für ihn bisher unverbindlich gewesen waren, bestand nicht mehr als Identifikationsobjekt. Was sich ihm nach dem Kriege als Orientierungshilfe anbot, konnte sein Verhältnis zu seiner Umwelt schwerlich aufs neue bestimmen. Seine freiwillige Meldung zum Militär füllte nur vorübergehend das Vakuum, in dem er und andere Adoleszenten in seiner Lage sich befanden (vgl. den Fall „Felix" und – in gewisser Beziehung auch den Fall „Fred"). Seine Präsentation als Jude bei der Nachuntersuchung ist nicht frei von einer gewissen Krampfhaftigkeit und zeigt Spuren eines im Grunde ambivalenten Verhaltens. Die Adoleszenten aus bewußt jüdischem – entweder religiös oder historisch definiert – Hause hatten es leichter bei der Wiederaufnahme ihrer Rollenpräsentation.
Vor der gleichen Schwierigkeit standen die weiblichen Adoleszenten unseres Materials (vgl. die tabellarische Darstellung: PH, PK, QC, RB, RG, SJ). Viele von ihnen heirateten früh, nach der Rückkehr aus dem Konzentrationslager. Bei der Nachuntersuchung beschrieben auch sie das Vakuum, in dem sie sich in ihrer Rollenfunktion als „jüdische" Person plötzlich befanden. Der Weg in eine Frühehe – häufig mit einem nicht-jüdischen Mann, schon wegen des Mangels an Umgang mit heiratsfähigen jüdischen Männern – bedeutete für die meisten unter den gegebenen Umständen die rasche Übernahme der geschlechtsspezifischen Rolle als Frau und Mutter.

C.VI.2b. Charakterneurotische Entwicklung

Fall „Felix" (SM); nach viermonatiger Untertauchperiode auf Wunsch der Eltern nach Hause zurückgekehrt und freiwillig gestellt. Deportation. 8 Konzentrationslager. Sthenisch mit phobischen Reaktionsformen. Hyperaktivitätsneurose.

Felix, geboren am 3. 8. 1926, ist das älteste von drei Kindern einer liberal-jüdischen Mittelstandsfamilie. Sein Vater hatte ein gutgehendes Konfektionsgeschäft. Felix verlebte eine ungestörte Kindheit und war ein guter Schüler. Er trieb viel Sport und Musik.
Bei der Besetzung der Niederlande besuchter er die MULO. Um eine „Sperre" zu bekommen, unterbrach er seine Ausbildung und nahm im Juli 1942 eine Stelle als Laufbursche in einem kriegswichtigen Betrieb an. Bei einer unerwarteten Razzia Anfang 1943 in seiner Arbeitsstätte, wo noch mehrere Schicksalsgenossen beschäftigt waren, versteckte Felix sich und wurde nicht

entdeckt. Er suchte einen Unterschlupf in Amsterdam und benachrichtigte von dort aus seine Eltern. Nach vier Monaten kehrte er auf Bitten seiner Eltern zu ihnen zurück.

Inzwischen hatte der SD seine Fahndung nach ihm fortgesetzt, da er bei dem Überfall auf den Betrieb als einziger der Verhaftung entgangen war. Felix hatte sich auf dem Dachboden seines elterlichen Hauses ein Versteck gebaut. Dorthin flüchtete er, wenn die Polizei nach ihm fragte. Auf die Androhung hin, die ganze Familie werde als Straffall behandelt werden, meldete Felix sich freiwillig zum Abtransport. Eine Woche später wurden seine Eltern und seine jüngeren Geschwister geholt.

Felix durchlief acht Konzentrationslager. Bei der Evakuation des siebenten, kurz vor Kriegsende, brach er auf einem tagelangen Marsch durch Eis und Schnee am Wegrand zusammen. Um einer Exekution zu entgehen, schleppte er sich mit erfrorenen Zehen weiter.

Kurz darauf wurde das Lager von den Russen befreit. In einem Lazarett wurden ihm zwei Zehen amputiert. Er erholte sich beträchtlich schnell, weigerte sich jedoch, sich in die Niederlande repatriieren zu lassen. Vier Monate lang arbeitete er als Dolmetscher bei den Alliierten. Dann kehrte er doch nach Amsterdam zurück, mietete sich ein Zimmer und begab sich auf die Suche nach etwaigen überlebenden Angehörigen.

Nachdem er sich vergewissert hatte, daß er völlig allein stand, meldete er sich freiwillig zum niederländischen Heer zum Einsatz im damaligen Niederländisch-Indien. Er wurde als dienstuntauglich abgewiesen. Darauf nahm er eine Stellung im Lager einer Papiergroßhandlung an, wechselte zwei- bis dreimal seinen Arbeitsplatz, bis er schließlich bei einer Großhandelsfirma für Radio- und andere elektrische Apparate landete. Hier bildete er sich in den Abendstunden technisch weiter, erwarb auch durch eifriges Studium einige administrative und kaufmännische Zeugnisse, mit denen sein Aufstieg in der Firma begann. Er heiratete ein nicht-jüdische Frau aus dem gleichen Betrieb. Sie haben zwei Kinder.

Bei der Nachuntersuchung findet der Referent einen stämmig gebauten, etwas untersetzten Mann Mitte Vierzig, der ihn abends um halb zehn in seinem großzügig eingerichteten Haus außerhalb Amsterdams empfängt. Daß er erst zu so vorgerückter Stunde Zeit für den Untersucher habe, entschuldigt er mit dem Hinweis auf seine leitende Stellung im Betrieb, die ihn nicht zur Ruhe kommen lasse.

Aber bald erweist sich, daß er selbst es ist, der nicht zur Ruhe kommt. Die Ferien der letzten fünf, sechs Jahre hat er zum Umbau seiner Wohnung benutzt: immer sei etwas zu tun. Er weist auf die indirekte Beleuchtung und die kunstvolle Stereoanlage, die er in den letzten zwei Jahren selbst installiert habe.

Seine Frau und auch seine Kinder hätten völliges Verständnis für seine Lage und die hinter ihm liegenden Erlebnisse, über die er im übrigen nie spreche. Er arbeite. Seine Frau weiß, daß er ungern Auto fährt oder das Flugzeug benutzt. Geschäftlich läßt es sich nicht immer vermeiden, aber privat fühle er sich zu Hause am wohlsten. Obwohl er in seinem Beruf viel erreicht habe, fühlt er sich nicht ausgefüllt. Es gibt ihm eine gewisse Befriedigung, seiner Frau und seinen Kindern durch seinen Wohlstand ein beträchtliches Maß an Sicherheit geben zu können, die er ihnen in dem Beruf, der eigentlich seiner Neigung entsprochen hätte, nicht hätte geben können. (Er wäre gern Tänzer, Stepptänzer, geworden. Nach der Amputation der beiden Zehen hatte er diesen Plan aufgeben müssen. Als er sich auf dem berüchtigten Marsch aus dem Konzentrationslager nur mit Mühe weiterschleppte, habe ihn nur der eine Gedanke beherrscht: jetzt könne er niemals mehr steppen.)

Über seine kurze Untertauchperiode, seine Rückkehr ins elterliche Haus und die anschließende freiwillige Meldung zur Deportation spricht er auf dieselbe krampfhaft beherrschte Weise wie im ganzen bisherigen Gespräch. Er habe sich nie Illusionen gemacht, weder in der Zeit der Deportation, noch in den Lagern. Seine Eltern waren ängstlich und leichtgläubig, seine jüngeren Geschwister noch zu jung, um selbst Stellung zu nehmen. Die Ahnungslosigkeit seiner Eltern habe ihn damals zutiefst getroffen; deshalb habe er sich – ihnen zuliebe – freiwillig gemeldet. Die Erinnerung spiele keine große Rolle in seinem Leben; hin und wieder bricht etwas durch, aber dabei bleibe er nicht stehen. Hier macht er eine Pause, als wolle er das eben Gesagte noch einmal überdenken.

Als der Referent ihm zum Schluß fragt, ob er, die Zeit überdenkend, irgendeine Lehre für sich

daraus gezogen habe, antwortet der Untersuchte ohne Zögern: „Ich habe entdeckt, wie gefährlich der Mensch ist."
Als der Untersucher sich nach ungefähr drei Stunden verabschiedet, hört man im Vestibül Stimmen und Gelächter. Er empfängt, wie er mit einer Mischung von Stolz und schlechtem Gewissen erklärt, noch ausländische Geschäftsfreunde, die erst am späten Abend mit dem Flugzeug eingetroffen sind.
Seine jüdische Abstammung verleugne er nicht; aber aktiv fühle er sich nicht mehr zugehörig, zumindest was die jüdische Gemeinschaft hier betreffe. Für Israel fühle er große Bewunderung. Er hoffe noch einmal in der Lage zu sein, es zu besuchen.

Der Fall „Felix" bietet in seiner Grundstruktur wenig Neues, es sei denn hinsichtlich der Diagnose. Hyperaktivität als Abwehr aggressiver und ängstlicher Strebungen ist ein bekanntes klinisches Bild. Die noch anwesenden phobischen Züge (Auto, Flugzeug) lassen erkennen, daß die Abwehr nur unvollständig geglückt ist. Dem Untersuchten ist dies anscheinend selbst völlig deutlich, und sein Hinweis auf das Verhalten gewisser Autofahrer weist nicht in die Richtung von Angst, von ihnen angefahren zu werden, als darauf, daß auch er, wenn er wolle, so fahren könne. Mit seiner Erkenntnis, wie gefährlich der Mensch sei, hat sich dieser hochintelligente Mann eine philosophische Reflexion zu eigen gemacht, die nach allen Seiten hin wirksam ist, und sein Verhalten auf einem hohen Spannungsniveau reguliert. Die Ahnungslosigkeit und Leichtgläubigkeit seiner Eltern kann hier ebenso eingeordnet werden, wie das Verhalten seiner Verfolger. Seine Eltern haben nicht nur sich selbst, sondern auch ihre Kinder in Gefahr gebracht. Es ist auffallend, daß Felix über diese entscheidende Episode seines Lebens so wenig aussagt, ganz im Gegensatz zum Fall „Fred". Die Hyperaktivität verdeckt auch sein tieferes Verhältnis zu seiner Frau und seinen Kindern. Man hat nicht den Eindruck, daß er mit ihnen viel über sein früheres Erleben spricht. Die Wahl der nicht-jüdischen Frau hat im vorliegenden Fall den Abwehrmechanismus der Hyperaktivität begünstigt.
Gegenüber dem noch zu referierenden Fall „Fred" soll hier noch ein Unterschied hervorgehoben werden, der die vielfältigen möglichen Reaktionsweisen der Adoleszenten auf das Verfolgungsgeschehen deutlich zeigt. Fred widersetzte sich am Ende dem Entschluß seiner Eltern und ließ sie gehen, um sich zu retten. Der von Schuldgefühlen belastete Mann erzählt dies seinen Kindern und muß sich der Kritik seines Sohnes stellen. Felix hingegen erliegt dem Drängen seiner Eltern, er gibt nach, um sie nicht in Gefahr zu bringen. Er überlebt als einziger seiner Familie. Aber anscheinend ist er in seiner Umgebung nicht der Gefahr ausgesetzt, hierüber Rede und Antwort stehen zu müssen.

Fall „Fritz" (SD); Flucht aus dem Elternhaus; aktiv in der Widerstandsbewegung; sollte kurz vor der Befreiung exekutiert werden. Im Beruf „untergetaucht"; dekompensierte Hyperaktivitätsneurose.

Der Fall „Fritz" ist in mehrfacher Hinsicht interessant. Einmal handelt es sich um eine Extremsituation: Erfahrungen eines jüdischen Adoleszenten mit aktivem Anteil an der holländischen Widerstandsbewegung. Außerdem liefert der Fall einen Beitrag zur Diskussion der sogenannten „Spätschäden"; zum dritten spielt die „zweite Generation" in seiner Pathographie eine wichtige Rolle.

Fritz, geboren am 7. 4. 1926, ist der älteste Sohn eines geschulten liberal-jüdischen Arbeiters, dessen Familie zu Beginn der Verfolgung durch eine sog. „Sperre" einen gewissen zeitlichen Schutz genoß.
Fritz hatte eine um etwa 2 Jahre jüngere Schwester. Er besuchte die MULO. Auf Anraten seiner Freunde flüchtete er während einer Razzia im alten jüdischen Viertel Amsterdams – zur Bestürzung seiner Eltern, die beschlossen hatten, sich deportieren zu lassen.

Fritz suchte und fand Unterschlupf, zuweilen für einen halben Tag oder für eine Nacht, bis er von einer alleinstehenden 68jährigen Frau im Arbeiterviertel Amsterdams aufgenommen wurde. Diese Frau, „ein Engel", beherbergte ihn sechs Wochen lang und gab ihm Sprechunterricht, um seinen Amsterdamer-jüdischen Akzent zu korrigieren. Von hier aus schickte er Briefe und Päckchen an seine Eltern in das Konzentrationslager Westerbork, von dem Geld, das er sich durch Verpfändung des elterlichen Hausrats geliehen hatte. Den Ehering seiner Mutter, den diese ihm in letzter Minute zugesteckt hatte, trug er bei sich.
Anschließend tauchte er in einem mittelholländischen Dorf bei einer jungen Pflegefamilie unter, die ihm die ganze Untertauchzeit hindurch zur Seite stand. Ihr Haus fungierte als Zentrum für Untertaucher und Widerstandskämpfer. Fritz versuchte die Zeit mit Selbststudium zu verbringen. Inzwischen hatte er, mit falschen Ausweisen versehen, seine neue Biographie auswendig gelernt. In gefährlichen Situationen brachte man ihn zu Angehörigen seines Pflegevaters. Auf diese Weise wechselte er mehrere Mal seine Umgebung. Im Oktober 1943 wurde er bei einem Überfall festgenommen, ins nächste Polizeigefängnis gebracht, verhört und trotz seines entschiedenen Leugnens in das Konzentrationslager Westerbork eingeliefert. Durch seine entschlossene Haltung gelang es ihm, nach vier Monaten eine sog. „Ariererklärung" zu erhalten, woraufhin er aus dem Lager entlassen wurde. Er kehrte zu seiner ersten Pflegefamilie zurück, tauchte dann bei den Schwiegereltern seines Pflegevaters unter. Diese wurden wegen Bombenangriffen auf eine nahegelegene Eisenbahnstation evakuiert und zogen ihrerseits zu der ersten Pflegefamilie, in deren Haus sich zu diesem Zeitpunkt sechs Untertaucher befanden. Jeder im Haus, auch Fritz, nahm jetzt aktiv Anteil am Widerstand. Personalausweise wurden gefälscht und Lebensmittelkarten verteilt. Fritz arbeitete als Kurier und bewachte den Transport illegaler Waffen, die von englischen Flugzeugen abgeworfen worden waren.
Bei einer neuerlichen Haussuchung wurde er mit noch einem Untertaucher festgenommen (die übrigen konnten fliehen) und als politischer Gefangener in das Konzentrationslager Amersfort eingeliefert. Nach mehreren schweren Verhören mit Mißhandlungen wurde er Ende März 1944 zum Transport bestimmt. Durch eine List gelang ihm die Flucht vom Bahnhof. Durch Mittelsmänner fand er wieder einen Unterschlupf in der Umgebung seines Pflegevaters.

Am 4. Mai 1945 zog er am Nachmittag mit fünf Kameraden in ein Nachbardorf, um dort die Befreiung zu feiern. Sie wurden von einem SS-Kommando festgenommen und sollten – als Repressaillemaßregel – standrechtlich erschossen werden. Kurz vor der Exekution wurden sie durch einen zufällig auftauchenden Offizier der deutschen Wehrmacht gerettet.
Fritz erlitt einen Schock. Danach wurde er wieder von seinen Pflegeeltern aufgenommen.

Einige Monate später zog er zu entfernten Verwandten in Amsterdam, bei denen er bis zu seiner Verheiratung blieb. In einem besonderen Nachholkurs beendete er seine Schulausbildung. Über eine Vormundschaftsregelung ist nichts bekannt.
Nach Beendigung der Schulausbildung arbeitete er als kaufmännischer Lehrling in dem Möbelgeschäft mittlerer Größe seiner Verwandten. Nach deren Tod übernahm er die Leitung des Geschäftes und baute es weiter aus.
Bei der Nachuntersuchung im Juni 1973 fand der Referent einen Mann, der vor einem Monat das Krankenhaus, in dem er wegen allgemeiner Malaise, Magen- und Darmbeschwerden, Erschöpfungszuständen und passagèrer Diabetes ca. 6 Wochen gelegen hatte, auf eigenen Wunsch verlassen hatte. Im Krankenhaus dekompensierte er, mit manischem Zustandsbild, abgewechselt von Angstkrisen, halluzinatorischen Episoden und Weinkrämpfen.
Anamnestisch ergab sich das Bild eines äußerst dynamischen, erfolgreichen Geschäftsmannes, der nach dem Kriege auf Kosten seines Privat- und Familienlebens eine Hyperaktivität entwickelt hatte, die zugleich mit starken Verdrängungsmechanismen des gesamten Verfolgungsgeschehens einherging.
Seine 1951 geschlossene Ehe mit einer etwa 2 Jahre jüngeren jüdischen Frau, die mehrere Konzentrationslager überstanden hatte, drohte zu scheitern. Er projektierte alle Vorwürfe seines „verpfuschten" Lebens auf sie, gönnte sich keine gemeinsame Entspannung, schämte sich seiner jüdischen Herkunft. Er wollte nicht mehr an den Krieg und die Zeit der Verfolgung erinnert werden, während seine Frau nach Gesprächen über und Konfrontation mit dem Vergangenen verlangte. Ihre beiden Kinder, ein Sohn und eine Tochter, geboren 1952 resp. 1956, zeigten ernstliche Verhaltens- und Lernstörungen, wofür der Rat einer Erziehungsberatungsstelle

eingeholt wurde. Durch den Mangel an Kooperation bei Fritz spitzten sich die häuslichen Verhältnisse zu – für ihn selbst ein neuerlicher Anlaß, noch tiefer in seinen „Geschäften“ unterzutauchen.
Zwei Wochen vor der Krankenhausaufnahme entwickelten sich außer den bereits längere Zeit bestehenden körperlichen Beschwerden phobische Zustände und Zwangshandlungen, so war er z. B. nicht mehr in der Lage, ein neuerbautes Fabrikgebäude zu betreten. Bevor er abends nach Hause ging, war er eine Stunde lang damit beschäftigt, zwei Aktentaschen mit Dossiers und Geschäftsbriefen vollzustopfen.
Zugleich tauchten Bilder „von früher“ wieder auf, die ihn ratlos und düster stimmten.

Anstelle einer Inhaltsanalyse der Motive und ihrer Verflechtung mit dem Verfolgungsgeschehen wollen wir diesen Fall beschließen mit der Veröffentlichung von zwei Briefen, die der Referent von Fritz empfing, mit der Genehmigung sie zu publizieren. Sie lauten ins Deutsche übertragen:

Amsterdam, den 13. Juni ’73

Anliegend übersende ich Ihnen, wie wir verabredet haben, den Brief, den ich Ihnen versprochen habe und der sich auf unser Gespräch bezieht. Den Brief, den ich für mein Gefühl an meine Untertaucheltern schrieb, und der sich als an meine eigenen Eltern gerichtet erwies, habe ich nochmals mit der Schreibmaschine geschrieben. Zugleich übersende ich Ihnen eine Photokopie des ursprünglichen Briefes, wie ich ihn mit der Hand schrieb in dem Moment, als mich die Situation gefühlsmäßig überwältigte. Wenn Sie beide Briefe miteinander vergleichen, werden Sie sehen, wie verwirrt ich war, als ich meine Gefühle niederschrieb. Ich habe Worte verdreht, manche Sätze verdoppelt, Worte vergessen usw.
Nach unserem Gespräch habe ich meinen Brief zum ersten Mal wieder durchgelesen, und ich war selbst überrascht über die Verschreibungen, die mir unterlaufen waren. Um Ihnen ein vollständiges Bild meiner Gefühle während meines Krankenhausaufenthaltes zu vermitteln, übersende ich Ihnen ferner einen Brief, den ich an die Krankenschwester entworfen habe, die mir in jener Nacht, als ich mich völlig verloren fühlte, zur Seite gestanden hat. Diese Schwester hat auf eine bewundernswürdige Weise meine Situation begriffen. Sie hat mir durch ihre Worte und ihr Auftreten sehr geholfen und mein Selbstvertrauen vertieft. Den an sie gerichteten Brief habe ich noch ins Reine geschrieben und ihr später übergeben. Wenn sie den Entwurf lesen, werden Sie entdecken, wie verwirrt ich war. Auch diesen Brief habe ich noch einmal mit der Schreibmaschine abgeschrieben.

Es folgt der erste im obigen Schreiben erwähnte Brief:

...-Klinik, Amsterdam
15. April 1973

Liebe Tante F. und lieber Onkel H.,

Ich glaube, dies ist der erste Brief, den ich nach 30 Jahren an Euch schreiben kann und erst nach 30 Jahren weiß ich auch warum. Bitte schaut nicht auf meine Handschrift, meine Hand ist verbunden; und so wie meine Hand beschädigt ist, so ist mein ganzes Leben beschädigt bis auf den heutigen Tag.
Ich habe alle Menschen, die mir teuer waren, nach dem Krieg nur noch mit meinem Verstand erreichen können und nicht mit meinem Gefühl. Jetzt kann ich nur noch weinen, weil alles so entsetzlich weh tut. Ich durfte nicht genießen, was mir lieb war, und dazu gehörtet Ihr auch. Ich habe nicht nur Euch benachteiligt, sondern auch mich selbst, denn Ihr wart an die Stelle der Menschen getreten, die ich so geliebt habe und die ich damals so nötig hatte und das waren meine Eltern.
Ihr habt in diesen schwierigen Jahren alles für mich getan und mir viel bedeutet, was damals ein Kind benötigte und das können nur noch wenige jüdische Kinder für sich in Anspruch nehmen. Ihr habt einen Sohn, der mir über alles lieb ist, neben meiner Frau und meinen Kindern, und das habe ich nie geäußert, weil ich nach der Befreiung nie mehr dasjenige habe genießen können, was das

Leben mir noch Schönes zu bieten hatte. Ich habe 30 Jahre völlig nach meinem Verstand gelebt, darauf habe ich mein ganzes Leben aufgebaut. Ich wollte immer so gern bei Hendrik und bei Euch sein, aber ich konnte nicht, und das schmerzt mich jetzt, da ich dieses schreibe, sehr. Ich hoffe, Ihr glaubt mir, daß ich die Wahrheit spreche; was ich in den vergangenen Wochen im Krankenhaus durchgemacht habe, können nur wenige Menschen begreifen, aber das ist auch nicht nötig, denn der Mensch leidet schon zur Genüge in dieser Welt, ohne daß man es merkt. Ich wollte, daß ich jetzt aufstehen dürfte und zu Euch kommen und nur Eure Hand festhalten könnte, genau so hätte ich es auch getan, wenn meine Mutter noch am Leben wäre und ich sie aufgesucht hätte, denn mein Gefühl hat mir immer gesagt, daß Ihr mich als eines Eurer Kinder betrachtet habt, und das fühl ich jetzt stärker denn je. Ich kann nicht weiter schreiben, nur noch weinen und meine Trauer fühlen, die ich habe und nie mehr vergessen werde.
Liebe Tante F. und die übrige Familie, Hendrik und Margot: Wenn ich wieder gesund bin, komme ich sogleich zu Euch und dann werde ich versuchen, Euch zu erklären, was mir nach der Befreiung alles zugestoßen ist. Ihr braucht es nicht zu begreifen.

(Nachschrift: Diesen Brief habe ich nicht zu Ende geschrieben, nachdem mich meine Frau darauf aufmerksam gemacht hat, daß er ja eigentlich an meine Eltern gerichtet ist anstelle meiner Untertauchpflegeeltern.)

Dieser Fall erhärtet zusammen mit den anderen referierten Fällen die These des für unsere follow up-Untersuchung arbiträr gesetzten Ausgangspunktes, daß die Trennung von der Mutter c. q. dem Elternhaus auch für die vorliegende Altersgruppe das erste erfaßbare Datum des gesamten Verfolgungsgeschehens darstellt. Ähnlich wie im Fall „Felix" stellt der Fall „Fritz" in seinem weiteren Verlauf nach dem Kriege einen anscheinend zu Beginn geglückten Verdrängungsvorgang durch eine stets zunehmende Übergeschäftigkeit (Hyperaktivitätsneurose) in Frage. Von diesen meistens hypoman gefärbten Bildern bei vital starken, sthenischen Persönlichkeiten finden sich in unserem Material mehrere. Die klinischen Erscheinungsformen sind deutlich in ihren psychodynamischen Abwehrmechanismen geprägt. Diese dienen mehrfachen Zielen: Der Niederhaltung von angstbeladenen, schmerzlichen Erinnerungen, von Gefühlen der Macht- und Hilflosigkeit (*Bastiaans*). Sie sind durch ihr expansives, dynamisches Kolorit der Form nach die Antipoden der restriktiven Persönlichkeitsentwicklung und der chronisch-reaktiven Depression. Man findet sie bei Verfolgten beiderlei Geschlechts. thematisch schließen sie – was unser Material betrifft – an bei den bisher diskutierten Inhalten aller durch das Verfolgungsgeschehen entstandenen neurotischen Fehlhaltungen, in denen die bewußt erlebte Trennung, die Schuldgefühle der Überlebenden und die unverarbeitete Trauerproblematik im Mittelpunkt stehen.

C. VI. 2c. Späte Reifung

Fall „Fred" (SB); sensitive Persönlichkeit mit passagèrer Identitätskrisis und reaktiv depressiven Reaktionsformen bei bewußter Konfrontation mit der Verfolgungssituation. Gute psycho-soziale Anpassung nach Ausbildungsschwierigkeiten.

Fred, geboren am 5. 9. 1926, entstammt einer angesehenen liberal-jüdischen Familie des gehobenen Mittelstandes, die als harmonisch geschildert wurde. Die Familie wohnte mit ihren vier Kindern in dem neueren jüdischen Viertel Amsterdams. Der jüdischen Gruppe fühlten sie sich mehr aus historisch-sozialen denn aus religiösen Motiven verbunden. Freds Vater, politisch interessiert, setzte sich für die aus Deutschland geflüchteten Juden ein und nahm regen Anteil an den Entwicklungen, die schließlich zum Ausbruch des Krieges und zur Besetzung der Niederlande führten. Mit seinen beiden ältesten Söhnen, die eine höhere Schule besuchten, diskutierte er lebhaft die neu entstandene Lage, ohne sich jedoch – wie es scheint – der drohenden Gefahr völlig bewußt zu werden.

Im April 1942 war Freds ältester Bruder in ein holländisches Arbeitslager eingeliefert worden; drei Monate später war er geflohen und in der Nähe von Amsterdam bei Bekannten untergetaucht. Am 6. 8. 1942 wurde Fred, damals 16 1/2 Jahre alt, zusammen mit seinen Eltern und seinen beiden jüngeren Geschwistern durch den SD verhaftet und in ein Polizeigefängnis gebracht. Fred wollte sich der Verhaftung durch Flucht über das Dach und durch den Nachbargarten entziehen, aber seine Mutter hielt ihn zurück. Die Familie wurde noch am Abend desselben Tages ohne Angabe von Gründen wieder aus dem Polizeigefängnis entlassen und kehrte gemeinsam nach Hause zurück.

Am folgenden Tag verließ Fred das elterliche Haus und nahm Kontakt mit seinem Bruder auf. Gemeinsam irrten sie einige Tage durch den Norden der Niederlande. Da sie niemandem zumuten wollten, zwei Untertaucher für längere Zeit bei sich aufzunehmen, trennten sie sich. Fred fand zweimal für jeweils nur einen Tag Unterschlupf bei Bauernfamilien. Am 19. 8. 1942 kehrte er entmutigt nach Amsterdam zurück. Dort wohnte er einige Tage bei einem befreundeten nicht-jüdischen älteren Ehepaar. Um sie nicht in Ungelegenheiten zu bringen, mietete er ein möbliertes Zimmer bei einer 35jährigen lebenslustigen Witwe. Als diese sich als allzu entgegenkommend erwies, flüchtete Fred wiederum und irrte einige Tage von einer Adresse zur anderen. Schließlich kam er Anfang November zu seinen Eltern zurück.

Am 10. November wurde die Familie im Zuge einer Razzia erneut durch den SD abgeholt. Als die Polizei klingelte, lief Fred schnell die Treppe hinauf in ein Versteck auf dem Boden, das er sich in den vorhergehenden Tagen gezimmert hatte. Die Polizei hörte die Schritte treppauf und nahm den Vater ins Verhör. Dieser bezeichnete eine im Haus zur Untermiete wohnende nicht-jüdische junge Frau als die eilige Treppenläuferin. Die junge Frau bestätigte das auf Befragen, da sie die Lage erkannte. Fred registrierte von seinem Versteck aus die Einzelheiten des Abtransportes seiner Eltern und seiner jüngeren Geschwister und verließ erst etliche Tage später das Haus.

Wieder suchte er Kontakt mit seinem Bruder. Dieses Mal gelang es mit dessen Hilfe, in der Provinz für Fred ein Versteck zu finden, und zwar in der Familie eines mittleren Beamten, der gute Kontakte zur Illegalität unterhielt. Hier blieb Fred ungefähr 8 bis 9 Monate, versuchte sich im Haus nützlich zu machen, half den Kindern seiner Pflegeeltern bei den Hausaufgaben und trachtete auch seine eigene, unterbrochene Schulausbildung auf eigene Faust fortzusetzen. Wegen seines jüdischen Aussehens verließ er das Haus nur in den dunklen Abendstunden für kurze Zeit. Durch die illegale Arbeit der Pflegeeltern nahm die Spannung im Haus zu. Nach einigen kleinen Vorfällen bezog Fred im Einverständnis mit ihnen ein Versteck im Nachbardorf. Dort blieb er ca. vier Wochen, flüchtete dann wegen drohenden Verrats. Für einige Zeit verlor er den Kontakt mit seinem Bruder und der illegalen Organisation, die ihn bisher mit Lebensmittelkarten versorgt hatte. Er klopfte hier und da an und erhielt Obdach für eine Nacht. Schließlich wandte er sich wieder an seine ersten Pflegeeltern und fand durch deren Vermittlung Unterschlupf bei einem Kleinbauern.

Obwohl er hier ziemlich sicher war, fühlte er sich in der ihm unbekannten Umgebung als Fremder. Es ist sehr wahrscheinlich, daß er in dieser Zeit eine Depression hatte, die sein Gefühl, isoliert zu sein, noch verstärkte. Als in den ersten Monaten des Jahres 1945 deutlich wurde, daß sich der Krieg und damit auch die Besetzung der Niederlande dem Ende zuneigte, suchte Fred wiederum Kontakt mit seiner ersten Pflegefamilie. Gemeinsam beschloß man, daß Fred in deren Haus das Ende des Krieges und der Verfolgung erleben sollte.

Nach der Kapitulation besuchte Fred von hier aus zusammen mit seinem älteren Bruder zum ersten Mal wieder „seine“ Stadt Amsterdam.

Wegen seines Alters – er war beinahe 20 – kam es nicht mehr zu einer Vormundschaftszuweisung. Freds Bruder wanderte kurze Zeit später nach Israel aus.

Die äußeren Ereignisse in Freds weiterem Leben nach dem Kriege sind in der tabellarischen Darstellung nachzulesen. Alle diesbezüglichen Informationen wurden – wie diejenigen zur zweiten traumatischen Sequenz auch – von Fred selbst in der Nachuntersuchung gegeben.

Bei der Nachuntersuchung findet der Referent einen 45jährigen, zierlich gebauten Mann, der sich nach anfänglichem Zögern zur Mitarbeit bereiterklärt. Er ist mit einer gleichaltrigen jüdischen Frau verheiratet, die als einziges Mitglied einer großen Familie mehrere Konzentrationslager überlebte. Sie haben drei Kinder: ein Mädchen (15 Jahre) und zwei Söhne (13 und 11 Jahre).

Entspannt und umsichtig erzählt Fred von seinem Elternhaus, den Erlebnissen während des

Krieges und der Zeit danach. An seinen differenzierten Formulierungen, in denen der begleitende Affekt vollauf mitschwingt, kann man ablesen, was er in seinem Leben hat verarbeiten müssen. Mit vier ehemaligen Pflegefamilien unterhält er noch freundschaftliche Beziehungen, obwohl ihm die Erinnerung an jene Tage lange Zeit nicht leicht gefallen ist. Am schwierigsten hat er es mit dem Gedanken, daß seine Eltern, vor allem sein Vater, bei all seiner Einsicht in politische Zusammenhänge, so blind gegenüber dem eigenen Schicksal waren.
Als Fred sich damals entschloß, dem Beispiel seines älteren Bruders zu folgen und sich nicht deportieren zu lassen, konnte er die Tragweite seines Entschlusses noch nicht ermessen. Er weiß, daß es ein „Schuldgefühl der Überlebenden" gibt; er hat viel über die Verfolgung gelesen und dieses Gefühl auch bei sich selbst entdeckt. Obwohl er geglaubt habe, mit seinen Gefühlen einigermaßen zu Rande gekommen zu sein, habe er sich eines besseren belehren lassen müssen. Vor etwa zwei Jahren habe er seinen beiden ältesten Kindern auf ihre Fragen erzählt, wie er sich damals auf dem Boden des elterlichen Hauses versteckt hatte. Eines Tages fragte ihn sein damals elfjähriger Sohn, wie alt eigentlich seine – des Vaters – Schwester beim Abtransport gewesen sei. Auf die Antwort des Vaters reagierte der Sohn: „Also genau so alt, wie meine Schwester jetzt ist. Warum hast Du sie nicht gerettet?"
Fred beschrieb dem Untersucher das Spektrum der Gefühle, die ihn in diesem Moment überfallen hatten: Wut, Scham, Angst, Verzweiflung. Er konstatierte bestürzt, daß sein Sohn ihm vorwarf, was er selbst sich nie verzeihen konnte, und daß die gelassene Haltung, die er sich im Laufe der Jahre erworben zu haben meinte, ihn so völlig verließ. Allmählich sei er zu der Einsicht gekommen, wie verwundet er bei seiner Rückkehr aus der Untertauchzeit war.
Als er zusammen mit seinem Bruder nach dem Kriege das erste Mal wieder nach Amsterdam kam, fühlte er sich als ein Fremder unter all den ausgelassenen Menschen, die über dem Einzug der kanadischen Befreier alles vergessen zu haben schienen. Ein paar angeheiterte Amsterdamer kamen vorbei; einer sagte: „Hallo Jungens, gut daß ihr auch wieder da seid!" Schließlich fragte der ältere den jüngeren Bruder: „Wo sollen wir hingehen?" Sie entschieden sich, nicht-jüdische Bekannte aufzusuchen. Vorläufig mieden sie das elterliche Haus und dessen nähere Umgebung. Über eine mögliche Rückkehr seiner Eltern und jüngeren Geschwister habe er sich wenig Illusionen gemacht, auch wenn ihn in der ersten Zeit „Überlebensphantasien" plagten. Über den BBC habe er schon während des Krieges vom Bestehen der Vernichtungslager gehört. Er sei fassungslos gewesen und habe damals, wenn er allein war, viel geweint.
Die ersten Nachkriegsjahre waren schwer. Im Nachholkurs fand er Schicksalsgenossen; aber im Grunde blieb er allein. Nach dem Abbruch seines Chemiestudiums im dritten Studienjahr sattelte er um und erhielt eine Ausbildung als Radarspezialist. Er habe jetzt eine gute Position bei einem semistaatlichen Betrieb und hoffe, noch befördert zu werden. Sein Leben ist ausgefüllt.
Seine Frau habe er in einer jüdischen Jugendgruppe kennengelernt. Sie hätten sich gleich gut verstanden; ihre Ehe sei sehr gut; das Verhältnis zu den Kindern ungetrübt. Ihr Freundeskreis ist nicht groß aber beständig.
Seine Frau sei es gewesen, die seine „Identitätszweifel" aufgefangen habe. Freimütig bekennt er, nach dem Kriege den Wunsch verspürt zu haben, aus der jüdischen Gruppe „auszutreten". Er weiß, daß derselbe Gedanke auch bei einigen gleichaltrigen Schicksalsgenossen aufkam. Es seien nicht die religiösen Überlieferungen, sondern die Historizität, das gemeinsame Schicksal, das ihn an die jüdische Gruppe binde. In diesem Geist erziehe er auch seine Kinder.

Der Fall „Fred" ist durch die Versuche des Adoleszenten, sein Los nicht mehr an das seiner Eltern zu binden, aufschlußreich für das Verständnis einer Entwicklungsphase, deren an sich normale Konfliktsituation, nämlich das Schwanken zwischen Anhänglichkeit, Nachgeben und dem Hang zur Unabhängigkeit und selbständigem Handeln, in Zeiten der Verfolgung überdimensionale Maße annimmt. Für Fred war das Beispiel des älteren – selbständigeren – Bruders nach dessen Flucht aus dem Arbeitslager gewiß ein Ansporn, ihm und nicht seinen Eltern zu folgen. Dieser Entschluß rettete sein Leben, belastete es aber zugleich mit dem steten Vorwurf, den sein Sohn formulierte („Warum hast du sie nicht gerettet?").
Die direkte Koppelung der Adoleszentenproblematik an Entscheidungen, die unmittelbar die Fragen von Leben und Tod berühren, und die erst im weiteren Verlauf als

persönliches Verschulden und Schwäche erfahren werden, gilt für alle Fälle der vorliegenden Gruppe. Sie gilt auch dort, wo wie im Fall „Felix" (s. o. C.VI.2b) der Adoleszent seinen Eltern zuliebe eine andere Entscheidung getroffen hat, die sich später als sinnlos und inadäquat erwies.
Freds vorübergehende Identitätskrisis, wie wir sie bei vielen überlebenden Adoleszenten beobachten konnten, fügt sich in den Rahmen seiner psycho-sozialen Entwicklung und der Bewußtwerdung seiner Lage. Man hat den Eindruck, daß seine Widerstandskraft erlahmte, Trauer und Selbstvorwürfe überwogen und ihm schließlich keine andere Wahl mehr ließen, als sich von der Gruppe zu distanzieren, innerhalb welcher er seine Rettung mit seiner tiefsten menschlichen Erniedrigung erkaufte. Dieses Thema fanden wir in abgewandelter Form bereits bei Fällen jüngerer Altersgruppen (vgl. z. B. den Fall „Arje", C.I.2d). Dort erreichte der Konflikt, durch die Vormundschaftszuweisung und gruppendynamische Aspekte im Verlauf der Pubertät aktualisiert, retrospektiv in der dritten traumatischen Sequenz seinen Höhepunkt. Dagegen bewirkt die kritischere Einstellung des Adoleszenten sowohl seinem eigenen Verhalten als auch der Gesellschaft gegenüber, daß er bereits die zweite traumatische Sequenz auf dieser doppelten Spur erlebt. Fred erlebte in seinem Versteck bei der Deportation seiner Eltern und Geschwister das Wesen des *man made disaster:* daß die gleiche menschliche Gesellschaft, die Prinzipien aufstellt und Werte postuliert zur Ich-Stärkung, Sicherheit und Integrität des Individuums, zugleich Voraussetzungen schafft und Maßnahmen nimmt zur praktischen Aufhebung all dieser Werte und zur Vernichtung selektiver menschlicher Gruppen. Fred erlebte in seiner Haltung, seinem Versagen, einen direkten Anfall auf seine „persönliche Integrität" (*Erikson* 1971, S. 36), auf die Maximen, von denen er sich in seinem persönlichen Leben und in seinem Sozial-Verhalten leiten lassen wollte.
In den zitierten Fragen des Sohnes artikuliert sich bereits die Problematik der sog. „zweiten Generation" (vgl. auch *Biermann* 1964).

Fall „Femke" (PE); zu Beginn gefährliche zweite traumatische Sequenz; gute Anpassung im orthodox protestantischen Kriegspflegemilieu. Unvermittelte Loslösung; jüdisches Heim; mit 24 Jahren Emigration nach Israel. Gereifte sthenische Persönlichkeit.

Femke, geboren am 3. 2. 1929, ist das ältere von zwei Kindern eines kaufmännischen Angestellten. Die Eltern waren religiös ungebunden und gehörten der sozialistisch orientierten niederländischen Freidenkerbewegung an. Über Femkes Kindheit wird in dem Dossier wenig Bemerkenswertes berichtet. Anscheinend war der Vater eine dominierende Persönlichkeit, sowohl in seiner Familie als auch in seinem großen Bekannten- und Freundeskreis, beliebt durch seinen Elan und seine fortschrittliche Lebensauffassung. Die Mutter, ursprünglich orthodox jüdisch erzogen, paßte sich völlig den Ideen ihres Mannes an. Sie wird als gutherzige, gebildete, etwas zurückhaltende Frau geschildert, mit vielseitigen Interessen und Liebhabereien (Musik, Laientheater), die im übrigen ganz für ihren Mann und ihre Kinder lebte. Sie behauptete ihren Platz in der Familie neben ihrem dynamischen Mann und wirkte durch ihr Taktgefühl oft besänftigend auf die zuweilen etwas stürmischen und Unruhe stiftenden Initiativen ihres Mannes. Die Familie lebte in Amsterdam, wo der Vater nach einigen Wanderjahren in einem großen Warenhaus eine mittlere Position gefunden hatte. Man lebte sorgenfrei und in bescheidenem Wohlstand in einem Mietshaus am Rande der Stadt. Den Sommer verbrachte die Familie in einem Häuschen am Meer.
Die Kinder wurden früh zur Selbständigkeit erzogen.
Femke besuchte zur Zeit der Besetzung die städtische HBS, ihr zwei Jahre jüngerer Bruder die Volksschule. Für Femkes Vater, der in den dreißiger Jahren eine aktive Rolle bei der Aufnahme der deutsch-jüdischen Flüchtlinge in den Niederlanden gespielt hatte, bedeutete die weitere politische Entwicklung keine Überraschung. Zusammen mit Gleichgesinnten organisierte er in seinem Kreis den Widerstand gegen die feindliche Besatzung. Anfang 1943 ließ er zuerst seinen

Sohn und kurz darauf Femke im Süden des Landes bei Bekannten untertauchen. Er war so sehr damit beschäftigt, für andere – Kinder und Erwachsene – ein Versteck zu organisieren, daß er sich um seine eigene und seiner Frau Sicherheit weniger kümmerte. Kurz bevor er selbst untertauchen wollte, wurde er bei einer Razzia verhaftet und zusammen mit seiner Frau deportiert.

Femke befand sich inzwischen, getrennt von ihrem Bruder, bei einer Familie in Eindhoven, die ebenfalls eine aktive Rolle in der Illegalität spielte. Bei einem Überfall wurde sie zusammen mit ihren Pflegeeltern verhaftet; sie flüchtete mit Hilfe eines holländischen Polizeibeamten aus dem Polizeibüro, wo man sie alle eingeschlossen hatte.

Nach mehreren Verstecken in den Provinzen Utrecht und Drenthe fand sie schließlich in der Nähe von Groningen bei der Familie eines orthodox protestantischen mittleren Angestellten eine Zuflucht. Es war ihre 7. Adresse. Hier blieb sie länger als ein Jahr.

Da sie in ihrem Aussehen und Betragen nicht auffiel, konnte sie sich frei auf der Straße bewegen. Sie half im Haushalt und paßte sich in jeder Hinsicht gut an ihre neue Umgebung an, besuchte die Kirche, war Mitglied mehrerer protestantischer Vereinigungen und galt trotz ihrer Jugend als so gut wie verlobt mit einem Theologiestudenten in den ersten Semestern. Sie war ein weit über ihre Jahre reifes Mädchen, sicher in ihrem Auftreten und anscheinend frei von Ängsten und konfliktuösen Spannungen.

Für ihre Pflegeeltern war es denn auch eine große Überraschung, als Femke kurz nach der Befreiung der Niederlande trotz der großen Verkehrsschwierigkeiten das Haus verließ und versuchte, mit einem Onkel, einem Bruder ihres Vaters, Kontakt aufzunehmen, von dem sie annahm oder wußte, daß er sich in einer mittleren Stadt im Süden des Landes aufhielt.

Die Angelegenheit ist etwas mysteriös und wurde auch später in der Nachuntersuchung nicht völlig aufgeklärt. Femke behauptete zu wissen, wo sich ihr Onkel aufhielt; und tatsächlich gelang es ihr, ihn ausfindig zu machen. Sie bleib einige Tage bei ihm und orientierte sich über die neu entstandene Situation. Auch versuchte sie, Kontakt mit ihrem Bruder aufzunehmen; aber das gelang nicht. Danach kehrte Femke auf dieselbe beschwerliche Weise wieder zu ihren Pflegeeltern zurück.

Das bisher ungetrübte Verhältnis war gestört; auch Femkes zukünftigem Verlobten gelang es nicht, die immer stärker hervortretenden Konflikte zu besänftigen. Femke löste das Verhältnis, entzweite sich mit ihrer Kriegspflegefamilie und wurde schließlich nach Intervention des Büros der Kommission O. P. K. in ein jüdisches Kinderheim aufgenommen. Die jüdische Waisenorganisation erhielt die Vormundschaft.

Im Heim begann eine etwas stürmische Periode in Femkes Leben. Gegenüber der Heimleitung zeigte sie sich aufsässig. Sie lag in ständigem Konflikt mit allen Gruppenleitern und Sozialarbeitern. Sie kritisierte alle jüdischen Einrichtungen und Gewohnheiten. Dagegen war sie bei den anderen Kindern sehr beliebt. In der Gruppe selbst wird sie als ein positives Element beschrieben: energisch, kameradschaftlich und hilfsbereit. Anscheinend gelang es ihr, ihre eigene Verstimmung nicht auf die anderen Mitglieder der Gruppe zu übertragen. Sie wurde wieder auf der HBS eingeschult; aber nach ungefähr zwei Jahren erwies sich, daß sie sowohl dem Heim als auch der Schule entwachsen war. Sie bezog in Amsterdam ein möbliertes Zimmer, suchte sich Arbeit in einem Büro und bildete sich in Abendkursen weiter.

Im Anschluß an eine Reise nach Israel Anfang 1950 entschloß sie sich (sie war inzwischen volljährig geworden), sich auf eine Übersiedlung nach Israel vorzubereiten. Sie erhielt eine landwirtschaftliche Ausbildung; und da sie über gewisse organisatorische Fähigkeiten verfügte, hatte sie alsbald eine leitende Stellung in der kleinen Gemeinschaft, die sich zur Emigration nach Israel rüstete. Mit 24 Jahren wanderte sie mit der Gruppe zusammen aus.

Bei der Nachuntersuchung im Mai 1969 trifft der Referent eine 40jährige, freundliche, lebhafte, jugendliche Frau, Mutter von zwei Kindern, einem Mädchen von 11 und einem Jungen von 8 Jahren, die anscheinend auf den Besuch aus Holland vorbereitet sind und ihn mit einigen holländischen Sprachbrocken begrüßen, ehe sie sich auf den Schulweg begeben.

Femke wohnt mit ihrer Familie – ihr Mann ist Internist an einem Krankenhaus in Tel Aviv – in einem alleinstehenden Haus mit großem Garten in einer Vorstadt.

Man hat nicht den Eindruck, daß sie sich auf den Besuch auf irgendeine Weise besonders vorbereitet hat. Das Haus ist geschmackvoll eingerichtet; auf einem kleinen Tisch liegen einige holländische Zeitungen und Zeitschriften, von denen Femke lachend gesteht, daß sie sie in

Holland nie gelesen hat und sicherlich auch nicht lesen würde. „Aber hier ist es etwas anderes", fügt sie mit einigem Selbstspott hinzu.
Das Gespräch beginnt etwas konventionell, vorsichtig. Aber bereits jetzt gibt die Untersuchte zu erkennen, daß sie die Situation völlig übersieht und beherrscht, und daß sie bereit ist, an der Untersuchung mitzuarbeiten, wie sie es schriftlich vorher bereits zugesichert hatte. Sie erkundigt sich nach weiteren früheren Heimgenossen, die der Referent inzwischen ebenfalls besucht hatte, macht sogar einige treffende Bemerkungen über diesen und jenen. (Anscheinend ist sie in großen Zügen über das Reiseschema des Referenten orientiert.)
Sie wiederholt einige Daten ihrer Lebensgeschichte, als wolle sie dem Untersucher auf die richtige Spur helfen. Sie ist eigentlich erst verhältnismäßig spät nach Israel gegangen; sie betont, daß sie aus einem völlig assimilierten Elternhaus komme und die zionistische Ideologie nie eine Rolle in ihrem Leben gespielt habe. Sie habe bei einer Firma in Amsterdam gearbeitet und sei von ihr für einige Wochen nach Israel gesandt worden, um eine geschäftliche Transaktion vorzubereiten. Dabei habe sie das Land kennengelernt. Wieder nach Amsterdam zurückgekehrt, sei ihr gleichsam über Nacht der Einfall gekommen, nach Israel überzusiedeln. Dabei erschien ihr eine landwirtschaftliche Ausbildung der beste Weg, in Israel festen Fuß zu fassen.
Sie habe Amsterdam und Holland immer sehr geliebt; aber in den letzten Jahren habe sich das Gefühl eines Leerlaufs immer stärker bemerkbar gemacht. Mit achtzehn, neunzehn Jahren wollte sie die Welt verbessern, sagt sie mit einer gewissen Ironie, und von ihrem Bürostuhl in Amsterdam aus habe sie diese Möglichkeit anscheinend nicht gehabt.
Nach ihrer Arbeit in einem Kibbuz sei sie Beraterin geworden, und habe im Auftrag einiger Organisationen mal hier, mal dort gearbeitet. Auf diese Weise habe sie das Land durchreist. Auf einer dieser Reisen habe sie ihren Mann kennengelernt; 1959 haben sie geheiratet.

Ihr Mann, 1919 in Rußland geboren, kam dreijährig mit seinen Eltern ins damalige Palästina.
Von 1961 bis 1965 haben sie in Amerika gewohnt, wo sich ihr Mann in Boston einige Jahre als Spezialist weiterbildete.
Nach der Rückkehr nach Israel haben sie das Haus gekauft. Ihr Mann habe seine Arbeit im Krankenhaus; sie selbst arbeitet auch wieder halbtags; ihr Leben sei ausgefüllt. Sie hat in Amerika noch ihren Masters degree in einer sozial-ökonomischen Disziplin gemacht.
Zweimal ist sie in den Niederlanden im Urlaub gewesen: 1957, vor ihrer Verheiratung, und später mit ihrem Mann und ihren Kindern auf der Rückreise aus Amerika. Amsterdam finde sie noch immer eine sehr lebendige Stadt; aber sie fühle sich dort nicht mehr heimisch.
Sie erzählt, daß sie viele Freunde haben, daß aber sie es sei, die die Kontakte lege: ihr Mann sei zu sehr beschäftigt. Aber für die Kinder nehme er sich viel Zeit.
Ihr Bruder ist in Holland geblieben; der Briefwechsel zwischen ihnen ist nicht sehr rege. Sie bedauert das; aber sein Leben habe eine andere Wendung genommen als das ihre. Hier hält sie plötzlich inne und verbessert sich: Nein, schließlich sei es ihr Leben gewesen, das eine andere Wendung genommen habe, als sie nämlich entgegen jeder Erwartung nach Israel ging. Wenn jemand früher zu ihr gesagt hätte, daß sie je diesen Schritt unternehmen würde, hätte sie ihn ausgelacht. Noch im jüdischen Heim habe sie sich gegen die orthodox jüdische Erziehung und die zionistische Beeinflussung gesträubt. Überhaupt habe sie an ihren Aufenthalt im Heim nur unangenehme Erinnerungen. Der Direktor erschien ihr als typischer Waisenhausdirektor.

Dann bringt sie von selbst das Gespräch auf ihre Eltern, die Untertauch- und die Nachkriegsperiode.
Ihr Vater spielt in ihrer Erinnerung noch immer eine große Rolle. Er habe sich zu sehr für andere eingesetzt und dabei zu wenig an sich selbst und seine Familie gedacht. Hier verspürt man eine deutliche Kritik, obwohl sie nicht müde wird, von seinen illegalen Aktivitäten zu berichten, die alle belegt sind. „Als ich 18 war, dachte ich, daß ich den Krieg verarbeitet hätte. Damals war ich stolz, daß mein Vater ein Held war. Ich denke, daß es mir damals in meiner Lage geholfen hat." Sie findet heute, daß sie sich nach dem Kriege gut – „vielleicht zu gut" – angepaßt habe. Sie hielt sich damals vor, daß sie schließlich aus einer Familie komme, in der man in der Not nicht untätig herumzusitzen pflegte. So seien sie auch erzogen worden: Hilf dir selbst! Ein Bruder ihrer Mutter wurde wegen seiner illegalen Arbeit füsiliert. Oberflächlich betrachtet macht es den Eindruck, als wollte sie mit den Heldentaten ihres Vaters prunken. Wenn man jedoch genauer hinhört, erweist sich, daß diese feinfühlige und zugleich starke Frau hiermit nur deutlich machen wolle, was sie alles verloren habe.

Sie ist jetzt beinahe so alt, wie damals beim Abschied ihre Eltern waren. Wenn sie an all die Jahre zurückdenkt, an die Untertauchzeit und die Zeit danach, dann zweifelt sie, ob sie sich heute noch genauso verhalten würde wie damals. „In meinem Leben spielen jetzt andere Werte eine Rolle."
Nur kurz berührt sie ihren plötzlichen Entschluß, nach Kriegsende ihren Onkel aufzusuchen. Ihre Pflegeeltern konnten sie nicht zurückhalten, auch ihr damaliger Verlobter nicht. Man habe damals vielleicht gedacht, sie sei verwirrt. Aber die Zeit sei verwirrt gewesen, die Situation; sie habe eben das Vermögen, sich gut anzupassen. Nach dem Kriege *mußte* sie ihren Onkel suchen, das einzig am Leben gebliebene Familienmitglied aus der Generation ihrer Eltern. Den anschließenden Konflikten mit ihren Pflegeeltern, an denen sie sehr gehangen habe, sei sie nicht aus dem Wege gegangen. Das entspräche nicht ihrer Natur. Aber verwundert habe diese Wandlung sie selbst auch.
Ihr Konflikt sei, fährt sie fort, nicht allein das „negative Trauma", das „was man uns angetan hat". In den Pubertätsjahren hatte sie noch das Gefühl: „Wir lassen uns nicht...! Sie können uns mal...!" Später sei das ganz anders geworden. Bei der Geburt ihrer Kinder habe sie ihre Eltern doch sehr vermißt. Dies sei nach ihrer Meinung das größte Problem: die Kriegswaisen, die das Alter erreicht haben, das ihre Eltern bei der Trennung von ihren Kindern hatten.
Gegen Ende des Gespräches erscheint ihr Mann. Es entspinnt sich ein Gespräch, in dem Femke entspannt und sicher die zuweilen notwendige Dolmetscherrolle erfüllt. Zum Schluß sagt sie nach einem kurzen Dialog mir ihrem Mann: „Ich habe ihm eben gesagt, daß Sie für ihre Untersuchung zu mir gekommen sind; daß ich aber eigentlich das Gefühl habe, daß ich zu Ihnen gekommen bin. Sie haben mich Dinge sagen lassen, die ich gerne einmal sagen wollte."

Die Diagnose „gereifte, sthenische Persönlichkeit mit bewußter, nuancierter Konfrontation des gesamten Verfolgungsgeschehens" gibt nur kategorial ein Bild dieser feinfühligen und sthenischen Frau. Ihre guten, sich erweiternden affektiven Kontaktmöglichkeiten, ihre gute Introspektion und ihre kritischen und differenzierten Äußerungen verraten, daß sich hier im Laufe der Jahre ein Prozeß vollzogen hat; nicht nur ein Trauerprozeß, sondern eine Entwicklung, wie man sie in Anbetracht ihrer Lebensgeschichte schwerlich erwarten bzw. voraussagen konnte.
Es erscheint uns müßig, Betrachtungen darüber anzustellen, welche Motive diese Frau wohl veranlaßt haben, ihrem Leben mit der Übersiedlung nach Israel die oben angesprochene Wende zu geben.
Auch wenn, wie sie dagte, der Eichmann-Prozeß für sie „des Guten eben etwas zu viel" war, hat man nicht den Eindruck, daß unverarbeitete Ängste und Schuldgefühle ihr persönliches Leben und überhaupt ihr Sozialverhalten störend beeinflussen. Sehr wahrscheinlich hat sie nach dem Kriege während ihres Aufenthaltes im jüdischen Heim eine depressive Phase überstanden, die damals nicht als solche erkannt wurde. Ihre Aufsässigkeit, ihre Protesthaltung gegenüber allen Autoritätsfiguren im Heim und der jüdischen Schule sprechen hierfür. Ihr Vater spielt in ihrer Gefühls- und Gedankenwelt noch immer eine bedeutende Rolle. Aber die vorsichtige und doch deutlich erkennbare Kritik an seinem früher von ihr bewunderten „Heldentum" ist der Beweis, daß sich hier ein Reifungsprozeß vollzogen hat, eine Relativierung puberaler Einstellungen und Haltungen.
Mehrere Nachuntersuchte haben von ihren Empfindungen berichtet, als sie gewahr wurden, daß sie das Alter ihrer umgekommenen Eltern bei der Trennung erreicht hatten. Vor allem in den Tagen nach Geburten erreichte die Erinnerung und Identifikation mit der eigenen Mutter ihre höchste Verwundbarkeit. Nur wenige haben auf so reife, nuancierte Art hierüber berichten können.

C.VII. ZUSAMMENFASSUNG DES KLINISCHEN TEILS

Im deskriptiv-klinischen Teil haben wir psychiatrische Diagnosen und psycho-soziale Defizienzerscheinungen (nach *Weijel*) beschrieben und sie sowohl innerhalb der Altersgruppen als auch für die verschiedenen Altersgruppen untereinander verglichen. Dabei hat sich die zur Strukturierung und Erfassung des gesamten Traumatisierungsgeschehens vorgenommene Gliederung in drei traumatische Sequenzen als sinnvoll und hilfreich erwiesen. Durch die Formulierung der jeweiligen *basic needs* wurde es möglich, die defizienten Entwicklungssituationen des Traumatisierungsvorganges in den sechs Altersgruppen darzustellen.

Anhand der Frequenzzählungen der Diagnosetabelle festigt sich der Eindruck, daß bei den jüngeren Altersgruppen charakterneurotische Entwicklungen mit Kontaktschwierigkeiten, persönlicher und sozialer Verunsicherung vorherrschen, während in den höheren Altersgruppen chronisch-reaktive Depressionen überwiegen. Bei der präpuberalen fünften Altersgruppe fällt der hohe Anteil angstneurotischer Entwicklungen auf, denen ebenfalls eine altersspezifische Bedeutung zuerkannt wird.

In der Tabelle der psycho-sozialen Defizienz sind die hohen Werte für „emotionelle Störungen“ bei allen Altersgruppen auffallend. Die Spalte „Diskrepanz zwischen Intelligenz und Ausbildung“ verdeutlicht diesen Traumatisierungseffet hauptsächlich für die dritte, vierte und sechste Altersgruppe.

Bei allen Altersgruppen läßt sich eine individuell-psychologische und eine gruppen-dynamische Problematik nachweisen. Loyalitäts- und Identitätskonflikte durchziehen mit wechselnder Intensität das gesamte Material. In den verschiedenen Fallstudien wurden zentrale Problemkreise wie u. a. Dankbarkeits-, Loyalitäts- und Trauerproblematik, Überlebensphantasien, Fragen der gestörten Schul- und Berufsausbildung und der Bereich der sozial-kommunikativen Störungen dargestellt.

Mit der dritten Altersgruppe (4 bis 6 Jahre) beginnt offenbar eine gegenüber den ersten Altersgruppen neue Form der Traumatisierung, die nach unserer Meinung mit den Erinnerungen der Kinder an ihre Eltern bzw. das Elternhaus zusammenhängt.

Zur endgültigen Beurteilung des massiven kumulativen Traumatisierungsgeschehens erweist sich der Verlauf der Nachkriegsperiode, die als dritte traumatische Sequenz definiert wurde, als von entscheidender Bedeutung: differenzierte Vormundschaftsprobleme in nicht-jüdischen und in jüdischen Nachkriegspflegemilieus, Wechsel des Pflegemilieus und der Vormundschaften, die Problematik der sozialen Rehabilitation. Es scheint, daß diese Problemkreise nicht nur den Verlauf der dritten traumatischen Sequenz, sondern auch den Ausgang des gesamten Traumatisierungsgeschehens beeinflussen. Es besteht der Eindruck, daß die gruppendynamischen Spannungen, Loyalitäts- und Dankbarkeitsprobleme mit dem Prozeß der Trauerverarbeitung in einem direkten Zusammenhang stehen und die innere Konfliktlage des Waisenkindes verstärken.

Vormundschaftszuweisungen ohne fortgesetzte intensive sozial-psychiatrische Betreuung scheinen bei schwer traumatisierten Kindern einen ungestörten Entwicklungsgang nicht zu gewährleisten. Das zeigte sich in unserem Material sowohl bei Kindern, die nach dem Kriege im kongenialen Pflegemilieu aufwuchsen, wie auch bei solchen, die im nicht-kongenialen Milieu blieben. Bei letzteren kam es z. B. in der Adoleszenzperiode oft zu schweren Konflikten, die sich im Umkreis der gruppen-dynamischen Auseinandersetzungen als Identitätskrisis manifestierten. Dieser Umstand fällt um so mehr auf, als man bei den jüngsten Altersgruppen im Zusammenhang mit der hohen Zahl der Streitfälle und der Vormundschaftszuweisungen an Kriegspflegefamilien erwarten

sollte, daß die Kinder dieser Altersgruppen am meisten in ihren Kriegspflegemilieus verwurzelt waren, die sie dann jedoch in der Adoleszenzperiode wieder verließen.
Diese und andere Befunde wollen wir vorläufig nur signalisieren. Eine eingehendere Evaluation unserer Ergebnisse auch des klinischen Teils bleibt der Konvergenz des klinischen mit dem quantifizierend-statistischen Teil vorbehalten. Dort sollen die psychiatrischen Impressionen des klinischen Teils durch die Ergebnisse der statistischen Untersuchung erhärtet und eine abschließende Übersicht der in der follow up-Unterscuhung erhaltenen Befunde gegeben werden.

D. QUANTIFIZIEREND-STATISTISCHER TEIL

D.I. EINFÜHRUNG

D.I.1. Allgemeines

Im Mittelpunkt des quantifizierend-statistischen Teiles unserer Untersuchung steht die Überprüfung der Hypothese der altersspezifischen Traumatisierung und die Hypothese bezüglich der Intensität der Traumatisierung (s. o. B.I.8).
Angesichts des in ihrem Ansatz nicht-experimentellen Charakters unserer Untersuchung, der es a priori verhinderte, Variablen im allgemeinen zu manipulieren und störende Variablen unter Kontrolle zu halten, hätten wir uns auf eine reine Beschreibung des Materials beschränken können. Die Diagnosentabelle (Tab. 10) des klinischen Teils, ergänzt durch die Tabelle der psycho-sozialen Defizienz (Tab. 11), hätte eventuell genügt, um zu einer bescheidenen Aussage über individuelle Entwicklungsgänge zu gelangen. Bei der Untersuchung nach dem Zusammenhang zwischen der Traumatisierung in einer bestimmten Altersphase und der Diagnose hätte der Einfluß der traumatischen Faktoren auf diesem Wege bis zu einem gewissen Grad geschätzt werden können. Bei diesem Verfahren hätten wir auf eine objektivere Bearbeitung des Begriffes „Traumatisierung" verzichtet und uns auf die klinische Erfahrung berufen, die die Frage der Kausalität eines psychischen Geschehens auf ihrem eigenen Niveau ansiedelt und auf ihre eigene Weise beantwortet.
Der Vorteil dieser Methode ist, daß man dem individuellen Fall mehr Recht widerfahren lassen kann. Bei der Interpretation eines traumatisierten Lebenslaufes spielt der Gesamteindruck eine bedeutende Rolle, den man sich – den betreffenden Fall überblickend – erworben hat. Jeder Faktor erhält sein Gewicht in Übereinstimmung mit diesem Gesamteindruck. In der Beschreibung eines einzelnen Falles – so die Befürworter der ausschließlich klinisch-deskriptiven Methode – gewinnt ein Begriff (z. B. „Trauma") an Transparenz und Aussagekraft.
Das Risiko dieser Methode ist, daß man – wenn man nicht die rechte „Witterung" hat – sich ganz gehörig irren kann. Die Beschränkung dieser Methode liegt darin, daß man über den Einfluß der verschiedenen Faktoren keine allgemeingültige Aussage machen kann. Hier tritt das Spannungsverhältnis zwischen Relevanz und Objektivität zutage.
Unsere Absicht war es, die Einflüsse des sequentiellen Traumatisierungsvorganges näher zu explizieren und dadurch die Zusammenhänge innerhalb eines Traumatisierungsgeschehens in einem breiteren Zusammenhang zu entdecken. Auch wollten wir uns ein möglichst objektives Instrument schaffen, das eine klinische Aussage über eine Variable und den Zusammenhang zwischen den Variablen kritisch nachvollziehen kann, auch wenn so der Traumabegriff eingeengt wird, und man an Relevanz verliert, was man an Objektivität und Prägnanz gewinnt (vgl. *de Groot*, 1968, S. 187).
Hierfür haben wir die quantifizierend-statistische Methode gewählt. Wir gebrauchen sie als „Werkzeug" (*Signorelli*, 1974), um

a) unsere Hypothesen zu überprüfen, und
b) die Zusammenhänge innerhalb eines Traumatisierungsvorganges zu untersuchen.

Auf die methodologischen Implikationen bei der Interpretation der erhobenen Befunde wird anschließend noch näher eingegangen.

An erster Stelle soll die Hypothese der altersspezifischen Traumatisierung geprüft werden. Die Frage nach der Altersspezifität hätte eventuell anhand der Diagnosentabelle (Tab. 10), die nach Altersgruppen geordnet ist, nach ihrem *face value* beantwortet werden können. Durch die statistische Bearbeitung sind wir jedoch in der Lage, die Frage nach dem altersspezifischen Faktor im Traumatisierungsgeschehen deutlicher zu stellen und präziser zu beantworten. Letzteres hängt wesentlich davon ab, in welchem Maße es gelingen wird, das Material trotz der Beschränkung unserer theoretischen Konstruktion auf die externen Faktoren des Traumatisierungsvorganges so zu operationalisieren, daß die formalisierten Variablen untereinander in einem nachprüfbaren Verhältnis stehen. Für die Gesamtheit des Traumatisierungsgeschehens gelten unsere Befunde nur unter dem Vorbehalt, daß zwischen dem Teil der Wirklichkeit, den wir mit unserer Operationalisierung des Traumabegriffes eingefangen haben, und auf den sich unsere Aussagen in erster Instanz beziehen, und dem Gesamt der Traumatisierungswirklichkeit ein – wie auch geartetes – Verhältnis besteht.
Durch die statistische Prozedur sind wir ferner imstande, das massiv-kumulative Element eines Traumatisierungsvorganges in einem breiteren Rahmen anzusiedeln, d. h. zu Aussagen zu gelangen, die unter dem erwähnten Vorbehalt das anekdotische Element des Einzelfalles übersteigen und für eine Gruppe als verbindlich angesehen werden können.
Gegenüber diesen Vorteilen einer statistisch überprüfenden Methode besteht ihr Nachteil im vorliegenden Fall darin, daß das Ausblieben eines statistisch nachweisbaren Zusammenhanges noch nicht ausschließt, daß dieser Zusammenhang in der Wirklichkeit eventuell doch besteht. In dieser Hinsicht sind unsere Aussagen demnach nicht zwingend.
Alle unsere Aussagen müssen unter dem Aspekt der Beschränkungen interpretiert werden, die unser Material uns auferlegte. In den Kapiteln *Materiallage* und *Beschreibung des Untersuchungsganges* (A.II und A.III) haben wir auf die verschiedenen beschränkenden Elemente hingewiesen: die Spezifität der vorliegenden Gruppe mit der ihr eigenen Modalität der Traumatisierung, die *restriction of range*, wie sie sich aus der Dossierlage ergab, und schließlich die Reduktionsvorgänge, die anschließend noch besprochen werden. Dies alles wird bei der Überprüfung der Hypothesen und der Untersuchung der Zusammenhänge zu berücksichtigen sein.

D.I.2. Beschreibung des Materials und der Bearbeitung

Wir haben es zu tun mit einer repräsentativen Gruppe von 204 verfolgten jüdischen Kindern, die Kriegswaisen wurden. Die für die Untersuchung relevanten Informationen haben wir
a) aus den betreffenden Dossiers extrahiert, und
b) aus den Befunden der Nachuntersuchung gewonnen;
sie alle wurden in der *Tabellarischen Übersicht* systematisch geordnet (Teil F; vgl. oben A.III.5). Auf diese Weise kam ein einigermaßen übersichtliches und objektivierbares Bild einer jeden in die Untersuchung einbezogenen Person zustande.
Um zu einer Transposition der qualitativen Angaben in quantitative, zählbare Einheiten zu gelangen, wurden die hierfür in Anmerkung kommenden Rubriken der *Tabellarischen Übersicht* einer näheren Analyse unterzogen. Dabei diente für die

zweite und dritte Sequenz der Begriff „kumulative Traumatisierung“ als Ausgangspunkt.*)

Bereits bei der anfänglichen Extraktion von ungefähr zwanzig Dossiers war deutlich geworden, daß die Art der vorgefundenen Aufzeichnungen dem Konzept der Untersuchung gewisse Beschränkungen auferlegte, da nur die äußeren Ereignisse, die externen Faktoren erfaßt werden konnten. Der Begriff „massives, kumulatives Trauma“ umfaßt jedoch außer der Anhäufung exogener traumatischer Ereignisse vor allem die Erlebnisqualität und die Verarbeitung der traumatischen Prozesse. Die beiden letzteren Aspekte, so wichtig sie an sich sein mögen, da sich in ihnen das als traumatisch zu definierende Ereignis manifestiert, konnten bereits im klinischen Teil nur ausnahmsweise und im Rahmen der Nachuntersuchung erfaßt werden, da uns in den Dossiers nur Aussagen Dritter über die betreffenden Individuen zur Verfügung standen. Hätten uns neben den Dossiers z. B. in entsprechendem Umfang Tagebücher als Grundlage für unsere Untersuchung vorgelegen, so wäre es möglich gewesen, Erlebnisqualität und Verarbeitungsweise in unsere Betrachtung einzubeziehen. Dann hätten auch unsere operationellen Definitionen anders ausgesehen.

„Massiv-kumulativ“ soll in unserem Zusammenhang bedeuten, die sequentielle Anhäufung heftiger externer Faktoren. Der Ernst der extremen Belastungssituation wird in einer zahlenmäßigen Rubrizierung dieser extremen Faktoren wiedergegeben, und zwar in den weiter unten angeführten Itemgruppen a, b und c, insofern sie sich auf die zweite und dritte traumatische Sequenz beziehen. Sie bilden die zu bearbeitenden Variablen; in ihnen wird der unterschiedliche Schweregrad der extremen Belastungssituation quantifiziert.

Für die Nachuntersuchung wurde ein Formular erarbeitet, das als Orientierungshilfe für das psychiatrische Interview diente (vgl. A.III.6). Dabei ging es hauptsächlich um die Erfassung der Rollenfunktion in drei spezifischen Gebieten: Ehe, Beruf, Freizeit. Die hierbei erhaltenen qualitativen Befunde wurden ebenfalls in quantitative Einheiten übertragen. Eine detaillierte Beschreibung dieser Übertragungen wird noch zu geben sein.

Die Skalierung der zweiten und dritten traumatischen Sequenz wurde durch eine neutrale Person und den Untersucher unabhängig voneinander vorgenommen und anschließend kritisch ineinandergearbeitet. Eine weitere neutrale Person beurteilte danach noch einige Stichproben.

Um alle verfügbaren Informationen so umfassend wie möglich miteinzubeziehen, entschlossen wir uns, neben dem dichotomischen Index ja/nein sowohl ordinale als auch nominale Skalenwerte zu gebrauchen.

Es wurden drei Itemgruppen unterschieden:

a) personale Angaben (Alter des Kindes, Geschlecht, sozialer Status usw.)
b) Interpretationen des Verfolgungsgeschehens und der bei der Nachuntersuchung gewonnenen Befunde (Modalitäten der Untertauch- und der Nachkriegsperiode, pädagogische Eignung der Pflegefamilien, Berufs- und Eheproblematik usw.)
c) Kategorisierungen der psychiatrischen Diagnosen und der psycho-sozialen Defizienzerscheinungen.

---

* Die zur Verfügung stehenden Dossiers wurden unter dem Aspekt der „extremen Belastungssituation“ extrahiert. Diese Situation wurde in drei traumatische Sequenzen gegliedert. Da es sich als unmöglich erwiesen hatte, über die erste Sequenz verläßliche Informationen zu erhalten, beschränkten wir uns auf die Erfassung der beiden anderen Sequenzen.

Es ist deutlich, daß die hier angewandten Abstraktionsebenen nicht einheitlicher Natur sind. Die personalen Angaben (unter a) wurden entweder direkt den Dossiers entnommen oder aber in der Nachuntersuchung gewonnen. Sie sind eindeutig und weitgehend objektivierbar.
Die c zugeordneten Angaben wurden durch den Untersucher gesammelt und in die tabellarische Darstellung eingetragen. Es handelt sich hier um Klassifikation und Gruppierung von Erscheinungen und Kombinationen von Erscheinungen, denen hinsichtlich ihrer psychiatrischen Relevanz im Rahmen der vorliegenden Untersuchung, wie wir hoffen, jenes Maß an Objektivität zuerkannt werden kann, das weitere wissenschaftliche Bemühungen rechtfertigt.
Die unter b beschriebene Itemgruppe ist das Ergebnis einer komplizierteren Bearbeitung, nämlich eines dreifachen Reduktionsvorganges. Da ist zuerst der Niederschlag der Ereignisse des Verfolgungsgeschehens in den Dossiers resp. des status präsens der Nachuntersuchung in den dafür bestimmten Formularen. Der zweite Reduktionsvorgang besteht in der Transposition aller schriftlich fixierten Informationen in die Formulierungen der *Tabellarischen Übersicht*. Der dritte Reduzierungsvorgang liegt in der Quantifizierung der auf diese Weise niedergelegten Befunde.

D.I.3. Problemstellung

Da die „extreme Belastungssituation" aus variierenden externen Faktoren aufgebaut wurde, besteht die Vermutung, daß die verschiedenen Variablen einen inneren Zusammenhang aufweisen, der statistisch nachweisbar ist. Deshalb erhoben sich bei der statistischen Bearbeitung der quantifizierenden Beschreibung folgende Fragen:

1. Besteht ein innerer Zusammenhang zwischen den externen Faktoren, mit denen der Schweregrad der zweiten und dritten traumatischen Sequenz angegeben wurde? Ist dies der Fall, so können diese Variablen als Ausdruck eines Begriffes betrachtet werden, den wir für den Verlauf der zweiten und dritten traumatischen Sequenz „Traumatisierung" genannt haben.
2. Können die Traumatisierungsvorgänge der zweiten und dritten traumatischen Sequenz zusammen erfaßt werden, um den Begriff „massive kumulative Traumatisierung" im Rahmen unserer Fragestellung bezüglich der altersspezifischen Traumatisierung näher zu explizieren?
3. Kann hinsichtlich der Nachuntersuchung eine Aussage in dem Sinne getan werden, daß die traumatischen Resultate entweder in abgrenzbaren Rollenfunktionen oder in speziellen Attitüden spezifiziert werden können?

Diese letztere Erwägung schließt die Frage nach einer eventuellen traumatologischen Typologie ein.

D.I.4. Zur Operationalisierung

Der Begriff „massive kumulative Traumatisierung" dient uns als Ausgangspunkt für die Analyse der in der *Tabellarischen Übersicht* rubrizierten Ereignisse der zweiten und dritten traumatischen Sequenz. Hierbei wurde die Frage gestellt: Welches sind die wahrnehmbaren äußeren Kennzeichen dieser Periode?
Es galt, einigermaßen vergleichbare Begriffe zu finden, und zwar Begriffe, die für die betreffende Dimension spezifisch waren.

Eine Anzahl Dimensionen mußten von vornherein ausgeklammert werden, z. B. Erlebnisqualitäten wie Angst, Einsamkeit, Hunger usw.
Gewisse äußere Umstände erwiesen sich ebenfalls als schwer erfaßbar, so z. B. die Wohnsituation, die Zusammenstellung der Pflegefamilie usw. Das gleiche gilt für die Interaktion zwischen innerem Erleben und äußeren Faktoren, z. B. die Frage, inwieweit ein Kind fähig war, von einer günstigen Situation und von günstigen Bedingungen zu profitieren, resp. inwieweit es durch seine Angst daran gehindert wurde.
Auch bei der Nachuntersuchung ergab sich dieses Problem. So wurde z. B. bei dem Item *job satisfaction* das Einkommen nicht gewertet.
Trotz allem steht uns – obwohl es wesentlich um die Reaktionen auf die äußeren Umstände geht – kein anderes Kriterium zur Verfügung, als die äußeren Umstände selbst zu messen.
Als Beispiel möge die Operationalisierung der Rubrik „Besonderheiten der Untertauchperiode" dienen. Dabei boten sich folgende Kategorien an: Anzahl der Wechsel der Verstecke resp. der Konzentrationslager; die Wahrscheinlichkeit, daß es mehr gewesen sind. Für die zweite traumatische Sequenz relevant sind ferner der bereits beschriebene Aspekt der „dunklen Periode" (vgl. oben B.IV.2) und das Maß an Sicherheit gegenüber der Lebensbedrohung. In dem Begriff „Dunkelziffer" ist der Mangel an Informationen über äußere Faktoren ebenso verdiskontiert wie etwa die Mitteilung der Pflegeeltern über den Zustand des Kindes bei seiner Ankunft. Diese Mitteilungen enthalten ihrerseits eine Anzahl unkontrollierbarer Facetten; man denke z. B. an Pflegeeltern, die gar nicht gesehen haben, wie schlecht es um ihr Pflegekind bestellt war. Auf jeden Fall wird in der Variablen „Dunkelziffer" ein traumatischer Wert ausgedrückt, ebenso wie die Variable „traumatischer Index" die Schwere der mit dem Untertauchen bzw. dem Konzentrationslageraufenthalt zusammenhängenden Ereignisse angibt (Haussuchung, Flucht, Krankenhausaufnahme; das Verbot, sich auf der Straße zu zeigen; usw.). Auf die gleiche Weise wurde ein breitmöglichstes Spektrum aller übrigen Angaben der *Tabellarischen Übersicht* operationalisiert, so daß sie in die statistische Analyse einbezogen werden konnten (vgl. dazu oben die Itemgruppen a, b und c).

D.I.5. Operationelle Definition der Hypothesen I und II

Ziel ist die Überprüfung der beiden oben formulierten Hypothesen (s. B.I.8).
In Hypothese I sind wir davon ausgegangen, daß ein Eingriff in eine bestimmte Entwicklungsphase des Kindes zu Deviationen in der weiteren Entwicklung führt, die letztlich in einer überdauernden Persönlichkeitsveränderung resultieren.
Es handelt sich bei der Hypothese I also um den Zusammenhang zwischen Traumatisierung in einer bestimmten Altersstufe in der Kindheit und den überdauernden Persönlichkeitsveränderungen resp. -entwicklungen. Als Beginn der Traumatisierung haben wir arbiträr die Trennung von Mutter und Kind gewählt; für die älteren Kinder bedeutete das die erzwungene Trennung vom elterlichen Haus. Die Operationalisierung dieser Variablen besteht in der Feststellung des Trennungsdatums. Für die überdauernden Persönlichkeitsveränderungen resp. -entwicklungen haben wir in Anlehnung an die Ausführungen von *Lazarus* c. s. (1974) über *response disposition* und *response stile* die drei Hauptdiagnosen (s. o. C.1) gewählt. Die Ausführung dieser Überprüfung vgl. unten D.V.1.
Die Überprüfung der Hypothese II bezüglich der Intensität der Traumatisierung erforderte dagegen differenzierte Operationalisierungen und Berechnungen. Wir

haben uns entschlossen, diese umfangreicheren Vorarbeiten an den Beginn zu stellen. Wir haben darauf verzichtet, die diagnostische Formulierung als Gradmesser für die überdauernde Persönlichkeitsveränderung zu nehmen, da sie u. E. den Schweregrad der klinischen Bilder nicht hinreichend differenziert. Wie bereits *von Baeyer* c. s. bemerkte, ergeben die schweren Traumatisierungsvorgänge weniger differenzierte Bilder.
Um zu einer Aussage über den Schweregrad der Störung zu gelangen, haben wir uns entschlossen, in Anlehnung an den oben erwähnten Begriff *response stile* den Funktionsbereich wichtiger Lebensgebiete des Erwachsenen als Kriterium zu wählen. Bei Hypothese II handelt es sich also um den Zusammenhang zwischen massiv-kumulativen traumatischen Ereignissen und dem überdauernden Sozialverhalten resp. den Deviationen des Sozialverhaltens des Erwachsenen.

D.II. BEARBEITUNG DER ZWEITEN TRAUMATISCHEN SEQUENZ

D.II.1. Operationelle Definition

Aus der *tabellarischen Übersicht* wurden nur diejenigen Variablen operationalisiert, von denen wir annehmen konnten, daß sie als Indikatoren für den Begriff „massive kumulative Traumatisierung“, wie er in der vorliegenden Untersuchung definiert wurde, anzusehen sind. Der hier angewendete Begriff, durch die retrospektive Sicht unserer Untersuchung bedingt, ist demnach nur ein Abguß des gesamten Traumatisierungsgeschehens. Bei der Extraktion konnten nur die externen Faktoren als Maß für die traumatisierenden Ereignisse gefunden werden. Die intrapsychischen Verarbeitungen und die Wechselwirkungen zwischen ihnen und den externen Faktoren und ebenso die Wechselwirkungen zwischen den externen Faktoren untereinander wurden ausgeklammert. Mit der restierenden, nur partiell deckenden Operationalisierung des Begriffes mußten wir uns zufrieden geben. Das erforderte Vorsicht und Umsicht bei der Interpretation der erhaltenen Resultate.
Zwar wurden wir gezwungen, diese Prozedur vorzunehmen: zugleich aber ist sie völlig akzeptabel. Man kann sie mit der Untersuchung nach dem Machtbereich eines Mannes vergleichen, wobei nur seine „Verbindungen“ (connections) gemessen werden, und nicht, was er mit ihnen tut (vgl. *Mokken*: *Grafen naar macht*, 1976).
Für die zweite traumatische Sequenz gelangten wir zu den im folgenden dargestellten Operationalisierungen. Alle Daten beziehen sich auf Phänomene, die für den direkten lebensbedrohenden Aspekt des Verfolgungsgeschehens relevant sind. Um mit diesen Daten zugleich Meßinstrumente konstruieren zu können, haben wir sie mit ordinalen oder nominalen Werten verschlüsselt.
Allgemeine Skorungsprinzipien: Für die gesamte zweite traumatische Sequenz verlief die Ordinalskalierung aller in Betracht kommenden Variablen von günstig (1) nach ungünstig (5). Es wurden hierbei nur alle untergetauchten Kinder erfaßt, die nicht im Konzentrationslager waren.

Sozialer Status

Beschreibung des elterlichen Milieus nach der Skala von *van Heek*; die Werte von 1–6 geben das Ausbildungsniveau und die Verantwortung im ausgeübten Beruf an.
Personales Datum.

Wir haben dieses Datum gewählt, da wir – wie im Kapitel *Sozialer Status und Überlebenschancen* (A.IV.2) dargelegt wurde – bei der demographischen Analyse unseres Materials ein auffallendes Übergewicht der mittleren und höheren sozialen Schichten fanden, das schroff von der demographischen Verteilung der jüdischen Bevölkerung in den Niederlanden absticht. Die Skala von *van Heek* verläuft von niedrigem sozialem Niveau (1) nach hohem sozialen Niveau (6). Wir haben es hier also mit einem a priori gegebenen Datum zu tun. Aus diesem Grunde haben wir die Angaben zum sozialen Status unverändert von *van Heek* übernommen. Wir wollten der Frage nachgehen, ob und in welchem Maße dieses Datum eventuell zur statistischen Erfassung des Traumatisierungsvorganges beiträgt.

Art der Trennung

Ordinalskalierung von günstig (1) nach ungünstig (4).
(1) Die Eltern suchten selbst eine Pflegefamilie.
(2) Das Kind taucht auf eigene Faust unter.
(3) Unbekannt.
(4) Das Kind wurde der Widerstandsbewegung übergeben oder von dieser aus der „crèche“ gerettet.

Im Hinblick auf die Aufnahme der Kinder in Kriegspflegefamilien haben wir die obenstehenden vier Modalitäten der Trennung von Mutter und Kind resp. Elternhaus und Kind unterschieden.
ad (1): In den Fällen, in denen die Eltern selbst die Initiative ergriffen, kann man annehmen, daß die Begleitumstände der Trennung relativ gemildert wurden. Die Eltern hatten entweder selbst Gelegenheit, Pflegefamilien für ihre Kinder auszusuchen und ihnen ihre Kinder anzuvertrauen (Freunde, Bekannte), oder aber sie nahmen Kontakt mit Kreisen der Widerstandsbewegung auf, die ihnen persönlich bekannt waren. Obgleich in diesem Vorgehen keine absolute Gewähr für einen weniger traumatischen Verlauf des weiteren Verfolgungsgeschehens lag, geben die Dossiernotizen Anlaß, diese Art der Trennung von der unter (4) beschriebenen zu unterscheiden.
ad (2): Bei den Kindern, die auf eigene Faust ihr Heil suchten und untertauchten, ist die Modalität der Trennung eingebettet in die Problematik ihrer Entwicklungsstufe und dort beschrieben. Sie bilden im Grunde eine selbständige Gruppe.
Die übergeordnete Frage ist, inwiefern die Art der Trennung zusammenhängt mit der Frage der Sicherheit der Kinder, und dadurch den Verlauf der zweiten traumatischen Sequenz und schließlich den Ernst der Störung mitbestimmt.
ad (4): Dies betrifft Kinder, die unvorbereitet und plötzlich der Widerstandsbewegung übergeben oder von ihr aus der „crèche“ gerettet wurden. Die Trennung vollzog sich zumeist abrupt und in der Mehrzahl der Fälle improvisiert. Die Retter waren den Eltern und Kindern persönlich unbekannt. Dadurch erhöhte sich für beide der Grad der Spannung, der – wie die Nachuntersuchung ergab – den Akt der Trennung für die Kinder vom 5. Lebensjahr an zu einem schweren Eingriff machte. Die Mehrzahl dieser Kinder kam erst über Zwischenunterkünfte schließlich zu Kriegspflegeeltern, bei denen sie längere Zeit, eventuell bis zum Kriegsende und länger, bleiben konnten.

Anzahl der Wechsel

Ordinalskalierung
(1) 1 Wechsel
(2) 2 Wechsel
(3) 3–4 Wechsel
(4) 5–6 Wechsel
(5) 7–50 Wechsel

Es handelt sich um die Anzahl der Untertauchadressen, die in fünf verschiedene Klassen aufgenommen und bewertet sind.

Wahrscheinlich mehr

Dichotomer Index.
0 – nein
1 – ja

Gibt an, ob die Zahl der Wechsel eventuell größer war als in der vorigen Kategorie angegeben; zu dieser Mutmaßung veranlassen bestimmte „dunkle" Dossiernotizen.

Sicherheit

Ordinalskalierung von günstig (1) nach ungünstig (5)

Einer der zentralen Aspekte der „extremen Belastungssituation". Wir verstehen hierunter das Maß an Sicherheit für das betreffende Kind während der gesamten Untertauchperiode, soweit aus den Dossiers ersichtlich. Hierbei ergab sich eine Variabilität der Bedingungen, die von Fall zu Fall aufs neue eingeschätzt werden mußte. Das soll an einigen Beispielen erläutert werden.
Ein Kind, gleichgültig welcher Altersgruppe, das aus seinem elterlichen Haus ohne Umwege direkt in sein definitives Kriegspflegemilieu gelangt und dort ungestört bleibt, d. h. ohne im Dossier festgehaltene Extra-Bedrohung von seiten der Außenwelt, war beschützt; seine Sicherheit wurde mit (1) bewertet. Bei einem unvorhergesehenen Incident, z. B. einer plötzlichen Krankenhausaufnahme des Kindes oder einem aus Gründen der Prävention erforderlichen kurzen Aufenthalt in einem selektierten Versteck mit anschließender Rückkehr in das ursprüngliche Kriegspflegemilieu wurde die Sicherheit mit (2) gewertet.
Ein Kind, das nach seiner Trennung von der Mutter auf Umwegen, nach zwei bis drei improvisierten Verstecken, schließlich nach vier bis sechs Wochen seinen endgültigen Bestimmungsort erreicht und dort ungefährdet die folgenden zwei, drei Jahre aufwächst, erhielt ebenfalls den Wert (2).
Das Milieu, in dem die Sicherheit gewährleistet war, spielt in dieser Verschlüsselung keine Rolle. Es kann eine alleinstehende Frau, ein kinderloses Ehepaar, ein Kinderheim oder ein Kloster sein, ein Pflegemilieu in der Stadt oder auf dem Lande: ausschlaggebend ist allein das Maß der Sicherheit, wie wir es den Dossiers entnehmen.
Am schwierigsten war der Sicherheitswert derjenigen Kinder zu beurteilen, die nach einer längeren Periode offensichtlicher Gefährdung in körperlich und geistig schlechter Verfassung schließlich in ein Pflegemilieu gelangten, in dem sie sich noch einigermaßen erholten und zur Ruhe kamen. In derartigen Fällen haben wir den Mittelwert (3) als der ganzen Untertauchsituation entsprechend gewählt. Schwerwiegende, aktualisierte Bedrohungen, wie Überfälle, Haussuchungen, Verrat mit anschließendem Umherirren, sowie Situationen, in denen die Kinder von den Pflegeeltern auf die Straße oder in den Wald geschickt wurden und mehr oder weniger sich selbst überlassen blieben, gaben deutlich den extremen Grad der Unsicherheit (5) an. Dies gilt auch für Adoleszenten, die – in welcher Form auch – aktiv am Widerstand teilnahmen.
In einigen Fällen war die Bewertung der Sicherheit mit (4) mehr oder weniger eine Ermessensfrage. Hinweise in den Dossiers auf Umstände, in denen das betreffende Kind trotz der lebensbedrohenden Situation doch nicht allein stand und noch einen gewissen Schutz genoß, halfen uns bei der Orientierung. Wir denken hier an Fälle, in denen Kinder zusammen mit ihrer Pflegemutter oder einem Familienangehörigen sich in einem Graben im Felde oder irgendwo im Freien verstecken mußten, bis die Gefahr gewichen war.
Natürlich lassen sich Querverbindungen zwischen diesem Item und anderen („pädagogische Eignung", „Trauma-Index") herstellen. Die Gliederung in verschiedene isolierte Items entspricht der oben erwähnten Tendenz, die spezifische Situation der Kriegspflegeschaft in relevanten Bezügen zu erfassen.

Pädagogische Eignung

Ordinalskalierung von günstig (1) nach ungünstig (5)

Die Kriegspflegefamilie bzw. das Kriegspflegemilieu war als Institution aus der Not der Stunde entstanden. Im Grunde handelt es sich hier um eine Improvisation. Es ging in erster Instanz um die

Rettung und Sicherheit der Kinder, nicht um die pädagogische Eignung des Pflegemilieus. Dadurch erhält das Datum der pädagogischen Eignung eine besondere Bedeutung. Es gibt die pädagogische Einstellung des Pflegemilieus an. Auf diese Weise können wir die durch die Verfolgung bedingte, plötzliche, unvorhergesehene und zuweilen auch unkritische Kombination von Kind und Pflegemilieu unter den gegebenen traumatischen Umständen abschätzen.

Neben der persönlichen Eignung spielen auch gruppendynamische Aspekte eine Rolle. Das Datum bezieht sich im wesentlichen auf dasjenige Pflegemilieu, in dem sich das Kind am längsten und bis Kriegsende aufhielt.

Während wir uns bei den vorhergehenden Kategorien auf einigermaßen objektivierbare Daten stützen konnten, stellte uns der retrospektive Charakter unserer Untersuchung bei dem vorliegenden Item vor besondere Probleme. Es ist deutlich, daß wir uns hier auf Angaben und Rapporte aus der Nachkriegsperiode stützen, die retrospektiv die pädagogische Qualifikation der Kriegspflegeeltern in der zweiten traumatischen Sequenz mit allen Implikationen und Komplikationen einschätzen. Zugleich ist zu bedenken, daß es sich um eine Momentaufnahme des Zeitpunktes handelt, in dem die Rapportage über die letzte Kriegspflegefamilie verfaßt wurde. In unserer Skalierung haben wir versucht, diesen Aspekten Rechnung zu tragen.

In der Kombination von Kind und Pflegemilieu gibt es mehrere Spielarten, die bei der Abschätzung kritisch betrachtet werden müssen. So ist z. B. die Aufnahme eines 8 Monate alten Kindes nach zwei kurzen Zwischenverstecken in einem harmonischen mittleren Beamtenmilieu mit älteren eigenen Kindern, in dem der Entwicklungsphase des Kindes unter den gegebenen traumatischen Umständen der größtmögliche Spielraum gelassen wurde, und wo die gruppendynamische Spannung durch die offene, tolerante und loyale Haltung des Pflegemilieus – auch später nach der Vormundschaftszuweisung – keine pathogene Chance erhielt, einer der Idealfälle, die die Bewertung mit (1) erlaubten.

Die Pflegemilieus könnte man scheiden in solche, die das Kind ohne weiteres nach dem Kriege hergaben, und diejenigen, die die Vormundschaft beantragten; diese letzteren wiederum in diejenigen, die die Vormundschaft erhielten, und jene, die sie nicht bekamen. Dazu kommen noch die leichteren und schwereren sogenannten „Streitfälle“. Die aufgrund der Rapportage der Sozialarbeiter getroffenen Entscheidungen der Kommission O. P. K. und deren Empfehlungen an die Vormundschaftsgerichte enthalten in ihren Motivationen zum Teil deutliche Umschreibungen der pädagogischen Einstellung des betreffenden Kriegspflegemilieus.

Nicht immer konnten wir uns mit den dort gegebenen Interpretationen ohne weiteres einverstanden erklären; vor allem nicht in Fällen, in denen im Laufe der Zeit eine andere als die erwartete Entwicklung eingetreten war.

Auch die verschiedenen Formen der manifesten Defizienz des Pflegemilieus stellten uns vor Probleme: ein Kind bei einer unverheirateten älteren Frau; ein zu junges Kind bei einem älteren, kinderlosen Ehepaar; großes kulturelles Gefälle zwischen Kind und Pflegefamilie; religiöser Bekehrungseifer des Pflegemilieus. In all diesen Fällen haben wir versucht, uns anhand der Dossiernotizen eine eigenes Bild von der Qualität des damaligen affektiven Verhältnisses zwischen Kind und letztem Pflegemilieu zu machen.

Internate, Kinderheime und Klöster, die als Institution den Kriegspflegekindern genügend Sicherheit boten, bewerteten wir bezüglich ihrer pädagogischen Eignung mit (3).

Allgemein ließen wir uns davon leiten, inwieweit das pädagogische Klima des Kriegspflegemilieus den traumatischen Charakter des Verfolgungsgeschehens milderte oder verstärkte.

Die pädagogische Eignung eines kinderlosen Ehepaares, das die Vormundschaft für einen achtjährigen Jungen beantragte, um – wie sich erst bei tieferer Exploration erwies – seine schweren Ehekonflikte zu lösen, haben wir mit (5) bewertet. Kinderlose, z. T. jüngere Familien, in denen nach Aufnahme eines Pflegekindes eigene Kinder geboren wurden, haben wir je nachdem wie die auftretenden Spannungen gelöst wurden mit (2) aber auch mit (4) bewertet. Dabei boten uns diejenigen Fälle die größten Schwierigkeiten, in denen nach der Geburt eigener Kinder während des Krieges sich die Zuneigung des einen Partners in Abneigung gegen das Pflegekind verwandelte, während der andere Partner ihm die Treue hielt.

Die pädagogische Eignung von Milieus, d. h. von Familien mit eigenen Kindern, die aus einem Gefühl der Anteilnahme am Schicksal der jüdischen Kinder eines oder mehrere bei sich aufnahmen, in harten Zeiten Liebe und Leid mit Anstand und Würde mit ihnen teilten, wie mit ihren eigenen Kindern, und sich nach dem Kriege wieder von ihrem Pflegekind trennten, haben wir durchschnittlich mit (2) gewertet.

Dunkelziffer

Ordinalskalierung von günstig (1) nach ungünstig (5)

Dieses Datum wurde aus Dossiernotizen ermittelt.
Z. B.: ein Kind wird im Alter von drei Wochen von der Mutter getrennt; im Alter von vier Monaten kommt es unterernährt und kränklich bei seiner endgültigen Pflegefamilie an. Die dazwischenliegende Zeit liegt „im Dunkeln". Keine Information bedeutet, daß man nicht genau weiß, was mit dem Kind geschehen ist.
Für die jüngeren Altersgruppen wird dieses Fehlen in den Dossiers mit Qualifikationen wie „unterernährt", „kränklich", „in verwahrlostem Zustand" eventuell zusammen mit besonderer Betonung des anschließenden „gut aufgefangen" durch uns als ungünstige Periode interpretiert. Eine solche dunkle, ungünstige Periode wurde – dem Eindruck aus den Dossiernotizen entsprechend – mit den Werten (3) bis (5) verschlüsselt. Hierunter fällt auch die der Variablen „wahrscheinlich mehr" zugrundeliegende Information.
Für die älteren Kinder gilt, daß die Höhe des Skalenwertes „Dunkelziffer" mit der Zahl der Wechsel korrespondiert.
Ein Kind, von dem im Dossier verzeichnet ist, daß es aus präventiven Gründen kurze Zeit in einem selektierten Pflegemilieu (Verwandte oder Freunde seiner ursprünglichen Pflegefamilie, eingeweiht in das Geheimnis seiner Geschichte) untergebracht war und danach wieder zurückkehrte, erhielt den Skalenwert (2).

Trauma-Index

Ordinalskalierung von günstig (1) nach ungünstig (5)

Bei der Skalierung sind wir von konkreten Ereignissen des Verfolgungsgeschehens in der zweiten traumatischen Sequenz ausgegangen: Haussuchung, Krankenhausaufnahme, Flucht, Umherirren usw. Wir haben gewertet, in welchem Maße das Kind hierdurch in Mitleidenschaft gezogen wurde, d. h. in welchem Maße seine Traumatisierung verstärkt wurde. Der Index bezieht sich zudem auf die bereits definierten Variablen „Anzahl Wechsel", „pädagogische Eignung" usw. und wurde zusammen mit anderen Ereignissen dieser Items gewertet.
Die Schwere der Belastungssituation wird an die jeweilige Entwicklungsphase relatiert. So kann z. B. ein 4jähriges Kind die ganze Verfolgungszeit bei einem älteren, kinderlosen Ehepaar in einer Stadtwohnung, die es nie verlassen konnte, beträchtlich sicher versteckt gewesen sein und deshalb einen günstigen Sicherheitswert bekommen haben; doch erhält die Periode durch die Beschränkung der Bewegungsfreiheit, den Mangel an Kontakt mit Altersgenossen und durch Unterstimulierung der Entwicklung in traumatisierender Hinsicht eine spezifische Bedeutung. Eine solche Konstellation wurde je nach Lage der übrigen traumatisierenden Umstände mit (4) oder (5) gewertet. Die geschilderte Grundsituation kann auf vielerlei Weise in den verschiedenen Altersgruppen durchgespielt werden: für ein 13jähriges Kind in derselben räumlichen Situation, das in seinem Zimmer sitzt und gern und viel liest oder Gelegenheit hat, sich auf andere Weise zu beschäftigen, gilt ein günstigerer traumatischer Index.
Im allgemeinen kann man sagen, daß außer der räumlichen Situation (z. B. Kinder, die auf dem Lande untergetaucht waren und u. U. sogar die Schule besuchen konnten) das pädagogische Geschick der Kriegspflegeeltern, die Anwesenheit von eigenen Kindern und das Verhältnis der Familie zum Kriegspflegekind den Trauma-Index mildern oder – sofern noch möglich – verstärken konnten.

Altersgruppe

Personales Datum: Nominalskalierung.
Zugehörigkeit zu einer der sechs untersuchten Altersgruppen:

(1) 0–18 Monate
(2) 18 Monate bis 4 Jahre
(3) 4–6 Jahre
(4) 6–10 Jahre
(5) 10–13 Jahre
(6) 13–18 Jahre

Dieses Datum gilt als Kontrolle. Es dürfte bei der traumatischen Endsumme der verschiedenen Altersgruppen bei der Prüfung der Hypothese II keine Rolle spielen.

Die Operationalisierung betraf wie bereits erwähnt nur untergetauchte Kinder (N-157). Die Dossierangaben über die Konzentrationslagerkinder wurden in der iterativen Itemanalyse der zweiten traumatischen Sequenz nicht verarbeitet. Sie erhielten demnach auch kein Gesamtskore. Das Gesamtskore der zweiten traumatischen Sequenz gilt ausschließlich für die untergetauchten Kinder.
Bei den mittels Korrelationsverfahren berechneten Ergebnissen bei speziellen Variablen wurden die Konzentrationslagerkinder jedoch miterfaßt. Sie erhielten für die Variable „Sicherheit" uniform den Skalenwert (5). Ihr Trauma-Index wurde ebenfalls mit (4) oder (5) bewertet, in einigen Fällen auch mit (3), je nachdem inwieweit das betreffende Kind dem Dossier zufolge den Angstschutz der Mutter oder eines anderen Erwachsenen längere Zeit genossen hatte.

D.II.2. Instrumentalisierung. Iterative Itemanalyse

Aus der tabellarischen Darstellung der zweiten traumatischen Sequenz werden 8 Variablen selektiert; von ihnen wird angenommen, daß sie als Bestandteil des und als Indikatoren für den ad hoc definierten Begriff „massives kumulatives Trauma" zu betrachten sind.
Es erhebt sich nun die Frage, ob diese Annahme richtig ist. Inwiefern sind diese Variablen intern konsistent; d. h.: inwiefern besteht zwischen ihnen ein positiver innerer Zusammenhang, aus dessen Interpretation sich ersehen läßt, daß alle diesbezüglichen Variablen die Schwere der Traumatisierung in derselben Richtung messen.
Um diese Frage zu klären, wurde eine iterative Itemanalyse vorgenommen (Methode *Lawshe* und *Harris*, 1958; siehe auch *de Wilde*, 1960; Programm *G. C. v. d. Veer*, Vrije Universiteit Amsterdam, 1974). Diese Methode wird angewendet, wenn es annehmlich ist, daß eine allgemeine Dimension durch die Mehrzahl der Variablen gemessen wird. Ihr Ziel ist, den mit der Dimension hoch korrelierenden Items ein größeres Gewicht zu verleihen, während den Items mit einer niedrigen Korrelation ein niedrigeres Gewicht zugemessen wird. Wir erhielten das in Tabelle 20 wiedergegebene Resultat.
Aus der Itemrestkorrelation ersehen wir, daß das Item „Sicherheit" den höchsten Beitrag liefert, in weitem Abstand gefolgt durch die Items „Dunkelziffer", „pädagogische Eignung", „Anzahl Wechsel" und „Trauma-Index".
Ferner geht es uns um die Homogenität des vorliegenden Materials von 7 Variablen, die nach unserer Annahme die Schwere der Traumatisierung messen. Aufgrund des Alpha-Koeffizienten (*Cronbach*, 1951) von .75 und des korrigierten split half von .81 ergibt sich, daß zwischen den Variablen ein innerer Zusammenhang besteht und daß diese 7 Items Bestandteile ein und desselben Begriffes sind. Wie bereits erwähnt beruht dieser Begriff mehr auf den oben erwähnten Indikatoren und weniger auf den Items „sozialer Status" und „Widerstand".
Bei Anwendung der Methode von *Lawshe* und *Harris* schließt man die Interaktionseffekte zwischen den Items aus und addiert die Haupteffekte. Die Methode selbst ist

Tabelle 20: **Ergebnis der iterativen Itemanalyse (zweite traumatische Sequenz) N – 157**

	Gewicht					
	1	2	3	4	5	6
soz. Status	1.000	1.000	0.000	0.000	1.000	2.000
Widerstand	0.000	2.000	1.000	0.000		
Anzahl Wechsel	0.000	1.000	2.000	3.000	4.000	
wahrscheinlich mehr	0.000	0.000				
Sicherheit	0.000	1.000	2.000	4.000	5.000	
pädagog. Eignung	0.000	1.000	3.000	5.000	5.000	
Dunkelziffer	0.000	1.000	2.000	4.000	5.000	
Trauma	0.000	0.000	3.000	3.000	4.000	

Itemrestkorrelation:	soz. Status	.177
	Widerstand	.168
	Anzahl Wechsel	.607
	wahrscheinlich mehr	
	Sicherheit	.799
	pädagog. Eignung	.616
	Dunkelziffer	.651
	Trauma	.522
Alpha-Koeffizient	.774	
split-half Zuverlässigkeit	.677	
korrigiert für Testlänge	.808	

unlösbar mit dem additiven Verfahren verbunden. Aufgrund des Zuverlässigkeitskoeffizienten können wir, um unter den gegebenen Umständen ein einigermaßen zuverlässiges Meßinstrument zu erhalten, die betreffenden Items, die einen inneren Zusammenhang aufweisen, addieren. Dieses additive Skore differenziert in unserem Fall das traumatische Geschehen gewiß nicht optimal. Doch bietet sich uns keine andere Möglichkeit. Wir nehmen bei der Wahl des linearen Modells in Kauf, daß wir dabei eher schwächere Meßwerte erhalten. Aber wir sind auf diese Weise sicher, daß unsere Meßwerte zu verantworten sind und daß wir nicht zu artifiziellen Schlußfolgerungen gelangen.

Von der Wechselwirkung der verschiedenen Items untereinander, d. h. von einem Interaktionsmodell konnten wir nicht ausgehen, da uns dieses im vorliegenden Fall unbekannt ist. Indem wir die Summe der traumatisierenden Ereignisse, d. h. der externen Faktoren, errechnen, nehmen wir an, daß wir damit zugleich die traumatischen Erlebnisse des jeweiligen Kindes sichten.

Wir stehen jetzt vor dem Problem, daß wir zwar über ein homogenes Maß für die externen Faktoren verfügen, jedoch nicht wissen, inwiefern es auch ein Maß für die traumatischen Erlebnisse ist. Einen Zusammenhang zwischen externen Faktoren und traumatischen Erlebnissen aufzuspüren, wäre nur möglich gewesen, wenn man die Kinder z. B. bereits während der Verfolgung untersucht hätte. Da dies jedoch nicht der Fall war, sind wir gezwungen, den Zusammenhang und damit die Validität unseres Meßinstrumentes vermittels *face value* zu erfassen.

Hieraus folgt, daß unsere Beschreibung der externen Faktoren nicht anders interpretiert werden kann, als daß sie nur eine Wiedergabe des Begriffes „massive kumulative Traumatisierung" ist, wie wir ihn oben formuliert haben. Nach unserem Dafürhalten haben wir unter den gegebenen Umständen ein zuverlässiges Meßinstrument erhalten. Auf die Frage der Validität soll später ausführlicher eingegangen werden.

Bezüglich des voraussagenden Charakters des Gesamtskore der zweiten traumatischen Sequenz nehmen wir an, daß zwischen den traumatisierenden, externen Faktoren und dem Grad der Traumatisierung ein exponentieller Zusammenhang besteht; d. h.: jemand, der bereits traumatisiert ist, hat nur noch wenig nötig, eventuell nur noch den einen „traumatischen Tropfen“, um schwer traumatisiert zu sein. Während wir also bei den externen Faktoren einen additiven Zusammenhang angenommen haben, so daß der Schweregrad der Traumatisierung durch ein Gesamtskore wiedergegeben werden kann, bedeutet ein eventuell hoher Gesamtwert möglicherweise eine Unterschätzung der stattgefundenen Traumatisierung. Deren Schweregrad kann nicht völlig durch ein Additionsverfahren gemessen werden.
Da wir hauptsächlich am Zusammenhang zwischen massiver kumulativer Traumatisierung und den Befunden der Nachuntersuchung interessiert sind, können wir uns bei der weiteren statistischen Bearbeitung des Materials mit einer non-parametrischen Korrelation zufrieden geben. Wir wissen, daß ein solcher Korrelationskoeffizient durch eine monotone Transformierung nicht angetastet wird, d. h., daß das Additionsverfahren keinen Einfluß auf die Höhe der Korrelation hat.
Eine andere Schlußfolgerung betrifft die Variable „sozialer Status“. Wenngleich Kinder aus höherem sozialen Status in unserem Material verhältnismäßig stärker vertreten sind als es ihrem Anteil an der Gesamtbevölkerung entspricht, so hatten sie es darum in der zweiten Sequenz doch nicht leichter. Tabelle 20 zeigt deutlich, daß der Unterschied im sozialen Status keinen Einfluß auf den Verlauf und den Ernst des Traumatisierungsgeschehens hat.
Die I. Hypothese bezieht sich auf die Überprüfung der altersspezifischen Traumatisierung. Sie ist demnach abhängig vom Alter des Kindes. Die II. Hypothese ist abhängig von der Modalität des traumatischen Ereignisses. Die Modalität darf demnach im vorliegenden Kontext nicht abhängig sein vom Alter des Kindes, d. h., daß bei der Skalenkonstruktion die Alterskategorien keinen Einfluß haben dürften.
Wir erinnern daran, daß bereits bei der ersten Skalierung der operationalisierten Items mit der Möglichkeit eines instrumentalen Fehlers gerechnet wurde. Deshalb haben wir die Skalierung noch einmal wiederholt. Hierbei erwies sich tatsächlich, daß mit dem Fortschreiten des Skalierungsvorganges ungünstiger skaliert worden war, d. h.: die jüngeren Altersgruppen schnitten günstiger ab. Diesen Fehler haben wir ausgemerzt. Im zweiten Durchgang wurden die beiden jüngsten Altersgruppen schärfer erfaßt, die externen Faktoren wurden sorgfältiger hinsichtlich des Ernstes ihrer verschiedenen traumatischen Qualitäten gewertet. Der Krankenhausaufnahme eines jungen Kindes z. B. und anderen „Dunkelziffer“-Momenten haben wir einen größeren Einfluß beizumessen, als bei einem älteren Kind. Dabei gingen wir davon aus, daß die jüngeren Kinder von den äußeren Faktoren viel abhängiger waren. Wenn bei den jüngsten Altersgruppen für einen bestimmten externen Faktor der Skalenwert 4 gegeben wurde, so bedeutete dies noch nicht, daß derselbe externe Faktor bei einer höheren Altersgruppe ohne weiteres auch den gleichen Skalenwert 4 erhielt. Wir haben bei der Einschätzung des jeweiligen externen Faktors auch mit einem gewissen Inkassierungsvermögen der älteren Kinder gerechnet, mit ihrem Vermögen, sich auch in ungünstigeren Lebenslagen selbständiger anzupassen.
Während bei den jüngsten Altersgruppen das Moment der *early deprivation* im Vordergrund unserer Beurteilung stand, haben wir hingegen bei den älteren Gruppen das Moment der sozial-kommunikativen Deprivation (vgl. oben C.IV.1a über die gestörte Entwicklung der sozial-kommunikativen Beziehungen) stärker mitsprechen lassen, obwohl in der einschlägigen Literatur hierüber weniger bekannt ist. Zum Schluß verstärkte sich der Eindruck, daß die jüngeren Kinder schärfer erfaßt und empfindli-

cher bewertet wurden, als die älteren. Die verschiedenen externen Faktoren wurden analog den jeweils definierten *basic needs* gewogen.
Um einen möglichen Fehler hinsichtlich des Anteils der Altersgruppen beim Traumatisierungsgeschehen auszuschließen, haben wir die Korrelation zwischen der Variablen „Altersgruppe“ und dem Gesamtskore für die zweite traumatische Sequenz errechnet. Wir fanden einen Korrelationskoeffizienten von .35. In Anbetracht der Höhe dieser Korrelation sind wir interessiert am Zusammenhang zwischen einerseits den Variablen der zweiten traumatischen Sequenz und andererseits den Alterskategorien. Zu diesem Zweck haben wir die iterative Itemanalyse unter Hinzufügung der Variablen „Altersgruppe“ wiederholt (9 Variablen; Tab. 21).

Tabelle 21: **Ergebnis der iterativen Itemanalyse II (zweite traumatische Sequenz)**

	Gewicht					
	1	2	3	4	5	6
soz. Status	1.000	1.000	0.000	0.000	1.000	2.000
Widerstand	0.000	2.000	1.000	0.000		
Anzahl Wechsel	0.000	1.000	2.000	3.000	4.000	
wahrscheinlich mehr	0.000	0.000				
Sicherheit	0.000	1.000	2.000	4.000	5.000	
pädagog. Eignung	0.000	1.000	3.000	5.000	5.000	
Dunkelziffer	0.000	1.000	2.000	4.000	5.000	
Trauma	0.000	0.000	3.000	3.000	4.000	
Altersgruppe	0.000	0.000	1.000	2.000	2.000	3.000

Itemrestkorrelation:	soz. Status	.184
	Widerstand	.209
	Anzahl Wechsel wahrscheinlich mehr	.653
	Sicherheit	.792
	pädagog. Eignung	.612
	Dunkelziffer	.613
	Trauma	.502
	Altersgruppe	.422

Alpha-Koeffizient	.787
split-half-Zuverlässigkeit	.677
Korrigiert für Testlänge	.808

Bei einer kritischen Betrachtung der in Tabelle 21 vorliegenden Ergebnisse erweist sich zu unserem Erstaunen, daß die Variable „Altersgruppe“ doch eine Rolle spielt, obwohl wir das Gegenteil erwartet hatten. Die aufgrund der iterativen Itemanalyse zugemessenen Gewichte laufen von 0.000 bis 3.000. Dies bedeutet, daß das mittlere Gesamtskore der Variablen für die verschiedenen Altersgruppen differiert, und zwar in durch die Gewichte angegebenem Maß. Unsere Interpretation lautet, daß die beiden jüngsten Altersgruppen wahrscheinlich in der zweiten traumatischen Sequenz relativ günstigere Bedingungen hatten (Gewicht 0.000). Die älteren Altersgruppen (von der dritten an) haben wahrscheinlich unter relativ ungünstigeren Bedingungen gelebt (die Gewichte steigen von 1.000 bis 3.000). Hieraus kann man schließen, daß mit dem Steigen der Altersgruppen die Traumatisierung zunimmt. Im übrigen besteht kein nennenswerter Unterschied zu den Ergebnissen der vorigen iterativen Itemanalyse.

Dieses Ergebnis zwingt uns zu einer kritischen Besinnung. Bei der Skalenwertung haben wir das Alter des Kindes in der Verschlüsselung der verschiedenen Items verdiskontiert. Ein junges Kind konnte gemäß seines Alters traumatisiert werden auf eine Weise, die sich aufgrund der definierten *basic needs* wenig von den Ansatzpunkten der Traumatisierung eines älteren Kindes unterscheidet. Dementsprechend haben wir erwartet, daß die Altersgruppe bei der Bearbeitung des Materials keine wesentliche Rolle spielen würde. Das Gegenteil ist jedoch eingetreten. Die Unterschiede der Altersgruppen hätten in der Itemanalyse eigentlich nicht zum Ausdruck kommen dürfen, sie hätten nivelliert sein müssen. Eine eventuelle Verzeichnung („bias“) wurde eher für die jüngeren Gruppen erwartet, und zwar in dem Sinne, daß wir ihre Traumatisierung schwerer beurteilt haben. Der korrigierende zweite Durchgang bei der Skalierung unterstützt diese Vermutung. Dennoch haben die höheren Altersgruppen ein ungünstigeres Skore für die zweite traumatische Sequenz erhalten. Eventuell könnte man hinzufügen, daß in den gefundenen Gewichten die jeweiligen Altersgruppen eher unter- als überbewertet wurden.
Diese nachträgliche Interpretation verdeutlicht die erhaltenen Resultate. Sie werden auch durch die klinische Erfahrung bestätigt und durch die Ergebnisse der demographischen Untersuchung unseres Materials ins rechte Licht gerückt.
Die Überlebenschancen der jüngsten Altersgruppen erweisen sich als relativ größer. Die Aufnahme eines Kleinkindes in einem Pflegemilieu war leichter zu bewerkstelligen; der emotionelle Appell, den es an seine Umgebung richtet, findet einen größeren Widerhall.
Diese ebengennanten Umstände wurden jedoch bei der Skalenwertung nicht berücksichtigt. Die externen Faktoren enthalten diese Modalitäten nicht. Deshalb sind wir der Meinung, daß unsere Resultate der Realität entsprechen. In unserer abschließenden Besprechung der *Konvergenz der Ergebnisse des klinischen und des statistischen Teils* (E) werden wir hierauf zurückkommen.
Auf dem Hintergrund der oben diskutierten Frage, auf welche Weise die Variable „Altersgruppe“ in unserer Beurteilung eine Rolle gespielt hat, fällt in der Korrelationsmatrix (Tab. 22) die hohe Korrelation zwischen „Altersgruppe“ und „Anzahl Wechsel“ auf. „Anzahl Wechsel“ ist ein Dossier-Datum und als solches völlig unabhängig von unserer Beurteilung. Die hohe Korrelation zwischen diesen beiden Variablen ist ein evidenter Hinweis dafür, daß auch das Alter des Kindes mit dem Traumaskore, wie wir es gewertet haben, zusammenhängt. Die negative Korrelation der Variable „wahrscheinlich mehr“ von –.35 besagt, daß die Unsicherheit über die Anzahl der Wechsel hauptsächlich die jüngeren Altersgruppen betrifft, und daß für die höheren Altersgruppen ihre Anzahl viel genauer in den Dossiers angegeben ist.
Die hohe Korrelation der Variablen „Sicherheit“ und „Dunkelziffer“ erhellt, daß es weniger wahrscheinlich ist, daß ein günstiges Skore für „Sicherheit“ mit einem ungünstigen für „Dunkelziffer“, „Anzahl Wechsel“ und „pädagogische Eignung“ einhergeht. Aus der Korrelationsmatrix wird deutlich, daß „Sicherheit“ diejenige Variable ist, die mit den meisten Variablen hoch korreliert. Dies ist in Übereinstimmung mit den Ergebnissen der iterativen Itemanalyse, in der „Sicherheit“ auch die höchste Korrelation zeigt.
Man könnte eventuell gegen diese hohen Korrelationen einwenden, daß es bei der Beurteilung einer Variablen jedesmal um die gleiche Situation geht, in der sich ein Kind befindet, auch wenn diese Beurteilung aus verschiedenen Einfallswinkeln vorgenommen wird. Den verschiedenen Einfallswinkeln aber entsprechen nicht-identische Begriffe, vermittels deren der jeweilige Aspekt der betreffenden Situation definiert wird.

Tabelle 22: **Matrix der Spearman-Korrelationen der 9 Items der zweiten traumatischen Sequenz (N = 157)**

	sozialer Status	Widerstand	Anzahl Wechsel	wahrscheinl. mehr	Sicherheit	pädagog. Eignung	Dunkelziffer	Trauma-Index	Altersgruppe
sozialer Status									
Widerstand	–.10								
Anzahl Wechsel	.06	–.04							
wahrsch. mehr	–.09	–.09	–.11*						
Sicherheit	.11	.12*	.65**	.05					
pädagog. Eignung	.07	.16*	.44**	.01	.66**				
Dunkel-ziffer	.10	–.02	.51**	.07	.73**	.54**			
Trauma-Index	.12*	.13*	.23**	.02	.50**	.37**	.56**		
Alters-gruppe	.21**	.24**	.46**	–.35**	.44**	.36**	.27**	.21*	

Signifikanz-Niveau

* $p < 0,05$
** $p < 0,01$

Einerseits kann die betreffende Grundsituation, als deren Merkmal wir „Sicherheit“ definiert haben, bei den verschiedenen Kindern in zahlreichen, einzigartigen Abwandlungen auftreten. Bei der Operationalisierung haben wir dies an zwei extremen Beispielen demonstriert: das eine Kind wird bei plötzlich auftretender Gefahr auf die Straße geschickt und sich selbst überlassen; das andere Kind wird begleitet. Diese Beispiele lassen sich beliebig vermehren: z. B. Kinder, die mit ihren Pflegeeltern wegen deren Aktivitäten im Widerstand untertauchen mußten und schließlich von ihnen getrennt wurden; oder ein Kind, das tagelang in einer Heumiete versteckt wurde.
Andererseits ist dieselbe Grundsituation ein Geschehen, das durch ein Merkmal wie „Sicherheit“ nicht eindeutig erfaßbar ist. Die Ordinalskalierung der Variablen „Sicherheit“ geschieht im Hinblick auf die Frage nach dem Traumatisierungsgeschehen, und eine Beantwortung dieser Frage impliziert eine Analyse der bestehenden Grundsituation in ihren Teilaspekten. Hierbei erweist sich ein Zusammenhang zwischen verschiedenen Teilaspekten, der zuerst in den von uns vorgenommenen Skalierungen zum Ausdruck kam. Nehmen wir das Beispiel der beiden erwähnten Kinder in der gleichen Gefahrensituation. Das erste, sich selbst überlassene Kind erhielt bei der Skalenwertung der Variablen „Trauma“ den Wert (5), während das andere, begleitete Kind in der identischen Situation den Wert (3) erhielt. Die pädagogischen

Möglichkeiten der Kriegspflegeeltern des zweiten Kindes, die in diesem Fall günstig skaliert wurden, milderten die traumatische Situation des Kindes und damit auch das Skore für die Variable „Trauma“, während dies bei dem zuerst erwähnten Kind nicht der Fall war. Hierbei muß außer acht gelassen werden, ob es die pädagogische Eignung der Pflegeeltern an sich oder aber die überwältigende Gefahrensituation war, die ihnen – im erstgenannten Fall – keine andere Möglichkeit ließ.

D.III. BEARBEITUNG DER DRITTEN TRAUMATISCHEN SEQUENZ

D.III.1. Operationelle Definition

Die dritte traumatische Sequenz hat nicht mehr den lebensbedrohenden Aspekt, den wir als Grundphänomen für die zweite Sequenz definiert haben. Wie bereits in unseren Ausführungen über *Die extreme Belastungssituation* (s. o. B.III) dargestellt, tritt im sequentiellen Ablauf der massiv-kumulativen Traumatisierung für die Kinder unseres Materials nach dem Kriege ein neues Element in Erscheinung: die Folgen der Verfolgung. Hierher gehören Kriegswaisenschaft und Vormundschaftszuweisung ebenso wie die Maßnahmen zur sozialen Rehabilitation. Der Gesichtspunkt, unter dem wir die Begriffe der dritten traumatischen Sequenz ordnen und beschreiben wollen, ist die eingangs aufgeworfene Frage: Was haben wir für diese Kinder getan? Dazu zählen alle Situationen, in denen Vormundschaft gesetzlich geregelt, Möglichkeiten zur Verarbeitung erlittener Traumata geschaffen und Ausbildungseinbußen aufgearbeitet wurden. Diese rein schematische Aufzählung situationeller Gegebenheiten kann nur im Zusammenhang mit den vorangegangenen traumatischen Perioden verstanden werden. Darum haben alle diejenigen Situationen, in denen die oben erwähnten Maßnahmen zur sozialen Rehabilitation versagten, einen erneuten traumatisierenden Charakter.
Bei der Operationalisierung der dritten traumatischen Sequenz erhielten wir folgende Items:

Vormundschaftszuweisung

Dichotomer Wert
(1) jüdisch
(2) nicht-jüdisch

(1) Privatperson
(2) Rechtsperson

Bezieht sich auf die Instanz, die nach dem Kriege die Vormundschaft zugesprochen erhielt.

Vormundschaftswechsel

Dichotomer Wert
(1) kein Wechsel
(2) Wechsel

Ein Wechsel der Vormundschaft kann ein Symptom bestehender Spannungen Kind/Pflegemilieu (zumeist Pflegefamilie) sein. Dies war aber z. B. nicht der Fall bei Kindern, deren Vormundschaft die Kommission O. P. K. ausübte. Bei Aufhebung der Kommission wurden diese Vormundschaften anderen Instanzen – in einigen Fällen *Le Esrath Hajeled* – übertragen.

Spannungen spielten z. B. in jenen Fällen eine Rolle, in denen Kriegspflegeeltern nach einigen Jahren die ihnen verliehene Vormundschaft zurückgaben. Dasselbe gilt für jüdische Privatpersonen, die die Vormundschaft an eine Rechtsperson zurückgaben.

Streitfall

Dichotomer Wert
(1) nein
(2) ja

Gibt an, ob um das Kind bezüglich der zu verleihenden Vormundschaft bis in die Berufungsinstanz gestritten wurde; zugleich die Spannung, in der das Kind nach dem Kriege lebte. Diese braucht nicht immer in einem ungünstigen Sinne interpretiert zu werden. „Streitfall" kann auch bedeuten, daß es Menschen gab, die sich um das Kind gekümmert und für es eingesetzt haben. Diese Variable ist u. a. wichtig für die Bedeutung der gruppen-dynamischen Prozesse und die Interpretation der folgenden Items.

Rückkehr ins jüdische Milieu

Personales Datum; Alter des Kindes bei seiner Rückkehr ins jüdische Milieu nach dem Kriege.

Geht zuweilen einher mit „Vormundschaftswechsel" und wird miterfaßt bei der Variable „Wechselskore". Kann wichtig sein bei der Erfassung der Identitäts- und Loyalitätsproblematik.

Anzahl der Wechsel

Ordinalskalierung
(1) 0 und 1 Wechsel
(2) 2 Wechsel
(3) 3 und 4 Wechsel
(4) 5 und 6 Wechsel
(5) 7 bis 20 Wechsel

Zahl der Wechsel des Erziehungsmilieus nach dem Kriege, z. B. von der Kriegspflegefamilie in ein Heim, von einem Heim in ein anderes; oder von der Kriegspflegefamilie in eine jüdische Nachkriegspflegefamilie, von dort in ein Heim. Über die verschiedenen Variationen gibt die *Tabellarische Übersicht* (F) Auskunft. Die Anzahl der Wechsel beleuchtet den unsteten Charakter der Nachkriegsperiode.

Wechselskore

Ordinalskalierung von günstig (1) nach ungünstig (5)

Die Interpretation ist nicht nur von der Zahl der Wechsel abhängig, sondern auch von deren inhaltlicher Bedeutung. Es soll die Schwere der Belastungssituation nach dem Kriege in ihrer Gesamtheit angegeben werden.
Wenn ein Kind auch nach dem Kriege bei seinen Kriegspflegeeltern blieb, dort gut aufgefangen wurde und sich verhältnismäßig ungestört entwickeln konnte, erhielt es einen günstigen Wert für „Wechselskore", auch wenn hier überhaupt kein Wechsel des Pflegemilieus vorlag.
Konzentrationslagerkinder, die nach dem Kriege direkt bei Verwandten oder in einem Heim aufgenommen wurden, dort ebenfalls lange blieben oder aber nach Beendigung einer bestimmten Ausbildungsphase organisch in ein anderes Pflegemilieu überwechselten, erhielten ebenfalls einen günstigen Skalenwert (2).

Konzentrationslagerkinder, die nach dem Kriege erst verschiedene Krankenhäuser oder Sanatorien durchliefen, ehe sie in ein Pflegemilieu aufgenommen wurden, erhielten, je nachdem, wie sich ihr weiterer Aufenthalt dort gestaltete, einen Skalenwert von (3) bis (5).
Kinder mit Verhaltensstörungen und drei- bis fünffachem Wechsel des Pflegemilieus erhielten – insofern dieser Wechsel im Rahmen einer psychotherapeutischen Strategie durchgeführt wurde – meistens den Wert (3).
Kinder mit psychopathischen Verhaltensmustern, bei denen der frequentere Wechsel des Pflegemilieus eher von der Ohnmacht der bisher getroffenen Maßnahmen zur sozialen Rehabilitation zeugte, wurden mit (4) oder (5) gewertet.
Dazwischen liegen eine Anzahl Situationen, die nach ihren jeweiligen besonderen Merkmalen beurteilt wurden: ein Kind, das nach dem Kriege von überlebenden Verwandten abrupt aus seinem Kriegspflegemilieu geholt und in ein Heim oder ein privates Pflegemilieu gebracht wurde, erhielt in der Regel den Skalenwert (5). Ob das Kind anschließend sozial-psychiatrisch aufgefangen wurde oder nicht, änderte an diesem Wert nichts. Gewertet wurde nur die abrupte Weise des Wechsels und seine Bedeutung für das Traumatisierungsgeschehen für das jeweilige Kind. Auch Kinder, die gerne bei ihren Kriegspflegeeltern geblieben wären, jedoch – aus welchen Gründen auch immer – schließlich das Pflegemilieu wechseln mußten, erhielten einen der traumatischen Bedeutung dieses Wechsels angemessenen Wert: (3) bis (5). Oft stellte sich erst bei der Nachuntersuchung heraus, daß das betreffende Kind in seinem Nachkriegspflegemilieu trotz nur einmaligem Wechsel schlecht aufgefangen wurde – im Gegensatz etwa zu seinem guten Kriegspflegemilieu. Meist handelte es sich hier um Fälle, in denen Privatpersonen die Vormundschaft erhalten hatten, und kein Kontakt mit einer sozial-psychiatrischen Instanz bestand.
Das gleiche konnte natürlich bei Kindern der Fall sein, die in ihrem Kriegspflegemilieu blieben und es erst zu Beginn der Adoleszenz verließen. Hier mußte sorgfältig differenziert werden zwischen Milieus, die ihre Schwierigkeiten mit dem Pflegekind lange Zeit geheim hielten und dadurch die Spannung vergrößerten, und Kriegspflegefamilien, die in den ersten Jahren nach dem Kriege ihr Pflegekind gut aufgefangen hatten, aber der plötzlich aufbrechenden traumatischen Problematik nicht mehr gewachsen waren. Der Wert der hier für „Wechselskore" gegeben wurde, hing auch von den als günstig oder ungünstig zu beurteilenden Modalitäten der Rückkehr des Kindes ins kongeniale Milieu ab.

Antwort Pflegemilieu

Ordinalskalierung von günstig (1) nach ungünstig (5)

Wie bereits auseinandergesetzt mußte die Eignung und Befähigung des Nachkriegspflegemilieus, die Probleme des Waisenkindes auf adäquate Weise aufgefangen und zu bearbeiten, sorgfältig geschätzt werden. In unseren theoretischen Ausführungen zur dritten traumatischen Sequenz (s. o. B.IV.4) wurde die Antwort des Pflegemilieus bereits als ein wichtiger Indikator im totalen Geschehen der sozialen Rehabilitation angewiesen.
Bei Kindern, die mehrere Milieus durchliefen, wurden die günstigen gegen die ungünstigen abgewogen und der mittlere Wert skaliert.
Oft konnte aus der Art, wie ein Pflegemilieu Hilfe für ein Kind suchte, seine „Antwort" beurteilt werden, so z. B., wenn eine jüdische Nachkriegspflegefamilie mit der jüdischen Waisenorganisation nur bezüglich der Zuweisung von Schuhen und Kleidungsstücken für ihr Pflegekind Kontakt aufnahm, sich jedoch jeder weiteren Exploration widersetzte, bis die konfliktreiche Situation plötzlich manifest wurde und man dann – viel zu spät – um Hilfe einkam.

Adäquate Hilfe

Ordinalskalierung von günstig (1) nach ungünstig (5)

Um die gebotene oder unterlassene Hilfeleistung in den jeweiligen Nachkriegsmilieus noch besser in den Griff zu bekommen, wurde die Adäquatheit der sozialen Rehabilitationsmaßnahmen

gesondert gewertet. Hierbei ergaben sich neue Problemstellungen, die unabhängig waren von der Eignung und Befähigung des jeweiligen Pflegemilieus. Die Adäquatheit und Intensität der Maßnahmen hing in großem Maße von der Anwesenheit und Erreichbarkeit der Einrichtungen (speziale Schulen, ausgebildete Kräfte, Erziehungsberatungsstellen, Kliniken usw.) ab, die die verfolgungsbedingten Schäden aufspüren und geeignete Maßnahmen ergreifen konnten. Kinder, die in oder nahe den größeren städtischen Zentren wohnten, hatten hier einen Vorsprung gegenüber Kindern in abgelegeneren Gebieten.
Bei der Beurteilung dieser Variablen ging es um folgende Grundfragen:
a) War Hilfe nötig?
b) Wurde sie in der Form geboten, in der sie benötigt wurde?
Hierfür wurde eine Art Diskrepanzskore ausgearbeitet, um das Material grob zu sichten. Wir stellen folgende Skalenwerte auf:
(1) Das Kind befand sich in einer Pflegefamilie und erhielt die Hilfe nötigenfalls in vollem Umfang.
(2/3) Das Kind lebte in einem Heim und erhielt interne Begleitung.
(5) Das Kind befand sich in einem ungünstigen Milieu, in schlechter Verfassung, und erhielt keine Hilfe.
Inwiefern der jeweilige Vormund von den Möglichkeiten Gebrauch machte oder nicht wurde bereits in den Variablen „Antwort Pflegemilieu" verdiskontiert.
Die jüdische Waisenorganisation versuchte in erster Linie die ihrer Obhut anvertrauten Kinder sozial-psychiatrisch zu erfassen. Ihre Bemühungen waren mehr auf die große Zahl der Kinder in den Heimen und die Begleitung des pädagogischen Stabes gerichtet, auch wohl auf die Beratung konsultierender Pflegefamilien, und nur in beschränktem Umfang auf individuelle Psychotherapie der einzelnen Kinder.

Art der Hilfe

Nominalskalierung
(0) Keine Hilfe
(1) Sozialarbeiter
(2) Psychotherapie
(3) Sozialarbeiter und Psychotherapie

Um die geleistete Hilfe noch näher zu differenzieren, wurden die nebenstehenden Codierungen vorgenommen.
ad (1): Dies war die einzige Person, die dem Kind bei der Besprechung und Lösung seiner Probleme zur Seite stand.
ad (2): Dies bedeutet, daß bei dem betreffenden Kind Psychotherapie indiziert war, und daß das Kind sie auch erhielt. Hierbei wird unter Psychotherapie jede durch einen ausgebildeten Psychotherapeuten verbal gebotene Form von Psychotherapie verstanden. Die Undifferenziertheit des hier angewandten Begriffes ergibt sich aus den damals zur Verfügung stehenden Techniken und Indikationskriterien.
ad (3): Diese Kombination ergab sich in Fällen schwerer Verhaltens- und Lernstörungen bei Kindern sowohl in Heimen wie auch in Pflegefamilien. In diesen Fällen erscheint es wohl möglich, von einer hohen Intensität und Adäquatheit der Rehabilitationsmaßnahmen zu sprechen. Sie erhielten in der vorangehenden Wertung (1) oder (2).

Kooperation

Ordinalskalierung von günstig (1) nach ungünstig (5)

Diese Variable betrifft nur Kinder, denen Hilfe angeboten wurde.
Um das Maß der sozialen Rehabilitation noch differenzierter bestimmen zu können, haben wir versucht abzuschätzen, inwieweit das Kind imstande war, von der gebotenen Hilfe Gebrauch zu machen und mitzuarbeiten. Dabei haben wir nur die formalen Momente berücksichtigt, d. h.: unter

Mitarbeit wurde nur gewertet, ob das betreffende Kind seine Verabredungen mit dem Sozialarbeiter oder Therapeuten einhielt, oder ob es sie sporadisch oder regelmäßig versäumte.
Je nach der Schwere des betreffenden Falles wurden die sozial-psychiatrischen Kontakte mittlerer Intensität mit den Kindern in den jüdischen Heimen mit (2) oder (3) bewertet (ein Kontakt in zwei bis drei Wochen). Bei den intensiveren Kontakten, die oft jahrelang durchgeführt wurden (ein- bis zweimal wöchentlich), wurde die Kooperationsfähigkeit des Kindes mit (1) oder (2) gewertet, abhängig von der Schwere des Falles und dem Appell zur Mitarbeit an das Kind.
Ein Kind mit deutlichen Verhaltens- oder Lernstörungen, das die ihm angebotene Hilfe rundweg abwies – oft mit dem Argument, daß es keine Hilfe benötige – wurde mit (4) oder (5) skaliert.
Auch nach einiger Zeit abgebrochene Kontakte wurden gewertet, wobei die Form und Dauer des Kontaktes beurteilt und miteinbezogen wurde, inwiefern hier die Grenzen des betreffenden Pädagogen, Sozialarbeiters oder Therapeuten die Haltung des Kindes mitbestimmten. Oft wurden abgebrochene Kontakte nach einiger Zeit in der alten, oft auch in neuer Form wiederaufgenommen, und zuweilen erwies sich ein Intervall als eine nützliche Atempause, sowohl für das Kind als auch für den Erwachsenen.

Ausbildung

Ordinalskalierung von günstig (1) nach ungünstig (5)
(1) adäquate Ausbildung ohne Unterbrechung
(2) auf adäquatem Niveau, Ausbildungszeit verlängert
(3) Ausbildung unter dem Niveau des Kindes
(4) arbeitet ungeschult
(5) bricht alles ab (Ausbildung und Arbeit), gescheitert

Diese Variable schließt inhaltlich in gewisser Hinsicht an die vorige an und bildet den Abschluß der dritten traumatischen Sequenz bezüglich der eingangs gestellten Frage: Was haben wir für sie getan? Zugleich introduziert sie in beschränktem Maße den gesamten Fragenkomplex der Nachuntersuchung.
Unabhängig vom Intelligenzniveau soll hier in groben Umrissen der Frage nachgegangen werden, ob ein Kind seine Ausbildung überhaupt, in welcher Zeitspanne und gemäß seiner Anlage beendet hat. In der Tabelle der psycho-sozialen Defizienz (nach *Weijel*) spielt dieses Item eine wichtige Rolle. Wir können es als eine unabhängige „harte" Konstatierung betrachten.

D.III.2 Instrumentalisierung. Iterative Itemanalyse

Für die dritte traumatische Sequenz wurden 9 Variablen aus der *Tabellarischen Übersicht* (F) selektiert, von denen angenommen wurde, daß sie ebenfalls als Indikatoren für den Begriff „massives kumulatives Trauma", wie wir ihn definiert haben, anzusehen sind. Auch hier wurde – um das Maß des inneren Zusammenhanges der Variablen zu klären – eine iterative Itemanalyse verrichtet. Dabei erwies sich, daß 3 Variablen ausfielen: „Vormundschaftszuweisung", „Streitfall" und „Kooperation", so daß sie in Tabelle 23 nicht mehr angeführt sind. Die beiden ersten erzielten einen Wert von .1–.25, der keine indikatorische Differenz ergibt. Daraus kann man folgern, daß sie als Indikatoren wenig zum Verlauf der Nachkriegsperiode beitrugen. Auf ihre eventuelle andersartige Bedeutung wird im Zusammenhang mit den Korrelationsberechnungen (s. u. D.V.3) näher eingegangen.
Für die Homogenität des vorliegenden Materials und den inneren Zusammenhang zwischen den 6 gemessenen Variablen der dritten traumatischen Sequenz sprechen die Werte Alpha-Koeffizient und split-half Zuverlässigkeit. In Anbetracht der geringen Anzahl Variablen beträgt der Alpha-Koeffizient nur .68. Aber der Zuverlässigkeits-

Tabelle 23: **Ergebnis der iterativen Itemanalyse (dritte traumatische Sequenz) N – 204**

	Gewicht					
	1	2	3	4	5	6
Vormundschafts-wechsel	0.000	2.000				
Anzahl Wechsel	0.000	1.000	3.000	3.000	3.000	
Wechselcore	0.000		0.000	3.000	5.000	5.000
Antwort Pflegemilieu	0.000	0.000	4.000	5.000	5.000	
Adäquate Hilfe	0.000	0.000	3.000	4.000	4.000	
Ausbildung	0.000	2.000	4.000	5.000	5.000	

Itemrestkorrelation:	Vormundschaftswechsel	.159
	Anzahl Wechsel	.400
	Wechselcore	.545
	Antwort Pflegemilieu	.704
	Adäquate Hilfe	.409
	Ausbildung	.444

Alpha-Koeffizient	.68
split-half Zuverlässigkeit	.67
Korrigiert für Testlänge	.80

grad ist hinreichend um zu folgern, daß die 6 Variablen Bestandteile ein und desselben Begriffes sind.

Vermeldenswert ist, daß sich das Traumatisierungsgeschehen in der dritten traumatischen Sequenz als unabhängig von der Altersgruppe erweist. Dieses Ergebnis steht im deutlichen Gegensatz zu dem der zweiten traumatischen Sequenz, erscheint uns jedoch im vorliegenden Kontext plausibel.

Auch in der dritten traumatischen Sequenz können wir die Summe der 6 Items als Maß für den Grad der Betroffenheit annehmen. Hierdurch erhalten wir ein Meßinstrument, vermittels dessen wir für jedes Individuum den Grad seiner Traumatisierung berechnen können (Gesamtskore der dritten Sequenz = Gesamtskore III).

Wir werden untersuchen, ob es möglich ist, den Anteil von Gesamtskore II (zweite Sequenz) und III im Traumatisierungsgeschehen näher zu klären. Die Beantwortung dieser Frage erscheint uns wichtig im Zusammenhang mit der Differenzierung der traumatischen Sequenzen überhaupt und im Hinblick auf ihre Beziehungen zu den Ergebnissen der Nachuntersuchung.

Aus der Itemrestkorrelation ersehen wir, daß das Item „Antwort Pflegemilieu“ weitaus den höchsten Beitrag liefert, mit Abstand gefolgt durch die Items „Wechselskore“, „Ausbildung“, „adäquate Hilfe“ und „Anzahl Wechsel“. Daraus kann man folgern, daß das Maß der Traumatisierung der dritten Sequenz definiert werden kann durch die Variable „Antwort Pflegemilieu“.

Hinsichtlich der angewendeten Methode von *Lawshe* und *Harris* gelten die Ausführungen anläßlich der zweiten traumatischen Sequenz auch für die vorliegende dritte traumatische Sequenz.

Tabelle 24: **Matrix der Spearman-Korrelationen der 6 Items der dritten traumatischen Sequenz (N = 204)**

	Vormundschafts-wechsel	Anzahl Wechsel	Wechsel-score	Antwort Pflegemilieu	Adäquate Hilfe	Ausbildung
Vormundschafts-wechsel						
Anzahl Wechsel	.08					
Wechsel-score	.16*	.53**				
Antwort Pflegemilieu	.16*	.27**	.54**			
Adäquate Hilfe	.02	.007	.23**	.66**		
Ausbildung	.07	.27**	.31**	.37**	.24**	

Signifikanz-Niveau

* $p < 0,05$
** $p < 0,01$

Auch aus der Korrelationsmatrix Tabelle 24 erhellt die zentrale Stellung der Variablen „Antwort Pflegemilieu". Die hohe Korrelation mit der Variablen „Wechselskore" gibt an, daß die inhaltliche Bedeutung des Schweregrades der extremen Belastungssituation nach dem Kriege in hohem Maße von der „Antwort" des Pflegemilieus geprägt wird, und zwar im günstigen wie im ungünstigen Sinne. Hinzu kommt die ebenfalls hohe Korrelation mit der Variablen „adäquate Hilfe", in der – wie erwähnt – skaliert wurde, ob Hilfe überhaupt nötig war und ob sie einigermaßen adäquat gegeben werden konnte. All dies unterstreicht noch einmal die zentrale Rolle der Variablen „Antwort Pflegemilieu" für den Verlauf der dritten traumatischen Sequenz. Ein besser qualifiziertes Pflegemilieu ist nicht nur eher imstande, schwierige Situationen aufzufangen, es hat anscheinend auch mehr Möglichkeiten, diejenigen Institutionen zu erreichen, die Hilfe bieten können.

Aufschlußreich ist die fehlende Korrelation zwischen der Variablen „adäquate Hilfe" und der Variablen „Anzahl Wechsel", d. h.: in unserer Grundgesamtheit ist die Anzahl der Wechsel kein Kriterium für benötigte und gebotene Hilfe. Die schwache positive Korrelation zwischen der Variablen „adäquate Hilfe" und der Variablen „Wechselskore" macht es wahrscheinlicher, daß der Schweregrad der Wechselskore Anleitung war für eine Hilfeleistung. Aber zu gleicher Zeit weist diese schwache positive Korrelation auch in die Richtung eines defizienten Zusammenhangs zwischen den beiden Variablen: die Hilfe, die in Anbetracht der Wechselskore geboten hätte werden müssen, wurde nicht oder nicht im benötigten Umfang geboten. Eine negative Korrelation hätte hier zu einer idealeren, aber sehr wahrscheinlich nicht zu einer wirklichkeitsgetreuen Schlußfolgerung geführt.

„Ausbildung“ ist eine unabhängige, objektive Variable, d. h. sie wurde unabhängig von anderen Variablen wie „Pflegemilieu“, „Wechselskore“, usw. skaliert. Trotzdem korreliert sie mit allen Variablen, am höchsten wiederum mit „Antwort Pflegemilieu“. Eventuell könnte man sagen: die Ausbildung ist in unserer Grundgesamtheit die Wiedergabe der Befindlichkeit aller anderen Variablen. In dieser Hinsicht kann sie als eine Art Gesundheitsskore betrachtet werden, als Indikator des Einflusses aller anderen Variablen.

D.IV. BEARBEITUNG DER NACHUNTERSUCHUNG

D.IV.1. Operationalisierung

D.IV.1a. Theoretische Begründung

Wie bereits erwähnt hatten wir uns im Anschluß an das Konzept der psycho-sozialen Defizienz von *Weijel* (^{3}1972) entschlossen, im statistischen Teil das Sozialverhalten der Erwachsenen zu untersuchen, um eventuelle Korrelationen mit den Traumatisierungsvorgängen im Kindesalter zu entdecken (vgl. oben C.1b). Hierzu wurde die Nachuntersuchung in folgende drei Lebensbezirke gegliedert: Ehe, Beruf und Freizeit. In diesen Bezirken tritt in unserem Kulturkreis der Erwachsene als Individuum und in der Gemeinschaft in Erscheinung.
Bei der Auswahl der Variablen zur statistischen Bearbeitung der Befunde der Nachuntersuchung mußte zunächst die Frage geklärt werden, inwieweit in dem vielschichtigen Material überhaupt eine Ordnung angebracht werden könne. Ferner: ob sich aus den zusammenhängenden Items Indikatoren vergleichbar denen der zweiten und dritten traumatischen Sequenz entwickeln lassen.
Bereits bei der Auswahl der Variablen sahen wir uns einer Fülle von Fragen gegenüber, die uns die theoretische Begrenzung unserer Arbeit und zugleich die Einzigartigkeit unseres Materials vor Augen führte. Wir wurden uns bewußt, daß wir in theoretischer Hinsicht uns auf keinerlei biologische oder psychologische Untersuchungen stützen konnten, die die Folgen der Deprivation von Kindern in verschiedenen Altersgruppen durch anhaltende Traumatisierungen im follow up systematisch behandelt hatten. Im engeren Sinne handelt es sich um die Frage nach den Kategorien, in denen das Sozialverhalten der Erwachsenen erfaßt werden kann, und zwar aus der Sicht der massiven kumulativen Traumatisierung in der Kindheit und Jugend, welche von uns aus der Nichterfüllung von *basic needs* definiert wurde. Dieses theoretische Konzept, das unser Material gewiß auf eine etwas simplistische Weise generalisiert hat, erwies sich bei der klinischen Beschreibung des Traumatisierungsgeschehens als brauchbar.
Welchen Anforderungen nun muß ein theoretisches Konzept genügen, das zur Vorbereitung quantifizierend-statistischer Bearbeitung entworfen wird. Die Antwort lautet: es muß imstande sein, in dem vielschichtigen Material eine übersichtliche Ordnung anzubringen, und es muß der Eigenart des zu befragenden Materials entsprechen. Dies letztere ist bereits hinreichend erörtert.
Die Kategorien, in denen das Material im folgenden beschrieben und klassifiziert wird, entstammen den Arbeiten über die menschliche Existenz *under stress.* Von diesen nennen wir die mehr naturwissenschaftlich ausgerichtete Streßtheorie von *Seyle*

(1952), die Lerntheorien mit ihrem *approach/avoidance*-Konflikt, und *Coping and Adaptation*, herausgegeben von *Coelho*, *Hamburg* und *Adams* (1974). In diesen Arbeiten werden Basisbegriffe auf verschiedene Weise präsentiert.
Auch *Bastiaans* erfaßt in seiner Beschreibung der Entwicklung des Angsterlebnisses von der Realangst zur neurotischen Angst das Adaptationssyndrom unter dem Gesichtspunkt des *fight*- und *flight*-Verhaltens, eine Klassifizierung, die von *Lazarus*, *Averill* und *Opton* (1974) weiter ausgearbeitet wird. In Anlehnung an das durch die psychoanalytische Theorie entwickelte Konzept der Abwehrmechanismen untersuchen sie Grundhaltungen von Individuen, die angsterregenden, lebensbedrohenden Situationen ausgesetzt sind. Unter der Rubrik *defence polarities* fassen sie drei sich überschneidende, in der psychiatrischen Literatur gebräuchliche Formulierungen zusammen: *repression/sensitization, repression/isolation* und *avoider/coper.* Damit werden die Mechanismen beschrieben, mittels welcher Individuen die aus der Gefahrensituation stammenden Probleme zu lösen, zu bewältigen (*cope*) trachten; Probleme, die zugleich die adaptiven Hilfsquellen strapazieren.
In allen drei Formulierungen analysieren sie die *aktive* und die *passive* Attitude der Konfliktbewältigung: das *fight*-Verhalten in der Bereitschaft, der Wachsamkeit, dem Sich-Stellen, und das *flight*-Verhalten, das sie in der Tendenz des Vermeidens, des Leugnens, des Aus-dem-Wege-Gehens anweisen. Diese Klassifizierung ist sicher nicht hinreichend, um die Abwehrvorgänge in all ihren Differenzierungen zu beschreiben. Aber darum geht es uns auch nicht, ebensowenig wie um eine Gliederung der Symptome und eine umfassende Symtomatologie zur Andeutung und Abgrenzung verschiedener Streßphasen innerhalb eines traumatologischen Konzeptes. Vielmehr trachten wir Basisbegriffe zu finden, und von diesen aus Variablen zu entwickeln, die das Sozialverhalten in den oben genannten drei Lebensbezirken beschreiben. Ein solches, einfach gegliedertes theoretisches Konzept soll uns eine einigermaßen einheitliche Kodifizierung und Messung der verschiedenen Variablen ermöglichen.
Bevor wir hierzu übergehen, noch einige theoretische Bemerkungen. Wie bereits erörtert, handelt es sich in unserem Material nicht um Einbrüche der bedrohenden Außenwelt in die psychophysische Existenz des Erwachsenen, um Erschütterungs- und Zermürbungsvorgänge, die in ihren Regelkreis- und Rückkoppelungssystemen erfaßt und als regressive Adaptionserscheinungen gedeutet werden sollen, sondern um traumatisch gestörte Entwicklungs- und Adaptionsvorgänge. Bei letzteren handelt es sich in erster Linie um Prozesse des Regulierens und Steuerns biologisch verankerter Mechanismen, für die *Fletscher* (1957) im Rahmen seiner mehr psychologisch ausgerichteten Instinkttheorie die Formulierung *instincts proper* geprägt hat. Darunter versteht er ein Konzept von „definite primary instincts resting upon a definite neurophysiological basis and having a primary unlearned connative element of experience. Collectively, they comprise the fundamental urges of the Id". Aus den primären Strebungen leitet er mit der Konzeptualisierung des Ich *Ego-tendencies*, modellierte *Ego-elements*, ab. Hierunter fallen sowohl die bewußten wie die unbewußten „Ich-Erfahrungen" (*le Coultre*, 1967).
Als wichtigste Bestandteile der modellierten Erfahrungen beschreibt *Fletscher* die begleitenden Affekte. *Murphy* (1947) beschrieb diese Vorgänge aus der Sicht der „Kanalisierung", „Konditionierung". *Kretschmer* (1926) begriff die regulierende und steuernde Funktion des Organismus global als Bändigung und Beherrschung der allen Primaten eigenen Primitiv-Reaktionen. Dabei handelt es sich um einen Prozeß, der durch „innate release mechanisms", durch „Lern- und Konditionierungsvorgänge, Traumatisierung und Erziehung" (*Bastiaans*, a. a. O., S. 44) den Verlauf der Entwicklung eines Kindes bestimmt.

Auf die Abwertung der Instinkt-Problematik durch die zeitgenössische Forschung (*Tinbergen*, 1951; *Hinde*, 1974) wollen wir hier nicht näher eingehen.
Die *Ego-tendencies* meinen wir, wenn wir die Erschütterung, Schwächung und entwicklungsmäßige Beschädigung der Ich- und Überich-Funktionen als Ansatzpunkt der traumatisierten Entwicklung eines Kindes betrachten. Es ist sehr wahrscheinlich, daß die normale wie auch die traumatisierte Entwicklung abhängt von „a complex interaction between organisme and environment, with social experiences of many sorts playing a crucial role“, wie *Hinde* es für die Entwicklung des aggressiven und des sexuellen Verhaltens definiert hat. In unserem Konzept der traumatisch bedingten Entwicklungsstörung sind sowohl die Objekt- wie auch die sozial-kommunikativen Beziehungen in dem Wechselspiel zwischen Individuum und Umgebung miteinbezogen.
Hauptsächlich interessiert uns im Zusammenhang mit unserem Thema der *fearing*-Impuls. Wir nehmen an, daß in dem durch traumatische Erfahrungen konzeptualisierten Ich seine ursprünglichen Tendenzen in den begleitenden Affekthaltungen mitschwingen und erkennbar sind.
Analog unserer Beschränkung auf die externen Faktoren bei der Beschreibung des Traumatisierungsgeschehens haben wir uns entschlossen, auch bei der Nachuntersuchung nur formal-genetische Gesichtspunkte als Kategorien zu wählen. In Anlehnung an *Fletscher*s Einteilung in „positive“ und „negative“ *Ego-tendencies* unterscheiden wir zwei Grundhaltungen, die als „behaglich“ und „unbehaglich“ umschrieben werden können. Sie entsprechen den vier Items „zufrieden“, „konfliktuös“, „*fight*“ und „*flight*“, die wir für die Erfassung der oben erwähnten drei Lebensbezirke gewählt haben. Es wurde angestrebt, jeweils vergleichbare Verhaltensweisen in den verschiedenen Lebensbereichen zum Ausdruck zu bringen und in einem Skalenwert zu klassifizieren. Dabei haben wir uns nicht von vornherein auf eine Typologie festgelegt, d. h. von einem typologischen Konzept leiten lassen, obwohl mit der Möglichkeit zu rechnen war, daß ein *fight*-Typus, ein *flight*-Typus oder ein konfliktuöser Typus besteht. Gewertet wurde nur das bei der Nachuntersuchung Gefundene. Die untersuchte Person hätte z. B. in den unterschiedlichen drei Lebenskreisen ein einheitliches Verhalten zeigen können. Aber das mußte nicht unbedingt so sein. Es konnte auch jemand in seinem Beruf ein *fight*- resp. *flight*-Verhalten zeigen, in seiner Ehe oder in seiner Freizeit dagegen nicht. Hier sind etliche Variationen und Kombinationen möglich.
Mit der Konstatierung einer *fight*- resp. *flight*-Haltung wurde nur die modellierte Anwesenheit dieser primitiven Impulshaltung gewertet, nicht jedoch ihre Abwehrfunktion gedeutet. Beide – *fight* und *flight* – können z. B. durch das gleiche Angsterlebnis determiniert sein. Das Verhältnis zu neuropsychiatrischen Alarmsyndromen, wie Panik, Angst, Schrecken, wird nicht zur Diskussion gestellt.
Zuweilen wurde unterschiedliches manifestes Verhalten auf denselben Nenner gebracht. So wurde z. B. jahrelanges Hockenbleiben auf ein und derselben Arbeitsstelle ebenso als *flight*-Verhalten interpretiert, wie allzu häufiges Wechseln. Aus denselben Erwägungen haben wir Hyperaktivität und Destruktivität gemeinsam in unser *fight*-Konzept eingehen lassen.
Ein anderer Aspekt ist das Auftreten von Verhaltensweisen, die sowohl *fight*- als auch *flight*-Charakter tragen. Hierunter sollen Spannungszustände verstanden werden, die sich nicht deutlich zu einem Pol hin entladen, sondern in einem dauernd konfliktuösen Verhalten zutage treten. Dazu gehören nicht nur die Konflikte eines Individuums mit seiner Umgebung, sondern auch alle diejenigen (konfliktuösen) Zustände, bei denen die *fight*- wie die *flight*-Komponente nach innen gerichtet sind. Das Item „konfliktuös“

bezeichnet einen inneren Spannungszustand und sein wiederholtes Auftreten. Es könnte auch unter dem Aspekt des repetierenden bipolaren Verhaltens beschrieben werden, als gestörtes Gleichgewicht zwischen *fight* und *flight*, das im konfliktuösen Verhalten sich immer wieder aufs neue manifestiert.
Bei dem Item „zufrieden" haben wir es mit einem uniformen Begriff zu tun, der auf vielerlei Verhaltensweisen bezogen werden kann. Zu denken ist hier z. B. an diejenigen Nachuntersuchten, bei denen wir als Diagnose „späte Reifung" gewählt haben. Es soll zum Ausdruck gebracht werden, daß es den Betreffenden gelungen zu sein scheint, ihre Verluste und Leiderlebnisse in eine Form zu gießen, die ihnen ein einigermaßen harmonisches Funktionieren in ihrem engeren Familienkreis oder in ihrem Beruf ermöglicht, ohne daß restriktive oder reaktive Verhaltensweisen vorherrschen. Die wiedergewonnene Fähigkeit sich zu freuen oder zu genießen – sei es auch unter dem Schleier der unvergessenen Vergangenheit – gab diesem Item seine Legitimität.

D.IV.1b. Durchführung

Bei der Operationalisierung der Nachuntersuchung gingen wir von den im vorigen Kapitel dargelegten Gedankengängen aus. Um mit den erhaltenen Daten Meßinstrumente konstruieren zu können, haben wir sie mit ordinalen und nominalen Werten verschlüsselt. Die aus der Nachuntersuchung destillierten Informationen bewegen sich auf verschiedenen Abstraktionsniveaus. Bei den Items *„job satisfaction"* und „Ehesatisfaktion" z. B. handelt es sich um direkte Aussagen des Betreffenden; bei den Items „konfliktuös", „fight" und „flight" handelt es sich um eine Interpretation seiner Aussage. Wir präsentieren hier die a-priori-Skalierungen, die späterhin vermittels der Methode von *Lawshe* und *Harris* dahingehend überprüft wurden, inwiefern sie in der Tat mit dem Gewicht auftreten, mit dem wir sie gewertet haben.

I. *Beruf*

(A1) *Niveau (relativ)*
Ordinaler Wert
(1) ausgefüllt, erweitert
(2) ausgefüllt
(3) normal, durchschnittlich
(4) instabil
(5) gescheitert
(6) invalide

Interpretation einer Aussage.
Dieser Wert gibt schätzungsweise das Niveau an (sozial-ökonomisch), das der Untersuchte in seinem Leben nach Maßgabe seines Ausbildungsniveaus erreicht hat. Dieser Wert ist analog den Items der psycho-sozialen Defizienz (*Weijel*) bezüglich der Diskrepanz Intelligenz/Ausbildung.

(A2) *Niveau absolut*
Personales Datum
Ordinaler Wert nach der Skala von *van Heek* (1–6)

Direkte Aussage.

(B) *job satisfaction*
Ordinaler Wert

(1) sehr zufrieden
(2) zufrieden
(3) durchschnittlich
(4) instabil
(5) unzufrieden

Direkte Aussage.
Dieses Item schließt an an die im vorigen Kapitel dargelegte Einteilung „behaglich"/„unbehaglich", aufgrund deren auch der folgende Lebenskreis gemessen wurde (vgl. „Ehesatisfaktion").

(C) *Konfliktuös (rigide)*
Dichotomer Wert
(0) ja
(1) nein

Interpretation einer Aussage.
Hier wird die gestörte Balance zwischen *fight* und *flight* wiedergegeben. Die Störung kann z. B. in häufigeren Berufswechseln zum Ausdruck kommen. Auch eine gestörte Beziehung zur Arbeit, zum Beruf und zu den Mitarbeitern, die sozial-kommunikativen Beziehungen zur Berufsumgebung, fallen hierher.

(D) *fight (hyperaktiv)*
Dichotomer Wert
(0) ja
(1) nein

Interpretation einer Aussage.
Der Betreffende arbeitet ohne Unterlaß: baut im Urlaub seine Wohnung um; kann sich nicht entspannen.

(E) *flight (resigniert, unstet)*
Dichotomer Wert
(0) ja
(1) nein

Interpretation einer Aussage.
Der Betreffende bleibt in seiner Arbeit hängen oder wechselt ziellos Beruf und Arbeitsplatz, eventuell auch durch Emigration.

II. *Intime Beziehungen (Ehe usw.)*

(A) *Persönlicher Status*
Personales Datum
Ordinaler Wert
(1) verheiratet
(2) wiederverheiratet
(3) geschieden, nicht wieder verheiratet
(4) unverheiratet, einsam

Direkte Aussage.
Hiermit wird die Möglichkeit des Betreffenden angegeben, intime Beziehungen einzugehen und dauernd zu unterhalten.

(B) *Milieu*
Personales Datum
Ordinaler Wert

(1) kongeniales Milieu (Kriegswaise)
(2) kongeniales Milieu (keine Kriegswaise)
(3) nicht kongeniales Milieu
(4) wechselnd

Direkte Aussage.
Es wurde versucht mit Hilfe dieser Skalierung etwas in den Griff zu bekommen, was in gewisser Hinsicht bei den Befunden des klinischen Teiles anschließt. Es handelt sich darum, inwiefern ein Angehöriger einer verfolgten Minderheitsgruppe mit der Wahl seines Partners anschließt bei oder bricht mit der Tradition seiner Gruppe. Im letzteren Fall kann bei der Übernahme eines bestimmten Rollenmusters in der Partnerwahl – bei der u. U. ein Konfliktstoff bereits eingebaut ist – ein Stück Identitäts- und Loyalitätsproblematik sichtbar werden im Hinblick auf das Verfolgungsgeschehen und seine eventuelle Bearbeitung.
Es könnte sich erweisen, daß dieses Item nicht mit anderen Items korreliert. In diesem Fall wird es durch die Methode von *Lawshe* und *Harris* bei der statistischen Bearbeitung herausselektiert, da es sich hier um eine a-priori-Skorung handelt.

(C) *Ehesatisfaktion*
Ordinaler Wert
(1) gut
(2) genügend
(3) unzufrieden

Direkte Aussage.
Um Pseudo-Exaktheit zu vermeiden, haben wir hier keine 5-Punkte-Skala angewendet. Es versteht sich von selbst, daß hier die direkte Aussage mitunter stark subjektiv gefärbt oder der besonderen Nachuntersuchungssituation „angepaßt" ist. Man muß die Frage aufwerfen, ob der Umstand, daß der Nachuntersucher die meisten Nachuntersuchten als Kinder kannte, die Nachuntersuchung offener oder geschlossener gestaltete. Die Frage kann u. E. nur aus der totalen Einstellung des Nachuntersuchten beantwortet werden, gegenüber der ganzen Nachuntersuchung überhaupt. Die Tatsache, daß nur eine zu verwahrlosende Anzahl überhaupt ihre Mitarbeit verweigerte, unterstützt u. E. die Glaubwürdigkeit der hier gegebenen direkten Aussagen.

(D) *fight (externe Konflikte)*
Ordinaler Wert
(1) harmonisch
(2) ...
(3) konfliktreich
(4) ...
(5) konfliktuös

Interpretation einer Aussage.
Als Indikatoren wurden hier u. a. Streit um die Erziehung der Kinder, gegenseitige Vorwürfe, zeitweises Getrenntleben oder andere Zerwürfnisse gewählt.
Es wird geschätzt, inwiefern es dem Untersuchten gelingt, sein dialogisches Verhältnis zu objektivieren.
Der Umstand, daß in vielen Fällen der Untersucher auch die Gelegenheit hatte, den Partner des oder der Nachuntersuchten kennenzulernen, muß hinsichtlich einer möglichen Verfälschung des Befundes näher erwogen werden. Wir sind der Meinung, daß es sich bei dieser Gruppe nicht um eine spontane Selbstselektion handelte, daß etwa der Partner kam, um seine Not zu klagen o. ä. Vielmehr festigte sich der Eindruck, daß der Partner aus einer deutlichen Affinität mit der Untersuchung als Ganzes teilnahm und nicht wegen eventueller isolierter Ehekonflikte. Außerdem bewirkte die Teilnahme des Partners in beinahe keinem Fall eine grundlegende Veränderung des ursprünglichen Eindrucks des Untersuchers. Zumeist wurde dieser durch etwaige detailliertere Informationen verstärkt.

(E) *flight (spastisches Verhältnis)*
Ordinaler Wert
(1) flexibel, offen
(2) ...
(3) rigide
(4) ...
(5) verkrampft

Interpretation einer Aussage.
Hier wird geschätzt, inwieweit und auf welche Weise es dem Untersuchten gelingt, mit seinem Partner zu kommunizieren. Im übrigen gilt das oben Gesagte.

(F) *Isolierungstendenzen*
Ordinaler Wert
(1) „normal“
(2) ...
(3) stärkere Isolierungstendenzen
(4) ...
(5) gemeinschaftsflüchtig

Interpretation einer Aussage.
Dieses Item ist aus dem vorigen abgeleitet. Die Weiterentwicklung erwies sich als notwendig, um die klinischen Bilder des völlig abgebrochenen Kontaktes, der evidenten Gemeinschaftsflucht zu erfassen. Es handelt sich hier um Fälle, in denen der Untersuchte Perioden durchmacht, in denen er zu Hause für seine Umgebung nicht ansprechbar ist, sich zurückgezogen hat. Diese Haltung kann sich auch in anderen Situationen fortsetzen, z. B.: der Betreffende erzählt seinen Kindern nichts von den wahren Geschehnissen seines Lebens, vom Tod seiner Eltern und Geschwister; mitunter auch nicht von denen, die noch am Leben sind, mit denen er aber den Kontakt abgebrochen hat.

(G) *Niveauunterschied in sozio-kultureller Hinsicht (bezüglich des Partners)*
Personales Datum
Ordinaler Wert
(1) weit unter Niveau des Partners
(2) ...
(3) Niveau des Partners
(4) ...
(5) weit über Niveau des Partners

Direkte Aussage.
Mit Bezug auf die Computerbearbeitung wurde die ursprüngliche Codierung von (−2) .. (0) .. (3) durch die Skalenwerte (1) bis (5) ersetzt, wobei jetzt (3) gleiches Niveau beider Partner bedeutet.

III. *Freizeit*

(A) *Konfliktuös*
Dichotomer Wert
(0) ja
(1) nein

Interpretation einer Aussage.
Hier wird versucht, die Entwicklung der sozial-kommunikativen Beziehungen zu erfassen; z. B., ob der Untersuchte Mitglied von Vereinigungen ist, wieder austritt, Kritik an Personen und Umständen übt.

(B) *fight (hyperaktiv)*
Dichtotomer Wert
(0) ja
(1) nein

Interpretation einer Aussage.
Der Untersuchte sitzt z. B. in allen möglichen Ausschüssen und Vorständen von Vereinigungen; spielt eine gewichtige Rolle im öffentlichen Leben.

(C) *flight (Isolierungstendenzen)*
Dichotomer Wert
(0) ja
(1) nein

Interpretation einer Aussage.
Der Untersuchte lebt ohne Freunde und Bekannte. Selbst in der Straße und der näheren Umgebung, in der er wohnt, ist er „anonym". Er ist sozusagen wieder „untergetaucht". Er kennt keinen, keiner kennt ihn.

Bei der Skalierung der Items III(A) und III(B) haben wir das sozio-kulturelle Milieu, in dem der Nachuntersuchte lebt, berücksichtigt. Wir haben beim Skoren verdiskontiert, daß bei den in Israel ansässigen Personen unseres Materials die Tatsache, daß sie nicht mehr Angehörige einer Minderheitsgruppe sind, nicht nur ihre Beziehungen zu dieser Gruppe geregelt, sondern auch ihr Aggressions-Make-up profiliert.

IV. *Kongeniales Milieu*

(A) *Distanziert sich*
Dichotomer Wert
(0) ja
(1) nein

Interpretation einer Aussage.
Z. B.: der Betreffende will nicht wahrhaben, daß er ein jüdisches Waisenkind ist; fürchtet, daß die Nächsten, Nachbarn, Bekannte, manchmal sogar Freunde, es erfahren könnten; stellt seine Geschwister als „Herr und Frau Soundso" vor. Bei Getauften findet sich mitunter eine starke religiös rationalisierte Distanz zur kongenialen Gruppe.
Es handelt sich um die Leugnung der eigenen Historizität oder um deren Devaluation.

(B) *Aktiv bezogen*
Dichotomer Wert
(0) ja
(1) nein

Interpretation der Aussage.
Der Betreffende ist Mitglied von Vereinigungen der jüdischen Gruppe.

(C) *Konfliktuös*
Dichotomer Wert
(0) ja
(1) nein

Interpretation der Aussage.
Der Betreffende fühlt sich als Jude und verheimlicht dies auch nicht. Will jedoch z. B. nicht Mitglied der jüdischen Gemeinde sein, angeblich, um ihr nicht Einsicht in seine Steuererklärung

gewähren zu müssen. Ist mit einem nicht-jüdischen Partner verheiratet, hätte aber lieber einen jüdischen Partner. Betont oft auffallend und übertrieben seine jüdische Abstammung, ohne sie in der Praxis irgendwie zu realisieren. Man erhält den Eindruck, daß das Jude-Sein dem Betreffenden die Möglichkeit gewährt, eine Randposition zu beziehen.

V. *Leib-seelisches Befinden*

(A) *Psychotherapie als Erwachsener*
Dichotomer Wert
(0) ja
(1) nein

Direkte Aussage.

(B) *Körperliche Beschwerden*
Personales Datum
(0) keine
(1) kein klinischer Befund
(2) klinischer Befund

Direkte Aussage.

(C) *Diagnosen*
(a) Charakterneurotische Entwicklung
(b) Angstneurotische Entwicklung
(c) Chronisch-reaktive Depression
(d) Psychotische Episoden
(e) Psychosomatose
(f) Organisch-zerebrale Beschädigung
(g) Psychopathiforme Entwicklung
(h) Restriktive Persönlichkeitsentwicklung
(j) Schwachbegabt
(k) normale Entwicklung

VI. *Loyalitätskonflikte*

Ordinaler Wert von (1) schwach nach (5) extrem

Interpretation einer Aussage.

VII. *Identitätskonflikte*

Ordinaler Wert von (1) schwach nach (5) extrem

Interpretation einer Aussage.

D.IV.2. Instrumentalisierung

D.IV.2a. Faktorenanalyse

Im Folgenden werden die Zusammenhänge zwischen den Variablen untersucht, die das Sozialverhalten beschreiben. Die Korrelationsmatrix, in der sie präsentiert werden, findet man im Anhang (Tab. 36).
Aufgrund der Streuung der Ergebnisse der Korrelationsmatrix von 0.000–.95 dürfen wir das Vorhandensein einer Anzahl von Klumpen von Variablen voraussetzen, die einerseits untereinander hoch und andererseits mit anderen Variablen niedrig korrelieren.
Die Ergebnisse der Korrelationsmatrix veranlaßten uns, eine Faktorenanalyse vorzunehmen, in der Erwartung, daß diese keinen allgemeinen Faktor, sondern eine Anzahl unabhängiger Faktoren ergibt und die Möglichkeit schafft, verschiedene Dimensionen des Sozialverhaltens zu unterscheiden.
Bei der Bearbeitung der Nachuntersuchung konnten wir – im Gegensatz zur Bearbeitung der zweiten und dritten traumatischen Sequenz – nicht von einer feststehenden begrifflichen Voraussetzung ausgehen. Wir haben hier keine Theorie über Trauma oder Traumatisierung. Es geht um die Frage, ob in dem gesamten vielschichtigen Material der Nachuntersuchung, soweit es das Sozialverhalten betrifft, eine Ordnung angebracht werden kann, d.h., ob mit Hilfe der Faktorenanalyse in diesem Material aufgrund der Struktur der Items bestimmte Grunddimensionen zu finden sind. Und sofern diese Grunddimensionen zu finden sind, ob man – wie in der zweiten und dritten traumatischen Sequenz – aus zusammenhängenden Items Skalen entwickeln kann.
Die Faktorenanalyse spiegelt das reziproke Verhältnis zwischen Faktor und zu untersuchenden Variablen. Einerseits wird ein Faktor durch seine Variablen, die eine hohe Ladung haben, definiert. Andererseits werden die Variablen durch eine Ladung in bezug auf einen bestimmten Faktor erst geordnet.
Für die weitere Datenverarbeitung ist es wichtig, daß man mit Hilfe der Faktorenanalyse nicht nur eine einfachere, sondern auch eine genauere Wiedergabe der betreffenden Daten erhält. Anstelle des Skore für jede einzelne Variable werden jetzt Kombinationen von Variablen benutzt. Hierdurch erzielt man bei der Messung eines bestimmten Begriffes, der jetzt durch einen Faktor angegeben wird, einen höheren Zuverlässigkeitsgrad, als bei der Messung individueller Variablen. Außerdem wird auch die Möglichkeit, daß man Zufallstreffer erhält, die bei wiederholten statistischen Bearbeitungen untereinander korrelierender spezieller Variablen zunimmt, ansehnlich reduziert.
Wie bereits aus D.IV.1a erhellt, kann man nicht erwarten, daß das Sozialverhalten, das wir für die Nachuntersuchung als Kriterium für die Schwere der Traumatisierung gewählt haben, durch einen allgemeinen Faktor beschrieben werden könnte. Auch in theoretischer Hinsicht ist eine solche Erwartung wenig sinnvoll. Die Frage, was unter „gutem psycho-sozialem Funktionieren“ und „defizientem psycho-sozialem Funktionieren“ eigentlich verstanden wird, kann man im Grunde nicht beantworten. Wie der von uns hantierte Unterschied zwischen *fight*- und *flight*-Reaktionen zeigt, ist es möglich, Verhaltensweisen differenzierter zu beschreiben. Außerdem kann – wie wir annehmen – das Sozialverhalten eines Individuums in den verschiedenen Lebensbezirken Beruf, Ehe und Freizeit sehr unterschiedlich sein.

Wie bereits mehrfach betont, sind wir a priori von keinem eventuell bestehenden traumatologischen Konzept ausgegangen.

Es ist schwierig, die Frage, welche Faktoren im Rahmen eines psycho-sozialen Verhaltensmusters unterschieden werden können, auf befriedigende Weise zu beantworten. Man könnte zwei Ordnungsprinzipien anweisen, nämlich:

1) Reaktionsformen, die einer Typologie der Traumatisierung folgen und von da aus beschrieben werden können, z. B. *fight-* resp. *flight*-Typ. Solche Reaktionsformen besäßen einen mehr oder weniger konsistenten Charakter, d. h. sie wären unabhängig von der Situation, in der sich der Betreffende befindet.
2) Reaktionsformen, in denen das Sozialverhalten eines Individuums als ein spezifisches Verhältnis zwischen Person und Situation definiert werden kann, d. h. das Sozialverhalten innerhalb eines der drei umschriebenen Lebensbezirke unterscheidet sich offenkundig von dem Verhalten innerhalb eines anderen.

In Anbetracht der Resultate empirischer Untersuchung auf dem Gebiet der Traumatisierung durch – beispielsweise – Konzentrationslagerhaft, sind beide Auffassungen vertretbar. Eine Entscheidung a priori hinsichtlich der möglichen Faktoren ist darum unmöglich.

Das dem klinischen Teil zugrundeliegende psycho-soziale Defizienzschema von *Weijel* wird im statistischen Teil nicht in seiner ursprünglichen Form angewendet. Dieses Konzept ist aus der Empirie entstanden. Wir wollten uns aus theoretischen Erwägungen nicht a priori auf einen Index festlegen, der die psycho-soziale Defizienz für unser Material vielleicht etwas zu global beleuchtet. Wir nehmen ihn wohl zum Ausgangspunkt, streben jedoch danach, ihn aufgrund unseres Materials zu erweitern. Wir wollen außer den Defizienzerscheinungen auch etwaiges normales Sozialverhalten erfassen. Es ist unsere Absicht, in der Skala des Sozialverhaltens eine Rangordnung von normalem bis zu defizientem Verhalten zu entwerfen.

Wir haben uns deshalb dafür entschieden, die Faktoren auf der Basis des in der vorliegenden Untersuchung gesammelten Materials zu beschreiben. Dabei darf man nicht vergessen, daß die Faktoren, die beschrieben werden sollen, nur eine – wie wir hoffen adäquate – Zusammenfassung des Materials darstellten, abhängig von der Art der gewählten Variablen und der Zusammensetzung des gesamten Informationspaketes. Prinzipiell wäre es denkbar, daß eine andere Untersuchung andere Faktoren poniert; z. B. hätte man anstelle *einer* Variablen, die *fight*-Verhalten beschreibt, deren vier auswählen können, um eine differenziertere typologische Tendenz wiederzugeben. Dann hätte man die Untersuchung jedoch von Anfang an daraufhin angelegt, einen *fight*-Faktor zu finden. In Anbetracht des rein beschreibenden Charakters der Faktorenanalyse in dieser Untersuchung haben wir uns damit begnügt, das Material so einfach wie möglich zu bearbeiten und zu interpretieren.

Bei der Beschreibung der Variablen wurde an das Vorkommen einer eventuellen Voreingenommenheit (bias) beim Skoren der verschiedenen Variablen referiert. Wenn diese in der Tat in der Nachuntersuchung vorliegt, dann würde sie sich unserer Überzeugung nach hauptsächlich in dem sogenannten „HALO-Effekt“ manifestieren; d. h., daß die Variablen in ein und derselben (positiven oder negativen) Richtung skaliert werden, weil ein bestimmtes Bild, das man sich von dem Nachuntersuchten gemacht hat, die Wertung stetig in eine bestimmte Richtung – positiv oder negativ – beeinflußt. Gerade diese Form der Voreingenommenheit aber profiliert die eventuellen spezifischen Faktoren weniger, sie führt vielmehr zu einem allgemeinen Faktor, wie „gutes“ oder „schlechtes“ Funktionieren.

Auf der *Pearson*-Produktmoment-Korrelationsmatrix wurde eine prinzipielle Faktorenanalyse vorgenommen, in der die Kommunalitäten durch die höchste Korrelation der betreffenden Variablen geschätzt wurden (*Harman*, 1960). Die Extraktion wurde nach dem Hauptachsenverfahren durchgeführt und nach dem Unterschreiten des Eigenwertes 1 der Korrelationsmatrix beendet. Fünf Faktoren genügten dem Kriterium Eigenwert > 1 (*Guttman*, 1954). Der scree-Test von *Cattel* (1966) ergab drei Faktoren. Bei diesen beiden Faktorenstrukturen wurde erneut eine prinzipale Faktorenanalyse durchgeführt, wobei jetzt die Kommunalitäten durch Iteration geschätzt wurden (cf. *Nie*, 1975, u. a. m.). Anschließend wurden die beiden Faktorenstrukturen nach *simple structure*-Prinzipien (Varimax-Kriterium, *Harman*, 1960) rotiert. Für die 5-Faktoren-Struktur war das Resultat eine Faktorenmatrix, die zeigte, daß bei dem 4. und 5. Faktor zwei Gruppen von nur drei bzw. zwei heterogenen Variablen eine Ladung >.30 hatten. Diese haben so wenig inhaltliche Übereinkünfte, daß man nicht weiß, worauf sie sich beziehen. Aufgrund dieser beiden nicht interpretierbaren Faktoren und der Übereinstimmung der ersten drei Faktoren mit den Faktoren der 3-Faktoren-Struktur blieb das 5-Faktoren-Ergebnis unberücksichtigt (siehe Anhang Tab. 35).

Das Resultat der Varimax-Rotation der 3-Faktoren-Struktur ist in Tabelle 25 wiedergegeben.

Beim ersten Faktor, dessen Variationsmasse mehr als die Summe der beiden anderen Faktoren zusammen beträgt, haben alle Variablen, die sich auf den Lebensbezirk „Ehe" beziehen, eine hohe Ladung. Aufgrund dieser komplexen Merkmalszusammenhänge können wir diesen Faktor als „Ehefaktor" bezeichnen.

Tabelle 25: **Faktorenmatrix der Variablen (Ladung > .30)**

	Faktor 1	Faktor 2	Faktor 3
Ehe			
Persönlicher Status	.74		
Milieu	.69		
Ehesatisfaktion	.92		
fight	.94		
flight	.86		
Isolierungstendenzen	.89		
Niveauunterschied	.79		
Freizeit			
Konfliktuös		.94	
fight		.86	
flight		.91	
Kongeniales Milieu			
Distanziert		.89	
Aktiv bezogen		.79	
Konfliktuös		.92	
Beruf			
Niveau, relativ			
Niveau, absolut			.51
job satisfaction			.90
Konfliktuös			.94
fight			.92
flight			.95
Prozentsatz der erklärten Dispersionsmasse	48 %	20 %	12 %

Beim zweiten Faktor finden wir ähnliche hohe Ladungen als Ausdruck komplexer Merkmalszusammenhänge bei denjenigen Variablen, die „Freizeit" und „Kongeniales Milieu" wiedergeben. Diesen Faktor nennen wir „Freizeitfaktor".
Schließlich finden wir, daß – ausgenommen die Variable „relatives Berufsniveau", in der die Ausbildung verdiskontiert ist – alle Variablen, die sich auf das Funktionieren im Beruf beziehen, eine hohe Ladung haben. Wir nennen diesen dritten Faktor den „Berufsfaktor".
Zu erwähnen bleibt, daß wir mit diesen drei Faktoren 80 % der Dispersion unseres Materials erklärt haben, insofern es die Daten des Sozialverhaltens betrifft. Hierbei wird durch den Ehefaktor 48 % der Variationsmasse erklärt.
Die Messung der Faktoren kann auf verschiedene Weise vorgenommen werden. Man kann z. B. davon ausgehen, daß jede Variable im Verhältnis ihrer Ladung hinsichtlich des betreffenden Faktors Einfluß auf das Faktorskore ausübt. Dies kann u. a. durch die multiple Regression und die idealisierte-Variablen-Methode (vgl. *Gorsuch*, 1974) realisiert werden. Für die vorliegende Untersuchung ist es jedoch augenscheinlich das Beste, sich bei der Berechnung der Faktorenskores auf die Kernvariablen zu stützen. Das sind diejenigen Variablen, die mit Bezug auf den betreffenden Faktor eine Ladung von $\geqq .30$ haben. Diese Schätzung der „echten" Faktorenskores führt zu gut interpretierbaren Faktorenwerten, die auf einer nur kleinen Anzahl untereinander in hohem Maße zusammenhängender Variablen basiert sind. Außerdem verhindert man so, daß die Faktorenskores in mehr oder weniger hohem Maße durch Zufallsergebnisse bestimmt werden. *Gorsuch* faßt die Vorteile dieser Methode folgendermaßen zusammen: „The approximation approach (wobei die Faktorenskores aufgrund der Werte der Kernvariablen errechnet werden, Ref.) produced factor scores that, in a new sample, correlated better with the true scores, were more orthogonal when based on a varimax rotation, were more univocal and had a more accurate pattern of interrelationship than the idealized variable or multiple regression approaches to estimating factor scores" (a. a. O., S. 245).
Den bisherigen Untersuchungsgang kann man folgendermaßen zusammenfassen. Aus einer Anzahl Kernvariablen haben wir Grunddimensionen entwickelt, die man aufgrund ihrer inhaltlichen komplexen Merkmalszusammenhänge als spezifische Faktoren benennen kann. Da wir außerdem wissen, daß zwischen den Variablen Zusammenhänge bestehen, können wir nunmehr Skalen entwickeln, um auf diese Weise zu Meßinstrumenten zu gelangen. Es war unsere Absicht, in einer einfachen Beschreibung möglichst viele Informationen bezüglich des psycho-sozialen Funktionierens zu sammeln. Durch die erhaltenen Faktoren kann eine beachtliche Menge der Dispersionsmasse der ursprünglichen Variablengruppen erklärt werden, die die Befindlichkeit des Sozialverhaltens eines Individuums charakterisieren. Unser weiteres Ziel ist, aus den so benannten Faktoren vermittels der iterativen Itemanalyse Meßinstrumente zu entwickeln, die uns eine Einsicht in die Zusammenhänge zwischen den traumatischen Sequenzen und dem Sozialverhalten der Nachuntersuchten vermitteln. Auf diese Weise wollen wir zur Überprüfung der zweiten Hypothese bezüglich des Schweregrades der Traumatisierung gelangen.
Zunächst jedoch noch einige ergänzende Bemerkungen zu den Ergebnissen der Faktorenanalyse. Da wir – wie mehrfach erwähnt – nicht von einem Konzept einer traumatologischen Typologie ausgegangen sind, erwarteten wir a priori aus theoretischen und empirischen Erwägungen auch nicht, daß die gefundenen Faktoren einen uniformen Reaktionstyp ergeben würden, der – z. B. bei der Einteilung nach *fight* und *flight* – die verschiedenen Lebensbereiche zusammenzieht; dabei würde jemand sowohl in der Ehe, wie auch im Beruf und in der Freizeit ein uniformes *fight*- resp.

flight-Verhalten zeigen. Noch einmal: Wir sind zwar von keinem traumatisch-typologischen Konzept ausgegangen, aber wir haben es auch nicht a priori verworfen. Wir haben nur geschaut, was herauskam.
Es hätte uns nicht überrascht, wenn z.B. ein *satisfaction*- oder ein *fight*-Faktor gefunden worden wäre. Aber beim Skoren haben wir uns so unabhängig wie möglich aufgestellt und uns nur von den jeweiligen Befunden der Nachuntersuchung leiten lassen. Wir wollten zu einer einfachen Beschreibung des Sozialverhaltens gelangen. Es hätte sich dabei auch eine traumatische Typologie ergeben können.
Im Anschluß hieran muß die Frage erörtert werden, ob die Begriffe *satisfaction, fight* und *flight* innerhalb der drei Faktoren überhaupt miteinander identisch sind. Dies wäre jedenfalls so gewesen, wenn wir einen isolierten, uniformen Reaktionstyp gefunden hätten. Da dem nicht so ist, muß man die vorläufige Schlußfolgerung ziehen, daß eine eventuelle traumatische Typologie im Wesen viel differenzierter sein müßte, und zwar ausgerichtet nach den Lebensbezirken, in denen man den Betreffenden untersucht. Die Begriffe *satisfaction, flight* usw., die für alle drei Grunddimensionen gebraucht wurden, sind überkuppelnde Begriffe. Da sie sich nicht als Faktoren ergaben, kann von einem unabhängigen *satisfaction*- oder einem *fight*-Faktor schwerlich die Rede sein. Andererseits wird durch die Resultate der Faktorenanalyse ein gewisses Maß von Unabhängigkeit wiederum poniert. Die Anwesenheit der Variablen *satisfaction* usw. in dem einen Faktor bedeutet anscheinend noch nicht, daß sie sich in den beiden anderen Faktoren auf dieselbe Weise manifestieren muß. Vielleicht hat sie auch einen anderen Stellenwert. Wie dem auch sei: Man kann sich des Eindrucks nicht erwehren, daß die Ergebnisse der Faktorenanalyse im vorliegenden Fall einige interessante phänomenologisch-psychiatrische Probleme berühren.

D.IV.2b. Iterative Itemanalyse

Im folgenden (Tab. 26) wird innerhalb der Faktoren der Zusammenhang zwischen den Items untersucht, die eine Ladung > .30 haben. Es besteht die Vermutung, daß diese Items eine Skala formen, so daß jedes Individuum innerhalb dieser Skala eine Rangposition finden kann. Wir wenden auf diese untereinander zusammenhängenden Items eine iterative Itemanalyse an, um ein möglichst homogenes Instrument zur Messung der Begriffe zu konstruieren. Die den Faktoren verliehenen Namen werden wir auch bei den Skalen verwenden, so daß wir – ausgehend von einem „Ehefaktor" – auch von einer „Eheskala" usw. sprechen.
In Anbetracht der Ergebnisse der iterativen Itemanalyse – mit hohen (.786, .713) bzw. befriedigenden (.654) α-Koeffizienten und split-half-Zuverlässigkeitsgraden (.846, .667, .844) – können wir annehmen, daß alle drei Gruppen in sich homogen zusammengestellt sind und drei Skalen formen, die uns mittels eines Totalskore für jede einzelne Skala befähigen, jedem Individuum einen Platz auf diesen Skalen zu geben. Außerdem können wir annehmen, daß wir mit diesen drei Skalen dasjenige messen, was wir als Funktionieren in Ehe, Freizeit und Beruf definiert haben.
Im übrigen wenden wir bei der Interpretation der ermittelten Skalenwerte dieselbe Prozedur an wie bei der zweiten und dritten traumatischen Sequenz.
Für die Gruppe „Ehe" kommen 7 Variablen, für „Freizeit" 6 Variablen und für „Beruf" 4 Variablen als Indikatoren in Betracht. Bei der Gruppe „Ehe" hat die Variable „konfliktuös" die höchste Itemrestkorrelation. Sie liefert demnach den höchsten Beitrag zu der „Eheskala", gefolgt durch die Variablen „*flight*" und „Ehesatisfaktion"; die Variable „Milieu" liefert nur einen schwachen Beitrag (vgl. dazu

Tabelle 26: **Ergebnis der iterativen Itemanalyse (Nachuntersuchung) N–204**

Ehe (Korrelation per Item mit dem Restscore)	
Persönlicher Status	.371
Milieu	.171
Ehesatisfaktion	.671
Konfliktuös	.775
fight	.645
flight	.696
Niveauunterschied	.148
Alpha-Koeffizient	.786
split-half-Zuverlässigkeit	.733
Korrigiert für Testlänge	.846
Beruf (Korrelation per Item mit dem Restscore)	
job satisfaction	.509
Konfliktuös	.437
fight	.229
flight	.599
Alpha-Koeffizient	.654
split-half-Zuverlässigkeit	.500
Korrigiert für Testlänge	.667
Freizeit (Korrelation per Item mit dem Restscore)	
Konfliktuös	.379
fight	.117
flight	.345
Kongeniales Milieu	.594
Aktiv bezogen	.660
Innerlich konfliktuös	.544
Alpha-Koeffizient	.713
split-half-Zuverlässigkeit	.730
Korrigiert für Testlänge	.844

die Operationalisierung D.IV.1b). Im Gegensatz zu den Interpretationsmöglichkeiten bei der zweiten und dritten traumatischen Sequenz ist hier bei allen Skalen eine gewisse Zurückhaltung geboten. Die Plausibilität scheint uns im vorliegenden Fall geringer. Eventuell kann die „Eheskala" als Ausdruck eines Spannungsfeldes, eines Nicht-in-Harmonie-Seins, eines gestörten Gleichgewichts interpretiert werden.
Bei der Gruppe „Freizeit" liefert die Variable „aktiv bezogen" den höchsten Beitrag. Unter Umständen kann die „Freizeitskala" als Maß für das Aktiv-Bezogensein interpretiert werden.
Die „Berufsskala" ist noch schwieriger zu interpretieren, auch der geringeren Zahl der Variablen wegen. Möglicherweise werden mit ihr die verschiedenen Deviationen des *flight*-Verhaltens gemessen.
Im Anschluß hieran wurden die Zusammenhänge der drei ermittelten Skalen untereinander untersucht (vgl. Tab. 27).
Die Skores wurden aus den Kernvariablen errechnet. Da ihr Wert größer ist als 0, können wir annehmen, daß ein gewisser Zusammenhang zwischen den ermittelten Skalen besteht. Die Zusammenhänge sind jedoch nicht von einer Größenordnung, daß man von unabhängigen Variablen sprechen könnte.
Die Faktoren sind demnach auf drei Skalen zurückgeführt (Ehe, Beruf, Freizeit), in denen nur die Kernvariablen vertreten sind. Die gefundenen Skalen geben verschiede-

Tabelle 27: **Korrelationsmatrix (N–204)**

	Ehe	Beruf	Freizeit
Ehe	1.000		
Beruf	.52	1.000	
Freizeit	.24	.21	1.000

ne Aspekte des Sozialverhaltens wieder. Die Korrelationen liegen zwischen .21 und .52 und können als befriedigend bezeichnet werden. Da die Korrelationskoeffizienten .50 nicht zu sehr übersteigen, differenzieren sie zugleich die drei ermittelten Gruppen hinreichend, um ihnen eine Spezifität und Eigenständigkeit zu verleihen. Auf diese Weise haben wir ein Meßinstrument entwickelt, um die Hypothese II zu prüfen.
Bevor wir dazu übergehen, wollen wir noch den Zusammenhang zwischen den verschiedenen Variablen der Nachuntersuchung besprechen, die sich auf das Sozialverhalten, die Diagnosen und adäquate Hilfe beziehen, und anschließend diejenigen Variablen, die – wie erwähnt – bei der 5-Faktoren-Struktur nicht innerhalb des Sozialverhaltens interpretiert werden konnten, wie z. B. Emigration, körperliche Beschwerden u. a. m.

D.IV.2c. Diskriminantenanalyse

Bei der Operationalisierung der Nachuntersuchung sind wir in Anlehnung an die Ausführungen von *Lazarus* c. s. über *response disposition* und *response stile* (vgl. auch C.1a) von zwei verschiedenen Konzepten ausgegangen. Das erste betraf die „überdauernden Persönlichkeitsveränderungen“, wofür wir den Begriff „psychiatrische Diagnosen“, das zweite das psycho-soziale Funktionieren, wofür wir den Begriff „Sozialverhalten“ in drei abgegrenzten Lebensbezirken als Kriterium wählten. Wir untersuchen im folgenden das Ausmaß des Zusammenhangs beider Begriffe miteinander.
Aufgrund unserer theoretischen Erwägungen erwarten wir, daß sich die beiden definierten Begriffe gut und auf verschiedene Weise voneinander unterscheiden lassen; daß möglicherweise zwischen ihnen ein gewisser Zusammenhang besteht, der jedoch wiederum nicht von einer Größenordnung ist, daß man aufgrund des einen etwas über den anderen aussagen könnte. Beide beschreiben unterschiedliche, voneinander abgrenzbare Gebiete.
Zur Klärung der Fragestellung wird die Diskriminantenanalyse angewendet. Wir erwarten, daß sie die Unterschiedlichkeit der Begriffe bestätigt, so daß wir sie als getrennte Kategorien, die sich auf zwei genügend unterschiedene Gebiete beziehen, gebrauchen können.
Die Diskriminantenanalyse ist ein statistisches Verfahren, das zur Beantwortung der Frage angewendet wird, ob eine bestimmte Einteilung in Gruppen mit dem Ausmaß zusammenhängt, in welchem die Elemente der Gruppe bestimmte Attribute besitzen. Dieses Verfahren ist auch im vorliegenden Fall brauchbar. Es wird untersucht, inwiefern die Diagnose zusammenhängt mit dem psycho-sozialen Funktionieren, das in den Punktwerten der Ehe-, Berufs- und Freizeitskalen zum Ausdruck kommt.
In der Diskriminantenanalyse wird zu allererst nach einer oder mehreren linearen Kombinationen von Skalenwerten gesucht, womit Elemente der Grundgesamtheit auf optimale Weise an die diagnostischen Gruppen gekoppelt werden können. In Anbetracht der drei diagnostischen Kategorien sind maximal zwei lineare Kombinatio-

nen von Skalenwerten nötig, um eine solche Einteilung zu erhalten. Wenn man sich die Einteilung in diagnostische Kategorien als eine Art Kontinuum vorstellte (von ausgesprochen x nach nicht-x), so wäre nur *eine* lineare Kombination von Skalenwerten möglich. Aufgrund der hier vorliegenden Anzahl diskriminierender Variablen sind $(3 - 1 =)$ 2 lineare Kombinationen das Maximum.
Zuerst werden zwei lineare Kombinationen diskriminierender Variablen gebildet. Danach werden die Elemente der Grundgesamtheit nach Maßgabe ihrer durch die zwei diskriminierenden Funktionen errechneten Skores an die drei diagnostischen Kategorien zugewiesen. Im Anschluß hieran wird untersucht, inwiefern die aufgrund dieser Berechnungen zustande gekommenen Zuweisungen mit den durch den Untersucher gestellten Diagnosen übereinkommen. Wenn die Einteilung befriedigend ist, d. h., wenn die Prozentsätze der korrekten Zuweisungen günstiger sind, als aufgrund des Zufalls erwartet werden konnte, kann die Art und Weise, wie die Einteilung zustande kam, analysiert werden.
Die Diskriminantenanalyse ergab folgende Resultate: in 56 % der Fälle war die Zuweisung korrekt. Wenn man erwägt, daß die diagnostischen Kategorien mit der höchsten Frequenz in 40 % der Fälle gestellt wurde (charakterneurotische Entwicklung; vgl. Tab. 10), so ist evident, daß die mit Hilfe der Diskriminantenanalyse erhaltene Klassifikation über dem Zufallsniveau liegt. Prüfung vermittels des Chi-Quadrat-Tests ergab, daß das Ergebnis weit über dem Zufallsniveau liegt ($p < .001$).
Um die Elemente den diagnostischen Kategorien zuzuweisen, wurden zwei Diskriminanten-Funktionen verwendet. Von ihnen war die erste die bei weitem wichtigste; sie erklärte 80 % der gesamten erklärten Variationsmasse. Und zwar unterschied sie vor allem die diagnostische Kategorie „chronisch-reaktive Depression" von den beiden anderen diagnostischen Kategorien. Diese Unterscheidung muß dem ungünstigen Skalenwert der diagnostischen Kategorie „chronisch-reaktive Depression" auf der Eheskala zugeschrieben werden. (Die Eheskala hatte auch den größten diskriminierenden Funktionskoeffizienten; vgl. Anhang Tab. 38). Der Beitrag der anderen Diskriminantenfunktion hinsichtlich der Zuweisung war nur geringfügig und außerdem waren die Unterschiede zwischen den beiden anderen diagnostischen Kategorien bezüglich dieser Funktion weniger auffallend. Dies gilt auch für den Diskriminantfunktionskoeffizienten.
Anhand dieser Ergebnisse gelangten wir zu folgenden Schlüssen: Es besteht ein gewisser Zusammenhang zwischen den drei diagnostischen Kategorien und den Variablen des psycho-sozialen Funktionierens. Bei einer weiteren Analyse erwies sich, daß dieser nur beschränkte Bedeutung hatte. Der Zusammenhang beruhte größtenteils auf den ungünstigen Eheskala-Werten der diagnostischen Kategorie „chronisch-reaktive Depression". Dieser begrenzte Zusammenhang berechtigt uns, die Konzepte „überdauernde Persönlichkeitsveränderungen", dargestellt in den psychiatrischen Diagnosen, und „psycho-soziales Funktionieren", dargestellt im Sozialverhalten in drei abgegrenzten Lebensbezirken, als unterschiedliche und genügend selbständige Konzepte zu handhaben.
Bei der Prüfung von Hypothese I wird demnach zwecks Operationalisierung der „überdauernden Persönlichkeitsveränderungen" der Begriff „psychiatrische Diagnosen", bei der Prüfung von Hypothese II zwecks Operationalisierung der „Intensität der Störung" der Begriff „Sozialverhalten" als Kriterium angewendet.

Anschließend wurden alle Variablen der Nachuntersuchung mit Ausnahme der „Diagnosen" durch das Korrelationsverfahren bearbeitet.

Wir fanden einen signifikanten Zusammenhang zwischen den drei Skalen und den Variablen „TPSD“ (Tabelle der psycho-sozialen Defizienz von *Weijel*) und „Identität“. In der Matrix Tabelle 28 sind die Korrelationen aufgenommen.

Tabelle 28: **Spearman-Korrelations-Matrix**

	Ehe	Beruf	Freizeit	TPSD	Identität
Ehe					
Beruf	.52** (N=175)[1]				
Freizeit	.24** (N=181)	.21** (N=189)			
TPSD	.49** (N=181)	.46** (N=189)	.13* (N=201)		
Identität	.32** (N=181)	.25** (N=189)	.34** (N=201)	.23** (N=204)	

* = $p < 0{,}05$
** = $p < 0{,}01$

Es fällt auf, daß die Variable „TPSD“ mit den Variablen „Ehe“ und „Beruf“ hoch korreliert. Dies Ergebnis erfordert eine nähere Betrachtung.
Wie bereits erwähnt, beruht die Tabelle von *Weijel* auf rein klinischen Beobachtungen, die bisher noch nicht erschöpfend statistisch bearbeitet und analysiert wurden. Es handelt sich dabei um objektiv wahrnehmbare Defizienzerscheinungen, die auf dem Niveau der klinischen Tatsachen definiert wurden, und die man auf dem Niveau des Sozialverhaltens wiederfindet. Invalidität kann z. B. sowohl in medizinisch-psychiatrischen Termen, als auch in Begriffen des Sozialverhaltens definiert werden. Aufgrund der hohen Korrelationen der oben erwähnten Variablen darf man annehmen, daß alle Items der psycho-sozialen Defizienz bei der Art und Weise des sozialen Funktionierens eine Rolle spielen und über dessen Entfaltung oder Beschränkung nähere Auskunft geben. Man könnte sie als Daten betrachten, die die Befunde des psycho-sozialen Funktionierens erhärten.
Weiterhin wäre es möglich anzunehmen, daß der Tabelle von *Weijel* ein „Defizienz-Faktor“ zugrunde läge. Diese Vermutung ist jedoch bisher völlig unbewiesen. Da wir bei der Faktorenanalyse (s. o. D.IV.2a) keinen *satisfaction*- oder *fight*-Faktor usw. ermitteln konnten, bleibt es fraglich, ob man einen solchen „Defizienz-Faktor“ annehmen darf. Gegen eine solche Annahme spricht auch, daß das jeweilig ermittelte Gesamtskore nicht nur das Maß der Defizienz, sondern auch das Maß der Zufriedenheit, der Entfaltung in Ehe und Beruf wiedergibt. Aber dies bedeutet wiederum auch nicht, daß man einen *satisfaction*-Faktor ohne weiteres annehmen kann.

---

1) Bei der Beurteilung haben wir auch denjenigen Fällen Rechnung getragen, die kein Skore für Beruf, Ehe oder Freizeit erhalten konnten; das erklärt die unterschiedlichen Größenverhältnisse in der Korrelationstabelle.

„Ehe", „Beruf" und „Freizeit" sind in unserer Untersuchung mehr oder weniger „geläuterte" Skalen, d. h. sie wurden einer Bearbeitung unterworfen, aufgrund deren wir annehmen können, daß sie sich auf *einen* Begriff beziehen. Was die TPSD betrifft, so besteht kein Grund, a priori anzunehmen, daß sie sich ebenfalls auf nur einen Begriff bezieht. Wahrscheinlicher ist, daß sie auf verschiedene Begriffe Beziehung hat. Man könnte sich vorstellen, daß sie auf eine bestimmte Weise mit „Ehe" und auf eine andere Weise mit „Beruf" und auch mit „Freizeit" zusammenhängt. Es ist auch denkbar, daß die Variable „Identität", die – sei es auch niedriger, so doch immer sehr signifikant – mit der Variablen „TPSD" korreliert, hierbei mit im Spiel ist. Jedwede Rollendisposition liefert ihren Beitrag zum „Konzept der Identität" (*de Levita*, 1965).
Wenn man die Tabelle der psycho-sozialen Defizienz überblickt, so entdeckt man, daß sie sich auf eben die Gebiete bezieht, für die wir Skalen entwickelt haben. Es ist wahrscheinlich, daß die Tabelle eine „gemischte" Skala darstellt, die teilweise auf spezifische Weise mit „Ehe", „Beruf" und „Freizeit" korreliert, und daß auch das Gesamtskore demnach ein zusammengesetztes Skore ist. Die beträchtliche Höhe der Korrelationen ist allerdings auffallend. Darum könnte man die Variable „TPSD" als einen wichtigen Indikator zur Erfassung der verschiedenen Rollendispositionen betrachten.
Im Hinblick auf die Spezifität des vorliegenden Materials mit seiner inhärenten Identitätsproblematik, die ohne Unterschied alle Altersgruppen durchzieht, kann man annehmen, daß eine gestörte Ich-Identität sich auf vielerlei Weise in gestörten, defizienten Sozialrollendispositionen manifestiert. Einmal kann es das Scheitern in einem Beruf aufgrund einer defizienten Ausbildung sein, ein anderes Mal die Aufnahme in eine psychiatrische Klinik aufgrund unverarbeiteter traumatischer Erlebnisse, ein drittes Mal eine nicht gelungene Partnerbeziehung. Aber auch der umgekehrte Fall ist denkbar: eine gestörte Sozialrollendisposition auf dem einen Gebiet kann dazu beitragen, daß auch eine andere Rollendisposition in Mitleidenschaft gezogen wird, die rückwirkend die Konsistenz der Ich-Identität ergreift.
Bezüglich der signifikanten Korrelationen zwischen den Variablen „TPSD" und „Freizeit" wollen wir daran erinnern, daß wir in „Freizeit" zu einem großen Teil das wie auch immer geartete Verhältnis zur kongenialen Bezugsgruppe operationalisiert haben. Da unser Material Kinder einer verfolgten Minderheitsgruppe betrifft, erscheint uns diese Korrelation von Bedeutung.
Abschließend haben wir den Eindruck, daß die Tabelle der psycho-sozialen Defizienz von *Weijel* einen Ansatzpunkt liefert, unser Verständnis der sozialen Bezüge der Traumatisierungsproblematik, wie wir sie in der vorliegenden Untersuchung definiert haben, zu vertiefen.

D.IV.2d. Weitere Untersuchung nach dem Zusammenhang zwischen den Variablen der Nachuntersuchung

Bei der Untersuchung nach dem Zusammenhang zwischen Diagnose und den Restvariablen der Nachuntersuchung wie Emigration, körperliche Beschwerden, Psychotherapie, Identität, Loyalität und den Items der Tabelle der psycho-sozialen Defizienz von *Weijel* (TPSD) fällt global auf, daß auch hier kein ausgesprochener Zusammenhang besteht. Bei einigen Variablen sind schwache Tendenzen zu erkennen, wie z. B. zwischen „körperliche Beschwerden" und der Diagnose „chronisch-reaktive Depression", oder – in noch geringerem Maße – zwischen der Diagnose „angstneurotische Entwicklung" und „körperliche Beschwerden".

Der fehlende Zusammenhang ist hier eigentlich sehr plausibel, da Invalidität und organische Beschwerden in bestimmten diagnostischen Kategorien („organisch-zerebrale Beschädigung", „Psychosomatosen") bereits zuvor untergebracht sind, so daß man bei der Nachuntersuchung keinen signifikanten Zusammenhang erwarten kann. Dieselbe schwache Tendenz ist bei „Scheidung" und „charakterneurotische Entwicklung" und gleichermaßen zwischen „Aufnahme in psychiatrische Klinik" und derselben Diagnose anzuweisen. Zusammenfassend kann festgestellt werden, daß auch hier die Diagnose, ähnlich den oben erwähnten Ergebnissen der Diskriminantenanalyse, von den genannten Variablen unabhängig ist. Die Eigenständigkeit von Diagnosen und Sozialverhalten bleibt demnach auch hinsichtlich dieser letzten Operation bestehen.

D.V. RESULTATE – PRÜFUNG DER HYPOTHESEN

D.V.1. Prüfung der Hypothese I

Hypothese I lautet: Es besteht ein Zusammenhang zwischen dem Alter zu Beginn der Traumatisierung und den überdauernden Persönlichkeitsveränderungen.
Als „Beginn der Traumatisierung" haben wir arbiträr die Trennung zwischen Mutter und Kind gewählt.
Als „Alter" des Kindes haben wir das Alter definiert, in dem sich die Trennung von der Mutter vollzog. Auf diese Weise erhielten wir 6 Alterskategorien. Da die zu erwartende Frequenz in einigen Zellen kleiner als 5 war, wurden die 6 Alterskategorien in 3 Alterskategorien zusammengefaßt:
1) 0 bis 4 Jahre
2) 4 bis 10 Jahre
3) 10 bis 18 Jahre.

Die „überdauernden Persönlichkeitsveränderungen" haben wir operationell definiert als „Diagnosen", die bei der Nachuntersuchung gestellt wurden. Diese Diagnosen wurden im klinischen Teil bereits beschrieben (C.1a). Für die Prüfung der Hypothese I beschränkten wir uns auf die drei Hauptdiagnosen: charakterneurotische Entwicklung, angstneurotische Entwicklung und chronisch-reaktive Depression. „Normale Entwicklung" fiel von selbst aus; die Anzahl der übrigen war zu gering. Unsere Fragestellung lautet: inwiefern hängen diese drei Diagnosen mit dem Alter der Trennung zusammen.
Die zu prüfende Hypothese lautet nun: es besteht ein statistischer Zusammenhang zwischen den drei Alterskategorien und den drei Hauptdiagnosen.
Die Prüfung der Hypothese wurde unter der Nullhypothese von Unabhängigkeit vorgenommen. Sie ergab ein Chi-Quadrat von 7,69 mit 4 Freiheitsgraden. Der p-Wert betrug $< .092$.
Aus diesem Befund lassen sich drei Schlußfolgerungen ableiten. Erstens: der Wert von Chi-Quadrat liefert einen Hinweis für einen statistischen Zusammenhang zwischen Alterskategorie und Diagnose. Er gibt keine Auskunft über die Stärke dieses Zusammenhangs.
Zweitens: wir haben nur einen Hinweis für einen statistischen Zusammenhang zwischen drei Alterskategorien und drei Diagnosen gefunden. Die Spezifität dieses Zusammenhangs, inwiefern nämlich eine Alterskategorie mit einer Diagnose zusammenhängt, haben wir nicht untersucht. Über die inhaltliche Bedeutung dieses Zusammenhangs

können wir demnach keine Aussage machen. Im klinischen Teil wurde gefunden, daß die jüngsten Altersgruppen mehr den charakterneurotischen Entwicklungen, die Altersgruppe der Präpubertät mehr den angstneurotischen Entwicklungen und die Jahrgänge der Pubertät mehr den chronisch-reaktiven Depressionen zugeordnet sind. Im statistischen Teil wurde nur die Bedeutung des statistischen Zusammenhangs untersucht. Die Evidenz wurde im klinischen Teil nachgewiesen. Die klinische Erfahrung lehrt uns, wie man sich die oben erwähnten statistischen Zusammenhänge vorstellen muß, nämlich so, wie sie sich im klinischen Teil manifestieren.

Drittens: wir müssen uns jetzt Rechenschaft darüber geben, unter welchen Umständen diese statistischen Zusammenhänge ermittelt wurden. Wie wir bereits wiederholt erwähnt haben, handelt es sich im vorliegenden Fall um keine experimentelle Untersuchung. In jeder Untersuchung gibt es Fehlerquellen, die man nicht kontrollieren kann; in der vorliegenden Untersuchung gibt es vermutlich deren mehrere. Aufgrund der Zeitspanne von ungefähr 30 Jahren zwischen dem Beginn der massiven kumulativen Traumatisierung und der Nachuntersuchung können wir annehmen, daß eine Anzahl Faktoren, deren Einfluß durch uns nicht erfaßt ist, Variablen, die nicht manipuliert werden konnten, eine Rolle gespielt haben. Die Art der Informationen, die aus den bereits angefertigten Dossiers ermittelt wurden, ist auf ihre Zuverlässigkeit ebenfalls nicht zu prüfen.

Wir dürfen deshalb an unser Material nicht zu große Anforderungen stellen. Bei der beschriebenen Beschaffenheit des Materials ist es schlechthin unmöglich, einen starken statistischen Zusammenhang zu erwarten. Ein solcher würde im Gegenteil Zweifel an der Richtigkeit der angewandten Methode und der gewonnenen Resultate wecken. Wir dürfen darum den p-Wert des Signifikanz-Niveaus nicht zu kritisch stellen. Obwohl wir wissen, daß die Daten, auf denen die Untersuchung aufgebaut wurde, auf eine subjektive Weise ermittelt wurden, haben wir auf statistische Weise annehmlich gemacht, daß ein statistischer Zusammenhang zwischen dem Alter bei Beginn der Traumatisierung und den späteren überdauernden Persönlichkeitsveränderungen besteht. Wir betrachten dies als ein befriedigendes Resultat.

Es erscheint uns ratsam, an dieser Stelle noch einmal auf die Qualität der Grundlagen des quantifizierend-statistischen Teiles einzugehen.

Wäre es vielleicht doch möglich gewesen, das Ergebnis der Nachuntersuchung auf eine objektivere Weise zu erhalten? Im methodologischen Teil haben wir bereits erwogen, ob ein neutraler Dritter bei der Nachuntersuchung andere, unabhängigere Diagnosen und Nachuntersuchungsbefunde erhalten hätte (vgl. oben B.I.7). Dieses Thema wollen wir noch einmal aufnehmen und erneut zur Diskussion stellen.

Man kann eine Untersuchung gezielt oder allgemein gerichtet ausführen. Es ist die Frage, ob durch die personale Einheit von Untersucher und Nachuntersucher eine objektive Aussage gewährleistet ist. Das bedeutet in der Praxis: Ob der Nachuntersucher seine „blinden Flecke“ oder Vorurteile in die Nachuntersuchung hineinprojektiert hat. Dem kann man entgegenhalten, daß ein „neutraler Dritter“ eher geneigt ist, aus Unkenntnis der inhärenten Traumatisierungsproblematik zu Fehlschlüssen zu kommen. Möglicherweise könnte man von ihm einen anders gearteten Abstand zur Problematik erwarten. Nicht aber darf man erwarten, daß nicht auch er seine blinden Flecke hineinprojektiert. Da in beiden Fällen der Untersucher resp. der Nachuntersucher das Meßinstrument ist, geht es im Grunde um die Frage der blinden Flecke dieses Instrumentes überhaupt und inwiefern das vorliegende Material die subjektive Voreingenommenheit bereits enthält.

Um sich besser abzusichern, hätte man eventuell einen MMPI oder ABV (= Amsterdamse biographische vragenlijst, *de Wilde*, 1960) oder einen der von *Eysenck* ausgearbeiteten Fragebogen benützen können.

Es geht hier um die Frage der Objektivität einerseits und der Relevanz andererseits. Fragebogen sind objektiver, Diagnosen relevanter. Fragebogen sind normativer und objektiver aufgrund ihrer Nichtspezifizität. Das Normative, das sie beschreiben, ist in unserem Fall gerade nicht relevant; d. h. alle diese „objektiveren" Instrumente besitzen nicht die spezifische Empfindlichkeit, die eine Voraussetzung für die Ausführung der vorliegenden Untersuchung ist.

Wenn wir wiederum bei der Frage der Diagnostik anknüpfen, so ergibt sich folgendes Bild: Kinder einer Minderheitsgruppe erleben nach der Trennung von der Mutter eine Reihe traumatischer Situationen, die zu traumatischen Erfahrungen führen. Die Art und Weise, wie diese Erfahrungen verarbeitet werden, finden wir unserer Annahme zufolge in den diagnostischen Kategorien wieder. Wir sind demnach auf eine spezifische Wahrnehmung eines Individuums eingestellt, und zwar auf die Weise seines Funktionierens, die man unter die Perspektive des erlittenen Traumas einordnen kann. Wir sind nicht an der Befindlichkeit eines allgemeinen Zustands- oder Krankheitsbildes interessiert. In dieser Hinsicht läßt sich unsere Untersuchung auch nicht mit anderen bereits bestehenden statistischen Untersuchungen über die Konsequenzen des Verfolgungsgeschehens vergleichen. Die bewußte Ausklammerung einer spezifischen Fragestellung, wie sie z. B. *Matussek* und seine Mitarbeiter vornehmen, führt zu einer Inventarisierung eines allgemeinen Zustands- oder Krankheitsbildes, das bewußt eine Diagnosestellung ausschließt und sich nur an den gefundenen Symptomen orientiert mit der Frage, „wie man sie benennen soll".

Im Unterschied hierzu gehen wir von der Formulierung unserer Hypothesen aus. Diese implizieren bereits die Untersuchung spezifischer Daten anläßlich spezifischer traumatischer Ansätze. Eine solche gezielte Untersuchung legt dem Untersucher a priori bei der Beschreibung der Belastungsfaktoren und der Aspekte der Nachuntersuchung gewisse Beschränkungen auf. Eine zu große Anzahl von Variablen würde das Operationsfeld kaum übersichtlicher machen und schwerlich zu einer Erhellung der Fragestellung beitragen. In unserem Fall betrifft die gezielte Untersuchung nach der altersspezifischen Traumatisierung und nach der Intensität der Traumatisierung die spezifische Frage nach der Verarbeitung der Verfolgung *und* der Waisenschaft in abgegrenzten Altersgruppen. Zugleich betrifft sie auch die Trauerverarbeitung.

Zur Operationalisierung haben wir zwar die externen Faktoren der Traumatisierung gewählt, die überdauernden Persönlichkeitsveränderungen aber in zehn diagnostischen Kategorien untergebracht. Das bedeutet, daß unser diagnostisches Spektrum an sich genügend differenziert ist. Die diagnostischen Kategorien beschreiben nicht nur allgemeine Zustands- oder Krankheitsbilder, sie wurden auch im Hinblick auf die spezifischen und zentralen Themen unserer Untersuchung definiert. Unsere Diagnostik ist keine „Blind-Diagnostik", die anhand allgemein gehaltener Fragebogen gestellt wird. Darum wurden die spezifischen Themen auch nicht aus dem Nachuntersuchungsgang ausgeklammert. Sie bilden den Kern der follow up-Untersuchung, die auf Erschließung der oben angesprochenen Problemkreise gerichtet ist.

Eine allgemeine, unspezifische Ausrichtung der Nachuntersuchung bezüglich der Diagnostik und des sozialen Funktionierens erscheint uns deshalb im vorliegenden Fall nicht sinnvoll und hinsichtlich einer eventuellen größeren Objektivität überdies zweifelhaft. Auch ein allgemein ausgerichteter Untersuchungsgang hat seine subjektiven Aspekte, selbst in einer statistischen Bearbeitung, abhängig davon, was man als essentiell für seine Untersuchung ansieht, nämlich erstens in der Wahl der Kernvaria-

blen, die man unterscheidet oder negiert, und zweitens in der Operationalisierung der Inhalte, die sich auf die Problemstellung innerhalb der zu untersuchenden Population beziehen. Mit *von Baeyer, Häfner* und *Kisker* sind wir der Meinung, daß die Empfindlichkeit des geschulten Untersuchers darin besteht, daß für ihn bei der Nachuntersuchung von Traumatisierungen „lebendig" wird, was einem neutralen Dritten eben „neutral" bleibt.
Im Licht dieser Erwägungen ist es unvermeidlich, daß bei der Wahl einer Untersuchungsmethode, bei der die Empfindlichkeit und nicht die Blindheit des Instrumentes den Ausschlag gibt, diejenigen Gesichtspunkte den Vorzug verdienen, die den spezialisierten Ansprüchen dieser follow up-Untersuchung entgegenkommen.
Wir haben im vorliegenden Fall versucht, der eigenen Voreingenommenheit Rechnung zu tragen; in den methodologischen Ausführungen haben wir dargestellt, auf welche Weise das geschah (vgl. oben B.I.7). Die Zuverlässigkeit unserer Methode erwies sich u. E. bei den hohen Prozentsätzen der angstneurotischen Entwicklungen der präpuberalen Altersgruppe, einem Resultat, das wir in seiner Plausibilität nicht erwartet hatten.

D.V.2. Prüfung der Hypothese II

Hypothese II lautet: Es besteht ein Zusammenhang zwischen dem Grad der massiven kumulativen Traumatisierung und dem bei der Nachuntersuchung ermittelten Schweregrad der Störung des psycho-sozialen Funktionierens.
Um diese Hypothese prüfen zu können, haben wir zunächst die zweite und dritte traumatische Sequenz und die drei abgegrenzten Lebensbezirke der Nachuntersuchung (Ehe, Beruf, Freizeit) operationalisiert und Meßinstrumente entwickelt. Die Traumatisierung der zweiten und dritten traumatischen Sequenz wurde in Gesamtskore II und Gesamtskore III ausgedrückt. Der Schweregrad der Störung der psycho-sozialen Funktion wurde in den drei Gesamtskoren der Nachuntersuchung für die drei abgegrenzten Lebensbezirke angegeben.
Wenn wir von „kumulativer Traumatisierung" sprechen, so drücken wir damit aus, daß die während der zweiten Sequenz stattgehabte Traumatisierung gefolgt und verstärkt wird durch die Traumatisierung während der dritten Sequenz. Das bedeutet, daß wir annehmen, daß nicht nur innerhalb einer traumatischen Sequenz, sondern auch für die Folge der beiden traumatischen Sequenzen aufeinander eine Kumulation des traumatischen Prozesses stattfindet. Damit würden Gesamtskore II und III als Begriffe aufgefaßt werden, auf die eventuell Additionsvorgänge angewendet werden könnten. In diesem Fall wäre das Totalskore von Gesamtskore II plus Gesamtskore III als Ausdruck der totalen kumulativen Traumatisierung während der Kriegs- und Nachkriegsperiode zu betrachten.
Bereits an anderer Stelle haben wir unsere Zweifel darüber ausgesprochen, ob ein Additionsverfahren in der Tat das Wesen der kumulativen Traumatisierung wiedergibt (vgl. oben S. D.II.2). Um zu einer brauchbaren Aussage zu kommen, muß man sich entschließen, die zweite und dritte traumatische Sequenz als unabhängige Elemente zu betrachten und ihr Verhältnis zueinander zu untersuchen.
Es muß ermittelt werden, ob man hier überhaupt von gleichartigen Belastungsmomenten, die man durch ein Additionsverfahren in ihrem kumulativen Wesen zum Ausdruck bringen könnte, sprechen darf. In diesem Fall müßte zumindest ein statistisch korrelativer Zusammenhang zwischen den beiden traumatischen Sequenzen nachweisbar sein. Mittels des Spearman-Korrelationsverfahrens wurde dieser Zusammenhang berechnet. Das Resultat ist eine Rangkorrelation von .10 mit einem p-Wert von $< .11$.

Dieses Ergebnis halten wir für einen zu schwachen Zusammenhang, um es weiter zu analysieren.
Wir wollen hier kurz auf die bei der Errechnung der Gesamtskore II und III geführte Diskussion, wobei ein linearer Zusammenhang angenommen wurde, zurückgreifen (vgl. oben D.II.2). Wir haben dort ausgeführt, daß wir das Additionsverfahren wählten, weil wir dabei das kumulative Moment eher zu schwach, aber nicht überhaupt falsch messen würden. Wir konnten das tun, da wir sowohl für die zweite als auch für die dritte traumatische Sequenz getrennte Skalen entwickelt haben, von denen die eine unter dem Gesichtspunkt der „Sicherheit", die andere unter dem Gesichtspunkt „Antwort des Pflegemilieus" zusammengefaßt und betrachtet werden konnte. Die beiden Skalen beschrieben zwei ungleichartige massiv-kumulative Belastungssituationen, wodurch sie in ihrer Verschiedenheit doch verwendbar waren.
Bei der erneuten Stellung der Frage nach dem Wesen des kumulativen Elements erweist sich, daß zwischen der zweiten und dritten traumatischen Sequenz kein statistisch korrelativer Zusammenhang besteht; daß es sich um zwei ungleichartige Belastungssituationen handelt, die nicht durch das Additionsverfahren miteinander verknüpft werden können.
Dieses Ergebnis stimmt überein mit dem gefolgten Gang der Untersuchung. Die zweite und dritte traumatische Sequenz sind aufgrund ihrer Modalitäten zwei völlig verschiedene Situationen, die auch demgemäß beurteilt wurden. Durch Gleichartigkeit innerhalb der jeweiligen Skalen war es wohl möglich, das jeweilige Gesamtskore durch ein Additionsverfahren zu errechnen. Zur näheren Feststellung der kumulativen Traumatisierung durch eventuelle Berechnung eines Totalskore als Summe der beiden Gesamtskores II und III ist jedoch das additive Verfahren wegen der Ungleichartigkeit beider traumatischen Situationen nicht anwendbar.
Man muß sich demnach auf die Feststellung beschränken, daß das massiv-kumulative Geschehen der zweiten traumatischen Sequenz andersartig ist als das der dritten traumatischen Sequenz. Beide sind inhaltlich verschieden; ihre Gesamtskores weisen keinen statistisch korrelativen Zusammenhang auf, so daß man das kumulative Element weder durch Addition noch durch Multiplikation ausdrücken kann. Infolgedessen muß man beide traumatischen Sequenzen jede für sich beurteilen. Diesen besonderen Aspekt unserer Ergebnisse wollen wir im engeren Sinne *sequentielle Traumatisierung* nennen.
Das eben Ausgeführte bedeutet nicht unbedingt, daß der traumatisierende Effekt in jeder Sequenz ein anderer ist; eher kann man erwarten, daß er auf demselben Niveau liegt. Es ist jedoch schwierig, hier zu schärfer umrissenen Aussagen zu gelangen, da man nicht weiß, welche Interferenzerscheinungen noch eine Rolle spielen. Darum erscheint es uns sinnvoller, den Zusammenhang zwischen den Ergebnissen der Nachuntersuchung und den beiden Sequenzen gesondert zu betrachten, um auf diesem Wege auszumachen, welche Sequenz in ihrem Verhältnis zur Nachuntersuchung von ausschlaggebender Bedeutung ist.
Dazu spalten wir Hypothese II in zwei statistische Hypothesen IIa und IIb, die wir unter der Nullhypothese von Unabhängigkeit prüfen.
Hypothese IIa lautet: Es besteht ein Zusammenhang zwischen Gesamtskore II und den Gesamtskores der Nachuntersuchung für die drei Lebensbezirke.
Hypothese IIb lautet: Es besteht ein Zusammenhang zwischen Gesamtskore III und den Gesamtskores der Nachuntersuchung der drei Lebensbezirke.
Ad Hypothese IIa: Wir fanden nur eine schwache Korrelation zwischen Gesamtskore II und der Gesamtskore „Freizeit" der Nachuntersuchung. Der Korrelationskoeffizient betrug .19, der p-Wert $<.01$. Dieser Zusammenhang bezog sich nur auf die

untergetauchten Kinder (N-150). Die Konzentrationslagerkinder skorten bei „Freizeit“ 4 bis 5 Punkte ungünstiger. Wenn wir Gesamtskore II auch für die Konzentrationslagerkinder berechnen, ergab sich ebenfalls keine Korrelation zwischen Gesamtskore II und den Gesamtskores für „Ehe“ und „Beruf“.
Aufgrund dieser Ergebnisse wurde Hypothese IIa verworfen, d. h.: Es besteht kein statistischer Zusammenhang zwischen Gesamtskore II und den Gesamtskores der Nachuntersuchung für die drei Lebensbezirke.
Ad Hypothese IIb: Bei der Prüfung des Zusammenhanges zwischen Gesamtskore III und den drei Gesamtskores für die abgegrenzten Lebensbezirke der Nachuntersuchung erhielten wir folgende Ergebnisse:

	Gesamtskore	p-Wert
Ehe	r .29	< .001
Beruf	r .42	< .001
Freizeit	r .12	< .04

Aufgrund dieser Ergebnisse können wir die Nullhypothese von Unabhängigkeit zugunsten der Hypothese eines Zusammenhanges zwischen Gesamtskore III und den drei Gesamtskores der abgegrenzten Lebensbezirke der Nachuntersuchung zurückweisen. Das bedeutet, daß ein statistischer Zusammenhang besteht zwischen dem Verlauf der dritten traumatischen Sequenz und dem sozialen Funktionieren in den drei Lebensbezirken Ehe, Beruf und Freizeit der Nachuntersuchung. Aufgrund dieser Ergebnisse muß dem Verlauf der dritten traumatischen Sequenz im massiv-kumulativen Geschehen des Traumatisierungsvorganges eine entscheidende Rolle zuerkannt werden.
Das Ausmaß der Traumatisierung während des Krieges (in der zweiten traumatischen Sequenz) gestattet keine Vorhersage über die Weise, wie der Betreffende nach dem Kriege und in seinem weiteren Leben funktioniert. Das Ausmaß der Traumatisierung während der dritten Sequenz gestattet diese Vorhersage wohl.

D.V.3. Weitere Resultate

Im folgenden sollen noch einige mittels Korrelationsverfahren berechnete Ergebnisse referiert werden. Sie entsprechen den Spearman-Koeffizienten und anderen non-parametrischen Bearbeitungen. Ziel ist, die sich aus der Prüfung der beiden Hypothesen ergebenden Resultate durch zusätzliche Ergebnisse zu ergänzen.
Zunächst untersuchten wir den Zusammenhang zwischen Variablen, die mit der Vormundschaft zusammenhängen und die dritte traumatische Sequenz gewissermaßen einleiten, und Gesamtskore II (Tab. 29). Um die Bedeutung dieses Zusammenhanges zu zeigen, haben wir zum Vergleich die Korrelationen mit Gesamtskore III angegeben. Angewendet wurde das *Mann-Whitney*-Test-Verfahren.*)
Es ist interessant zu sehen, daß die beiden ersten Variablen einen Zusammenhang mit Gesamtskore II aber nicht mit Gesamtskore III aufweisen. Das erscheint plausibel, da die Vormundschaftsfrage im Hinblick auf den Verlauf der zweiten traumatischen

* Die p-Werte beruhen auf 2seitiger Prüfung.

Tabelle 29: **Vormundschaft und Gesamtskore II und III**

Unabhängige Variable	Abhängige Variablen	
	Gesamtskore II	Gesamtskore III
1) Jüdische Vormundschaft	mean r 77.3 (N–104)	94.7 (N–141)
Nichtjüd. Vormundschaft	mean r 62.1 (N–41)	93.9 (N–47)
	U – 2577	U – 3344
	p < .05	n.s.
2) Kein Streifall	mean r 81.6 (N–119)	104.1 (N–167)
Streitfall	mean r 60.8 (N–34)	92.1 (N–36)
	U – 2575	U – 3361
	p < .02	n.s.
3) Vormund jüd. Privat-P.	mean r 68.6 (N–73)	95.3 (N–96)
Vormund jüd. Rechts-P.	mean r 77.5 (N–72)	93.7 (N–92)
	U – 2305.5	U – 4494
	n.s.	n.s.
4) Kein Vormundschafts-wechsel	mean r 78.5 (N–139)	96.9 (N–185)
Vormundschaftswechsel	mean r 62.1 (N–14)	157.4 (N–19)
	U – 1181	U – 714
	n.s.	p < .0001

Sequenz beurteilt und gelöst wurde. Die Vormundschaftszuweisung ergibt also Information nur mit Bezug auf diese Periode. Die obige Tabelle zeigt deutlich, daß eine signifikante Korrelation besteht zwischen einem ungünstigen Gesamtskore II und einer jüdischen Vormundschaftszuweisung, und – andererseits – zwischen einem günstigen Gesamtskore II und einer nicht-jüdischen Vormundschaftszuweisung. Auch das erscheint plausibel, vor allem, wenn man sich das Band vergegenwärtigt, das zwischen jüngeren Kindern und ihren Kriegspflegeeltern entstand (vgl. *Vormundschaftszuweisungen*, Tab. 13). Überraschend ist nur, daß die Vormundschaftszuweisung anscheinend kein statistischer Indikator für den Verlauf der dritten traumatischen Sequenz ist. Dies gilt gleichermaßen für die Kinder mit nicht-jüdischer wie mit jüdischer Vormundschaft. Während man zu Anfang der dritten traumatischen Sequenz noch einen Unterschied zwischen diesen beiden Gruppen wahrnehmen konnte, sagt dieser anfängliche Unterschied schließlich nichts mehr über den weiteren Verlauf. Ein günstiges Gesamtskore für die zweite traumatische Sequenz bietet anscheinend keine Gewähr für einen gleichermaßen günstigen Verlauf der dritten traumatischen Sequenz.

An dieser Stelle soll die im vorigen Kapitel gestreifte Frage der Konzentrationslagerkinder noch einmal aufgenommen werden. Es versteht sich von selbst, daß eine nicht-jüdische Vormundschaftszuweisung bei ihnen nicht in Frage kam. Gesamtskore II wurde ursprünglich nur für die untergetauchten Kinder berechnet; erst bei der Untersuchung nach dem Zusammenhang zwischen Gesamtskore II und den Gesamtskores der Nachuntersuchung wurden auch die Konzentrationslagerkinder mit erfaßt. Sie erhielten die bei der Operationalisierung der zweiten traumatischen Sequenz angegebenen Werte (s. o. D.II.1).

Bisher konnte auf statistischem Wege kein Unterschied zwischen der Gruppe der Konzentrationslagerkinder und der Gruppe der Untertauchkinder festgestellt werden, obwohl man das vielleicht erwarten würde. Den Zusammenhang zwischen Gesamtskore II und dem Gesamtskore „Freizeit" teilen die Konzentrationslagerkinder zwar mit den Untertauchkindern, aber sie skoren hier doch 4,7 Punkte ungünstiger.

Da unsere Arbeit nicht auf die Ermittlung eines eventuellen Unterschiedes in Grad und Modalität der Traumatisierung bei diesen beiden Gruppen zielte, müssen wir auf eine tiefer schürfende Analyse verzichten. Da überdies die Mehrzahl unserer Population aus Untertauchkindern bestand, ist die Fragestellung vorwiegend auf die Erfassung dieser Gruppe operationalisiert. Mit der Formulierung der *basic needs* wurden allgemeine Situationen skizziert, mit denen man die externen traumatischen Faktoren allgemein in den Griff bekommen konnte. Auch in der Literatur finden sich Hinweise auf die Übereinkünfte zwischen verschiedenen gravierenden Belastungssituationen hinsichtlich ihrer traumatisierenden Effekte (*von Baeyer, Häfner* und *Kisker*; *Paul* und *Herberg*). Auch die Resultate unserer Untersuchung ließen sich in diese Reihe einordnen.

Damit ist die Frage noch nicht beantwortet, warum sich in dem von uns definierten Lebensbezirk „Freizeit" die Konzentrationslagerkinder von den untergetauchten Kindern deutlich durch eine ungünstigere Korrelation mit Gesamtskore II unterscheiden. Wir müssen mit der Möglichkeit rechnen, daß der hier ad hoc definierte Begriff „Freizeit" ein vielgestaltiges Gebilde ist, mit *social skills*, die eben nur für diesen Bereich gelten, aber auch mit möglichen Konfliktsituationen im Verhältnis zur kongenialen Gruppe, allgemeinen projektiven und reaktiven Spannungs- und Entspannungsmöglichkeiten, die in den beiden anderen Bezirken („Ehe" und „Beruf") in diesem Ausmaß und Sinngehalt nicht gegeben sind. Da wir aufgrund unserer Resultate zu keiner traumatischen Typologie gelangten, muß die Beantwortung der oben gestellten Frage offen bleiben und einer in dieser Richtung differenzierteren Methode überlassen werden.

Auch der Zusammenhang zwischen günstigem Gesamtskore II und „Streitfall" erscheint plausibel: diejenigen Kriegspflegemilieus, in denen die Kinder am günstigsten die zweite traumatische Sequenz überstanden, setzten sich auch aktiv ein, um ihre Pflegekinder zu behalten.

Wenn man die beiden Items „Vormundschaftszuweisung" und „Streitfall" in ihrem Verhältnis zu günstigem Gesamskore II betrachtet, ergeben sich einige interessante Hinweise für die Traumatisierungsproblematik. Die zweite traumatische Sequenz wurde – wie erwähnt – um die Variable „Sicherheit" gruppiert, die in der iterativen Itemanalyse dieser Periode die höchste Ladung zeigte, gefolgt durch „pädagogische Eignung". Man könnte sich fragen, ob wir es hier nicht mit einem De-traumatisierungsfaktor zu tun haben, der in den Resultaten des *Mann-Whitney*-Testes auch statistisch zu Buche schlägt. Man kann sich auch vorstellen, daß die Empfehlungen der Kommission O. P. K. und die Entscheidungen der Vormundschaftsgerichte auf ähnlichen Erwägungen beruhten.

Aber die Tatsache, daß die Vormundschaftszuweisung trotz eines günstigen Gesamtskores II statistisch keine Vorhersage über den Verlauf der dritten traumatischen Sequenz gestattet, läßt die gesamte Traumatisierungsproblematik im vorliegenden Falle, in dem es sich um Kinder einer verfolgten Minderheit handelt, in einem noch anderen Licht erscheinen. Anscheinend unterliegt die Notgemeinschaft zwischen Pflegeeltern und Pflegekind in den Zeiten der Verfolgung anderen Gesetzen, als die Pflegegemeinschaft nach dem Kriege. Offenbar spielen in der Nachkriegsperiode die spezifischen Probleme des jüdischen Waisenkindes, die Verknüpfung individuell-psychologischer und gruppen-psychologischer Themen eine größere und dynamischere Rolle, die in der Modalität der erlittenen Waisenschaft begründet ist.

Ferner verdeutlicht die obige Tabelle, daß kein signifikanter Zusammenhang zwischen günstigem Gesamtskore II und Vormundschaftszuweisung an jüdische Privatpersonen

besteht. Die historische Situation nach dem Kriege, d. h. die Dezimierung der jüdischen Gemeinschaft in den Niederlanden, gestattet keine andere Schlußfolgerung.
Punkt 4 der vorliegenden Tabelle betrifft den Vormundschaftswechsel. Dieser hängt signifikant zusammen mit einem ungünstigen Gesamtskore III. Dieser Wechsel betraf in fast allen Fällen den Übergang der Vormundschaft von jüdischen oder nicht-jüdischen Privatpersonen auf eine jüdische Rechtsperson. Was die nicht-jüdischen Privatpersonen betrifft, so bestätigt dies aus einem anderen Einfallswinkel die oben gezogenen Schlußfolgerungen.
Abgesehen von den hier behandelten Items der dritten traumatischen Sequenz ist die Variable „Ausbildung" die einzige, die außer mit dem Gesamtskore II auch auf dem Niveau der Items mit Items der zweiten traumatischen Sequenz signifikant korreliert. Der nach *Spearman* berechnete Korrelationskoeffizient zwischen „Ausbildung" und Gesamtskore II beträgt $r = 22$ $p < .004$ (N-153). Ferner erhielten wir die Korrelationen in Tabelle 30.

Tabelle 30: **Korrelationen des Items „Ausbildung"**

(N–154)	Ausbildung	
Sicherheit	.13	$p < .03$
Dunkelziffer	.16	$p < .01$
Traumaindex	.20	$p < .003$
Pädagogische Eignung	.31	$p < .001$
Wahrscheinlich mehr	.02	n.s.

Aufgrund dieser signifikanten Korrelationen kann man folgern, daß „Ausbildung" ein wichtiger Indikator ist, der eng mit dem Grad der Traumatisierung während der zweiten traumatischen Sequenz zusammenhängt. Dieser Befund macht auch sein Auftreten in der Tabelle der psycho-sozialen Defizienz von *Weijel* als Ausdruck einer durch Traumatisierungsvorgänge entstandenen Defizienz plausibler.
Die Bedeutung einer nicht verwirklichten Lern- oder Ausbildungsdisposition, überhaupt die gestörte, unterbrochene Schul- und Berufsausbildung wurde im klinischen Teil bei der Definition der *basic needs* der verschiedenen Altersgruppen dargestellt. Wir haben hierbei nicht nur auf das entstandene Lerndefizit, das möglicherweise in einer späteren Phase bis zu einem gewissen Umfang wieder eingeholt werden kann, sondern vor allem auch auf die Entwicklung der sozial-kommunikativen Beziehungen hingewiesen, deren Rückstand nur schwerlich wieder zu reparieren ist. In der praktischen Arbeit der jüdischen Waisenorganisation nach dem Kriege nahm die Lösung der Schul- und Ausbildungsprobleme einen großen Raum ein. Daß die korrelationsstatistischen Bearbeitungen diese Intentionen in so erschöpfendem Maße bestätigen, ist überraschend.
Das Item „pädagogische Eignung" der zweiten traumatischen Sequenz, das – wie wir sahen – bei der Vormundschaftsproblematik eine wichtige Rolle spielte, zeigt auch noch in einem anderen Zusammenhang seine statistische Bedeutsamkeit. In Tabelle 31 sind die Korrelationen mit je zwei verschiedenen Itemgruppen dargestellt. Die erste betrifft eine gemischte Gruppe von drei Items aus der zweiten und der dritten traumatischen Sequenz, die andere bezieht sich auf die drei Gesamtskores der Nachuntersuchung.

Tabelle 31: **Korrelation des Items „pädagogische Eignung" (zweite traumatische Sequenz)**

1)	Anzahl Wechsel (zweite traumatische Sequenz)	(N–154)	.30	p < .001
	Antwort Pflegemilieu (dritte traumatische Sequenz)	(N–204)	.15	p < .02
	Ausbildung	(N–204)	.31	p < .001
2)	Ehe	(N–181)	.26	p < .001
	Beruf	(N–109)	.12	p < .05
	Freizeit	(N–201)	.13	p < .05

Bei Gruppe 1 können wir aufgrund der hohen Korrelationskoeffizienten allen drei Korrelationen einen signifikanten statistischen Zusammenhang zuerkennen. Bei Gruppe 2 ist dies allein bei „Ehe" der Fall, die beiden anderen Korrelationskoeffizienten, .12 und .13, sind zu niedrig, als daß von einer statistischen Signifikanz gesprochen werden könnte.
Auch das Item „sozialer Status" (der Eltern; nach der sozialen Klassifikationsskala von *van Heek*) ergibt einige interessante statistische Zusammenhänge (vgl. Tab. 32).

Tabelle 32: **Korrelationen des Items „Sozialer Status"**

Ausbildung	(N–204)	–.25	p < .001
Beruf (relativ)	(N–189)	–.19	p < .01
Ehe	(N–181)	–.08	n.s.
Freizeit	(N–201)	–.12	p < .05

In allen vier Fällen finden wir negative Korrelationen, von denen die zwischen „sozialer Status" und Gesamtskore „Ehe" nicht signifikant ist. Die negative Korrelation zwischen „Ausbildung" und „sozialer Status" muß formal in dem Sinne interpretiert werden, daß ein niedriger sozialer Status der Eltern mit einem ungünstigen, ein höherer sozialer Status mit einem günstigeren Ausbildungsskore korrespondiert. Das gleiche gilt für das relative Berufsniveau.
Eine Erklärung hierfür ist nicht ohne weiteres zu geben, ohne sich in billige Spekulationen zu verlieren. Um zu einer schlüssigen Formulierung zu kommen, bedarf es sicherlich zusätzlicher Informationen, die uns nicht zur Verfügung standen. Wichtig erscheint uns in diesem Zusammenhang daran zu erinnern, daß es in unserem Material keine Hinweise dafür gibt, daß die Kinder aus höheren sozialen Milieus es in der zweiten traumatischen Sequenz leichter gehabt hätten. Die im demographischen Teil deutlich gewordene Unterrepräsentation der niedrigen Einkommensgruppen, die Vernichtung des jüdischen Amsterdamer Proletariats scheint als psychologischer Faktor eine Rolle zu spielen: es wäre möglich, daß bei den überlebenden, sozial vereinsamten Kindern tiefer greifende Identifizierungsmechanismen mit den umgekommenen Eltern, stellvertretende Rollenrepräsentation im Zuge einer nicht gelungenen Trauerverarbeitung, eine Rolle spielten.

Der bereits ermittelte Zusammenhang zwischen Gesamtskore III und den drei Gesamtskores für die Bezirke der Nachuntersuchung wird in Tabelle 33 näher differenziert. Auffällig sind die hochsignifikanten Korrelationen zwischen „Antwort

Tabelle 33: **Korrelationen verschiedener Variablen der dritten traumatischen Sequenz mit den Gesamtskores „Ehe", „Beruf" und „Freizeit"**

Variablen der dritten traumatischen Sequenz	Ehe (N–181)	Beruf (N–189)	Freizeit (N–201)
Anzahl Wechsel	.18**	.22**	.04
Traumaindex	.14*	.28***	.07
Antwort Pflegemilieu	.25***	.27***	.03
Adäquate Hilfe	.18**	.18**	.08
Ausbildung	.30***	.45***	.17**
Art der Hilfe	.06	.00	.06
	(N–102)	(N–107)	(N–114)
Kooperation	.33***	.47***	.02
	(N–102)	(N–107)	(N–114)

* = $p < .05$
** = $p < .01$
*** = $p < .001$

Pflegemilieu", „Ausbildung" und „Kooperation" einerseits und „Ehe" und „Beruf" andererseits, gefolgt durch die sehr signifikanten Korrelationen der Items „adäquate Hilfe" und „Anzahl Wechsel" mit „Ehe" und „Beruf". In dem Item „Kooperation" haben wir, wie in der Operationalisierung dargestellt, die Möglichkeit des Kindes zu erfassen versucht, von der ihm gebotenen Hilfe einen einigermaßen adäquaten Gebrauch zu machen. Für den in der praktischen Arbeit tätigen Kinderpsychiater und Analytiker sind die hier referierten Befunde eigentlich nicht überraschend. Sie spiegeln auf einem anderen Niveau Erfahrenes und Gewußtes wieder und ergänzen auf sinnvolle Weise das diagnostische, aber vor allem das psychotherapeutische Konzept.

Für die Korrelation zwischen Identität und Loyalität schließlich ergab die *Spearman*-Korrelation den Wert .43 (N-204) $p<.001$. Diese hohe Korrelation durchzieht das gesamte Material; sie wurde bereits im klinischen Teil signalisiert und besprochen. Ein ungünstiger Loyalitätswert geht mit einem ungünstigen Identitätswert einher, d. h. mit einer erhöhten Identitätsproblematik. Auch dies wurde bereits klinisch aufgezeigt. Nur kam als klinisches Faktum noch hinzu, daß sehr wahrscheinlich ein Bindeglied zwischen beiden besteht, und zwar in Form der Trauerverarbeitung. Eine unausgetragene Loyalitätsproblematik hemmt die Trauerverarbeitung und beeinflußt zugleich die Identitätsproblematik.

Die zentrale Stellung, die die Identitätsproblematik in unserem Material einnimmt, erhellt auch aus Tabelle 34.

Tabelle 34: **Korrelation des Items „Identität"**

Ehe	.31 (N–181)	$p < .001$
Beruf	.26 (N–189)	$p < .001$
Freizeit	.34 (N–201)	$p < .001$
TPSD	.23 (N–204)	$p < .001$

Diese Ergebnisse überblickend haben wir den Eindruck, daß die sehr signifikanten und signifikanten Korrelationen in erster Linie mit der Spezifität unseres Materials und den erschöpfend dargestellten Problemkreisen der zweiten und dritten traumatischen

Sequenz zusammenhängen. Unsere Aussagen dürfen dann auch nur in bezug auf das vorliegende Material als verbindlich betrachtet werden. Darüber hinaus erwarten wir jedoch, daß die statistischen Ergebnisse zusammen mit den klinischen Befunden auch allgemein gültige Angaben und Hinweise zur Klärung der Traumatisierungsproblematik bei Kindern überhaupt enthalten.

E. KONVERGENZ DER ERGEBNISSE DES DESKRIPTIV-KLINISCHEN UND DES QUANTIFIZIEREND-STATISTISCHEN TEILES

In Anbetracht der Spezifität unseres Materials, der sich hieraus ergebenden methodologischen Fragestellungen und der notwendigen Beschränkungen bei der Beantwortung der eingangs gestellten Hypothesen bezüglich

I. der alterspezifischen Traumatisierung und
II. der Intensität der Traumatisierung

ergeben sich folgende Konvergenzen:

1) Das der vorliegenden klinischen Untersuchung zugrundeliegende Konzept der traumatischen Sequenzen, mittels dessen der klinische Verlauf der extremen Belastungssituation gegliedert wurde, wird durch die quantifizierend-statistische Untersuchung bestätigt. Es ist annehmbar, daß man es bei der zweiten und dritten traumatischen Sequenz mit zwei verschiedenen Phasen zu tun hat, die nach zwei verschiedenen Skalen („Sicherheit" bzw. „Antwort des Pflegemilieus") definiert werden können. Für diese Annahme spricht:
   a) die Homogenität der Resultate der iterativen Itemanalyse sowohl für die zweite als auch für die dritte traumatische Sequenz;
   b) die äußerst niedrige Korrelation zwischen der zweiten und der dritten traumatischen Sequenz (.10). Hieraus kann man folgern, daß wir es mit zwei selbständigen, voneinander unabhängigen Perioden zu tun haben;
   c) die deutlich unterschiedliche Korrelation der beiden traumatischen Sequenzen bezüglich der Nachuntersuchung. Dieser Unterschied bestätigt nicht nur den vorliegenden Sachverhalt, er erweist sich auch als aufhellend. Aufgrund des Gesamtskore der dritten traumatischen Sequenz gelangt man zu treffsichereren Voraussagen hinsichtlich der Nachuntersuchung, als aufgrund des Gesamtskore der zweiten traumatischen Sequenz. Dies bedeutet, daß beide Sequenzen sichtlich verschiedene Elemente enthalten, die zu unterschiedlichen Befunden führen. Der Verlauf der dritten traumatischen Sequenz korreliert in hohem Maße mit den bei der Nachuntersuchung gefundenen psycho-sozialen Defizienzerscheinungen. Die den Kindern in dieser Sequenz gebotene „Antwort des Pflegemilieus" beeinflußt entscheidend die in den früheren Sequenzen erlittenen Schäden.
2) Der aus dem klinischen Teil gewonnene Eindruck, daß mit der dritten Altersstufe eine neue Form der Traumatisierung beginnt, konvergiert mit den Befunden der iterativen Itemanalyse der zweiten traumatischen Sequenz. Bei der Frage, welche Indikatoren durch ihre Ladung zu dem Traumatisierungsprozeß beitragen, erwies sich, daß der Altersfaktor von der dritten Altersgruppe ab in erhöhtem Maße zum Traumatisierungsprozeß beiträgt. Je älter die Kinder waren, desto ungünstiger ihr Gesamtskore der zweiten traumatischen Sequenz. Dies bedeutet zugleich, daß die beiden jüngsten Altersgruppen es in ihren Kriegspflegefamilien besser getroffen hatten.
3) Der größere Prozentsatz Vormundschaftszuweisungen an Kriegspflegeeltern bei den jüngsten Altersgruppen (vgl. Tab. 13: *Vormundschaftsproblematik* usw.) entspricht der oben gegebenen Interpretation. Er stimmt in gewisser Hinsicht auch

mit den Ergebnissen der Untersuchung nach den „Überlebenschancen" überein. Auch hier hatten die jüngsten Jahrgänge die besseren Chancen. Auch die klinische Erfahrung lehrt, daß es leichter ist, für jüngere Kinder Pflegefamilien zu finden.

4) Neben den häufigeren Vormundschaftszuweisungen an Kriegspflegeeltern bei den jüngsten Altersgruppen fiel uns im klinischen Teil die Frequenz der Streitfälle auf. Dieser Befund stimmt mit den statistischen Erhebungen überein. Außer der signifikanten Korrelation zwischen günstigem Sicherheitsskore und Vormundschaftszuweisung an die Kriegspflegeeltern fällt die signifikante Korrelation zwischen günstigem Sicherheitsskore und Streitfällen auf. Hiermit stimmt der klinische Befund überein, daß Kinder mit einem ungünstigeren Sicherheitsskore eine jüdische Vormundschaft erhielten. Aus Erfahrung wissen wir, daß Kinder, die unmittelbar nach dem Kriege ins jüdische Milieu zurückkehrten, zum übergroßen Teil schwere erlebnis-reaktive Störungen aufwiesen.

5) Aus dem statistischen Teil erhellt, daß die Vormundschaftszuweisung nicht mit der dritten traumatischen Sequenz korreliert. Dies bedeutet, daß man aus der Vormundschaftszuweisung an sich keine Voraussage über den Verlauf der dritten traumatischen Sequenz ableiten kann.
Aus diesem an sich überraschenden Befund können verschiedene Folgerungen gezogen werden, die direkt anschließen an die klinischen Erhebungen. Während man z. B. bei Kindern, die aus den oben angegebenen Gründen nach dem Kriege in ihrem Kriegspflegemilieu blieben, einen günstigeren Verlauf der dritten traumatischen Sequenz erwarten sollte, ist dies, wie aus dem klinischen Teil erhellt, nicht immer der Fall. Anscheinend besteht eine Divergenz zwischen der „pädagogischen Eignung" des Kriegspflegemilieus, wie sie im günstigen Sinne in der zweiten traumatischen Sequenz zu Tage trat, und der „Antwort des Pflegemilieus" in der dritten traumatischen Sequenz. Man muß annehmen, daß eine Konvergenz besteht zwischen der „Antwort des Pflegemilieus" auf die innere und äußere Konfliktlage des Waisenkindes, die erst nach dem Kriege zur Entwicklung kam, und der Fähigkeit des gleichen Pflegemilieus, seine eigene innere Dynamik an die des Pflegekindes zu relatieren. Die gruppendynamische Konfrontation könnte z. B. bei der sich entwickelnden Identitäts-, Loyalitäts- und Trauerproblematik des Waisenkindes eine zusätzliche Belastung bilden, die die dritte Sequenz ungünstig verlaufen ließ.
Im allgemeinen zeigt sich dieses Problem in unserem klinischen Material bei denjenigen Fällen, wo infolge der Vormundschaftszuweisung an Privatpersonen von Anfang an überhaupt keine sozial-psychiatrische Hilfe mehr geleistet werden konnte.

6) Aus dem klinischen Teil erhellt, daß die Weise, wie die Waisenkinder in der dritten traumatischen Sequenz in ihren jeweiligen Pflegemilieus aufgefangen wurden, nicht altersgebunden ist. Dies gilt für nicht-jüdische und jüdische Milieus gleichermaßen. Die Ergebnisse der iterativen Itemanalyse der dritten traumatischen Sequenz unterstützen diese Annahme. Der altersspezifische Faktor spielt als Indikator für die Ladung des Traumatisierungsprozesses dieser Phase keine Rolle.

7) Die im klinischen Teil zusätzlich angewandte Tabelle der psycho-sozialen Defizienz von *Weijel*, aufgebaut auf rein klinischen Observationen, erweist sich im statistischen Teil als ein wichtiger Indikator zur Ermittlung des Sozialverhaltens in drei abgegrenzten Lebensbezirken (Ehe, Beruf, Freizeit) der Nachuntersuchung.

8) Interessant ist schließlich ein Vergleich zwischen den Ergebnissen der Frequenzzählungen in der Diagnosentabelle, die die Hypothese der altersspezifischen Traumatisierung unterstützen, mit dem Resultat des Chi-Quadrat-Testes. In

Anbetracht des nicht experimentellen und in seinem Ansatz retrospektiven Charakters unserer Untersuchung können wir uns mit dem erhaltenen Signifikanzwert $p < 0{,}10$ zufriedengeben.
Dies bedeutet: Kinder einer verfolgten Minorität, aus verschiedenen Jahrgängen, aus verschiedenem sozio-kulturellen und religiösen Milieu, und von unterschiedlichem sozialen Status werden im Zuge eines Verfolgungsgeschehens von ihrem kongenialen Milieu getrennt. Hierauf sind sie einer Abfolge von massiven kumulativen Traumatisierungen ausgesetzt, die sie als Waisen überleben. Der Zeitpunkt der Trennung von Mutter und Kind wird arbiträr als Beginn eines massiv-kumulativen Traumatisierungsverlaufs gewählt, der nur in wenigen externen Faktoren operationalisiert werden kann. Ungefähr 30 Jahre später wird eine Gruppe dieser Kinder nachuntersucht. Sowohl in der deskriptiv-klinischen als auch in der quantifizierend-statistischen Untersuchung wird eine Tendenz gefunden, die die Hypothese der altersspezifischen Traumatisierung unterstützt.

F. TABELLARISCHE ÜBERSICHT ÜBER DIE REPRÄSENTATIVE GRUPPE (204 Fälle)

Die niederländischen Schultypen in den gebräuchlichen Abkürzungen:

BLO	= Hilfsschule für schwachbegabte Kinder
HBS A	= etwa neusprachliches Gymnasium
HBS B	= etwa naturwissenschaftliches Gymnasium
IVO	= etwa Mittelschule (Montessori)
LOM	= Hilfsschule für lern- u. verhaltensgestörte Kinder
LTS	= etwa technische Berufsschule
MMS	= Mädchen-Mittelschule
MTS	= etwa technische Mittelschule
MULO	= etwa Mittelschule
ULO	= etwa aufgestockte Volksschule

Weitere im folgenden benützte Abkürzungen:

„crèche“	= Kindertagesstätte gegenüber der Deportationssammelstelle Hollandsche Schouwburg, Amsterdam
J	= Jahr(e)
JPF	= jüdische Pflegefamilie
JPM	= jüdisches Pflegemilieu
KPE	= Kriegspflegeeltern
KPM	= Kriegspflegemutter
KPV	= Kriegspflegevater
KW	= Kriegswaise
LEHJ	= Le Esrath Hajeled
M	= Mutter
Mo	= Monat(e)
NSB	= Niederländische nationalsozialistische Bewegung
PF	= Pflegefamilie
PM	= Pflegemutter
PV	= Pflegevater
T	= Tag(e)
V	= Vater
W	= Woche(n)

Jg. 1943		I. tr. Sequenz		II. tr. Sequenz				III. tr. S.
1	2	3	4	5	6	7	8	9
Code, Geschlecht	Eltern-haus *) Skala van Heek	Alter Trennung von Mutter/Gruppe	Art der Trennung	Anzahl Untertauch-adressen	Letzte Untertauch-pflegeeltern	KZ	Besonderheiten Untertauchperiode	Vormund-schaft
AA m	geschulter Arbeiter, kleiner Selb-ständiger 4*) liberal	10 T I	undeutlich; durch Nach-barn in die „crèche"	> 1	altes Ehepaar, kleiner Mittel-stand unkirchlich	–	durch Irrfahrten krank; verwahr-lost später gut auf-gefangen	Verwandte (Mischehe) kleiner Selbstän-diger
AB m	mittlerer Beamter 5 orthodox	2 Mo I	durch Eltern → Widerstand	> 3	mit 4 Mo zu unverheirateten Schwestern, kleine Selb-ständige katholisch	–	zu Beginn Irrfahr-ten; Ernährungs-störungen, Kran-hausaufnahme später Gefahren (Kampfzone) Tod PM; Über-nahme durch deren Schwester	KPF Streitfall
AC m	mittlerer Selbständiger 3–4 orthodox	3 W I	aus Kranken-haus	> 3	geschulter Ar-beiter, kleiner Selbständiger eigenes Kind katholisch	–	zu Beginn Irrfahr-ten;Ernährungs-störungen; kränk-lich; Kranken-hausaufnahme: Operation, Gips, enuresis Nottaufe	LEHJ Streitfall
AD w	mittlerer Beamter 4 liberal	12 T I	durch Eltern → KPF	1	geschulter Ar-beiter, kleiner Selbständiger	–	Pockenenzephali-tis, Epi-Insult mit 9 Mo Kran-kenhausaufnahme	KPF

III. tr. Sequenz					
10	11	12	13	14	15
Alter Rückkehr jüdisches Millieu	Ausbildung: Schule Beruf	Besonderheiten Nachkriegs-periode *) Anzahl Wechsel Pflegemilieu	Alter Alija nach Israel	Alter Rückkehr aus Israel	Nachuntersuchung
± 2	Volksschule LTS und Landbau gescheitert	aufgenommen bei Vormund: pädagogisch insuffizientes Pflege-milieu, verweigert Begleitung und Betreuung durch Sozialarbeiterin Problemkind, Verhaltensstörungen geht allein nach Israel 1*)	20 29	25	kein fester Beruf, gescheitert, unstet verheiratet mit jüd. Frau, Kinder Diagnose: persönlich und sozial verunsichert, charakterneurotische Entwicklung mit psychopathiformen Entgleisun-gen; Aufnahme psychiatrische Kli-nik; diffuse körperliche Beschwerden
21	Volksschule Kathol. Internat Gymnasium Universität	blieb in KPF, overprotected, getauft frühe Kontakt- und Anpassungs-schwierigkeiten in der Schule, im Internat isoliert; zurück KPF in Adoleszenzperiode verstärkte Identitätsproblematik, Loyalitäts-konflikte 2	27	–	Studium noch nicht abgeschlossen verheiratet mit jüd. Frau Diagnose: Identitäts- und Loyalitätskonflikte, charakterneurotische Entwicklung
14	Volksschule Mulo HBS Universität	Streit um Anerkennung des Kindes durch Verwandtschaft bleibt nach Periode der Unsicherheit bis 14 J in KPF (Kind als Bindemit-tel); nach deren Scheidung abrupter Wechsel in JPF (Verwandte) enuresis, Stottern, Ängste Psychotherapie, Betreuung durch Sozialarbeiterin 1	17 24 28	17 24 28	nach Vollendung des protrahierten Studiums am Anfang seines Berufs-lebens verheiratet mit jüd. Frau Diagnose: Identitäts- und Loyalitätskonflikte, charakterneurotische Entwicklung mit paranoiden Zügen
16	Volksschule Mulo, abge-brochen keine Aus-bildung Büro, Ver-käuferin	blieb in KPF: pädagogisch insuffi-zientes Milieu; kulturell unterer-ernährt; Problemkind; zu späte An-meldung Aufnahme jüd. Kinderheim mit 16 J mit 11 J informiert über Pflegekind-situation Nabeloperation; ab 6 J epilept. Insulte Loyalitätskonflikte, Identitäts-problematik, religiöse Wahnvorstel-lungen, schwierige Anpassung Psychotherapie und soziale Betreuung 1	–	–	zeitweilig im Berufsleben, Invalide, unverheiratet Diagnose: charakterneurotische Entwicklung auf cerebral-organischer Basis

Jg. 1943/1942		I. tr. Sequenz		II. tr. Sequenz				III. tr. S.
1	2	3	4	5	6	7	8	9
AE w	kleiner Selbständiger, Händler 3 liberal	9 Mo I	aus der „crèche"	3	mittlerer Beamter eigene Kinder freisinnig protestantisch	–	mit 10 Mo zu endgültiger KPF; wegen Gefahr 2 W im Nachbardorf gut aufgefangen unruhig, gut angepaßt	KPF
BA w	Vertreter 3 liberal	8 Mo I	durch Eltern → Widerstand	> 1	mittlerer Angestellter eigenes Kind protestantisch	–	sehr gebunden an KPF schwierig, trotzig	LEHJ
BB m	Mittelstand 3 (uneheliches Kind)	? I	?	> 1	Kloster	–	wenig bekannt	LEHJ
BC w	Vertreter guter Mittelstand 4–5 liberal	3 Mo I	durch Eltern ins Kinderheim	2	älteres Bauernehepaar mit eigener Tochter protestantisch	–	wegen Gefahr aus Kinderheim plötzlich weggeholt durch Tochter des Bauern und als deren Kind ausgegeben	Onkel
BD w	kleiner Selbständiger 2	± 3 Mo I	nach Verabredung als Findelkind	1	mittlerer Beamter kinderlos streng katholisch	–	kühles Milieu getauft	Onkel Streitfall
BE m	mittlerer Angestellter 3–4 orthodox	3 J II	nach dem Krieg im Zug	–	–	2	–	LEHJ

III. tr. Sequenz					
10	11	12	13	14	15
–	Volksschule MMS Sozialarbeit	blieb in KPF: harmonisches, stabiles Milieu; keine religiöse Beeinflussung; früh informiert über Pflegekindsituation; traumatisierende Momente gut aufgefangen harmonischer Entwicklungsverlauf	–	–	Berufsziel erreicht, ausgefüllt verheiratet mit nicht-jüd. Mann, Diagnose: normale Entwicklung bei gereifter Persönlichkeit mit diskreten Loyalitätskonflikten
± 4	Lyceum und Mulo gescheitert verschiedene Ausbildungen gescheitert	4-facher Wechsel des JPM: in 2 PF gescheitert; 2 Kinderheime; Heimwehreaktion nach KPF Kontaktstörungen; provozierendes, unreguliertes Verhalten, Stimmungsanomalie, depressiv Betreuung durch Sozialarbeiter 4	–	–	keine Berufsausübung, unverheiratet, Kinder Diagnose: persönlich und sozial verunsichert, charakterneurotische Entwicklung bei chronisch reaktiver Depression
± 4	Volksschule große Lernschwierigkeiten Schneider	3 oder 4 Heime in einer JPF gescheitert; blieb in einer anderen JPF bis zur Verheiratung Problemkind, widerspenstig, läuft überall weg, fühlt sich „fremd"; Stimmungsanomalie ambulante Psychotherapie; Betreuung durch Sozialarbeiterin 5–6	–	–	Berufsziel nach Schwierigkeiten erreicht, ausgefüllt; als Selbständiger gescheitert, Angestellter mit jüdischer Frau verheiratet, Kinder Diagnose: persönlich verunsichert, unstet, aufständisch; angstneurotische Entwicklung mit phobisch-depressiven Verstimmungen bei früher Verwahrlosung
± 3	HBS, gescheitert MMS keine Ausbildung Büro, gescheitert	aus KPF durch Verwandte abrupt weggeholt; schlecht aufgefangen; Heimweh nach KPF entwurzelt mit psychotischer Entwicklung in Adoleszenz; mit 19 J 1. Aufnahme psychiatrische Klinik 1	–	–	nur zeitweilig in Ausweichberufen tätig, invalide, unverheiratet Diagnose: psychotische Episoden, 3mal in psychiatrische Klinik aufgenommen; charakterneurotische Entwicklung
± 4	Volksschule Mädchen-ULO Büro, häufiger Wechsel	von KPF ins Ausland entführt; dort verborgen gehalten; Polizeifahndungen; nach 1 J scheinbar störungsfreier Wechsel in JPF (Verwandte) Esstörungen bis zum 9. Jahr 1	–	–	keine Berufsausübung geschieden von jüd. Mann (KW), Kinder Diagnose: chronisch abdominale Beschwerden (Operation); infantile restriktive Persönlichkeit mit reaktiven Depressionen
± 3	Privatstunden Volksschule Lyceum + Mulo gescheitert Schneidereifachschule	Tbc, 3 Jahre in Sanatoria; danach häufiger Milieuwechsel; 11 Unterkünfte: PF (jüd. und nicht-jüd.), 1 Kinderheim mit 15 J sehr schwererziehbar Psychotherapie, Betreuung durch Sozialarbeiterin 12	–	–	Berufsziel erreicht, erweitert, erfolgreich, ausgefüllt verheiratet mit nicht-jüd. Frau, Kinder Diagnose: charakterneurotische Entwicklung mit partieller Integration, autoritärem Auftreten und phobischen Beschwerden bei sthenischem Mann

Jg. 1942		I. tr. Sequenz		II. tr. Sequenz				III. tr. S.
1	2	3	4	5	6	7	8	9
BF m	Akademiker 6 liberal	± 4 Mo I	durch Eltern → Widerstand	± 4	mit 6 Mo; höherer Beamter unkirchlich kinderlos affektiv gehemmt	–	Beginnperiode undeutlich Umzug mit definitiver KPF	KPF Streitfall
BG w	mittlerer Angestellter 4–5 gemäßigt orthodox	3 J I	im KZ gest.	–	–	2	–	LEHJ
BH w	kleiner Selbständiger 4 orthodox	± 2 Mo I	durch Eltern → Widerstand	> 3	Akademiker kinderlos orthodox protestantisch	–	Beginnperiode viele Undeutlichkeiten kam unterernährt, verwahrlost zu KPF Problemkind; widerspenstig, trotzig, enuresis	KPF LEHJ Streitfall
BJ m	ungeschulter Arbeiter 2 orthodox	1 J I	durch Eltern → Widerstand	> 1	kleiner Selbständiger kinderlos	–	schlecht aufgefangen; schlief im Wandschrank, viel sich selbst überlassen 2mal beinahe ertrunken	JPF
BK w	ungeschulter Arbeiter 2 orthodox	7 Mo I	aus der „crèche"	> 1	kleiner Beamter eigene Kinder politisch organisiert unkirchlich	–	gut aufgefangen, harmonisches Milieu, ungestörter Entwicklungsgang	LEHJ KPF neutrale Vormundschaftsorganisation Streitfall

III. tr. Sequenz					
10	11	12	13	14	15
–	Gymnasium Universität	bleibt in KPF; große Spannungen, pädagogisch insuffizientes Milieu; enuresis diurna und nocturna; mit 6 J über Pflegekindsituation informiert Spannungen mit überlebender Familie, widerspenstig, zügellos; guter Schüler, nach Schulabschluß im Hause von JPF gescheitert starke Adoleszenz- und Identitätsprobleme, drugs, lange Auslandsreisen, „Sonne und blaue Luft" 0	–	–	Studium beendet, im Beruf zum Teil ausgefüllt geschieden von jüd. Frau Psychotherapie Diagnose: charakterneurotische Entwicklung, persönlich verunsichert mit Loyalitätsproblemen
± 3	ULO Säuglingsschwester	Tbc, Sanatorium; Aufnahme in jüd. Kinderheim, Hospitalisation nach 10 J Aufenthalt; Aufnahme in 5 JPF gescheitert Betreuung durch Sozialarbeiterin 7	20	21	Berufsziel erreicht, ausgefüllt verheiratet mit jüd. Mann, Kinder Psychotherapie und Betreuung durch Sozialarbeiterin Diagnose: phobische Reaktionsformen bei angstneurotischer Entwicklung mit partieller Integration
19	HBS (3 J) Büro	bleibt in KPF; nach Geburt von 2 eigenen Kindern zunehmende Spannungen; mehrere Umzüge mit KPF; durch KPM nicht akzeptiert Aufnahme in christ. Heim für schwererziehbare Mädchen, nach 1 J Aufnahme in jüd. Heim Wechsel der Vormundschaft depressiv, isoliert, provozierendes Verhalten 2	–	–	einige Zeit berufstätig, ausgefüllt, verheiratet mit nicht-jüd. Mann, Kinder Diagnose: späte Reifung bei chronisch reaktiver Depression mit partieller Integration und Identitäts- und Loyalitätskonflikten
3 1/2	Volksschule (Lernstörungen) Ausbildung Handwerker mißlungen	kam unterernährt, verwahrlost, zu klein für sein Alter aus Untertauchperiode gut aufgefangen durch JPF mit eigenen Kindern (mittlerer Selbständiger) Übersiedlung mit JPF nach Israel und Rückkehr häufiger Schulwechsel Sprach- und Kontaktschwierigkeiten, unstet Psychotherapie, Betreuung durch Sozialarbeiterin auch in Israel 1	± 6 23	15 25	durch Fortbildung guter Handwerker, invalide verheiratet mit nicht-jüdischer Frau, Kinder Diagnose: sozial verunsichert, lakunäre Defekte auf cerebral-organischer Basis mit phobischem Verhalten, unstet
–	Gymnasium (3 J) MMS Lehrerin	blieb in KPF; kooperativ, tolerant, Kontakt mit jüd. Jugendgruppen, jüd. Unterricht, Kontakt mit überlebenden Geschwistern in jüd. Milieus; mit 17 J nach Beendigung der Schule 3 M auf Besuch bei Verwandten in Israel ungestörter Entwicklungsgang 0	–	–	Berufsziel erreicht, tätig, ausgefüllt verheiratet mit nicht-jüd. Mann Diagnose: normaler Entwicklungsverlauf bei gereifter Persönlichkeit mit diskret verunsicherten Zügen

Jg. 1942		I. tr. Sequenz		II. tr. Sequenz				III. tr. S.
1	2	3	4	5	6	7	8	9
BL m	geschulter Arbeiter 2 liberal	± 6 Mo I	bei Razzia übersehen; durch Nachbarn zu Verwandten (Onkel) gebracht; von dort auf dem Land untergetaucht	2	unbekannt; dort verraten	2	außer Verrat nichts bekannt	Onkel (Mischehe)
BM m	kleiner Selbständiger 3	± 8 Mo I	durch Eltern mit Geschwistern in Kinheim (Provinz)	3	Handwerker kinderlos; etwas isoliert orthodox protestantisch	–	nach Razzia im Kinderheim „crèche"; durch Widerstandsbewegung zu KPF zu Beginn Esstörungen	KPF Streitfall
BN w	geschulter Arbeiter 2 liberal	2 Mo I	durch Eltern an KPF	1	kleiner Beamter kinderlos früher orthodox protestantisch	–	gut versorgt „schlappes" Kind Krampfanfälle	LEHJ
BO w	kleiner Selbständiger 3	± 1 J I	durch Eltern an KPF	2	kleiner Mittelstand kinderlos	–	KPV gestorben wegen Gefahr einige Zeit Versteck gewechselt	KPM
BP m	Emigranten Kaufmann, gehobener Mittelstand 3 gemäßigt orthodox	5 Mo I	durch Eltern → KPF	1	mittlerer Beamter eigene Kinder unkirchlich	–	dickes Kind, machte dummen Eindruck, schrie ohne Unterlaß Konsultation Kinderpsychiater normale Funktionsentwicklung	OPK

III. tr. Sequenz					
10	11	12	13	14	15
± 3	Volksschule 3 Mo HBS MULO kaufmännischer Angestellter in mittlerer Position	sehr gut aufgefangen durch Onkel agressiv, ängstlich; wußte nicht was eine Treppe ist; phobisch; Wachstumsstörungen; sehr unruhig Schulausbildung ohne Probleme im KZ schwer krank: otitis media recidiva; Operation; Avitaminose; Pneumonie 1	–	–	Berufsziel erreicht, ausgefüllt verheiratet mit jüd. Frau, Kinder Diagnose: sthenische Persönlichkeit mit angstneurotischen Zügen, partiell nicht gelungene Verdrängungen bei sozialer Hyperaktivität; Angst vor Invalidität seines Gehörorgans; hypomane Kamouflage
–	Volksschule LTS im Beruf gescheitert, häufiger Stellenwechsel	bleibt bei KPF; Unsicherheitsproblematik; pädagogisch insuffizientes Milieu Problemkind; Stottern, Ängste, Ambivalenz, psychosomatisches Hautekzem, starke Loyalitäts- und Identitätskonflikte; getauft 0	25 26 29	26 27 1/2	im Beruf gescheitert, unstet, unverheiratet Diagnose: persönlich und sozial verunsichert, charakterneurotische Entwicklung mit starken Identitäts- und Loyalitätskonflikten
–	Hilfsschule Haushaltungsschule für Schwachbegabte	erst 1950 bei Scheidung der KPF als OPK angegeben, blieb bei KPM, Aufnahme im Heim für entwicklungsgestörte Kinder; Grenzfall kleine Diebstähle; sexuell provozierend soziale Fürsorge, psychiatrische Begleitung 3	–	–	keine Berufstätigkeit, unselbständig, gefährdet geschieden von nicht-jüd. Mann Diagnose: persönliche und soziale Verunsicherung bei schwachbegabter Frau mit psychopathiformen Zügen
–	Volksschule MULO Friseuse später Büro	blieb bei KPM; 2. Ehe KPM organische Beschwerden 0	–	–	vor der Ehe berufstätig, wechselnde Stellungen verheiratet mit nicht-jüd. Mann, Kinder Diagnose: infantile Persönlichkeit mit hypochondrer Präokkupation; starke Verdrängungen bei hypomaner Kamouflage
15	Gymnasium Universität in Holland gescheitert	nach Scheidung KPF in Pubertät → JPF, dort mißglückt, danach neutrale PF hohe Intelligenz, Arbeits- und Kontaktstörungen, große Identitätskonflikte wiederholte Reise nach Israel, Kontakt mit LEHJ; soziale Betreuung 2	21	–	Studium in Israel abgeschlossen, in Ausbildung Berufsziel erreichbar, verheiratet mit jüd. Frau Diagnose: charakterneurotische Entwicklung mit Loyalitäts- und Identitätskonflikten bei sthenischer Persönlichkeit

Jg. 1942/1941		I. tr. Sequenz		II. tr. Sequenz				III. tr. S.
1	2	3	4	5	6	7	8	9
BQ w	geschulter Arbeiter 3 religiös indifferent	± 8 Mo I	aus dem Krankenhaus	> 1	älteres kinder- loses Ehepaar; kleiner Mittel- stand orthodox protestantisch	–	Diphterie, Kran- kenhaus Pavor nocturnus gut aufgefangen; Provinzstadt	KPF
BR w	Handwerker kleiner Selb- ständiger 3 religiös indifferent	± 8 Mo I	aus der „crèche"	> 2	ungeschulter Arbeiter kinderlos orthodox protestantisch	–	Name des Kindes war unbekannt nach 1 J Tod der KPM; bei ver- schiedenen Ver- wandten unter- gebracht; 2. Ehe des KP-Vaters mit Witwe mit Kindern agressives, ängst- liches Verhalten des Kindes gut aufgefangen	KPF Streitfall
CA w	selbständiger erfolgreicher Kaufmann 3 liberal	± 1 J I	durch Eltern → Widerstand	1	Handwerker kinderreich orthodox protestantisch	–	zu Beginn inaktiv weint viel durch KP-Ge- schwister gut aufgefangen	schwierige Prozedur 1. Gericht 2. Verwand- te (JPF) 3. LEHJ Streitfall
CB m	kleiner Selbständiger 3 liberal	± 2 J II	im Deporta- tionszug Be- kannten übergeben	–	–	2	–	LEHJ

III. tr. Sequenz					
10	11	12	13	14	15
–	Volksschule MULO chemische Laborantin	christlich erzogen in KPF, getauft; kulturell unterstimuliert; gut aufgefangen; ambivalentes Verhältnis zur Umgebung in Pubertät starke Loyalitäts- und Identitätskonflikte, fühlte sich isoliert 0	–	–	Berufsziel erreicht, nicht ausgefüllt geschieden von nicht-jüdischem Mann Diagnose: charakterneurotische Entwicklung bei sthenischer Persönlichkeit mit Identitäts- und Loyalitätskonflikten
–	Kindergarten Volksschule Haushaltungsschule Büroausbildung	Identität des Kindes unbekannt; blieb in KPF, Adoption, getauft Störung der Rechenfunktion bei mittlerer Intelligenz; emotionale Labilität, konfliktuös; schwierige Pubertät; Identitätsproblematik gut aufgefangen durch Umgebung später Reifungsprozeß 0	–	–	Berufsziel erreicht, erweitert, ausgefüllt verheiratet mit jüd. Mann, Kinder Diagnose: später Reifungsprozeß bei konfliktuöser, affektstarker Persönlichkeit
6	Volksschule Mulo gescheitert Haushaltungsschule Kinderpflegerin	durch KPF 1 J lang im Ausland verborgen; sehr schwieriger Übergang zu JPF mit eigenen Kindern; schlecht aufgefangen retardierte Entwicklung; entwurzelt; Therapie durch JPF abgebrochen; nach 8 J Aufnahme in jüd. Heim hysterische Charakterentwicklung Psychotherapie; Betreuung durch Sozialarbeiterin 2	–	–	in Berufsausübung gescheitert verheiratet mit jüd. Mann (KW), Kinder Diagnose: angstneurotische Entwicklung mit phobischen Perioden auf depressiver Grundstimmung
4	Volksschule HBS gescheitert in Israel mittlere technische Ausbildung	kommt mit JPF aus KZ zurück; Aufnahme bei Verwandten: Handwerker, eigene Kinder, sozial schwach, große Anpassungsschwierigkeiten 6 JPF und Heime depressiv, sehr intelligent, verunsichert Psychotherapie, Betreuung durch Sozialarbeiterin 6	19 31	29	trotz guter beruflicher Laufbahn (höherer Angestellter) nicht ausgefüllt, leidet unter mangelhafter Schulausbildung, verschiedene Anläufe Ausbildung nachzuholen scheitern verheiratet mit jüd. Frau, Kinder Diagnose: chronisch reaktive Depression bei sthenischer Persönlichkeit mit psychosomatischen Beschwerden, überkompensiert durch soziale Ambitionen

Jg. 1941		I. tr. Sequenz		II. tr. Sequenz				III. tr. S.
1	2	3	4	5	6	7	8	9
CC w	ungeschulter Arbeiter 2 liberal	± 2 1/2 J II	durch Eltern → Nachbarn danach → Widerstand	> 2	Büroangestellter eigene Kinder freisinnig reformiert	–	zu Beginn häufiger Wechsel wegen Gefahr	KPF
CD m	ungeschultes Arbeiter-Milieu 1 (uneheliches Kind)	nach der Geburt I	Verzicht der M	> 2	geschulter Arbeiter unkirchlich	–	kam mit 1 1/2 J zu 2. KPF mit anderen Untertauchern Gefahren, Haussuchungen schwererziehbares Kind	KPF
CE m	Handwerker kleiner Selbständiger 4–5 orthodox	9 Mo I	aus der „crèche"	1	höherer Beamter kinderlos freisinnig protestantisch	–	gut aufgefangen mit noch einem jüdischen Pflegekind ungestörter Entwicklungsverlauf	KPF
CF w	Kaufmann mittlerer Angestellter 4–5 liberal	± 2 J II	unbekannt	1	älteres Ehepaar mit Sohn (25) und noch 1 OPK; mittlerer Beamter orthodox protestantisch	–	gut aufgefangen, angepaßt, verwöhnt Schockreaktion: Bombenangriff, Tod des KPV im Keller	Onkel LEHJ Streitfall
CG m	Händler 2 liberal	1 1/2 J I	aus Krankenhaus durch KPM	1	älteres Ehepaar mit erwachsener Tochter; höherer Beamter	–	KPF zu alt; verwöhnt und verwahrlost	KPF LEHJ Streitfall

III. tr. Sequenz					
10	11	12	13	14	15
17*	Volksschule Mulo (3 J) gescheitert Modistin Büroarbeit	trotz starker Bindung an KPF mäßige Kohäsion; unterstimuliert; 1 J in jüd. Heim, wegen Heimwehreaktion zurück zu KPF; in Adoleszenz 2 JPF Problemkind, unbeständig, gefährdet gelegentliche psychiatrische Kontakte, Betreuung durch Sozialarbeiterin 4	–	–	im Berufsleben schwieriger Entwicklungsgang, nicht ausgefüllt verheiratet mit jüd. Mann (KW) Kinder Diagnose: angstneurotische Charakterentwicklung mit Loyalitätsproblemen, körperliche (orthopädische) Abweichungen
* mit 18 zurück in KPF					
16	Volksschule Mulo (1 J) Handwerkerausbildung gescheitert, ungeschult	blieb bis zur Pubertät in KPF; Verhaltensstörungen, Ängste; 2 Aufnahmen in jüd. Heime schlugen fehl, wegen Heimwehreaktionen zurück in KPF unselbständig, verunsichert, depressiv, passiv kurze Zeit Psychotherapie, Betreuung durch Sozialarbeiterin 3	–	–	Berufsausbildung gescheitert, arbeitslos unverheiratet Diagnose: charakterneurotische Entwicklung mit psychopathiformen Zügen
–	Gymnasium Universität	KPE nach dem Kriege geschieden, blieb allein mit KPM; völlig verwurzelt im Milieu, getauft als Student Interesse für jüdische Probleme und Reise nach Israel 0	–	–	Berufsziel erreicht, erfolgreich, ausgefüllt verheiratet mit nicht-jüdischer Frau, Kinder Diagnose: Normaler Entwicklungsgang mit diskreter Loyalitätsproblematik
4	Volksschule Haushaltungsschule, nicht beendet	von der Polizei bei KPM weggeholt in jüdischer PF (Verwandte) schlecht aufgefangen; jüdisches Heim schwachbegabt, neurotischer Überbau, depressiv, inaktiv, Affekthunger 2	–	–	in verschiedenen Berufen tätig, nicht ausgefüllt verheiratet mit jüd. Mann, Kinder Diagnose: angstneurotische Entwicklung mit depressiven Verstimmungen und persönlicher Verunsicherung
8	LOM Schule IVO (kein Examen) LTS technische Ausbildung	Tod des KPV; Veränderung der Vormundschaft nach Verlassen der KPF 6 verschiedene Aufenthalte: jüdische Heime, Pflegefamilien, zuletzt gut aufgefangen schwererziehbar auf cerebral-organischer Basis ambulante psychiatrische Behandlung, Betreuung durch Sozialarbeiterin 6	22	–	Berufsziel auf niedrigem Niveau erreicht, mäßig in neuer Umgebung integriert verheiratet mit nicht-jüd. Frau, Kinder Diagnose: charakterneurotische Entwicklung auf cerebral-organischer Basis bei körperlich behindertem Mann mit Panikreaktionen und hypomanischem Verhalten

Jg. 1941		I. tr. Sequenz		II. tr. Sequenz				III. tr. S.
1	2	3	4	5	6	7	8	9
CH m	geschulter Arbeiter 2 liberal	$\pm 1^{1}/_{2}$ J I	aus der „crèche"	3–5	Kleinlandwirt; älteres Ehepaar kinderlos reformiert	–	Beginn unbekannt im letzten Versteck gut aufgefangen; zu alte KPE	JPF LEHJ
CJ w	geschulter Arbeiter 2 liberal	$\pm 1^{1}/_{2}$ J I	durch Eltern → Widerstand	> 1	kleiner Beamter eigene Kinder orthodox protestantisch	–	KPF sozial aktiv Gefahr, Haussuchung; versteckt; Wechsel der Unterkunft gut angepaßt	Onkel Streitfall
CK m	mittlerer selbständiger Kaufmann 5–6 liberal	1 J	möglicherweise durch Tante	> 1	katholisches Kinderheim	–	Ticks (Augen, Schultern), Ekzem Morbus Pfeiffer otologische Operation	LEHJ Streitfall
CL m	kleiner Selbständiger 2 staatenlos, 2. Ehe orthodox	$1^{1}/_{2}$ I	Eltern → Widerstand	1	höherer technischer Angestellter kinderlos katholisch (nicht praktizierend)	–	zu Beginn viel geweint, lange Haare wurden geschnitten um jüdisches Aussehen zu vermeiden kurz nach seiner Ankunft Geburt von eigenen Kindern nach 10 J kinderloser Ehe, wurde als 1. Kind betrachtet; bei Geburt 1. Kindes: Pneumonie	KPF Streitfall

III. tr. Sequenz					
10	11	12	13	14	15
5	Volksschule MULO HBS-B Universität, verschiedene Fakultäten; gescheitert	als „Ersatzkind" in JPF gescheitert; jüdisches Heim; Wechsel der Vormundschaft beginnende Desintegration Untermiete mit Familienanschluß Psychotherapie abgebrochen, Betreuung durch Sozialarbeiterin 2	mehrmals hin und her		Beurfsausbildung gescheitert, unstet unverheiratet Diagnose: persönliche und soziale Verunsicherung; starke Identitäts- und Loyalitätsproblematik mit Depersonalisation und ekstatischen Zuständen
± 5 1/2	Volksschule MULO Kinderpflegerin, Büro	Aufnahme bei Onkel, kleinbürgerliches Milieu; schlecht aufgefangen; entwurzelt; intellektuell und affektiv verwahrlost reizbar, depressiv; organische Beschwerden 1	–	–	Berufsziel erreicht, nicht ausgefüllt, leidet unter mangelhafter Schulausbildung verheiratet mit jüd. Mann (KW), Kinder psychiatrische Behandlung (Schlafkur) Diagnose: angstneurotische Charakterentwicklung mit persönlicher Verunsicherung (Entwurzlung); asthenisch-depressive Züge
5	Kindergarten Volksschule LTS technische Ausbildung mühsam	kam verwahrlost aus der Untertauchzeit; jüdisches Heim, hospitalisiert; 12 Jahre in 2 Heimen in Pubertät enthemmt, vereinsamt Schulleistungen trotz guter Begabung schwankend schwach, schlapp, insuffiziente Kontaktfähigkeit Psychotherapie, intensive soziale Betreuung 3mal Reise nach Israel vor seiner Emigration 2	22	–	Berufsziel erreicht, erfolgreich, integriert in neuer Umgebung, mittlerer Angestellter verheiratet mit nicht-jüd. Frau, Kinder Diagnose: kompensierte charakterneurotische Entwicklung mit paranoiden Zügen
± 4	Kindergarten Volksschule MULO mittlere technische Ausbildung	wurde durch viel ältere Halbschwester abrupt aus KPF weggeholt und in jüdischem Heim untergebracht; verkümmerte dort zurückgebracht in KPF, blieb dort; anscheinend ungestörte Entwicklung, wenig Konflikte mit Pflegegeschwistern, PV großes Vorbild mit 6 Jahren informiert über jüd. Abkunft; erfährt das als große Bedrohung; kurze Zeit aggressiv, danach submissiv Dankbarkeitsproblematik; inoffizielle Namensveränderung; Identitätsprobleme 2	–	–	Berufsziel erreicht, erfolgreich verheiratet mit nicht-jüd. Frau Diagnose: sthenische Persönlichkeit; sozial gut angepaßt mit diskreter Identitäts- und Loyalitätsproblematik und counterphobischen Zügen

Jg. 1940		I. tr. Sequenz		II. tr. Sequenz				III. tr. S.
1	2	3	4	5	6	7	8	9
DA w	kleiner Selbständiger 2 staatenlos orthodox	± 2 J II	unbekannt	> 1	Kinderheim	–	still, einsam, kein Kontakt mit Umgebung, Fantasien, Ängste, christlich erzogen	LEHJ
DB w	ungeschulter Arbeiter 2 orthodox	± 2½ J II	während Razzia einem Fremden auf der Straße übergeben	± 5	ungeschulter Arbeiter, junges Ehepaar zunächst kinderlos orthodox protestantisch	–	sehr schwer mißhandelt, bei Gefahr (Sirene) allein auf die Straße geschickt still, Esstörungen, Tierphobien	JPF
DC w	Akademiker, höherer Beamter, deutscher Emigrant 6 orthodoxer Zionist	± 5 J III	Tod im KZ	–	–	2	–	JPF in Israel
DD w	Handwerker 2 Mischehe V '42 gestorben unkirchlich	4 J II	nach Deportation der M durch Nachbarn untergebracht	2	kleiner Selbständiger eigene Kinder orthodox protestantisch	–	zuerst mit Geschwistern Kinderheim, danach in der Provinz verborgen getauft	neutrale Vormundschaftsorganisation
DE w	wohlhabender, selbständiger Kaufmann 3 dysharmonisches Milieu	± 2 J II	durch M gegen den Willen von V	2	mittlerer Beamter eigene Kinder	–	wegen Gefahr nach 1 J Wechsel des Verstecks wegen jüd. Äußeren kahlgeschoren isoliert; Problemkind enuresis	entfernte Verwandte (nicht im Rahmen OPK-Gesetzgeb.) LEHJ

III. tr. Sequenz					
10	11	12	13	14	15
5	Volksschule Kinderpflegerin Büroarbeit alles abgebrochen	Aufnahme jüd. Kinderheim bis zum 19. J seit 12. J depressive Verstimmungen Kontaktstörungen, isoliert, haltlos, Psychotherapie, Betreuung durch Sozialarbeiterin 1	21	23	sozial instabiler Entwicklungsgang, kein fester Beruf, Büroarbeit verheiratet mit nicht-jüd. Mann, Kind in PF Psychotherapie Diagnose: persönlich und sozial verunsichert; charakterneurotische Entwicklung auf depressiver Basis,
5	Volksschule MULO gescheitert Haushaltungsschule verschiedene Ausbildungen gescheitert	kurz in jüd. Kinderheim; dann JPF; mittlerer Selbständiger, eigene Kinder; anscheinend dort gut angepaßt, still, passiv 2	–	–	wechselnde Berufstätigkeit schließlich Berufsidentität, auch in der Ehe, selbständig verheiratet mit jüd. Mann, Kinder Psychotherapie Diagnose: angstneurotische Charakterentwicklung mit persönlicher Verunsicherung und Loyalitätskonflikten
± 5	Gymnasium sozial-pädagogische Ausbildung	nach dem KZ bei Verwandten in 2 europäischen Ländern; unangepaßt, mit ± 9 J nach Israel, dort in ± 3 Kinderheimen, entwurzelt; mit 10 J in Israel in JPF, guter Kontakt mit PV und P-Geschwistern phobisch, aggressiv, depressiv, unangepaßt 9	9	–	zielstrebige Berufsausbildung, erfolgreich, Angestellte verheiratet mit jüd. Mann, Kinder Diagnose: postpuerperale Psychose bei anankastischer Charakterfehlhaltung
–	Volksschule keine Ausbildung Verkäuferin, Haushalt	neutrales Kinderheim; mit 8 J in orthodox christliche PF, dort bis zur Verheiratung still, kränklich, mit 15 J Varices, Ekzem, Hautinfektionen, Ängste 2	–	–	wechselnde Berufstätigkeit, wenig ausgefüllt, verheiratet mit nicht-jüd. Mann, Kinder Diagnose: wenig sthenische Persönlichkeit mit asthenischen, depressiven Reaktionsformen und Loyalitätsproblematik; angstneurotische Entwicklung
6	ULO Verkäuferin Berufsausbildung	durch Freunde der Eltern aufgenommen mit 6 J Emigration zu Verwandten im Ausland; dort unangepaßt, schwererziehbar mit 14 zurück nach Holland, jüd. Kinderheim ernstliche Charakterdeformation auf depressiver Basis Psychotherapie, Betreuung durch Sozialarbeiter 3	–	–	schwierige Berufsausbildung in wechselnden Stellungen verheiratet mit jüd. Mann (KW), Kinder psychiatrische Behandlung (auch klinisch) Diagnose: persönliche und soziale Verunsicherung bei charakterneurotischer Entwicklung auf depressiver Basis

Jg. 1940		I. tr. Sequenz		II. tr. Sequenz				III. tr. S.
1	2	3	4	5	6	7	8	9
DF w	mittlerer Beamter 5 orthodox	± 3 J II	durch Eltern → Widerstand	1	kleiner Selbständiger kinderlos orthodox protestantisch	—	gut aufgefangen Kindergarten	Verwandte Streitfall
DG m	kaufmännischer Angestellter 3 liberal	± 2 J II	durch Eltern	±10	kleiner Selbständiger kinderlos reformiert	—	sehr häufiger Wechsel Gefahr, Verhaltenstörungen in erster Unterkunft Kontakt mit M; in letzter Unterkunft länger als 1 J; anscheinend gut angepaßt	LEHJ
DH w	selbständiger Großkaufmann 5 liberal	± 3 J II	erst zusammen mit Eltern in verschiedenen Verstecken, dann getrennt	± 4	selbständiger Kaufmann kinderreich katholisch	—	gut aufgefangen durch älteste P-Schwester	KPF Streitfall
DJ w	kleiner Angestellter 3 politisch organisiert unkirchlich	± 2 J II	durch M → Widerstand	1	leitender Angestellter eigene Kinder orthodox protestantisch	—	zu Beginn nervös; unruhig, aggressiv	KPF Streitfall
DK m	kleiner Selbständiger 3 liberal	2 J II	unbekannt	10	mittlerer Angestellter Näheres unbekannt	—	durch viele Wechsel wenig bekannt; anscheinend überall schwierige Anpassung	Verwandte LEHJ

III. tr. Sequenz					
10	11	12	13	14	15
–	Volksschule MULO Sekretärin	blieb in KPF; anscheinend ungestörte Entwicklung; mit ± 18 Jahr berufstätig in einer anderen Stadt; getauft; Scheidung KPF (± 19 J), blieb bei KPM 0	–	–	Berufsziel erreicht, ausgefüllt verheiratet mit nicht-jüd. Mann, Kinder Diagnose: sthenische Persönlichkeit mit halbmanifesten Identitäts- und Loyalitätsproblemen
5	Privatunterricht LOM-Schule Verkäufer Angestellter	durch Verwandte abrupt aus KPF weggeholt; jüd. Kinderheim entwurzelt, psychotisch Psychotherapie, Heilpädagogik, Betreuung durch Sozialarbeiterin 1	–	–	nach schwieriger Berufsausbildung in wechselnden Tätigkeiten und Stellungen als mittlerer kaufmännischer Angestellter erfolgreich, verheiratet mit nicht-jüd. Frau Diagnose: durch Restriktion kompensierte charakterneurotische Entwicklung mit paranoiden Reaktionsformen und halbmanifester Loyalitätsproblematik
–	MULO keine Ausbildung	völlig eingebettet in KPF, getauft Erziehung war auf die zu erwartende große Erbschaft gerichtet 0	–	–	keine Berufstätigkeit, verheiratet mit nicht-jüd. Mann, Kinder Psychotherapie Diagnose: angstneurotische Charakterentwicklung mit Depersonalisation und Loyalitätsproblematik
–	Volksschule MULO (3 J) Sekretärin	blieb in KPF; Emigration Übersee; Aufnahme Bruder in KPF; Konflikte; zurück nach Holland ängstlich, passiv, reizbar getauft mit 21 J 0	–	–	Berufsziel erreicht, erweitert und ausgefüllt, zeitweilig invalide unverheiratet Psychotherapie Diagnose: starke Identitäts- und Loyalitätskonflikte bei sthenischer, gut angepaßter, infantiler Persönlichkeit; stimmungslabil; Depression
6	Volksschule LTS Handwerk	abrupt von KPF weggeholt, die ihn auch nicht behalten wollte, erste Zeit bei Verwandten, sehr schlecht aufgefangen, mißhandelt, verwahrlost nach langem Bemühen Aufnahme in jüd. Heimen (3), PF und jüd. Heim, blieb dort bis 19 J, danach Untermiete mit Familienanschluß Pavor nocturnus, Schlafwandeln, enuresis, Dämmerzustände, neurologisches Leiden Psychotherapie, Betreuung durch Sozialarbeiterin 4–6	–	–	Berufsziel erreicht, invalide 1. Ehe mit nicht-jüd. Frau, geschieden; 2. Ehe mit jüd. Frau, Kinder wiederholt klinisch-psychiatrische Behandlungen Diagnose: organisch-neurologische Krankheit bei angstneurotischer Entwicklung mit psychopathiformen Zügen

Jg. 1940		I. tr. Sequenz		II. tr. Sequenz				III. tr. S.
1	2	3	4	5	6	7	8	9
DL m	leitender Angestellter 5–6 liberal	3 J II	aus KZ ins Krankenhaus, durch Widerstand gerettet	1	geschulter Arbeiter kinderlos katholisch	1	zu Beginn ängstlich, unruhig enuresis, danach passiv, keine Trotzphase kulturelles Gefälle mit KPF sehr anlehnungsbedürftig, verwurzelt	OPK LEHJ Streitfall
DM m	Akademiker 6 liberal	± 5 J III	Tod im KZ	–	–	2	–	JPF
DN w	ungeschulter Arbeiter 1	± 11 Mo I	durch M → Nachbarn; weitergeleitet an KPF (entfernte Verwandte)	> 1	ungeschulter Arbeiter eigene ältere Kinder (Mischehe) kirchlich indifferent	–	verborgen in ein einem Zimmer isoliert, KPF hatte Vorurteile gegen das Kind	LEHJ
DO m	ungeschulter Arbeiter 2 liberal	± 2½ J II	durch Eltern → Widerstand	5–8	Kleinlandwirt gutmütig, primitiv eigene Kinder orthodox protestantisch	–	häufiger Wechsel des Versteckes, Problemkind mußte im Zimmer bleiben verwahrlost	PF

III. tr. Sequenz

10	11	12	13	14	15
11	Volksschule HBS (3 J) mittlere technische Ausbildung	blieb zuerst bei KPF jahrelange Vorbereitung der Aufnahme in jüd. Milieu auf Rat Child Guidance Clinic wegen neurotischer Entwicklung mit 19 J Untermiete mit Familienanschluß Schulschwierigkeiten, unsicher, zurückhaltend, träge, freundlich Psychotherapie, Betreuung durch Sozialarbeiterin 1	21	–	Berufsziel erreicht, selbständig, erfolgreich; integriert in neuer Umgebung verheiratet mit jüd. Frau, Kinder, Diagnose: gereifte, durch Restriktion kompensierte leicht angstneurotische Entwicklung mit diskreten Loyalitätsproblemen und Identitätskonflikten
± 5	Volksschule Gymnasium Universität	Aufnahme JPF mit Kindern, Akademiker, liberal Wechsel in andere JPF, Akademiker, gut aufgefangen, angepaßt; mit 18 J in Untermiete; unerwartete Scheidung der PF unproblematischer Entwicklungsgang, Verhältnis zur jüd. Gruppe indifferent 2	–	–	Berufsziel erreicht, ausgefüllt zufrieden verheiratet mit nicht-jüd. Frau, Kinder Diagnose: normaler Entwicklungsgang, affektiv etwas distanziert, stabil
6*) * unstet	Volksschule mühsam Haushaltungsschule versuchte sich in verschiedenen Berufen, ohne Erfolg	vielfacher Wechsel: 1) JPF 2) KPF 3) 2 Ferienheime 4) Auffangzentrum 5) jüd. Kinderheim, blieb dort 11 J 6) JPF 7) JPF 8) JPF 9) Aufnahme psychiatrische Klinik 10) zurück zu Nr. 8 unsicher, explosiv, Identitätsprobleme, pseudodebil, scheu, depressiv Sozialpsychiatrische Begleitung im Heim, Betreuung durch Sozialarbeiterin 10	–	–	in verschiedenen Tätigkeiten mäßig angepaßt, seit der Ehe nur im Haushalt, verheiratet mit nicht-jüd. Mann, Kinder, zeitweilig getrennt, geschieden klinisch-psychiatrische Behandlung Diagnose: persönlich und sozial verunsichert; angstneurotische Entwicklung bei asthener Persönlichkeit mit psychotischen Episoden
–	Volksschule MULO abgebrochen verschiedene Ausbildungen im Ausland abgebrochen, Büroarbeit	Aufnahme in neutraler PF; wird in der Pubertät (16 J) in Kinderheim im europäischen Ausland untergebracht in PF schwer erziehbar, suggestibel, Neigung zu Bandenformung, Scheinkontakt im Ausland delinquent acting out, zuerst Randfigur, instabil, Heimweh? 2	–	–	schwierige Berufsentwicklung in verschiedenen Tätigkeiten, wechselnde Stellungen, kleiner technischer Angestellter im europäischen Ausland verheiratet mit nicht-jüdischer Frau, Kinder Diagnose: charakterneurotische Entwicklung mit starken Verdrängungen und zweitweiligen Triebdurchbrüchen, Heimweh?

Jg. 1939		I. tr. Sequenz		II. tr. Sequenz				III. tr. S.
1	2	3	4	5	6	7	8	9
EA m	geschulter Arbeiter 2 liberal	$3^1/_2$ J II	unbekannt	3	Kleinlandwirt eigene Kinder katholisch	–	schwierig durch 3fachen Wechsel in unterschiedliche soziale Milieus; fühlte sich aufgenommen im 3. Versteck, dort große Ängste durch Kriegsereignisse, Bombenangriffe	Verwandte (Mischehe)
EB m	kleiner Selbständiger 4 liberal	± 3 J II	unbekannt	1	2 unverheiratete Schwestern orthodox protestantisch	–	blieb immer im Zimmer, nur 2-mal an der frischen Luft; nicht spielen, nicht zum Fenster hinaussehen, schweigen Gefahr, 2mal geflüchtet christlich erzogen	Verwandte orthodox
EC m	ungeschulter Arbeiter 2 Eltern geschieden Mutter deportiert liberal	4 J II	mit V und 2. M deportiert, wegen halbjüdischer Abstammung aus KZ entlassen	1	kleiner Beamter Mischehe kinderlos unkirchlich	1	keine Besonderheiten bekannt	KPF Verwandte (Tante)
ED w	ungeschulter Arbeiter 2 liberal	± 3 J II	undeutlich; aus KZ geschmuggelt? durch Eltern →Widerstand?	> 1	Kleinlandwirt orthodox protestantisch	1?	kam verwahrlost zu KPF kränklich	LEHJ

III. tr. Sequenz					
10	11	12	13	14	15
7	Volksschule HBS gescheitert mittlere technische Ausbildung nicht beendet	blieb bis '47 bei KPF; Aufnahme bei Vormund: mittlerer Beamter, autoritär, kinderlos, reformiert, schwere Spannungen innerhalb der Familie und mit jüd. Gemeinde; in der Schule isoliert; rankunös, unsicher, resigniert, mit 17 J jüd. Heim, 1 J später zurück in PF (Vormund) verwirrt, ängstlich, Identitätskrisis Berufsausbildung äußerst mühevoll; scheitert auf 2 Probestellen 3	23	–	verunsichert in Berufsausübung, Berufsziel nicht erreicht, geschieden von jüd. Frau, Kinder Diagnose: persönlich und sozial extrem verunsichert (Entwurzlungsdepression) mit Ängsten und hypomanischem Verhalten
± 7	Volksschule Gymnasium blieb 3mal sitzen Universität in 2 Fakultäten gescheitert	Aufnahme in Familie Vormund: mittlerer Kaufmann, orthodox; „Wir sind deine Eltern"; Desintegration 4. Klasse Gymnasium gestörte Trauerverarbeitung, Identitätskrisis, apathisch, isoliert mit 19 J in jüd. Studentenheim 1	–	–	Berufsausbildung bisher gescheitert, lungert herum, macht neue Pläne für seine Ausbildung, unverheiratet Psychotherapie Diagnose: kernneurotische Entwicklung mit psychotischen Phasen, borderline, schwere Identitätskrisen, Befehlsautomatie, Pseudologien, vereinsamt
± 7	Volksschule LTS, abgebrochen	Wechsel mit 7 J andere PF (auch Verwandte mit eigenen Kindern); jetzt Schwierigkeiten erstmals rapportiert; still, passiv, scheu, kontaktlos Beginn Pubertät delinquent acting out, sehr ängstlich, schwererziehbar, auffallender Rückgang Schulleistungen; Aufnahme jüd. Kinderheim bizarres Verhalten, isoliert, verbrennt Bücher, kontaktarm, Psychotherapie, Aufnahme psychiatrische Klinik 3	–	–	Berufsausbildung gescheitert, unangepaßt, unverheiratet in psychiatrischer Klinik verstorben Diagnose: psychotische Entwicklung
6	Volksschule Verkäuferin	ging für 2 J mit Verwandten nach Übersee in Vorpubertät schwererziehbar, aggressiv, Aufnahme jüd. Kinderheim, explosiv, impulsiv, aggressiv, fanatisch, viele Unfälle, cerebral-organisch gestört (EEG), intensive Betreuung; Aufnahme Heim für schwererziehbare Mädchen 3	20	25	wechselnde Berufsausübung, nach Rückkehr aus Israel stete Tätigkeit verheiratet mit jüd. Mann, Kinder Diagnose: charakterneurotische Entwicklung auf cerebral-organischer Basis mit paranoid-aggressiven und asthenischen Reaktionsformen (in Israel Heimweh); abdominale Operationen

Jg. 1939		I. tr. Sequenz		II. tr. Sequenz				III. tr. S.
1	2	3	4	5	6	7	8	9
EE w	mittlerer Selbständiger 4 harmonisches Milieu orthodox	3 J II	durch Eltern → KPF	1	ungeschulter Arbeiter eigene Kinder unkirchlich	–	zu Beginn kränklich, Erkältungen, Otitiden blieb stets im Haus	OPK LEHJ Streitfall
EF w	mittlerer Selbständiger 4 orthodox	6 J II	Tod im KZ	–	–	2	–	JPF LEHJ
EG m	kleiner Angestellter 4–5	± 3 J II	durch Eltern → KPF	1	kleiner Selbständiger unkirchlich	–	kleines, schwaches Kind Magenoperation, früh aus Krankenhaus entlassen	JPF (Verwandte)
EH m	mittlerer selbständiger Kaufmann 4 liberal	3 J II	mit M untergetaucht, M arrestiert	2	kleiner Selbständiger eigene Kinder katholisch	–	zu Beginn still, ängstlich gut aufgefangen	JPF (Verwandte)

III. tr. Sequenz					
10	11	12	13	14	15
17	Volksschule MULO Kranken-schwester	große reaktive Spannungen in KPF durch Auftreten von Verwandten als eventuelle PF; KPF ließ Kind untertauchen; Polizeifahndungen; blieb bis 17. J bei KPF, jüdischer Unterricht, Ausbildung in jüd. Heim im Ausland, Rückkehr nach 1 J heiratet Mann aus Milieu KPF Separationsängste, reaktiv auf drohende Trennung von KPF anscheinend ungestörter Entwicklungsgang 4	–	–	Berufsziel durch frühe Heirat nicht erreicht, umgeschult, selbständig verheiratet mit nicht-jüd. Mann (ungeschulter Arbeiter), Kinder Diagnose: phobische Reaktionsformen mit schweren Loyalitätskonflikten bei sthenischer Persönlichkeit; gynäkologische Operationen
6	Volksschule LOM-Schule Kinderpfle-gerin	Krankenhaus in Holland; von dort zu Verwandten, dann neutrales Kinderheim von dort in JPF; orthodox, leitender Angestellter, kinderlos; mit 15 J (nach Tod JPV) jüd. Kinderheim; mit 19 J in Untermiete schwer erziehbar in allen Milieus, Lernstörungen, aggressiv, explosiv, impulsiv, provoziert viele Unfälle, streitsüchtig, Schreianfälle Psychotherapie, Betreuung durch Sozialarbeiterin ernstlich defektuöse Entwicklung 5	19	–	Berufsziel erreicht, ausgefüllt, integriert in neuer Umgebung verheiratet mit jüd. Mann (Akademiker, höherer Beamter), Kinder Diagnose: funktioniert normal; bei tieferer Exploration anästhetisch; starke Verdrängungen, kompensierte neurotische Entwicklung
± 6	Volksschule keine Ausbildung	JPF (Vormund): mittlerer, selbständiger Kaufmann, liberal, eigene Kinder; gut aufgefangen; schwach, kränklich, wenig Initiative, still, depressiv; lakunäre Ausbildung, nicht geeignet für schwere Arbeit 1	–	–	wechselnde Arbeitsplätze, leidet unter mangelhafter Schulausbildung, arbeitslos, invalide, verheiratet mit jüd. Frau (KW), Kinder Diagnose: asthenisch-depressive Reaktionsform, rankunös, charakterneurotische Entwicklung; Magenresektion, Psychosomatose
± 6	Volksschule kaufmännische Ausbildung	JPF; kaufmännisch. Angestellter, liberal, eigene Kinder; gut aufgenommen Heimwehreaktionen nach KPF, verschwieg alles, konnte nichts besprechen mit 12 J erste Krankenhausaufnahme, morbus Crohn 2–3	–	–	Berufsziel erreicht und erweitert, ausgefüllt, aufgegeben wegen Krankheit, verheiratet mit jüd. Frau, Kinder Diagnose: Psychosomatose (morbus Crohn)

Jg. 1939		I. tr. Sequenz		II. tr. Sequenz				III. tr. S.
1	2	3	4	5	6	7	8	9
EJ w	ungeschulter Arbeiter 1 liberal	± 2½ J II	unbekannt	> 5	kleiner Land- wirt	–	unstet; häufiger Wechsel des Versteckes	nahe Verwandte
EK m	mittlerer, selbständiger Kaufmann 5–6 liberal	± 2½ J II	vielleicht durch Tante	> 1	katholisches Kinderheim	–	Ekzem, KARA, rhachitische Beschwerden Heimweh neutral erzogen	LEHJ Streitfall
EL m	Handwerker 2 unkirchlich	± 6 J IV	Tod im KZ	–	–	2	–	LEHJ
EM w	Händler 2 liberal	± 4 J II	zusammen mit Eltern auf verschie- denen Adres- sen versteckt, V arrestiert, M meldet sich verzwei- felt selbst	± 5	nur kurze Zeit; kleiner Ange- stellter, Ver- wandte von voriger KPF undeutliche Informationen	–	undeutliche In- formationen häufiger Wechsel anscheinend durch unange- paßtes Verhalten, zugleich Mitleid erweckend	KPF OPK LEHJ Streifall
EN w	kleiner Ange- stellter 4 liberal	± 4 J II	undeutlich	> 1	kleiner Selb- ständiger eigene Kinder katholisch	–	gut aufgefangen, nicht isoliert zu gute Anpas- sung? christlich erzogen, nicht getauft	Verwandte

III. tr. Sequenz					
10	11	12	13	14	15
$5^1/2$	Volksschule ULO, nach 2 J abge- brochen Haushal- tungsschule Verkäuferin	kam verwahrlost aus der Untertauch- zeit, begriff nicht viel von der Lage; Aufnahme bei JPF (zu alte Verwand- te), wäre lieber bei KPF geblieben wegen Verhaltensstörungen Auf- nahme in jüd. Kinderheim; mit ± 18 J auf verschiedenen Adressen in Un- termiete retardierte Entwicklung, Ängste, Identitätsproblematik 2	–	–	wechselnde Arbeitsplätze, nach Heirat nur Haushalt verheiratet mit nicht-jüd. Mann (Handwerker), Kinder Diagnose: asthenisch-depressive Charakter- entwicklung mit Loyalitätsproble- men und somatischen Beschwerden
7	Volksschule Gartenbau LTS ge- scheitert höhere Gartenbau- schule abge- brochen	kam verwahrlost aus der Untertauch- zeit; jüdisches Kinderheim, hospitali- siert asthenische Reaktionen, depressiv, unsicher, passiv, kontaktarm intensive soziale Begleitung, Psycho- therapie 1	19	–	Berufsziel erreicht und erweitert, mittlerer Angestellter, integriert in neuer Umgebung verheiratet mit jüd. Frau, Kinder Diagnose: durch Restriktion kompensierte neurotische Entwicklung; affektiver Kontakt bei tieferer Exploration verflachend
6	Volksschule in Holland und Israel im Kibuz	nach dem KZ Aufnahme in Kran- kenhaus wegen Tbc; Aufnahme orthodox jüd. Kinderheim, zusam- men mit Geschwistern, zusammen mit ihnen nach Israel 2	10	–	Berufsziel erreicht, mittlerer Ange- stellter, ausgefüllt, integriert in neuer Umgebung verheiratet mit jüd. Frau, Kinder Diagnose: gereifte sthenische Persönlichkeit mit leicht paranoiden u. depressiven Zügen
10	Volksschule MULO ge- scheitert Haushal- tungsschule Kurs Zeichnen, Malen	insgesamt 7 Unterkünfte: 2 KPF, 3 Kinderheime, 3 x Untermiete mit Familienanschluß große Anzahl psychiatrisch-psycho- logischer Rapporte dysharmonisch, unzufrieden, depres- siv; streitsüchtig; talentiert; Lügen, kleine Diebstähle 7	–	–	Berufsziel erreicht, unstet, zeitweise inaktiv verheiratet mit jüd. Mann (KW), mitt- lerer Selbständiger, Kinder Psychotherapie Diagnose: angstneurotische Charakterentwick- lung mit Stimmungsanomalien und emotionellen Entladungen bei per- sönlicher Verunsicherung
$5^1/2$	Volksschule MMS Sekretärin	unvollständige JPF (Verwandte) aufsässig, aggressiv, kokett, naiv, nach der Schulzeit flatterhaft retardierte psycho-sexuelle Reifung; erste Ehe mit 19 J 1	–	–	Berufsziel erreicht und erweitert, erfolgreich 1. Ehe mit nicht-jüd. Mann, geschie- den; 2. Ehe mit jüd. Mann (mittlerer Selbständiger); Kinder aus beiden Ehen Psychotherapie Diagnose: angstneurotische Entwicklung mit par- tieller Integration, mit asthenisch depressiven Zügen, stimmungslabil

Jg. 1938		I. tr. Sequenz		II. tr. Sequenz				III. tr. S.
1	2	3	4	5	6	7	8	9
FA m	Vertreter 3 liberal	± 4 J II	mit Eltern unterge-taucht, ver-raten, Eltern deportiert	6–7	Kleinlandwirt bigott orthodox protestantisch	–	anscheinend Problemkind, ängstlich letzte KPF: „dieses Kind ist vom Teufel besessen" einige Zeit in streng katholischer KPF Razzias, Soldat mit geladenem Gewehr an seinem Bett	Verwandte (Mischehe)
FB m	kleiner Selb-ständiger 4 liberal	± 4 J II	durch Eltern → KPF (Bekannte?)	1	mittlerer Selb-ständiger ältere eigene Kinder reformiert	–	verwöhnt, wenig pädagogische Leitung spärliche Informationen blieb im Zimmer	LEHJ
FC m	kaufmännischer Angestellter 1 liberal	2 J II	nach gewaltsamem Tod der Mutter zu Groß-eltern	2	Akademiker eigene Kinder unkirchlich	–	KPV mußte untertauchen, übrige Familie evakuiert unruhig, lärmend, Problemkind	LEHJ
FD m	kleiner Selb-ständiger 2 liberal	$3^1/_2$ J II	durch Nach-barin	2	kleiner Selb-ständiger großzügig reformiert	–	wegen Gefahr zweimal mit KPF evakuiert gut aufgefangen, angepaßt	LEHJ

III. tr. Sequenz

10	11	12	13	14	15
7	Volksschule Lyceum gescheitert in allen Ausbildungen gescheitert Statist am Theater	Aufnahme in 3 PF mißglückt, 2 neutrale Internate gute Intelligenz, musikalisch begabt, verunsichert, ängstlich, Kontaktstörung, Lern-, Arbeitsstörung, mußte Schule verlassen Psychotherapie abgebrochen 5	–	–	Gelegenheitsarbeiter, unstet zweimal geschieden von nicht-jüd. Frauen Psychotherapie Diagnose: charakterneurotische Entwicklung mit psychopathiformen Zügen, persönlich und sozial verunsichert mit Depersonalisation bei guter Introspektion
8	Volksschule LTS gescheitert in anderen Ausbildungen gescheitert	erst noch bei KPF; besucht christliche Volksschule; mit 8 J in JPF; eigene Kinder seines Alters; Auftreten der ersten Verhaltensstörungen Beginn einer Odyssee von gescheiterten Aufnahmen (11) in jüd. und nicht-jüd. offene und geschlossene Heime; Untermieter mit Familienanschluß Emigration nach Israel abgebrochen enthemmt, delinquent acting-out Psychotherapie, intensive Betreuung durch Sozialarbeiter 12	14	16	nach vielen Schwankungen Berufsziel erreicht, kleiner Selbständiger, zeitweilig invalide verheiratet mit nicht-jüd. Frau, Kinder Diagnose: angstneurotische Entwicklung mit depressiv-paranoiden Reaktionsformen und Loyalitätskonflikten
9	Volksschule Gymnasium Universität	zuerst in KPF, zunehmende Anpassungsschwierigkeiten, irritierend, hypoman, leugnen; Aufnahme in jüd. Kinderheim, gespannt, überbeweglich, loquax, kontaktlos, isoliert, depressiv, verneinend Psychotherapie, Betreuung durch Sozialarbeiterin zielbewußtes Studium 1	–	–	Berufsziel erreicht, ausgefüllt, höherer Beamter verheiratet mit nicht-jüd. Frau, Kinder Psychotherapie Diagnose: charakterneurotische Entwicklung mit Kontaktproblemen und hypomanischer Abwehrform, distanziert von jüdischer Gruppe
8	Volksschule kaufmännische Ausbildung mühevoller Lernprozeß	noch 1 J in KPF; dann zu Verwandten (JPF): Handwerker, kleiner Selbständiger, eigene Kinder, schlecht aufgefangen ängstlich, gehemmt, wehrlos meldete sich vorzeitig zum Heer sozial-psychiatrische Begleitung 1	–	–	leidet unter mangelhafter Schulausbildung, Berufsziel durch Hyperaktivität erreicht, nicht ausgefüllt, kleiner Selbständiger verheiratet mit jüd. Frau (KW), Kinder Diagnose: überkompensierte Persönlichkeit mit partieller Integration und Hyperaktivität in sozialer Sphäre

Jg. 1938		I. tr. Sequenz		II. tr. Sequenz				III. tr. S.
1	2	3	4	5	6	7	8	9
FE m	kleiner Angestellter 3 orthodox	± 4 J II	unbekannt	> 1	mittlerer Angestellter eigene Kinder unkirchlich	—	evtl. aus Infektionsstation Krankenhaus zu KPF (warm, sozial eingestellt) kränklich, gut angepaßt Asthma-Beginn nach tagelangem Eingesperrtsein in Heumiete (wegen Gefahr)	Verwandte
FF w	kleiner Selbständiger 3 liberal	± 4 J II	durch Eltern → Widerstand	> 1	mittlerer Angestellter kinderlos freisinnig reformiert	—	zu Beginn ängstlich anscheinend gut angepaßt Kindergarten Angst vor Unwetter	Verwandte
FG w	mittlerer Angestellter 3 liberal	± 4 J II	3 T mit Eltern in Deportationssammelstelle; wieder entlassen durch Eltern → Widerstand	1	mittlerer Selbständiger eigene Kinder freisinnig protestantisch	—	kam als verwöhntes Kind zu KPF besuchte die Schule oft krank, viele Krankenhausaufnahmen	Verwandte
FH w	mittlerer Angestellter 3 orthodox	7 J IV	Tod im KZ	—	—	2	—	LEHJ

III. tr. Sequenz					
10	11	12	13	14	15
± 7	Volksschule LTS chemische Ausbildung durch Abendschule auf mittlerem technischem Niveau	JPF (Verwandte); areligiös, eigene Kinder, gespanntes Milieu; schwierige Beginnzeit, völlige Amnesia für Zeit vor dem Krieg; eifersüchtig, Streitsituation, verschlechterter Gesundheitszustand, schwierige Pubertät, jähzornig, Konflikt: KPF wollten ihn an Familie zurück geben, er wollte bei ihnen bleiben deutliche Lernstörung, funktionierte auf der Schule schlecht Sanatoriumaufnahme wegen Asthma keine Psychotherapie, keine Betreuung 2 (1)	–	–	trotz lakunärer Schulausbildung Berufsziel erreicht und erweitert, ausgefüllt, mittlerer Angestellter verheiratet mit nicht-jüd. Frau, Kinder Diagnose: Psychosomatose (Asthma); sthenische, infantile Persönlichkeit mit pavor nocturnus und Loyalitätsproblemen
± 7	Volksschule MMS Laborantin	JPF (Verwandte): selbständiger Kaufmann, eigenes Kind Spielball zwischen Verwandten, intrigant, fühlte sich benachteiligt rankunös, aggressiv, unverarbeitete Trauer 1	22	–	Berufsziel erreicht, schwierige Anpassung, mäßig angepaßt in neuer Umgebung verheiratet mit jüd. Mann (KW), Kinder Diagnose: wenig gereifte Persönlichkeit mit charakterneurotischen Zügen, hohem Prestigeniveau und depressiv-paranoider Attitüde
± 7 1/2	Volksschule MULO Kinderpflegerin (abgebrochen) Blumenbinderin	JPF (Verwandte); emigrierte mit ihnen; nach 5 Jahren Rückkehr nach Holland, Schwierigkeiten 2 Kinderheime bis 18 J; andere JPF; nach 2 J Untermiete mit Familienanschluß unglückliches Kind, ängstlich, scheu, retardierte psycho-sexuelle Entwicklung, mißtrauisch, leugnen, entflüchten, impulsiv Psychotherapie 3	–	–	im Beruf nach anfänglichen Wechseln gefestigt, ausgefüllt, mittlere Angestellte verheiratet mit nicht-jüd. Mann (geschieden), kleiner Beamter, kinderlos Psychotherapie Diagnose: auf niedrigerem Niveau stabilisierte Frau mit angstneurotischen Zügen und partieller Integration, distanziert von früherem Milieu; rankünös
7	MULO Sekretärin	jüd. Kinderheim, mit 18 J in Untermiete, früh selbständig, verheiratet im Kinderheim anscheinend stabil, gut angepaßt, warmherzig, zuweilen etwas betrübt, wenig beeinflußbar, frühreif hyperaktiv, Leistungen unter ihrem wahren Können, präokkupiert Betreuung durch Sozialarbeiterin 1	–	–	Berufsziel erreicht und wieder aufgegeben, wechselnde Arbeitsplätze, durch frühe Heirat unvollendet verheiratet mit nicht-jüd. Mann (freier Beruf), Kinder Psychotherapie Diagnose: chronisch reaktive Depression mit enthemmt neurotischen Zügen; Loyalitätsproblematik, späte Reifung; gynäkologische Operation

Jg. 1938		I. tr. Sequenz		II. tr. Sequenz				III. tr. S.
1	2	3	4	5	6	7	8	9
FJ m	mittlerer kaufmännischer Angestellter 4 dysharmonisches Milieu liberal	7 J IV	Tod im KZ	–	–	2	–	LEHJ
FK w	mittlerer Angestellter 5 orthodox	± 5 J III	durch Eltern → Widerstand	2	kleiner selbständiger Handwerker eigene ältere Kinder orthodox protestantisch	–	transpirierte anfangs stark, sonst gut angepaßt war wegen Gefahr 6 Mo im Nachbardorf untergetaucht	Verwandte (areligiös) Streitfall
FL m	geschulter Arbeiter 4 liberal	± 3 J II	durch Eltern → Widerstand	> 2	mittlerer Beamter kinderlos reformiert	–	2 Verstecke bekannt mußte mit KPF untertauchen; häufiger Versteckwechsel, anscheinend große Eheprobleme	LEHJ
FM m	mittlerer kaufmännischer Angestellter 5 liberal	5 J III	durch Eltern → KPF	2	unverheiratete ältere Frau, Rentnerin katholisch	–	kann in 1. KPF wegen Gefahr nicht bleiben; danach in armes, etwas verwahrlostes Milieu weint viel, ängstlich	LEHJ Streitfall

III. tr. Sequenz

10	11	12	13	14	15
7	Volksschule ULO gescheitert kaufmännische Ausbildung	Sanatorium; jüd. Kinderheim bis 17 J, danach Untermiete mit Familienanschluß, nach 1 J umgezogen unauffällig, unscheinbar, ängstlich, gehemmt, auffallend wenige Konflikte, anscheinend gut angepaßt 2	–	–	Berufsziel (kleiner Selbständiger) nicht erreicht geschieden von jüd. Frau (KW), Kinder Diagnose: charakterneurotische Entwicklung mit starken Verdrängungen und aggressiven Entladungen
16	Volksschule Lyceum gescheitert HBS Dolmetscherausbildung, nicht beendet	bis 16 J in KPF, christliche Erziehung; in Pubertät Loyalitäts- und Dankbarkeitskonflikte; Aufnahme in orthodox jüd. Heim, dort große Konflikte; bricht Ausbildung in Holland ab, setzt Studium im Ausland fort, danach Israel aggressiv, hypoman, sucht die Vergangenheit, Identitätskrise, stürmischer Trauerprozeß 2–3	21	24	Berufsziel nicht völlig erreicht, ausgefüllt nach Umschulung verheiratet mit jüd. Mann (Akademiker), Kinder Diagnose: Psychosomatose (hoher Blutdruck) mit asthenisch-depressiven Reaktionsformen bei bewußter Konfrontation mit dem Verfolgungsgeschehen
± 8	Volksschule MULO abgebrochen LTS Handwerker	sollte erst in KPF bleiben; Aufnahme in neutrales Kinderheim; dann JPF (Verwandte), mit 17 J jüd. Heim, nach 6 Mo zurück in JPF, meldete sich zu Heer schwierige Schul- und Berufsentwicklung, lacht alles weg, in JPF schwererziehbar, depressiv, träge, kontaktgestört 4	–	–	Berufsziel nicht erreicht, Ausweichberuf als kleiner Angestellter, invalide, Abendkurs verheiratet mit jüd. Frau (KW), Kinder Diagnose: hypomane Abwehr von chronisch-reaktiver Depression, Freßsucht
9	LOM-schule keine Ausbildung	durch Streit von Verwandten lange Zeit Unsicherheit über seinen weiteren Aufenthalt Aufnahme in jüd. Heim, dann zu Verwandten, schwererziehbar; jüd. Kinderheim; Untermiete mit Familienanschluß (2 Adressen) schwer retardiert, ängstlich, weint viel, wehrlos, macht halbdebilen Eindruck, delinquent acting out Psychotherapie, Betreuung durch Sozialarbeiter 3	–	–	in verschiedenen Berufen tätig mit ups and downs, unstet, soziale Randfigur geschieden von nicht-jüd. Frau, Kinder Diagnose: schwere charakterneurotische Entwicklung bei gefühlsarmer, schwachbegabter Persönlichkeit mit psychopatischen Zügen

Jg. 1938/1937		I. tr. Sequenz		II. tr. Sequenz				III. tr. S.
1	2	3	4	5	6	7	8	9
FN m	kleiner Selb- ständiger 2 liberal	± 4 J II	durch Mutter → Widerstand	1	kleiner Beam- ter eigene Kinder reformiert	–	Couveuse-Kind (8 Mo) still, retardiert, cerebral-neurol. Krankheit gut versorgt	LEHJ
FO w	kleiner Selb- ständiger, Handwerker 4 staatenlos liberal	4 J II	durch Eltern → Widerstand	1	kleiner Selb- ständiger, Hand- werker eigene Kinder orthodox protestantisch	–	mußte bei Gefahr oft flüchten lag im Graben (begleitet von KPM) Heimweh nicht isoliert Asthma	JPF
FP m	kleiner Selb- ständiger 2 liberal	± 4 J II	undeutlich: durch Eltern → Nachbarn? → Verwand- te?	5	Akademiker eigene Kinder freisinnig refor- miert	–	mußte wegen seines Aussehens im Hause bleiben Läuse, kahl ge- schoren, eitrige Entzündungen, Bombardemente, mit 5. KPF eva- kuiert, dort gut aufgefangen Ängste sang fröhliche Lieder	Verwandte
GA m	höherer kaufmänni- scher Ange- stellter 5 orthodox	8 J IV	Tod im KZ	–	–	2	–	Verwandte

III. tr. Sequenz					
10	11	12	13	14	15
8	Volksschule in verschiedenen Richtungen gescheitert	erst zu Verwandten, zurück in KPF, kurze Zeit später in jüd. Kinderheim, bleibt dort 9 J lang Aufnahme neurologische Klinik; Untermiete mit Familienanschluß; 2. Aufnahme neurologische Klinik; danach 2 Adressen als Untermieter mit Familienanschluß durch neurolog. Krankheit zuweilen schwererziehbar, sonst gutmütig, etwas ratlos, isoliert, unsicher, Betreuung durch Sozialarbeiter 4	–	–	Hilfsarbeiter verheiratet mit nicht-jüd. Frau, Kinder Diagnose: organisch-cerebral gestörte Persönlichkeit, verunsichert bei partiell befriedigender sozialer Anpassung und zeitweiligen Verstimmungen, paranoid-aggressiven Entladungen; mehrere Aufnahmen in psychiatrische Klinik
10	Volksschule Haushaltungsschule Büroarbeit	erst in KPF; gegen ihren Willen in JPF, zusammen mit Schwester; Emigration nach Israel mit JPF; Rückkehr nach Holland unglücklich, still, gehemmt in Schul- und Berufsausbildung, in Pubertät große Konflikte vereinsamt nach Wegzug der Schwester 1	12	13	Berufsziel nur zum Teil erreicht, leidet an mangelhafter Schulausbildung verheiratet mit jüd. Mann (mittlerer Selbständiger), Kinder Diagnose: angstneurotische Charakterentwicklung mit Psychosomatose (Asthma, Ekzem) und heftigen aggressiven Entladungen
± 7	Volksschule HBS 3 Klassen, 2mal sitzengeblieben Handwerker kaufmännischer Angestellter	JPF (Verwandte): Akademiker eigene Kinder ängstlich, passiv, oberflächliche Kontakte, konfliktlos; vereinsamt, Unlustgefühle, depressiv; schwierige psycho-sexuelle Entwicklung 1	–	–	schwierige Berufsentwicklung, zum Teil im Ausland; mehrfacher Berufswechsel, höherer Angestellter verheiratet mit nicht-jüd. Frau Psychotherapien Diagnose: charakterneurotische Entwicklung mit Depersonalisationszuständen, gestörte Objektbeziehung
8	Volksschule Handelsschule 3mal sitzengeblieben mittlerer kaufmännischer Angestellter	JPF (Verwandte) ernstlich retardiert, mühsame Schulausbildung passiv, Basisstimmung depressiv, Psychotherapie 1	–	–	Berufsziel erreicht und erweitert, ausgefüllt, sozial aktiv, höherer Angestellter verheiratet mit jüd. Frau, Kinder Diagnose: gereifte Persönlichkeit, bewußte Konfrontation des Verfolgungsgeschehens; zeitweilige beherrschte depressive Verstimmungen

Jg. 1937		I. tr. Sequenz		II. tr. Sequenz				III. tr. S.
1	2	3	4	5	6	7	8	9
GB m	Fabrikant, mittlerer Selbständiger 5 liberal	5 J III	durch Eltern zu Freunden	3	kleiner Selb- ständiger eigene Kinder freisinnig refor- miert	—	ängstlich, enure- sis, encopresis, unglückliches Kind	LEHJ
GC m	Handwerker, mittlerer Angestellter 2 liberal	± 5 J III	durch Mutter zu Nachbarn	5	kleiner Selb- ständiger, eigene Kinder streng katho- lisch	—	im 1. Versteck verraten, durch S.D. in die „crèche" durch Wider- stand heraus- geholt Verstecke	KPF
GD w	mittlerer Angestellter 5 orthodox	± 5 J III	durch Eltern → Widerstand	2	im zweiten Ver- steck verraten	3	—	Verwandte
GE w	Akademiker 6 liberal	7½ J IV	Tod im KZ	—	—	2	—	Verwandte
GF m	mittlerer Selbständiger 4–5 liberal	5 J III	mit Eltern arrestiert, nach einigen Stunden ent- lassen; am folgenden Tag durch Bekannte mitgenom- men	5	kleiner Beam- ter kinderlos politisch orga- ganisiert	—	mußte mit KPF (getrennt) unter- tauchen schlechter Esser, Anpassungs- probleme	OPK LEHJ Streitfall

III. tr. Sequenz					
10	11	12	13	14	15
8	Volksschule HBS abgebrochen kaufmännische Ausbildung	JPF (Verwandte); ernstliche Regressionserscheinungen, Konflikte, Lernstörungen Aufnahme jüd. Kinderheim, sehr schwierige Anpassung isoliert, rankunös, trübselig, kontaktlos ambulante psychotherapeutische Kontakte, Betreuung durch Sozialarbeiter 2	–	–	Berufsziel erreicht, erfolgreich, selbständig 1. Ehe mit jüd. Frau (KW), geschieden; 2. Ehe mit (geschiedener) jüd. Frau, Kinder; ungleichmäßig, isoliert entschließt sich nach langem Zögern zu Psychotherapie Diagnose: angstneurotische Entwicklung mit paranoiden, depressiven Zügen, affektarm
± 19	Volksschule HBS gescheitert MULO verschiedene Ausbildungen abgebrochen; trampt durch Europa	KPF; mit 18 J Untermiete mit Familienanschluß bei JF katholisch erzogen, Lernstörungen, großes sozialkulturelles Gefälle mit KPF Identitätsproblematik, depressiv, jüd. Gruppe als auxiliäres Ich, Kontaktstörungen, Schuldgefühle 0	–	–	schwierige Berufsentwicklung, wechselnde Zielsetzung; z. T. im Ausland mit beginnender Konsolidation und sozialem Aufstieg nach Rückkehr in Holland; Abendstudium, mittlerer Angestellter verheiratet mit nicht-jüd. Frau, Kinder Diagnose: sthenische Persönlichkeit mit partieller Integration und Hyperaktivität
± 8	Grenzfall, funktioniert auf schwachbegabtem Niveau keine Ausbildung	im KZ schwere cerebrale Infektionskrankheiten Aufnahme bei Verwandten, gut aufgefangen Invalide 1	–	–	kein Beruf unverheiratet invalide
8	Volksschule MMS Sekretärin mehrsprachig	ängstlich, depressiv zurück aus KZ; Krankenhausaufnahme; kurze Zeit in JPF (Verwandte), Wechsel in 2. JPF (Verwandte) retardierte Entwicklung, Menarche mit 17 J anscheinend gut angepaßt, in zionistisch orientierter Familie 3	22	–	Berufsziel erreicht, in Israel umgeschult, nach Heirat noch sporadisch tätig verheiratet mit jüd. Mann (KW); mittlerer Angestellter, Kinder Diagnose: restriktive Persönlichkeitsentwicklung mit partiell bewußter Konfrontation des Verfolgungsgeschehens; still, distanziert
12	Volksschule HBS und MULO gescheitert bricht jede Ausbildung ab	erst KPF, mit 12 J jüd. Heim Separationsängste, depressiv, unvollendete Trauerverarbeitung, schwererziehbar, zunehmende Desintegration, delinquent acting out Psychotherapie, Betreuung durch Sozialarbeiterin 1	20	21	Berufsziel über Umwege nach mehreren Mißerfolgen beharrlich und schlau erreicht; leidet an mangelhafter Schulausbildung verheiratet mit nicht-jüd. Frau, Kinder Diagnose: überkompensierte charakterneurotische Entwicklung mit partieller Integration auf depressiver Basis bei sthenischer Persönlichkeit

Jg. 1937		I. tr. Sequenz		II. tr. Sequenz				III. tr. S.
1	2	3	4	5	6	7	8	9
GG w	geschulter Arbeiter 2 liberal	6 J III	mit Eltern untergetaucht, verraten; aus Polizeibüro durch Widerstand gerettet	2	kleiner Angestellter eigene Kinder katholisch	–	schwierige Anpassung wenig Verständnis von KPF; man fand sie launisch, unbeständig Angst vor Uniformen katholisch erzogen	JPF
GH m	kleiner Selbständiger 3	± $5^1/_2$J III	unbekannt	>10	NSB-KPF	–	zahllose Verstecke als „Findelkind" umhergeirrt Bombardierung, Tod KPF durch NSB-Familie aufgenommen	OPK
GJ m	kleiner Angestellter 3 politisch organisiert unkirchlich	6 J III	durch M nach Tod des V	1	älteres Ehepaar, mittlerer Beamter	–	sehr verwöhnt, isoliert; mußte im Hause bleiben	KPF seiner Schwester; LEHJ Streitfall
GK w	mittlerer kaufmännischer Angestellter 4–5 liberal	± 6 J III	M auf der Straße verhaftet, Kind zu Verwandten	1	mit Verwandten verhaftet und deportiert	2	–	Verwandte
GL w	kleiner Angestellter 3 liberal	± 4 J III	durch Eltern mit Geschw. in Kinderheim(Provinz)	3	mittlerer Selbständiger kinderlos orthodox protestantisch	–	2 Unterkünfte mit Geschwistern während Razzia im Schrank versteckt gut aufgefangen, ängstlich, selbstsicher, neugerig	KPF Streitfall

III. tr. Sequenz					
10	11	12	13	14	15
10	Volksschule 3maliger Wechsel ULO abgebrochen einfache Büroausbildung gescheitert	erst KPF; 3 Mo Erholungsheim im Ausland; jüd. Heim; JPF schwererziehbar, ängstlich, Kontaktstörung, aufständisch, Weglaufen, Betreuung durch Sozialarbeiterin 3	–	–	keine feste Berufsarbeit, ungleichmäßig, instabil, aggressiv verheiratet mit jüd. Mann (KW), Kinder; Schwierigkeiten mit den Kinder Psychotherapie Diagnose: angstneurotische Charakterentwicklung mit instabiler Affektlage bei chronischer Verstimmung
8	Volksschule 3maliger Wechsel Konservatorium	kurze Zeit mit NSB-KPF im Internierungslager; PF; wegen Schulwechsel Aufnahme in 2. PF; gut aufgefangen ernstlich retardiert, Lernstörungen, Problemkind, passiv, instabil, Aktivitätsstörung, Basisdepression Betreuung durch Sozialarbeiter 1 (2)	22	26	instabile Berufsausübung, verschiedene wechselnde Arbeitsplätze; leidet unter mangelhafter Schulausbildung; allmähliche Berufskonsolidation 1. Ehe mit nicht-jüd. Frau, geschieden; 2. Ehe mit nicht-jüd. Frau, Kinder Psychotherapie Diagnose: ernstliche Entwicklungsretardation, persönlich und sozial verunsichert mit depressiven Verstimmungen bei ursprünglich sehr intelligentem Mann
16	Volksschule christliches Internat HBS gescheitert Büroausbildung Landwirtschaft	Aufnahme in christl. PF seiner Schwester, Emigration ins Ausland, nach 6 J totales Mißlingen; christliches Internat; Wechsel der Vormundschaft; jüd. Heim entwurzelt, viele Frakturen nach Unglücken, absences, amentielle Zustände, sehr ängstlich passiv, kurze Zeit Psychotherapie 6	21 25	24	schwierige Berufsentwicklung mit wechselnden Zielen, in Israel kleiner Selbständiger, unsicher verheiratet mit jüd. Frau (KW), Kinder Diagnose: angstneurotische Charakterentwicklung auf depressiver Basis mit zeitweiligen somatischen Beschwerden
± 8	HBS 3 J kaufmännische Ausbildung	im KZ Typhus und Herzbeschwerden; Krankenhaus- und Sanatoriumsaufenthalt in UDSSR, Belgien, Niederlande JPF (Verwandte, „Stieftante"), schlecht aufgefangen; ängstlich unter Drohungen; ging nach dem Krieg zum ersten Mal in die Schule; intelligent, durfte nicht mehr lernen, verbittert 4	–	–	Berufsziel erreicht und erweitert, ausgefüllt, auch in der Ehe berufstätig, Abendstudium, verheiratet mit jüd. Mann (KW), Kinder Diagnose: gereifte, sthenische Persönlichkeit mit hyperästhetisch-emotionellen und phobischen Zügen, Angstbereitschaft; gynäkologische Beschwerden
–	Volksschule 3 J Gymnasium Sozialarbeiterin	KPF, ungestörte Entwicklung, christlich erzogen und getauft Angst vor Unwetter, Angst allein zu Hause zu bleiben Kontakt mit Geschwistern durch KPF verhindert 0	–	–	Berufsziel erreicht, mit Erfolg ausgeübt verheiratet mit nicht-jüd. Mann, Kinder Diagnose: normaler Entwicklungsgang bei sthenischer Persönlichkeit mit counterphobischen Zügen und verdrängten Loyalitätskonflikten

Jg. 1937/1936		I. tr. Sequenz		II. tr. Sequenz				III. tr. S.
1	2	3	4	5	6	7	8	9
GM m	mittlerer Selbständiger 4–5 liberal	± 4 J III	unbekannt	± 5	kleiner Beam- ter eigene Kinder katholisch	–	mit Eltern und 2 Brüdern unterge- taucht und ver- raten zuerst vielfacher Wechsel der Ver- stecke ab '43 beständig	KPF Streitfall
GN m	Handwerker 4 liberal	5½ J III	durch Eltern → Widerstand	1	kleiner Land- wirt eigene Kinder orthodox protestantisch	–	nicht viel bekannt, anscheinend gut angepaßt	LEHJ
GO m	mittlerer Angestellter 4 liberal	± 8 J IV	Tod im KZ	–	–	3	–	LEHJ
GP w	ungeschulter Arbeiter 1 liberal	± 6 J III	durch M → Tante	2	Handwerker eigene Kinder katholisch	–	nach Verrat und Verhaftung der Tante in 1. KPF (ortho- dox protestan- tisch) → 2. KPF Esstörungen ängstlich, schreckhaft, affektlabil guter Kontakt mit Kindern eingebürgert, ver- wöhnt	LEHJ Streitfall
HA m	kleiner Selbständiger 3 liberal	± 6 J III	M holt für V den Arzt; kam nicht mehr zurück	5	mittlerer Selb- ständiger eigenes Kind streng katho- lisch	–	zuerst mit V bei Großeltern, später allein in vielen Verstecken passiv schweigsam, gespannt mehrere Unter- taucher im Haus Wachstumsstill- stand	Verwandte

III. tr. Sequenz					
10	11	12	13	14	15
–	Volksschule MULO abgebrochen verschiedene Ausbildungen abgebrochen	blieb in KPF nach heftigem Streit mit überlebenden z. T. getauften Verwandten katholisch getauft zu Beginn nervös, ängstlich, anscheinend gut angepaßt, nach langem Intervall schwererziehbar, delinquent acting out, Trinken, Konflikte mit Ausbildung + PF, verläßt das Haus, drugs, frühe Ehe 0	–	–	Berufsziel nicht erreicht, wechselnde Arbeitsplätze, zeitweilig arbeitslos, kleiner Angestellter geschieden von nicht-jüd. Frau, Kinder Diagnose: psychopathischer Entwicklungsgang, addicted
± 9	BLO Schule ungeschulter Arbeiter	6 Unterkünfte: JPF, christliches Beobachtungsheim f. schwierige Kinder, 3 jüd. Heime; Untermiete mit Familienanschluß unauffallender, passiver, depressiver Junge; vereinsamt 6	21	27	in Israel und Holland in verschiededen Berufen ziellos, still unverheiratet Diagnose: chron.-reaktiv. Depressionen bei vereinsamtem Mann aus dem jüd. Proletariat, funktionierend auf schwachbegabtem Niveau
± 9	Volksschule abgebrochen keine Ausbildung	Krankenhaus; verschiedene JPF; danach jüd. Kinderheim organisch-neurologisch gestört, funktioniert auf debilem Niveau 4	–	–	invalide, leidet unter mangelhafter Schulausbildung, schwere Vorwürfe gegen die Weise seiner soz. Rehabilitation Diagnose: organisch neurologisch gestört
± 10	Volksschule ULO abgebrochen Berufsausbildung in Israel gescheitert	bleibt erst in KPF, soll getauft werden; heftiger Konflikt zwischen prot. getauften und jüd. gebliebebenen Familienmitgliedern JPF (Verwandte), gescheitert; in jüd. Kinderheim, mäßige Schülerin; viele psychiatrisch-psychol. Untersuchungen ängstlich, unsicher, aggressiv, verstimmt, apathisch, frühreif, Heimweh nach 2. KPF; pseudologisch, in der Gruppe beliebt, in Israel schwer erziehbar, gefährdet 2	15	–	keine Berufsausübung, Hilfsdienste, bleibt im Kibbuz 1. Ehe, geschieden; 2. Ehe, Kinder Diagnose: persönlich und sozial verunsichert; charakterneurotische Entwicklung mit asthenisch-depressiven Zügen
9	Volksschule kaufmännische Ausbildung, zu Beginn mühevoll, später leicht	nahm seine Kleider und verließ schweigsam KPF; kein Gefühlsband; JPF (Verwandte), gut aufgefangen; 6 Mo Ferienheim Dänemark; zurück JPF (mittlerer Selbständiger) Problemkind, nervös, unbillig, aggressiv, Autoritätskonflikt; mit 10 J zum ersten Male in die Schule Wachstum wieder normal 3	–	–	Berufsziel mit großen Anstrengungen erreicht, erweitert, mittlerer Selbständiger, erfolgreich, verheiratet mit jüd. Frau (KW), Kinder Diagnose: durch Hyperaktivität kompensierte charakterneurotische Entwicklung bei sthenischem, etwas infantilem Mann mit muskulärem Spannungszustand

Jg. 1936		I. tr. Sequenz		II. tr. Sequenz				III. tr. S.
1	2	3	4	5	6	7	8	9
HB m	mittlerer kaufmännischer Angestellter 4 liberal	± 6 J III	durch Eltern → Widerstand	2	mittlerer Selbständiger reformiert	–	mußte wegen Gefahr flüchten 1. KPV erschossen schwieriges Kind, unruhig, aufschneiderisch	LEHJ
HC m	kleiner Selbständiger 2 liberal	± 6 J III	durch Nachbarin weggebracht	4	kleiner Selbständiger eigene Kinder orthodox protestantisch	–	anscheinend überall schwierig besuchte zuweilen die Schule katholische und orthodox protestantische Milieus	LEHJ
HD m	mittlerer Angestellter 4–5 orthodox	7 J IV	durch Eltern → Bekannte	10	kleiner Selbständiger	–	oft gewechselt widersprüchliche Informationen zuweilen gut angepaßt, auch frech, schwierig	LEHJ
HE w	kleiner Angestellter 3 liberal	6 J III	durch V per Fahrrad zum Bahnhof, → dort Widerstand	3	kleiner Selbständiger orthodox protestantisch	–	mußte wegen Gefahr Verstecke wechseln still, schweigsam	LEHJ
HF m	mittlerer Selbständiger 4–5 orthodox	9 J IV	Tod im KZ	–	–	3	–	Verwandte in Israel

III. tr. Sequenz					
10	11	12	13	14	15
10	Volksschule 1 J MULO, abgebrochen Ausbildung in Israel, in verschiedenen Berufen; zuerst gescheitert	jüd. Kinderheim, schwieriges Kind, lärmend, aufschneiderisch, intellektuell beschädigt, geht mit Gruppe nach Israel 1(2)	15	–	wechselvolle Berufsausbildung, leidet an mangelhafter Schulausbildung, in letzter Zeit mittlerer Selbständiger verheiratet mit jüd. Frau, Kinder Diagnose: späte Reifung bei sthenischem Mann mit infantilen und angstneurotischen Zügen
10	Volksschule HBS und Handelsabendschule gescheitert arbeitet in verschiedenen Berufen, keine regelmäßige Ausbildung	jüd. Kinderheim, schwierig, nörglerisch, unlustig, delinquent acting out; Basisdepression, Heim für schwererziehbare Jungen 3 Adressen als Untermieter 2	–	–	Berufsziel mit konsequenter Anstrengung erreicht, erweitert, erfolgreich, mittlerer leitender Beamter verheiratet mit jüd. Frau (KW), Kinder Psychotherapie abgebrochen Diagnose: chronisch-reaktive Depression bei ernstlicher charakterneurotischer Entwicklung; konfliktuös, kein delinquent acting out
10	Volksschule LTS in Israel verschiedene Berufe	jüd. Kinderheim (nach kurzer Periode in neutralem Heim) Stottern, enuresis, weinen, verdrängt unangenehme Erinnerungen, hyperaktiv, destruktiv; gut zu kleinen Kindern und Tieren geht mit 17 J mit Gruppe nach Israel 2(3)	17	–	nach anfänglichen Schwierigkeiten und Berufswechsel fest im erwünschten Beruf, mittlerer technischer Angestellter 1. Ehe mit jüd. Frau geschieden; 2. Ehe mit jüd. Frau, Kinder Diagnose: späte Reifung bei sthenischem Mann mit depressiven, neurotischen Zügen bei guter Introspektion
10	Volksschule MULO Ausbildung in Israel kaufmännischer Beruf	jüd. Kinderheim; zusammen mit Geschwistern still, traurig ohne äußere Zeichen, guter Kontakt, zuweilen trotzig, rankunös, nie fröhlich ausgelassen, ehrgeizig 1(2)	± 15	–	Berufsziel erreicht und ausgefüllt, auch in der Ehe noch tätig, sozial aktiv verheiratet mit jüd. Mann, Kinder Psychotherapie Diagnose: späte Reifung bei sthenischer Frau mit leicht depressiven Zügen
9	15 Schulen HBS in Holland, in Israel beendet Universität in Israel und Holland	im KZ organisch krank; Operation die zu teilweiser Invalidität führte Zwist unter Verwandten im Ausland bezüglich der Vormundschaft erst jüdisches Kinderheim in Holland, danach kleine Odyssee in 3 Ländern 5–6	16	25	Berufsziel nach großen Anstrengungen erreicht, ausgefüllt, wegen progressiver organischer Invalidität gefährdet verheiratet mit jüd. Frau, Kinder Diagnose: angstneurotische Entwicklung bei sthenischer Persönlichkeit mit organischen Beschwerden

Jg. 1936		I. tr. Sequenz		II. tr. Sequenz				III. tr. S.
1	2	3	4	5	6	7	8	9
HG w	Handwerker, asoziales Milieu 2 liberal	7½ J **IV**	durch Eltern → Widerstand	4	kleiner Land- wirt eigene Kinder katholisch	–	kam aus Sicher- heitsgründen zu Nr. 4, sehr ge- bunden an Nr. 3 frech, enuresis, ängstlich symbiotische Beziehung	LEHJ
HH m	Handwerker kleiner Selb- ständiger 4 staatenlos liberal	7 J **IV**	durch Eltern → Widerstand	1	ungeschulter Arbeiter eigene Kinder katholisch	–	gut aufgefangen, körperlich ver- wahrlosend KPM nerven- krank	JPF
HJ w	ungeschul- ter Arbeiter, sozial schwa- ches Milieu 1 liberal	6 J **III**	durch V in den Zug ge- setzt ; → Widerstand	2	im 2. Versteck verraten	3	–	LEHJ
HK m	mittlerer kaufmänni- scher Ange- stellter 5 liberal	7 J **IV**	aus der „crèche"	6?	kleiner Beam- ter orthodox protestantisch	–	wegen schwieri- gen Verhaltens häufiger Versteck- wechsel enuresis, Ekzem, Schlafwandeln	JPF LEHJ

III. tr. Sequenz

10	11	12	13	14	15
11	Volksschule Haushaltungsschule	kommt ursprünglich aus verwahrlostem Milieu nach dem Kriege in 3 jüd. Kinderheimen, bleibt im 3. Heim 5 Jahre Problemkind, schwachbegabt oder pseudodumm? mit 16 J mit Gruppe nach Israel, dort gescheitert, Aufnahme psychiatrische Klinik Rückkehr nach Holland, Untermiete mit Familienanschluß (3 Familien) Psychotherapie, Betreuung durch Sozialarbeiterin 6	16	± 21	kein fester Beruf, wechselnde Arbeitsplätze, keine Konflikte verheiratet mit nicht-jüd. Mann (geschulter Arbeiter), Kinder Diagnose: paranoid-depressive charakterneurotische Entwicklung bei partieller guter sozialer Anpassung und Introspektion; gynäkolog. Operation, Kontakt mit jüd. Gruppe abgebrochen
10	Volksschule IVO Abendlyceum, abgebrochen kaufmännische Ausbildung; viele Diplome; lernbegierig	hat Deportation von Vater miterlebt, große Ängste, aufgenommen in JPF (keine Verwandten), zusammen emigriert nach Israel, zurückgekommen, zunehmende Spannungen in JPF jüd. Kinderheim, gut angepaßt, starke Verdrängung, krampfhaft; häufiger Wechsel eifrig, ehrgeizig, reaktiv depressiv, ambulante Psychotherapie, Betreuung durch Sozialarbeiter 6	14 36	15	leidet unter mangelhafter Schulausbildung, im Beruf erfolgreich, nicht ausgefüllt, mittlerer Selbständiger verheiratet mit jüd. Frau (KW), Kinder Diagnose: sozial gut angepaßter, hyperaktiver sthenischer Mann mit Insuffiziensgefühlen auf depressiv neurotischer Basis
10	Volksschule Haushaltungsschule	jüd. Kinderheim, nach 2 Mo in ein anderes verlegt ängstlich, unterwürfig, flüsterte nur, isolierte sich, oberflächlich freundlich, praktische Intelligenz zusammen mit Geschwistern nach Israel panische Ängste, unangepaßtes Verhalten, enthemmt, depressiv, Arbeitsstörung, verunsichert, Psychotherapie 2(3)	16		kein fester Beruf, unstet, gefährdet 1. Ehe mit jüd. Mann, geschieden, Kinder Diagnose: angstneurotische Charakterentwicklung auf depressiver Basis mit psychopathiformen Reaktionen
10	Volksschule ULO gescheitert LTS Handwerker	orthodoxe JPF, mittlerer Angestellter mit eigenen Kindern in JPF unangepaßt, schwere Regressionserscheinungen, unfroh, verwahrloste sich, entwurzelt, intelligent; pädagogisch insuffizientes Milieu mit 15 J in jüd. Heim; nach 1 J Ausbildungsheim für Israel schwierige sozial-psychiatrische Begleitung 3	20		Berufsziel nach anfänglichen Schwierigkeiten erreicht; nicht ausgefüllt unverheiratet Diagnose: chronisch reaktive Depression, sozial und persönlich verunsichert, isoliert

Jg. 1935		I. tr. Sequenz		II. tr. Sequenz				III. tr. S.
1	2	3	4	5	6	7	8	9
JA m	mittlerer kaufmännischer Angestellter 4 liberal	7 J IV	durch Eltern → Widerstand	1	mittlerer Landwirt eigene Kinder orthodox protestantisch	–	gut aufgefangen, gut angepaßt kränklich erhielt Privatunterricht zuweilen aggressiv	LEHJ
JB w	mittlerer Selbständiger 4 liberal	7 J IV	durch Eltern → Widerstand	3	kleiner Selbständiger katholisch	–	im zweiten Versteck verraten; Flucht innerhalb einer halben Stunde sehr ängstlich	LEHJ
JC m	kleiner Selbständiger 3 Ehe geschieden; mit 5 J mit M in nicht-jüd. PF	9 J IV	M deportiert	1	blieb in verwahrlosender PF; 20 jüd. Untertaucher im Haus; asoziales Milieu	–	zog mitten im Krieg mit KPF und Untertauchern um	LEHJ
JD m	asoziales Milieu 1	1 J I	durch Vormundschaftsbehörde	3	Kleinlandwirt reformiert	–	tauchte aus jüd. Heim unter Gefahren, spärliche Information	LEHJ
JE w	mittlerer Selbständiger 3–4 liberal	± 7 J IV	mit M untergetaucht; M arrestiert, Kind geflüchtet	15	Irrfahrten keine Informationen	–	viele gefährliche Situationen sexuelle Verleitung durch KPV	LEHJ

III. tr. Sequenz					
10	11	12	13	14	15
11	Volksschule HBS nach 3 J abgebrochen, in Israel beendet Handwerker mittlere kaufmännische Ausbildung	jüd. Kinderheim, KARA, Überlebensfantasien, Ängste, Protest gegen Heim und Orthodoxie; bricht Schulausbildung ab, geht mit Gruppe nach Israel mit 20 J nach Tonsillektomie Asthma kurze Zeit Psychotherapie 1(2)	16		leidet unter mangelhafter Schulausbildung trotz verschiedener Kurse in Israel, Berufsziel zersplittert, nicht ausgefüllt verheiratet mit jüd. Frau, Kinder Diagnose: Psychosomatose bei asthenischer Persönlichkeit mit hohem Ambitionsniveau und autoritärem Auftreten; konfliktuös
11	Volksschule MULO abgebrochen med. Assistentin in Israel	blieb erst in KPF; man wollte sie gerne behalten; besuchte Nonnenschule; erkannte ihren ältesten Bruder nicht, als er sie holte 3 JPF; danach jüd. Kinderheim unauffallend, unscheinbar, schweigsam, isoliert in der Gruppe, etwas undurchsichtig 4	16		Berufsziel erreicht, auch in der Ehe tätig verheiratet mit jüd. Mann (KW, mittlerer Angestellter), Kinder Diagnose: restriktive Persönlichkeitsentwicklun bei früher Verwahrlosung, gefühlsarm verunsichert, gefühlsflach, einsam bei partieller Integration
12	Volksschule 'HBS Universität	wurde durch Vormundschaftsgericht aus KPF geholt; erst neutral. Heim, dann jüd. Kinderheim aufständisch, cynisch, isoliert, enuresis, gefühlsarm, hospitalisiert, Psychotherapie, Konflikt mit Sozialarbeiterin 2			Berufsziel erreicht, selbständig verheiratet mit jüd. Frau, Kinder Diagnose: charakterneurotische Entwicklung bei früher Verwahrlosung, gefühlsarm
10	Volksschule MULO abgebrochen LTS Handwerker	in jüd. Heim zurück, in das er mit 3 Jahr gekommen war; stuporöse Reaktionen, anaclitische Depression, konfliktuös, Loyalitäts- und Dankbarkeitsprobleme bzgl. JPF vor dem Kriege; Mittelpunkt der Intrigen Erwachsener; ziellos, unentschlossen psychotherapeutische Kontakte 1(2)	17		Berufsziel auf Umwegen erreicht, erfolgreich, mittlerer Angestellter verheiratet mit jüd. Frau (KW), Kinder Diagnose: sozial gut angepaßter, sthenischer Mann mit depressiven paranoiden Zügen bei partieller Integration, restriktive Persönlichkeitsentwicklung
10	Volksschule MULO Haushaltungsschule	2 JPF; jüd. Kinderheim gute Intelligenz, lacht alles weg, Angstträume, labile Stimmung, unberechenbar, bleibt oberflächlich 3	19		leidet unter mangelhafter Schulausbildung, Berufsziel z. T. erreicht, nocht nicht ausgefüllt, in der Ehe noch berufstätig, Abendstudium verheiratet mit jüd. Mann (geschieden), Kinder Diagnose: gereifte Persönlichkeit mit partiellen Identitätsproblemen und depressiven Zügen

Jg. 1935		I. tr. Sequenz		II. tr. Sequenz				III. tr. S.
1	2	3	4	5	6	7	8	9
JF m	Handwerker, mittlerer Selbständiger 4–5 orthodox	± 6 J IV	durch Eltern → Bekannte	11	(11. Versteck ab '42:) Akademiker eigene Kinder orthodox protestantisch	–	bis 10. J. encopresis verschlossen, gefühlsflach, scheu, inaktiv	KPF
JG m	kleiner kaufmännischer Angestellter 3–4 staatenlos orthodox	9 J IV	Tod im KZ	–	–	2	–	LEHJ JPF
JH m	Akademiker 6 liberal	10 J V	Tod im KZ	–	–	2	–	Verwandte
JJ m	mittlerer Selbständiger 5–6 liberal	6½ J IV	mit Eltern untergetaucht, getrennt	10	kleiner Beamter orthodox protestantisch	–	sehr schwere Periode: verraten, verhaftet; aus Polizeibüro geflüchtet; durch KPV mit Messer bedroht (NSB?); im Keller eingeschlossen; sexuell mißbraucht	LEHJ
JK w	mittlerer Beamter 5 orthodox	3 J II	mit Kindertransport aus D'land; auf 3 Adressen herumgestoßen	4–5	kleiner Selbständiger eigene Kinder orthodox protestantisch	–	aus Krankenhaus am Kran ins Freie bei blindem Mann untergetaucht; Gefahr, Flucht; sehr gebunden an letzte KPF	LEHJ

III. tr. Sequenz

10	11	12	13	14	15
18	Volksschule ULO abgebrochen HBS abgebrochen Gymnasium (4 J) Büroarbeit viele Wechsel	KPF; große Konflikte mit PM; christlich erzogen, mit 18 J in KPF und in der Schule völlig gescheitert: Aufnahme jüd. Heim starr, ängstlich, inaktiv, depressiv, delinquent acting out Psychotherapie, Betreuung durch Sozialarbeiter 1	–	–	Berufsziel auf Umwegen zum Teil erreicht, nicht ausgefüllt, mittlerer Selbständiger verheiratet mit nicht-jüd. Frau, Kinder Diagnose: einsamer, unglücklicher Mann mit Schuld- und Loyalitätsproblemen; charakterneurotische Entwicklung bei sensitiver Persönlichkeit mit depressiver Grundstimmung
10	Volksschule Musiker	aus dem KZ nach Schweden, nach 6 Mo zurück nach Holland; jüd. Internat, vorbereitet für Israel sehr ängstlich, depressiv, reaktiv hypomanes Verhalten, in Israel schwierige Anpassung, Heimweh nach Holland, arbeitet in verschiedenen Berufen, Musik, entwurzelt 2(3)	14	22	Berufsziel partiell erreicht, unstet, Künstler, 2mal mit jüd. Frauen verheiratet und geschieden, Kinder Diagnose: Entwurzlungsneurose mit chronisch-reaktiver Depression, hypomane Abwehrformen
10	Volksschule Gymnasium A B-Examen nicht bestanden Universität abgebrochen Büroarbeit	aufgenommen in 4 JPF, hatte in 1. und 2. Familie große Konflikte mit PM abgewehrte Schuldgefühle wegen Übertretung eines Verbotes vor der Deportation, Ängste, provozierendes Verhalten, unsicher, wahnhaft, sthenisch; sucht in Konfliktsituationen Hilfe, bricht Kontakt wieder ab 4	–	–	niedrigeres Berufsziel nach großen Anstrengungen erreicht, konfliktreich verheiratet mit nicht-jüd. Frau Diagnose: schwere charakterneurotische Entwicklung mit wahnhaft-manischen Zügen; erdrückende Identitätsproblematik; zeitweise Realitätsverlust
10	Volksschule MULO MTS (2 J)	zunächst bei älteren Verwandten danach 2 jüd. Kinderheime; Untermiete mit Familienanschluß schwererziehbar, bereits vor dem Krieg (?); enuresis, Ängste, Autoritätskonflikte, kontaktarm, Psychotherapie, Betreuung durch Sozialarbeiterin 3	22		Berufsziel auf Umwegen erreicht, unausgefüllt, konfliktreich, gefährdet, mittlerer Angestellter verheiratet mit nicht-jüd. Frau wiederholte Ansätze zu Psychotherapie Diagnose: schwere charakterneurotische Entwicklung mit psychopathiformen Zügen als Abwehr massiver Ängste
11	Volskschule MULO Kinderpflegerin in Israel weitere Ausbildung abgebrochen	durch letzte KPF in orthodox jüd. Heim; Vorbereitung für Israel still, unauffallend, traurig, sanft, resigniert unsicher, phobisch in Israel erst bei Verwandten 2	14		Beurfsziel erreicht, ausgefüllt verheiratet mit jüd. Mann (mittlerer Beamter), Kinder Diagnose: stille, etwas resignierte, spät gereifte Persönlichkeit, sozial gut angepaßt

Jg. 1935		I. tr. Sequenz		II. tr. Sequenz				III. tr. S.
1	2	3	4	5	6	7	8	9
JL w	kleiner Angesteller 3–4 liberal	± 7 J IV	durch Eltern → Widerstand	5	Kleinlandwirt eigene Kinder reformiert	–	weinte viel, enuresis, viele Ängste, fühlte sich elend	LEHJ
JM w	ungeschulter Arbeiter; sozial schwaches Milieu 1	7 J IV	durch Eltern → Widerstand	5–6	ging nach Kriegsende noch zu einem Kleinlandwirt, der sie bei sich behalten wollte orthodox protestantisch	–	zuerst zusammen mit Geschwistern untergetaucht, später allein	LEHJ Streitfall
JN w	ungeschulter Arbeiter; asoziales Milieu 1	4 J III	durch Vormundschaftsgericht in jüd. Heim; aus der „crèche" durch Widerstand gerettet	2	kleiner Selbständiger reformiert	–	gut aufgefangen Kontakt mit anderen Kindern, Schulbesuch; in 1. KPF arrestiert; „crèche"; durch Widerstand gerettet	LEHJ
JO w	mittlerer Selbständiger 4–5 orthodox	± 8 J IV	aus der „crèche" durch Widerstand	1	kleiner kaufmännischer Angestellter kinderlos orthodox protestantisch	–	gut aufgefangen, Kontakt mit anderen Heimweh gehorsam	KPF Streitfall
JP w	Handwerker 4 liberal	7 J IV	durch Eltern	5	kleiner Selbständiger	–	im 1. und 5. Versteck gut aufgefangen, sonst schlecht; still, enuresis noch 2. jüd. Kind im Versteck; nie darüber gesprochen der Gefahr bewußt	LEHJ

III. tr. Sequenz

10	11	12	13	14	15
10	Volksschule MULO (1 J) keine Ausbildung in Israel Kurse, Handarbeit	fühlte sich verloren im jüdischen Kinderheim; nur schlechte Erinnerungen an Untertauchzeit; angepaßt, gehemmt, lakunäre Entwicklung trotz befriedigender Intelligenz sehr mäßige schulische Leistungen geht mit Gruppe nach Israel, arbeitet in Kibbuz 2	15	–	Berufsziel zum Teil erreicht, unstet, konfliktuös verheiratet mit jüd. Mann (Handwerker), Kinder Diagnose: angstneurotische Entwicklung mit Migräne, phobischen und psychasthenen Zügen
11	Volksschule Haushaltungsschule	durch Polizei von letzter KPF abgeholt, danach 3 Kinderheime (1 neutrales, 2 jüdische) vereinsamt, entwurzelt, depressiv, Entwicklungsstillstand geht mit Gruppe nach Israel, Kibbuz 4	17	–	kein Berufsziel, keine feste Tätigkeit in Israel, anlehnungsbedürftig, aktiv verheiratet mit jüd. Mann (mittlerer Angestellter), Kinder Diagnose: angstneurotische Entwicklung mit neurasthenischen, phobischen Beschwerden, chronischem Heimweh, bei z.T. restriktiver sozialer Anpassung
11	Volksschule MULO (3 J) keine Ausbildung	jüd. Kinderheim (wie vor dem Kriege) ruhig, flach, etwas hospitalisiert, zurückhaltend, untertänig, Basisverwahrlosung mit der Gruppe nach Israel, Kibbuz 2	16	–	aktiv in einer spezifischen Gemeinschaftssiedlung, ausgefüllt, kreativ, konfliktuös verheiratet mit jüd. Mann (mittlerer Angestellter), Kinder Diagnose: sensitive, gut angepaßte Frau mit Migräne, Magenbeschwerden, gynäkologische Operation, Psychosomatose
–	Volksschule HBS B Lehrerin	blieb in KPF nichts Näheres bekannt 0	–	–	Berufsziel erreicht, erfolgreich, ausgefüllt verheiratet mit nicht-jüd. Mann (mittlerer Beamter), Kinder Psychotherapie Diagnose: sozial gut angepaßte Frau mit unverarbeiteten Identitäts- und Loyalitätsproblemen, starke Identifikation mit jüd. Gruppe; dekompensiert durch Nachuntersuchung
10½	Volksschule MULO (mühevoll) kaufmännische Angestellte	4 Kinderheime, 1 JPF; vereinsamtes Kind entwurzelt, depressiv, depersonalisiert, delinquent acting out, Ängste, scheu, schwierige psycho-sexuelle Entwicklung, Psychotherapie, Betreuung durch Sozialarbeiterin 5	–	–	Berufsziel erreicht, ausgefüllt, noch im Berufsleben verheiratet mit nicht-jüd. Mann (höherer Angestelltet), Kinder Betreuung durch Sozialarbeiterin Diagnose: gereifte Persönlichkeit mit bewußter Konfrontation der eigenen Lebensgeschichte; sthenisch mit resigniert-depressiven Zügen

Jg. 1934		I. tr. Sequenz		II. tr. Sequenz				III. tr. S.
1	2	3	4	5	6	7	8	9
KA w	kleiner kaufmännischer Angestellter 3 liberal	± 8 J IV	durch Eltern	2	älteres Ehepaar kleiner Beamter reformiert	–	1. Versteck: zusammen mit Geschwistern, gut angepaßt, Unterricht 2. Versteck: schwieriges Verhalten, explosiv, aggressiv, widerspenstig; christliche Erziehung, nicht getauft	LEHJ
KB m	ungeschulter Arbeiter 2 orthodox staatenlos	8 J IV	aus der „crèche"	6	mittlerer Beamter eigene Kinder freisinnig reformiert	–	viele Gefahren ängstlich verraten zu werden, mißtrauisch, zuweilen kein Kontakt mit Umgebung, isoliert sich; im letzten Versteck sehr gut aufgefangen der Gefahr bewußt	LEHJ
KC w	Handwerker 4 deutscher Emigrant orthodox	9 J IV	V verhaftet; durch M → Widerstand	1	ungeschulter Arbeiter eigene Kinder orthodox protestantisch	–	Heimweh besuchte Schule, Kirche Allmachtsgefühle, Verdrängung der Gefahr, betete Hebräisch korrespondierte im Versteck mit älterem Bruder	LEHJ
KD m	geschulter Arbeiter 2 liberal	9 J IV	durch Eltern → Widerstand	12	mittlerer Selbständiger kinderlos reformiert	–	mit Eltern untergetaucht, Eltern verhaftet, Kind geflüchtet mußte im Hause bleiben Privatunterricht	KPF
KE m	mittlerer Selbständiger 5–6	7 J IV	schon '41 (zuerst mit Eltern) untergetaucht	4	mittlerer Beamter kinderlos reformiert	–	gefährliche, unruhige erste Periode später längere Zeit in einem Versteck ängstlich, isoliert	LEHJ

III. tr. Sequenz					
10	11	12	13	14	15
11	Volksschule verweigerte weitere Ausbildung Haushaltungsschule	2 Kinderheime (im 1. sehr schwierig, im 2. besser angepaßt); entwickelte Initiative, fürsorglich für Geschwister, widersprüchliches Verhalten, beliebt, explosiv, aufsässig, Ich-Defekte, Integrations- und Regulationsstörung depressiv, Schuldgefühle, mit der Gruppe nach Israel, Kibbuz, keine Ausbildung 3	16	–	kein engeres Berufsziel, für den Lebensunterhalt in der Ehe halbtags tätig, nicht ausgefüllt verheiratet mit jüd. Mann (kleiner Handwerker), Kinder Diagnose: chronisch-reaktive Depression, survivor Phantasien pathologisch verarbeitet in Schuld- und Insuffizienzgefühlen, emotionale Labilität mit aggressiver Abwehr
11	Volksschule Gymnasium Vorbereitung auf Israel; in Israel Universität gescheitert	orthodox jüd. Kinderheim, ruhig gleichmäßig, zu verantwortungsbewußt, zu ernsthaft für sein Alter, traurig, argwöhnisch mit Gruppe nach Israel, dort zu Verwandten 2	16	–	ursprüngliches Berufsziel gescheitert, mittlerer administrativer Angestellter verheiratet mit jüd. Frau, Kinder Diagnose: psychotische Entwicklung, mehrfache klinische Behandlung
11	Volksschule MULO Krankenpflege abgebrochen in Israel keine Ausbildung	JPF, wegen Krankheit der PM Wechsel in andere JPF; später wieder zurück; große Spannungen; zu Verwandten ins Ausland, dort ebenfalls große Spannungen, gescheitert; jüd. Kinderheim wenig auffallend, ängstlich, wenig Initiative, gehemmt mit Gruppe nach Israel, Kibbuz 6	17	–	keine engere Berufsarbeit, tätig in kleiner Gemeinschaft in untergeordneter Stellung, nicht ausgefüllt verheiratet mit Israeli (kleiner Angestellter), Kinder Diagnose: angstneurotische Persönlichkeitsentwicklung mit infantilen und psychasthenen Zügen
–	Volksschule LTS Handwerker	KPF; später große Probleme: frech, „undankbar"; kühl, infantil, ängstlich, haltlos, verunsichert, Kontakt mit Sozialarbeiter große Enttäuschung für KPF; bricht mit 21 J den Kontakt mit KPF ab 0	–	–	unstet im Berufsziel, mehrfacher Wechsel, kleiner Angestellter verheiratet mit nicht-jüd. Frau, Kinder Diagnose: charakterneurotische Entwicklung auf depress. Basis, konfliktuöses Abwehrsystem in Bezug auf eigene Lebensgeschichte; Isolierungstendenzen; Identitätsproblematik noch nicht abgeschlossen
11	Volksschule HBS und MULO gescheitert kaufmännische Ausbildung	bereits vor dem Krieg schwieriges Kind; nach dem Krieg bei älteren Verwandten; 2 jüd. Kinderheime schwererziehbar, zynisch, triebhaft, widerspenstig, hinterhältig, ambulante Psychotherapie, Betreuung durch Sozialarbeiterin 3	–	–	leidet unter mangelhafter Schulausbildung, Abendstudium, kleiner Selbständiger, konfliktuös verheiratet mit jüd. Frau (KW), Kinder Diagnose: charakterneurotische Entwicklung mit starken Projektionsmechanismen als Angstabwehr, rankunös

Jg. 1934		I. tr. Sequenz		II. tr. Sequenz				III. tr. S.
1	2	3	4	5	6	7	8	9
KF m	mittlerer Selbständiger 3 orthodox	9 J **IV**	durch Eltern → Widerstand	1	ältere Witwe mit Kindern reformiert	–	Eltern getrennt untergetaucht, V verhaftet, M Suizid isoliert, im Haus fröhlich, intelli- gent Privatunterricht	LEHJ
KG m	mittlerer Selbständiger, Fabrikant 5–6 liberal	± 9 J **IV**	durch Eltern → Widerstand	10	Kleinlandwirt eigene Kinder reformiert	–	nach 3. Versteck verhaftet, aus „crèche" gerettet, viel umhergeirrt, Gefahren, Kon- flikte sehr gebunden an KPM	LEHJ
KH m	höherer Angestellter 5 liberal	± 11 J **V**	Tod im KZ	1	–	2	mit Eltern unter- getaucht und verhaftet	Verwandte
KJ m	höherer An- gestellter 6 V '40 ge- storben; M wiederver- heiratet	9 J **IV**	durch Eltern → Widerstand	2–3	kleiner Selb- ständiger eigene Kinder reformiert	–	in 2 Verstecken Gefahr fühlte sich unsi- cher im 3. Versteck Schulbesuch	Verwandte

III. tr. Sequenz					
10	11	12	13	14	15
± 11	Volksschule 3jährige HBS guter Schüler in Israel kaufmännisch technische Ausbildung	wurde kurz nach der Befreiung in KPF sehr schwierig; andere nicht-jüd. PF, dann jüd. Kinderheim einsam, isoliert, wenig Kontakte, aggressiv, explosiv, triebhaft, verletzlich, depressive Basisstimmung bricht Schulausbildung ab, geht mit Gruppe nach Israel, Kibbuz 3	17	22	stets wechselnde Berufsziele, konfliktuös auf Arbeitsplätzen, unstet, großsprecherisch; mittlerer Angestellter verheiratet mit nicht-jüd. Frau, Kinder Diagnose: persönlich und sozial verunsichert, charakterneurotische Entwicklung, massive Abwehr der Angstproblematik; distanziert von jüd. Gruppe
± 11	Volksschule; MULO und HBS abgebrochen technische Ausbildung abgebrochen	zunächst bei älteren Verwandten; Konflikte; verschiedene PF; 2 jüd. Heime überall ungefügig, chaotisch, depressiv, unzuverlässig, verletzlich, einnehmend, charmant, intelligent; flüchtet ins Ausland, zurückgeholt, Konflikte mit Vormundschaftsorganisation Psychiater, Psychotherapie 4–5	–	–	Berufsziel erreicht und erweitert, erfolgreich, Abendstudium unverheiratet Psychotherapie Diagnose: persönliche und soziale Verunsicherung, bindungslos, chaotische Entwicklung auf depressiver Grundstimmung, unverarbeitete Schuldproblematik
± 11	Volksschule Privatschule Gymnasium 2mal sitzengeblieben Universität (17 J studiert)	Tbc: 2 Sanatorien; JPF (Verwandte), Scheidung Pflegeeltern, blieb bei PM; konfliktlos, anscheinend gut angepaßt, Schulleistungen instabil, auch in Adoleszenzperiode nicht schwierig etwas flach, oberflächlich, früher Bronchitis, als Student Asthma 3	–	–	Berufsziel nach langwährender Arbeitshemmung erreicht verheiratet mit jüd. Frau, Kinder Diagnose: angstneurotische Charakterentwicklung mit Erschöpfungszuständen und symptomneurotischen Zügen (Nägelkauen, Konzentrationsstörungen)
± 11	Volksschule HBS (kein Abschlußexamen) mittlere kaufmännische Ausbildung	zuerst bei älteren Verwandten; insgesamt 3 PF mehrere Krankenhausaufnahmen wegen Darmkrankheit (colitis ulcerosa), im Krankenhaus depressiv; fühlte sich in 2. PF unter schwerem Druck keine Konflikte, gut angepaßt; durch Krankenhausaufnahme schwierige Schul- und Berufsausbildung, keine Psychotherapie 4(± 10)	–	–	Berufsziel nach großen Mühen und einigen Wechseln erreicht; unzufrieden, verletzbar; höherer Angestellter verheiratet mit nicht-jüd. Frau, Kinder Diagnose: Psychosomatose, Leugnung der Angstproblematik, ambivalentes Verhältnis zur jüd. Gruppe

Jg. 1933		I. tr. Sequenz		II. tr. Sequenz				III. tr. S.
1	2	3	4	5	6	7	8	9
LA m	mittlerer Angestellter 5 orthodox	11 1/2 J **V**	Tod im KZ	–	–	2	–	Verwandte
LB m	mittlerer Selbständiger 4 liberal	± 9 J **IV**	durch Eltern → Widerstand	10	kleiner Selb- ständiger eigene Kinder katholisch	–	geschwätzig, viele Adressen, Gefahr für sich selbst und Um- gebung	LEHJ
LC m	mittlerer Selbständiger 4 liberal	9 J **IV**	M bei Razzia verhaftet; mit V unter- getaucht	2	geschulter Ar- beiter eigene Kinder politisch orga- nisiert	–	lange in 2. KPF, keine Schwierig- keiten; blieb im Hause; Privat- unterricht	OPK LEHJ
LD w	Akademiker 6 liberal	9 J **IV**	durch Freund der Eltern weggebracht	6	kleiner Ange- stellter freisinning pro- testantisch	–	bereits vor dem Untertauchen schwierig verwahrlost, sehr schwierig in ver- schiedenen PF enuresis, enco- presis, sexuell verleitet, chao- tisch	LEHJ
LE w	kleiner An- gestellter 3 orthodox	11 J **V**	Tod im KZ	–	–	2	–	LEHJ

III. tr. Sequenz

10	11	12	13	14	15
11½	Volksschule HBS (3 J) kaufmännische Ausbildung	in JPF (Verwandte) Problemkind, schwere reaktive Depression, Überlebensphantasien, Schuldgefühle, sensitiver Charakter, Schlafwandeln Psychotherapie mit 19 J Alijahheim 1	20	–	Berufsziel erreicht, erweitert, ausgefüllt, höherer Angestellter verheiratet mit jüd. Frau, Kinder Psychotherapie Diagnose: chronisch reaktive Depression mit psychosomatischen Beschwerden (Migräne, Magen, Rücken); emotionale Labilität, Erschöpfungszustände, durch Erinnerungen überwältigt
12	Volksschule Vorbereitung für Israel	jüd. Kinderheim, danach Alijahheim vierschrötig, hält sich groß, primitiv, Problemkind bereits im Elternhaus, enuresis, sensitiv, hilflos, etwas entwurzelt, gutmütig mit Gruppe nach Israel 2	16	–	Berufsziel nicht erreicht, zu Beginn unstet; nützliches Mitglied einer Gemeinschaft auf verschiedenen Arbeitsplätzen verheiratet mit jüd. Frau, Kinder Diagnose: restriktive Persönlichkeitsentwicklung, resigniert, mit Aktivitätsimpulsen, anlehnungsbedürftig
15	Volksschule MULO HBS abgebrochen mittlere technische Ausbildung gescheitert Verkäufer	KPF wollte ihn behalten und adoptieren; Tod KPV; in jüd. Kinderheim vereinsamt, Angeber, nicht beliebt, undurchsichtig, kontaktlos, passiver Widerstand, traurig, beginnend delinquent acting out, Betreuung durch Sozialarbeiter 1	–	–	kein festes Berufsziel, impulsiv in verschiedenen Aktivitäten als Selbständiger, unternehmend, konfliktuös 1. Ehe mit jüd. Frau; 2. Ehe mit nicht-jüd. Frau, Kinder mehrere Ansätze zur Psychotherapie Diagnose: psychopathische Entwicklung mit acting out
12	Volksschule MULO abgebrochen Haushalt	2 jüd. Heime chaotisch, sehr ängstlich; starke Ambivalenz gegenüber dem Elternhaus und KPF; schwererziehbar; enuresis mit Gruppe nach Israel, Kibbuz 2	18	–	keine Berufsausbildung, Hilfsarbeiten in verschiedenen Stellungen, konfliktreich verheiratet mit jüd. Mann (mittlerer Angestellter), Kinder Diagnose: persönlich und sozial verunsichert; charakterneurotische Entwicklung auf früher Verwahrlosung
11	Volksschule Abendgymnasium in Israel; Sozialarbeiterin	JPF; danach orthod. jüd. Heim in Israel widerspenstig, heftige Autoritätskonflikte, unruhig, gejagt, sthenisch, hyperaesthetisch-emotional setzt gegen äußeren Widerstand Schulausbildung durch 3	15	–	Berufsziel erreicht, erweitert und ausgefüllt, verheiratet mit jüd. Mann (höherer Angestellter), Kinder Diagnose: postpuerperale Psychose, emotionale Labilität bei cyclothymer Stimmung, Abwehr der Angst durch Allmachtsgefühle

Jg. 1933		I. tr. Sequenz		II. tr. Sequenz				III. tr. S.
1	2	3	4	5	6	7	8	9
LF m	geschulter Arbeiter 2 liberal	10 J IV	mit M untergetaucht; dann getrennt	± 25	Handwerker eigene Kinder reformiert	–	V '41 deportiert; mit M aus Deportationstransport geflohen und untergetaucht, dann getrennt; umhergeirrt 2 J im letztem Versteck Schulbesuch, gut aufgefangen ängstlich, gespannt	LEHJ
LG w	mittlerer Angestellter 5 orthodox	9 J IV	durch Eltern → Widerstand	4–5	Akademiker eigene Kinder katholisch	–	erste Zeit voller Gefahren Bombardemente getauft, christlich erzogen anscheinend gut angepaßt	JPF Streitfall
LH w	höherer Selbständiger 6 Eltern geschieden orthodox	± 12 J V	Tod im KZ	–	–	2	–	OPK
LJ w	ledige Mutter ungeschulte Arbeiterin 1 liberal	± 9 J IV	undeutlich	1	protestantisches Kinderheim	–	schwer erziehbar getauft	LEHJ

III. tr. Sequenz					
10	11	12	13	14	15
13	Volksschule 1 J HBS abgebrochen technische Ausbildung in Israel	jüd. Kinderheim; wollte mit Vetter zusammen erzogen werden; Schulleistungen schlecht trotz guter Intelligenz, überkompensierte Ängste, krampfhaft fröhlich, lärmend, spricht gerne über „früher" mit Gruppe nach Israel 1	18	—	Berufsziel mit Anstrengung erreicht; mittlerer Selbständiger, demonstrativ zufrieden verheiratet mit jüd. Frau, Kinder Diagnose: psychosomatische Beschwerden (Migräne) bei asthenisch depressiver Persönlichkeit mit Aggression als Abwehr der Angst
± 13	Volksschule MULO Sekretärin	Streitfall; JPF (mittlerer Selbständider, eigene Kinder); schlecht aufgefangen, Konflikte; jüd. Kinderheim, danach 2 jüd. PF schwierige Adoleszens, gestörte Trauerverarbeitung Psychotherapie, Betreuung durch Sozialarbeiterin 4	—	—	Berufsziel erreicht, ausgefüllt, in der Ehe nicht mehr tätig, konfliktuös verheiratet mit jüd. Mann (höherer Angestellter) Diagnose: verschleierte Depression bei später partieller Reifung, starke Insuffiziensgefühle; massive Verdrängung der 2. traumatischen Sequenz
± 12	Volksschule MULO abgebrochen Sekretärin abgebrochen	Krankenhaus, Tbc; danach 2 JPF schwer erziehbar, Entwicklungsrückstand, rankunös, schlechter Kontakt mit Altersgenossen, vereinsamt, unsicher, Emigrationspläne scheitern Psychotherapie scheitert 3	—	—	Berufsziel nicht erreicht, viele Wechsel der Arbeitsplätze, konfliktuös, invalide erklärt unverheiratet Psychotherapien Diagnose: Erschöpfungszustände, Müdigkeit, asthenische depressive Reaktionsform bei charakterneurotischer Entwicklung mit profunden paranoiden Zügen
14	Volksschule keine Ausbildung	blieb zunächst im protestantischen Kinderheim; danach 3 Heime für schwererziehbare Mädchen schwer erziehbar, affektiv verwahrlost, passiv unzufrieden, gefallsüchtig 3	—	—	kein festes Berufsziel im engeren Sinne, unstet, inaktiv verheiratet mit nicht-jüd. Mann (ungeschulter Arbeiter), Kinder; aus der Versorgungspflicht entlassen Diagnose: Psychopatische Entwicklung auf asthenisch depressiver Basis bei früher Verwahrlosung

Jg. 1933/1932		I. tr. Sequenz		II. tr. Sequenz				III. tr. S.
1	2	3	4	5	6	7	8	9
LK w	höherer Angestellter 5–6 orthodox	± 9 J **IV**	durch Bekannte	4	Landwirt kinderlos orthodox protestantisch	–	mit Eltern untergetaucht, danach Heim für debile Kinder arrestiert, aus „crèche" durch Widerstand gerettet 3. KPF: Gefahr 4. KPF: freie Bewegung, gut aufgefangen, nicht isoliert, Schule orthodox protestantisch erzogen	JPF Verwandte Streitfall
MA w	mittlerer kaufmännischer Angestellter 4–5	11 J **V**	aus Krankenhaus gerettet, durch V vorbereitet	6	Kleinlandwirt kinderlos katholisch	–	erst zusammen mit älteren Geschwistern Gefahren im letzten Versteck ruhig, gut angepaßt, stabil	JPF
MB w	ungeschulter Arbeiter 1 liberal	10 J **IV**	durch Eltern → Widerstand	5	ungeschulter Arbeiter eigene Kinder orthodox protestantisch	–	erlebte Deportation der Eltern und Geschwister; ängstliche Phantasien; Gefahren, Flucht gut aufgefangen im letzten Versteck	OPK Streitfall
MC w	mittlerer Selbständiger 4–5 orthodox	11 J **V**	durch Eltern	2	mittlerer Beamter eigene Kinder orthodox protestantisch	–	gut aufgefangen, zusammen mit 4 jüd. Kindern wegen Gefahr 2 Wochen im Nachbardorf immer im Haus	KPF Streitfall
MD m	mittlerer Selbständiger 4 liberal	± 11 J **V**	auf der Flucht im Ausland verraten und verhaftet; durch ausländische Widerstandsbewegung untergebracht	7	Kinderheim	–	auf der Flucht zuerst zusammen mit Eltern in Holland in verschiedenen Orten untergetaucht; im Ausland durch Verrat von Eltern getrennt viele Kinderheime	Bekannte der Eltern Streitfall

III. tr. Sequenz

10	11	12	13	14	15
± 13	Volksschule MMS Büroarbeit	erst KPF; dann JPF (Verwandte, mittlerer Selbständiger, Kinder) große Loyalitätskonflikte, Überlebensphantasien, Eifersuchtszenen, sthenisches Kind, sich der Pflegekindsituation bewußt, Stimmungswechsel; keine körperlichen Beschwerden, frühe Heirat 1	–	–	nur kurze Zeit im Beruf, ausgefüllt; verheiratet mit jüd. Mann (höherer Angestellter), Kinder Diagnose: gereifte sthenische Persönlichkeit mit geringen depressiven Schwankungen
13	Volksschule MULO Haushaltungsschule Vorbereitung Israel	JPF (Selbständiger, eigene Kinder, orthodox), gut aufgefangen gut angepaßt, in Adoleszenzperiode depressive Verstimmungen, Trauerverarbeitung, ausgeglichen, freundlich zusammen mit ihrem Verlobten nach Israel 1	19	–	nur kurze Zeit im erstrebten Beruf tätig, jung verheiratet, danach nur im Haushalt verheiratet mit jüd. Mann (mittlerer Angestellter), Kinder Diagnose: normaler Entwicklungsgang mit guter Integration der traumatischen Erfahrung bei stabiler, gleichmäßiger und nuanzierter Persönlichkeit
20	Volksschule Gartenbauschule, abgebrochen	KPF; christlich erzogen, anscheinend gut angepaßt, sehr gebunden an KPF; in Adoleszenzperiode Identitätsproblematik, depressiv; löst Verlobung mit christlichem Jungen; durch KPF in Erziehungsheim gesteckt, danach aufgenommen in jüd. Heim; Loyalitätskonflikte mit Gruppe und Verwandten nach Israel 2	20	–	keine spezielle Berufsausbildung, verheiratet mit jüd. Mann (KW, mittlerer Angestellter); Schwierigkeiten bei Geburt der Kinder Diagnose: angstneurotische Entwicklung mit Identitätskonflikten und Entwurzlungsproblematik, bei befriedigender sozialer Anpassung
–	Volksschule HBS kaufmännische Ausbildung	KPF; gut angepaßt, christlich erzogen; erlebte Streitfall als Bedrohung ihrer Sicherheit; verdrängter Loyalitätskonflikt 0	–	–	Verzicht auf erstrebtes Berufsziel verheiratet mit nicht-jüd. Mann (mittlerer Angestellter), Kinder Diagnose: restriktive Persönlichkeitsentwicklung mit ungelösten Loyalitätskonflikten
–	Volksschule Handelsschule Büroarbeit	aufgenommen durch Bekannte der Eltern, anscheinend gut angepaßt, in seiner Arbeit Autoritätskonflikte, häufiger Stellenwechsel, passiv ohne Initiative, schlapp, depressiv Erbschaftsprobleme keine Psychotherapie oder soziale Betreuung 1	–	–	nach wechselnden Berufszielen Enttäuschungen, mittlerer Angestellter verheiratet mit jüd. Frau (KW), Kinder Diagnose: schwere charakterneurotische Entwicklung; persönlich und sozial verunsichert, Depersonalisationszustände, submissiv, starke Verdrängung des gesamten traumatischen Geschehens mit Projektionsabwehrmechanismen; körperliche Beschwerden

Jg. 1932		I. tr. Sequenz		II. tr. Sequenz				III. tr. S.
1	2	3	4	5	6	7	8	9
ME m	mittlerer kaufmännischer Angestellter 5–6 liberal	10 1/2 J V	durch Bekannte	8	mittlerer kaufmännischer Angestellter eigene Kinder orthodox protestantisch	–	Gefahren, verhaftet, vom Bahnsteig geflüchtet im Hause geblieben, nicht ängstlich, der Situation bewußt christlich erzogen gut angepaßt	LEHJ
MF w	ledige Mutter; ungeschult 1 liberal	10 1/2 J V	spielte auf der Straße als M verhaftet wurde	1	mittlerer kaufmännischer Angestellter (Verwandte; Mischehe)	–	immer im Hause ängstlich, Heimweh, gut angepaßt	Verwandte
MG w	geschulter Arbeiter 2 liberal	10 1/2 J V	durch Bruder → KPF	11	kleiner Selbständiger kinderlos orthodox protestantisch	–	wegen Gefahren häufiger Wechsel; kränklich; Bruder und Eltern durch Verrat deportiert im letzten Versteck christlich erzogen, getauft furchtsam, abhängig, wenig Initiative	KPF
MH w	mittlerer kaufmännischer Angestellter 3 liberal	10 J IV	durch Vater → Bekannte	12	ungeschulter Arbeiter katholisch	–	Gefahren, verraten, Gefängnis, frei gekauft, umhergeirrt verwahrlost, Läuse, scabies	Bekannte

III. tr. Sequenz					
10	11	12	13	14	15
13	Volksschule abgebrochen HBS, 3. Klasse abgebrochen nach Rückkehr aus Israel gescheitert Examensängste	JPF; danach untergebracht bei Verwandten, entwurzelt, große Spannungen; jüd. Kinderheim stottern, unsicher, überkompensiert, keine Trauer, hart geht mit Gruppe nach Israel, Kibbuz 3	18	26	schwierige Berufsausbildung, häufiger Wechsel, Leistungsangst, progressive Anpassung, höherer Angestellter verheiratet mit nicht-jüd. Frau (KW), Kinder Psychotherapie Diagnose: partielle Integration bei angstneurotischem Entwicklungsverlauf, ambivalentes Verhältnis zur jüd. Gruppe bei sthenischer Persönlichkeit
13	Volksschule, abgebrochen Haushaltungsschule abgebrochen	aufgenommen bei anderen Verwandten, blieb dort Beginn Adoleszenz schwierig, depressiv; theoretische Ausbildung gescheitert, Lernstörung, praktische Arbeit befriedigend, pavor nocturnus, reizbar, gute Kontakte mit Freunden; heiratete mit 20 J 1	–	–	kein festes Berufsziel, in verschiedenen Stellungen tätig, konfliktuös früh verheiratet mit nicht-jüd. Mann (mittl. Selbständiger), zeitweilig getrennt, Kinder mit jüd. Identität Diagnose: angstneurotische Entwicklung, Erschöpfungszustände, Müdigkeit bei wenig gereifter Persönlichkeit; stimmungslabil, starke Separationsängste
–	Volksschule späte Ausbildung; Büroarbeit	KPF; danach im Haushalt auf 7 verschiedenen Stellen, ambivalent gegenüber KPF, starke Gruppenspannung, anti-jüdische Einstellung infantil, ängstlich, Entwicklungsrückstand 0	–	–	kein festes Berufsziel, unstet, in verschiedenen Berufen tätig, unselbständig, verheiratet mit nicht-jüd. Mann (mittlerer Beamter, stark projüd. Haltung), Kinder Diagnose: angstneurotische Entwicklung bei infantiler Persönlichkeit mit unverarbeiteten Schuldgefühlen hinsichtlich jüd. Gruppe und der Separation von den Eltern
13	Volksschule (unterbrochen) MULO abgebrochen Büroausbildung	JPF (Vormund, kinderlos, mittlerer kaufmännischer Angestellter, liberal); arbeitet auf verschiedenen Stellen, auch im Ausland oberflächlich, sorglos, zuweilen verstimmt, Migräne, keine sozial-psychiatrische Hilfe 1	–	–	kein festes Berufsziel, unstet, krampfhaft verheiratet mit nicht-jüd. Mann (mittlerer Angestellter), Kinder Psychotherapie abgebrochen Diagnose: psychosomatische Beschwerden (Migräne) bei wenig gereifter, depressiver Persönlichkeit; starke Verdrängung der Verfolgungsproblematik

Jg. 1931		I. tr. Sequenz		II. tr. Sequenz				III. tr. S.
1	2	3	4	5	6	7	8	9
NA w	geschulter Arbeiter 3 liberal	13 J V	M gest.; durch 2. Mutter → Widerstand	1	ungeschulter Arbeiter eigene Kinder unkirchlich	–	zuerst mit Familie der 2. Mutter untergetaucht, später allein gute und schlechte Zeiten; viel Arbeit, Gefahren, Haussuchung; kränklich, Angina	LEHJ
NB w	geschulter Arbeiter, kleiner Selbständiger 3 orthodox	12 J V	durch Eltern → Widerstand	2	geschulter Arbeiter eigene Kinder orthodox protestantisch	–	1. Versteck schwierig, Gefahren, schlecht angepaßt 2. Versteck ruhiger Problemkind Schulbesuch	LEHJ
NC m	mittlerer Selbständiger 4–5 orthodox	12 J V	durch Eltern → Widerstand	> 5	mittlerer Beamter	–	unbekannt	LEHJ
ND m	Handwerker, kleiner Selbständiger 3–4 orthodox	11 J V	mit M untergetaucht und verraten; aus dem Zug geflüchtet	36	ungeschulter Landarbeiter eigene Kinder orthodox protestantisch	2	schwer erziehbar, überall große Konflikte verwirrte Historie von Verhaftungen und Flucht christlich erzogen jüdischer Selbsthaß	LEHJ

III. tr. Sequenz					
10	11	12	13	14	15
16	Volksschule (unterbrochen) Haushaltungsschule	erst KPF; suchte selbst Kontakt mit jüd. Organisationen; zu entfernten Verwandten; fühlte sich verloren, ließ sich in jüd. Kinderheim aufnehmen apathisch, depressiv, pseudodebil, zuweilen aggressiv, Initiative; entwurzeltes jüd. Proletariat; Herzbeschwerden; in Heim gut angepaßt mit Gruppe nach Israel; verlobt sich; Kibbuz 2	20	–	nach anfänglichen Berufsschwierigkeiten (wegen körperlicher Beschwerden) seit längerer Zeit in fester, mittlerer leitender Stellung; auch in der Ehe tätig verheiratet mit jüd. Mann (KW, ungeschulter Arbeiter), Kinder Diagnose: angstneurotische Entwicklung, pavor nocturnus bei sthenischer, partiell integrierter Persönlichkeit; deutliche Spuren einer fixierten Entwurzlungsproblematik; mutig
15	Volksschule (unterbrochen) Haushaltungsschule Krankenschwester	JPF; Problemkind; wollte mit Geschwistern in jüd. Heim; jüd. Heim Problemkind, sensitiv, laut, überaktiv, verkrampft Psychotherapie, Betreuung durch Sozialarbeiterin mit Gruppe nach Israel, Kibbuz 2	19	–	Berufsziel erreicht, ausgefüllt, tatkräftig verheiratet mit jüd. Mann (Kleinlandwirt, KW), Kinder Diagnose: sthenische, Persönlichkeit, hyperaktiv als Abwehr schmerzlicher Erinnerungen
15	Volksschule (unterbrochen) Handelsabendschule, abgebrochen Vorbereitung Israel	JPF (orthodox, mittlerer Selbständiger), Konflikte; 2 jüd. Heime, dann 2 Vorbereitungsheime für Israel in JPF große Schwierigkeiten, in Heimen gut angepaßt, etwas apathisch, träge, (Eltern untergetaucht, verraten, deportiert) mit Gruppe nach Israel, Kibbuz 5	19	–	nach anfänglichen Berufsschwankungen spezialistische Ausbildung im landwirtschaftlichem Sektor, unstet verheiratet mit jüd. Frau (KW), Kinder Diagnose: organisch-cerebrale Störung mit starken psychogenen Komponenten, weigert direkte Konfrontation, starke Abwehr unverarbeiteter Erinnerungen, Isolierungstendenzen, zeitweilig verstimmt
15	Volksschule (unterbrochen) Abendschule, LTS alles abgebrochen Vorbereitung Israel	jüd. Kinderheim schwer erziehbar, anhänglich, chronischer Protest, jüdisch. Selbsthaß geht mit Gruppe nach Israel, Kibbuz Psychotherapie, intensive pädagog. Betreuung	20	–	in verschiedenen Berufen tätig, unstet, seit einiger Zeit kleiner Selbständiger, integriert in größerer Gemeinschaft verheiratet mit jüd. Frau (KW), Kinder Diagnose: überkompensierte charakterneurotische Entwicklung bei sensitiver Persönlichkeit mit aggressiven Abwehrmechanismen

Jg. 1931/1930		I. tr. Sequenz		II. tr. Sequenz				III. tr. S.
1	2	3	4	5	6	7	8	9
NE w	ungeschulter Arbeiter asoziales Milieu 1 indifferent	11 J V	durch Vormundschaftsgericht in jüd. Heim; von dort untergetaucht	6	kleiner Selbständiger	–	Gefahren, schwierige Anpassung reizbar, einsam blieb im Haus	LEHJ
NF m	Handwerker, kleiner Selbständiger 2 liberal	± 12 J V	auf Besuch bei Verwandten, Eltern verhaftet	6–7	undeutlich	–	anscheinend entfernte Verwandte (Mischehe) als zentrales Versteck; von hieraus zeitweilig anderswo untergebracht aus Polizeibüro geflüchtet gut angepaßt keine Schule, Selbststudium	JPF
OA w	ungeschulter Arbeiter, Händler 2 liberal	$11^1/_2$ J V	undeutlich	2	Kleinlandwirt undeutlich	–	Sanatorium, Tbc? in KPF schwieriges Kind mußte schwer arbeiten im Schrank eingeschlossen	LEHJ
OB w	mittlerer Beamter 5 orthodox	13 J VI	durch Freunde der Eltern → Widerstand	> 4	Akademiker eigene Kinder katholisch	–	zu Beginn als Dienstmädchen in Familie mit 11 Kindern, colitis Beschwerden Irrfahrten zuletzt gut aufgefangen bei Bericht Deportation Eltern Rezidiv katholisch getauft	OPK KPF Streitfall

III. tr. Sequenz

10	11	12	13	14	15
14	Volksschule (unterbrochen) Haushaltungsschule Vorbereitung Israel	wieder in jüd. Heim Verhaltensstörungen, pavor nocturnus, Schlafwandeln, orthopädische Behandlung; entwurzeltes jüdisches Proletariat; in der Gruppe beliebt Psychotherapie mit Gruppe nach Israel 1	20	–	in verschiedenen Berufen mit Mühe tätig, in der Ehe nur im Haushalt; kränklich verheiratet mit jüd. Mann (geschulter Arbeiter), Kinder Diagnose: angstneurotische Entwicklung mit Erschöpfungszuständen, psychasthene und Konversionsbeschwerden, pavor nocturnus bei sensitiver Persönlichkeit
15	Volksschule (unterbrochen) Handelsabendschule, abgebrochen Vorbereitung Israel; Handwerk	JPF (Verwandte); 2. JPF (mittlerer Selbständiger, eigene Kinder) gut angepaßt, viel geweint, Trauerverarbeitung, aktiv, Initiative, Dankbarkeitsproblematik guter Verstand, mäßige Schulleistungen mit Gruppe nach Israel, Kibbuz 2	20	–	in verschiedenen Berufen erfolgreich, mittlere leitende Stellung verheiratet mit jüd. Frau (KW), Kinder Diagnose: gereifte, sthenische Persönlichkeit mit bewußter Konfrontation des Verfolgungsgeschehens, mit Gefühlen von Einsamkeit und Verlassensein bei stark sozialkritischer Haltung
± 15	Analphabet keine Ausbildung	bei Verwandten (asoziales Milieu); 3 Heime für debile Kinder; in JPF gescheitert 1 J Tbc-Sanatorium, Lungen- und Beinthrombose; auf verschiedenen Arbeitsstellen wegen Verhaltensstörungen entlassen ambulante psychiatrische Therapie, Begleitung durch Sozialarbeiterin 7	–	–	keine Ausbildung; in verschiedenen einfachen Berufen tätig; wechselnde Stimmungslage verheiratet mit jüd. Mann (ungeschulter Arbeiter, invalide), Kinder Diagnose: persönlich und soziale Verunsicherung bei schwach begabter Frau (Analphabet) mit körperlichen Beschwerden; unter ärztlicher Kontrolle
16*	Volksschule (unterbrochen) HBS Ausbildung als Lehrerin nach 1 J aufgegeben Sekretärin	durch OPK in JPF untergebracht; heftiger Streit; ging zurück KPF; katholisches Internat; nach schweren Identitäts- und Loyalitätskonflikten Anschluß an jüd. Gruppe unter ständiger ärztlicher Kontrolle, Diät 3	–	–	Berufsziel erreicht, nicht ausgefüllt, auch in der Ehe tätig, einsam verheiratet mit jüd. Mann (mittlerer Angestellter), Kinder Diagnose: Psychosomatose (colitis ulcerosa); starke Verdrängung traumatischer Kriegs- und Nachkriegssituationen mit asthenisch-depressiven Zügen

*mit Protest

Jg. 1930		I. tr. Sequenz		II. tr. Sequenz				III. tr. S.
1	2	3	4	5	6	7	8	9
OC m	mittlerer Selbständiger 5 deutscher Emigrant; '40 gestorben liberal	15 J VI	Tod im KZ	–	–	2	–	LEHJ
OD m	ungeschulter Arbeiter, Händler 2 liberal	12 J V	durch Eltern → Widerstand	10	ungeschulter Arbeiter eigene Kinder freisinnig reformiert	–	gut aufgefangen in armer KPF Schulbesuch	LEHJ
OE m	kleiner Angestellter 3 politisch organisiert unkirchlich	$12^1/_2$ J V	durch Mutter → Widerstand	± 22	unbekannt	–	Irrfahrten träge, inaktiv isoliert sich Scheinanpassung	LEHJ
OF w	Handwerker, kleiner Selbständiger 2 unkirchlich	15 J VI	Tod im KZ	–	–	2	–	LEHJ

III. tr. Sequenz					
10	11	12	13	14	15
15	Volksschule HBS (unterbrochen) IVO mittlere technische Ausbildung	Erholungsaufenthalt Schweiz; jüd. Kinderheim träge, Schulschwierigkeiten, Probleme in der Berufsausbildung, etwas apathisch, zuweilen aggressiv, Protesthaltung, in der Gruppe beliebt, gut angepaßt, verschleierte Depression Psychiatrische Begleitung, Betreuung durch Sozialarbeiter 2	–	–	Berufsziel zum Teil erreicht, erweitert, ausgefüllt, höherer kaufmännischer Angestellter verheiratet mit jüd. Frau (KW), Kinder Diagnose: gereifte sthenische Persönlichkeit mit bewußter Konfrontation fundamentaler Kriegserfahrungen, mit leicht resignierten, depressiven Zügen
17	Volksschule MULO, abgebrochen HBS Universität	zuerst in 1. KPF, bricht Schulausbildung ab, um zu arbeiten; jüd. Heim; Schulbesuch; emigriert nach Israel, Rückkehr; beendet Schulausbildung, Universität ängstlich, depressiv, stottert, Kontaktschwierigkeiten, ehrgeizig, intelligent Psychotherapie 4	18	18 1/2	Berufsziel erreicht, ausgefüllt, leitender Beamter 1. Ehe mit jüd. Frau, geschieden; 2. Ehe mit jüd. Frau, Kinder Diagnose: charakterneurotische Entwicklung bei sthenischer Persönlichkeit mit chronisch-reaktiven depressiven Zügen; progressive Integrations- und Regulationsproblematik des gesamten Verfolgungsgeschehens
15	Volksschule (unterbrochen) keine Ausbildung Vorbereitung Israel	bei Verwandten, dann jüd. Kinderheim, Vorbereitungsheim für Israel; Rückkehr aus Israel passiv, armer Schlucker, trübsinnig 3	18	19	Berufsziel nicht erreicht, nach Rückkehr aus Israel Emigration, kleiner Angestellter verheiratet mit jüd. Frau (KW), Kinder Diagnose: persönlich und sozial verunsichert bei restriktiver Persönlichkeitsentwicklung; hypomane Abwehr
15	Volksschule MULO, abgebrochen Vorbereitung Israel	Krankenhaus, orthodox jüd. Kinderheim; Pläne nach Übersee zu emigrieren zerschlagen sich; Vorbereitung Israel stabiles Mädchen, gehemmte Initiative, anhänglich, freundlich, beliebt, stiller Verdruß mit Gruppe nach Israel, Kibbuz 3	19	–	Berufsziel erreicht, ausgefüllt, selbständig als mittlere Angestellte, in der Ehe nicht berufstätig verheiratet mit jüd. Mann (höherer Angestellter), Kinder Diagnose: partiell gereifte Persönlichkeit mit neurasthen-depressiven Zügen, unruhig, neurotische Schuldproblematik

Jg. 1930		I. tr. Sequenz		II. tr. Sequenz				III. tr. S.
1	2	3	4	5	6	7	8	9
OG w	höherer kaufmännischer Angestellter 5–6 orthodox	$13^1/_2$ J VI	durch Eltern → Bekannte	10	Kleinlandwirt eigene Kinder orthodox protestantisch	–	viele Gefahren, Irrfahren 3 Mo in einem Kloster über 1 J kein Schulunterricht	Verwandte
OH w	ungeschulter Arbeiter, kleiner Selbständiger 3 liberal	12 J V	durch Eltern → Widerstand	± 13	undeutlich	–	Irrfahrten, Gefahr sehr ängstlich einige Zeit zusammen mit Eltern immer im Hause arbeitete als Dienstmädchen Struma	LEHJ
OJ m	geschulter Arbeiter 2 liberal	13 J V	aus Elternhaus bei Razzia geflüchtet	5	Landwirt eigene Kinder freisinnig reformiert	–	Gefahren in Kloster untergetaucht im Zuge verhaftet wegen Infektionskrankheit Krankenhaus, bei Razzia erneut geflüchtet	LEHJ
OK w	kleiner Selbständiger 3 liberal	13 J V	mit M untergetaucht, später bei Gefahr von ihr getrennt	2	mittlerer Beamter kinderlos	–	im 2. Versteck mit älterer jüd. Frau zusammen, die sie krankhaft bemutterte schwer gearbeitet	Verwandte

III. tr. Sequenz

10	11	12	13	14	15
16	Volksschule HBS Sekretärin	nach der Befreiung umherirrend ohne feste Unterkunft; aufgenommen bei Bekannten der Eltern, auf eigenen Wunsch in orthodox JPF, gescheitert; jüd. Heim, Vorbereitungsheim für Israel schwierige Anpassung, widerspenstig erregt, depressive Krisen, Identitätskrisis geht individuell nach Israel, verlobt sich ± 10	22	—	Ausbildungsziel noch nicht erreicht, unzufrieden, hyperaktiv verheiratet mit jüd. Mann (KW), Kinder Diagnose: charakterneurotische Entwicklung mit asthenisch-depressiven Zügen und mäßig regulierter Aggressionsproblematik bei unverarbeiteter Verfolgungsgeschichte in allen 3 Sequenzen
16	Volksschule (unterbrochen) nichts beendet keine Ausbildung	kehrte erst zurück in eine KPF; danach im Hause von Verwandten; jüd. Heim; Untermiete; Heirat mit 20 J fühlte sich im Stiche gelassen, ängstlich, Migräne, Struma, Phantasien 3	—	—	in verschiedenen Berufen tätig, wenig ausgefüllt; Emigration und Rückkehr verheiratet mit jüd. Mann (geschulter Arbeiter, kleiner Selbständiger), Kinder Diagnose: Thyreoidstörung bei verschleierter angstneurotischer Depression, projektiert Separationsängste als Vorwurf gegen jüd. Gruppe
16	Volksschule kaufmännische Ausbildung	jüd. Kinderheim; von dort zu Verwandten; gescheitert; 2 JPF; wegen delinquent acting out Erziehungsheim; danach Untermiete mit Familienanschluß; Umschuldungspläne, geht ins Ausland 6	—	—	mehrere Ausbildungen und Arbeitsplätze, Berufsziel auf Umwegen erreicht, erweitert, mittlerer Selbständiger 1. Ehe mit nicht-jüd. Frau, geschieden; 2. Ehe mit jüd. Frau; Psychotherapie Diagnose: angstneurotische Entwicklung bei persönlich verunsichertem, einsamem, wenig gereiftem Mann
16	Volksschule Handelsschule Büroarbeit	bei Verwandten, (Provinz), dann bei Bekannten; mit 19 J verheiratet viel geweint, orthopädische Beschwerden, etwas apathisch, isoliert von überlebenden Geschwistern 2	—	—	wechselnde Berufstätigkeit, wenig ausgefüllt, in abhängiger Stellung, sozial mäßig integriert 1. Ehe mit nicht-jüd. Mann (geschulter Arbeiter), geschieden; 2. Ehe mit nicht-jüd. Mann (kleiner Angestellter, verwitwet), Kinder Psychotherapie Diagnose: chronisch reaktive Depression bei restriktiver Persönlichkeitsentwicklung, ohnmächtige Resignation („Alles tut weh")

Jg. 1930/1929		I. tr. Sequenz		II. tr. Sequenz				III. tr. S.
1	2	3	4	5	6	7	8	9
OL m	mittlerer Selbständiger 4–5 staatenlos orthodox	± 7 J IV	bei Flucht nach Holland	10	kleiner Selbständiger eigene Kinder politisch organisiert	–	mehrmals bei Razzias verhaftet, geflüchtet 1. Versteck: Ferienpension Gefahren isoliert, keine Schule, nachts auf der Straße enuresis Kontakt mit älterer Schwester	Verwandte
PA m	mittlerer kaufmännischer Angestellter 4–5 orthodox	+ 14 J VI	aus Krankenhaus geschleust	10	ungeschulter Arbeiter	–	von Juli '43 bis September '44 untergetaucht; im Haus gesessen, keine Schule, Selbststudium; immer in Arbeiterfamilien; im Beginn zusammen mit jüngerem Bruder	JPF
PB w	mittlerer Selbständiger 4–5 orthodox	± 14 J VI	durch Widerstand aus Krankenhaus via „crèche"	3	mittlerer Beamter eigene Kinder reformiert	–	blieb im Haus, keine Schule gut angepaßt, still	Verwandte
PC m	ungeschulter Arbeiter, asoziales Milieu 1 Mischehe unkirchlich	3 J II	durch Vormundschaftsbehörde in jüd. Heim untergebracht	2	christliches Erziehungsheim	–	mit jüd. Heim nach Amsterdam evakuiert, danach in christlichem Erziehungsheim erlebte es nicht als Untertauchzeit; Schulbesuch	LEHJ
PD m	mittlerer kaufmännischer Angestellter 2 Mischehe	6 J III	nach Tod V durch M in jüd. Heim untergebracht	2	neutrales Kinderheim	–	erlebte es nicht als Untertauchzeit; Schulbesuch	LEHJ

III. tr. Sequenz

10	11	12	13	14	15
15	Volksschule (unterbrochen) MULO Handels-HBS HBS (keine Abschlußprüfung) keine Ausbildung	3 Mo in KPF; nirgends zu Hause; 6 Mo Erholung in Dänemark; im Haus verheirateter Schwester, arbeitete kaufmännisch Lern- und Arbeitsstörung, Dankbarkeitsproblematik, Fluchtfantasien, isoliert, Ängste, initiativlos, gespannt 2	40	–	lange Zeit als mittlerer Angestellter tätig, Abendstudium, Universität, höherer Angestellter verheiratet mit jüd. Frau, Kinder Psychotherapie Diagnose: angstneurotische Entwicklung mit Dankbarkeitsproblematik, verschleierte Depression
15	Volksschule HBS (unterbrochen) Handelsschule Lehrer Vorbereitung Israel	suchte nach der Befreiung selbst Kontakt mit jüd. Gruppen; JPF bis 21. J; Schul- und Berufsausbildung ohne Mühe gut angepaßt, korrekt, etwas formalistisch, aktiv in Jugendgruppen, still 1	19 23	19	Berufsziel erreicht, erweitert, ausgefüllt, höherer Angestellter verheiratet mit jüd. Frau (KW), Kinder Diagnose: sthenische, partiell gereifte restriktive Persönlichkeit mit neurotischen Abwehrmechanismen, Leugnung, Verdrängung auf depressiver Basis
± 15	Volksschule MULO, nach dem Krieg beendet Sekretärin Vorbereitung Israel	bei Verwandten (JPF) gut angepaßt; sehr bezogen auf überlebende, in KPF gebliebene und getaufte Geschwister; fühlte sich verantwortlich, depressive Krisen verschob Emigration der Geschwister wegen; nach Israel zusammen mit ihrem Verlobten selbständig, ausgeglichen, still 1	25	–	in verschiedenen Berufen tätig, ausgefüllt, auch in der Ehe berufstätig verheiratet mit jüd. Mann, (mittlerer Angestellter), Kinder Diagnose: gereifte Persönlichkeit mit bewußter Konfrontation der verschiedenen Verfolgungssequenzen
16	Volksschule MULO, gescheitert keine Ausbildung	in jüd. Heim gutmütig, affektflach, zuweilen triebhaft, verschiedene Arbeitsplätze, Schwierigkeiten im Militärdienst, verurteilt, danach depressiv, verunsichert, ziellos, Militärkrankenhaus, frühe Verwahrlosung und Hospitalisation mit Gruppe nach Israel 1	21	–	nach anfänglichen Unsicherheiten und Wechsel spezielle Ausbildung Landwirtschaft, mittlerer Beamter; krampfhaft angepaßt verheiratet mit jüd. Frau (KW), Kinder Diagnose; persönlich verunsicherte, wenig gereifte Persönlichkeit mit schlecht regulierter Aggressivität, Kontaktschwierigkeiten auf depressiver, infantiler Basis
16	Volksschule MULO Ausbildung in Israel	nach dem Krieg mit Geschwistern auf eigenen Wunsch zurück ins jüd. Heim, arbeitete nach Schulabschluß kaufmännisch; 1948 als Freiwilliger nach Israel, Ausbildung im Landbau ruhig, gleichmäßig, etwas affektisch nicht verwahrlost, freundlich 1	19	–	Berufsziel nach spezieller Ausbildung erreicht, erweitert, ausgefüllt, mittlerer Angestellter verheiratet mit jüd. Frau, Kinder Diagnose: gereifte, gut regulierte und integrierte Persönlichkeit, zufrieden

Jg. 1929		I. tr. Sequenz		II. tr. Sequenz				III. tr. S.
1	2	3	4	5	6	7	8	9
PE w	mittlerer kaufmännischer Angestellter 3–4 Freidenker	14 J VI	durch Eltern → Widerstand	7	mittlerer Beamter eigene Kinder orthodox protestantisch	–	zu Beginn Gefahren, Überfall, Flucht, Irrfahrten 1 J in der letzten KPF; christlich erzogen; so gut wie verlobt mit orth. prot. Jungen gut angepaßt, bewegt sich frei	LEHJ
PF w	ungeschulter Arbeiter, asoziales Milieu 1 unkirchlich	10 J V	durch Vormundschaftsbehörde in jüd. Heim	3	Kleinlandwirt eigene Kinder reformiert	–	viele Gefahren: 12 Haussuchungen, im Stroh versteckt; Verratssituationen	LEHJ
PG w	geschulter Arbeiter 2 liberal	13 J VI	aus Elternhaus zum Bahnhof, im Zug durch Widerstand betreut	7	Kleinlandwirt eigene Kinder orthodox protestantisch	–	4 T mit Eltern in Deportationssammelstelle; zurück nach Hause; untergetaucht; Eltern meldeten sich aus Verzweiflung z. Deportation wechselvolle, gefährliche Untertauchzeit, zuweilen isoliert ängstlich, wollte sich taufen lassen gutes Verhältnis zu Kindern d. KPF	Verwandte
PH w	mittlerer Selbständiger 4–5 liberal	13 J VI	durch M → 1. KPF; V bereits deportiert	4	kleiner Beamter kinderlos reformiert	–	V '41 deportiert; mit M und Geschwistern im Gefängnis; entlassen; verhindert tentamen suicidi der Mutter gefährliche Verstecke, letztes Versteck unangenehme Erinnerungen	Verwandte

III. tr. Sequenz

10	11	12	13	14	15
$16^{1/2}$	Volksschule HBS (unterbrochen), nach dem Krieg abgebrochen Sekretärin Vorbereitung Israel	sehr gebunden an KPF; suchte nach dem Krieg sofort Kontakt mit überlebenden Verwandten; sehr gebunden an Vater, starke Konfliktsituation mit KPF; jüd. Heim, Konflikte mit der Leitung, in der Gruppe beliebt, positives Element energisch, idealistisch, fanatisch, Verfolgungsträume, leicht depressiv ging individuell nach Israel 2	24	–	Berufsziel erreicht, erweitert und ausgefüllt, mittlere Beamte, auch in der Ehe tätig verheiratet mit jüd. Mann (Akademiker in leitender Position). Kinder Diagnose: gereifte, sthenische Persönlichkeit mit bewußter, nuancierter Konfrontation des gesamten Verfolgungsgeschehens
16	Volksschule Haushaltungsschule Vorbereitung Israel	wieder in jüd. Kinderheim, zusammen mit überlebenden Geschwistern unruhig, depressiv, frühe pädagogische Verwahrlosung, still, furchtsam, anhänglich mit einer Gruppe und Verlobtem nach Israel, Kibbuz 1	20	–	Berufsziel nach spezieller Ausbildung erreicht, abhängig, wenig selbständige Tätigkeit, auch in der Ehe verheiratet mit jüd. Mann (mittlerer Angestellter), Kinder Diagnose: angstneurotische Entwicklung, persönlich verunsichert, neurasthene Beschwerden bei früher Verwahrlosung und Hospitalisation; depressive Krisen
16	Volksschule Nachholkursus Haushaltungsschule (unterbrochen) keine Ausbildung	in Wohngemeinschaft (Verwandte) bis zu ihrer Ehe unruhig, konnte nicht im Hause bleiben und still sitzen, verspätete Pubertät, wenig Initiative, verlegen, sieht überall Unfälle, arbeitete im Haushalt, sensitiver Charakter 1	–	–	auf verschiedenen Arbeitsplätzen in abhängiger Stellung, kein Berufsziel, später nur im Haushalt tätig verheiratet mit jüd. Mann (mittlerer Selbständiger), Kinder Diagnose: angstneurotische Entwicklung bei infantiler Persönlichkeit mit Loyalitätskonflikten
16	Volksschule keine Ausbildung	schlecht aufgefangen bei Familienmitglied, mit 17 J Untermiete mit Familienanschluß, Büroarbeit fühlt sich im Stiche gelassen, vereinsamt, rankunös, körperliche Beschwerden 2	–	–	auf verschiedenen Arbeitsplätzen tätig, unstet früh verheiratet mit nicht-jüd. Mann (mittlerer Angestellter), kinderlos, halbinvalide Psychotherapie Diagnose: angstneurotische Entwicklung bei infantiler Persönlichkeit; Thyreoid-, Darmstörungen; gynäkologische Beschwerden; rankunöse Projektion der Separationsängste auf jüd. Gruppe, die sie im Stich gelassen habe

Jg. 1929/1928		I. tr. Sequenz		II. tr. Sequenz				III. tr. S.
1	2	3	4	5	6	7	8	9
PJ w	mittlerer Selbständiger 5 liberal	16 J VI	Tod im KZ	–	–	2	–	undeutlich
PK w	mittlerer Selbständiger 4–5 orthodox	14 J VI	als Patient im Krankenhaus, von dort durch Widerstand	1	undeutlich	2	verraten und deportiert	undeutlich
PL m	ungeschulter Arbeiter, asoziales Milieu 2 liberal	10 J V	durch Vormundschaftsgericht in jüd. Heim	2	selbständiger Handwerker	–	mit jüd. Heim evakuiert; sah Deportationen; einige Male verhaftet in neutralem Heim untergebracht, dort isoliert, ängstlich; mit anderem Jungen in die Provinz geflüchtet	LEHJ
QA w	ungeschulter Arbeiter, sozial schwaches Milieu 1 unkirchlich Mischehe	7 J 11 J IV	nach Tod V in jüd. Heim; zurück zu M; wieder jüd. Heim	5	undeutlich	–	zu Beginn in verschiedenen neutralen Heimen; danach in 5 verschiedenen KPF; Gefahren ängstlich, isoliert, pavor nocturnus, Menstruationsbeginn mit „absences"	LEHJ

III. tr. Sequenz					
10	11	12	13	14	15
16	Volksschule HBS, 1 J, abgebrochen keine Ausbildung	erst bei Bekannten, danach bei Verwandten ängstlich, ließ sich nicht als Jüdin registrieren, konfliktuös mit überlebenden Familienmitgliedern; mehrere Krankenhausaufnahmen, Magenbeschwerden, Rückenschmerzen, Pleuritis will keine psychiatrische Hilfe 3	–	–	leidet unter mangelhafter Schulausbildung; durch körperliche Beschwerden anfänglich wenig tätig, in der Ehe etwas aktiver in halb-selbständigem Beruf verheiratet mit jüd. Mann (mittlerer Selbständiger), Kinder Diagnose: angstneurotische Entwicklung mit Identitätsproblemen und asthenisch-depressiven Reaktionen, anlehnungsbedürftig
?	Volksschule keine Ausbildung, verschiedene Versuche gescheitert	kam aus Experimentier-KZ über Rußland, Frankreich zurück; Krankenhausaufnahme, Irrfahrten, verschiedene Arbeitsplätze unstet, ängstlich, hyperaktiv, entwurzelt, Phantasien, ambivalent gegenüber jüd. Gruppe, Randfigur, rankunös viele	–	–	verwirrtes Berufsziel, unstet, nicht ausgefüllt, leidet unter mangelhafter Schulausbildung verheiratet mit nicht-jüd. Mann (Akademiker, höherer Angestellter) Diagnose: charakterneurotische Entwicklung mit psychopathiformen Zügen, internistische und gynäkol. Störungen, Angst v. Psychotherapie
± 17	Volksschule MULO 2 J abgebrochen technische Internatsausbildung	2 jüd. Heime, nach Internatsausbildung zurück ins jüd. Heim, Kraftwagenchauffeur, verschiedene Auslandsreisen, Berufswechsel, scheitert trotz guter Intelligenz beim Abschluß mittlerer Ausbildung ängstlich, zurückhaltend, still, affektflach, etwas depressiv, resigniert sozial-psychiatrische Betreuung 3	–	–	Berufsziel nicht erreicht, in vielen Berufen tätig, nicht ausgefüllt, unstet, ungeschulter Arbeiter verheiratet mit nicht-jüd. Frau, Kinder Diagnose: angstneurotische, restriktive Persönlichkeitsentwicklung auf depressiver Basis bei früher Verwahrlosung; untergetaucht in gegenwärtiger Lebenssituation; erzählt seinen Kindern nichts aus seinem Leben
19	Volksschule Haushaltungsschule (unterbrochen, nicht mehr beendet)	jüd. Heim; arbeitete in Haushalten v. Heimen als Köchin; körperliche Beschwerden, Krankenhausaufnahme vereinsamt, depressiv, initiativlos, gehemmt, unstabil, Kontaktschwierigkeiten, unselbständig 3	–	–	keine spezielle Arbeit, wechselnd in verschiedenen Berufen, im Haushalt tätig geschieden von jüd. Mann, Kinder in Pflegefamilien Diagnose: 16 klinische Aufnahmen in Krankenhäusern, Genesungsheimen, psychiatrischen Kliniken; abdominale und gynäkologische Operationen; invalide auf Basis von früher Verwahrlosung und unverarbeiteten Verfolgungssequenzen

Jg. 1928		I. tr. Sequenz		II. tr. Sequenz				III. tr. S.
1	2	3	4	5	6	7	8	9
QB w	Akademiker 6 orthodox	15 J **VI**	durch Eltern	3	mittlerer Beamter eigene Kinder katholisch	–	zu Beginn gutes Milieu, danach sehr schwierig Konflikte, Protest, Problemkind, kein Kontakt katholisch beeinflußt	Verwandte
QC w	mittlerer kaufmännischer Angestellter 5 liberal	± 15 J **VI**	im gemeinsamen Versteck verraten, Deportationssammelstelle, dort getrennt	12	in Krankenhaus Haushaltshilfe	–	zusammen mit Eltern untergetaucht, verraten aus Krankenkaus durch Widerstand gerettet vielfacher Wechsel, Gefahren, schwierige Anpassung entwurzelt, depressiv, enuresis	Verwandte
QD m	geschulter Arbeiter 2 liberal	± 15 J **VI**	Flucht aus gemeinsamem Versteck nach Verrat	> 5	mittlerer Selbständiger eigene Kinder orthodox protestantisch	–	Krankenhausaufnahmen (Cor, nach Infektion) immer im Hause, schwierige Anpassung, Problemkind, viel geweint	LEHJ
QE m	ungeschulter Arbeiter 2 Mischehe unkirchlich	2 J 15 J **VI**	Tod M; Deportation 2. Mutter	4	Vormund, kleiner Angestellter eigene Kinder reformiert	–	blieb wegen katholischer Herkunft eigener Mutter erst im Elternhaus, danach bei Vormund; verschiedene Arbeitsplätze	Bekannter

III. tr. Sequenz					
10	11	12	13	14	15
18	Volksschule MULO Verkäuferin	erst bei entfernten Verwandten, danach jüd. Kinderheim; Untermiete mit Familienanschluß Problemkind, kontaktgestört, weltfremd, depressiv, vereinsamt, Protesthaltung, verwirrt sporadisch psychotherapeutische Kontakte, Betreuung durch Sozialarbeiterin 3	–	–	Berufsziel mit Mühe erreicht, häufiger Wechsel des Arbeitsplatzes, konfliktuös, unverheiratet Psychotherapie Diagnose: schwere charakterneurotische Entwicklung auf chronisch-reaktiv depressiver Basis; vereinsamt, der jüd. Gruppe entfremdet
± $17^1/_2$	Volksschule Haushaltungsschule (unterbrochen, nicht mehr beendet)	JPF (Verwandte); irrt umher um Eltern zu suchen, danach in 3 verschiedenen Heimen; instabil, depressiv, infantil, verwahrlost sich, wird aus Stellungen entlassen Psychotherapie, Betreuung durch Sozialarbeiterin 4	–	–	stets wechselnde Arbeitsplätze, Haushalt und Fabrik, viele Schwierigkeiten verheiratet mit nicht-jüd. Mann (ungeschulter Arbeiter, invalide), Kinder Diagnose: angstneurotische Entwicklung mit asthenisch-depressiven Reaktionsformen; viele körperliche Beschwerden, invalide erklärt
18	Volksschule in verschiedenen Ausbildungen als Handwerker gescheitert	zuerst bei entfernten Verwandten (Mischehe, kleiner Selbständiger); alsbald irrend von einer Pension zur anderen; jüd. Heim frühreif und infantil durch körperliches Leiden, guter etwas passiver Kontakt, unsicher in Berufsrichtung, anhänglich, anlehnungsbedürftig, gutartig, traurig, Trauerverarbeitung im Heim im Kontakt mit Altersgenossen; untauglich für Israel sozial-psychiatrische Betreuung 6	–	–	in verschiedenen Berufen als ungeschulter Arbeiter, krampfhaft, große Schwierigkeiten verheiratet mit nicht-jüd. Frau (verwahrlost, Mitglied einer christlichen Sekte), Kinder; invalide Diagnose: angstneurotische Entwicklung bei schwachbegabtem Mann mit Zirkulationsstörungen; Aufnahme in psychiatrischer Klinik in psychotischem Zustand mit religiösem Wahn bei chronisch-reaktiver Depression; verwahrlostes Milieu
–	Volksschule keine spezielle Ausbildung	erst einige Zeit bei Vormund, danach Untermiete mit Familienanschluß; arbeitete in verschiedenen Städten unstet, vereinsamt, desorientiert mit 21 J nach Israel 2–3	21	$24^1/_2$	in verschiedenen Berufen auf stets wechselnden Arbeitsplätzen, nicht ausgefüllt, unstet, in letzter Zeit beständiger verheiratet mit jüd. Frau, Kinder Diagnose: persönlich und sozial verunsichert, charakterneurotische Entwicklung mit psychopathiformen Zügen; körperliche Beschwerden (Magen, Darmtrakt, Herz)

Jg. 1928/1927		I. tr. Sequenz		II. tr. Sequenz				III. tr. S.
1	2	3	4	5	6	7	8	9
QF m	mittlerer Selbständiger 5 liberal	±14½ J **VI**	suchte selbst Kontakt mit Widerstand	2	kleiner Angestellter freisinnig reformiert	–	blieb lange im 1. Versteck; wechselte im Hungerwinter stabil, gut angepaßt; Selbststudium	Verwandte
QG m	mittlerer Angestellter 4 geschieden, labil liberal	± 14 J **VI**	durch Bekannte	2	höherer Beamter Kinder freisinnig reformiert	–	blieb die ganze Zeit im Hause apathisch, depressiv	LEHJ
RA m	ungeschulter Arbeiter 1 unkirchlich	15 J **VI**	im KZ getrennt	–	–	9	–	LEHJ
RB w	kleiner Selbständiger 4 liberal	± 16 J **VI**	im KZ getrennt	3	undeutlich	2	mit Eltern untergetaucht, verraten und deportiert	Verwandte

III. tr. Sequenz					
10	11	12	13	14	15
± 17	Volksschule MULO (unterbrochen, später beendet) HBS A mittlerer kaufmännischer Angestellter Abendkurs	JPF (Verwandte, mittlerer Selbständiger), danach Untermiete gut angepaßt, sthenisch, still, zielbewußt, argwöhnisch, kritisch, sozial interessiert, keine manifeste Trauerproblematik, eigenbrödlerisch, distanziert von jüd. Gruppe 2	–	–	Berufsziel erreicht, erweitert durch Abendstudium, Universität, höherer kaufmännischer Angestellter, erfolgreich verheiratet mit nicht-jüd. Frau (berufstätig), Kinder Diagnose: gereifte sthenische Persönlichkeit; sensitiv mit weltanschaulich systematisierten Verarbeitungen und Verdrängungen des Verfolgungsgeschehens, leicht paranoid, distanziert von jüd. Gruppe
± 17	MULO A + B HBS, gescheitert Graphiker	JPF (Verwandte, ohne Kinder, mittlerer Selbständiger); Konflikte mit PM, jüd. Heim; Außenseiter, konfliktlose Anpassung, depressiv wechselnde Arbeitsplätze, erfolgreich, angesehen, unruhig, unzufrieden sozial-psych. Betreuung 2	24	28	erreichte Berufsziel aufgegeben, Umschulung, erfolgreich, skurril, provozierend, selbständig 1. verheiratet mit jüd. Frau, Kinder, geschieden; 2. verheiratet mit nicht-jüd. Frau, Kinder, geschieden Psychotherapie abgebrochen Diagnose: charakterneurotische Reaktionsformen auf chronisch-reaktiv depressiver Basis bei früheren Milieuschwierigkeiten; Kontakt- und Arbeitsstörungen bei depressiven Krisen
–	Volksschule LTS, unterbrochen und nicht beendet	Verwandte (Mischehe; Portier in Sanatorium); 3 J als Freiwilliger in England ausgebildet; desertiert, weil er nicht gegen Indonesien kämpfen will; 2 Mo in Vorarrest, entlassen; danach viele Arbeitsplätze als ungeschulter Arbeiter blinder Haß, Überlebensphantasien, Nachholbedürfnis, ungezügelt, asthmatische Bronchitis bereits als Kind, aufständisch, unruhig, hyperaktiv, vereinsamt, 3 Geschwister verloren, Erinnerungen quälend 2	–	–	unstet, in vielen Berufen auf wechselnden Arbeitsplätzen, seit Jahren invalide, ungeschulter Arbeiter verheiratet mit nicht-jüd. Frau, Kinder Diagnose: psychosomatische Beschwerden (asthmatische Bronchitis, Magen- und Darmbeschwerden); asthenisch-depressive Reaktionsformen; Erschöpfungszustände, pavor nocturnus emotionelle Bindung an jüd. Gruppe
18	Volksschule MULO, unterbrochen, später Nachholkurs beendet keine Ausbildung	Sanatorium (Tbc). danach bei Verwandten, dann Untermiete mit Familienanschluß, Büroarbeit verspätete psycho-sexuelle Reife, naiv, viele körperliche Beschwerden, Verfolgungsträume, wehrlos gegen Erinnerungen, Verfolgung als corpus alienum heiratet mit 21 J nicht-jüd. Mann 3	–	–	kurze Zeit als Verkäuferin tätig früh verheiratet mit nicht-jüd. Mann (mittlerer Beamter), Kinder Diagnose: 12 Krankenhausaufnahmen, Operationen (abdominal, gynäkologisch); angstneurotische Entwicklung, asthenisch-depressive Reaktionsformen, pavor nocturnus, emotionale Instabilität bei beginnendem Klimakterium konfliktuöses Verhältnis zur jüd. Gruppe

Jg. 1927		I. tr. Sequenz		II. tr. Sequenz				III. tr. S.
1	2	3	4	5	6	7	8	9
RC m	mittlerer kaufmännischer Angestellter 3–4 liberal	± 18 J VI	Tod im KZ	–	–	2	–	Verwandte
RD w	geschulter Arbeiter 2 unkirchlich	8 J IV	Krankheit und Tod Mutter	–	–	11	–	LEHJ
RE w	Akademiker 6 deutscher Emigrant liberal	17 J VI	Tod im KZ	–	–	6	–	–
RF w	mittlerer Selbständiger 4–5 staatenlos orthodox	± 16 J VI	im KZ getrennt	–	–	9	–	LEHJ

III. tr. Sequenz					
10	11	12	13	14	15
18	Volksschule HBS, unterbrochen, nach dem Krieg 3 Klassen beendet keine Ausbildung	2 JPF; fühlte sich zu „alt und unangepaßt" um weiter zu lernen hyperaktiv, untauglich für Militär, spricht mit niemanden über die Zeit im KZ, gesellschaftsflüchtig, starke Verdrängung, keine manifeste Trauerproblematik 2	–	–	Berufsziel erreicht, leitender Angestellter, hyperaktiv verheiratet mit jüd. Frau, Kinder Psychotherapie Diagnose: mit 40 J psychosomatische Beschwerden (cardiovasculär), asthenisch depressive Reaktionsformen bei sthenischem Mann; zeitweilig arbeitsunfähig; distanziert sich von jüd. Gruppe
18	Volksschule MULO, unterbrochen, nach dem Krieg 4 Klassen Abschlußprüfung spezielle technische Ausbildung gescheitert Verkäuferin, Büroarbeit	6 Mo in Schweden; danach bei Bekannten bis zur Verheiratung schnell ermüdet, Erinnerungsstörung, depersonalisiert, depressiv, stabil, sthenisch, gut aufgefangen, Trauerverarbeitung, gute affektive Kontakte Nachholkursus, politisch interessiert sozial-psychiatr. Betreuung 2	–	–	geändertes Berufsziel erreicht, ausgefüllt, in der Ehe noch sporadisch tätig verheiratet mit jüd. Mann (KW, mittlerer Beamter), Kinder Diagnose: chronisch-reaktive Depression bei gereifter, sthenischer Persönlichkeit, bewußte Konfrontation mit dem Verfolgungsgeschehen; Schmerz aufgenommen ins tägliche Leben
21	Volksschule MULO (unterbrochen, nicht beendet) keine Ausbildung	3 J im Tb-Sanatorium, danach zusammen mit älterer Cousine, Mutterfigur und Eifersuchtsobjekt; Büroarbeit unbefriedigt über alles, viele körperliche Beschwerden, keine manifeste Trauerproblematik, ängstlich, Schlafstörungen, Phobien 2	–	–	leidet unter mangelhafter Schulausbildung, neues Berufsziel durch Abendstudium geplant verheiratet mit jüd. Mann (mittlerer Angestellter), Kinder Diagnose: asthenisch-depressive Reaktionsformen mit psychosomatischen Beschwerden (Migräne), pavor nocturnus, „ewiges Gedenken", euphore Abwehr
19	Volksschule MULO 3 Klassen, unterbrochen, später nicht beendet Büro Kurse	8 Mo in Schweden, danach zu Bekannten, durch OPK weggeholt, untergebracht bei Verwandten hyperaktiv, sthenisch, gespannt, Schlafstörungen, Migräne, von Natur fröhlich 3	–	–	Berufsziel erreicht, ausgefüllt; sozialer Abstieg in der Ehe verheiratet mit jüd. Mann (mittlerer Angestellter), Kinder Diagnose: asthenisch-depressive Reaktionsform mit somatischen Beschwerden bei sthenischer Frau im Klimakterium, resigniert, vereinsamt, keine psychiatrische Behandlung

Jg. 1927		I. tr. Sequenz		II. tr. Sequenz				III. tr. S.
1	2	3	4	5	6	7	8	9
RG w	geschulter Arbeiter 2 liberal	± 16 J VI	in Deportationssammelstelle	> 10	unbekannt	–	mit Eltern und Geschwistern bei Razzia → Deportationssammelstelle; dort Asthmaanfall Krankenhaus; freigelassen falscher Ausweis, untergetaucht; wegen Asthma wieder ins Krankenhaus, verhaftet, freigelassen, untergetaucht, häufiger Wechsel des Verstecks reizbar, streitsüchtig	OPK
RH m	geschulter Arbeiter, mittlerer Angestellter 3 liberal	17 J VI	im KZ getrennt	–	–	± 8	–	unbekannt
RI w	ungeschulter Arbeiter, 1 wenig bekannt	15½ J VI	zusammen untergetaucht, verraten; flüchtete mit V; allein gelassen	3	Kleinlandwirt eigene Kinder reformiert	–	viel Gefahren, Überfall, 2mal geflüchtet; arbeitete in Landwirtschaft	–
RK w	mittlerer Angestellter 3 geschieden liberal	1½ J II	durch Großeltern erzogen; mit 14 J zu V und Stiefmutter; Pflegefamilien, delinquent acting out	3–5	unbekannt	3	unstet, Gefahren unangepaßt irrte umher, suchte selbst Obdach; festgenommen, deportiert	–

III. tr. Sequenz					
10	11	12	13	14	15
—	Volksschule Haushaltungsschule unterbrochen	2 PF, ging mit Streit weg; 2 nichtjüd. Heime; Untermiete mit Familienanschluß unangepaßt, laut, zügellos, kann nicht allein sein, Tanzlokale, Cafés usw; arbeitet in verschiedenen Haushaltungen, Geschäften; unstet, elend 4	—	—	in verschiedenen Berufen zeitweilig tätig, ziellos, unstet unverheiratet, Kinder; invalide Diagnose: verwahrlostes Asthma mit Entwurzlungsdepression, invalide; distanziert von jüd. Gruppe
± 18½	Volksschule MULO unterbrochen, nicht beendet mehrere Ansätze Berufsausbildung scheitert später in Abendkursus nachgeholt	körperlich äußerst schwach, Krankenhausaufnahme, danach bei Verwandten (6 Mo); danach in Untermiete in jüd. Familie, wo er seine Frau kennenlernte hyperaktiv, ehrgeizig, holt in Abendkursen Ausbildung nach, still, verschlossen, argwöhnisch, Kopfschmerzen, gemeinschaftsflüchtig, phobisch, sthenischer Charakter; will keine Hilfe 3	—	—	Berufsziel erreicht, erweitert und ausgefüllt, hyperaktiv, Manager in mittelgroßem Betrieb verheiratet mit jüd. Frau, Kinder Diagnose: psychosomatische Beschwerden bei sthenischem Mann mit chronisch-reaktiver Depression, Isolierungstendenzen und paranoider Einstellung
—	Volksschule Industrieschule, unterbrochen	bei verschiedenen Bekannten aufgenommen, hielt es nirgends lange aus, danach in Untermiete vereinsamt, viele somatische Beschwerden, internist. und gynäkol. Behandlung, fühlt sich im Stich gelassen, affektlabil, depressiv untergeordnete Büroarbeit ± 5	—	—	kein festes Berufsziel; einige Zeit auch in der Ehe tätig, durch körperliche Beschwerden behindert verheiratet mit jüd. Mann (mittlerer Angestellter), Kinder Diagnose: asthenisch-depressive Reaktionsform mit vielen körperlichen Beschwerden (gynäkol. Operation) im Klimakterium; mißtrauisch
± 19	Volksschule, unterbrochen keine Ausbildung	aufgenommen bei nicht-jüd. Haushälterin der Großeltern, ehem. Nationalsozialistin, konnte nicht bleiben; als Dienstmädchen gearbeitet; durch OPK bei Verwandten untergebracht, Konflikte; Untermiete; in verschiedenen Berufen gearbeitet affektlabil, konfliktuös, sexuell gehemmt, ängstlich, viele somatische Beschwerden (Magen, Darm, low back Schmerzen) vasolabil, emotional-hyperästhetisch 4	—	—	kein Berufsziel, unausgefüllt, Schwierigkeiten mit Mann und Kindern verheiratet mit jüd. Mann (mittlerer Selbständiger), Kinder Psychotherapie Diagnose: schwere charakterneurotische Entwicklung bei früher Verwahrlosung mit psychischen Dekompensationen bei sthenischer Frau, hypomane Reaktionsformen als Abwehr der Angst und Somatisierungen

Jg. 1927/1926		I. tr. Sequenz		II. tr. Sequenz				III. tr. S.
1	2	3	4	5	6	7	8	9
RL w	mittlerer Selbständiger 3–4 liberal	± 14 J VI	nach Deportation V mit M untergetaucht, später Hilfe der Widerstandsbewegung	± 6	Kleinlandwirt Kinder orthodox protestantisch	–	Wechsel wegen Gefahr, Haussuchung nicht isoliert, keine Anpassungsprobleme ängstlich, bereits bestehende asthmatische Bronchitis verschlimmerte sich protestantisch erzogen, nicht getauft	Verwandte LEHJ
RM m	mittlerer Selbständiger 4 staatenlos liberal	± 11 J V	mit Geschwistern nach dem Tod der Mutter aus Deutschland geflüchtet	± 6	kleiner Angestellter eigene Kinder freisinnig reformiert	–	häufiger Wechsel wegen Gefahr immer im Haus, Selbststudium, ängstlich, abhängig zuweilen Kontakt mit älterem Bruder	LEHJ
SA w	Handwerker, kleiner Selbständiger 4 orthodox	17 J VI	durch M vorbereitet	1	mittlerer Selbständiger undeutlich	–	mit anderen Untertauchern immer im Hause sorgte sich um M; korrespondierte mit Geschwistern in anderem Versteck Schuldgefühle der Überlebenden	OPK
SB m	mittlerer kaufmännischer Angestellter 5 liberal	$\pm 16^1/_2$J VI	im Haus versteckt; Deportation der Familie miterlebt	7	mittlerer Beamter eigene Kinder unkirchlich	–	vor der eigentlichen Untertauchzeit 1 T verhaftet, freigelassen; gescheiterter Versuch unterzutauchen; zurück zu Eltern; nach Verhaftung der Eltern untergetaucht Gefahren, Verrat, umherirren, immer im Hause, Selbststudium der Lage bewußt	–

III. tr. Sequenz					
10	11	12	13	14	15
± 18	Volksschule MULO unterbrochen, nicht beendet mehrere Ansätze Berufsausbildung scheitern	zuerst bei nahen Verwandten, dann häufiger Wechsel zwischen KPF, jüdischem Kinderheim u. Verwandten kränklich, orthopädische Operation, Thyreoidstörungen, rezidivierende asthmatische Bronchitis, allergische Reaktionen, Konflikte mit jüd. Identität, depressive Verstimmungen, ängstlich, entwurzelt 8	–	–	Berufsziel nach konsequentem Einsatz erreicht, erweitert, ausgefüllt, mittlere Angestellte, viel Krankheitsversäumnis, zeitweise Invalide unverheiratet Diagnose: restriktive Persönlichkeitsentwicklung bei sthenischer Frau mit ängstlich-phobischen Zügen im beginnenden Klimakterium und partieller Integration; verbunden mit jüd. Gruppe; gynäkol. Operation; unter ärztlicher Aufsicht
± 18	Volksschule, unterbrochen, in Holland wieder aufgenommen HBS, unterbrochen, nach dem Kriege beendet Universität, nach 4 J gescheitert kaufmännisch tätig	zuerst wieder aufgefangen durch Geschwister; mit ± 21 J als Untermieter mit Familienanschluß; nach Scheitern des Studium lange Zeit richtungslos, depressiv; nach Emigration des Bruders ohne Initiative ambulante Psychotherapie, Betreuung durch Sozialarbeiterin 1	–	–	Berufsziel nicht erreicht, nach langen, mühevollen Ansätzen konsolidiert auf niedrigerem Niveau, nicht ausgefüllt, resigniert, mittlerer Angestellter verheiratet mit nicht-jüd. Frau, Kinder Diagnose: restriktive Persönlichkeitsentwicklung mit asthenisch-depressiven Zügen
20	Volksschule HBS, unterbrochen Industrieschule, unterbrochen	wohnte zusammen mit Freundin, auf sich selbst angewiesen, fühlte sich im Stich gelassen von Organisationen, Protesthaltung, Nachholbedürfnis; übertriebene Sorge um Geschwister; ging „wie in einem Traum" 25jährig mit ihnen nach Israel 1	9 25	10	in verschiedenen Berufen tätig, nicht ausgefüllt, in Israel Umschulung, kleine Angestellte, unzufrieden verheiratet mit jüd. Mann (geschulter Arbeiter), Kinder Diagnose: wechselnde psychosomatische Beschwerden (Migräne, ulcus ventriculi, Basedow) auf depressiver Basis, entwurzelt
± 20	Volksschule HBS, unterbrochen, nach dem Kriege beendet Universitätsstud. abgebrochen; höhere technische Ausbildung	allein in Untermiete, Nachholkurs vereinsamt, depressiv, Schuldgefühle der Überlebenden, Identitätsprobleme, verunsichert, sthenisch, Verlagerung der Depression zum sozialhistorischen Gruppenereignis 1	–	–	erstes Berufsziel nicht erreicht, in angepaßtem Beruf ausgefüllt, mittlerer Beamter verheiratet mit jüd. Frau (KW), ausgefüllt Diagnose: gereifte, sensitive Persönlichkeit nach passagerer Identitätskrisis mit reaktiv-depressiven Reaktionsformen und angstneurotischen Zügen bei bewußter Konfrontation mit Verfolgungssituation

Jg. 1926		I. tr. Sequenz		II. tr. Sequenz				III. tr. S.
1	2	3	4	5	6	7	8	9
SC w	mittlerer Beamter 5 liberal	± 18 J VI	im KZ	–	–	6	–	–
SD m	geschulter Arbeiter 2 liberal	± 16 J VI	flüchtete aus Elternhaus; schloß sich aktiv dem Widerstand an	± 11	mittlerer Beamter undeutlich	2	Razzia im Ghetto miterlebt aktiv im Widerstand große Gefahren; 2 holländ. KZ; entflüchtet sollte kurz vor der Befreiung exekutiert werden Schockreaktion Selbststudium	–
SE w	kleiner Selbständiger 3 liberal	±16½J VI	aus Deportationssammelstelle geflohen	8	kleiner Beamter unkirchlich	–	arbeitet als Haushilfe Haussuchungen zuweilen gut aufgefangen; ängstlich über das Los ihrer Angehörigen in einem Versteck zusammen mit 18 jüd. Untertauchern asthmatische Bronchitis	–

III. tr. Sequenz					
10	11	12	13	14	15
20	Volksschule HBS unter- brochen Bibliotheka- rin	Tbc-Sanatorium, Krankenhaus, kurze Zeit bei Verwandten; Untermiete 3	–	–	leidet unter nicht adäquater Schulausbildung, sekundäres Berufsziel erreicht, ausgefüllt, Tätigkeit durch psychiatrische Aufnahmen zeitweilig unterbrochen Ehe mit jüd. Mann, geschieden, kinderlos Diagnose: psychotische Episoden, ärztliche Betreuung
± 18	Volksschule MULO Nachhol- kursus keine Aus- bildung kaufmänni- sche Arbeit	zunächst bei 1. KPF; dann zu Verwandten bis zur Verheiratung hyperaktiv, starke Verdrängung, zuweilen pavor nocturnus, Schweißausbrüche, dynamisch, im Beruf „untergetaucht" 2	–	–	Berufsziel erreicht, erweitert, ausgefüllt, hyperaktiv, leitender Angestellter verheiratet mit jüd. Frau, Kinder Psychotherapie Diagnose: Hyperaktivitätsneurose, starke Verdrängung des Verfolgungsgeschehens, zeitweilig chaotisches Verhalten mit großen Spannungen, Erschöpfungszustände, körperliche Beschwerden (Magen, Darmtractus); dekompensiert mit 46 Jahren; Krankenhausaufnahme mit manischem Zustandsbild abgewechselt mit Angstkrisen, halluzin. Episoden; passagere Diabetes
± 19	Volksschule Schneiderin	zuerst bei Verwandten; dann zusammen mit einzig überlebender Schwester seit 20. J unter Behandlung wegen alternierenden Asthma- und Magenbeschwerden 2	–	–	auf verschiedenen Arbeitsplätzen nicht ausgefüllt, unstet, konfliktuös verheiratet mit nicht-jüd. Mann (geschulter Arbeiter), Kinder Diagnose: alternierende psychosomatische Beschwerden (Asthma, Magen, Migräne) mit phobischen und depressiven Reaktionsformen; Angst vor Psychotherapie; starke emotionale Bindungen mit jüd. Gruppe

Jg. 1926		I. tr. Sequenz		II. tr. Sequenz				III. tr. S.
1	2	3	4	5	6	7	8	9
SF w	mittlerer Selbständiger 4–5 liberal	± 16 J **VI**	bei Razzia zufällig nicht zu Hause	1	mittlerer Ange- stellter kinderlos unkirchlich	–	Wohngemeinschaft mit 4 Untertau- chern; verdiente Geld mit Heim- arbeit erste Zeit wochen- lang geweint nie auf der Straße gut angepaßt; wurde als Erwach- sene behandelt	–
SG m	kleiner Selbständiger 2 liberal	± 15 J **VI**	aus Eltern- haus geflüch- tet (2 Mal)	3	im Ausland	3	1 Mo unterge- taucht, Flucht ins Ausland, Heimweh, Rück- kehr; Vater de- portiert; Flucht ins Ausland, aktiv im Widerstand; auf der Straße verhaftet, Ge- fängnis, KZ lebte unter fal- schem Namen	Offizier
SH w	mittlerer Selbständiger 4 orthodox	17 J **VI**	wurde allein aus dem Hause geholt	–	–	11	–	–
SJ w	mittlerer Selbständiger 4–5 liberal	$16^1/_2$ J **VI**	im KZ	–	–	9	–	–

III. tr. Sequenz

10	11	12	13	14	15
–	Volksschule MULO Kurse auf kaufmännischen Gebiet	blieb erst noch einige Zeit bei KPF; gut aufgefangen, später selbständig in Untermiete hinterließ in früherer elterlicher Wohnung ihre Adresse keine Phantasien, bewußt etwas ungezügeltes Leben, aufständig, Nachholbedürfnis der ausgesparten Pubertät Psychotherapeutische Kontakte 0	–	–	Berufsziel erreicht, hyperaktiv, nicht ausgefüllt verheiratet mit jüd. Mann (KW, mittlerer Angestellter), Kinder sehr konfliktuös Diagnose: Hyperaktivitätsneurose mit starker Verdrängung des Verfolgungsgeschehens bei sthenischer Frau mit asthenisch-depressiven Reaktionsformen und somatischen Beschwerden (Rücken, Herz); ambivalentes Verhältnis zur jüd. Gruppe; verschwieg vor Kindern Schicksal ihrer Eltern („Gaskammern")
± 19	Volksschule MULO (unterbrochen) keine Ausbildung	bei entfernten Verwandten; geht in eine andere Stadt, findet dort einzig überlebende Schwester; meldet sich als Freiwilliger, Indonesien depressiv, Halswirbelbeschwerden nach Mißhandlung im Gefängnis 2	–	–	arbeitete 20 J im erlernten Beruf, (kleiner Selbständiger), Berufswechsel (kleiner Beamter), unausgefüllt, unstet verheiratet mit nicht-jüd. Witwe (Kinder), eigene Kinder Diagnose: chronisch-reaktive Depression bei sthenischem, sensitiven Mann mit somatischen Beschwerden, leicht paranoid, ambivalent gegenüber der jüd. Gruppe; Angst vor Registration
± 19	Volksschule MULO (unterbrochen, nicht beendet) keine Ausbildung	einige Mo in Schweden (Krankenhaus); danach bei Nachbarn, die aufbewahrte Güter von ihren Eltern verkauft hatten; danach bei entfernten Verwandten verbittert, rankunös, unfähig zu arbeiten, vereinsamt, frühe Heirat mit 20 J 3	–	–	unfähig um zu arbeiten, frühe Ehe, konfliktuös 1. Ehe mit jüd. Mann (geschulter Arbeiter), geschieden, Kinder; 2. Ehe mit nicht-jüd. Mann (kleiner Beamter) Diagnose: angstneurotische Entwicklung mit aggressiv-querulanten Abwehrformen bei asthenisch-depressiver Frau, persönlich verunsichert, verbittert; noch emotionale Bindungen mit jüd. Gruppe
–	Volksschule Verkäuferin	einige Mo in Schweden, danach in nicht jüdischer Familie in Untermiete; arbeitete wieder als Verkäuferin körperliche Beschwerden, Migräne, hoher Blutdruck, plötzliche Wutausbrüche, sozial gut angepaßt, nervös, keine manifeste Trauerproblematik 2	–	–	einige Zeit beruflich tätig frühe Heirat mit nicht jüd. Mann (Handwerker, mittlerer Selbständiger), Kinder Diagnose: verschleierte chronisch-reaktive Depression bei sthenischer Frau von pyknischem Habitus mit psychosomatischen Beschwerden (Migräne) im beginnenden Klimakterium; schweigt über KZ-Erlebnisse

Jg. 1926		I. tr. Sequenz		II. tr. Sequenz				III. tr. S.
1	2	3	4	5	6	7	8	9
SK m	kleiner Selbständiger 2 liberal	17 J **VI**	blieb zu Hause versteckt als die Eltern sich meldeten	6	undeutlich	5	bei Versteckwechsel auf der Straße verhaftet; Gefängnis, Deportation	älterer Bruder
SL w	gelernter Arbeiter 2 liberal	16 J **VI**	Eltern deportiert; Sperre	–	–	11	–	Verwandte
SM m	mittlerer Selbständiger 4 liberal	± 17 J **VI**	meldete sich freiwillig auf Wunsch der Eltern	1	versteckte sich irgendwo undeutlich	11	nach Überfall auf Arbeitsstätte geflüchtet; nach 4 Mo nach Hause, meldete sich freiwillig um kein „Straffall" zu werden	–
SN w	mittlerer Selbständiger 4 liberal	± 18 J **VI**	im KZ	–	–	8	–	Verwandte

III. tr. Sequenz					
10	11	12	13	14	15
(19)	Volksschule später Handwerkerkursus	zuerst im Hause des ältesten Bruders, dann Untermiete; längere Zeit nicht im Stande um zu arbeiten, Krankenhausaufnahme wegen Beinbeschwerden; rankunös, enttäuscht 1–2	–	–	zu Beginn wegen somatischer Beschwerden (musculo-visceral) lange Zeit untätig, unstet, danach Ausweichberuf zum Teil ausgefüllt, leidet unter mangelhafter Schulausbildung, kleiner Selbständiger verheiratet mit nicht-jüd. Frau, kinderlos Diagnose: verschleierte chronisch-reaktive Depression bei sthenisch-sensitivem Mann mit partieller Integration, apathische Reaktionsformen
19	Volksschule Haushaltungsschule, unterbrochen	einige Mo in Schweden; danach bei Verwandten, schlecht aufgefangen, mußte sofort wieder arbeiten; wohnte dann mit Freundin aus KZ zusammen; stand im Portal des früheren elterlichen Hauses um „zu schauen", zwanghafter Impuls, begriff es nicht; verbittert, enttäuscht, vereinsamt, depressiv; heiratete mit 20 J 3	–	–	in verschiedenen Berufen auf wechselnden Arbeitsplätzen tätig, auch in der Ehe verheiratet mit jüd. Mann (langsamer Aufstieg von kleinem Angestellten zu leitender Stellung), Kinder Diagnose: chronisch-reaktive Depression bei sthenischer, pyknischer Frau mit partieller Integration; 4 gynäkologische Operationen
–	Volksschule MULO, unterbrochen, nicht beendet keine Ausbildung	4 Mo als Dolmetscher bei den Alliierten in Deutschland; nach Holland zurück, Untermiete; wollte in Indien kämpfen, untauglich erklärt, arbeitete im Magazin hyperaktiv, sthenisch 1	–	–	Berufsziel nach kurzem Schwanken erreicht, erweitert, trotz leitender Stellung nicht ausgefüllt verheiratet mit nicht-jüd. Frau, Kinder Diagnose: Hyperaktivitätsneurose bei sthenischem Mann mit partieller Integration, leichten paranoiden Reaktionsformen und bewußter Konfrontation des Verfolgungsgeschehens
–	Volksschule keine Ausbildung	einige Monate in Dänemark, Schweden; danach anderthalb Jahre in Lungen-Sanatorium; dann zu überlebender Schwester, danach zusammen mit Freundin; konnte nicht arbeiten; Nachholbedürfnis 4–5	–	–	lange Zeit untätig, später leichte Arbeit auf wechselnden Arbeitsplätzen, nicht ausgefüllt verheiratet mit nicht-jüd. Mann (mittlerer Angestellter), Kinder konfliktuös Diagnose: psychotische Episoden; postpuerperale Psychose und melancholisches Zustandsbild, 2 x in psychiatrische Klinik aufgenommen; Konfrontation mit Verfolgungsgeschehen bei asthenisch-depressiver Persönlichkeit mit angstneurotischen Zügen

Jg. 1926/1925		I. tr. Sequenz		II. tr. Sequenz				III. tr. S.
1	2	3	4	5	6	7	8	9
SO m	höherer Selbständiger 4 liberal	± 17 J **VI**	durch Bekannte	± 50	undeutlich	–	im 4. Versteck arrestiert, zum S.D. gebracht, geflüchtet seitdem im Nor- den und Süden auf zahllosen Plätzen, bewegte sich z.T. frei unruhig, dyna- misch, an Gefahr- situation gut an- gepaßt	nicht-jüd. Bekannte JPF
TA w	höherer kaufmänni- scher Ange- stellter 5–6 liberal	± 17 J **VI**	durch Eltern vorbereitet	6	Kleinlandwirt eigene Kinder reformiert	–	sehr bewußter Abschied von den Eltern Gefahren, mußte im Hause bleiben christlich beein- flußt; Straf- und Schuldgefühle	–

III. tr. Sequenz					
10	11	12	13	14	15
± 19	Volksschule Arbeiter in einer Fabrik, keine spezielle Ausbildung	identifiziert füsilierten Vater erst bei nicht-jüd. Familie, nach großen Schwierigkeiten mit unverheiratetem älteren Sohn übergesiedelt in JPF; freiwillig zum Militär; danach Aufbau eigenen Geschäftes emotionell, Stimmungsschwankungen; heiratet mit 22 J 2	–	–	Berufsziel erreicht, erweitert, erfolgreich, höherer Selbständiger; keine somatischen Beschwerden; Konflikte mit ältestem Sohn verheiratet mit jüd. Frau, Kinder Diagnose: zu gut angepaßte Persönlichkeit vom pyknischen Habitus mit cyclischem Temperament; erfolgreiche Verdrängung des gesamten Verfolgungsgeschehens
–	Volksschule HBS A + B pädagogische Ausbildung	zuerst im Widerstandsmilieu geblieben; später als Untermieter Identitätsproblematik, pathologische Trauerverarbeitung, um Pubertät betrogen 1	27	–	Berufsziel erreicht, auch in der Ehe tätig, ausgefüllt verheiratet mit jüd. Mann (leitender Angestellter), Kinder Diagnose: gereifte Persönlichkeit mit bewußter Konfrontation des Verfolgungsgeschehens; Trauer ins tägliche Leben aufgenommen, Psychotherapie

G.I. ZUSAMMENFASSUNG

In der vorliegenden Arbeit wird die Hypothese der altersspezifischen Traumatisierung von Kindern am Beispiel der jüdischen Kriegswaisen in den Niederlanden (1940–1945) überprüft. Wir haben untersucht, ob es nachweisbare Zusammenhänge zwischen einigermaßen gleichartigen Belastungssituationen in altersmäßig voneinander abgrenzbaren Gruppen und überdauernden Persönlichkeitsveränderungen gibt (vgl. *von Baeyer* c. s. u. a. m.). Im Unterschied zu den Arbeiten über erwachsene Verfolgte (*Eitinger, Bastiaans, Matussek* u. a.), in denen das Verfolgungsgeschehen unter dem Gesichtspunkt des Einbruches in die gereifte Persönlichkeit erfaßt wurde, wird hier die extreme Belastungssituation als integraler Bestandteil der Entwicklung des Kindes und Jugendlichen betrachtet. Die Studie ist in ihrer Anlage ein Beitrag zur Untersuchung der massiven kumulativen Traumatisierung von Kindern durch *man made disaster* und ein Versuch, einen Teil der psychoanalytischen Theorie zu überprüfen.

Die erwähnte Hypothese wird vermittels zweier voneinander unabhängiger Methoden untersucht:

a) Deskriptiv-klinische Untersuchung. Es werden klinisch-psychiatrische Diagnosen und psycho-soziale Defizienzerscheinungen (nach *Weijel*) beschrieben und sowohl innerhalb der Altersgruppen als auch für die verschiedenen Altersgruppen untereinander verglichen.
b) Quantifizierend-statistische Untersuchung. Es werden die statistischen Zusammenhänge zwischen Variablen untersucht.

Neben der Hypothese der altersspezifischen Traumatisierung wurde die Hypothese der Intensität der Traumatisierung aufgestellt. Es wurde untersucht, ob zwischen dem Ernst der Traumatisierung während der Kindheit und Jugend und dem Schweregrad der bei der späteren Nachuntersuchung gefundenen Persönlichkeitsstörung ein Zusammenhang ermittelt werden kann.

Im ersten Kapitel der *Einleitung* (Teil A) werden *Sinn und Ziel der Arbeit* in großen Zügen umrissen. Folgende drei Fragen dienen als Ausgangspunkt für unsere theoretischen Erwägungen:

1. Was waren es für Kinder, die die Verfolgung als Waisen überlebten?
2. Was hat die niederländische und speziell die schwer mitgenommene jüdische Gemeinschaft für diese Kinder getan?
3. Was ist aus diesen Kinder später – etwa 25 Jahre nach dem Ende des Zweiten Weltkrieges – geworden?

Unsere erste Aufgabe war, das Verfolgungsgeschehen in seinen Sequenzen und Konsequenzen hinsichtlich der individuell- und der sozial-psychologischen Aspekte in den Griff zu bekommen, das Material zu ordnen und die Effekte der Traumatisierung und der sozialen Rehabilitation zu formulieren.

Im Kapitel zur *Materiallage* (A.II) wird unsere Population näher beschrieben und das zur Verfügung stehende Material kritisch introduziert.

Die Population besteht aus 2 041 jüdischen Kriegswaisen, geboren in den Jahren 1925 bis 1944, für die nach dem Ende des Krieges Vormundschaften erteilt werden mußten. Die meisten Kinder haben die Verfolgung in den Niederlanden, untergetaucht in einer oder mehreren Kriegspflegefamilien, überlebt. Eine kleinere Anzahl Kinder kam aus den Konzentrationslagern zurück. Für alle Kinder unseres Materials gilt:

1. sie sind von Geburt jüdische Kinder;
2. sie wurden verfolgt;
3. sie sind Waisen geworden.

Im übrigen ist das Material äußerst differenziert. Es besteht eine große Streuung der Altersgruppen; ferner sind Milieuunterschiede anweisbar, und zwar sowohl hinsichtlich der Abkunft der Kinder (sozial-ökonomisch, religiös, kulturell) als auch hinsichtlich des Kriegspflegemilieus. Auch die exogenen Einflüsse, die zu der kumulativen Traumatisierung beigetragen haben, sind sehr unterschiedlich, sowohl während des Krieges als auch in der Zeit danach.

Die Arbeit stützt sich zu einem großen Teil auf Dossiermaterial, nach dem Kriege angelegt

a) durch Mitarbeiter des Büros der lt. K. B. No. F 137 vom 13. 8. 1945 eingesetzten Kommission für Kriegspflegekinder (holl.: oorlogspleegkinderen, abgekürzt O. P. K.);
b) durch Mitarbeiter der jüdischen Organisation zur Versorgung der Kriegswaisen *Le Esrath Hajeled* (hebr.; = Kinderhilfe).

Die Dossiers enthalten in der Anlage die Vorgeschichte eines jeden Kindes, soweit man ihrer noch habhaft werden konnte: Daten zu seiner Herkunft, zum sozial-ökonomischen Status seiner Eltern und zu seinem Schicksal während der Verfolgungsperiode. Außerdem enthalten sie eine Untersuchung des zukünftigen Pflegemilieus (Kriegspflegefamilie, neue Pflegefamilie, Heim) und Gutachten bezüglich des künftigen Vormundschaftsträgers. Dies letztere konnte sein

a) das Kriegspflegemilieu,
b) eine neutrale Rechtsperson,
c) eine jüdische Privat- und Rechtsperson.

Die eigens zur Lösung dieser Aufgabe gebildete Kommission O. P. K. unterbreitete dem Gericht aufgrund der in den Dossiers gesammelten Unterlagen Vorschläge hinsichtlich der Vormundschaftszuweisungen. Die Dossiers des Büros O. P. K. endeten zumeist mit dem Gerichtsbeschluß. Die Dossiers der jüdischen Waisenorganisation enthalten weitere und zuweilen detaillierte Angaben über die Nachkriegsperiode.

Die Dossiers – sämtlich nicht im Hinblick auf ihre Verwendung in einer wissenschaftlichen Arbeit angelegt – bilden einen der Ecksteine unserer Untersuchung.

Im dritten Kapitel des einleitenden Teiles wird der Verlauf der Untersuchung näher erörtert, die Stichprobe einer repräsentativen Gruppe von verfolgten Kindern (N-204) diskutiert, die Problemstellung expliziert, die Ausarbeitung eines Fragebogens für die Extraktion der Dossiers durch eine neutrale Person und die Erarbeitung der *Tabellarischen Übersicht* (F) dieser 204 Fälle beschrieben; ferner werden Anlage und Verlauf der durch den Referenten in den Niederlanden (151 Fälle) und in Israel (53 Fälle) verrichteten Nachuntersuchung erläutert, sowie die statistische Bearbeitung als selbständiger Untersuchungsgang.

Das *Historische Intermezzo* (A.IV) enthält das Ergebnis ad hoc verrichteter Untersuchungen zur Demographie der Juden in den Niederlanden, mit dem Ziel, die Überlebenschancen der Kinder und das Verhältnis zwischen Überlebenschancen und dem sozialen Status der Eltern zu klären. Es erwies sich, daß die beiden jüngsten Altersgruppen und die Adoleszenten relativ bessere Chancen hatten als die übrigen Kinder, und daß Kinder aus den höheren sozial-ökonomischen Milieus im Gesamtmaterial ungleich stärker vertreten waren, als es ihrem Anteil an der niederländischen Bevölkerung entspricht (Skala von *van Heek*).

Schließlich werden Entstehungsgeschichte, Arbeitsweise und Probleme der Kommission O. P. K. besprochen, incl. der sogenannten „Streitfälle". Dabei handelt es sich um einen Aspekt der niederländisch-jüdischen Beziehungen nach dem Zweiten Weltkrieg, der seinerzeit auch in der breiteren Öffentlichkeit vielerlei Emotionen weckte, und dessen Spuren noch in den Loyalitäts- und Identitätsproblemen der Nachuntersuchten anzutreffen sind.

In Teil B werden die *theoretischen Grundlagen* dargestellt. In einer Literaturübersicht werden die bisher durch verschiedene Autoren (*von Baeyer, Häfner* und *Kisker, Paul* und *Herberg, Bastiaans, Matussek* u. a.) hantierten Methoden der Exploration und Formalisierung des Zusammenhanges zwischen dem Alter beim Verfolgungsbeginn und den entstandenen Entwicklungsstörungen skizziert. Als Hauptschwierigkeit erweist sich die Formulierung der Kriteria, aufgrund deren die verschiedenen Verfolgungsbelastungen nach Art und Gewicht klassifiziert und das Material einer Bearbeitung erschlossen werden kann. Alle erwähnten Autoren stimmen darin überein, daß es nicht möglich ist, erlittenes Leid in Zahlenwerten auszudrücken.

Da auch wir diese Unmöglichkeit sehen, haben wir uns angesichts des breiten Spektrums der Belastungsmomente damit begnügt, die externen Faktoren der extremen Belastungssituation als Kriteria zu wählen und die psychische Realität nicht zu messen. Katalogisiert wurde also nur, was dem betreffenden Kind zugestoßen war, nicht wie es durch das Kind erlebt und verarbeitet wurde. Diese Kriteria dienen uns zugleich als Maß der Belastung. Hierdurch wurde unser Material auch einer quantitativen Bearbeitung erschlossen, so daß die Hypothesen nun auch in einer statistisch überprüfbaren Form aufgestellt werden können:

1. Es besteht ein Zusammenhang zwischen dem Alter, in dem die Traumatisierung eines Kindes oder eines Jugendlichen beginnt und der Art der Persönlichkeitsstörung beim Erwachsenen.
2. Der Ernst der Traumatisierung korrespondiert mit dem Schweregrad der Störung.

Wir erwarten, daß bei den jüngeren Altersgruppen die charakterneurotischen Entwicklungen überwiegen, und daß nach der Adoleszenz zu eine Verschiebung zugunsten der chronisch-reaktiven Depression auftritt. Diese Hypothese wird im klinischen Teil durch einfache Frequenzzählung der gestellten Diagnosen gesichtet und im statistischen Teil überprüft.

Die durch *Weijel* geschaffenen Kategorien der psycho-sozialen Defizienz formulieren außerhalb der gängigen klinischen Diagnosen Items, die auf dem Gebiet der psycho-sozialen Dysfunktion neue Einsichten vermitteln. Die Befunde werden in Prozentsätzen innerhalb der jeweiligen und für die verschiedenen Altersgruppen untereinander verglichen. In der statistischen Bearbeitung wurde die Brauchbarkeit der gewählten Kategorien untersucht.

Zur weiteren Operationalisierung des Verfolgungsgeschehens – als Ganzes wie in seinen Teilaspekten – wurde der Begriff des Traumas und der traumatischen Situation aufgrund der vorhandenen Literatur (*S.* und *A. Freud, Straus, von Gebsattel, Selye, Bastiaans, Furst, Krystal* und *Niederland* u. a. m.) formuliert und weiterentwickelt (B.II). Dies geschah hinsichtlich der sich ergebenden Problemkreise (Vormundschaft, Ausbildung etc.) und im Zusammenhang mit der ad hoc definierten extremen Belastungssituation, einem Zusammenfallen von Verfolgung und Waisenschaft (B.III). Hierbei erwies sich die Einführung des Begriffes „traumatische Sequenz" für die Einteilung und Abgrenzung der verschiedenen Phasen der Traumatisierung als fruchtbar, und zwar sowohl für die Darstellung und Einschätzung der klinischen Fakten als auch für die quantifizierend-statistische Bearbeitung. Unser Ausgangspunkt ist, daß die extreme Belastungssituation, was unser Material betrifft, aus einer steten Folge massiver, einander verstärkender (*Khan*) traumatischer Situationen besteht, die auch nach dem Kriege, also nach Beendigung der Verfolgung selbst, weiterging.

Wir unterscheiden die folgenden drei traumatischen Sequenzen (B.IV):

1) Die feindliche Besetzung der Niederlande mit dem beginnenden Terror gegen die jüdische Minderheit. Angriffe auf die soziale und psychische Integrität der jüdischen Familien.
2) Die direkte Verfolgung: Deportation von Eltern und Kindern, resp. Trennung von Mutter und Kind; Versteck in improvisierten Pflegemilieus; Aufenthalt in Konzentrationslagern.
3) Die Nachkriegsperiode, mit der Vormundschaftszuweisung als zentralem Thema.

Für die Zuweisung der Vormundschaft gab es zwei alternative Möglichkeiten:

a) Kontinuierung des Aufenthaltes des Kindes im (nicht-kongenialen) Kriegspflegemilieu mit allen dieser Situation inhärenten Spannungen gruppen-dynamischer und individuell-psychologischer Art (Taufe, Verarbeitung der Waisenschaft, Loyalitäts- und Identitätskonflikte, Trauerproblematik u. a. m.).
b) Rückkehr des Kindes in das kongeniale, seinerseits traumatisierte jüdische Milieu. Das erforderte erneute Trennung von Kind und (Kriegspflege-)Erziehungsmilieu mit allen entsprechenden Konsequenzen. Auch auf diese Weise war eine ungestörte Entwicklung keineswegs gewährleistet.

Die Darstellung der dritten Phase als einer dritten traumatischen Sequenz (innerhalb unserer Untersuchung endend mit dem Erreichen der gesetzlichen Volljährigkeit) ist in thematischer und psychiatrischer Hinsicht konsequent und von Wichtigkeit. Auch die Bemühungen um die soziale Rehabilitation gehören in diese Sequenz.
Ein wichtiger externer Faktor ist die Trennung von Mutter und Kind. Dieses Datum haben wir im Zuge der psycho-dynamischen Entwicklungstheorie unserer Einteilung in sechs Altersgruppen arbiträr zugrunde gelegt.
Den in der Kinderpsychiatrie für die frühesten Entwicklungsstufen eingeführten Begriff der *basic needs* haben wir erweitert, und die traumatischen Modalitäten für eine jede Altersgruppe aus den für eine normale Entwicklung notwendigen Voraussetzungen formuliert.
Die verschiedenen defizienten Situationen in allen drei traumatischen Sequenzen erhalten ihr volles Relief erst auf dem Hintergrund der tödlichen Bedrohung während der direkten Verfolgung im Kriege und der Instabilität der Nachkriegsperiode. Dem Aspekt der Schutzsituation als Belastungsmoment sui generis – sowohl für das Kind als auch für die Pflegeeltern – wurde bei der Erörterung der zweiten traumatischen Sequenz besondere Aufmerksamkeit gewidmet.
Der *klinische Teil* (C) beginnt mit einer Erläuterung der angewandten diagnostischen Kategorien. Wir waren bestrebt, die bestehende Diskussion hinsichtlich der altersspezifischen Traumatisierung weiterzuführen und die bereits von vielen Autoren signalisierte diagnostische Sprachverwirrung – eine Folge der in thematischer Hinsicht neuen und bisher unbekannten psychiatrischen Bilder – nicht durch eine eigenständige Terminologie noch mehr zu komplizieren. Unsere Diagnosentabelle (Tab. 10) hält sich an die in der kinderpsychiatrischen Universitätsklinik Amsterdam (Ordinarius Prof. Dr. *D. J. de Levita*) gebräuchlichen diagnostischen Kategorien. Die Diagnose „normale Entwicklung“ wurde hinzugefügt. Charakterneurotische Entwicklung, angstneurotische Entwicklung und chronisch-reaktive Depression wurden als Hauptkategorien gewählt.
Aus der Diagnosentabelle ist ersichtlich, daß in unserem Material die charakterneurotische Entwicklung bei den jüngeren Altersgruppen stärker vertreten ist, die chronisch-reaktive Depression dagegen bei den Adoleszenten. Diese altersspezifische Verschiebung wurde bereits durch *von Baeyer, Häfner* und *Kisker* gefunden. Im

Unterschied zu diesen Autoren erkennen wir auch der angstneurotischen Entwicklung eine altersspezifische Bedeutung zu (vgl. die fünfte, präpuberale Altersgruppe).
In der Tabelle der psycho-sozialen Defizienz (Tab. 11) fallen die emotionellen Störungen durch ihre hohen Werte bei allen Gruppen auf. Auch dieser Befund stimmt mit dem anderer Untersucher überein. Die Kinder aus den Konzentrationslagern wie auch die untergetauchten Kinder wiesen schwer traumatisierte Bilder auf. Die statistische Bearbeitung ergab hier durch eine differenzierte Analyse der zweiten und dritten traumatischen Sequenz neue überraschende Erkenntnisse zur Problematik der kumulativen Traumatisierung.
Bei der klinischen Präsentation wird jede Altersgruppe durch einen allgemeinen Teil eingeleitet, in dem die altersspezifische Problematik, Zusammensetzung der Gruppe nach Form und Inhalt, sowie die für die Präsentation der Fallstudien maßgeblichen Gesichtspunkte erörtert werden.
Für die 40 mehr oder weniger detailliert dargestellten Fälle wurde keine differenzierte psycho-pathologische Analyse angestrebt. Da Wiedergutmachungsprobleme nicht primär zu unserem Aufgabenkreis gehören, fehlen vergleichende Prozentberechnungen und Symptomstatistiken. Ziel ist die Ausarbeitung und Beschreibung zentraler Probleme des direkten Verfolgungsgeschehens und der für die jeweilige Entwicklungsphase spezifischen psychologischen Implikationen; außerdem die Erhellung der Nachkriegsproblematik vom Zeitpunkt der Vormundschaftszuweisung an. Die verschiedenen defizienten aber auch normale Entwicklungen sollen nach Maßgabe der in der Nachuntersuchung erhobenen Befunde im follow up transparent gemacht werden.
Die ersten drei Altersgruppen sind aufgrund dieser Prinzipien (Vormundschaft, Entwurzelung, soziale Rehabilitation) ausgewählt und angeordnet. Es wurde versucht, zugleich ein für das Gesamtmaterial verbindliches Bild der fundamentalen Thematik der gesamten Belastungssituation zu entwerfen.
Bei den folgenden drei Gruppen, der vierten bis sechsten, steht die defiziente Schul- und Berufsausbildung, die gestörte Entfaltung der sozial-kommunikativen Beziehungen und die Problematik der sozialen Rehabilitation im Mittelpunkt. Hier sind die Fälle nach diagnostischen Kategorien geordnet. Die gruppendynamische Problematik, die Loyalitäts- und Identitätskonflikte laufen als roter Faden durch das gesamte Material.
Bei der klinischen Untersuchung fiel uns auf, daß mit der dritten Altersgruppe (4 bis 6 Jahre), sichtlich eine neue Form der Traumatisierung anhebt. Wir brachten das u. a. in Verbindung mit dem Auftreten der ersten Erinnerungen resp. Erinnerungsreste an die Eltern oder das Elternhaus. Die statistische Untersuchung verifizierte diesen Eindruck.
Die quantifizierend-statistische Bearbeitung (Teil D) beginnt mit der Darlegung der angewandten Methode. Die Quantifizierung der externen Faktoren, vermittels deren die in B.III beschriebene extreme Belastungssituation definiert wurde, ergab eine Anzahl Variablen, die vermittels einer Beurteilung von *5 points rating scales* von günstig nach ungünstig geskort wurden. Außer den erwähnten Variablen wurde noch eine Anzahl weiterer in die Untersuchung einbezogen, denen wir einen gewissen Einfluß auf die extreme Belastungssituation zubilligten, z. B. das Alter des Kindes, sozialer Status, kongeniales Milieu. Die Quantifizierung dieser Variablen erfolgte durch zwei neutrale Untersucher zusammen mit dem Referenten aufgrund der *Tabellarischen Übersicht* (F), die Quantifizierung der Variablen der Nachuntersuchung durch den Referenten im Einvernehmen mit denselben beiden neutralen Personen.
Folgende statistische Bearbeitungen wurden durchgeführt: Iterative Itemanalyse (*Lawshe* und *Harris*, 1958), Faktorenanalyse, Diskriminantenanalyse, Chi-Quadrat-Test und andere korrelationsstatistische Bearbeitungen.

Für die zweite traumatische Sequenz kamen als Indikatoren für den von uns definierten Begriff der massiven kumulativen Traumatisierung 8 Variablen in Betracht, für die dritte traumatische Sequenz nach denselben Kriterien 6 Variablen. Beide Variablengruppen waren in sich homogen zusammengesetzt. Die iterative Itemanalyse ergab für die zweite traumatische Sequenz einen Alpha-Koeffizienten von .79 und eine korrigierte split-half-Korrelation von .81; für die dritte traumatische Sequenz waren das .68 bzw. .80. Aufgrund der vorliegenden 8 resp. 6 Variablen wurden für jede Person Gesamtwerte für die zweite und dritte traumatische Sequenz errechnet. Der Gesamtwert der zweiten traumatischen Sequenz muß als Maß der Sicherheit, des Geborgenseins des Kindes interpretiert werden. Der Gesamtwert der dritten traumatischen Sequenz gibt an, wie gut oder schlecht das betreffende Kind in seinem jeweiligen Nachkriegsmilieu aufgefangen wurde.
Die Vermutung, daß das Alter des Kindes den Gesamtwert der zweiten und dritten traumatischen Sequenz mit beeinflußt, erwies sich für die zweite traumatische Sequenz als richtig, und zwar in dem Sinne, daß die beiden jüngsten Altersgruppen einen günstigeren Gesamtwert erreichten. Dieses Ergebnis ist in Übereinstimmung mit der klinischen Erfahrung. Bei der dritten traumatischen Sequenz übte das Alter des Kindes keinen Einfluß auf den Gesamtwert aus. Die klinische Erfahrung hinsichtlich der dritten traumatischen Sequenz ist, daß die Art und Weise, wie die Kinder aufgefangen wurden, nicht an ihr Alter gebunden ist.
Bei der statistischen Bearbeitung der aus der Nachuntersuchung erhaltenen Unterlagen gingen wir von der Quantifizierung der Funktionsweisen in den folgenden drei Lebensbereichen aus: Beruf, Ehe, Freizeit. Die letztgenannte Kategorie enthält auch die Verhaltensweisen mit Bezug auf das kongeniale Milieu. Die Art und Weise des Funktionierens wurde nur in bezug auf folgende Items gewertet: Zufriedenheit, konfiktuöses Verhalten, *fight-* und *flight-*Verhalten.
Die Befunde der Nachuntersuchung wurden vermittels einer Faktorenanalyse bearbeitet. Mit den drei gefundenen Faktoren konnte 80 % der Varianz erklärt werden. Die Faktoren konnten folgendermaßen gekennzeichnet werden. Faktor 1: das Funktionieren in der Ehe; Faktor 2: Funktionieren im Beruf; Faktor 3: Funktionieren in der Freizeit. Die Items eines jeden Faktors wurden durch eine iterative Itemanalyse bearbeitet. Die Homogenitätsindizes waren hier befriedigend bis gut: der Alpha-Koeffizient variierte von .65 bis .85. Anschließend wurde der Zusammenhang zwischen den auf diese Weise erarbeiteten Faktorenskalen und den drei Hauptdiagnosen vermittels einer Diskriminantenanalyse untersucht. Diese ergab, daß für 56,5 % aller Fälle die Hauptdiagnose richtig vorausgesagt werden konnte. Dieses Resultat weicht signifikant ($p < 0.001$) von dem Resultat ab, das aufgrund eines Zufalls erwartet werden konnte.

Die aus der psychoanalytischen Theorie stammende Hypothese von den bleibenden Folgen der Traumatisierung in abgegrenzten Entwicklungsphasen wird durch die vorliegende Untersuchung gestützt. Es wurde ein Zusammenhang gefunden zwischen dem Alter, in dem die Trennung von der Mutter erfolgte, und der Diagnose, die bei dem nunmehr Erwachsenen gestellt wurde. Eine Prüfung mit Hilfe des Chi-Quadrat-Testes ergab ein Signifikanz-Niveau von $p < 0.10$. Dieses Ergebnis ist für uns befriedigend. Zwischen dem Zeitpunkt der Trennung von der Mutter und dem Zeitpunkt der psychiatrischen Diagnose liegt ein Intervall von ungefähr 30 Jahren. In dieser Zeit haben sich viele eingreifende Ereignisse abgespielt, die selbstverständlich in dieser Untersuchung nicht unter Kontrolle gehalten werden konnten.
Bei der Untersuchung der Hypothese über den Zusammenhang zwischen dem Ernst der Traumatisierung und den psycho-sozialen Funktionsstörungen bei den Erwachsenen

wurde ein Zusammenhang gefunden zwischen den Befunden der Nachuntersuchung und dem Maß der Traumatisierung in der dritten traumatischen Sequenz, während der Zusammenhang mit der zweiten traumatischen Sequenz weniger überzeugend war. Jedoch lag seine statistische Signifikanz noch auf einem 5 %-Niveau.
Schließlich wurden vermittels korrelationsstatistischer Berechnungen spezifische Zusammenhänge untersucht, die interessante Ergebnisse zeitigen. Die Identitäts- und Loyalitätsproblematik wies keine spezifischen Zusammenhänge mit anderen Merkmalen der untersuchten Gruppe auf. Unsere Interpretation dieses Befundes lautet, daß die Identitäts- und Loyalitätsproblematik für unser gesamtes Material spezifisch ist.
Zum Abschluß wurde die Konvergenz zwischen dem klinischen und dem statistischen Teil besprochen.

Unsere Untersuchung über Kinder, die durch *man made disaster* Waisen wurden, zeigt im *follow up*, daß nicht nur die Zeitspanne der unmittelbaren Katastrophe (zweite traumatische Sequenz), sondern auch die darauf folgende Periode (dritte traumatische Sequenz) für die adäquate Erfassung und Einschätzung des traumatisierten Entwicklungsganges von Wichtigkeit ist. Kinder mit einer günstigen zweiten, aber einer ungünstigen dritten traumatischen Sequenz zeigen ca. 25 Jahre später ein ungünstigeres Entwicklungsbild als Kinder mit einer ungünstigeren zweiten, aber einer günstigen dritten traumatischen Sequenz.
Die Bedeutung der dritten Sequenz liegt in der Qualität des Pflegemilieus, in seinem Vermögen, die Traumatisierungskette zu brechen und dadurch das Gesamtgeschehen zu mildern, nämlich selbst die erforderliche Hilfe zu bieten oder rechtzeitig Hilfe und Beratung zu suchen, resp. in seinem Unvermögen hierzu, wodurch die Gesamttraumatisierung verstärkt wird. Besonders gilt dies in denjenigen Fällen, in denen Privatpersonen die Vormundschaft erhielten und eine weitere sozial-psychiatrische Betreuung rechtlich nicht mehr gewährleistet war.
So erklärt sich, daß der vorliegenden Untersuchung zufolge die Vormundschaftsübertragung an sich keine Voraussage über den weiteren Entwicklungsgang des Kindes gestattet. Dies gibt zu der Erwägung Anlaß, inwiefern Vormundschaftsübertragung bei schwer traumatisierten Kindern in allen Fällen an eine geregelte sozialpsychiatrische Betreuung zu binden wäre.
Die sozial-psychiatrische Bedeutung der „Antwort des Pflegemilieus“ und überhaupt der dritten traumatischen Sequenz wird u. a. an der Variablen „Schul- und Berufsausbildung“ ersichtlich. Diese korreliert hoch mit dem Gesamtskore der zweiten und auch mit einzelnen Items derselben traumatischen Sequenz. Ferner wird durch die hohen Korrelationen der Variablen „Antwort Pflegemilieu“, „Kooperation“ und „Ausbildung“ mit den Bereichen „Ehe“ und „Beruf“ in der Nachuntersuchung die Bedeutung der dritten traumatischen Sequenz im Kontext eines traumatisierten Entwicklungsganges und in ihrer sozial-psychiatrischen Dimension bezüglich präventiver Maßnahmen unterstrichen.

G.II. SUMMARY

A study of the hypothesis of age-specific traumatization of children, based on investigations on a group of Jewish war orphans in the Netherlands (1940–1945). It was examined whether there are any relationships between more or less similar situations of stress and permanent changes of personality in various age groups (see *von Baeyer, Häfner, Kisker* et al.). Unlike studies on the adult persecuted (*Eitinger, Bastiaans, Matussek* et al.), in which the phenomenon of persecution was approached from the point of view of an assult on the mature personality, a situation of extreme stress was considered to be an integral part of the development of the child. The present study was planned as a contribution to the investigation of mass cumulative traumatization of children by man-made disaster and an effort to evaluate part of the theory of psychoanalysis.

The above hypothesis was studied by two independent methods:

(a) a descriptive clinical investigation. When this method is adopted, clinicopsychiatric diagnoses and psychosocial symptoms of deficiency (cf. *Weijel*) are described both within and between the various age groups and compared with each other.

(b) a quantitative statistical analysis. In this analysis, the statistical relationships between variables are studied.

In addition to the above theory of age-specific traumatization, the theory of the severity of traumatization was also advanced. It was examined whether there is a relationship between the severity of traumatization during youth and the severity of the personality disorders subsequently revealed in follow-up studies.

In Part A (*Einleitung*; Introduction), the objects and problems are outlined in Chapter I. The three following questions, framed in simple words, served as a point of departure for the theoretical considerations:

(1) What sort of children survived persecution as orphans?

(2) What did the Netherlands and, particularly, the grievously hit Jewish community do for them? and

(3) What became of them later, about twenty-five years after the end of the war?

To begin with, the material had to be arranged and the effects of traumatization and rehabilitation defined in order to gain an understanding of persecution in its sequences and consequences with regard to the individual and social psychological aspects.

In Chapter A.II (*Materiallage*; Material available), the material available is critically introduced and the population under investigation is further defined.

The population consisted of 2,041 Jewish war orphans for whom guardians had to be appointed after the end of the Second World War. These were children born during the period from 1925 to 1944. Most children who had gone into hiding with one or several foster families, survived persecution in the Netherlands. A small number returned from the concentration camps. All children had the following characteristics in common: (1) they were born of Jewish parents, (2) they were persecuted and (3) they were orphaned.

Also, there was a wide age range, there were differences in environment both as regards the descent of the children (socio-economic, religious, cultural) and as regards the foster families during the war. The exogenous factors which played a role in cumulative traumatization also were highly differentiated, during as well as after the war.

The material available consisted of post-war records prepared by employees on the staffs of:

(1) the office of the Committe for War-Foster Children (O. P. K.) (instituted by Royal Decree No. F 137 of August 13, 1945) and

(2) the Jewish Foundation for the Care of War Orphans „Le-Ezrath Hajeled" (Hebrew: „To the aid of the child").

To begin with, the records contain the previous history (in so far as it could be traced) of each child, its descent, the socio-economic status of the parents and its fortunes during the period of persecution. They also include an inquiry into the future foster environment and the future guardian which was reported on. This guardian could be:

(a) the former foster environment during the war,
(b) a legal body (not Jewish)
(c) a private individual or a legal body (Jewish).

On the basis of the findings collected in these records, the O. P. K. committee specially appointed for this task made recommendations to the courts on the guardians to be nominated. Those of the O. P. K. office usually end with the decisions reached by the courts. Those of the Jewish Foundation for the Care of War Orphans naturally contain more and, occasionally, even detailed findings on the post-war period.

The records – not designed for the purpose of carrying out scientific research – are one of the corner-stones of the present study.

The lines on which the study proceeded are elaborated in greater detail in Chapter A.III: the problems are stated; the selection of a group of persecuted children regarded as representative (N-204, 10 per cent of the total number) is commented upon; the preparation of a questionnaire to be used in abstracting the records by a neutral person and the compilation in tabular form of a summary of these 204 cases (cf. F) is described; in addition, the planning and course of the follow-up studies done in the Netherlands (151 children) and Israel (53 children) by the present author and, finally, the statistical treatment of the findings as an independent procedure are discussed.

Chapter A.IV (*Historisches Intermezzo*; Historical Interlude) is concerned with special studies on the demography of the Jews in the Netherlands, designed to make possible an assessment of the chances of survival of the children and the relationship between chance of survival and social status. This showed that the youngest age groups and adolescents stood relatively greater chances of surviving and also that children from a higher socio-economic environment were disproportionately represented in the material compared with their share in the population of the Netherlands (*van Heek*). Finally, the origins, statistics and problems of the O. P. K. committee are reviewed, including te so-called „controversial cases", a period of Dutch and Jewish post-war history which aroused considerable emotions at the time and traces of which are still to be found in the loyalty and identity problems of those who were followed up.

Part B is concerned with theoretical principles, and a review of the literature shows how efforts were made by a number of authors (*von Baeyer, Häfner, Kisker, Paul* and *Herberg, Bastiaans, Matussek*) to develop a method by which to examine and formalize the relationship between the age of the subject at the time at which persecution started and the resulting developmental disturbances. The main problem was to formulate criteria by which the various forms of stress due to persecution could be classified by type and weight, and the cases under investigation made accessible. All authors agree that sufferings which people have been through, cannot be stated in terms of numbers. As the impossibility of stating the weight of the misery suffered in terms of numbers was also realized by the present author, and in view of the wide range of situations of stress, he had to confine himself to adopting the external factors of this situation of extreme stress, which had to be defined, as criteria rather than measuring mental reality. Therefore, only what happened to the child in question was catalogued, not the manner in which it experienced and assimilated this. These criteria also serve to indicate degrees of stress. This also rendered the material amenable to a certain degree of quantitative treatment so that a number of theories could be advanced in a form which could also be tested statistically:

(1) A relationship is assumed to be present between the age at which traumatization of a child or young individual started and the nature of the personality disorders observed in adult life.

(2) The severity of traumatization is in accordance with the severity of the disorder.

It is anticipated that character-neurotic disorders will predominate in the youngest age groups and that there will be a shift towards chronic reactive depressions as adolescence approaches. In the clinical part, this theory is examined more closely by simply counting the number of times a particular diagnosis was established, and it is tested in the statistical part.

The categories of psychosocial deficiency as formulated by *Weijel* are used to gain some understanding of psychosocial dysfunction supplementary to the usual diagnoses. The results obtained by the calculation of percentages are compared both within and between the various age groups. The usefulness ot these categories was studied by statistical analysis of the material.

In order to elaborate the concepts relating to persecution as a whole and in its partial features, the concept of trauma and the traumatic situation were formulated and further developed with regard to the situation of extreme stress (intertwining of persecution and the state of being orphaned) with reference to the available literature (inter al. *S.* and *A. Freud*, *Straus*, *von Gebsattel*, *Selye*, *Bastiaans*, *Furst*, *Krystal* and *Niederland*). Introducing the concept of „traumatic sequence“ to classify and define the various stages of traumatization was found to be useful in presenting the clinical facts as well as in quantitative analysis. The starting-point was that the situation of extreme stress to which the population studied was subjected, consisted of a succession of massive „cumulative“ (*Khan*) traumatic situations which had not yet come to an end, even when the war was over, i. e. after direct persecution.

The following three traumatic sequences can be clearly differentiated:

(1) the occupation of the Netherlands and the beginning of the terror waged on the Jewish population, onslaughts on the social and mental integrity of Jewish families;

(2) the period of direct persecution, starting with the deportation of parents and children or the separation of mother and child, going into hiding with impromptu foster families, detention in concentration camps;

(3) the post-war period during which the main issue was that of appointing guardians, which offered two alternatives:

(*a*) continuation of the child's stay with the non-congenial foster family, and all the group-dynamic and individual psychological tensions which are inherent in this situation (baptism, coping with the state of being orphaned, loyalty and identity conflicts, problems of mourning, interference with schooling and vocational training, etc.), and

(*b*) renewed separation of the child and the environment in which it was being brought up with all its consequences and the return to the congenial, also traumatized, Jewish environment. It is apparent that an undisturbed development was not ensured by this.

Defining the post-war period as a third traumatic sequence (ending, within the scope of the present study, with the child's coming of age legally) is consistent and of importance from the point of view of psychiatry. Rehabilitation also comes within this sequence.

An important external factor consists in the separation of mother and child. The present classification into six age groups was based on this fact in accordance with the theory of psychodynamic development.

On the analogy of the concept of basic needs introduced in child psychiatry for the youngest age groups, this concept was extended and the traumatic modalities of each age group were individually formulated, starting from the premises essential to a normal development.

Against the background of the deadly threat of the period of direct persecution during the war and the instability during the post-war period, all the various deficient life situations stand out more clearly in the three traumatic sequences. The „situation of protection“ as a stress factor sui generis both for the child and for the foster parents, is considered in Chapter B.IV.3.

The clinical part C opens with a review of the diagnostic categories adopted. It was the endeavour to continue the discussion of age-specific traumatization and not to increase the diagnostic confusion of tongues previously stressed by a large number of authors (as a result of the thematically new and so far unknown psychiatric features) by fresh definitions. The diagnostic categories applied in the Department of Child Psychiatry of the University of Amsterdam (Head: Professor D. J. *de Levita*) were adopted. A diagnosis of „normal development“ was added. Character-neurotic developments, anxiety-neurotic developments and chronic reactive depressions were chosen as the main categories.

The diagnostic table (Tab. 10) shows that, in the cases under investigation, character-neurotic developments predominate in the younger age groups and chronic reactive depressions in the adolescent group. This age-significant shift was also observed by *von Baeyer, Häfner* and *Kisker*. Unlike these investigators, the present author believes that anxiety-neurotic developments also are age-significant (fifth or prepuberal group).

In the psychosocial deficiency table (Tab. 11), the high levels of emotional disturbance in all groups are an outstanding feature. This also is in accordance with the findings reported by other investigators. The children from concentration camps and those who had gone into hiding showed the features of severe traumatization. Statistical treatment of these cases, in which the second and third sequences were analysed, afforded new and surprising insights into the problems of cumulative traumatization.

In the clinical presentation, each age group is introduced by a general part in which the age-specific problems and the composition of the group (taking form and substance into account) are described in greater detail and the points of view from which the cases are presented, are commented on. Bearing in mind the lines on which the present study was planned, the forty more or less detailed case studies are not designed to provide a differentiated psychopathological analysis. As it also is not primarily concerned with problems of „Wiedergutmachung“, comparative percentage calculations and statistics of symptoms are also absent. The point was to elaborate and describe a number of central problems relating to direct persecution as well as the psychological implications specific of each stage of development and to elucidate the post-war problems, beginning by the appointment of guardians. The various deficient as well as some normal developments would be rendered transparent in the light of the clinical findings in the follow-up studies.

The first three groups were arranged in accordance with these principles. At the same time, they present a picture of the fundamental themes involved in the situation of extreme stress applying to the material as a whole. In the three following groups (the fourth up to and including the sixth group), interest centres in the schooling and vocational training which were cut short, the development of sociocommunicative relations, which was interfered with, and problems of rehabilitation. Moreover, the presentation of cases is based on diagnostic categories. The problems of group dynamics as well as loyalty and identity conflicts run throughout the material like a red thread.

A striking feature of the clinical studies consisted in the fact that a new form of traumatization apparently made its appearance in the third age group (age 4–6). This was attributed, among others, to the presence of first memories or residual memories of the parents or parental home. This clinical impression was verified by statistical studies.
Part D starts with a discussion of the methods used in statistical analysis. Quantitating the external factors referred to on defining the situation of extreme stress as described in Chapter B.III, produced a number of variables. Scoring was carried out by evaluation based on five-mark rating scales ranging from satisfactory to unsatisfactory. In addition to the variables referred to, a few others were included in the present study, such as the age of the child, social status and congenial environment, which were also believed to be factors in extreme stress.
These variables were scored by two neutral persons in conjunction with the investigator, scoring being based on the findings listed in the *Tabellarische Übersicht* (F). Scoring the variables in the results of the follow-up studies was done by the investigator undertaking these studies, in consultation with the same two neutral individuals.
The following statistical procedures were adopted: item analysis in which the items were weighted by the method of reciprocal averages (*Lawshe* and *Harris*, 1958), factor analysis, discriminatory analysis, the chi-squared test and other forms of correlation-statistical analysis.
In the second traumatic sequence, eight variables were found to be suitable indicators of the concept of cumulative traumatization as previously defined. In the third traumatic sequence, the suitable variables were six in number. The composition of these two groups of variables was found to be homogeneous. Item analysis in which the items were weighted by the method of reciprocal averages produced an alpha coefficient of .79 and an adjusted split-half correlation of .81 for the second traumatic sequence. The results for the third traumatic sequence were .68 and .80 respectively. The total scores of each individual were calculated for the second and third traumatic sequences; this calculation was based on the above eight and six variables. The total score of the second traumatic sequence should be interpreted as the degree of security, the extent to which the child was out of harm's way. The total score of the third traumatic sequence may be interpreted as the manner in which the child was received by its environment.
The suspicion that the age of the child would affect the total scores of the second and third traumatic sequences was found to hold good for the second traumatic sequence in the sense that the total scores of the two youngest age groups were more satisfactory. This is in accordance with clinical experience. In the third traumatic sequence, the age of the child was not found to affect the total score. Where the third traumatic sequence is concerned, clinical experience showed that reception of the child was not age-related.
The point of departure for the statistical treatment of the findings in the follow-up studies was the evaluation in terms of figures of the mode of functioning in the three following spheres of life: occupation, marriage, third environment. This last-named sphere of life includes modes of functioning during leisure and with regard to the congenial environment. The mode of functioning was mainly assessed with reference to satisfaction, conflicts and fight- and flight-behaviour.
The findings in the follow-up studies were subjected to factor analysis. Three factors were found to account for 80 per cent of the variance. The factors were defined as follows: factor one: functioning in marriage, factor two: occupational functioning, factor three: functioning in the third environment.
The items of each factor were subjected to item analysis in which the items were weighted by the method of reciprocal averages. The homogeneity indices ranged from satisfactory to good in these cases; the alpha coefficient varied from .65 to .85.

Subsequently, the relationship between the resulting factor scales and the three main diagnoses was studied by discriminatory analysis. The result was that the main diagnosis had been correctly predicted in 56.5 per cent of the cases. This result differs significantly ($p < 0.001$) from the random result that could be expected.
The theory of the permanent effects of traumatization at particular stages of life, which originates from psychoanalysis, was supported by this study. A relationship was found to be present between the age at which the child was separated from the mother and the psychiatric diagnoses established during adult life (tested by the chi-squared test, $p < 0.10$). This level of significance was considered to be satisfactory. There was an interval of approximately thirty years between the separation from the mother and the time at which a psychiatric diagnosis was established. Far-reaching events will have occurred during this period, which obviously were not under control in the present study.
Studies on the theory of the relationship between the severity of traumatization and the impairment of psychosocial functioning during adult life revealed a correlation between the results of the follow-up studies and the degree of traumatization in the third traumatic sequence, the presence of a relationship with the second traumatic sequence not being so conclusive, although it still was statistically significant at a 5 per cent level.

Finally, statistical correlation analysis was used to study specific relationship, which produced some interesting findings.
Specific relationships were not found to be present between identity and loyalty problems and other characteristics of the group under investigation. The interpretation placed on this finding was that the problems of identity and loyalty were specific for all the cases studied.
In conclusion, the convergence of the clinical and statistical parts was discussed.

The follow-up study of children orphaned as a result of man-made disaster shows that not only the period during which the actual disaster takes place (second traumatic sequence) but also the subsequent period (third traumatic sequence) is essential to an adequate understanding and evaluation of events in the traumatized development of these children. Approximately twenty-five years later, children showing a favourable second but adverse third traumatic sequence will display developmental features which are less favourable than those of children showing an adverse second but favourable third traumatic sequence.
The significance of the third sequence is determined by the quality of the foster environment, its ability to break the chain of traumatizing factors and so mitigate the entire process, that is to say that the foster environment supplies the necessary aid by itself or makes a timely request for assistance and supervision, or that this sequence is determined by its inability which will further intensify the traumatic events in their entirety. This last-named factor is of particular importance in those cases in which private individuals are appointed guardians who will no longer be subject to supervision by law.
This account for the fact that the present study shows that the appointment of guardians does not by itself constitute a predictive factor in regard to the further development of

the child. This is a reason for considering the extent to which the appointment of guardians of severely traumatized children should be bound by a regulation concerning social psychiatric supervision.

The social psychiatric significance of the response of the foster environment and of the entire traumatic sequence is apparent, among others, from the variable „school education and vocational training“. This variable shows a high correlation with the total score of the second and also with a number of items of the same traumatic sequence. Moreover, the high correlation of the variables „response of foster environment“, „co-operation“ and „training“ with two of the three areas of the follow-up study („marriage“ and „occupation“) emphasizes the importance of the third traumatic sequence within the framework of a traumatized development as well as the place of social psychiatry in preventive measures.

G.III. SAMENVATTING

In deze studie wordt de hypothese van de leeftijdsspecifieke traumatisering van kinderen onderzocht aan de hand van de groep van joodse oorlogswezen in Nederland (1940–1945). Wij hebben nagegaan of er samenhangen bestaan tussen enigszins gelijksoortige belastingssituaties en duurzame persoonlijkheidsveranderingen in naar leeftijd afgebakende groepen (zie *von Baeyer* c. s. e. a.). In tegenstelling tot het onderzoek van volwassen vervolgden (*Eitinger, Bastiaans, Matussek* e. a.) waarin het vervolgingsgebeuren onder het aspekt van inbreuk in de gerijpte persoonlijkheid werd bekeken, hebben wij de extreme belastingssituatie als integraal deel van de ontwikkeling van het kind beschouwd. De studie is opgezet als een bijdrage tot het onderzoek van de massieve cumulatieve traumatisering van kinderen door *man made disaster* en als een poging tot toetsing van een deel van de psychoanalytische theorie.

De bovengenoemde hypothese wordt door middel van twee onafhankelijke methoden onderzocht:

a. een descriptief-klinisch onderzoek. Hier worden klinisch-psychiatrische diagnosen en psycho-sociale deficientieverschijnselen (vlg. *Weijel*) zowel binnen als ook tussen de verschillende leeftijdsgroepen beschreven en met elkaar vergeleken.
b. een quantificerend-statistisch onderzoek. Hier worden de statistische samenhangen tussen variabelen onderzocht.

Naast de bovengenoemde hypothese van de leeftijdsspecifieke traumatisering hebben wij ook de hypothese betreffende de intensiteit van de traumatiseringen gesteld. Wij hebben nagegaan of er een samenhang bestaat tussen de ernst der traumatisering tijdens de jeugd en de ernst van de later gevonden persoonlijkheidsstoornis bij het na-onderzoek.

In deel A (*Einleitung*) wordt in hoofdstuk I doel en probleemstelling in grote trekken omschreven. De volgende drie eenvoudig geformuleerde vragen dienen als punt van uitgang voor onze theoretische overwegingen:

1. Wat waren het voor kinderen, die als wees de vervolging overleefden;
2. Wat heeft de Nederlandse en speciaal de gehavende Joodse gemeenschap voor hun gedaan; en
3. Wat is er later, ongeveer 25 jaar na het einde van de oorlog, van hun terecht gekomen.

Onze eerste taak was, door het materiaal te ordenen en door de effecten der traumatisering en van de revalidatie to formuleren, vat te krijgen op het vervolgingsgebeuren in zijn sequenties en consequenties, t. a. v. de individueel- en de sociaal-psychologische aspecten.

In hoofdstuk A. II (*Materiallage*) wordt het ter beschikking staande materiaal kritisch geintroduceerd en de te onderzoeken populatie nader omschreven.

De populatie bestaat uit de 2 041 joodse oorlogswezen waarvoor na het einde van de Tweede Wereldoorlog in de voogdij moest worden voorzien. De meeste kinderen hebben, ondergedoken in een of meerdere pleeggezinnen, de vervolging in Nederland overleefd. Een klein aantal kwam uit de concentratiekampen terug. Het betreft kinderen die geboren zijn in de jaren 1925 tot 1944. Alle kinderen hebben het volgende gemeen:

1. zij zijn geboren uit Joodse ouders,
2. zij werden vervolgd en
3. zij zijn wees geworden.

Verder is het materiaal uiterst gedifferentieerd. Er bestaat een grote spreiding in leeftijd, er zijn milieuverschillen zowel met betrekking tot de afkomst der kinderen (sociaal-economisch, religieus, cultureel) als ook met betrekking tot het oorlogspleegmilieu. Ook de exogene invloeden die hebben bijgedragen tot de cumulatieve traumatisering zijn zeer gedifferentieerd, zowel gedurende als ook na de oorlog.
Het ter beschikking staande materiaal bestaat uit dossiers die na de oorlog zijn aangelegd door de medewerkers:

1. van het bureau „Commissie voor de oorlogspleegkinderen" (O. P. K.) (ingesteld bij K. B. no. F 137 van 13 augustus 1945)
2. van de joodse voogdijvereniging ter verzorging van oorlogswezen „Le-Ezrath Ha-Jeled" (hebr. „Het kind ter hulpe").

De dossiers bevatten in eerste aanleg de voorgeschiedenis – zover achterhaald kon worden – van elk kind, zijn afkomst, de sociaal-economische status der ouders, de lotgevallen gedurende de vervolgingsperiode. Zij bevatten tevens een onderzoek van het toekomstige pleegmilieu en advies betreffende de aanstaande voogdijtoewijzing.
Dit kon zijn:

a. het oorlogspleegmilieu
b. een niet joods rechtspersoon,
c. een joods privé- of rechtspersoon.

Op grond van de in deze dossiers verzamelde gegevens deed de speciaal voor deze taak geinstalleerde commissie O. P. K. aanbevelingen aan de rechtbanken betreffende de voogdijvoorziening. Deze dossiers zijn een van de hoekstenen van ons onderzoek. Die van het bureau O. P. K. eindigen meestal met de gerechtelijke uitspraken. Die van de joodse voogdijvereniging bevatten uiteraard meer en soms gedetailleerde gegevens over de naoorlogse periode. De dossiers waren niet aangelegd om wetenschappelijk onderzoek te verrichten.
Het verloop van het onderzoek wordt in hoofdstuk A.III nader uitgewerkt; de probleemstelling geexpliciteerd; de keuze van een representatief geachte groep van vervolgde kinderen (N-204, 10 % van het gehele aantal) nader toegelicht; de uitwerking van een vragenlijst ter extractie der dossiers door een neutrale persoon en het tot stand komen van de *Tabellarische Übersicht* (F) dezer 204 gevallen beschreven; verder wordt opzet en verloop van het door de referent verrichte naonderzoek in Nederland (151 kinderen) en in Israel (53 kinderen) en tenslotte de statistische bewerking als zelfstandige procedure uiteengezet.
Hoofdstuk A.IV (*Historisches Intermezzo*) bevat ad hoc verrichte onderzoeken naar de demographie der Joden in Nederland, met als doel tot uitspraken te komen betreffende de overlevingskansen van de kinderen en de relatie tussen overlevingskansen en sociale status. Hieruit bleek dat de jongste leeftijdsgroepen en de adolescenten naar verhouding grotere kansen hadden en tevens dat kinderen uit hogere sociaal-economische milieus in het hele materiaal onevenredig hoog vertegenwoordigd waren in vergelijk met hun aandeel in de nederlandse bevolking (vlg. *van Heek*).
Tenslotte worden de ontstaansgeschiedenis, werkzaamheden en problematiek der commissie O. P. K. ter sprake gebracht, culminerend in de zogenaamde „strijdgevallen", een brok nederlandse en joodse geschiedenis van na de oorlog dat toen veel emoties heeft opgewekt en waarvan men de sporen nog in de loyaliteits- en identiteitsproblematiek der naonderzochten terug zal vinden.
In deel B worden de *theoretische grondslagen* aan de orde gestelt; een literatuuroverzicht schetst de door een aantal auteurs (*von Baeyer* c. s., *Paul* en *Herberg, Bastiaans, Matussek* e. a.) ondernomen pogingen om een methode te ontwikkelen ter exploratie en formalisatie van de samenhang tussen de leeftijd bij het begin van de vervolging en de

ontwikkelingsstoornissen die er het gevolg van waren. Het hoofdprobleem was criteria te formuleren op grond waarvan de verschillende vervolgingsbelastingen naar soort en gewicht geklassificeerd en het te bewerken materiaal toegankelijk kon worden gemaakt. Boven genoemde auteurs stemmen erin overeen, dat men ondergaan leed niet in getallen kan uitdrukken.
Omdat ook wij de onmogelijkheid inzagen de zwaarte van de ondergane misere in getallen uit te drukken, hebben wij ermee moeten volstaan, gezien het brede spectrum der belastingssituatie, niet de psychische realiteit te meten maar alleen de te definiëren externe faktoren van deze extreme belastingssituatie als kriteria te gebruiken. Er werd dus slechts gekatalogiseerd wat het betreffende kind was overkomen, niet hoe het dit ondergaan en verwerkt heeft. Deze kriteria dienen tevens als mate van belasting. Hierdoor is het materiaal ook voor een zeker quantitatieve bewerking toegankelijk geworden, waardoor enige hypothesen nu ook in statistisch toetsbare vorm konden worden gesteld:

1. Er wordt een samenhang verondersteld tussen de leeftijd waarop de traumatisering van een kind of jeugdig persoon een aanvang nam en de aard van de persoonlijkheidsstoornissen die men tijdens de volwassenheid aantreft.
2. De ernst der traumatisering korrespondeert met de ernst van de stoornis.

Wij verwachten dat bij de jongste leeftijdsgroepen de karakterneurotische stoornissen overheersen en dat naar de adolescentie toe een verschuiving optreedt in de richting van de chronisch reaktieve depressies. Deze hypothese wordt in het klinische gedeelte door eenvoudige frequentietellingen van de gestelde diagnosen nader bekeken en in het statistische gedeelte getoetst.
De door *Weijel* geformuleerde kategorieën van de psycho-sociale deficientie worden gebruikt om als aanvulling van de gangbare klinische diagnosen inzichten te verschaffen op het terrein der psycho-sociale dysfuncties. De door percentageberekeningen verkregen resultaten worden met elkaar vergeleken zowel binnen als ook tussen de verschillende leeftijdsgroepen. Bij de statistische bewerking werd de bruikbaarheid van deze kategorieën onderzocht.
Ter verdere uitwerking van de begrippen, die op het vervolgingsgebeuren in zijn geheel en in zijn deelaspecten betrekking hebben, werd het traumabegrip en de traumatische situatie aan de hand van de bestaande literatuur (o.a. *S. en A. Freud, Straus, v. Gebsattel, Selye, Bastiaans, Furst, Krystal* en *Niederland*) ten opzichte van de ad hoc gedefinieerde extreme belastingssituatie – een verstrengeling van vervolging en verweesdheid – geformuleerd en verder ontwikkeld. Hierbij bleek de invoering van het begrip „traumatische sequentie" voor de indeling en afbakening van de verschillende fasen van de traumatisering zowel voor de presentatie van de klinische feiten als ook voor de quantificerende bewerking vruchtbaar. Wij gingen er vanuit dat de extreme belastingssituatie voor onze populatie uit een opeenvolging van massieve elkaar versterkende „cumulatieve" (*Khan*) traumatische situaties bestaat, die ook na beeindiging van de oorlog, dus na het directe vervolgingsgebeuren, nog niet aan haar eind was gekomen.

De volgende drie traumatische sequenties kunnen duidelijk worden onderscheiden:

1. de bezetting van Nederland en het begin van de terreur tegen de joodse bevolkingsgroep, aanvallen tegen de sociale en psychische integriteit van de joodse families;
2. de tijd van de direkte vervolging, beginnend in de deportaties van ouders en kinderen, of de scheiding van moeder en kind, onderduik in geimproviseerde pleegmilieus, verblijf in concentratiekampen;

3. de naoorlogse periode met als centraal punt de voogdijtoewijzing die als alternatief twee mogelijkheden bood:
   a. kontinuering van het verblijf van het kind in zijn nietkongeniaal oorlogspleegmilieu met alle aan deze situatie inherente spanningen van groepsdynamische en individueel-psychologische aard (doop, verwerking van het wees zijn, loyaliteits- en identiteitskonflikten, rouwproblematiek, probleem van de gestoorde school- en beroepsopleiding e. a.); en
   b. een hernieuwde scheiding van kind en opvoedingsmilieu met alle consequenties van dien en terugkeer naar het kongeniale eveneens getraumatiseerde joodse milieu. Ook hier was, gezien de bovengenoemde problemen, een ongestoorde ontwikkeling niet zonder meer gewaarborgd.

Het formuleren van de naoorlogse fase als een 3e traumatische sequentie (binnen het bestek van onze studie eindigend met het bereiken van de wettelijke meerderjarigheid) is in psychiatrisch opzicht consequent en van belang. Ook de revalidatie valt in deze fase.
Een belangrijke externe factor is de scheiding van moeder en kind. Deze datum hebben wij volgens de psycho-dynamische ontwikkelingsleer aan onze indeling in zes leeftijdsgroepen ten grondslag gelegd.

Analoog aan de in de kinderpsychiatrie ingevoerde begrippen van *basic needs* voor de jongste leeftijdsgroepen hebben we dit begrip verruimd en de traumatische modaliteiten voor elke leeftijdsgroep afzonderlijk vanuit de voor een normale ontwikkeling noodzakelijke premissen geformuleerd.

Tegen de achtergrond van de dodelijke bedreiging van de directe vervolgingsfase tijdens de oorlog en van de instabiliteit tijdens de naoorlogse periode, treden alle verschillende deficiente levenssituaties in de drie traumatische sequenties duidelijker naar voren. Aan het aspect „beschermingssituatie" als belastingsmoment sui generis zowel voor het kind als ook voor de pleegouders is in hoofdstuk B.IV.3 bijzondere aandacht besteed.

Het *klinische gedeelte* (C) begint met een beschouwing over de gebruikte diagnostische categorieën. Het was ons streven de op gang gekomen discussie betreffende de leeftijdsspecifieke traumatisering voort te zetten en de reeds door vele auteurs gesignaleerde diagnostische spraakverwarring – een uitvloeisel van de in thematisch opzicht nieuwe en tot nu toe onbekende psychiatrische beelden – door nieuwe formuleringen niet nog groter te maken. Wij sluiten aan bij de in de kinderpsychiatrische kliniek der Universiteit van Amsterdam (hoofd: Prof. Dr. *D. J. de Levita*) gebruikte diagnostische kategorieën. De diagnose „normale ontwikkeling" werd toegevoegd. Als hoofdkategorieën werden karakterneurotische ontwikkelingen, angstneurotische ontwikkelingen en de chronische reaktieve depressies gekozen.

De diagnosentabel (Tab. 10) toont aan dat in ons materiaal bij de jongere leeftijdsgroepen de karakterneurotische ontwikkelingen en bij de adolescentengroep de chronisch reaktieve depressies overheersen. Deze leeftijdssignifikante verschuiving werd ook door *v. Baeyer, Häfner* en *Kisker* gevonden. In tegenstelling tot hen kennen wij ook aan de angstneurotische ontwikkeling een leeftijdsspecifieke betekenis toe (Ve. praepuberale groep).

In de tabel van de psycho-sociale deficientie (Tab. 11) vallen de hoge waarden van de emotionele stoornissen bij alle groepen op. Ook dit is in overeenstemming met de bevindingen van andere onderzoekers. De kinderen uit de concentratiekampen en de ondergedoken kinderen vertonen zware getraumatiseerde beelden. De statistische bewerking gaf hier, door de gedifferencieerde analyse van de 2e en 3e traumatische

sequentie, nieuwe verrassende inzichten in de cumulatieve traumatiseringsproblematiek.
Bij de klinische presentatie wordt elke leeftijdsgroep ingeleid door een algemeen deel waarin de leeftijdsspecifieke problematiek, de samenstelling van de groep naar vorm en inhoud nader wordt beschreven en de gezichtspunten, naar welke de gevallen worden gepresenteerd, worden toegelicht.
Gezien de opzet van deze studie hebben de ongeveer 40 min of meer gedetailleerd uitgewerkte case studies niet tot doel een gedifferentieerde psycho-pathologische analyse aan te bieden. Omdat zij in eerste aanleg ook met „Wiedergutmachungs“ problematiek niets van doen heeft, ontbreken eveneens vergelijkende percentage berekeningen en symptoom statistieken. Het gaat om de uitwerking en beschrijving van enkele centrale problemen van het directe vervolgingsgebeuren en van de voor elke ontwikkelingsfase specifieke psychologische implikaties en tevens om de verduidelijking van de naoorlogse problematiek vanaf de voogdijtoewijzing. De verschillende deficiente maar ook de normale ontwikkelingen zullen aan de hand van de bij het naonderzoek gevonden klinische bevindingen in het follow up onderzoek transparent gemaakt worden.
De eerste drie groepen zijn volgens deze principes (voogdijvoorziening, ontworteling, revalidatie) geordend. Zij geven tegelijkertijd een beeld van de fundamentele thematiek van de extreme belastingssituatie die voor het materiaal in zijn geheel van toepassing is.
Bij de eropvolgende drie groepen (IVe tot en met VIe) staat de verstoorde school- en beroepsopleiding, de gestoorde ontplooiing van de sociaal communicatieve betrekkingen en de revalidatie problematiek in het middelpunt. Tevens is hier de presentatie der gevallen naar diagnostische kategorieën gerangschikt. De groeps-dynamische problematiek, loyaliteits- en identiteitskonflikten lopen als een rode draad door het gehele materiaal.
Het viel ons bij het klinische onderzoek op dat met de IIIe leeftijdsgroep (4–6 jaar), blijkbaar een nieuwe vorm van traumatisering optreedt. Wij brachten dit o. a. in verband met de aanwezigheid van de eerste herinneringen of herinneringsresten aan de ouders of het ouderlijk huis. Het statistische onderzoek verifieerde deze klinische indruk.
Deel D begint met een uiteenzetting over de methodiek van de statistische bewerking. De quantificering van de externe factoren waarmede wij de in B. III beschreven extreme belastingssituatie hebben gedefinieerd leverde een aantal variabelen op. De scoring ervan geschiedde door middel van beoordeling op 5 punts *rating scales* van gunstig naar ongunstig. Behalve de genoemde variabelen hebben wij nog een aantal variabelen opgenomen in ons onderzoek; b. v. leeftijd van het kind, sociale status, kongeniaal milieu, waarvan wij van mening waren dat zij mede van invloed zijn op de extreme belasting. De scoring van deze variabelen geschiedde door twee neutrale personen samen met de onderzoeker op grond van de gegevens uit de *Tabellarische Übersicht* (F). De scoring van de variabelen van het naonderzoek in overleg met dezelfde twee neutrale personen. De volgende statistische bewerkingen werden toegepast: iteratieve itemanalyse (*Lawshe* en *Harris*, 1958), factoranalyse, diskriminantanalyse, chi quadraat en andere korrelationeel-statistische bewerkingen.
Voor de 2e traumatische sequentie kwamen 8 variabelen in aanmerking als indikatoren voor het begrip cumulatieve traumatisering zoals wij het gedefinieerd hebben. Voor de 3e traumatische sequentie kwamen op dezelfde wijze 6 variabelen in aanmerking. Deze beide groepen variabelen bleken elk homogeen van samenstelling te zijn. De iteratieve itemanalyse leverde voor de 2e traumatische sequentie een alfa koefficient van .79 en

een gecorrigeerde split half korrelatie van .81 op. De resultaten voor de 3e traumatische sequentie waren resp. .68 en .80. Op grond van de onderhavige 8 en 6 variabelen werden voor de 2e en 3e traumatische sequentie totaalscores voor elk individu berekend. De totaalscore van de 2e traumatische sequentie dient te worden geinterpreteerd als mate van veiligheid, geborgen zijn van het kind. De totaalscore van de 3e traumatische sequentie kan worden geinterpreteerd vanuit de wijze waarop het kind werd opgevangen in zijn of haar leefmilieu.

Het vermoeden dat de leeftijd van het kind van invloed zou zijn op de totaalscore van de 2e en 3e traumatische sequentie bleek op te gaan voor de 2e traumatische sequentie en wel in die zin dat de beide jongste leeftijdsgroepen een gunstiger totaalscore kregen. Dit is in overeenstemming met de klinische ervaring, bij de 3e traumatische sequentie bleek de leeftijd van het kind niet van invloed te zijn op de totaalscore. De klinische ervaring ten aanzien van de 3e traumatische sequentie is dat de wijze van opvang van het kind niet leeftijdgebonden was.

Het uitgangspunkt voor de statistische bewerking van de gegevens van het na-onderzoek was de getalsmatige waardering van de wijze van functioneren in de volgende drie levensgebieden: beroep, huwelijk, derde milieu. Dit laatste bevat zowel de wijze van functioneren in de vrije tijd als ook ten opzichte van het kongeniale milieu. De wijze van functioneren werd hoofdzakelijk beoordeeld met betrekking tot satisfaktie, conflictueus, fight en flight gedrag.

Op de gegevens van het naonderzoek werd een factoranalyse toegepast. Er werden drie factoren gevonden waarmede 80 % van de variantie kon worden verklaard. De factoren konden als volgt worden benoemd. Factor I: functioneren in het huwelijk, factor II: functioneren in het beroep, factor III: functioneren in het derde milieu. Op de items van iedere factor werd een iterative itemanalyse toegepast. De homogeniteitsindices waren hier bevredigend tot goed; de alfa koefficient varieerde van .65 tot .85. Vervolgens werd de samenhang tussen de zo gevonden factorschalen en de drie hoofddiagnosen door middel van diskriminantenanalyse onderzocht. Het resultaat was dat voor 56,5 % van de gevallen de hoofddiagnose juist werd voorspeld. Dit resultaat wijkt signifikant ($p < 0.001$) af van het resultaat dat op grond van toeval kon worden verwacht.

De uit de psychoanalytische theorie afkomstige hypothese van de blijvende gevolgen van traumatisering in bepaalde ontwikkelingsstadia werd in dit onderzoek ondersteund. Er werd een verband gevonden tussen de leeftijd van de scheiding van de moeder en de psychiatrische diagnosen die tijdens de volwassenheid gesteld worden (toetsing door middel van chi quadraat: $p < 0.10$). Dit signifikantie niveau is voor ons bevredigend. Tussen de scheiding van de moeder en het stellen van een psychiatrische diagnose ligt een tijdsinterval van ongeveer 30 jaar. In die tijd zullen vele ingrijpende gebeurtenissen plaats hebben gevonden die in dit onderzoek vanzelfsprekend niet onder controle werden gehouden.

Bij het onderzoek van de hypothese over het verband tussen intensiteit der traumatisering en de stoornissen in het psycho-sociale functioneren tijdens de volwassenheid werd een samenhang gevonden tussen de resultaten van het naonderzoek en de mate van traumatisering in de 3e traumatische sequentie, terwijl een samenhang met de 2e traumatische sequentie in minder overtuigende mate werd gevonden. Hoewel statistisch toch nog significant op 5 % niveau.

Tenslotte hebben wij door middel van korrelationeel-statistische bewerkingen nog specifieke samenhangen onderzocht die interessante gegevens opleverden.
Verder bleek dat de identiteits- en loyaliteitsproblematiek geen specifieke samenhan-

gen hadden met andere kenmerken van de onderzochte groep. Onze interpretatie ervan is dat de identiteits- en loyaliteitsproblematiek specifiek is voor ons hele materiaal. Afsluitend werd de konvergentie tussen het klinische en statistische gedeelte besproken.

Uit dit onderzoek betreffende kinderen die door man made disaster wees zijn geworden blijkt in de follow up studie, dat niet enkel het tijdvak waarin de directe ramp zich voltrekt (tweede traumatische sequentie) maar ook de erop volgende periode (derde traumatische sequentie), belangrijk is om het getraumatiseerde ontwikkelingsgebeuren adaequaat te begrijpen en in te schatten. Kinderen met een gunstige tweede echter ongunstige derde traumatische sequentie tonen ongeveer 25 jaar later een ongunstiger ontwikkelingsbeeld dan kinderen met een ongunstige tweede maar gunstige derde traumatische sequentie.
De betekenis van de derde sequentie berust op de kwaliteit van het pleegmilieu, in zijn vermogen de keten der traumatiserende elementen te doorbreken en hierdoor het gehele gebeuren te verzachten, d. w. z. dat het pleegmilieu vanuit zichzelf in de nodige hulp voorziet of bijtijds om hulp en begeleiding vraagt, resp. zijn onvermogen waardoor het totale traumatiserende gebeuren nog meer versterkt wordt. Dit laatste is vooral bij die gevallen van belang, waarin voogdij aan privépersonen werd gegeven die op grond van de wetgeving aan een verdere begeleiding niet meer onderworpen zijn.
Zo is te verklaren dat uit de onderhavige studie blijkt dat de toewijzing der voogdij op zich geen voorspellende faktor is met betrekking tot de verdere ontwikkeling van het kind. Dit geeft aanleiding te overwegen in hoeverre voogdijtoewijzing van zwaar getraumatiseerde kinderen altijd aan een regeling betreffende de sociaal-psychiatrische begeleiding gebonden dient te zijn.
De sociaal-psychiatrische betekenis van het antwoord van het pleegmilieu en van de gehele derde traumatische sequentie blijkt o. a. uit de variabele „school- en beroepsopleiding“. Deze korreleert namelijk hoog met de somscore van de tweede en eveneens met enkele items van dezelfde traumatische sequentie. Bovendien onderstreept de hoge korrelatie van de variabelen „antwoord pleegmilieu“, „cooperatie“ en „opleiding“ met twee van de drie gebieden uit het naonderzoek („huwelijk“ en „beroep“) het belang van de derde traumatische sequentie in de kontext van een getraumatiseerde ontwikkeling, en de sociaal-psychiatrische dimensies van preventieve maatregelen.

ANHANG

Tabelle 35: **Faktorenanalyse Nachuntersuchung**

		Faktor 1	Faktor 2	Faktor 3	Faktor 4	Faktor 5
	Beruf					
A1	Niveau, relativ					.71
A2	Niveau, absolut			.54		.40
B	job satisfaction			.89		
C	Konfliktuös			.93		
D	fight			.91		
E	flight			.94		
	Ehe					
A3	Persönlicher Status	.72				
B2	Milieu	.67				
C2	Ehesatisfaktion	.92				
D2	fight	.93				
E2	flight	.85				
F	Isolierungstendenzen	.88				
G	Niveauunterschied	.83				
	Freizeit					
A4	Konfliktuös		.93			
B4	fight		.83			
C4	flight		.90			
	Kongeniales Milieu					
A5	Distanziert		.87			
B5	Aktiv bezogen		.76			
C5	Konflikte		.90			
EM	Emigration				.56	
RE	Soziale Rehabilitation		.31		.73	
LI	Körperliche Beschwerden				.49	

Tabelle 36: **Correlation coefficients**

	A1	A2	B	C	D	E	A3	B2	C2	D2	E2
A1	1.00000										
A2	.32562	1.00000									
B	.08380	.57758	1.00000								
C	.02238	.54719	.93442	1.00000							
D	.10775	.53973	.94311	.95371	1.00000						
E	−.02027	.55016	.93456	.97411	.94592	1.00000					
A3	.25610	.44926	.51123	.45502	.47877	.46103	1.00000				
B2	.19064	.40271	.25347	.22044	.24760	.20686	.65586	1.00000			
C2	.26842	.33006	.44977	.37488	.40823	.36567	.75137	.62138	1.00000		
D2	.31701	.31103	.40009	.31487	.36788	.31691	.71893	.61779	.90752	1.00000	
E2	.28562	.29644	.47913	.40324	.45827	.39761	.68869	.56439	.86160	.88878	1.00000
F	.29241	.30953	.44776	.37081	.42696	.36013	.69398	.60968	.85774	.91265	.86421
G	.05519	.34787	.37799	.34579	.34484	.34513	.74488	.65758	.82427	.75698	.70588
A4	.01451	.14584	.31578	.33754	.29392	.31315	.35301	.12395	.15448	.12336	.11936
B4	.13774	.20322	.45417	.42303	.46303	.41828	.49092	.22054	.32982	.31082	.33884
C4	.00088	.20706	.38382	.38840	.34243	.39605	.38234	.11687	.19502	.16514	.13940
A5	.08232	.24128	.45425	.45467	.43431	.44637	.46156	.13723	.25371	.23820	.25333
B5	.17211	.16681	.41391	.38348	.39983	.38457	.49348	.26027	.35029	.35196	.31469
C5	.06345	.17400	.36569	.35172	.34351	.34700	.37134	.08493	.21620	.17863	.19269
EM	.13364	.09267	.25716	.24644	.21684	.22856	.35941	.16003	.18357	.17516	.19136
RE	.07540	−.11155	.10306	.11081	.12110	.11880	.21333	.09018	.07324	.05977	.07575
LI	.12302	.04833	.29275	.29825	.30927	.25724	.23663	.22302	.20898	.23359	.20292

	F	G	A4	B4	C4	A5	B5	C5	EM	RE	Li
A1/E2											
F	1.00000										
G	.71632	1.00000									
A4	.12526	.23182	1.00000								
B4	.34512	.33737	.82712	1.00000							
C4	.13325	.25778	.88501	.77951	1.00000						
A5	.25520	.30810	.87689	.85287	.86833	1.00000					
B5	.34987	.32088	.78004	.85437	.78838	.71857	1.00000				
C5	.18650	.24785	.87732	.84498	.86882	.89600	.72195	1.00000			
EM	.18874	.18943	.31000	.32544	.32825	.35667	.30136	.30880	1.00000		
RE	.08003	.08807	.40612	.39702	.40065	.41642	.36354	.41382	.50613	1.00000	
LI	.25308	.17963	.29013	.35185	.28704	.30983	.32761	.31996	.34135	.41274	1.00000

Erklärung der Codierungen siehe Tabelle 35.

Tabelle 37: **Diskriminanten-Funktionen**

Number Removed	Eigen Value	Canonical Correlation	Percent of trace	Wilks Lambda	Chi-square	D.F.	Signi-ficance
0	.29513	.47737	78.7	.71512	29.00340	12	.004
1	.07970	.27170	21.3	.92618	6.63340	5	.249

Tabelle 38: **Standardized discriminant function coefficients**

	1	2
Beruf	.43467	−.04971
Ehe	−1.04179	.26627
Freizeit	−.21101	−.58718

Tabelle 39: **Centroids of groups in reduced space**

1. Charakterneurotische Entwicklung	−.11128	−.31532
2. Angstneurotische Entwicklung	.54688	.19232
3. Chronisch-reaktive Depression	−.95923	.33587

Literaturnachweise

Abraham, Dr. Karl: Versuch einer Entwicklungsgeschichte der Libido auf Grund der Psychoanalyse seelischer Störungen. Leipzig, Wien, Zürich 1924.
–: Psychoanalytische Studien zur Charakterbildung. Leipzig, Wien, Zürich 1925.
Aichhorn, A.: Verwahrloste Jugend. Wien 1925.
Althoff, B.: Observations of the psychology of children in a DP camp. In: Jewish Social Casework 29/17. New York 1948.
Baeyer, Walter Ritter von: Erlebnisbedingte Verfolgungsschäden. In: Der Nervenarzt Bd. 32, S. 534 ff. 1961.
–; *Häfner, Heinz: Kisker, Karl-Peter:* Psychiatrie der Verfolgten. Berlin, Göttingen, Heidelberg 1964.
Bastiaans, Jan: Psychosomatische gevolgen van onderdrukking en verzet. Amsterdam 1957.
–: General comments on the role of aggression in human psychopathology. In: Psychotherapy and Psychosomatics 20, S. 300–311. Basel, New York 1972.
–: Die frühkindliche Determination psychosomatischer Krankheiten. In: Jahrbuch der Psychohygiene, 2. Bd. München, Basel 1974.
Bensheim, H.: Die KZ-Neurose rassisch Verfolgter. Ein Beitrag zur Psychopathologie der Neurosen. In: Nervenarzt 31, S. 462 ff. 1960.
Bernstein, F.: Der Antisemitismus als Gruppenerscheinung. Berlin 1926.
Besluit van 13 Augustus 1945, houdende eenige maatregelen in het belang van oorlogspleegkinderen. Staatsblad van het Koninkrijk der Nederlanden. No. F 137. 1945.
Biermann, G.: Identitätsprobleme jüdischer Kinder und Jugendlicher in Deutschland. In: Praxis der Kinderpsychologie und Kinderpsychiatrie 13/6, S. 213–221. Göttingen 1964.
Blumenfeld, W.: Jugend als Konfliktsituation. Jugendpsychologie mit Berücksichtigung des jüdischen Kindes. Berlin 1936.
Bodechtel, G.; Dubitscher, F.; Hirt; Panse, F.; Störring, G. E.: Die „Neurose". Ihre versorgungs- und sozialmedizinische Bedeutung. Bonn 1960.
Boekman, E.: Demographie der Joden in Nederland. Amsterdam 1936.
Bollnow, O. F.: Wesen der Stimmungen. Frankfurt [3]1956.
Bondy, C.: Versagungstoleranz und Versagungssituation. Siehe: *Paul, H.* und *Herberg, H. J.:* Psychische Spätschäden nach politischer Verfolgung.
Bonhoeffer, K.: Geistes- und Nervenkrankheiten. In: Handbuch der ärztlichen Erfahrungen im Weltkriege 1914/18. Leipzig 1922.
Bowlby, J.: Maternal care and mental health. Genf 1951.
Bremer, G. J.: Het verwijzen in de huisartspraktijk. Assen 1964.
Brouwer, W.: Ervaringen met psychosociaal-anamnestisch onderzoek als diagnostisch hulpmiddel in een huisartsenpraktijk. Groningen 1962.
Buxbaum, Edith: Troubled children in a troubled world. New York 1970.
Cattel, R. B.: The scree test for the number of factors. Multivariate Behavioral Research. Vol. 1. 1966.
Coelho, George V.; Hamburg, David A.; Adams, John E. (Hrsg.): Coping and Adaptation. New York 1974.
Creveld, Mr. J. van: De strijd om het joodse kind. November 1946.
Cronbach, L. J.: Coefficient alpha and internal structure of tests. In: Psychometrika Vol. 16, No. 3. 1951.
Czerny, A.: Der Arzt als Erzieher des Kindes. Leipzig, Wien 1911.
Diethelm, O.: Social psychiatry in North America. In: Psychiatrie und Gesellschaft. Bern, Stuttgart 1958.
Dubnow, Simon: Weltgeschichte des jüdischen Volkes. Bd. VI. Berlin 1927.
Dunk, H. W. von der: Waardevrijheid en geschiednis. In: Waarden en wetenschap. Bilthoven 1974.
Eisenstadt, S. N.: The process of absorption of new immigrants in Israel. In: Human Relations Bd. 5, S. 223 ff. 1952.
Eitinger, L.: Pathology of the concentration camp syndrome. Preliminary report. In: Archiv gen. Psychiat. Bd. 5, S. 371 ff. 1961.

–: Concentration camp suvivors in the postwar world. In: American Journal Orthopsychiatry. Bd. 32, S. 367 ff. 1962.
Engel, W.: Reflections on the psychiatric consequences of persecution. In: American Journal Psychotherapy. Bd. 26, S. 191 ff. 1962.
Erikson, Erik H.: Childhood and society. New York 1950.
–: Wachstum und Krisen der gesunden Persönlichkeit. Stuttgart (1953).
–: Identity, youth and crisis. New York 1968.
Fletscher, Ronald: Instinct in man in the light of recent work in comparative psychology. London (1957).
Fishman, J. S.: Jewish war orphans in the Netherlands. The Guardianship Issue 1945–1950. In: The Wiener Library Bulletin. vol. XXVII nos. 30/31, S. 31 ff. London 1973/74.
Freud, Anna: Infants without families. New York 1944.
–: Das Ich und die Abwehrmechanismen. London 1946.
–: Observations of child development. In: The Psychoanalytic Study of the Child. Vol. VI, S. 18 ff. 1951.
–: Normality and pathology in childhood. Assessment of development. New York [2]1966.
–: Comments on trauma. Siehe: *Furst, Sidney S.* (Hrsg.): Psychic trauma.
– and *Dann, S.:* An experiment in group upbringung. In: The Psychoanalytic Study of the Child. Vol. VI, S. 127 ff. 1951.
– and *Burlingham, D.:* War and children. New York 1943.
Freud, Sigmund: Frühe Arbeiten zur Neurosenlehre. 1892–1899. Gesammelte Werke, Bd. I, Frankfurt [3]1969.
–: Drei Abhandlungen. 1905. ebda. Bd. V, Frankfurt [3]1961, S. 27–145.
–: Meine Ansichten über die Rolle der Sexualität in der Ätiologie der Neurosen. 1906. ebda. Bd. V, Frankfurt [3]1961, S. 148–159.
–: Einleitung zur Psychologie der Kriegsneurosen. 1917. ebda. Bd. XII, Frankfurt [4]1968, S. 320–324.
–: Vorlesungen zur Einführung in die Psychoanalyse. 1922. ebda. Bd. XI, Frankfurt [4]1966.
–: Hemmung, Symptom und Angst. 1926. ebda. Bd. XIV, Frankfurt [4]1968, S. 111–205.
Friedman-van der Heide, Mr. Reine: Het joodse oorlogspleegkind. o. O. November 1946.
Frijling-Schreuder, E. C. M.: Borderline states in children. In: The Psychoanalytic Study of the Child. Vol. XXIV. 1969.
–: The vicissitudes of agression in normal development, in childhood neurosis and in childhood. In: International Journal of Psychoanalysis Bd. 53. S. 185 ff. 1972.
Furst, Sidney S. (Hrsg.): Psychic trauma. New York, London 1967.
Gans, S. H.: Memorboek. Platenatlas van het leven der Joden in Nederland. Baarn 1971.
Gebsattel, V. E. von: Prolegomena einer medizinischen Anthropologie. Berlin, Gölttingen, Heidelberg 1954.
Gesell, Arnold; Ilg, Fraces L.: Infant and child in the culture of today. The guidance of development in home and nursery school. New York, London 1943.
Goldfarb, W.; Sibulkin, L.; Behrend, M.; Jakoda, H.: Parental perplexity and childhood confusion. In: *Esman, A. H.* (Hrsg.): New Frontiers in child guidance. New York 1958.
Goldstein, J.; Freud, A.; Solnit, A. J.: Beyond the best interest of the child. New York, London 1973.
Gorsuch, R. L.: Factor analysis. Philadelphia 1974.
Greenacre, Phyllis: The influence of infantile trauma on genetic patterns. Siehe *Furst, Sidney S.:* Psychic trauma.
Groos, Karl: Die Spiele der Menschen. Jena 1899.
Groot, A. D. de: Methodologie. Grondslagen van onderzoek en denken in de gedragswetenschappen. 's Gravenhage [4]1968.
Guttman, L.: Some necessary conditions for common factor analysis. Psychometrika vol. 19. 1954.
Hanselmann, Heinrich: Einführung in die Heilpädagogik. Erlenbach-Zürich [3]1946.
Harbauer, H.: Anfälligkeiten des Kindes im Schulalter bis zur Pubertät. In: Consilium Paedopsychiatricum. Basel 1968.
Harman, H. H.: Modern factor analysis. Chicago 1960.

Hart de Ruyter, Prof. Dr. Th.: De ontwikkeling van de persoonlijkheid in de jeugd. In: *Hart de Ruyter, Th.* en *Kamp, L. N.:* Hoofdlijnen van de kinderpsychiatrie. Deventer 1972.

Hartmann, H.; Kris, E.: The genetic approach in psychoanalysis. In: The Psychoanalytic Study of the Child Bd. I. 1946.

Hartmann, H.; Kris, E.; Loewenstein, R.: Comments on the formation of psychic structure. In: The Psychoanalytic Study of the Child Bd. II, S. 11–38. 1946.

Hartmann, H.; Kris, E.; Loewenstein, R. M.: Notes on the theory of aggression. In: The Psychoanalytic Study of the Child Bd. III/IV. 1949.

Heek, F. van: Van hoogkapitalisme naar verzorgingsstaat. Meppel (1973). Besonders siehe S. 116 ff.

Heertje, H.: De diamantbewerkers van Amsterdam. 1933.

Heuyer, Prof.: Psychologie spéciale de l'enfant victime de la guerre. Mitteilung auf dem S. E. P. E. G.-Kongreß in Lausanne September/Oktober 1946.

Hicklin, Margot: War-damaged children. Some aspects of recovery. Acton (1946).

Hinde, R. A.: Biological bases of human social behaviour. New York u. a. 1974.

Homburger, A.: Psychopathologie des Kindesalters. Berlin 1926.

Horst, L. van der: Anthropologische Psychiatrie. Deel I en II. Amsterdam 1946.

Jansen-Emmer, E M.: Bijdrage tot de kennis van het aandeel van de huisarts in de geneeskundige verzorging van de Amsterdamse bevolking. Zeist 1958.

Jones, M.; Tanner, J. M.: The clinical characteristics, treatment and rehabilitation of repatriated prisoners of war with neurosis. In: Journal Neurol. Neurosurg. Psychiatry Bd. 11, S. 53 ff. 1948.

Jong, L. de: Het Koninkrijk der Nederlanden in de Tweede Wereldoorlog. Deel V, tweede helft. s'Gravenhage 1974. Deel VI, eerste helft. s'Gravenhage 1975.

Kalma, J. J. Ds.: Redt de Joden! Wat gebeurt er met de Joodse oorlogspleegkinderen? Amsterdam 1946.

Keilson, H.: Zur Psychologie der jüdischen Kriegswaisen. In: *Pfister-Ammende, Maria* (Hrsg.): Die Psychohygiene. Grundlagen und Ziele. Bern 1949.

–: Sociaalpsychologische aspekten der joodse oorlogswezen. Beitrag zu einem Symposion über die jüdischen Kriegswaisen (Amsterdam 1949, ungedruckt).

Kestenberg, Judith: Kinder von Überlebenden der Naziverfolgung. In: Psyche, 28. Jg., H. 3, S. 249–265. 1974.

Khan, M. Masud R.: The concept of cumulative trauma. In: The Psychoanalytic Study of the Child. Bd. XVIII, S. 286–306. 1963.

Klein, Melanie: Die Psychoanalyse des Kindes. Wien 1932.

–: A contribution to the psychogenesis of manic-depressive states. In: International Journal of Psychoanalysis, Bd. 16. 1935.

Kleist, K.: Autochthone Degenerationspsychosen. In: Zeitschrift für die gesamte Neurologie und Psychiatrie. Bd. 69. 1921.

Kolle, K.: Die Opfer der nationalsozialistischen Verfolgung in psychiatrischer Sicht. In: Der Nervenarzt, Bd. 29, S. 148 ff. 1958.

Kraepelin, Emil: Psychiatrie. Bd. 1 und 2. Leipzig [7]1903.

–: Über Entwurzelung. In: Zeitschrift der Psychiatrie und Neurologie. Bd. 63, S. 1 ff. 1921.

Kretschmer, Ernst: Medizinische Psychologie. Leipzig 1926.

Kruijt, J. P.: Het Jodendom in de Nederlandse Samenleving. In: Anti-Semitisme en Jodendom. Arnhem 1939.

Krystal, H.; Niederland, W. G.: Psychic traumatization. In: International Ps. Clinics. Bd. 8. 1971.

Kuiper, Prof. P. C.: Het negatieve Oidiposkomplex. In: *Hart de Ruyter, Th.* (Hrsg.): Capita selecta uit de Kinder- en Jeugdpsychiatrie. Zeist 1963.

Kulenkampf, C.: Zum Problem der abnormen Krise in der Psychiatrie. In: Der Nervenarzt. Bd. 30, S. 62 ff. 1959.

Lampl-de Groot, Jeanne: On adolescence. In: The Psychoanalytic Study of the Child. Bd. 15, S. 95–103. 1960.

Lawshe, O. H.; Harris, D. H.: The method od reciprocal averages in weighting personnel data. Educational Psychological Measurement Vol. XVIII, No. 2. 1958.

Lazarus, Richard S.; Averill, James R.; Opton, Edward M. jr.: The psychology of coping: Issues of research and assessment. Siehe: *Coelho* u. a.: Coping and adaptation.

Le Coultre, R.: Splijting can het Ik als centraal neuroseverschijnsel. In: *Leeuw, P. J. v. d.; Frijling-Schreuder, E. C. M.; Kuiper, P. C.:* Hoofdstukken uit de hedendaagse psychoanalyse. Arnhem 1967.

De Leeuw-Aalbers, A. J.: Het kind als oorlogsslachtoffer. In: Maandblad voor de geestelijke volksgezondheid. Jg. 2, No. 3, S. 3–15. 1947.

Leighton, D.: Mental health and social factors. In: Comprehensive textbook of psychiatry. S. 1520 ff. Baltimore 1967.

Lekkerkerker, E. C.: Oorlogspleegkinderen. In: Maandblad voor de geestelijke volksgezondheid. Jg. 1, S. 227 ff. 1947.

Levinger, L.: Psychiatrische Untersuchungen in Israel an 800 Fällen mit Gesundheitsschaden-Forderungen wegen Nazi-Verfolgung. In: Der Nervenarzt Bd. 33, S. 75 ff. 1962.

Levita, D. J. de: The concept of identity. Den Haag 1965.

Lewin, K.: Jewish education and reality. In: Jewish Education. May 1944.

Lieme, de; Sanders: (Onderzoek naar het beroep van 14 065 Joden in Amsterdam.) 1906. Zit. nach *Kruijt.*

Lorenzer, Alfred: Zum Begriff der „Traumatischen Neurose". In: Psyche, Jg. XX, H. 7, S. 481–492. 1966.

Mahler, M. S.: On child psychosis and schizophrenia: Autism and symbiontic infantile psychosis. In: The Psychoanalytic Study of the Child. Vol. VII. S. 286 ff. 1952.

–: On sadness and grief in infancy and childhood: loss and restoration of the symbiotic love-object. In: The Psychoanalytic Study of the Child. Vol. XVI, S. 332 ff. 1961.

–: On early infantile psychosis: The symbiotic and autistic syndromes. In: J. Amer. Acad. Child Psychiat. Bd. 4, S. 554–568.

–; *Furer, M.; Settlage, C. F.:* Severe emotional disturbances in childhood: Psychosis. In: American Handbook of Psychiatry. Hrsg.: S. Arieti. New York 1959.

Matussek, P.: Die Konzentrationslagerhaft und ihre Folgen. Berlin, Heidelberg, New York 1971.

Mayer-Gross, W.: Die Schizophrenie. Die Auslösung durch seelische und körperliche Schädigungen. In: Handbuch der Geisteskrankheiten. Bd. 9. Berlin 1932.

Meerlo, J. A. M.: Hoe het concentratiekamp zijn slachtoffers programmeert. In: Arts en Wereld 8. 1975.

Menniger, K.: Regulatory devices of the ego under major stress. In: International Journal of Psychoanalysis Bd. 35, S. 412 ff. 1954.

Menniger, W. C.: Psychiatry in a troubled world. New York 1948.

Minkowski, E.: L'anaesthésie affective. In: Ann. méd.-psychol. Bd. 104, S. 80 ff. 1946.

–: Les conséquences psychologiques et psychopathologiques de la guerre et du nazisme. Aspect général du problème. In: Schweizer Archiv für Neurologie Psychiatrie. Bd. 61, S. 280 ff. 1948.

Mokken, R.: Grafen naar macht. 1976.

Murphy, G.: Personality. A biosocial approach to origins and structure. New York 1947.

Nagera, H.: Early childhood disturbances, the infantile neurosis and the adulthood disturbances. Monograph Series of the Psychoanalytic Study of the Child 2. 1966.

Najar, A.: Psychologie de l'enfance dans les „camps d'Attente" en Allemagne. In: Enfance 3, S. 168 ff. 1950.

Nauta, T.: Onderzoek naar de achtergronden van ziekteverzuim in een bedrijf. Alkmaar 1963.

Neubauer, Peter B.: Trauma and psychopathology. Siehe: *Furst, Sidney S.:* Psychic trauma.

Nie, Norman H. u. a.: Statistical package for die social sciences. New York ^{2}1975.

Niederland, W. G.: The problem of the survivor. Part I: Some remarks on the psychiatric evaluation of emotional disorders in survivors of nazi persecution. In: Journal Hillside Hosp. 10, S. 233 ff. 1961.

–: Clinical observations on the survivor syndrome. In: International Journal of Psychoanalysis 49. 1968.

Nissen, Gerhardt: Depressive Syndrome im Kindes- und Jugendalter. Beitrag zur Symptomatologie, Genese und Prognose. Berlin, Heidelberg, New York 1971.

Oliemans, A. P.: Morbiditeit in de huisartspraktijk. Leiden 1969.

Opp, Karl-Dieter: Methodologie der Sozialwissenschaften. Hamburg 1970.
Oppenheim, H.: Die traumatischen Neurosen. Berlin 1889.
Panse, F.: Angst und Schreck. Stuttgart 1952.
Paul, H.; Herberg, H.J. (Hrsg.): Psychische Spätschäden nach politischer Verfolgung. Basel, New York 1963.
– –: Psychische Spätschäden nach Verfolgungseinflüssen in der Kindheit und Jugend. Siehe *Paul, H.; Herberg, H.J.* (Hrsg.): Psychische Spätschäden nach politischer Verfolgung.
Pfister-Ammende, M.: Zur Psychopathologie der Entwurzelung. In: Bulletin der Schweizer Akademie für medizinische Wissenschaft, Bd. 8, S. 338 ff. 1952.
Piaget, J.: The child's conception of the world. New York 1929.
–: The child's conception of physical causality. Trans. by M. Gabein. New York, London 1930.
Portmann, A.: Biologische Fragmente zu einer Lehre vom Menschen. Basel ²1951.
Praag, Dr. Ph. van: Demographie der Joden in Nederland. Assen 1971.
Presser, Dr. J.: Ondergang. De vervolging en verdelging van het nederlandse jodendom. 1940–1945. Deel I en II. s'Gravenhage 1965.
Reich, Wilhelm: Charakteranalyse. 1933.
Rosenfeld, H.A.: Psychotic states: a psychoanalytical approach. International Psychoanalytical Library. 1965.
Rümke, H.C.: Phaenomenologische en klinisch-psychiatrische studie over het geluksgevoel. Utrecht 1923.
Sandler, J.; Rosenblatt, B.: The concept of the representational world. In: The Psychoanalytic Study of the Child. Vol. XVII, S. 128–149. 1962.
Schaffer, Rudolph: Mothering. London 1977.
– (Hrsg.): Studies in mother-infant interaction. London, New York, San Francisco 1977.
Schilder, Paul: Entwurf zu einer Psychiatrie auf psychoanalytischer Grundlage. Leipzig, Wien, Zürich 1925.
Selye, H.: Einführung in die Lehre vom Adaptionssyndrom. Stuttgart 1953.
Sigal, J.J.: Some second generation effects of survival of the nazi persecution. Vortrag International Congress of Psychiatry in Mexico City, 1971.
Signorelli, Anthony: Statistics. Tool or master of the psychologist? In: American Psychologist. Oktober 1974. S. 774–777.
Sijes, B.A.: Studies over jodenvervolging. Assen 1974.
Sluis, M. v. d.: Beschouwing naar aanleiding van voogdijtoewijzingen over jonge oorlogswezen. (Amsterdam 1959. Ms.)
Spitz, René A.: Hospitalism. An inquiry into the genesis of psychiatric conditions in early childhood. In: The Psychoanalytic Study of the Child. Vol. I, S. 53 ff. 1945.
–: Hospitalism: a follow-up report. In: The Psychoanalytic Study of the Child. Vol. II. S. 113–117. 1946 (1).
–: Anaclitic depression. Ebda. S. 313–342. 1946 (2).
–: Die Entstehung der ersten Objektbeziehungen. Stuttgart 1960.
Statistiek der bevolking van joodse bloede in Nederland. s'Gravenhage 1942.
Statistiek der inkomens en vermogens in Nederland 1939/40. Centraal Bureau voor de Statistiek. s'Gravenhage 1941.
Stern, W.: Psychologie der frühen Kindheit. Leipzig 1914.
Stokvis, Berthold: Observations of an Amsterdam psychiatrist during the nazi okkupation of 1940–1945. In: Monatsschrift für Psychologie und Neurologie. 1951. S. 277–295.
Stratz, C.H.: Der Körper des Kindes. Stuttgart 1923.
Straus, E.: Geschehnis und Erlebnis. Berlin 1930.
Strauss, H.: Besonderheiten der nichtpsychotischen Störungen bei Opfern der nationalsozialistischen Verfolgung und ihre Bedeutung bei der Begutachtung. In: Der Nervenarzt Bd. 28, S. 344 ff. 1957.
–: Psychiatric disturbances in victims of racial persecution. In: Proc. of the Third World Congress of Psychiatry. Montreal 1961.
Strümpel, A. In: Münchner medizinische Wochenschrift. Jg. 42, S. 1137–65. 1895.

Targowla, R.: Les données de la narcose intraveineuse liminaire dans les états „neuropathiques"; le syndrome d'hypermnésie emotionelle tardif. In: Annales Méd. 51, S. 223 ff. 1950.
Tas, J.: Psychical disorders among inmates of concentration camps and repatriates. In: Psychiat. Quarterly 25, S. 679 ff. 1951.
Taylor, St. J. L.; Chave, S.: Mental health and environment. London 1964.
Tinbergen, N.: The study of instinct. Oxford, New York, London 1951.
Trautmann, E. C.: Psychiatrische Untersuchungen an Überlebenden der nationalsozialistischen Vernichtungslager 15 Jahre nach der Befreiung. In: Der Nervenarzt Bd. 32, S. 545–551. 1961.
Trimbos, C. B. J.: Sociale evolutie en psychiatrie. Bussum 1969.
Veffer, A.: Statistische Daten der Juden in den Niederlanden. Teil 1: Statistische Daten der Juden in Amsterdam, nebst vorläufigen Angaben über die Juden in den Niederlanden. Amsterdam 1942.
Venzlaff, U.: Die psychoreaktiven Störungen nach entschädigungspflichtigen Ereignissen (die sog. Unfallneurosen). Berlin, Göttingen, Heidelberg 1958.
–: Grundsätzliche Betrachtungen über die Begutachtung erlebnisbedingter seelischer Störungen nach rassischer und politischer Verfolgung. In: Wiedergutmachung. Beilage der Allgemeinen Wochenzeitung der Juden in Deutschland. Mai 1960.
–: Erlebnishintergrund und Dynamik seelischer Verfolgungsschäden. Siehe *Paul, H.; Herberg, H. J.:* Psychische Spätschäden nach politischer Verfolgung. 1963 (1).
–: Gutachten zur Frage des Zusammenwirkens erlebnisreaktiver, vegetativer und hormonaler Faktoren bei Verfolgungsschäden. Siehe ebda. 1963 (2).
Vries, A. E. N. de: Gezinsonderzoek Loon op Zand. 1968.
Watson, Robert J.: Psychology of the child. New York, London, Sidney 1959.
Weinberg, A. A.: Migration and belonging. Den Haag 1961.
Weijel, Dr. J. A.: De mensen hebben geen leven. Een psychosociale studie. Haarlem ^{3}1972.
White, R. W.: Ego and reality in psychoanalytic theory. New York 1963.
Wilde, G. J. de: Neurotische labiliteit gemeten volgens de vragenlijst methode. Amsterdam 1960.
Winnicott, D. W.: The first year of life. In: Med. Press 239. 1958 (1).
–: Pediatrics an psychiatry. In: Collected papers. New York 1958 (2).
Wolff, P. W.: Observation on newborn infants. In: Psychosomatic Medicine Nr. 21, S. 110–118. 1959.
Wolffheim, Nelly: Kinder aus Konzentrationslagern. Mitteilungen über die Nachwirkungen des KZ-Aufenthaltes auf Kinder und Jugendliche. In: Praxis der Kinderpsychologie Jg. 7, S. 302 ff. 1958.
Zanten, Mr. Dr. J. H. van: Enige demografische gegevens over de Joden te Amsterdam. In: Mens en Maatschappij. 1926.
Zeller, W.: Der erste Gestaltwandel des Kindes. Leipzig 1936.
Zutt, J.: Über verstehende Anthropologie. Versuch einer anthropologischen Grundlegung der psychiatrischen Erfahrung. In: Psychiatrie der Gegenwart. Bd. I. Berlin, Göttingen, Heidelberg 1962.
Zweers-Wiersema, A. C.; 1968; zit. nach *Weijel.*

Autorenregister

Sachregister

Tabellenverzeichnis